D1726215

Der *Bezirk Reutte -*
Das Außerfern

4 Regionen
37 Gemeinden

Herausgeber:

Verein für Eigenständige Regionalentwicklung im Lechtal
Katholischer Tiroler Lehrerverein
Bezirksschulrat Reutte

Impressum:

Der *Bezirk Reutte* – Das Außerfern

Herausgeber: Katholischer Tiroler Lehrerverein, Bezirksschulrat Reutte
1. Auflage - KOCH Buchverlage, Edition Artpress 2004
2. Auflage 2005
3. überarbeitete Auflage 2010
ISBN 3-7081-0005-0
© 2004 by KOCH Buchverlage, Edition Artpress

Covergestaltung: *Karlheinz Köpfle*
Druck und Gesamtherstellung: *Artpress, Höfen*
Satz und Layout: *Gabi Lang*
Printed in E.U.
Mit Unterstützung des Tiroler Bildungsinstituts-Medienzentrum.

Inhaltsverzeichnis

Gemeinden im Porträt

Anhang

Sehr geehrte Leserinnen und Leser, werte Bürgerinnen und Bürger des Bezirkes Reutte!

Mit der überarbeiteten Ausgabe des Bezirksbuches Reutte halten Sie nicht nur eine interessante Lektüre, sondern auch ein in der Zwischenzeit äußerst beliebtes Nachschlagewerk in Händen, welches in keinem Außerferner Haushalt fehlen darf.

In eindrucksvoller Detailtreue führt dieses Buch den Leser in die Geschichte des Bezirkes Reutte, seine Kunst, Kultur und Bräuche ein und beschreibt politische, wirtschaftliche und soziale Aspekte genauso wie die Fauna und Flora im Bezirk. In einer globalisierten Welt ist das Wissen um die historische Entwicklung seines Lebensraumes genauso wie die Besinnung auf das Lokale und Regionale, das Hochhalten von Traditionen und Volkskultur wichtiger denn je.

Wir dürfen und können es uns nicht leisten, als Urlaubsdestination und Wintersportland Nummer Eins unsere Identität in der Anonymität einer globalisierten Welt zu verlieren. Werke wie das vorliegende Bezirksbuch Reutte halten uns vor Augen, wie reich unser Land an Geschichte, Kultur und Tradition, aber auch an landschaftlicher Schönheit ist. Verwenden wir diesen Reichtum auch weiterhin, um unser Land zukunftsreich weiterzugestalten.

Ich hoffe, dass das Bezirksbuch Reutte ein möglichst breites und interessiertes Publikum erreicht, bedanke mich bei den Autorinnen und Autoren und allen, die für dieses Werk verantwortlich zeichnen und wünsche den Leserinnen und Lesern entspannende und informative Stunden bei der Lektüre.

Ihr

Landeshauptmann von Tirol

Die Geschichte Tirols ist geprägt vom Streben nach Subsidiarität, Selbstbestimmung und lokaler Autonomie, wie sie in der traditionellen Gemeindeautonomie verwirklicht wurde. Auch wenn wir heute im Vereinten Europa leben und wirtschaftliche und politische Zusammenarbeit über die Grenzen hinweg immer wichtiger wird, sind die kleinen Lebensräume wie Regionen, Bezirke und Gemeinden nach wie vor von großer Bedeutung für die Identitätsbildung der Menschen in unserem Land. Es ist unabdingbar, dass in einem gemeinsamen europäischen Haus die einzelnen Regionen immer wieder ihre individuelle Kultur und Kulturentwicklung aufzeigen, denn Ziel der Union ist ein kulturell vielschichtiges und vielfältiges Europa und keine kulturelle „Gleichförmigkeit". Das Bezirksbuch Reutte leistet dazu eine wertvollen Beitrag, und ich freue mich als Kulturlandesrätin ganz besonders, dass der Katholische Tiroler Lehrerverein des Bezirkes Reutte gemeinsam mit dem Bezirksschulrat Reutte eine Neuauflage des Bezirksbuches herausgibt.

Das Buch ist sowohl was den Inhalt als auch den Umfang betrifft gewichtig und beinhaltet neben einer topographischen Darstellung des Bezirkes auch eine umfassende Darstellung von Wirtschaft, Kultur und Gesellschaft. Als Kulturlandesrätin bin ich stolz darauf, dass sich das kulturelle Geschehen in unserem Land nicht nur auf den Großraum Innsbruck beschränkt, sondern das es in allen Regionen ein vielfältiges kulturelles Angebot von Traditionskultur bis hin zu zeitgenössischer Kunst gibt. Im Bezirk Reutte gibt es eine besonders lebendige Volkskultur und eine Vielzahl an Initiativen in allen Sparten der Kunst, wie das Bezirksbuch eindrucksvoll demonstriert. Weiters befasst sich das Buch mit der Geschichte des Bezirkes und bietet den Leserinnen und Lesern eine wertvolle Orientierungshilfe, denn ein Wissen über historische Zusammenhänge ist notwendig für das Verständnis der Gegenwart und die Entwicklung von Perspektiven für die Zukunft des Bezirkes. Ein weiterer wesentlicher Bestandteil des Buches ist der umfangreiche Chronik-Teil, der alle 37 Gemeinden des Bezirkes vorstellt und

somit der Bevölkerung ihr unmittelbares Lebensumfeld näher bringt.

Das Buch vermittelt nicht nur den Bewohnerinnen und Bewohnern des Bezirkes viel Wissenswertes über ihren Heimatbezirk, sondern ist auch eine interessante Lektüre für alle Auswärtigen, die den Bezirk Reutte näher kennenlernen möchten. Ich danke allen Autorinnen und Autoren, die mit ihren Beiträgen zur Entstehung dieses umfassenden Buches beigetragen haben. Um so ein Projekt zu verwirklichen, bedarf es natürlich auch einer perfekten Organisation und Koordination. Mein besonderer Dank gilt dem stellvertretenden Landesamtsdirektor Dr. Dietmar Schennach sowie dem ehemaligen Bezirksschulinspektor Mag. Peter Friedle, die nicht nur die Erstauflage initiiert und koordiniert, sondern auch die Realisierung der Neuauflage in die Wege geleitet haben. Mit dem Bezirksbuch Reutte wurde ein Werk von bleibendem Wert geschaffen, das nun in seiner aktualisierter Fassung als wichtige Informationsquelle für den Bezirk Reutte dienen wird. Ich hoffe, dass das Buch eine möglichst weite Verbreitung finden und den Menschen im Bezirk Reutte, insbesondere der Jugend, den Bezirk und damit die Heimat näher bringen wird.

Dr. Beate Palfrader
Landesrätin für Bildung und Kultur

Im Jahre 2004 wurde über Initiative des damaligen Bezirksschulinspektors Mag. Peter Friedle ein interdisziplinäres Projekt zur Gestaltung eines neues Bezirksbuches gestartet. Knapp 100 Autorinnen und Autoren haben sich in die Arbeit unentgeltlich eingebracht und ein wertvolles Nachschlagewerk über unsere Heimat, das Außerfern, erstellt.

Als damaliger Bezirkshauptmann von Reutte durfte ich die Arbeiten begleiten und koordinieren und den Erfolgsweg dieses Nachschlagewerkes verfolgen: von der Erstpräsentation im großen und feierlichen Rahmen im Veranstaltungszentrum Breitenwang im Beisein von Landeshauptmannstellvertreter Ferdinand Eberle und der Bürgermeisterin und der Bürgermeister der 37 Außerferner Gemeinden über den raschen Absatz dieses Heimatbuches, verbunden mit einer 1. Neuauflage und Präsentation auf der Stablalm, bis hin zum Verkauf der letzten Exemplare vor einigen Monaten.

Das Kern-AutorInnenteam hat befunden, das Buch neuerlich zu überarbeiten und den Inhalt auch auf technisch neue Weise, zusammen mit der Papierform, neu aufzulegen. Ein besonderer Dank gilt dabei allen Mitgliedern des „harten Kernteams" der Bezirkskunde, insbesondere Frau Gerda Bubendorfer, die, zusammen mit ihrem engagierten Ehemann, über den Katholischen Tiroler Lehrerverein des Bezirkes Reutte den Vertrieb des Buches aktiv erhält.

Vor gut einem Jahr habe ich mich beruflich neuen und herausfordernderen Tätigkeiten gestellt, was auch mit einem Ortswechsel von Reutte nach Innsbruck verbunden war. Ich möchte aber keine Stunde missen, die ich in meinem geliebten Bezirk Reutte verbringen durfte und erinnere mich gerne an die vielen guten Kräfte, die es im Bezirk gibt und die die Entwicklung unserer Heimat vorangetrieben haben. Wenn ich auch heute „über dem Fera" sitze, so bin ich doch ein bekennender Außerferner geblieben und mit meiner Heimat tief verwurzelt!

Ihr

Dr. Dietmar Schennach
Landesamtsdirektorstellvertreter

Als Nachfolgerin von Herrn Dr. Dietmar Schennach habe ich nunmehr die Ehre, die Arbeiten an der 3. Ausgabe des Reuttener Bezirksbuches als Bezirkshauptfrau von Reutte zu begleiten.
Die Besonderheiten unseres Bezirkes werden auch in dieser 3. Auflage umfassend dargestellt. Geschichte, Gegenwart und Perspektiven der Zukunft werden aufgezeigt. Zudem findet der Leser in diesem Nachschlagewerk viel Wissenswertes über unseren Bezirk mit seinen 37 Gemeinden.
An dieser Stelle bedanke ich mich bei allen Autorinnen und Autoren, die unentgeltlich Beiträge zum Bezirksbuch verfasst und so zum Gelingen des Werkes beigetragen haben.
Ich wünsche den Leserinnen und Lesern der Bezirkskunde des Bezirkes Reutte viel Freude und hoffe, dass das gegenständliche Buch eine nützliche Informationsquelle zu unserem Bezirk für Sie sein wird.

Viel Spaß beim Schmökern wünscht Ihnen Ihre

Mag. Katharina Schall
Bezirkshauptfrau von Reutte

Vorwort zur 1. Auflage

In den vergangenen Jahrzehnten gab es unterschiedlichste Veröffentlichungen und Druckwerke über das Außerfern. Die Herausgabe dieser Bücher liegt einerseits schon sehr weit zurück, andererseits befassten sie sich mit einzelnen Aspekten unseres Bezirkes oder das Außerfern war oft als Teil des Tiroler Oberlandes angeführt. Im Schulbereich arbeiteten viele Lehrer* mit den Unterlagen von Ferdinand Fuchs. Die geografische Handkarte über den Bezirk Reutte ist schon seit Jahren vergriffen. So wurden immer wieder von schulischer Seite Anfragen an den Bezirksschulrat gestellt, ob es nicht aktualisierte Unterlagen über die Gemeinden gäbe bzw. ob eine Neuauflage der Bezirkskarte nicht ins Auge gefasst werden könnte.

Auch seitens der Gemeinden, vor allem auch der Chronisten, der Bezirkshauptmannschaft Reutte und der Tourismusverbände war der Wunsch da, ein Außerfernbuch zu schaffen, das umfassende Informationen über den gesamten Bezirk bieten sollte. Den letzten Anstoß gab die Herausgabe der Bezirkskunde Osttirol im Jahre 2001, die in vielen Bereichen Vorbild für das nun vorliegende Buch über das Außerfern ist. Das Buch **Der Bezirk Reutte – Das Außerfern** bietet Informationen für jede Altersstufe, vom Volksschüler bis zum Pensionisten, für Einheimische und Gäste sowie alle am Bezirk Reutte Interessierten. In weiterer Folge ist auch an die Herausgabe von Gemeindekarten für die Volksschulen bzw. einer Bezirkskarte sowie Arbeitsmitteln für die Hand der Schüler gedacht.

Das Buch gliedert sich in zwei Teile, im ersten Teil werden allgemeine Informationen über das Außerfern geboten, die zum Großteil Fachleute aus dem Bezirk geschrieben haben, aber auch namhafte Autoren außerhalb des Bezirkes haben sich bereit erklärt, für dieses Buch Fachartikel zu schreiben. Der zweite Teil ist der Gemeindeteil, der vorwiegend von Lehrern, Chronisten und Gemeindebediensteten verfasst wurde und detaillierte Informationen zu den 37 Gemeinden des Bezirkes liefert. Die Texte wurden nicht zensuriert, die Verfasser sind für die jeweiligen Artikel verantwortlich, Kürzungen und Ergänzungen wurden aus Platz- bzw. Verständnisgründen nur fallweise vorgenommen. Alle Autoren verzichteten auf das Honorar. An dieser Stelle sei allen Autoren herzlichst gedankt.

Sollten Sie Fehler, Auslassungen und Unkorrektheiten entdecken, so bitten wir Sie um Rückmeldung bzw. Ergänzungen, die wir bei einer allfälligen Neuauflage gerne berücksichtigen werden.

Dank sagen wir auch dem Redaktionsteam, das in vielen Sitzungen dieses Buch gestaltet hat, dem Land Tirol, der Bezirkshauptmannschaft Reutte und der Druckerei Artpress mit ihren Mitarbeitern.

Viel Freude beim Schmökern in diesem Buch!

November 2004

Vorwort zur 2. Auflage

Die erste Auflage des Buches **Der Bezirk Reutte – Das Außerfern** war für uns überraschend innerhalb von zwei Monaten vergriffen. An dieser Stelle sei auch allen gedankt, die uns Rückmeldungen zum Buch und zu einzelnen Kapiteln gaben sowie Ergänzungen, Korrekturen und Verbesserungen anregten. Die Artikel wurden auf den aktuellen Stand gebracht. Zusätzliche Themen konnten bei dieser Ausgabe nicht aufgenommen werden, da sie den vorgegebenen Seitenumfang gesprengt hätten.

Wir hoffen, dass die 2. Auflage ebenso gut angenommen wird als unentbehrliches Nachschlagewerk in jedem heimischen Haushalt, als repräsentatives Geschenk für Gäste und Liebhaber des Bezirkes Reutte.

Juni 2005

Vorwort zur überarbeiteten 3. Auflage

Mittlerweile ist die 2. Auflage ebenfalls vergriffen, über 5.500 Exemplare wurden insgesamt vertrieben. So stand das allerdings dezimierte Herausgeberteam vor der Entscheidung, ein völlig neues Werk zu planen oder das bestehende moderat zu überarbeiten, den Gesamtumfang aus Kostengründen so zu belassen, denn in den vergangenen sechs Jahren hat sich doch Vieles verändert.

Sie halten nun das Ergebnis dieser Bearbeitung in Händen. Sämtliche Autoren wurden erneut angeschrieben und um Verbesserungen und Aktualisierungen gebeten. Zwei Beiträge über die Fischerei und die Außerfernbahn kamen neu dazu und wurden gegen andere ausgetauscht. Drei Gemeindekarten (Heiterwang, Nesselwängle und Pfafflar) wurden überarbeitet wie auch an die 20 Fotos durch aktuelle ersetzt.

Ein weiteres Unterscheidungsmerkmal zu den beiden ersten Auflagen ist die neue farbliche Gestaltung des Umschlages.

Die größte Neuerung war aber die Erstellung einer CD, auf der sämtliche Artikel, Karten und Fotos im e-book-fähigen Datenformat gespeichert sind und bei Bedarf auch ausgedruckt werden können.

Damit ist es auch für die Schüler des Bezirkes möglich, im Heimatkundeunterricht über die jeweiligen Gemeindekarten zu verfügen.
Jedem Buch ist die CD beigelegt, sie kann aber auch separat als Ergänzung zu den beiden ersten Auflagen gekauft werden.

Die Herausgabe einer Bezirkskarte und von Arbeitsmitteln für die Hand der Schüler war ebenfalls schon im Vorwort der 1. Auflage vermerkt. Diese Karten werden in zwei Varianten (vollständig ausgefüllt bzw. „stumm") allen Volksschülern über die Schulen kostenlos zur Verfügung gestellt.

Den Vertrieb des Bezirksbuches hat dankenswerter Weise der Verein für Eigenständige Regionalentwicklung im Lechtal übernommen. Bestellungen sind unter angeführte E-Mail-Adresse erwünscht.

Wir hoffen, Ihnen damit für die weiteren Jahre eine kompakte Information über den neuesten Stand unseres schönen Bezirkes für alle Außerferner und Freunde des Bezirkes Reutte biten zu können.

November 2010

Für die Schriftleitung:
Mag. Peter Friedle, Bezirksschulinspektor i. P.

Für den Herausgeber:
Gerda Bubendorfer,
Katholischer Tiroler Lehrerverein

Für den Vertrieb:
Mag. Peter Friedle,
Verein für Eigenständige Regionalentwicklung im Lechtal
verl49@gmx.at

* Zur besseren Lesbarkeit wird im gesamten Buch nur die männliche Schreibweise verwendet, in der selbstverständlich auch die weibliche Form inbegriffen ist.

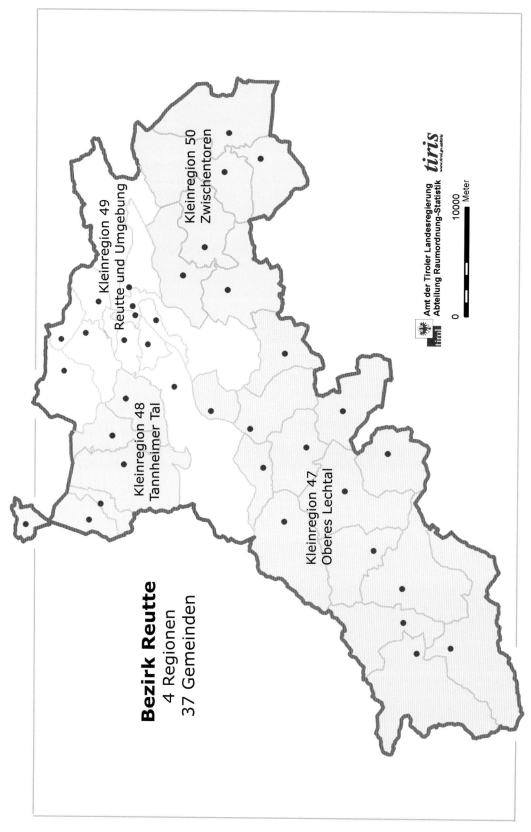

Bezirk Reutte
4 Regionen
37 Gemeinden

Kleinregion 49
Reutte und Umgebung

Kleinregion 48
Tannheimer Tal

Kleinregion 50
Zwischentoren

Kleinregion 47
Oberes Lechtal

Amt der Tiroler Landesregierung
Abteilung Raumordnung-Statistik

tiris
www.tirol.gv.at/tiris

0   10000
Meter

Der Bezirk Reutte, das Außerfern - *Einführung*

Peter Friedle

Der Bezirk Reutte – das Außerfern – liegt im Nordwesten Tirols und hat mit dem Fernpass (1216 m) die einzige Verbindung nach Zentraltirol. Nur im Sommer ist auch das Hahntennjoch (1894 m) vom Lechtal nach Imst befahrbar. Das Außerfern ist nach Westen und Norden offen (Verbindung nach Warth in Vorarlberg und sieben Grenzübergänge nach Deutschland). Die Gemeinde Jungholz ist nur über Deutschland erreichbar.

Mit 1236,64 km^2 umfasst der Bezirk Reutte etwa 10 % der Landesfläche, 7,5 % sind Dauersiedlungsraum (Tirol: 12,2 %).

Der Bezirk ist mit 31.740 Bewohnern, das sind 4,49 % von Tirol (Stand vom 31. 12. 2009), der einwohnerschwächste der neun Bezirke, wobei der Ausländeranteil 14,6 % beträgt (Tirol: 10,7 %).

Der Bezirkshauptort des 37 Gemeinden umfassenden Außerferns ist die Marktgemeinde Reutte mit 5.857 Einwohnern. Die einzige Stadt ist Vils mit einer Bevölkerung von 1.541 Bewohnern. Gramais als die kleinste Gemeinde Österreichs hat nur 68 Einwohner, gefolgt von Kaisers, Hinterhornbach und Namlos, in denen ebenfalls weniger als 100 Personen leben.

Diese 37 Gemeinden sind in vier Kleinregionen aufgegliedert:
- Zwischentoren (Biberwier bis Heiterwang) mit dem Hauptort Ehrwald
- Reutte und Umgebung (Weißenbach bis Vils) mit dem Hauptort Reutte
- Oberes Lechtal (Forchach bis Steeg, einschließlich Namlos) mit dem Hauptort Elbigenalp
- Tannheimer Tal (Nesselwängle bis Schattwald, einschließlich Jungholz) mit dem Hauptort Tannheim

Hauptfluss des Bezirkes ist der Lech, der in Lech an der Roten Wand (oberhalb des Formarinsees westlich von Zug) entspringt und nach 263 km bei Marxheim, 50 Kilometer nördlich von Augsburg in die Donau mündet. Der Lech fließt zwischen den Allgäuer und den Lechtaler Alpen und ist einer der schnellstfließenden Flüsse Mitteleuropas mit einer weitgehend intakten Flusslandschaft. Als weitere Gebirgszüge sind noch die Tannheimer Gruppe, das Wettersteingebirge, die Mieminger Kette und die Ammergauer Berge zu nennen. Erwähnenswerte Flüsse sind weiters die Loisach und die Vils.

Zum Plansee, dem zweitgrößten See Tirols, gesellen sich noch der Heiterwanger See, der Haldensee und Vilsalpsee im Tannheimer Tal, der Urisee und der Frauensee im Raum Reutte sowie der Weißensee und der Blindsee im Fernsteingebiet. Viele größere und kleinere Bergseen ergänzen die Seenlandschaft.

Ein Hauptproblembereich des Bezirkes ist der Transit. So betrug der durchschnittliche tägliche Verkehr im Jahre 2009 10.775 Kraftfahrzeuge, an Spitzentagen wurden bis zu 28.000 Fahrzeuge gezählt. 10 % davon entfiel auf den LKW-Verkehr, davon die Hälfte auf den Schwerverkehr. Im Jahr 2003 gab es 225 Staustunden.

Der Bezirk Reutte hat traditionell eine niedrige Arbeitslosenquote. 33,7 % der Arbeitnehmer sind in der Industrie beschäftigt (Tirol: 18,8 %). Dies ist vor allem auf die High-Tech-Betriebe Plansee, Cera-Tizit, kdg, Koch, Datarius, Schretter & Cie., Elektrizitätswerke Reutte, Multivac u. a. zurückzuführen. 26,6 % der Beschäftigten arbeiten im Tourismus- und Freizeitbereich. Auch die starke Tourismusintensität – 3.271.495 Nächtigungen im Jahre 2008, das sind 102 Nächtigungen pro Einwohner, trägt zum hohen Beschäftigungsstand bei. Gewerbe wie Baufirmen, Handwerk, Dienstleistungen (z. B. Bezirkskranken-haus) mit 18,6 % sowie der Handel mit 12,1 % der Beschäftigten sind eine weitere Säule für die gesunde wirtschaftliche Ausgangslage.

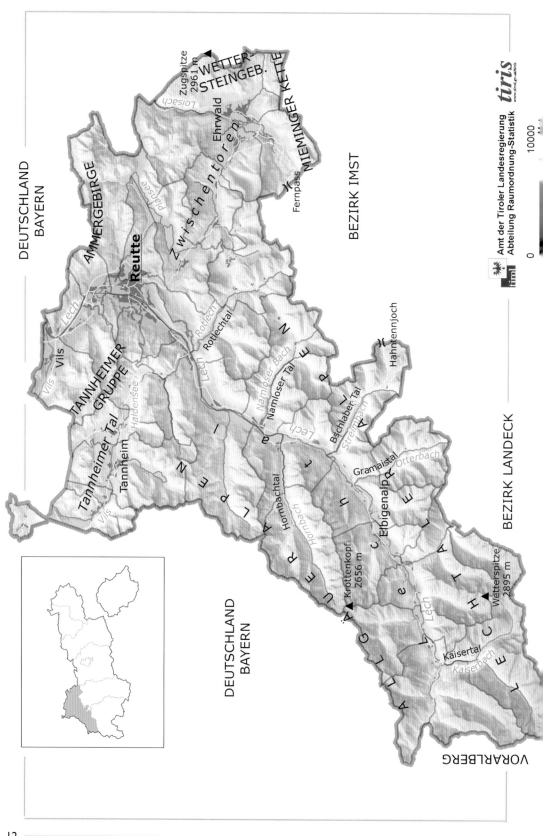

DEUTSCHLAND
BAYERN

DEUTSCHLAND
BAYERN

VORARLBERG

BEZIRK IMST

BEZIRK LANDECK

Zugspitze
2961 m

WETTER-
STEINGEB.

MIEMINGER KETTE

Loisach

Ehrwald

Zwischentoren

Fernpass

AMMERGEBIRGE

Reutte

Plansee

Lech

Vils

Vils

TANNHEIMER
GRUPPE

Haldensee

Tannheimer Tal

Tannheim

Vils

Rotlech

Rotlechtal

Lech

Namloser Bach

Namloser Tal

Bschlaber Tal

Streimbach

Hahntennjoch

Gramaistal

Otterbach

Elbigenalp

Hornbachtal

Hornbach

Krottenkopf
2656 m

Lech

Wetterspitze
2895 m

Kaisertal

Kaiserbach

Das *Außerfern* im Porträt

Außerfeare

Es ischt a hårt´s, a rauch´s Stuck Lånd
då hausse auß´rem Feare,
und schwar der Kåmpf mit der Natur
für viel, dia ausse gheare,

doch wenn d'i(n) d' Mensche inchi luagscht,
bis z'tuifscht in inser Wese,
då kånnscht du no(ch) – i sågs mit Stolz –
Tiroler Kråft und Grådheit lese!

Drum, kömet hea, wear ins it kennt,
und geaht durch ins're Täler!
I woaß wia's I(nn)tal sei(n) sie it,
sei(n) freilig oft viel schmäler,

doch schia(n) derfür, so steil und schia(n),
du möchtescht fåscht verschrecke,
wia sie mit riesehåfter Gwålt
sich schier in Him(m)l ströcke,

und dobe, hoach am löschte Gråt,
da siechscht no' Baure mahje
wenn's hunte für a påår Stuck Viech
nur wianig geit zum Haje!

Jå, Leit, es ischt a raucher Flöck
då hausse auß'rem Feare,
doch ins, ins ischt er Wiag und Weg
drum ho(n) i'hn döcht so geare!

Wolfgang Scheiber

13

Geschichte im Überblick

Richard Lipp

„Sumpf ward und finsterer Wald hier einst zu schauen ...", Teile eines Gedichtes, das Generationen von Schülern auswendig lernen mussten, zu dem noch die Erzählung von „gifthauchenden Sümpfen", prägten lange Zeit ein falsches Bild jener Gegenden, die später Außerfern genannt werden sollten.

Es könnte als „Laune der Geschichte" bezeichnet werden, dass aus einem Gebiet, dessen Ursprünge kaum unterschiedlicher sein hätten können, im Laufe der Jahrhunderte ein einheitliches Territorium entstand, das heute unter dem Namen „Außerfern" bekannt ist. Im Gegensatz zu anderen Bezirken – Osttirol ausgenommen – entwickelte sich im Außerfern – auch durch die geografisch abgeschlossene Lage – ein Bezirksbewusstsein: Man ist eben Außerferner, egal ob man im Lech- oder Tannheimer Tal, im Raum Reutte oder Vils, in Zwischentoren oder gar in Jungholz wohnt!

Dieser Beitrag kann keinesfalls alle Facetten der Außerferner Geschichte ausleuchten, sondern versteht sich als „Streifzug" durch Jahrhunderte einer äußerst vielfältigen Geschichte.

Wenn im Folgenden der Begriff „Außerfern" verwendet wird, so ist darunter der politische Bezirk Reutte in den Grenzen von 1937 zu verstehen; wird der Begriff nach 1938 verwendet, der heutige politische Bezirk. Seine heutigen Grenzen hat der Bezirk erst seit 1938 bzw. 1947; die derzeit gültige Gemeindeeinteilung erfuhr ihre letzten Änderungen sogar erst 1949, 1975 und 1981.

Weiters sind im folgenden Beitrag die Begriffe „links" und „rechts" im Bezug auf den Lech immer orografisch, das heißt in Fließrichtung des Flusses, zu verstehen. Also ist unter der linken Lechseite immer die westliche, unter der rechten die östliche gemeint. Dies voranzustellen scheint wichtig, da in alten Urkunden die Begriffe immer wieder vertauscht vorkommen. Das ist verständlich, weil die Besiedlung den Fluss aufwärts erfolgte und man

„rechts" und „links" aus einer anderen Richtung betrachtete. Im Folgenden werden die Begriffe ohne nähere Erläuterung orografisch verwendet, auch wenn sie in der Urkunde anders zu lesen sind.

Der Beitrag endet 1945 mit dem Ende des Zweiten Weltkriegs, da die neuere Entwicklung den jeweiligen Gemeindeteilen entnommen werden kann.

1 Von den Anfängen bis zu Meinhard II. (1268)

1.1 Das prähistorische Außerfern

Dieser Abschnitt behandelt den Zeitraum, bevor unter Graf Meinhard II. der Anfang des heutigen Außerferns gelegt wurde. Er beginnt in einer geschichtlich nicht fassbaren Zeit vor Christi Geburt, betritt mit den Römern eine geschichtlich hellere Zeit und kann sich nur als Streifzug durch die Jahrtausende verstehen.

1.1.1 Über die Entwicklung von Grenzen

Wir heutigen Menschen sind es gewohnt, in exakten Grenzen zu denken. Dieses Denkmodell muss in die Irre führen. Die Herrschaft wurde nicht über exakt abgegrenzte Ländereien, sondern über Personengruppen ausgeübt. Die Entwicklung exakter Grenzen war eine spätere Folge davon. Und dennoch haben viele Grenzen einen sehr alten Ursprung, nämlich in der Besiedlung.

Die älteste Grenze ist der Lech. Er trennte Bayern und Alemannen, was im Prinzip richtig ist, jedoch im Außerfern bald seine Gültigkeit verliert. Von der Landesgrenze flussaufwärts ist er ein Grenzfluss. Er trennt bis Stanzach und Vorderhornbach tatsächlich die Gemeinden, aber ab Elmen verbindet er sie. Das ist keine willkürliche spätere Grenzziehung, sondern führt uns unmittelbar in die Zeit der Besiedlung.

Die älteste von Menschen gezogene Grenze war die bis 1816 gültige Diöze-

Prähistorisches und römisches Außerfern
(schematische Darstellung)

Amt der Tiroler Landesregierung
Abteilung Raumordnung-Statistik

tiris
www.tirol.gv.at/tiris

0   10000
                     Meter

Zur Orientierung:

● Sitz der heutigen Gemeinden mit Gemeindegrenzen

Prähistorische Funde

1   Steeg-Wildebene: eiserne Gewandfibel
2   Holzgau: Lanzenspitze, Bronze,
    ~ 2600 v. Chr.
3   Bach: Bronze, Speer- oder Lanzenspitze
4   Parzinnspitze: Bronze, Votivfigürchen
5   Namlos-Ochsenalm: Bronze, Lappen-
    beil, ~ 1500 v. Chr.
6   Namlos-Imsteralm: Bronze, Lappenbeil,
    ~ 1500 v. Chr.
7   Berwang: prähistorischer Kleinfund
8   Thaneller: prähistorischer Kleinfund
9   Reutte: Fragment eines Dolches,
    ~ 1500 v. Chr.
10 Schattwald: Skelett, Lanzenspitze,
    Bronze, ~ 1500 v. Chr.
11 Biberwier/Weißensee: Eisenbarren und
    Fibelgarnitur

Prähistorische Bodendenkmäler

1   Füssen: Magnustritt
2   Lechaschau/Hinterbichl: Magnussitz
    (Mangesessele)
3   Pinswang: vermutete Keltenschanze
4   Pinswang-Burgschrofen: vermutete
    steinzeitliche Höhlen
5   Pinswang-Burgschrofen: Schalenstein
6   Pflach/Säuling: Erzhöhlen beiderseits
    der Grenze

Römische Funde und Bodendenkmäler

1   Biberwier-Fernpass: Poststation, Grab
2   Ehrwald: römerzeitliches Grab mit Grab-
    funden
3   Lermoos: Via-Claudia-Augusta im Moos,
    römische Hufschuhe
4   Reutte/Breitenwang: Münzfunde
5   Rossschläg: Münzfunde
6   Weißenbach: spätrömerzeitliches Grab mit
    Lavezgefäß
7   ca. 200 Münzen neben der Römerstraße
    bei der Katzenmühle

Via Claudia Augusta

1   Humiste (Imst): vermutete Straßenstation
2   Strad (Gemeinde Tarrenz): gesicherte
    Straßenstation
3   Biberwier/Fernpass: gesicherte Straßen-
    station
4   Bichlbach/Lähn: vermutete Straßenstation
5   Breitenwang: relativ gesicherte Straßen-
    station
6   Foetibus (Füssen): relativ gesicherte
    Straßenstation

Alemannischer Fund

1   Elbigenalp: Bronze; Gürtelschnalle,
    ~ 6. Jh. n. Chr.
2   Ehrenberg: Fibel aus Bronze, ~ 5./6. Jh. n. Chr.

sangrenze zwischen den Bistümern Augsburg und Brixen. Kirchliche Grenzen erwiesen sich im Laufe der Geschichte immer älter und beständiger als weltliche. Diese Diözesangrenze markierte eine uralte Besiedlungsgrenze zwischen Alemannen und Bayern, wobei das Bistum Augsburg für die alemannische, das Bistum Brixen jedoch für die bayerische Besiedlung stand. So sind die Grenzen im Außerfern zum Teil historisch gewachsen.

Es blieb dem 20. Jahrhundert vorbehalten, hier politische Grenzziehungen vorzunehmen, nämlich 1938 die Eingliederung der Gemeinden Pfafflar, Gramais und Kaisers, weiters die Änderung der Gemeindegrenzen von Pflach über den Lech hinaus durch Eingliederung von Oberletzen (1975) und Unterletzen (1981).

1.1.2 Das „Außerfern" als Durchzugsland

Zahlreiche prähistorische Funde beweisen, dass das nachmalige Außerfern ein Durchzugsland von Norden in den Süden und umgekehrt war. Diese Funde weisen aber auf keine Besiedlung hin.

Dasselbe gilt für zwei – derzeit bekannte – Bodendenkmäler, die beide den Namen des hl. Magnus tragen. Gerade das kann als Hinweis dienen, dass sie bedeutend älter als der mit ziemlicher Sicherheit im Jahr 750 im heutigen Füssen verstorbene Heilige sind. Schon Papst Gregor I. der Große (601) und Papst Gregor IV. dekretierten nämlich im Jahr 832, dass die Heiligtümer der bekehrten Völker nicht zerstört werden dürften, sondern christlich umgedeutet werden müssten. So weisen sowohl der Magnustritt bei Füssen als auch das Mangesessele bei Hinterbichl auf ehemalige heidnische Opferstätten hin, wo beim Eintritt in die Alpen den Göttern geopfert wurde. In Füssen wurden die Opferschalen als Fußspuren des Heiligen, in Hinterbichl als Ruhesitz des Heiligen umgedeutet.

Das älteste literarische Denkmal, das das spätere Außerfern berührt, ist die in der Zeit zwischen etwa 850 und 900 entstandene Vita des hl. Magnus, in der zwei Örtlichkeiten namentlich, nämlich der Lech (in pelago fluvii lechi – in den Fluten des Lech) und der Säuling (mons siulunch) genannt werden und ein deutlicher Hinweis auf die spätere Aschau gegeben wird. Diese Vita berichtet anschaulich von den Vorstellungen über Dämonen des Berges und des Wassers (vgl. Walz, Auf den Spuren der Meister).

1.1.3 Prähistorische Siedlungen

Eine spärliche prähistorische Siedlungstätigkeit lässt sich nach dem derzeitigen Forschungsstand lediglich im Bereich der Nord-Süd-Transversale Lech-Fernpass feststellen.

Klaus Oeggl schreibt in seinen Untersuchungen zum Lermooser Moos: „Rodungen zur Siedlungsgründung hinterlassen Spuren in der Pflanzendecke, die sich auch im Pollendiagramm quantitativ und qualitativ abbilden. Zur landwirtschaftlichen Nutzung oder zur Gründung einer Siedlung muss in die bestehende Vegetation eingegriffen werden. Wälder werden gerodet, Böden für Ackerbauzwecke umgebrochen ..." Auf Grund dieser Erkenntnis lässt sich eine frühe Siedlungstätigkeit im Raum Lermoos-Ehrwald ausmachen (vgl. Walde, Via Claudia; Oeggl, Palynologische Untersuchungen).

Eine weitere Siedlungstätigkeit lässt sich im Raum des heutigen Pinswang mit einiger Sicherheit nachweisen. Dabei ist nicht das Schloss im Loch als spätmittelalterliches Baudenkmal von Interesse, sondern die dieses umgebenden Felsen, die auf Steinzeithöhlen hindeuten dürften.

Ein großes Geheimnis ist der im Areal der heutigen Ruine auffindbare prähistorische Schalenstein, dessen Bedeutung unklar ist. Er weist eine Ähnlichkeit mit Schalensteinen im Oberinntal auf, wo Opferlichter vermutet werden. Eine von Architekt Sighard Wacker durchgeführte Vermessung brachte neue interessante Ergebnisse: Die Verlängerungen der in Dreiecksform angeordneten Punkte weisen nach allen Richtungen genau auf Bergspitzen hin.

Die unterhalb dieses Burgschrofens in Pinswang sichtbaren Wallanlagen sind ihrem Typus nach eindeutig keltischen Viereckschanzen zuzuordnen, deren es nördlich davon mehrere gibt. Somit wäre die Pinswanger Wallanlage die derzeit südlichste Keltenschanze, ein Name, der wenig zutreffend von der Wissenschaft gegeben wurde, hat sie doch nichts mit militärischen Schanzen zu tun, sondern dürften ein optisch abgegrenzter Opferbezirk gewesen sein. Die nächste derartige Anlage – wissenschaftlich gesichert – befindet sich nur 20 Kilometer Luftlinie nördlich am Auersberg. Wo ein keltisches Heiligtum war, muss auch eine keltische Wohnsiedlung gewesen sein.

Ein weiterer Hinweis auf eine Siedlungstätigkeit sind die auf beiden Seiten des Säulings auffindbaren Erzhöhlen, die ebenfalls schon in der Vita des hl. Magnus erwähnt werden, was abermals als Hinweis auf prähistorische Vorgänger gedeutet werden muss, denn auf einen Erzabbau gibt es in historisch heller Zeit keinen Hinweis. Wo Erze abgebaut wurden, musste es auch – zumindest temporär – Unterkünfte gegeben haben.

1.2 Die Römerzeit
1.2.1 Eroberung 15 vor Christus
Mit dem Eintritt in diese Zeit verlassen wir jenen Zeitraum, in dem wir doch weitgehend auf mehr oder weniger gut begründbare Theorien angewiesen sind. Im Jahr 15 vor unserer Zeitrechnung führte der römische Feldherr Drusus im Auftrag seines Stiefvaters Kaiser Augustus Octavianus eine Strafexpedition gegen die Kelten nördlich der Alpen durch. Eine Sage will wissen, dass Drusus am Nordrand der Alpen auf eine keltische Bevölkerung stieß, die erbittert Widerstand leistete. Als die Männer gefallen waren, schleuderten die Frauen ihre Säuglinge in die Spieße der anstürmenden Römer, um sie vor der Knechtschaft und Sklaverei zu bewahren. Diese Sage findet indirekt durch den römischen Dichter Horaz eine Bestätigung: „Wie ein Reh, das die üppige Weide genießt, einen Löwen erblickt und dem Tod von unbekannten Zähnen entgegensieht, so erblickten am Fuß der rätischen Alpen die Vindeliker den Drusus als Feldherrn."

1.2.2 Die Via Claudia Augusta
46 nach Christus ließ Kaiser Claudius die nach ihm benannte Straße erbauen, die von der Pobene über den Vinschgau, Reschen- und Fernpass durch das nachmalige Außerfern Richtung Augsburg

führte. Diese Straße ist mittlerweile sehr gut erforscht. Aus der Kenntnis des römischen Straßenwesens ist zu schließen, dass drei Straßenstationen bestanden, wovon eine, nämlich jene am Fuße des Fernpasses im Raum von Biberwier, heute einwandfrei belegt und erforscht ist. Straßenstationen bedingten eine – wenn wohl auch geringe – Siedlungstätigkeit.

Die Via Claudia selbst ist durch die Ausgrabungen im Lermooser Moos zweifelsfrei gesichert. Eine weitere Straßenstation ist im Raum Bichlbach-Lähn zu vermuten, während eine letzte in Breitenwang im Bereich der Kirche ziemlich genau auszumachen ist. Römische Münzfunde entlang dieser Strecke sowie die Ausgrabungen im Lermooser Moos, 1993, lassen über weite Teile die Trasse dieser Straße erkennen.

Hingegen hat es eine Römerstraße namens „Via Decia", die von Veldidena (Wilten) nach Brigantium (Bregenz) führen sollte und unter Kaiser Decius im Jahr 250 erbaut worden wäre, nachweislich nie gegeben.

Römische Ausgrabungen in Biberwier

1.2.3 Erste Hinweise auf das Christentum
Die Römer zogen 480 ab, sofern sie sich nicht mit der heimischen Bevölkerung vermischt hatten. Was ist also aus fast 500 Jahren Römerherrschaft außer der Via Claudia geblieben?

Die Römer brachten auf dieser Route das Christentum in die Gebiete nördlich der Alpen. Einige christliche Heilige ersetzten germanische Götter, vor allem Petrus, Laurentius, Stephanus und Johannes. Verbindet man Kirchen und Kapellen, die nach diesen vier Heiligen noch heute auf der Strecke von Südtirol nach Augsburg benannt sind, so ergibt sich die Linienführung der Via Claudia, was wohl kaum ein Zufall sein kann: z. B. in Imst und Bichlbach ein Laurentius, in Breitenwang ein Petrus und in Füssen ein Stephanus.

Dies weist auch darauf hin, dass nach dem Abzug der Römer eine besiedlungsmäßige Kontinuität bestanden haben muss, bis die eigentlichen Besiedlungswellen ins nachmalige Außerfern einsetzten.

1.3 Die planmäßige Besiedlung des Außerferns

1.3.1 Die erste Besiedlungswelle ab 955

Auslösendes Moment für eine planmäßige Besiedlung des nachmaligen Außerferns war die Schlacht am Lechfeld am 10. August 955. Die Ungarn wurden damals vernichtend geschlagen und kamen nie wieder. Das brachte eine ruhige und friedliche Zeit, die, verbunden mit einem günstigen Klima, auch zu einer Bevölkerungsvermehrung führte.

Die Folge war die Suche nach neuen Siedlungsplätzen. Das Bild vom einsamen Siedler gehört in den Bereich der Sage und der Romantik. Neusiedlungen erfolgten in aller Regel mit Unterstützung der alten Grundherren, die dadurch die Siedler in einem Abhängigkeitsverhältnis behalten konnten. Im Regelfall zogen Gruppen zu zwölf, was auch immer wieder an Stammhöfen nachweisbar ist, aus.

Hier ist auch der so genannte „Allgäuer Brauch" zu erwähnen, der in einer blumigen Sprache ausdrückte: „Der Knecht trägt seinen Herrn am Buckel mit". Das heißt, dass die Neusiedler auch weiterhin Untertanen ihres alten Grundherren blieben. In diesem Allgäuer Brauch erhielt sich das altgermanische Stammesdenken lebendig, indem ein Stammesangehöriger sein Leben lang Untertan seines Stammes blieb.

Die für diese Siedlungsepoche typischen Namen sind die „wang-Orte", wobei unter einer „wang", eine baumlose Fläche zu verstehen war. Die Verkleinerungsform dazu sind die „wängle-Orte". Breitenwang und Pinswang gehören daher mit Wängle sicher zu den ältesten Siedlungen im Außerfern.

Wenn keine „wang" mehr vorhanden

war, musste in der nächsten Siedlungsepoche gerodet werden. In diese Epoche fallen die Orte mit Rodungsnamen, also alle „rauth-Orte", aber insbesondere auch Reutte. Eine besondere Form des Rodens war das Abbrennen des Waldes, das „Schwenden", worauf die „gschwend-Orte" hinweisen.

Grundherren dieser ersten Siedlungswelle waren vor allem die Welfen, teilweise auch die Schwangauer; aus dem Inntal her waren es die Starkenberger und die Grafen von Ulten. Diese Siedlungsepoche umfasste geografisch die Nord-Süd-Furche vom Lech zum Fernpass und erstreckte sich im Lechtal bis Elmen.

1.3.2 Alemannen und Rätoromanen

Die Alemannen waren kein einheitliches Volk, das den römischen Limes durchbrach, sondern ein Mischvolk, das sich südlich des römischen Limes und „nassen Limes" (Donau, Main, Rhein) mit Duldung der Römer ansiedelte. Die Alemannen – das hieß alle Männer – waren also kein einheitlicher Stamm. Auch eine Gleichsetzung der Alemannen mit den Schwaben ist unzutreffend: Zwar sind die Schwaben Alemannen, aber nicht alle Alemannen sind Schwaben!

Noch weniger gab es ein Volk der Rätoromanen, ein Kunstwort, das im 19. Jahrhundert geschaffen wurde. Dahinter verbirgt sich ein Sammelbegriff für eine romanisierte Alpenbevölkerung, die heute noch in Ladinien und Graubünden anzutreffen ist. Diese Bevölkerung ging etwa um 600 nach und nach in den Bayern auf. Heute erinnern uns noch Namen, die auf der letzten Silbe betont werden, an sie: Namen wie Bschlabs, Pfafflar, Gramais, Almajur, Alperschon, hauptsächlich Almnamen, denn die Romanen waren Meister der Almwirtschaft. Somit finden wir in den Seitentälern den ältesten Außerferner Namensbestand.

1.3.3 Die zweite Besiedlungswelle im 13. Jahrhundert

In diesem Zeitraum ereignete sich eine Bevölkerungsexplosion. Die Bevölkerung im damaligen Deutschen Reich stieg zwischen 1200 und 1300 von geschätzten

Die Besiedlung des Außerferns

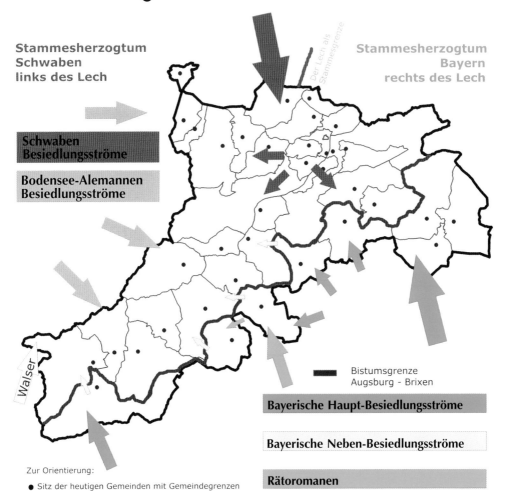

Stammesherzogtum Schwaben links des Lech

Der Lech als Stammesgrenze

Stammesherzogtum Bayern rechts des Lech

Schwaben
Besiedlungsströme

Bodensee-Alemannen
Besiedlungsströme

Walser

Bistumsgrenze
Augsburg - Brixen

Bayerische Haupt-Besiedlungsströme

Bayerische Neben-Besiedlungsströme

Rätoromanen

Zur Orientierung:
● Sitz der heutigen Gemeinden mit Gemeindegrenzen

acht Millionen auf 14 Millionen an. Das bedingte eine Suche nach neuen Siedlungsplätzen. Diese Siedlungsplätze waren schon vorhanden, nämlich die ehemaligen Almen, die nun winterfest gemacht wurden.

Der Unterschied zwischen der ersten und zweiten Besiedlungswelle ist im Außerfern heute noch klar erkennbar. Das Lechtal aufwärts herrschen bis Elmen die geschlossenen Dörfer der ersten Siedlungsperiode vor, während oberhalb von Elmen ebenso wie im Tannheimer Tal die Auflösung in viele Ortschaftsbestandteile erfolgt. Ehemalige Almen, die sich immer wieder teilten, wurden zu Siedlungen, die schließlich zu Dörfern zusammenwuchsen. Daher gibt es im unteren Lechtal

kaum Weiler, im oberen jedoch sehr viele. Dieselbe Zersplitterung ist in den Seitentälern und im Tannheimer Tal zu beobachten.

Die Bevölkerung des oberen Lechtales und des Tannheimer Tales waren die Bodenseealemannen, die über das Mädelejoch und andere Übergänge zunächst ihre Almen im Lechtal bewirtschafteten und später hier sesshaft wurden. Eine sekundäre Wanderbewegung erfolgte später aus den bayerisch besiedelten Seitentälern, als deren Bevölkerungsüberschuss ins Lechtal abwanderte. Daher kam es im oberen Lechtal zu einer bayerisch-alemannischen Mischbevölkerung, was auch in der bayerisch gefärbten Mundart des oberen Lechtales erkennbar ist.

Grundherren dieser zweiten Siedlungswelle waren u. a. die Grafen von Montfort und Herren von Rettenberg, später Heimenhofen, im Tannheimer Tal. Ihre Siedlungstätigkeit strahlte auch ins linksufrige Lechtal aus.

Der Vollständigkeit halber ist noch auf die etwa zur selben Zeit erfolgte Siedlungstätigkeit der Walser hinzuweisen, die aus der nachmaligen Schweiz von den Vorarlberger Grafen ab dem 13. Jahrhundert in mehreren Etappen ins Land gerufen wurden. Sie siedelten im Kleinen und Großen Walsertal, aber auch am Tannberg. Von hier aus kam es zu Ausstrahlungen in den Bereich von Lechleiten und Gehren in der Gemeinde Steeg und in Einzelfällen auch darüber hinaus. Jedoch ist diese Siedlungstätigkeit für das Außerfern nur von peripherer Bedeutung.

1.3.4 Die Besiedlung im Spiegel der Ortsnamen

Nach all dem wird es klar, dass die Ortsnamen – mit Ausnahme der rätoromanischen in den Seitentälern und von Vils, das nach dem Fluss benannt ist – deutsch sein müssen und außerdem auch relativ jung sind.

Sie weisen entweder auf die Landnahme (Breitenwang, Wängle, Pinswang usw.), auf die Rodung (Reutte, Holzgau, Innergschwend, Untergschwend usw.) oder aber auch auf den reichlich vorhandenen Wald (Ehrwald, Tannheim, Schattwald usw.) hin. Es gibt aber auch Hinweise auf Naturkatastrophen (zwei Lähn, d. h. Lawine), wenige auf Tiere (Biberwier, Luxnach).

Typische alte germanische Ortsnamen, z. B. auf „Sankt", „Kirch-" oder „-heim" (Tannheim hieß früher Tannhan!) fehlen im Außerfern gänzlich.

1.3.5 Die Diözesangrenze als Besiedlungsgrenze

Wie bereits eingangs erwähnt, ist die ehemalige, bis 1816 gültige Diözesangrenze zwischen Augsburg und Brixen das wichtigste Indiz für die Besiedlungsgrenze. Dieser zufolge gehört der überwiegende Teil des Außerferns zum alemannisch-schwäbischen Siedlungsbereich. Ehrwald, Lermoos Biberwier, die

Seitentäler des Lechtales – Kaisers, Gramais, Bschlabs – wurden ebenso wie Namlos und Berwang vom Inntal aus bayerisch besiedelt.

Dass es in späterer Zeit Kaisers gelang, sich dem Bistum Augsburg anzuschließen, ist hier ohne Belang. Hier kann nämlich die Besiedlung am klarsten nachvollzogen werden: Im 13./14. Jahrhundert wurden vom Stanzertal aus Almen winterfest gemacht, wobei das Tal immer noch zur Großgemeinde Stanzertal gehörte und die Almen heute noch in Stanzertaler Besitz sind. Hier ist einzigartig das Schneefluchtrecht heute noch gültig und wurde 1996 letztmals ausgeübt: Kühe auf den Almen dürfen bei Schneefall bis nach Kienberg – die äußerste Gemeindegrenze von Kaisers – getrieben werden.

1.3.6 Jöcher verbinden – Schluchten trennen

Dieser Besiedlungsgrundsatz gilt für ganz Tirol und manifestiert sich im Außerfern deutlich. Die Besiedlung erfolgte über die höchsten Jöcher hinweg, während sich Schluchten als besiedlungshemmend erwiesen.

So erfolgte die Besiedlung der Seitentäler beiderseits des Lech nicht vom Lechtal aus, sondern über die Jöcher vom Inn- und Stanzertal sowie Oberallgäu. Die Schluchten am Plansee zum heutigen Oberammergau oder über das Loisachtal zum heutigen Garmisch erwiesen sich hingegen als siedlungshemmend.

Zusammenfassend lässt sich feststellen, dass die Besiedlung des Außerferns in jeder Hinsicht höchst uneinheitlich, wohl aber in der Hauptsache alemannisch dominiert war.

Als früheste Stufe können wir eine bayerische Besiedlung schon vor 1000 im Lermooser Becken feststellen. Namensformen in den Seitentälern weisen auf Rätoromanen hin, die von Bayern abgelöst wurden.

Die erste alemannisch-schwäbische Besiedlungswelle setzte ab der 2. Hälfte des 10. Jahrhunderts im Raum Breitenwang ein. Die zweite bodensee-alemannische Besiedlung erfasste im 13. Jahrhundert das obere Lechtal und das Tannheimer Tal durch Ausbau ursprünglicher Almen zu Dauersiedlungen. Dasselbe ging – allerdings mit bayerischer Besiedlung – von der Imster Seite mit den Seitentälern von Pfafflar und Gramais sowie vom Stanzertal mit Kaisers vor sich. Die Walserbesiedelung erfasste das Außerfern nur peripher.

1.3.7 Kirchengeschichte im Lichte der Besiedlung

Die frühe Kirchengeschichte ist ein Spiegelbild der Siedlungsgeschichte, wobei Kirchgeschichte und Siedlungsgeschichte sich gegenseitig bestätigen. Ein Indiz dafür sind die Kirchenpatrozinien, von denen wir drei Gruppen im Außerfern unterscheiden können.

Hier sind es zunächst die schon erwähnten römischen Heiligen – Petrus, Johannes, Stephanus und Laurentius. Wo die ersten Siedlungen waren, konnte das Christentum auch zuerst Fuß fassen, und das war die Route entlang der Via Claudia Augusta. Entlang dieser Route erhielt sich auch eine Siedlungskontinuität über Jahrhunderte.

Die nächste Gruppe sind die karolingischen Heiligen. Der typischste karolingische Heilige ist der hl. Martin, er deutet auf die erste planmäßige Besiedlungsepoche ab dem Jahr 955 hin. Die wichtigste Kirche für ihn ist Wängle. Frühe Martinsheiligtümer findet man aber auch in Tannheim und Elbigenalp.

Für die spätmittelalterlichen Heiligen ist der hl. Nikolaus typisch. Dessen Gebeine wurden 1087 nach Italien überführt, was zu einem sprunghaften Anstieg seiner Verehrung in den folgenden Jahrhunderten führte. Im Außerfern steht er für die Besiedlungswelle des 13. Jahrhunderts, weshalb wir seine Kirchen auch in Elbigenalp und Tannheim finden.

Erst in dieser relativ späten Epoche stößt Maria zu den Patrozinien, wobei „Maria nicht gleich Maria" ist: Es gibt alte und junge Marienpatrozinien. Das älteste ist Mariä Himmelfahrt, der Kirchen in Vils, Holzgau und Heiterwang geweiht sind.

1.4 Weltliche und geistliche Herren im Außerfern

Lange bevor Graf Meinhard II. Tirol einte und lange danach – weit in die habsburgische Zeit hinein – teilten sich die verschiedensten geistlichen und weltlichen Edlen Rechte und Besitzungen im Außerfern. Darunter waren auch einige mittelalterliche Klöster.

Solche Klöster wurden schon bei der Gründung mit dem notwendigen Grundbesitz ausgestattet. Schenkungen vermehrten diesen Besitz. Das Seelenheil schien käuflich zu sein und das veranlasste viele reiche Adelige zu großen Schenkungen an die Kirche.

Die Klöster gaben diese Besitzungen gegen Zins weiter. Das Bewusstsein, dass das Kloster Eigentümer ist, ging verloren, die Zinszahlungen blieben. Allerdings wurden diese Zinse durch schleichende Inflationen stark entwertet. Für ein Bauerngut in Pinswang zahlte man z. B. im 18. Jahrhundert nur noch einen Jahreszins von rund 25 Kreuzern, das entsprach der Arbeitsleistung einer Person von ein bis zwei Tagen. Das endgültige Ende dieser Klosterzinse und anderer Grundzinse brachte erst die Bauernbefreiung von 1848.

1.4.1 Der Bischof von Augsburg

Die Geschichte diesseits und jenseits der Ufer des Lech verlief verschieden; jene des linken Lechufers ist eng mit dem Bischof von Augsburg verbunden.

1059 schenkte Kaiser Heinrich IV. dem Bischof von Augsburg den so genannten „Forst- und Wildbann" im Gebiete zwischen den Oberläufen der Iller und des Lech. Dieser Wildbann brachte dem Bischof von Augsburg das alleinige Recht an der Waldnutzung – Holzgewinnung, Weide, Jagd – sowie der Fischerei. Damit stand alles, was von den Quellen des Lech abwärts auf der linken Lechseite gelegen war, dem Bischof von Augsburg zur forstlichen und jagdlichen Nutzung zu. Mit diesem Recht war auch das Recht der Rodung verbunden.

Der Inhaber dieses Forstrechtes übte auch die Gerichtshoheit über die entstehenden Siedlungen aus. Diese Verknüpfung des Rechts fand im folgenden schwäbischen Rechtsspruch Ausdruck: „Wohin der Dieb mit dem Strang gehört, dorthin gehört der Hirsch mit dem Strick und soweit ein Strafgericht geht, soweit gehet der Forst." Diese weitgehenden Rechte des Augsburger Bischofs wurden ab dem 13. Jahrhundert von den Tiroler Landesfürsten gezielt eingeschränkt, bis sie schließlich gegenstandslos waren (vgl. Stolz, Landesbeschreibung).

Während der Bischof von Augsburg seine Forst- und Waldrechte im Allgäu zur Landesherrschaft ausbauen konnte, blieb ihm dies im Außerfern wegen der starken Stellung der Tiroler Landesfürsten verwehrt. Der Bischof von Augsburg – einst mächtiger Herr im Außerfern – wurde zum Nachbarn: Die Grenze des Außerferns zum Hochstift Augsburg verlief nicht mehr entlang des Lech sondern am Kamm der Allgäuer Alpen.

1.4.2 Die Welfen und Staufer

Was der Bischof von Augsburg an Macht für die linke Lechseite bedeutete, waren die Welfen, deren Besitz 1091 an die Staufer überging, auf der rechten. Zu Beginn des 12. Jahrhunderts zählten die Welfen zu den mächtigsten und angesehensten Familien des Reiches. Am bedeutendsten für das Außerfern wurde Herzog Welf VI., der fast das ganze 12. Jahrhundert herrschte.

Der Umfang des Besitzes ist nicht genau bekannt, dürfte sich aber auf der rechten Lechseite, nachdem Breitenwang und Pinswang ausdrücklich erwähnt werden, bis zur Wasserscheide in Lähn bei Bichlbach erstreckt haben, wobei man an kein geschlossenes Herrschaftsgebiet, sondern einen weit ausgedehnten Streubesitz denken muss.

Die Welfen waren außerdem Vögte des Klosters St. Magnus in Füssen, das heißt, sie hatten neben der Schirmherrschaft auch die Blutgerichtsbarkeit inne. Dadurch erstreckte sich der welfische Einfluss auf der linken Lechseite über die Aschau bis nach Vorderhornbach und Vils, das damals noch keine Stadt war. Alle Außerferner Ländereien waren welfischer Privatbesitz.

Bedeutende Welfen waren Welf IV., Herzog von Bayern, dem Herzog Welf V. folgte und nach dessen Tod sein Bruder, Herzog Heinrich IX. „der Schwarze". Jener Heinrich hatte sieben Kinder, darunter Welf VI. Sein älterer Bruder, Heinrich X., genannt „der Stolze", war Schwiegersohn von Kaiser Lothar III., wurde Herzog von Bayern, während Welf VI. die Güter im Ammer- und Augstgau, in Oberschwaben und in Tirol erbte. Die Tiroler Besitzungen lagen nicht nur im Außerfern, sondern auch im Oberinntal und Vinschgau. Diese Besitzungen waren schon 1070 vom Herzogtum Bayern herausgelöst worden. Hier regierte Welf wie ein unabhängiger Fürst. Nicht unweit dem heutigen Außerfern war der Stammsitz und Mittelpunkt seiner Herrschaft: Peiting bei Schongau.

Sein Sohn Welf VII. fiel 1167 in Siena im kaiserlichen Heer einer Seuche zum Opfer. Als Erbe wäre nun eigentlich sein Neffe, Sohn seines Bruder Heinrich des Stolzen, in Frage gekommen, der Bayernherzog Heinrich der Löwe. Welf VI. setzte jedoch den Sohn seiner Schwester, Kaiser Friedrich Barbarossa, zum Erben ein, dem er noch zu Lebzeiten große Teile seines Besitzes verkaufte.

Er überlebte jedoch seinen Neffen, den Kaiser, der 1190 starb. 1191 starb auch Welf VI. Das Erbe trat der Sohn des Barbarossa, der König und spätere Kaiser Heinrich VI., an. Für das Außerfern begann daher 1191 eine neue Ära: die Stauferzeit. Von 1191 bis 1268 besaßen die Staufer weite Teile des Außerferns.

1.4.3 Das Benediktinerstift St. Magnus in Füssen

Das Benediktinerstift St. Magnus war der größte geistliche Grundbesitzer im heutigen Außerfern. Ihm gehörte einst das ganze Gebiet zwischen Lechaschau und Vorderhornbach, das heute die Gemeinden Lechaschau, Wängle, Höfen, Weißenbach und Vorderhornbach umfasst. Während das Kloster das Gebiet des heutigen Vorderhornbach 1333 durch Kauf erwarb, stammen die übrigen Gebiete aus einer frommen Schenkung. Die Legende will wissen, dass Pippin, der König der Franken, dieses Territorium um 750 höchstpersönlich dem Kloster geschenkt habe. Wenn auch dieser Bericht einer historischen Prüfung nicht standhält, ist doch anzunehmen, dass St. Magnus schon vor dem Jahre 1000 diesen umfangreichen Grundbesitz sein Eigen nannte.

Auch außerhalb der Aschau hatte das Kloster Besitzungen und Rechte. 1294 kaufte St. Magnus vom schwäbischen

Ritter Konrad von Weizern die Au Breitforchach, das Gebiet um das heutige Forchach und Stanzach. Die Herren von Hohenegg schenkten 1395 für die Erhebung von Vils zur Pfarre fünf Höfe, die in Musau, Brandstatt und Breitenwang gelegen waren, dem Kloster. Daneben besaß es das Recht, in den Pfarren des Lechtals, in Vils und in Breitenwang den jeweiligen Pfarrer vorschlagen zu dürfen. Die Kirche in Pinswang war dem Kloster einverleibt (vgl. Wörle, Kloster St. Mang). 1610 ging dieser Klosterbesitz an Tirol über.

1.4.4 Das Zisterzienserstift Stams

Das Stift Stams hatte bereits 1310 von einem Füssener Bürger Besitz in der Musau erworben. Die Aufzeichnungen dieses Stiftes erhellen, dass es schon im Jahre 1315 über umfangreiche Besitzungen im Außerfern verfügte. Sie werden als „possessiones extra montem" – als Besitzungen „außerhalb des Gebirges" und in „Schwaben" gelegen bezeichnet. Sie lagen in Breitenwang, Musau und Pinswang.

Wohltäter des Stamser Klosters waren vor allem die Allgäuer Herren von Rettenberg. Sie schenkten dem Stift Güter im Lechtal und zwar in Luxnach (Gemeinde Häselgehr), Klimm (Gemeinde Elmen), Ober- und Untergiblen (Gemeinde Elbigenalp) sowie in Hägerau. Weiters erhielt Stams auch reiche Schenkungen im Allgäu.

Das Stift Stams besaß außerdem drei Fischgerechtigkeiten im Heiterwanger- und Plansee. Zwei dieser Gerechtigkeiten hatte der Tiroler Landesfürst 1312 dem Kloster geschenkt, die dritte kaufte es 1322 vom Kloster Steingaden. Dies ist auch der einzige Hinweis, dass auch das Prämonstratenserstift Steingaden einst Besitz im Außerfern hatte.

Das Stift Stams kaufte 1312 von den Herren von Schwangau auch den so genannten „Reichlinghof" in Pinswang. Am Beispiel dieses Hofes lässt sich die Entwicklung des Klostergutes nachvollziehen. Dieser Reichlinghof (heute Nr. 9 in Oberpinswang) wurde im Laufe der Jahrhunderte in vier Einzelhöfe (heute Nr. 7, 9, 10 und 16) geteilt. Der Wert aller vier Höfe wurde 1775 mit rund 204 Gulden veranschlagt. Diese Einzelhöfe mussten ge-

meinsam jährlich einen Zins von 1 Gulden 25 Kreuzer 7 Heller an den Vertreter des Klosters Stams in Füssen abliefern. Der Zins war ein „Fallzins", was ursprünglich bedeutete, dass bei Nichtbezahlung das Gut wieder an das Kloster Stams zurückgefallen wäre.

1.4.5 Die Stifte Weingarten und Rottenbuch

Schenkungen der Welfen an diese beiden Klöster verdanken die Orte Breitenwang und Pinswang ihre ersten Nennungen. Am 12. März 1094 schenkte Herzog Welf IV. dem Benediktinerkloster Weingarten einen Hof bei Breitenwang. Zeitlich etwas später – das Datum ist nicht genau überliefert – schenkte Herzog Welf V. dem Augustiner-Chorherrenstift Rottenbuch ein Gut in Pinswang mit allen Eigenleuten und allen Rechten an Eisenadern, Wäldern und Weiden.

Dem Stift Weingarten verdankt auch Reutte im Jahre 1278 seine erste Nennung. Anders als die Mönche von Stams bezeichneten die Weingartner Mönche ihren Besitz im Außerfern als „in montibus Alpium" (im Gebirge der Alpen) gelegen. Weingarten hatte 1278 Besitzungen in „Ruthi prope Breitenwanch" (Reutte bei Breitenwang), Wengelin (Wängle), Mittenwalde (heute Lähn bei Lermoos), aber auch in Imst und im Vinschgau.

Dem Stift Weingarten gehörten ferner im 13. Jahrhundert die Almen Bockbach und Krabach im obersten Lechtal. Auf welche Weise das Stift diesen Besitz erhielt, ist nicht bekannt. Diese Besitzungen gingen 1537 endgültig in den Besitz der Gemeinde Dornbirn über.

1.4.6 Das Benediktinerstift Ettal

Das Benediktinerstift Ettal wurde erst 1330 gegründet. Es war nie eine eigene Herrschaft, sondern stellte als „Hofmark Ettal" einen bayerischen Verwaltungsbezirk dar. Es hatte keinen Besitz im Außerfern, doch gab es einen strittigen Grenzstreifen.

1495 erhob der Abt von Ettal über den bayerischen Herzog Beschwerde, dass die Leute von Reutte und ihrer Umgebung weit in bayerisches Land hinein die Nutzung der Wälder betreiben würden. Auf der anderen Seite führte die Gegenseite gegen die Leute von Ettal

Beschwerde, weil diese zur Gewinnung des für Kriegsgeräte so wichtigen Eibenholzes weit in Tiroler Gebiet eindringen. Von Ettal wurde die Enge bei der Torsäule am Plansee als Grenze beansprucht. Tirol konnte jedoch seinen Anspruch durchsetzen und die Grenze ein gutes Stück in den Ammerwald zurückverlegen, wo sie heute noch verläuft.

1.4.7 Das Hochstift Freising

Die Grafschaft Werdenfels, die Garmisch, Partenkirchen und Mittenwald umschloss, gehörte ab 1294 zum weltlichen Herrschaftsgebiet des Bischofs von Freising, dem Hochstift Freising. Die Grenze zwischen dem Außerfern und der Grafschaft Werdenfels war über Jahrhunderte strittig, doch wurden solche Streitfragen stets gütlich im Verhandlungsweg gelöst.

Die kirchliche Grenze des Bistums Freising (heute Erzbistum München und Freising), die heute der Landesgrenze entspricht, wurde schon im Jahr 1060 beschrieben. Sie verlief auf heutigem Außerferner Gebiet vom Zwieselberg durch den Plansee nach Griesen im Loisachtal. Der östliche Teil des Plansees gehörte somit zum Bistum Freising. Diese kirchliche Grenzziehung erlangte aber, da das Gebiet unbewohnt war, nie eine politische Bedeutung.

Durch Jahrhunderte langes Gewohnheitsrecht entstand ein mehr oder weniger breiter Grenzstreifen, der vor allem für Jagd und Weide von beiden Anrainern genützt wurde. Die Grenzkonflikte betrafen diesen Grenzstreifen im Gebiet des Plansees, des Loisachtales und des Eibsees.

Im 15. Jahrhundert vermehrten sich die Auseinandersetzungen zwischen Tirol und dem Bischof von Freising. Durch diese Grenzziehung hätte Tirol Anspruch auf den Eibsee und das gesamte Zugspitzmassiv gehabt. Für die Jagd und für die Gewinnung besonderer Holzarten drangen die Tiroler jedoch noch weiter in die Grafschaft Werdenfels ein.

Die Klärung der Grenzfrage erfolgte durch „Kundschaften": Alte und erfahrene Leute gaben Auskunft über frühere Rechtsverhältnisse. Die Grenze entlang der Loisach blieb aber dennoch fast zwei

Jahrhunderte weiter strittig. 1611 kam eine Einigung zustande, die den österreichischen Vorstellungen entsprach, aber nicht ratifiziert wurde.

Erst 1656 schlossen der Tiroler Landesfürst Erzherzog Ferdinand Karl und der Bischof von Freising, Albert Sigismund, den im Wesentlichen noch heute gültigen Grenzvertrag. Die letzte Grenzrevision zwischen Werdenfels und Tirol erfolgte 1766, als die Zugspitzgipfel politisch zwischen Werdenfels und Tirol geteilt wurden. Damit ging der höhere Zugspitzgipfel für das Außerfern „verloren".

1.4.8 Die Grafen von Montfort

Die Grafen von Montfort teilten sich in mehrere Linien; für das Außerfern war jene, die die Herrschaft Rotenfels besaß und sich „Grafen von Montfort zu Rotenfels" nannte, von Bedeutung. Ihr Herrschaftszentrum war Immenstadt, und ihre Herrschaft dehnte sich weit ins Tannheimer Tal, aber auch in Teile des Lechtales aus, beschränkte sich jedoch dort auf Jagdgebiete am linken Ufer des Lech zwischen dem Hornbach und Zürs.

Urkunden aus den Jahren 1342 und 1358 lassen uns von einem Grafen Heinrich III. wissen, der die „Vorsäß und die Alpe im Tannheimer Tal" besaß, wozu auch das Gebiet von Jungholz gehörte. Er hatte diese Gebiete wiederum an seine Untertanen aus dem Allgäu weitergegeben.

Im Laufe des 15. Jahrhunderts vergrößerten die Grafen von Montfort ihren Grundbesitz im Tannheimer Tal, indem sie von anderen Allgäuer Geschlechtern Besitz erwarben, wodurch sie zu den eigentlichen Herren des Tales aufstiegen. 1456 erlangte Graf Haug von Montfort vom Bischof von Augsburg noch Rechte aus dessen Wildbann, den dieser Bischof seit 1059 besaß.

Ihrer Vorrangstellung im Tannheimer Tal konnten sich die Montforter nur so lange erfreuen, bis ab dem Jahr 1432 die Habsburger zielstrebig von anderen Allgäuer Adeligen Besitzungen aufkauften und sich so immer mehr im Tannheimer Tal festsetzten. Das Tal ging schließlich in mehreren Etappen an Tirol über.

1.4.9 Die Herren von Rettenberg

Die Freiherren von Rettenberg waren ein bedeutendes Allgäuer Adelsgeschlecht. Der Markt Rettenberg zwischen Wertach und Sonthofen erinnert uns noch heute an dieses ausgestorbene und ehemals edelfreie Geschlecht. Ebenso wie die Grafen von Montfort hatten die Rettenberger vor allem im Tannheimer Tal, aber auch im Lechtal reiche Besitzungen. Diese erstreckten sich wie bei den Montfortern auf der linken Seite den Lech aufwärts.

Ein alter alemannischer Rechtsbrauch spielte für jene Gebiete im Außerfern, die Allgäuer Herren unterstanden, eine wichtige Rolle, der schon erwähnte „Allgäuer Brauch", der bedeutete, dass der Untertan, auch wenn er auswanderte, stets Untertan seines Landesherrn blieb. Diesem Allgäuer Recht zufolge blieben daher die ins Tannheimer Tal eingewanderten Allgäuer ihren früheren Herren untertänig.

Der logische Umkehrschluss dieses Brauches musste bedeuten, dass auch die aus Tirol einwandernden Leute im Tannheimer Tal Untertanen der Tiroler Landesfürsten blieben. Im Verlaufe der Jahrhunderte konnte Tirol den „Allgäuer Brauch" zu seinen Gunsten in Anspruch nehmen. Eine noch heute sichtbare Rechtsfolge dieses Brauches ist die Zugehörigkeit der Exklave Jungholz zu Österreich.

Der bedeutendste Besitz der Rettenberger im Lechtal war das Gebiet des heutigen Vorderhornbach, wobei sie auch Rechte in Hinterhornbach innehatten. 1333 verkaufte Heinrich von Rettenberg dem Kloster St. Magnus in Füssen alle seine Rechte in Vorder- und Hinterhornbach. St. Magnus konnte das heutige Vorderhornbach zur Gänze seiner Grundherrschaft einverleiben, während Hinterhornbach außerhalb derselben bleiben musste. Daraus ist zu folgen, dass die Rechte der Rettenberger in Hinterhornbach geringer als in Vorderhornbach waren.

Zu einem weiteren Verkauf kam es 1348, über den wir aber wenig unterrichtet sind. Jedenfalls gingen mit diesem Jahr alle übrigen Güter und Rechte der Rettenberger im oberen Lechtal an die Grafen von Tirol über. Sie erstreckten sich bis in heutiges vorarlbergisches Gebiet. Ihr Umfang ist uns aber nicht bekannt (vgl. Stolz, Landesbeschreibung).

1.4.10 Die Herren von Heimenhofen

Die Freiherren von Rettenberg starben im Jahr 1350 im Mannesstamm aus. Die beiden Töchter Elsbeth und Adelheid teilten noch im selben Jahr den Besitz. Als Ausgangspunkt der Trennungslinie wird in der einschlägigen Literatur Reutte genannt. Das gibt allerdings wenig Sinn. Eher ist wohl anzunehmen, dass die Trennungslinie im Weiler Rauth ihren Anfang nahm, weil als nächster Punkt die Gaichtspitze angeführt ist.

Dadurch wurden die Tannheimer Berge erstmals zu einer Grenze. Die Teilungslinie verlief vom Weiler Rauth zur Gachtspitze, dann entlang der Bergkette, die das Tannheimer Tal nördlich begrenzt bis zum Grünten als äußerstem Berg, senkte sich dort ins Tal und verlief weiter zur Iller. Erbin des südlichen Teils, zu dem auch die Außerferner Gebiete gehörten, wurde Adelheid von Rettenberg, die mit dem Truchsessen von Waldburg verheiratet war. Der Hauptsitz dieses Familienzweigs war Burgberg – heute noch eine Ortschaft in der Nähe von Sonthofen. Adelheid von Rettenberg blieb nicht lange Herrin dieser Außerferner Gebiete. Sie und ihr Mann steckten in großen Geldnöten und verkauften schon im darauffolgenden Jahr 1351 ihren gesamten Besitz an Oswald und Marquard von Heimenhofen. Neben Gütern in Hindelang werden bei diesem Verkauf auch ausdrücklich Leute und Güter in Tannheim genannt.

Die Heimenhofer, im Gegensatz zu den Rettenbergern dem niederen Allgäuer Adel angehörend, verlegten ihren Sitz von Grönenbach (in der Nähe von Memmingen) zum Burgberg bei Sonthofen. Auf diese Weise kam ein umfangreicher Streubesitz im Tannheimer Tal an die Herren von Heimenhofen (vgl. Stolz, Landesbeschreibung).

1.4.11 Die Herren von Schwangau

Die Schwangauer dienten einst den Welfen. Herzog Welf VI. war im Außerfern auf der rechten Lechseite reich begütert.

Als er 1191 starb, traten die Staufer sein Erbe an, deren letzter Spross Konradin 1268 in Neapel enthauptet wurde. Unter den Welfen und Staufern hatten die Schwangauer einen beachtlichen Reichtum erworben. Sie waren nicht nur im Außerfern, sondern auch im Oberinntal in den Gerichten Imst und Petersberg (Silz) reich begütert.

Wenn auch die Schwangauer diesseits und jenseits des Ferns begütert waren, war doch der Fernpass die Grenze ihrer Macht. Sie übten seit der Zeit der staufischen Könige verschiedene Rechte in Teilen des heutigen Außerferns aus: Jagd-, Geleit-, Zoll- und Gerichtsrechte.

Ihr Recht auf Jagd, der „Wildbann", reichte einerseits vom Fernpass und andererseits von der Einmündung des Kaiserbaches bei Steeg im Lechtal weit ins Alpenvorland bis zum Fluss Illach bei Schongau hinaus. Das Recht auf Geleitschutz für Warentransporte erstreckte sich auf der rechten Lechseite bis zum Fernpass, in Reutte hatten sie ein Zollrecht.

Selbstbewusst kennzeichneten sie ihre Rechte im Außerfern, indem sie an den Grenzen dieser Rechte auf Tiroler Boden ihr Wappen anbringen ließen. Am Fernpass selbst setzten sie eine Säule mit ihrem Wappen, die noch um 1500 dort zu sehen war.

In Pflach und Bichlbach waren die Schwangauer auch Gerichtsherren, und zwar in Pflach über das ganze und in Bichlbach über das halbe Dorfgericht. Dieses Gerichtsrecht stand ihnen noch zu einer Zeit zu, als die Habsburger schon lange die Tiroler Grafen abgelöst hatten. Die Ansprüche der Schwangauer brachten Auseinandersetzungen mit dem Tiroler Landesfürsten, der sich teils unbefugt Schwangauer Rechte angemaßt hatte. Der Tiroler Landesfürst Sigmund, genannt „der Münzreiche", bereinigte diese Situation gütlich und kaufte den Schwangauern alle Rechte, die sie im Außerfern noch besaßen, ab. Neben dem Gerichtsrecht über Pflach und Bichlbach wurden auch alle Jagd-, Geleit- und Zollrechte abgelöst, sodass erst ab 1481 der Tiroler Landesfürst alleiniger Herr war (vgl. Liebhart, Schwangau).

1.4.12 Die Markgrafen von Ronsberg

Das Allgäuer Geschlecht der Ronsberger stellte ein Bindeglied zwischen dem Allgäu und Tirol dar. Im Gefolge der Welfen, die auf der rechten Lechseite sehr begütert waren, gelang es den Herren von Ursin sich emporzuarbeiten und 1182 als Markgrafen von Ronsberg zu etablieren. Ihre Tiroler Besitzungen erstreckten sich bis in das hinterste Ötztal und in die Meraner Gegend. Ihr Hauptsitz war jedoch im Allgäu, wo heute noch der gleichnamige Ort an sie erinnert.

Sie besaßen auch die Grafschaft im Oberinntal und verwalteten diese von der Burg Petersberg (bei Silz) aus. 1212 starb Markgraf Bertold von Ronsberg, der letzte seines Namens im Mannesstamm. Neben umfangreichen Besitzungen im Allgäu hinterließ er auch reiche Besitzungen im Oberinntal. Seine Besitzungen reichten von Finstermünz bis „an den Fern" und „in die Scharnitz". „An den Fern" bezeichnet nicht nur den Pass allein, sondern das gesamte Fernpassgebiet.

Des Markgrafen Besitz fiel an die beiden Ehemänner seiner Schwestern. Einer dieser Schwäger war Graf Ulrich von Ulten, der die Oberinntaler Besitzungen erbte. Auf diese Weise wurde dieses Südtiroler Geschlecht Inhaber der Grafschaft Oberinntal in Nordtirol. Es übernahm den beträchtlichen Ronsberger Besitz im Oberinntal und Außerfern mit dem Verwaltungssitz Schloss Petersberg. Die Ronsberger besaßen auch zwei Fischgerechtigkeiten im Heiterwanger- und Plansee, die ebenfalls an die Grafen von Ulten übergingen. (Vgl. Stolz, Landesbeschreibung)

1.4.13 Die Grafen von Ulten

Die Grafen von Ulten waren ein Seitenzweig der Eppaner Grafen. Ab 1200 nannte sich dieser Zweig nach dem Ultental in Südtirol. Graf Ulrich von Ulten verlegte um 1212 nach der reichen Ronsberger Erbschaft seinen Stammsitz vom Südtiroler Ultental auf Schloss Petersberg im Oberinntal, das nun fallweise auch „Schloss Ulten" genannt wurde. Vom Grafen Ulrich, ebenfalls dem letzten seines Namens, ging der Besitz in mehreren Etappen an die Tiroler Grafen über.

1235 kam es zu einer kriegerischen Auseinandersetzung zwischen dem Grafen Albert III. von Tirol und dem Grafen Ulrich von Ulten, die allerdings das Außerfern nicht berührte. 1241 verkaufte Ulrich von Ulten, bevor er sich zu einem Kreuzzug aufmachte, die Gebiete zwischen Fernpass und Scharnitz – das heißt auch das heutige Gebiet von Lermoos, Ehrwald und Biberwier – an Kaiser Friedrich II. aus dem Geschlecht der Staufer, wodurch der staufische Einfluss im Außerfern erhöht wurde.

1248 starb Graf Ulrich von Ulten, wodurch seine Lehen an das Reich zurückfielen. Die Tiroler Grafen bemühten sich, vom König das ehemalige Lehen der Ultener Grafen zu erlangen. König Konrad IV. belehnte 1253 die Tiroler Grafen neben anderen Besitzungen und Rechten auch mit dem Schloss Ulten – gemeint ist hier das Schloß Petersberg – und den Gebieten südlich des Ferns bis nach Scharnitz. Somit kamen zwar einige Teile des Lechtals, nicht aber das Gebiet jenseits des Fernpasses unter die Herrschaft der Tiroler Grafen (vgl. Stolz, Landesbeschreibung).

1.4.14 Die Grafen von Tirol

Die Grafen von Tirol hatten – bereits vor Meinhard II. – Besitzungen im Außerfern. Als Graf Albert III. von Tirol noch im Jahr 1253 starb, teilten sich seine beiden Schwiegersöhne, Graf Gebhard von Hirschberg und Graf Meinhard von Görz, das Erbe. Durch diese Teilung kamen die 1253 erworbenen Gebiete im Oberinntal – mit diesen Teile des Lechtals – kurzfristig an die Grafen von Hirschberg. Nachdem Gebhard von Hirschberg ohne Erben blieb, erhob Meinhard von Görz, der als Meinhard II. von Tirol in die Tiroler Geschichte einging, Anspruch auf das Hirschberger Erbe, wodurch dessen Gebiete 1263 an Meinhard fielen.

Graf Meinhard II. gelang es im Laufe seiner Regierung, weite Teile des heutigen Außerferns Tirol einzuverleiben.

2 Von Meinhard II. bis zu Kaiser Leopold II. (1268 - 1792)

Diese Zeitspanne von mehr als 500 Jahren kennzeichnet eine kontinuierliche Entwicklung des heutigen Außerferns. Mit dem Tod von Kaiser Leopold II. wurde diese Entwicklung jäh unterbrochen, als im Gefolge der Napoleonischen Kriege das Außerfern kurzfristig Bestandteil des Königreichs Bayern wurde. Die Auflassung von Ehrenberg, 1782, markiert ebenfalls den Schlusspunkt einer historischen Entwicklung. Auch in der kirchenpolitischen Entwicklung bringen die Jahre von Kaiser Josef II. eine bedeutende Wende.

2.1 Von Meinhard II. bis zu den Habsburgern

2.1.1 Der Zusammenbruch der alten Ordnung

Die große, seit Jahrhunderten gültige Ordnung im Reich zerbrach. Die so genannte „Kaiserlose Zeit" und das Aussterben der Herzöge von Schwaben brachten eine klar umrissene Ordnung zum Einsturz, die durch das Lehenswesen bestimmt war. Der oberste Herr war der Deutsche König, der meist auch den Titel eines Römischen Kaisers führte. Der König gab das Land an Herzoge, Fürsten, aber auch Bischöfe weiter. Diese wurden vom König mit ihrem Land belehnt. Erst an dritter Stelle standen die Grafen und andere adelige Herren wie Ritter und so genannte Ministeriale, die ihr Land wieder von der Herzogen, Fürsten und Bischöfen erhielten. Schließlich in der vierten, der untersten Ebene, kam das Volk. Diese so genannte „Lehenspyramide" regelte das Leben im Reich in vier Stufen.

Kurz nacheinander zerbrachen zwei dieser vier Ordnungen, und damit wurde auch das nachmalige Außerfern in einen Strudel von Ereignissen hineingerissen. Von 1254 bis 1273 konnten sich die Kurfürsten auf keinen König einigen. Diese 19 Jahre gingen als kaiserlose und schreckliche Zeit in die Geschichte ein. Während dieser Zeit brach auch noch das Herzogtum Schwaben, zu dem der größte Teil des Außerferns gehörte, zusammen, als dessen letzter Herzog, Konradin, am 29. Oktober 1268 am Marktplatz von Neapel enthauptet wurde. Somit fehlten sowohl Kaiser als auch zuständiger Landesfürst.

Das Herzogtum Schwaben dürfte sich – eine Grenzbeschreibung gibt es nicht – über das gesamte Reuttener Becken bis an die Quellen des Lech in Vorarlberg und auch bis zur Wasserscheide zwischen Lähn und Lermoos ausgedehnt haben.

2.1.2 Graf Meinhard II.

Meinhard II., Graf von Tirol-Görz, verstand es, aus den Wirren der Zeit mit Gewalt, Geschick, Geld und Glück seinen Profit zu schlagen. Er heiratete 1259 aus politischem Kalkül die um zehn Jahre ältere Elisabeth von Wittelsbach, die Witwe des Königs Konrad IV., der 1254 verstorben war. Dadurch wurde er zum Stiefvater des letzten legitimen Erben der Staufer, Konradin. Elisabeth brachte umfangreiche staufische Gebiete im Oberinntal, die sich auch auf das Außerfern erstreckten, in die Ehe mit. Am 6. November 1266 fand in Innsbruck die gütliche Auseinandersetzung um die Aufteilung dieses Erbgutes zwischen Elisabeth, deren Bruder Herzog Ludwig „dem Strengen" von Bayern und dem erwähnten Sohn Konradin statt.

Elisabeth und ihr Gemahl erhielten neben reichen Besitzungen im Inntal auch alles, was „zwischen Fern und Scharnitz liegt" – also die Gebiete von Lermoos, Ehrwald und Biberwier – zu ihrem Eigentum. Nachdem die Tiroler Grafen bereits 1253 die Gebiete südlich des Ferns erlangt hatten, dehnte sich ab 1266 ihre Herrschaft auch über den Fern aus.

Meinhard unterstützte 1267 mit Geld den Zug seines damals 15-jährigen Stiefsohnes Konradin nach Italien, ließ sich dafür aber Pfandgut verschreiben, darunter auch die ehemals welfischen Güter im Außerfern. Als Konradin im darauffolgenden Jahr auf dem Marktplatz von Neapel enthauptet wurde, kam Meinhard in den Besitz der Außerferner Gebiete bis zum Kniepass bei Pflach.

2.1.3 Die Anfänge von Ehrenberg

Für Meinhard II. galt es nun, die neu erworbenen Gebiete militärisch abzusichern. Von seinem äußersten Vorposten, dem Schloss Pfronten, was der heutigen Burg Falkenstein entsprechen müsste, zog sich Meinhard wieder zurück, indem er diese Burg dem Bischof von Augsburg überließ, der sich mit ihm gegen den Herzog von Bayern verbündet hatte.

Das genannte Erbauungsdatum Ehrenbergs, 1293, ist quellenmäßig nicht gesichert. Die Erbauung lässt sich aber relativ gut eingrenzen: 1286 bestand Ehrenberg noch nicht; 1296 wird Ehrenberg gesichert als „neue Burg am Katzberg" – gleichzeitig mit der ersten Nennung des Außerferns – in einem Rechnungseintrag erwähnt. Eine andere Rechnungsnotiz aus demselben Jahr nennt bereits Ehrenberg beim Namen. Daraus lässt sich schließen, dass Ehrenberg zwar unter Meinhard II. zu bauen begonnen wurde, aber erst ein Jahr nach dessen Tod von seinen Söhnen, den Herzögen Otto, Ludwig und Heinrich, fertiggestellt wurde. Der Katzenberg – ursprünglich Katzberg – hat nicht mit Katzen zu tun, sondern in ihm verbirgt sich das alte deutsche Wort „chatzen", was so viel wie „Aussicht nehmen" bedeutet. Somit ist der „Katzenberg" ein Aussichtsberg – auch die Erhebung, auf der die Burg erbaut wurde, trug diesen Namen.

Ab 1298 finden wir auch den Namen „iudicium Erenberch", also Gericht Ehrenberg für den von der Burg aus verwalteten Landstrich. Ehrenberg wurde zur Grenzfestung Tirols gegen Norden. Aus den landesfürstlichen Rechnungsbüchern erfahren wir, dass nach 1300 immer noch auf Ehrenberg gebaut wurde.

Am 7. Jänner 1305 wurde Ehrenberg schließlich erstmals als Grenzfestung der Tiroler Herrschaft genannt. König Albrecht, ein Schwager der drei Landesherren, der Herzöge Otto, Ludwig und Heinrich, bestätigte ihnen, das Territorium Tirols als Lehen rechtmäßig innezuhaben und nennt als einen der Grenzpunkte ausdrücklich die Burg Ehrenberg.

Das Schloss im Loch bei Pinswang

2.1.4 Das Schloss im Loch

Pinswang besitzt mit seiner Höhlenburg – „Schloss im Loch" genannt – eine mittelalterliche Rarität. In einer rund 35 Meter breiten und zwölf Meter tiefen Höhle finden sich heute noch vier Mauern dieser einstigen Festung.

Die Erbauung dieser Burg geht mit ziemlicher Sicherheit auf die Herren von Hohenegg in Vils zurück, die ihre kleine Herrschaft auch auf den Raum von Pinswang ausdehnen wollten und zur Sicherung ihrer Herrschaft diese Burg erbauten. 1265 ist ein Burgmann der Hohenegger nachweisbar.

Diese Burg war für die Expansion der Tiroler Grafen Meinhard II. und seiner Söhne ein Hindernis, die ihre Herrschaft bis zur Talenge vor Füssen ausdehnen wollten und dabei auf den Widerstand der Hohenegger stießen. Diese versuchten kriegerisch im Bündnis mit den Grafen von Montfort das weitere Vordringen Tirols in den Jahren 1312 und 1313 zu verhindern, jedoch ohne Erfolg.

Der Tiroler Landesfürst, König Heinrich, eroberte 1312 oder 1313 die von den Vilser Herren von Hohenegg erbaute Burg „Schloss im Loch" bei Pinswang, und dehnte damit Tirol rechts des Lech in etwa bis zu den heutigen Grenzen aus.

1315 befand sich die Burg oberhalb Pinswangs nachweislich im Besitz des damaligen Tiroler Landesfürsten, König Heinrich. Nach 1315 waren Wiederaufbauarbeiten notwendig und 1328 wurde die Burg nochmals in eine Kriegshandlung hineingezogen, deren genaue Umstände nicht bekannt sind.

Auf dem Schloss im Loch befand sich zunächst ein vom Landesfürsten bestellter Burghüter. 1352 wurde diese Burg jedoch der Verwaltung von Ehrenberg unterstellt und wurde so zu einem vorgeschobenen Festungspunkt Ehrenbergs. Sobald die Tiroler Grenzen im Norden unbestritten waren, wurde die Burg mehr und mehr bedeutungslos.

1546 und 1552 machte man ihre Ruinen gegen die vorrückenden kriegerischen Truppen der Schmalkalden und des Kurfürsten Moritz von Sachsen wahrscheinlich nochmals verteidigungsbereit. 1552 scheint die Burg letztmals auf, als auf Ehrenberg 394 Kanonenkugeln aus dem ehemaligen Schloss im Loch erwähnt werden.

2.1.5 Erste Nennung des Außerferns 1296

Die erste Nennung erfolgte 1296 in lateinischer Sprache als „iudicium extra Verren", was nichts anderes als Gericht „außer dem Fern", also „Außerfern" heißt. In der Handschriftensammlung im Tiroler Landesarchiv findet sich unter dem Datum „A. D. 1296" (Anno Domini – im Jahre des Herrn – 1296) auf Folio 88 auf drei Zeilen folgender Eintrag:

„VI exeunte Iulio in Saltaus dimisit Dominus castrum novum in Kaczperch H. de Starchenberg ad annum custodiendum et dantur ei pro custodia marce LXIV et iudicium extra Verren insuper dimissum est ei pro libris LX ad idem castrum." Das heißt: „Am 6. Tag des ausgehenden Juli verlieh in Saltaus der Herr das neue Schloss am Katzenberg dem Heinrich v. Starkenberg zur jährlichen Bewachung, und es werden ihm für die Aufsicht 64 Mark gegeben, und es wurde ihm obendrein das Gericht Außerfern für 60 Pfund zu dieser Burg überlassen."

Der „6. Tag des ausgehenden Juli" bedeutet, vom Ende des Juli sechs Tage zurückzurechnen, wobei man den 26. Juli 1296 als Datum ermittelt. Saltaus ist ein Ort im Passeiertal und unter „Herr" wird der Tiroler Landesfürst, Herzog Otto, der Sohn Meinhards II. verstanden. Das Schloss am Katzenberg ist Ehrenberg (Tiroler Landesarchiv Innsbruck, HS 280, fol. 88).

2.1.6 1313 - Pinswang zum Außerfern

Um den Besitz dieser Ecke zwischen dem Kniepass und der heutigen Landesgrenze stritten drei mächtige und zwei weniger mächtige Herren. Die drei Mächtigen waren der Tiroler Landesfürst, der Herzog von Bayern und der Bischof von Augsburg. Zwei kleinere Herren, nämlich die Herren von Hohenegg und jene von Schwangau fielen höheren Interessen zum Opfer und konnten fortan nur eine untergeordnete Rolle spielen. Der Streit wurde nicht friedlich ausgetragen, wobei sich der Tiroler Landesfürst und der Bischof von Augsburg gegen den Herzog von Bayern verbündeten, um diesen nicht über den Lech gelangen zu lassen. Während um 1313 das von den Hoheneggern erbaute Schloss im Loch bei Pinswang den siegreichen Tirolern zufiel, konnte der Bischof von Augsburg seine Herrschaft bis zur Burg Falkenstein (bei Pfronten) festigen, und der Herzog von Bayern musste mit dem Gebiet östlich des Lech vorlieb nehmen. Damit konnte der Tiroler Landesfürst sein Territorium auf der ganzen rechten Lechseite von Reutte bis zur heutigen Landesgrenze ausdehnen.

2.1.7 1348 - Lechtal und Berwang zum Außerfern

So wie einst das Außerfern ein von Imst abhängiger Gerichtssprengel war und erst spätestens 1296 verselbstständigt wurde, gab es zu dieser Zeit auch bereits ein „iudicium im Lechtal", also ein Gericht Lechtal. Dieses Gericht erstreckte sich von Forchach aufwärts, ohne jedoch Vorderhornbach zu umfassen. Die Gerichtsbarkeit wurde über jene Leute ausgeübt, die über die Jöcher aus dem Inntal zugewandert waren. Auch im Lechtal gab es verschiedene kleinere Herrschaften, die ihre eigene Gerichtsbarkeit hatten.

Einheitlich ausgebildet war jedoch bereits die kirchliche Einteilung: Die Pfarre Lechtal mit dem Sitz in Elbigenalp, die 1312 erstmals erwähnt wird, erstreckte sich von Stanzach bis hinauf zum Tannberg.

Dieses Gericht im Lechtal wurde im Jahre 1348 mit dem Gericht auf Ehrenberg vereinigt. Der alte Gerichtsname „iudicium extra Verren" (Gericht Außerfern) wurde bald durch die neue Bezeichnung „Gericht Ehrenberg" abgelöst, woraus man sieht, dass man zu jener Zeit das Lechtal noch nicht zum Außerfern rechnete. Um 1430 wurde auch das Gebiet von Berwang samt Namlos dem Gericht Ehrenberg zugeteilt, jedoch blieb – im Gegensatz zum Lechtal – dieses Gebiet bis 1810 steuerlich bei Imst.

2.1.8 Die Erwerbung von Jungholz

Ein Sonderfall war die Erwerbung von Jungholz, die durch den so genannten „Allgäuer Brauch" ermöglicht wurde.

1342 kaufte ein Tiroler Untertan das „Gut Jungholz"; 1457 folgten weitere Käufe durch Jungholzer. Schon ab 1452 stand die Frage im Raum, zu wem nun Jungholz gehöre: zum Tiroler Landesfürsten oder zum Bischof von Augsburg? Die Entscheidung – lange umkämpft – fiel zugunsten des Tiroler Landesfürsten.

2.2 Kriegswirren bis zur Auflassung Ehrenbergs 1782

2.2.1 Der Kampf mit den Appenzellern 1406 und 1407

Das Außerfern wurde – im Gegensatz zum übrigen Tirol! – zweimal in die Appenzeller Kriege verwickelt.

Die Appenzeller – die damals noch keine Schweizer waren – gerieten mit dem Fürstabt von St. Gallen in einen Konflikt. Herzog Friedrich IV. von Tirol – die Tiroler kennen ihn besser als „Friedl mit der leeren Tasche" – unterstützte den Abt von St. Gallen militärisch und wurde deswegen in den Konflikt, der sich zum Krieg ausweitete, hineingezogen. Das Söldnerheer des Herzogs wurde 1405 von den Appenzellern vernichtend geschlagen. Die Appenzeller holten nun zum Gegenschlag aus und besetzten noch im selben Jahr Vorarlberg. Von Feldkirch aus rückten sie im darauffolgenden Jahr 1406 über den Arlberg nach Tirol vor.

Am 4. Juni 1406 kam es bei der Brücke in Zams zu einem für die Tiroler Söldner verlustreichen Kampf. Bei Imst traten den Appenzellern nochmals Tiroler Söldner entgegen, die abermals geschlagen wurden, sodass den Appenzellern nun der Weg nach Innsbruck freigestanden wäre. Trotz ihres Sieges brachen sie ihren Feldzug ab. Sie wollten ihre Kampfkraft nicht im fremden Land zu sehr aufsplittern und wurden außerdem von einem Boten zurückgerufen. Während sich ein Teil der Appenzeller über den Arlberg zurückzog, marschierte ein anderer Teil über den Fernpass und gelangte über das Tannheimer Tal nach Immenstadt.

Dieser erste Einfall der Appenzeller ins Außerfern war also kein Eroberungszug, sondern ein Rückzug, der das Lechtal überhaupt nicht berührte. So blieb dieser erste Einfall der Appenzeller letztlich nur eine kurze Episode im Außerfern.

Im letzten Drittel des Jahres 1407 unternahmen die Appenzeller erneut einige kühne Kriegszüge. Unter anderem stießen sie im September 1407 von Bludenz aus über den Flexenpass ins Lechtal vor. Ihr Ziel war wohl, das Innere Tirols von der Verbindung Richtung Kempten abzuschneiden, vielleicht sogar auch, ihre Bauernrepublik bis zum Lech auszudehnen. In der schweizerischen Geschichtsschreibung ist von einer „Umzingelung des Schlosses Ehrenberg" die Rede. Dass eine solche stattfand, muss allerdings aus Mangel einer Nachricht in Abrede gestellt werden. Dass ein derartiges Vorhaben geplant war, ist jedoch sehr wahrscheinlich.

Die Appenzeller wurden aber schon im darauffolgenden Jahr bei Bregenz militärisch geschlagen. König Rupert fällte am 4. April 1408 einen Schiedsspruch, wodurch die österreichischen Gebiete – das Lechtal ist ausdrücklich erwähnt – wieder unter die Hoheit von Herzog Friedrich IV. fielen (Vgl. Appenzeller Geschichte). Die Schlacht der Lechtaler gegen die Appenzeller ist somit in den Bereich der Sage zu verweisen.

Gemälde nach J. A. Falger in Köglen

2.2.2 Die Wirren um das Konzil von Konstanz

Die wohl populärste Herrschergestalt in Tirol ist Herzog Friedrich IV., den die Tiroler Geschichte als „Friedl mit der leeren Tasche" kennt. Ehrenberg verspürte unter ihm die Auswirkungen der großen Politik, des Konzils von Konstanz.

1414 berief König Sigmund zur Klärung verschiedener Kirchenprobleme – nicht nur der Papstfrage – ein Konzil nach Konstanz ein, das bis 1418 tagen sollte. Friedrich unterstützte den Gegenpapst Johannes XXIII. und verhalf diesem 1415 zur Flucht aus Konstanz. Er zog sich deswegen die Ungnade des Königs zu, der ihn absetzte, ihn all seiner Länder verlustig erklärte und alle Reichsstände aufforderte, sich der Herrschaftsgebiete Friedls zu bemächtigen. 1416 gelang Friedl die Flucht aus Konstanz, die bis 1418 dauern sollte.

Auch das Außerfern erfasste dieser Konflikt auf mehreren Ebenen. Ermutigt durch den königlichen Spruch von Konstanz, sich der Länder Friedrichs zu bemächtigen, sandten auch Allgäuer Städte Söldnerheere aus. Während einige Städte mit ihren Söldnern in Vorarlberg eindrangen, sandten die Städte Kempten, Kaufbeuren, Memmingen und Augsburg, verstärkt durch Soldaten des Herzogs von Bayern, eine Söldnertruppe gegen Tirol. Sie kamen bis zur Ehrenberger Klause, die sie vom 8. bis zum 23. April 1415 belagerten. Sie mussten erkennen, dass das Tiroler Volk treu zu Friedl hielt, worauf sie ihr Unternehmen erfolglos abbrachen (vgl. Baumann, Geschichte des Allgäus).

Während sich die meisten Tiroler Adeligen nach und nach mit dem Herzog versöhnten, führten die Starkenberger ihren Kampf bis zum bitteren Ende weiter. Die Burg Greifenstein bei Bozen war Endstation eines mächtigen Ringens, das sich von 1423 bis 1426 hinzog und mit dem Untergang der Starkenberger endete. Herzog Friedl konnte sich dadurch auch die im Außerfern gelegenen Besitzungen der Starkenberger einverleiben.

Dieses wahre Ereignis lebt heute noch in vielen Sagen weiter. Eine Erzählung besagt, dass Friedl im Kloster Stams

Unterschlupf gefunden und der dortige Abt ihn in den Fischerhöfen des Klosters am Heiterwanger See verborgen habe.

2.2.3 Das Zeitalter Kaiser Maximilians

Nach dem Tod Herzog Friedrichs „mit der leeren Tasche" folgte 1446 sein Sohn Sigmund, dem die Geschichte den Beinamen „der Münzreiche" gab. Unter ihm wurde die Ehrenberger Klause weiter befestigt und außerdem 1489 Reutte zum Markt erhoben. Er hatte bereits 1477 Jörg Gossenbrot zum Pfleger von Ehrenberg eingesetzt, der auch sein Geldgeber wurde und dem er schließlich auch Ehrenberg verpfänden musste.

Die Schuldenpolitik Sigmunds führte 1490 zu dessen Abberufung als Landesfürst, worauf Maximilian von den Landständen als Landesfürst berufen wurde. Maximilian führte seit 1486 den Königstitel, wurde 1493 König und 1508 ohne päpstliche Krönung Kaiser.

Obwohl die Zeit von Sigmund als auch von Maximilian reich an Kriegen war, erlebte Ehrenberg und das Außerfern eine friedliche Zeit. Maximilian war ein passionierter Jäger. Für sein Vergnügen hielt sich der Kaiser zahlreiche Jagdgehilfen, so zum Beispiel je einen Forstknecht zu Ehrenberg, in Bichlbach und in Lermoos. An der Ehrenberger Klause hatte der Kaiser eine Taverne mit ungefähr 30 Federbetten für seine Jagd eingerichtet. Hierin befanden sich kurz nach Maximilians Tod drei Truhen mit 613 Handbögen, 29 Pfeilen zum Gämsenschießen, 18 Tillmessern mit Scheiden, sechs Paar Fußeisen sowie eine Truhe mit acht überzogenen und 14 bloßen Jagdschäften.

Einer seiner frühesten Aufenthalte galt einer Bärenjagd im Jahre 1494 am Plansee. Zum letzten Mal jagte er im Oktober 1518 bei Ehrenberg und am Heiterwanger See. Im Oktober hatte er bei seinem letzten Reichstag von Augsburg Abschied genommen. Hierauf hielt ihn seine geliebte Jagd im Außerfern fest. Am 2. November überfiel den Kaiser Fieber. Am 25. November fand seine Rückreise nach Wien in Wels wegen seiner Krankheit ein jähes Ende. Er starb am 12. Jänner 1519 in Wels. Maximilian I. frönte auch der Fischerei. er liebte drei Seen in Tirol besonders: den Achensee, den Völser Weiher und den Plansee samt Heiterwanger See. Am Plansee und Heiterwanger See konnte er seinen beiden Leidenschaften nachgehen: der Jagd und der Fischerei.

Auch Maximilian behielt Jörg Gossenbrot nicht nur als Pfleger, sondern auch als Finanzmann. Er wurde des immer geldbedürftigen Königs fast allmächtiger Vertrauter. Er hatte stets zu ihm Zutritt. Wochenlang war er mit ihm als Freund und Ratgeber im Raum zwischen Innsbruck, Ehrenberg, Füssen und Augsburg zusammen.

Neider und Feinde konnten bei dieser Machtfülle nicht ausbleiben. Im Juni 1502 starb Gossenbrot eines unrühmlichen Todes. Er aß eine vergiftete Blutwurst. Die Spekulationen, dass ihn seine Feinde auf diese Weise beseitigten, wollten schon damals nicht verstummen. Zu den Trauerfeierlichkeiten reiste König Maximilian persönlich nach Augsburg.

2.2.4 Das Außerfern und der Bauernkrieg

Nach einer langen Periode des Friedens wurde Ehrenberg ab 1525 immer wieder in kriegerische Ereignisse hineingezogen. Die Situation war gespannt. Die Allgäuer Bauern waren bereits ins Außerfern vorgedrungen und hatten die Lechbrücke bei Pinswang besetzt. Der Tiroler Landesfürst, Erzherzog Ferdinand (der spätere Kaiser Ferdinand I.) handelte schnell und sandte am 31. März 1525 hundert Reiter, drei Fass Pulver und drei Tonnen Blei nach Ehrenberg.

Dieses Reiterkorps vertrieb am 18. April 1525 die Allgäuer Aufständischen nach Vils. Sie besetzten als Vorsichtsmaßnahme Füssen. Im Außerfern gärte es. Kontakte zu den Aufständischen wurden geknüpft, um gemeinsame Sache zu machen. Einige konnten gefangen genommen werden. Der Landesfürst ließ den Weg nach Innsbruck durch zusätzliche Wachposten auf der Ehrenberger Klause und bei Sigmundsburg am Fernpass abschirmen, um jeden Kontakt mit Michael Gaismair zu verhindern.

Die Außerferner nützten jedoch die Schwäche des überall bedrohten Landesfürsten geschickt für sich. Am 27. Mai versammelten sich die Bauern des ganzen Gerichtes und versicherten dem Landesfürsten ihre Treue, sie wollten auch für ihn in den Krieg ziehen – aber nicht ohne Gegenleistung. Die Außerferner Bauernversammlung ergriff die günstige Gelegenheit, den verhassten Spanier Salamanca, der Ehrenberg zum Pfand hatte, und den von ihm eingesetzten Pfleger, Eberhard von Freiberg, loszuwerden. Sie distanzierte sich vom Vorwurf, mit den Aufständischen im Allgäu gemeinsame Sache machen zu wollen und bekundeten erneut ihre Treue zum Landesfürsten.

Der Landesfürst sah die günstige Gelegenheit, diesen Landesteil vom allgemeinen Bauernaufstand herauszuhalten, und stimmte den sicher maßvollen Forderungen der Außerferner zu. Er versprach ihnen Tiroler als Pfleger und Zöllner, wies den Gerichtsschreiber an, Regierungserlässe unentgeltlich mitzuteilen und sich für Briefe und Versiegelungen mit einer billigen Taxe zu begnügen. Auch versprach er ihnen 200 Spieße zur Verteidigung mit der Zusicherung, das Außerfern in der Not nicht alleine zu lassen. Der Landesfürst hielt sein Versprechen und setzte Ulrich von Maltiß am 20. Juli 1525 zum Pfleger von Ehrenberg ein (vgl. Ladurner, Veste und Herrschaft Ernberg).

Stich von Matthäus Merian (1593 – 1650)

2.2.5 Der Schmalkaldische Krieg 1546

Die Reformation spaltete Deutschland in das protestantische und katholische Lager und zwei Bündnisblöcke. Die Protestanten schlossen ihren Bund 1531 in der Stadt Schmalkalden in Thüringen, weshalb man vom „Schmalkaldischen Bund" und vom „Schmaldkaldischen Krieg" spricht. Die Katholischen schlossen ihren Gegenbund, die „Heilige Liga", dem auch der Papst beitrat. Beide Seiten

rüsteten. 1546, nach dem Tod Luthers, kam es zum Ausbruch des Krieges.

Sebastian Schärtlin von Burtenbach, ein erfahrener Krieger, war Söldnerführer der Schmalkalden. Er besetzte Füssen. Ehrenberg war nur mit 71 Mann – und diese noch kriegsuntauglich! – auf keinen Kampf vorbereitet. Schärtlin, der selbst in Füssen blieb, setzte am 10. Juli beim Einbruch der Nacht 2000 Landsknechte Richtung Ehrenberg in Marsch. Ohne bemerkt zu werden, standen sie am 11. Juli kurz nach Mitternacht vor der Ehrenberger Klause. Mit einem Überraschungsangriff eroberten sie diese in kurzer Zeit.

Der schmalkaldische Anführer forderte den Pfleger zur Übergabe Ehrenbergs auf. Dessen Besatzung verweigerte den Widerstand. Der Pfleger übergab Ehrenberg kampflos am 11. Juli um 10 Uhr Vormittag. Er und seine Besatzung erhielten freien Abzug.

Die Schmalkalden besetzten das Schloss, und Schärtlin gab den Befehl, gegen Innsbruck vorzurücken. Noch am selben Tag kamen die Schmalkalden bis Lermoos. Inzwischen hatten die Kaiserlichen zum Gegenschlag ausgeholt und bedrohten Augsburg. Die Schmalkalden mussten daher ihren Tirol-Feldzug abbrechen und umkehren. Sie hielten aber weiterhin Ehrenberg und das Außerfern besetzt.

Am 24. August 1546 traf die kaiserliche Hauptstreitmacht ein und richtete den Falkenberg (Hochschanz) für den Angriffskampf ein. Am 30. August rückten die Kaiserlichen von Heiterwang kommend vor die Ehrenberger Klause. In den Morgenstunden des 4. September begann ein heftiger Feuerwechsel. Die Kaiserlichen schossen ihre eigene Festung Ehrenberg am 4. und 5. September sturmreif. Plötzlich verstummte das schmalkaldische Geschütz. Die Kaiserlichen erstürmten das Schloss, fanden es aber von den Besatzern verlassen vor. Nur für kurze Zeit war die Kriegsgefahr für Ehrenberg gebannt (vgl. Kätzler, Zwischentoren).

2.2.6 Ehrenberg und der Fürstenaufstand von 1552

Ehrenberg wurde nur sechs Jahre später, 1552, in ein Ereignis von größter Tragweite hineingezogen. Eine vom Kurfürsten Moritz von Sachsen angeführte Fürstenverschwörung rückte mit ihrer Streitmacht gegen Ehrenberg vor.

Moritz von Sachsen besetzte am 18. Mai Füssen und sandte Spione nach Reutte aus. Trotz der Nachricht über eine starke kaiserliche Truppenkonzentration im Talkessel von Reutte zog er noch am selben Tag mit einer kleinen Elitetruppe zum Kniepass. Er griff an, und nach kurzer Gegenwehr flohen die Verteidiger zur kaiserlichen Hauptstreitmacht nach Reutte. Der Kurfürst setzte den Flüchtenden nach und griff die ungeschützt in der Ebene von Reutte lagernde Streitmacht frontal an. Die Geschütze von Ehrenberg konnten – da zu weit entfernt – nicht in das Kampfgeschehen eingreifen. Der Kommandant war abwesend. Verwirrung kam in die führungslose Truppe. Sie erlitt eine vernichtende Niederlage.

Ein ortskundiger Verräter führte einen Teil der kurfürstlichen Truppe auf die andere Seite der Ehrenberger Klause. Am Morgen des 19. Mai stand sie hinter ihr. Vor der Klause wartete der Kurfürst auf ein Zeichen zum Angriff. Die Verteidiger wandten ihre ganze Aufmerksamkeit dem Kurfürsten zu, als plötzlich in ihrem Rücken der Angriff erfolgte. Durch diesen Überraschungsangriff fiel die Klause im Nu in die Hände der Feinde, während sie die Burg selbst nicht erobern konnten. In Innsbruck wirkte die Nachricht vom unerwarteten Fall Ehrenbergs niederschmetternd. Noch am Abend des 19. Mai flüchtete der Kaiser – wegen seiner Gicht in seiner Sänfte – über den Brenner. Als Moritz am 23. Mai in Innsbruck eintraf, war der Kaiser längst fort: Das Kriegsziel war nicht erreicht. Er gab daher seinen Truppen am 26. Mai den Befehl zur Umkehr. Sie plünderten, mordeten, brandschatzten, raubten und schändeten die Kirchen. Am 29. Mai erreichten sie Reutte und zogen Richtung Füssen ab. Zurück blieb ein Bild des Grauens: rauchende Ruinen und zerstörte Kirchen. Das Elend der Bevölkerung war unermesslich. Ganze Familien waren in den Wäldern verhungert. Auf dem Schlachtfeld von Reutte lagen die Leichen (vgl. Rebitsch, Fürstenaufstand).

Diese Schlacht von Reutte erlangte geschichtliche Bedeutung. Da keine der beiden Seiten den Sieg erringen konnte, musste schließlich verhandelt werden. Das Ergebnis war der Augsburger Religionsfriede von 1555, der festlegte, dass der Landesfürst die Religion seines Landes bestimmen könne.

2.2.7 Der Dreißigjährige Krieg

Bis zum Jahre 1632 blieb das Außerfern von Kriegswirren verschont. Am 8. Mai 1632 besetzten die Schweden Füssen. Daraufhin eroberten am 15. Mai Tiroler Soldaten von Ehrenberg aus Füssen, was einen Gegenzug der Schweden provozieren musste.

Am 25. Juni 1632 fielen die Schweden erstmals im Außerfern ein und besetzten Vils. Sie sandten eine starke Vorhut bis nach Brandstatt (heute Gemeinde Musau) und spionierten den Straßenübergang nach Rossschläg aus. Unerwartet zogen sie jedoch am 27. Juni wieder aus Vils ab, das sie gräulich verwüstet hatten, und kehrten nach Füssen zurück. Doch schon am darauffolgenden Tag, dem 28. Juni, kamen sie mit 5000 Mann und sechs Geschützen neuerdings nach Vils und schickten Streifscharen gegen Rossschläg aus.

Am 8. Juli 1632 fiel eine 50 Mann starke schwedische Reitertruppe ins Tannheimer Tal ein. Sie verlangten die Öffnung der Schanze und versprachen, niemandem ein Leid zuzufügen. Bevor sich die kriegsunerfahrenen Bauern diese Forderungen überlegen konnten, waren sie von den schwedischen Reitern umringt. Zwei Außerferner wurden erschossen, einer niedergehauen und acht gefangen genommen, die restlichen konnten entrinnen. Dragoner aus Ehrenberg konnten die Schweden schließlich zurückwerfen.

Am 27. Juli 1632 eroberten die Herzöge Bernhard und Ernst von Weimar mit 6000 Mann Füssen zurück. Am 28. Juli rückten die Schweden mit großer Übermacht auf Vils zu, worauf die Schanzen geräumt wurden.

Die Schweden stießen am 29. Juli mittags über den Lech vor und zogen kampflos in Reutte ein. Vom Schloss Ehrenberg und den anschließenden Höhen aus sahen die Tiroler Truppen tatenlos dem Einzug der Feinde in Reutte zu, die sofort mit der Plünderung begannen. In Innsbruck bestanden währenddessen Bestrebungen, den landesfürstlichen Hof zu evakuieren. Am Nachmittag des 30. Juli setzten sich drei schwedische Reitergruppen zum Rossrücken (am Weg zum Plansee) in Bewegung. Die Schweden, die offenbar nur einen Erkundungsritt unternommen hatten, machten kehrt und ritten nach Breitenwang zurück. Die Herzöge Bernhard und Ernst von Weimar erschienen, von einer Reiterschar begleitet, am freien Feld zwischen Reutte und Breitenwang und nahmen die umliegenden Höhen in Augenschein.

Für einen Angriff auf Ehrenberg blieb ihnen aber keine Zeit. Am Abend des 30. Juli forderte ein Bote die sofortige Rückkehr und die Teilnahme des Herzogs von Weimar an der Entscheidungsschlacht zu Nürnberg. Noch am Abend zog die schwedische Reiterei zum Kniepass ab. Am Morgen des 31. Juli riefen die Trompeten zum allgemeinen Rückzug (vgl. Hofinger, Schwedenjahr 1632).

Die Erzählung, dass 18.000 Schweden angegriffen und 12.000 Tiroler Ehrenberg erfolgreich verteidigt hätten, wobei die Kanonade „Berg und Tal erzittern ließ", gehört ebenso wie jene der „listigen Weiber von Elmen", die die Schweden durch List zum Rückzug bewogen hätten, in den Bereich der Sage.

1634 flammte die schwedische Kriegsgefahr erneut an Außerferns Grenzen auf. Das letzte Mal standen die Schweden kurz vor Kriegsende, 1646, an Außerferns Grenzen. 1648 beendete der Westfälische Friede die unheilvollen Wirren. 1611 und 1635 wütete zudem die Pest im Außerfern.

Als am 12. September 1632 Erzherzog Leopold V. unerwartet starb, folgte ihm seine Gemahlin, Erzherzogin Claudia aus dem Geschlecht der Medici, als Regentin. Nachdem in den vergangenen Kriegen die Bedeutung der Hochschanz schon mehrmals erkannt wurde, dieser Berg jedoch nie befestigt worden war, schritt nun Erzherzogin Claudia an dieses

Vorhaben. 1639 wurde der Bau genehmigt. Unter der Leitung des Baumeisters Elias Gumpp wurden auch die Befestigungsanlagen am Kniepass, der gegenüberliegenden Lechschanze, an der Rossschläg und am Gaichtpass verbessert und teilweise neu errichtet. Weiters wurden von Gumpp Bollwerke in Schattwald, Ehrwald, im Ammerwald und Klausenwald angeregt aber nicht verwirklicht, ebenso wie damals auch eine Befestigung des Schlosskopfes nicht zustande kam (vgl. Krapf, Gumpp).

Die Befestigung auf der Hochschanz trägt heute noch den Namen dieser tatkräftigen Landesfürstin: Fort Claudia oder Fort Sankt Claudia.

2.2.8 Der Spanische Erbfolgekrieg

Ursache des Krieges war die Thronfolge in Spanien nach dem Aussterben der spanischen Habsburger. Der Krieg währte von 1701 bis 1714. Bayern stand auf Seiten der Feinde. Die Verteidigungsanlagen Ehrenbergs waren nach Norden ausgerichtet. Das feindliche Heer kam jedoch von Süden über den Fernpass und konnte am 1. Juli 1703 das Fort Claudia mühelos besetzen.

Als trotz fehlenden Militärs der Pfleger Baron Gaudenz von Rost Ehrenberg verteidigte, zogen am Abend des 2. Juli die bayerischen Soldaten nach Reutte, plünderten die ersten Häuser und besetzten Reutte kampflos. Sie drohten nun mit Plünderung und Brand. Solchermaßen eingeschüchtert baten die Bewohner Rost schriftlich um Übergabe der Festung. Er zog am 6. Juli mit freiem Geleit „fliegenden Fahnen und klingendem Spiel" von Ehrenberg ab, und die Bayern zogen kampflos ein. Ironie des Schicksals: Der bayerische Feldzug war bereits verloren, da die Bayern am 1. Juli bei der Pontlatzer Brücke vernichtend geschlagen worden waren – davon wusste man aber auf Ehrenberg nichts.

Angespornt durch die Siege im Inneren Tirols, belagerten die Bewohner, unterstützt von nur sieben Soldaten, die Festung. Am 30. Juli wurden alle zu Ehrenberg führenden Wege besetzt. In der Nacht zum 1. August schleppten die Bewohner vier Kanonen von Rieden aus auf den Schlosskopf und rüsteten zum

Angriff. Am 3. August begann die Rückeroberung.

Als kein reguläres Militär eintraf, wurde die Situation für die Außerferner zunehmend ernster, zumal ein bayerisches Entsatzheer im Anmarsch war. Doch das kaiserliche Entsatzheer, das aus Innsbruck und Bregenz anrückte, war schneller. Nun diktierten die Österreicher die Übergabebedingungen.

Am 9. August erhielten die Bayern freies Geleit, und der Reuttener Schützenleutnant Christoph Zeiller zog mit Bürgern, Bauern und Schützen in das wiedergewonnene Schloss ein. Der Kampf um Ehrenberg forderte ein Todesopfer: Der bayerische Kommandant, Baron Haidon, wurde von den Bayern wegen der Aufgabe Ehrenbergs enthauptet.

2.2.9 Der österreichische Erbfolgekrieg

Als sich abzeichnete, dass Kaiser Karl VI. keine männlichen Nachkommen haben würde, erließ er im Jahr 1713 die so genannte „Pragmatische Sanktion", die neben der Unteilbarkeit der österreichischen Erblande auch die Erbfolge der Töchter vorsah.

Der Kaiser verwendete beinahe sein ganzes Leben, diese Pragmatische Sanktion diplomatisch und vertraglich abzusichern. Es war aber neben jeder vertraglichen und diplomatischen Absicherung auch eine militärische Vorsorge unabdingbar. Daher wurde der schon lange gehegte Plan, den Schlosskopf zu befestigen, in die Tat umgesetzt.

Zwar wurde mit dem Bau der Befestigungsanlage bereits 1726 begonnen, jedoch wurden die Arbeiten immer wieder eingestellt. Am 28. August 1733 legten der Abt des Klosters St. Magnus in Füssen, Dominikus Dierling, und der Festungskommandant, Andreas Johannes von Pach, den Grundstein.

Das Vorwerk unterhalb des Schlosskopfes, das nun Burg und künftige Festung zu schützen hatte, war bereits 1734 fertig gestellt. Die Festung am Schlosskopf selbst wurde 1741 vollendet, ohne dass alle geplanten Baulichkeiten ausgeführt worden wären.

1740 folgte nach dem Tod Kaiser Karls VI. seine damals erst 23-jährige Tochter Maria Theresia als Herrscherin in den habsburgischen Erblanden. Noch im selben Jahr begann der Österreichische Erbfolgekrieg. Im Dezember 1740 rückte der preußische König Friedrich II. im österreichischen Schlesien ein. Das war ein Signal zu weiteren Angriffen auf Maria Theresias Erbe: Bayern, Sachsen und Spanien wollten im Bund mit Frankreich sich an der Aufteilung des Erbes beteiligen. Bayern wollte Böhmen, Oberösterreich, Tirol und die Vorlande. Sachsen wollte Mähren und Teile Schlesiens. Die Invasionstruppen besetzten bereits Böhmen und stießen nach der Einnahme von Linz bedenklich weit gegen Wien vor. Kurfürst Karl Albert von Bayern ließ sich bereits 1741 in Frankfurt als Karl VII. zum römisch-deutschen Kaiser wählen.

Dann erfolgte aber dank der Ungarn ein Umschwung. Die Invasionstruppen wurden nicht nur aus Oberösterreich und Böhmen vertrieben, sondern die österreichischen Truppen nahmen sogar München ein, worauf der neu gewählte Kaiser fliehen musste und 1745 im Exil starb.

Auf Ehrenberg war es ruhig geblieben. Die Besatzung war um 400 Mann verstärkt worden. Im März 1743 griffen in Reutte stationierte Kroaten vergeblich die bayerische Festung Hohenschwangau an. Im Juni gelang mit Unterstützung der ehrenbergischen Besatzung nach dreitägiger Belagerung die Eroberung. Nachdem alles ausgeplündert war, kehrten sie im Oktober 1744 nach Ehrenberg zurück.

Am 28. April 1745 kam es im neutralen Füssen schließlich zum Friedensschluss zwischen Österreich und Bayern, der als „Frieden von Füssen" in die Geschichte einging.

2.2.10 Die Auflassung Ehrenbergs 1782

Als Kaiser Josef II. 1780 nach dem Tode seiner Mutter Maria Theresia Alleinherrscher in den österreichischen Erblanden wurde, setzte er ein neues Verteidigungskonzept um, das für Tirol nur mehr die Festung Kufstein als Hauptfestung vorsah. Alle übrigen traf das Los der Veräußerung und Versteigerung.

Die Verlautbarung des Versteigerungsediktes erfolgte am 28. März 1782. Die Burg wurde um 1200 Gulden ausgerufen und schließlich am 26. Mai 1782 von den beiden Reuttener Bürgern Josef

Ostheimer, Bürgermeister von Reutte, und Peter Schreyer um 1700 Gulden ersteigert. Für das Gebäude der Klause lautete der Ausrufpreis 1000 Gulden, für die alte Kaserne 300 Gulden und die alten Städel 50 Gulden. Das Gärtchen des Kommandanten und der ehemalige Paradeplatz wurden um 150 Gulden feilgeboten. Den Hauptteil der Klause kaufte der Kaufmann Karl Lang von Reutte.

Das Fort Claudia auf der Hochschanz wurde um 80 Gulden feilgeboten und von zwei Familien gekauft. Die obere Festung am Kniepass, das Kühloch, fand um 100 Gulden einen Käufer, die untere Festung am Kniepass, die Sternschanze, um 180 Gulden. Für die Kniepassfestung sollten wegen der Tore, Wohnungen, der Holzlege und Grasfelder 300 Gulden bezahlt werden. Es fand sich aber kein Käufer.

Die Rossschläg wurde um 800 Gulden und die Gaichtpassfestung um 200 Gulden feilgeboten, die Ehrwalder Schanze aber dem Verfall preisgegeben. Das unrühmliche Ende der alten Festung Ehrenberg und all ihrer Vorwerke war gekommen.

Da damals die Gebäudesteuer nach der vorhandenen Dachfläche bemessen wurde, wurden die meisten Dächer demoliert, was die Gebäude in kürzester Zeit zu Ruinen werden ließ.

2.3 Vergrößerung des Außerferns unter den Habsburgern

2.3.1 Erwerb des Heimenhofer Besitzes

Laufende Erbteilungen brachten den Niedergang des Hauses Heimenhofen, der durch Verwicklung in verschiedene Kriegsdienste noch beschleunigt wurde. Bei der ersten Erbteilung von 1361 wurde Marquard von Heimenhofen alleiniger Herr über die Außerferner Gebiete, aber schon nach zwei Generationen waren die Heimenhofer gezwungen, ihre Besitzungen nach und nach zu verkaufen.

Sie verkauften 1432 ihren umfangreichen Streubesitz im Tannheimer Tal an den Tiroler Landesfürsten, Herzog Friedrich IV. von Österreich, genannt „Friedl mit der leeren Tasche".

Durch diesen Kauf erwarb Herzog Friedrich ungefähr ein Viertel des Tannheimer Tales, während der restliche Teil noch den Grafen von Montfort (siehe anschließend) gehörte. Durch gezielte Neuansiedlungen im Bereich von Nesselwängle verstärkte Tirol seine Präsenz im Tal. Diese Neusiedler kamen aus dem Gericht Ehrenberg, aber auch aus der Aschau.

Der Herzog verlieh seinen neuen Untertanen sofort sämtliche Freiheiten, wie sie die Tiroler genossen. Sie wurden der Herrschaft Ehrenberg unterstellt und vom „Allgäuer Brauch" befreit. Diese besonderen Freiheiten ließ die Tiroler Herrschaft auch für die anderen Talbewohner, die noch unter der Herrschaft der Montforter standen, attraktiv erscheinen. Der Richter von Ehrenberg wurde angehalten, diese neuen Untertanen in ihren Rechten zu schützen (vgl. Stolz, Landesbeschreibung).

2.3.2 Erwerbung des Montforter Besitzes

Nachdem es den Habsburgern 1432 gelungen war, einen Teil des Tannheimer Tales zu erwerben, bemühten sie sich auch um den Montforter Besitz. Die Habsburger kauften zielstrebig von anderen Allgäuer Adeligen Besitzungen auf, um sich so immer mehr im Tannheimer Tal festzusetzen. Die Gewährung der üblichen Tiroler Freiheitsrechte war auch für die anderen Bewohner des Tales ein Anreiz, an Tirol angegliedert zu werden.

Die stete Ausdehnung der Tiroler Herrschaft im Tannheimer Tal führte dazu, dass Montforter und Tiroler Untertanen durcheinander gestreut wohnten und durch keine klare Grenze getrennt waren. Deshalb kam es 1464 zum ersten Vertrag.

Dieser Vertrag schuf für das ganze Tannheimer Tal ein einheitliches Gericht, das gemeinschaftlich von Tiroler und Montforter Leuten besetzt wurde. Ihm stand aber nur die niedere Gerichtsbarkeit zu. Die hohe Gerichtsbarkeit – so auch das Fällen von Todesurteilen – übte jene Herrschaft aus, auf deren Boden das Verbrechen geschah. Auch die Steuer- und Kriegspflicht stand nach wie vor den Tirolern und Montfortern über ihre jeweiligen Leute getrennt zu. Das Recht zu fischen, insbesondere im Halden- und Vilsalpsee, genossen jedoch die Herzöge von Österreich alleine.

Dieser Vertrag bewährte sich auf der

unteren Ebene. Im Verhältnis zwischen Habsburg und Montfort schuf er teilweise mehr Verwirrungen als er Klarheiten brachte. 1471 gelang es den Montfortern, ihre Herrschaft Rotenfels in den Rang einer Reichsgrafschaft erheben zu lassen. Die Grenze dieser Reichsgrafschaft verlief entlang des Grates der Tannheimer Berge, umfasste aber das linksufrige Lechtal von der Einmündung des Rotlech bis hinauf nach Zürs im heutigen Vorarlberg.

Diese Grenzziehung beeinträchtigte die Tiroler Landesfürsten im Lechtal, da sie die ganze linke Talseite ihrer Herrschaft entzog, das Tal dem Fluss entlang teilte und außerdem die Tannheimer Besitzungen vollkommen abtrennte.

Gegen diese Grenzziehung setze sich Erzherzog Sigmund von Tirol, genannt „der Münzreiche", bei Kaiser Friedrich III. zur Wehr. Sigmund erreichte die kaiserliche Zusage, dass die Grafschaft Rotenfels die Gerichtsbarkeit des Tiroler Landesfürsten nicht schmälern dürfe. Damit war die Verwirrung nicht ausgeräumt, sondern perfekt gemacht: Der Graf von Montfort hatte zwar bedeutende Teile des Außerferns seiner Grafschaft zugesprochen erhalten, durfte aber darin nur beschränkt Rechte ausüben.

Er wollte mit seinem mächtigen Nachbarn Tirol in Frieden leben und entschloss sich, mit Sigmund einen vorteilhaften Handel abzuschließen. Er bot ihm an, einen großen Teil seiner Hoheitsgebiete im Außerfern abzutreten und überließ ihm alle Rechte im Tannheimer Tal und auf der linken Seite des Lech im Lechtal. Sigmund nahm das für ihn ungünstige Angebot an und kaufte 1485 diese Rechte zu einem überhöhten Preis. Sigmund sollte dafür 4000 Gulden in bar bezahlen; zusammen mit anderen Bezügen hätte das einem Gesamtkaufpreis von 4500 Gulden entsprochen, zuzüglich weiterer 1000 Gulden für die Ablöse der Rechte der Montforter im heutigen Kleinwalsertal.

Als die Tiroler bemerkten, dass nicht nur die montfortischen Rechte im Außerfern viel zu hoch bewertet, sondern auch andere Vertragsbestimmungen schwer durchführbar waren, verzögerten sie die Erfüllung dieses Vertrages. Sie betrachteten zwar das ganze Tannheimer Tal als ihr Eigentum, weigerten sich aber, die Vertragsbestimmungen einzuhalten.

Der Streit zog sich volle 46 Jahre hin und kam erst 1531 gütlich zum Abschluss, als beide ursprünglichen Vertragspartner schon lange nicht mehr unter den Lebenden weilten. Die Zahlung wurde fallengelassen, im übrigen wurde aber der Vertrag von 1485 bestätigt. Damit traten die Montforter ihre Rechte im Tannheimer Tal und Lechtal fast zur Gänze an den Tiroler Landesfürsten ab. Lediglich bestehende Steuer- und Militärhoheiten wurden beibehalten, wodurch einige Steuerrechte zu Gunsten Ehrenbergs – so zum Beispiel in der Spielmannsau bei Oberstdorf – lange bestehen blieben (siehe 3.3).

Der Vertrag wies einen weiteren Fehler auf, weil die von den Montfortern verkauften Jagdrechte eigentlich dem Bischof von Augsburg zustanden. Es sollten nochmals 51 Jahre vergehen, bis der Bischof von Augsburg auf diese Rechte im Außerfern formell verzichtete. Somit erwuchs dem 1485 geschlossenen Vertrag erst 1582, als nach 97 Jahren – Rechtskraft. Damit ging das Tannheimer Tal endgültig in die alleinige Rechtshoheit der Tiroler Landesfürsten über (vgl. Stolz, Landesgeschichte).

2.3.3 Die Erwerbung der Aschau

Zuvor ein geschichtlicher Rückblick! Die Geschichte der Aschau ist untrennbar mit dem Benediktinerkloster St. Magnus in Füssen verbunden. Die Urfassung der zwischen 850 und 900 entstandenen Vita des hl. Magnus erwähnt die Aschau noch nicht beim Namen, bringt aber dennoch einen klaren Hinweis auf sie: „Außer den übrigen Gaben seiner Freigiebigkeit schenkte König Pippin auch das ganze Waldstück mit der festgelegten Umgrenzung, die er in einer Urkunde niederschreiben ließ." (Zit. Walz, Auf den Spuren der Meister).

Diese ursprüngliche Aschau umfasste die heutigen Gemeinden Lechaschau, Wängle, Höfen und Weißenbach und wurde 1333 durch Kauf um Vorderhornbach erweitert. Sie hatte zwei Zentren: das kirchliche Zentrum in Wängle, das politische im heutigen Lechaschau, das damals noch Lech hieß. Ein weltlicher Beamter, Meier genannt, verwaltete sie im Namen des Abtes.

König Friedrich II. (der spätere Kaiser) bestätigte 1218 dem Kloster St. Magnus, dass es die Provinz Aschau, die sich vom „Hof Musau" bis zum Hornbach erstreckte, mit allen Rechten für immer besitzen und behalten dürfe. Niemand, außer dem Abt von St. Magnus, dürfe in der Aschau für sich ein Recht oder eine Gehorsamspflicht beanspruchen. Dem Abt von St. Magnus stand als Grundherr die alleinige Gerichtsgewalt in der Aschau zu.

Als Geistlicher durfte er jedoch keine „Blutgerichtsbarkeit" ausüben, das heißt, keine Todesstrafe aussprechen, sondern musste dafür einen „Vogt" einsetzen. Erste bekannte Vögte waren die Welfenherzöge, auf die die Staufer, dann die Grafen von Tirol und schließlich die Habsburger folgten. Gerade diese Vögte höhlten die Macht des Abtes zu ihren Gunsten aus.

Mit dem so genannten „Bauding" von 1461 wurden die überkommenen Rechte der Aschauer schriftlich fixiert. Dieses Bauding regelte die gegenseitigen Rechte und Pflichten.

Der 1525 ausgebrochene Allgäuer Bauernkrieg brachte eine Wende im Verhältnis der Aschauer zum Kloster. In diesen Kriegswirren war das Kloster St. Magnus zu schwach, um seine Leute wirksam zu schützen. Vom Tiroler Landesfürsten konnten sie hingegen Schutz erhoffen. Das ging so weit, dass die Aschauer sich weigerten, dem Abt Gehorsam zu leisten und ihm den Treueeid verweigerten

Das Kloster in Füssen plagten schwere Geldsorgen, weshalb es die Aschau 1558 zweimal dem Kaiser erfolglos zum Kauf anbot. Das Kloster versuchte wiederholt, andere Käufer zu finden. Mit der Schwäche des Kloster wurde die Bindung an Tirol immer stärker.

Am 23. November 1609 verkaufte das Kloster St. Magnus die Aschau an zwei reiche Privatpersonen. Einer der beiden war der Pfleger von Ehrenberg. St. Magnus verkaufte alles: Wälder und Hölzer, Almen und Auen, Berg und Tal,

Wun und Weide und nicht zuletzt das Gelübde und den Gehorsam der Aschauer. Gleichzeitig veräußerte das Kloster an dieselben Käufer alle Rechte im Lechtal. Der Kaufpreis betrug 13.000 Rheinische Gulden.

Die Übergabe erfolgte am 8. Februar 1610. Die neuen Herren verkündeten den Kauf, und der Abt von St. Magnus ließ den Untertanen die Resignation des Klosters bekanntgeben, entband sie ihrer Pflichten und verlangte, nun den neuen Gerichts-, Grund- und Lehensherren zu huldigen. Die Aschauer verlangten jedoch, den Kaufbrief und die bestehende Rechtsordnung zu verlesen und leisteten den Schwur erst, als ihnen versprochen wurde, die alten Rechte zu verbriefen.

Die neue Lage war für die Aschauer alles eher als befriedigend. Es wechselten nur die Herren; an den Rechtsverhältnissen änderte sich nichts. Die neuen Herren waren nur fünf Monate Besitzer. Noch im Juli des Jahres 1610 verkauften sie die Aschau an den Tiroler Landesregenten, Erzherzog Maximilian III., genannt „der Deutschmeister", der sie nun endgültig der Tiroler Herrschaft einverleibte. Er zahlte ebenfalls 13.000 Rheinische Gulden und für entstandene Kosten noch 732 Gulden extra.

Damit ein neuerlicher Verkauf möglich wurde, schossen die Aschauer selbst dem Erzherzog die große Summe von 8000 Rheinischen Gulden aus ihrem Vermögen zu. Als Entgegenkommen erließ ihnen der Landesregent verschiedene Belastungen. 1613 schloss er mit seinen neuen Untertanen eine neue Gerichtsordnung, die im wesentlichen die alten Freiheiten bestätigte. Trotz des endgültigen Anschlusses an Tirol blieb das Gericht Aschau noch bis 1806 ein eigener Verwaltungssprengel (vgl. Wörle, Kloster St. Mang).

2.4 Die maria-theresianische Verwaltungsreform 1754

Die maria-theresianische Verwaltungsreform brachte eine erste Vereinheitlichung der Verwaltung auf der Stufe unterhalb der Kronländer, nämlich der Kreise und Gemeinden.

2.4.1 Pfarren und Wirtschaftssprengel (Vorläufer)

Die Vorläufer unserer heutigen Gemeinden waren entweder die alten Pfarren oder die alten Gerichts- und Wirtschaftssprengel – oder beide gemeinsam. Vils als Stadt und Reutte als Markt machten hier eine Ausnahme: Ihre Gemeindewerdung führte auf fürstlichen Willensentscheid, den obrigkeitlichen Akt der Stadt- bzw. Markterhebung zurück.

Wir unterscheiden zwischen der Pfarre und der Pfarrgemeinde, eine Unterscheidung, die heute unüblich ist. Die Pfarre war der kirchliche, die Pfarrgemeinde der weltliche und vor allem wirtschaftliche Verband. Die alte Pfarrgemeinde war meist auch ein Gerichtssprengel von Ehrenberg. Auf einem so genannten „Dingstuhl" wurde unter freiem Himmel Recht gesprochen. Solche Dingstühle sind im auslaufenden Mittelalter in Bichlbach, Lermoos, Breitenwang, Reutte, Bach und Tannheim nachzuweisen. Den Wirtschaftsgemeinden ging es vor allem um die Almende, die gemeinschaftliche Nutzung von Wald, Wiesen und Almen.

2.4.2 Die Anwaltschaften

Ein Anwalt, meist ein begüterter und angesehener Bewohner, vertrat die großen Pfarr- und Wirtschaftsgemeinden nach außen; innerhalb seiner Großgemeinde war er der „verlängerte Arm" des Pflegers von Ehrenberg. Solche Anwaltschaften finden wir im Übergang vom Mittelalter zur Neuzeit in Reutte, im Lechtal, im Tannheimer Tal, ober und unter der Lähn in Zwischentoren und in Berwang.

Als Reutte 1489 zum Markt erhoben wurde, dauerte es nicht lange, bis Reutte auch die politische Leitung der ganzen Pfarrgemeinde Breitenwang mit Einschluss von Pinswang übertragen wurde. Während durch die starke Stellung von Reutte diese Anwaltschaft bis ins 19. Jahrhundert bestehen blieb, machten sich bei den übrigen Anwaltschaften Zerfallserscheinungen bemerkbar.

Die Pfarrgründung in Tannheim von 1377 legte den Grundstein zur Bildung einer Großgemeinde, die das ganze Tannheimer Tal umfasste. Ursprünglich Zankapfel zwischen Habsburg und Montfort, genoss der Anwalt des Tannheimer Tales gewisse Sonderrechte. Als einziger im Außerfern führte er den Titel „Ammann" (d. h. Amtmann). Diese Sonderrechte verhinderten jedoch nicht den Zerfall der Großgemeinde. Im Gefolge der Gründung von Kaplaneien zerfiel das Tal in drei Drittel, das äußere, das mittlere und das innere.

Hingegen war das Gebiet von Zwischentoren von Anfang an zweigeteilt, gehörte doch das Gebiet bis Lähn zum Bistum Augsburg, während die Orte im Zugspitzbecken zum Bistum Brixen zählten. Man spricht daher auch von den beiden „Gemeinschaften unter und ober der Lähn", nämlich den Anwaltschaften Lermoos und Bichlbach. Die Gründung einer Pfarre in Heiterwang, 1618, bedingte, dass sich alsbald auch das Gebiet von Heiterwang von Bichlbach verselbstständigte.

Berwang war stets eine eigene Anwaltschaft, die das ganze Gebiet „im Berg" vertrat. Auch Berwang hatte eine Sonderstellung, weil es bis 1810 steuerlich zum Gericht Imst gehörte. Sonderentwicklungen nahmen die Aschau und Vils mit Musau, da die Aschau 1610 und Vils mit Musau gar erst 1816 zu Tirol kam (vgl. Stolz, Landesbeschreibung).

2.4.3 Lechtal mit sechs Dritteln

Das Lechtal war früher von Stanzach aufwärts wirtschaftlich, kirchlich und verwaltungsmäßig eine Einheit. Jeder kirchlichen Aufteilung folgte in kurzer Zeit auch eine verwaltungsmäßige Trennung. 1401 wurde mit der Errichtung einer neuen Pfarre in Holzgau die Großpfarre Lechtal mit dem Sitz in Elbigenalp geteilt. Trennungslinie war der Sulzlbach. Ab dieser Zeit war auch die Trennung des Lechtals in einen Ober- und Unterteil vollzogen. Die Gründung einer ersten Kaplanei außerhalb von Elbigenalp, 1515 in Elmen, hatte auch bald darauf eine Teilung des unteren Lechtales zur Folge. Seither bestand das Lechtal aus drei Dritteln, dem oberen, mittleren und unteren Drittel. Als bald darauf jedes Drittel nochmals geteilt wurde, entstanden sechs Verwaltungsgebiete, wobei der Name Drittel beibehalten wurde. Ihre

Verwaltungsmittelpunkte waren Steeg, Holzgau, Stockach, Elbigenalp, Häselgehr und Elmen.

2.4.4 Die maria-theresianische Gemeindeverfassung

Die Bildung der Gemeinden verlief in den einzelnen Regionen des Außerferns sehr unterschiedlich. Reutte als Markt und Vils als Stadt waren dieser Entwicklung voraus. Die großen Wirtschaftsverbände lösten sich nach und nach auf. So entstanden als Vorläufer der heutigen Gemeinden die „Nachbarschaften", die in der Regel ein Dorf umfassten. Diese Nachbarschaften hatten vielfach eigene Dorfverfassungen, blieben aber immer noch im Verband der übergeordneten Anwaltschaft.

Eine neue Bedeutung erhielt das Wort „Gemeinde" unter Maria Theresia, die zum Zwecke der Steuereinhebung den nach ihr benannten Kataster anlegen ließ. Dieser Kataster gliederte das Außerfern in die kleinsten Dörfchen und Weiler auf, die alle als Gemeinden bezeichnet wurden. Auf diese Weise wies der Kataster 106 solcher Kleinstgemeinden im damaligen Außerfern auf. Solche Gemeinden, in Wirklichkeit nur Steuereinheiten, waren z. B. Lechleiten, Gehren oder Ellenbogen sowie Spielmannsau, das heute in Bayern liegt. In der Aschau entstanden dadurch Kleinstgemeinden wie Winkl, Hinterbichl oder Buchenort.

Die bayerische Regierung (1806 – 1814) hob diese Zersplitterung auf und teilte das Außerfern in 20 Steuergemeinden ein. Auf diese Weise wurde auch Vordermit Hinterhornbach für kurze Zeit vereinigt. Nach der Wiederkehr der österreichischen Herrschaft kam der alte Kataster wieder in Geltung (vgl. Stolz, Landesbeschreibung).

2.4.5 Der Kreis Oberinntal

Der Ursprung des politischen Bezirkes wurzelt 1754 in der Verwaltungsreform von Kaiserin Maria Theresia. Es ging dabei nicht um Bürgernähe, sondern um eine zentralistische Ausrichtung der habsburgischen Länder nach Wien. Durch die Unterstellung der neuen Kreise unter die von Wien abhängigen Gubernien in den Landeshauptstädten wurde die Zentralmacht gestärkt und die Landesmacht geschwächt.

Das innere Staatsgefüge wurde damit zugunsten des Zentralismus grundlegend umgestaltet. Man versuchte, diesen gewaltigen Eingriff damit zu verschleiern, indem man die neuen Kreise räumlich den traditionellen Vierteln anglich und den Kreishauptmann anfänglich auch als Viertelhauptmann bezeichnete.

1754 entstand der Kreis Oberinntal, dem die elf Gerichte Laudeck (oberes Oberinntal), Pfunds, Landeck, Imst, Ehrenberg, Aschau, Vils, Petersberg (Silz), Stams, Hörtenberg (Telfs) und Schlossberg (Seefeld) angegliedert wurden. Sitz des Kreishauptmannes wurde Reutte, der nun ein Gebiet verwaltete, das bis nach Südtirol reichte. Auch das Gericht Vils, das staatsrechtlich gar nicht zu Tirol gehörte, wurde dem neuen Kreis unterstellt.

Kaiser Josef II. veränderte viele Kreiseinteilungen. Der Kreis Oberinntal wurde 1783 um die Gebiete von Ischgl und Galtür im Paznauntal erweitert. Gleichzeitig verlegte er den Verwaltungssitz von Reutte in das zentraler gelegene Imst, wodurch Reutte seine Funktion als Verwaltungsmittelpunkt verlor. Der Kreis Oberinntal bestand mit Ausnahme der bayerischen Herrschaft bis 1849.

2.5 Kirchengeschichte von 1268 bis 1792

2.5.1 Die Bistümer Augsburg und Brixen

Der überwiegende Teil des Außerferns gehörte zum Bistum Augsburg, der geringere zum Bistum Brixen. Innerhalb des Bistums Augsburg war das Außerfern auf zwei Dekanate – Landkapitel genannt – aufgeteilt, nämlich Kempten und Füssen. Die Brixner Bistumsgebiete gehörten alle zum Dekanat Imst. Sie bestanden aus den Seelsorgeorten Lermoos, Ehrwald, Biberwier, Berwang und Namlos und den damals noch nicht zum Außerfern zählenden Orten Bschlabs, Boden und Gramais.

Hingegen gelang es Kaisers, das zum Bezirk Landeck gehörte, sich schon sehr früh kirchlich an Steeg anzuschließen. Es gehörte zwar nicht zum Gericht Ehrenberg, wohl aber zum Bistum Augsburg.

Pfarreinteilung im Außerfern
Stand 1785

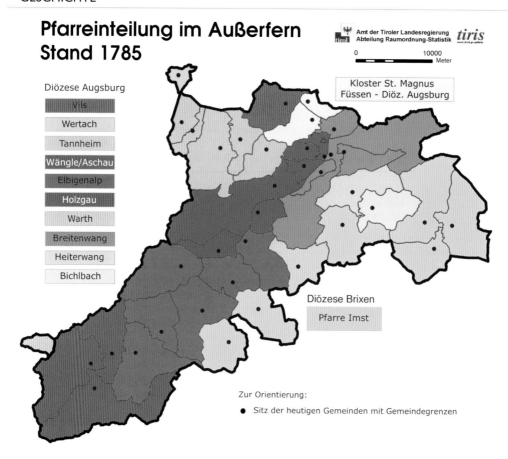

Amt der Tiroler Landesregierung
Abteilung Raumordnung-Statistik

tiris
www.tirol.gv.at/tiris

0 — 10000
Meter

Diözese Augsburg

Vils
Wertach
Tannheim
Wängle/Aschau
Elbigenalp
Holzgau
Warth
Breitenwang
Heiterwang
Bichlbach

Kloster St. Magnus
Füssen - Diöz. Augsburg

Diözese Brixen
Pfarre Imst

Zur Orientierung:

● Sitz der heutigen Gemeinden mit Gemeindegrenzen

Das Bistum Augsburg dehnte sich über das tirolische Lechtal hinaus aus und umfasste die Vorarlberger Pfarren Lech, Warth, Schröcken und Riezlern im Kleinwalsertal.

Das Zugspitzbecken, das Berwanger Tal und die rechtsufrigen Seitentäler des Lechtales wurden vom Inntal aus besiedelt und gehörten zum Bistum Brixen. Die alten Bistumsgrenzen spiegeln die ursprüngliche Besiedlung wider, das Bistum Augsburg eine schwäbisch-alemannische, das Bistum Brixen aber eine bayerische.

2.5.2 Die augsburgischen Dekanate Füssen und Kempten

Zum Dekanat Kempten gehörten das Tannheimer Tal und Jungholz sowie die augsburgischen Kirchengebiete in Vorarlberg, am Tannberg und im Kleinwalsertal. Dieses Dekanat hatte im Außerfern nur eine einzige Pfarre, nämlich Tannheim, die das ganze Tannheimer Tal umfasste. Jungholz gehörte zur Pfarre Wertach.

Das Dekanat Füssen hatte 21 auf drei verschiedene Länder – Tirol, Hochstift Augsburg und Bayern – aufgeteilte Pfarren, davon sieben im Außerfern, nämlich Holzgau, Elbigenalp, Wängle, Vils, Breitenwang, Heiterwang und Bichlbach. Pinswang wurde vom Benediktinerstift St. Magnus in Füssen aus versorgt.

Im Gegensatz zur späteren Verfassung des Bistums Brixen hatten die Dekane im Bistum Augsburg keinen festen Dekanatssitz. Der von der Geistlichkeit eines Dekanates zu wählende und vom Bischof zu bestätigende Dekan blieb in seiner Pfarre und leitete von dieser aus seine Dekanatsgeschäfte. So konnte es auch vorkommen, dass sich fallweise der Sitz des Dekans des Dekanates Füssen auch im Außerfern befand.

2.5.3 Die Sonderstellung von Lechleiten und Gehren

Ein Sonderstellung innerhalb des Außerferns nahmen (und nehmen heute noch) die zur Gemeinde Steeg gehörenden Weiler Lechleiten und Gehren ein. Sie gehören zur Pfarre Warth.

Schon als 1603 im näher gelegenen Warth eine Kaplanei gegründet wurde, gab es in diesen beiden Weilern Bestrebungen, sich von der Mutterpfarre Holzgau wegen deren weiten Entfernung zu trennen. 1624 hatten diese Bestrebungen Erfolg. In einem Vergleich vom 22. Oktober 1624 durften die Leute von Lechleiten und Gehren gegen eine einmalige, an die Pfarre Holzgau zu bezahlenden Ablösesumme von 80 Gulden deren Pfarrverband verlassen und sich Warth, das im selben Jahr Pfarre wurde, anschließen.

Erst am 20. April 1661 wurde diese Abtrennung durch den Generalvikar des Bistums Augsburg kirchenrechtlich vollzogen. Warth gehörte in weiterer Folge zum Bistum Brixen und dann zur Apostolischen Administratur Innsbruck-Feldkirch. Erst als 1968 eine eigene Diözese Feldkirch geschaffen wurde, hat das Außerfern an zwei Diözesen – Innsbruck und Feldkirch – Anteil (vgl. Rapp, Generalvikariat Vorarlberg).

2.5.4 Die Gründung des Franziskanerklosters in Reutte

Die bedeutendste Neuerung dieser Zeit war die Gründung des Franziskanerklosters in Reutte durch den Tiroler Landesfürsten, Erzherzog Leopold V. im Jahr 1628. Wenn auch als Grund ein Gelöbnis des Fürsten, das er wegen der Entbindung von seinem Bischofsamt und zur Erflehung eines Sohnes abgelegt hatte, angegeben wird, so ist doch nicht zu übersehen, dass hier ein strategisch wichtiger Ort mit einem starken geistlichen Zentrum, das dazu überall noch Aushilfen zu leisten hatte, besetzt wurde. Reutte lag am Einfallstor des Protestantismus und an einer wichtigen Handelsroute, sodass die Klostergründung auch als eine späte Maßnahme der Gegenreformation anzusehen ist.

Die Franziskaner waren Bettelmönche und mussten sich ihren Lebensunterhalt erbetteln. Die Sammlungen der Franziskaner – sie dauerten bis in die sechziger Jahre des 20. Jhs. – brachte die Franziskaner in alle Dörfer und Häuser. Sie waren von religiösen Handlungen begleitet, sodass der Franziskanerorden im Außerfern eine beachtliche religiöse Breitenwirkung entfalten konnte. Gesammelt wurde kein Geld, sondern nur Naturalien wie Eier, Käse und später auch Kartoffeln.

Einen weiteren Dienst zur Festigung des katholischen Glaubens leisteten die Franziskaner als Festungskapläne von Ehrenberg, wo sie auch nichtkatholischen Soldaten Religionsunterricht erteilten.

Das Kloster entging der drohenden Auflösung unter Kaiser Josef II., weil es immer seelsorgliche Aushilfe geleistet hatte. Zudem musste es sich ab 1789 verpflichten, zwei Ordenspriester für die Pfarrseelsorge im Markt Reutte zur Verfügung zu stellen, die zwar dem Pfarrer von Breitenwang unterstanden, aber weiter im Kloster wohnhaft blieben.

2.5.5 Gründung des Landkapitels Reutte 1787

Das alte Kronland Tirol war auf elf Bistümer aufgeteilt. Kaiser Josef II. trachtete, die katholische Kirche als Staatskirche einheitlich auszurichten. Bereits am 20. November 1783 hatte er die Abtrennung der augsburgischen Kirchengebiete im Außerfern und deren Angliederung an das Bistum Brixen verfügt. Er konnte sich in dieser Frage aber nicht durchsetzen und musste sich mit einem Teilerfolg auf der Ebene der Dekanate begnügen. Die inländischen Gebiete durften keinem ausländischen Dekan mehr unterstellt sein.

Deshalb wurden die Außerferner Gebiete des Bistums Augsburg am 9. Juni 1787 in einem eigenen Landkapitel zusammengefasst, das den Namen „Landkapitel Reutte" erhielt. Dazu wurden die Pfarre Tannheim vom Landkapitel Kempten und die Pfarren Holzgau, Elbigenalp, Wängle, Vils, Breitenwang, Heiterwang und Bichlbach vom Landkapitel Füssen abgetrennt. Jungholz musste von der Pfarre Wertach und Pinswang vom Kloster St. Magnus in Füssen gelöst werden und erhielten den Status einer österreichischen Lokalkaplanei.

Der Pfarrer von Bichlbach, der bereits Dekan des Landkapitels Füssen war, wurde der erste Dekan des neuen Landkapitels. Nach dem Tod von Dekan Schuler wählte die heimische Geistlichkeit 1803 den Kuraten von Weißenbach zum neuen Dekan. Als dieser schon drei Jahre später verstarb, wurde der Pfarrer von Breitenwang, Dr. Franz Xaver Zobel, ein gebürtiger Tannheimer, zum neuen Dekan gewählt. Dadurch wechselte der Dekanatssitz 1806 nach Breitenwang, wo er ununterbrochen bis heute blieb.

2.5.6 Die Pfarrregulierung von Kaiser Josef II.

Den stärksten Eingriff in die verwaltungsmäßige Gliederung brachte die Pfarrregulierung von Kaiser Josef II., die 1785 begann und im Außerfern 1794 ihren Abschluss fand. Bis 1785 gab es im Augsburger Bistumsgebiet acht Pfarren; die Kaplaneien innerhalb dieser Pfarren waren dem jeweiligen Pfarrer untergeordnet.

Diese Pfarren waren Breitenwang, Wängle, Vils, Tannheim, Heiterwang, Bichlbach, Elbigenalp und Holzgau. Innerhalb dieser Pfarren gab es unselbstständige Kaplaneien und zwar in der Pfarre Holzgau Kaisers, Steeg und Hägerau, in der Pfarre Elbigenalp Bach, Stockach, Häselgehr und Elmen, in der Pfarre Wängle Vorderhornbach, Weißenbach und Forchach, in der Pfarre Tannheim Schattwald, Nesselwängle und Grän sowie in der Pfarre Bichlbach Lähn. Die Kaplanei in Pinswang war dem Kloster St. Magnus in Füssen und die Kaplanei in Jungholz dem Pfarrer von Wertach unterstellt.

Josef II. schuf zwei neue Typen von Seelsorgestellen, nämlich die Lokalkaplanei und die Expositur. Die Lokalkaplanei, später auch Kuratie genannt, war von der Mutterpfarre unabhängig, während die Expositur zwar von der Mutterpfarre abhängig blieb, aber ein selbstständiges, einer Pfarre ähnliches Leben entfalten konnte.

Bis 1794 waren alle oben genannten Kaplaneien im Sinne der josefinischen Pfarrregulierung umgewandelt. Zu Lokalkaplaneien wurden Steeg, Häselgehr, Elmen, Weißenbach, Nesselwängle, Jungholz und Pinswang erhoben. Exposituren wurden die Kaplaneien von Kaisers, Hägerau, Stockach, Vorderhornbach, Forchach, Schattwald, Grän und Lähn. Außerdem kam es zur Neugründung von zwei Exposituren, nämlich in Bach und Zöblen.

Im Brixner Bistumsgebiet standen Lermoos und Ehrwald bereits im Range einer Kuratie. Biberwier blieb vorerst Kaplanei. Unselbstständige Kaplaneien blieben (bis heute) nur in den ehemaligen brixnerischen Kirchengebieten erhalten, nämlich in Boden, Bschlabs und Namlos.

2.5.7 Die Reformation im Außerfern

Die Reformation hatte auch im Außerfern Fuß gefasst. Die religiösen Missstände, die im Außerfern herrschten, waren typisch für die damalige katholische Kirche. Die Geistlichen waren schlecht ausgebildet. Zur Unwissenheit der Geistlichen trat meist ein schlechter Lebenswandel, Trunksucht und Konkubinat. Besonders der augsburgische Klerus war durch rohe Ausschreitungen berüchtigt.

Das Verhalten der Geistlichen färbte auf das Volk ab. Die Bürger von Reutte hielten weder den Freitag noch sonst irgendeinen Tag als Fasttag. Besonders das Messingwerk bei Pflach war für die Missachtung der Fastengebote berüchtigt. Viele Untertanen kannten weder die Zehn Gebote, noch das Glaubensbekenntnis, ja nicht einmal das Vaterunser. Dieses allgemeine Sinken der Moral führte zu Mord, Totschlag, Eigentumsverletzungen, Unzucht und Blutschande.

Die Lehren Luthers konnten aber im Außerfern keine Breitenwirkung erzielen. Die Reformation blieb auf das Bürgertum von Reutte und auf die Arbeiter im Messingwerk bei Pflach beschränkt.

Ohne Wissen der Obrigkeit hatten die Reuttener im Jahre 1524 einen Prediger aus der Nachbarschaft für das 1466 gestiftete „Frühmessbenefizium" – eine Art Hilfspriesterstelle – bestellt. Dieser Prediger hing der neuen protestantischen Lehre an und ging eifrig an sein Werk. Innsbruck handelte rasch, und schon am 31. Mai 1524 erging der Befehl zur Verhaftung des protestantischen Predigers nach Ehrenberg. Der protestantische Prediger wurde unverzüglich festgenommen und am 5. Juni 1524 berichtete Ehrenberg hierüber nach Innsbruck. Der Wirt, der ihm Unterkunft gewährt hatte, wurde ebenfalls verhaftet.

Die Untertanen widersetzten sich dieser Maßnahme, protestierten und kamen zur Beratung über die Befreiung des Predigers zusammen. Um einen offenen Aufruhr in Reutte zu verhindern, beorderten die Innsbrucker Behörden die drei Rädelsführer aus Reutte nach Innsbruck und hielten sie dort fest. Sie mussten sich am 21. Juli 1524 vor dem Statthalter und Hofrat in Innsbruck verantworten, Reue bekennen und um Gnade flehen.

Die Grenzlage des Außerferns und die Handelsstraße begünstigte den „Import" der neuen Lehre. Die Fuhrleute und Wanderarbeiter, die vom Außerfern ins Ausland zogen, kehrten von der neuen Lehre beeinflusst zurück und verkündeten diese bereitwillig.

Noch 1529 wird von einem Kaplan in der Anna-Kirche in Reutte berichtet, der seine Gläubigen in „der neuen verführerischen Sekte" unterrichtete. Er wurde entfernt. 1540 wurde eine Frau in Pflach der lutherischen Sekte verdächtigt.

Das Ende des Protestantismus im Außerfern führten letztlich die Protestanten selbst herbei. Die protestantischen Einfälle in den Kriegen von 1546 und 1552 waren nicht dazu angetan, die Sache des Protestantismus zu fördern.

Das Außerfern war aber durch seine Grenzlage weiterhin gefährdet. Es gab Fälle, wo sich Leute im benachbarten Ausland in der evangelischen Religion unterrichten ließen. Noch 1607 wurde in Reutte ein Fall bekannt, wo sich eine Frau mit einem „lutherischen Prediger" verehelichte. Gegen solche Personen schritt die Obrigkeit besonders scharf ein (vgl. Kätzler, Zwischentoren).

Im Dezember 1628 wurde der berühmte protestanische Theologe Dr. Georg Zeämann von der Stadt Kempten an den Kaiser ausgeliefert und bis Februar 1630 auf Ehrenberg gefangengehalten. Er wurde nach seiner Freilassung Superintendent in der schwedisch besetzten Stadt Stralsund.

2.5.8 Die Gegenreformation im Außerfern

Die Gegenreformation wurde vor allem vom Tiroler Landesfürsten Erzherzog Ferdinand II. ab 1567 rigoros betrieben. Nicht nur den Verfallserscheinungen beim Klerus wirkte er entgegen; er griff tief in das religiöse Leben seiner Untertanen ein. Er verbot die Niederlassung von Nichtkatholiken in Tirol und regelte das religiöse Leben der Untertanen mit Befehlen: Sakramentsempfang, Gebet, Beichte und Gottesdienste.

Um seinen „Religionsmandaten" zum Durchbruch zu verhelfen, führte er Kontrollmechanismen ein. Er wies die Pfarrer an, alle Personen, die nicht zur Beichte oder Kommunion gegangen waren, zu befragen. Nützte das nichts, wurden die Betreffenden dem Pfleger von Ehrenberg gemeldet. 1608 mussten mehrere Personen auf Befehl des Pflegers von Ehrenberg Beichte und Kommunion innerhalb von 14 Tagen nachholen.

Schon ab 1576 setzten in Tirol Visitationen ein, allerdings nicht in jenen Teilen des Außerferns, die zum Bistum Augsburg gehörten. Hier begannen sie erst im darauffolgenden Jahrhundert. Um dem Konkubinat vorzubeugen, verbot der Landesfürst generell Frauen im Pfarrhaushalt. Der Erzherzog legte größten Wert auf den Religionsunterricht der Kinder und Dienstboten. Dass dieser Religionsunterricht regelmäßig stattfand, darüber wachte wiederum der Pfleger von Ehrenberg.

All das konnte nicht verhindern, dass der evangelische Glaube da und dort im Außerfern aufflackerte. In Lermoos wurden 1582 „lutherische Bücher" gefunden. Das führte zu dem Befehl, alle Wirtshäuser im Außerfern zu durchsuchen. Sogar die Pfarrer von Breitenwang und Wängle wurden beschuldigt „sektische Psalmen und Kirchenlieder" zu singen. Sie beteuerten aber das Gegenteil. Nachdem der überwiegende Teil des Außerferns zum Bistum Augsburg gehörte, wurden sogar die von Augsburg herausgegebenen Messbücher kontrolliert, ob sie nicht etwas dem katholischen Glauben Abträgliches enthielten. Kam es zu kirchlichen Visitationen, so war stets auch ein weltlicher Regierungskommissär dabei. Dieser achtete auch darauf, dass wieder Ordnung in den Besitz und die Aufzeichnungen der Kirche kamen.

Besonders im Gebiet des Bistums Augsburg war die Einmischung der landesfürstlichen Behörden groß. Der Landesfürst hielt sich dafür berechtigt, weil die kirchliche Gewalt in Augsburg zu weit entfernt und zu schwach war. Nach einer langen Verwahrlosung von Kirchen und Kirchengütern fand ein völliger Umschwung statt. Die Kirchen wurden durch fromme Stiftungen wieder reicher (vgl. Kätzler, Zwischentoren).

2.5.9 Die Wiedertäufer

Eine zweite reformatorische Strömung – begünstigt durch den Bauernaufstand von 1525 – ergriff das Außerfern: die Wiedertäufer. Sie hatten ihren Ursprung in der Schweiz, wo sie sich von der reformatorischen Lehre des Huldrych Zwingli abspalteten. Ihr erstes Auftreten im Außerfern ist im Jahre 1529 nachweisbar. Die Wiedertäufer waren jedem weltlichen und kirchlichen Denken abhold, erkannten jeden Menschen als Träger der Offenbarung Gottes an und leugneten die Hierarchie der Kirche. Ihre mystisch-religiöse Lehre verkündete die baldige Verwirklichung des Gottesreiches auf Erden. Ihre Lehre von der unbedingten Gleichheit aller Gläubigen verschaffte sich im Bauernstand und bei den Unterdrückten größeren Eingang als die Lehre Luthers.

Während die Protestanten einen breiten Rückhalt bei vielen protestantischen Fürsten fanden, waren die Wiedertäufer auf sich alleine gestellt und wurden überall brutal verfolgt. Nachdem bereits 1527 eine Warnung an die Pfleger und Landrichter ergangen war, musste auch Ehrenberg ein großes Augenmerk auf diese neue christliche Gemeinschaft legen. Beim geringsten Zeichen von „Aberglauben" sollten die Anhänger ins Gefängnis geworfen werden.

Am 14. Mai 1529 fand der erste Prozess gegen einen vermeintlichen Wiedertäufer auf Ehrenberg statt. Man konnte dem Angeklagten Hans Ruoff aber nichts nachweisen und musste ihn laufen lassen. Doch aus Innsbruck trafen neue Warnungen ein: Mindestens fünf Anfüh-

rer sollten sich im Außerfern aufhalten.

Am 17. Oktober 1531 wurde auf Ehrenberg ein neuer Prozess gegen fünf der Wiedertäuferei verdächtige Außerferner abgewickelt. Es waren Männer aus Heiterwang, der Aschau, Reutte, Mühl und Bichlbach. Auch ihnen konnte letztlich keine Schuld nachgewiesen werden. In weiterer Folge wurden Fälle des Wiedertäufertums im Tannheimer Tal und wieder in Heiterwang bekannt. Ein Oswald Traut und ein Hans Weber kamen glimpflich davon, indem sie auf Ehrenwort entlassen wurden. Sie mussten beim Bischof von Brixen um Absolution ihrer Sünden bitten. Nach Vollendung der Buße durften sie um Begnadigung und Nachlassung der Strafe ansuchen (vgl. Kätzler, Zwischentoren).

Die Wiedertäufer wurden brutal ausgerottet, ihr Anführer Jakob Hutter 1536 in Innsbruck am Scheiterhaufen verbrannt.

3 Napoleonische Kriege und bayerische Herrschaft (1793 – 1814)

Dieser kürzeste Zeitabschnitt markiert eine mehrfache Wende sowohl in politischer als auch in kirchlicher Hinsicht. Die politische Wende vollzog sich auf mehreren Ebenen, angefangen vom Zerfall des „Heiligen Römischen Reiches" über die Säkularisierung der geistlichen Fürstentümer und Herrschaften bis hin zur organisatorischen Vereinheitlichung des heutigen Außerferns.

1789 brach die französische Revolution aus. 1793 ließen König Ludwig XVI. und seine Gemahlin, die Habsburgertochter Marie Antoinette, ihr Leben unter dem Fallbeil. Der im selben Jahr beginnende Krieg währte 23 Jahre und veränderte Europa.

3.1 Beginn der Napoleonischen Kriege

Die herannahende Kriegsgefahr wurde auch alsbald im Außerfern bemerkbar, als der Flüchtlingsstrom zusehends wuchs. Am letzten Tag des Jahres 1795 traf die achtzehnjährige französische Prinzessin Maria Theresia Charlotte, eine Tochter des französischen Königspaares

Verwaltungsgliederung Außerfern um 1800

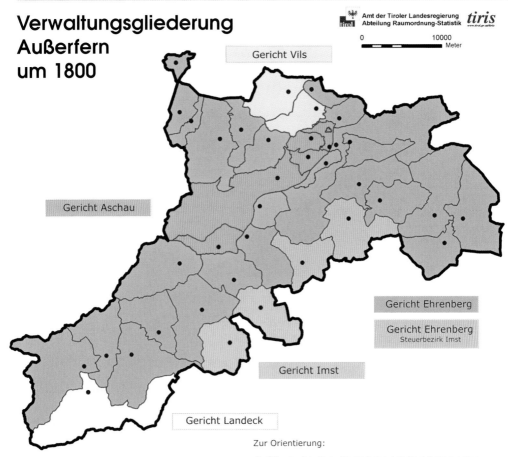

Amt der Tiroler Landesregierung
Abteilung Raumordnung-Statistik

tiris
www.tirol.gv.at/tiris

Gericht Vils

Gericht Aschau

Gericht Ehrenberg

Gericht Ehrenberg
Steuerbezirk Imst

Gericht Imst

Gericht Landeck

Zur Orientierung:

● Sitz der heutigen Gemeinden mit Gemeindegrenzen

und eine Enkelin der Maria Theresia, in Reutte ein. Sie konnte als Einzige – sie wurde gegen politische Gefangene ausgetauscht – die Revolution überleben.

Die Verteidigungsanlagen, die wenige Jahre zuvor unter Kaiser Josef II. voreilig geschleift worden waren – vor allem am Kniepass und in der Rossschläg – wurden in einen brauchbaren Zustand versetzt.

Eine kleine österreichische Truppe stand auf vorgeschobenem Posten bei Immenstadt. Am 26. August 1796 zog sie sich wegen der vordringenden Franzosen zurück. Am 13. September griffen die Franzosen an und versuchten überfallsartig das Joch bei Hindelang zu nehmen. Drei je 120 Mann starke Schützenkompanien aus dem Tannheimer Tal sowie Schützen aus Hall und Innsbruck leisteten erfolgreich Widerstand. Die Franzosen wandten sich zur Flucht, ließen auch eine Anzahl von Pferden zurück und wurden

von den Kaiserlichen verfolgt. Die Scharfschützen und Bauern des Tales beteiligten sich an der Jagd nach versprengten Franzosen und machten 92 Gefangene. Am 17. September waren die Feinde weit über die Tiroler Grenze zurückgeworfen worden. Seither wird der 17. September als Schützenfeiertag mit Gottesdienst und Prozession vom ganzen Tal gefeiert. Papst Pius VI. verlieh für diesen Tag „auf ewige Weltzeit" einen vollkommenen Ablass (vgl. Kolb, Tiroler Volk, Freiheitskampf).

Am 30. Juni 1800 rückte General Gudin mit achtzehn französischen Bataillonen gegen Tirol. Die ehemaligen Vorpässe am Kniepass und in der Rossschläg waren verteidigungsbereit, als am 11. Juli 1800 die Franzosen schließlich mit drei Kolonnen in das Außerfern einrückten. Die österreichischen Truppen zogen aus Füssen ab, die Franzosen plünderten Vils und Pinswang. Am 11. und 12. Juli 1800 griffen die Franzosen die tirolischen Stellungen am Kniepass an, konnten aber jedes Mal erfolgreich zurückgeworfen werden. Im Tannheimer Tal besetzten die dortigen Schützen am 13. Juli erneut ihre Grenzen und konnten einen französischen Angriff am 14. Juli aufhalten und zurückwerfen.

Trotzdem ging das Außerfern verloren. Es traf die Nachricht vom Waffenstillstandsvertrag ein, durch den das Außerfern in zwei Besatzungszonen geteilt wurde: Reutte, die Aschau, Pflach und alle nördlich davon gelegenen Orte fielen an die Franzosen. Von Reutte an verlief die Demarkationslinie entlang des Lech hinauf bis zu den Lechquellen. Die links des Lech liegenden Orte fielen unter französische, die rechts liegenden unter österreichische Besatzung. Ab dem 19. Juli 1800 besetzten die Franzosen die ihnen zugefallenen Gebiete; am 23. Juli war die Besetzung des Lechtales abgeschlossen. Am 15. November 1800 wurde der Waffenstillstand gekündigt. Durch einen neuen Waffenstillstand vom 25. Dezember 1800 wurde ganz Tirol bayerisch besetzt, aber durch den am 9. Februar 1801 geschlossenen Frieden von Luneville fiel ganz Tirol wieder an Österreich. Erst im April 1801 war das Außerfern von französischen und bayerischen Truppen geräumt.

Der Frieden war nur von kurzer Dauer. Österreich steuerte auf ein militärisches Fiasko zu: Nach der Schlacht von Austerlitz wurde sogar Wien am 14. November 1805 von den Franzosen besetzt. Die bei Reutte liegenden österreichischen Truppen wurden zur Gänze zum Kriegsschauplatz abbeordert. Das Außerfern lag ohne irgendeinen Schutz offen dem Feinde da. Es kamen jedoch keine feindlichen Angriffe.

Durch den Frieden von Preßburg kam das Außerfern mit dem übrigen Tirol am 26. Dezember 1805 kampflos zu Bayern.

3.2 Die bayerische Verwaltungsreform

1806 wurde Tirol dem Königreich Bayern eingegliedert. Die erste sofortige Verwaltungsmaßnahme der Bayern war die Auflösung der Gerichte Aschau und Vils, um sie mit dem Gericht Reutte zu vereinigen. Vils wurde allerdings noch im selben Jahr wieder abgetrennt und dem Gericht Füssen und somit dem Illerkreis mit dem Verwaltungssitz Kempten zugeschlagen.

1808 zerschlugen die Bayern die alten Verwaltungsgliederungen von sechs Kreisen und teilten Tirol in lediglich drei Kreise ein. Das Außerfern (ohne Gericht Vils) kam zum Innkreis mit dem Verwaltungssitz in Innsbruck. Innsbruck verlor seine Funktion als Landeshauptstadt. Alles war nun nach München ausgerichtet und der Name Tirol von der Landkarte verschwunden.

Nach der missglückten Volkserhebung von 1809 wurde 1810 das ganze Außerfern dem Illerkreis mit dem Verwaltungsmittelpunkt Kempten zugeschlagen, wo es bis zur Wiedervereinigung mit Tirol, 1814, blieb. Das Gebiet von Berwang und Namlos, das steuerlich immer noch zu Imst gehört hatte, wurde 1810 von der bayerischen Verwaltung nun auch in dieser Hinsicht Ehrenberg zugeteilt.

3.3 Grenzregulierungen in den Allgäuer Alpen

Bayern hob auch die letzten Auswirkungen des mehrmals erwähnten „Allgäuer Brauchs", der besagte, dass der Untertan zeitlebens seinem Landesherrn zugehörig blieb, endgültig auf. In der Pfarre Oberstdorf jenseits des Alpenhauptkammes lagen (und liegen) drei Örtlichkeiten, nämlich Gerstruben, Trauchberg (heute Alm Traufberg) und Spielmannsau. Ihre einstigen Begründer kamen aus dem Lechtal und blieben diesem Brauch zufolge Untertanen Tirols. Außerdem gab es noch zwei Höfe in Unterjoch auf dem so genannten „Zerrer", auf die dasselbe zutraf. Zwar hatten sich in den bereits erwähnten Verträgen von 1485 und 1531 Habsburg und Montfort auf die gegenseitige Aufhebung des Allgäuer Brauchs geeinigt, jedoch blieb das Aufgebots- und Steuerrecht bestehen, sodass genannte Orte und Örtlichkeiten, obwohl landesrechtlich nicht mehr zu Tirol gehörend, weiterhin nach Ehrenberg steuerpflichtig blieben.

Als Tirol bayerisch geworden war, hob der bayerische König Maximilian Josef

1807 diese merkwürdige Gebietsübergreifungen auf und wies alle Verwaltungsagenden dem Landgericht Sonthofen zu.

1814 wurde diese Maßnahme von Österreich jedoch formell nicht anerkannt, was am Faktum jedoch nichts änderte. Erst mit dem Grenzregulierungsvertrag von 1844 verzichtete Österreich auch formell auf diese Rechte.

3.4 Die Erhebung des Jahres 1809

Der Ausbruch neuerlicher Feindseligkeiten im Jahr 1809 wurde im Außerfern nicht mit ungeteilter Begeisterung aufgenommen, zumal sich besonders auf wirtschaftlichem Gebiet seit Beginn der bayerischen Regierung, 1806, eine langsame Besserung abzuzeichnen begann.

Bis 10. April 1809 herrschte relative Ruhe. Der Ausmusterung waffenfähiger Männer wurde lediglich in Lermoos, Ehrwald und Berwang einiger Widerstand entgegengebracht. Das offizielle Aufstandssignal sollte mit dem Einmarsch österreichischer Truppen gegeben werden. Als am 9. April 1809 die österreichischen Truppen in Tirol einmarschierten, kamen am 11. April Abgesandte aus Innsbruck nach Reutte und in die Aschau, die zum Aufstand aufforderten. Am 12. April 1809, kurz nach Mitternacht, wurde in Reutte die bayerische Herrschaft mit einem unblutigen Handstreich durch Verhaftung und Deportierung bayerischer Beamter beseitigt.

Verstärkt durch Nachschub aus anderen Tiroler Landesteilen rückten die Schützen nunmehr ins benachbarte Allgäu vor, wobei bei diesen Vorstößen, die bis Schongau, Kempten und Memmingen vorgetragen wurden, der Ruf der Tiroler Schützen durch anmaßendes Betragen Einzelner schwer litt.

Die Waffen schwiegen kurz. Als sich die Lage für Tirol durch die siegreiche Schlacht am Bergisel vom 29. Mai verbesserte, griff auch das Außerfern wieder zu den Waffen. Ermutigt durch andernorts errungene militärische Erfolge wurden ab dem 5. Juni 1809 erneut die Ausfälle in die Nachbargebiete wieder aufgenommen.

Ab dem 20. Juni 1809 herrschte im Außerfern wieder relative Ruhe, da die Ausfälle ins bayerische Gebiet unterblieben. Doch ab dem 12. Juli 1809 – an welchem Tag Tirol durch einen Waffenstillstand abermals von Österreich preisgegeben wurde – erfolgten in Unwissenheit dieses Waffenstillstandes auch vom Außerfern aus wieder Angriffe gegen die Nachbargebiete. Am 31. Juli und 1. August wurden die Waffen abermals niedergelegt.

Die Waffen schwiegen jedoch nur kurz, denn am 9. August war die Waffenruhe zu Ende. An jenem Tag rückte württembergisches Militär zur Besetzung von Reutte ein. Die Bewohner griffen erneut zu den Waffen und noch am selben Tag brach kurz vor Mitternacht der zweite Aufstand in Reutte aus, der sich hauptsächlich am Hauptplatz von Reutte, dem ehemaligen Kornplatz, abspielte. Zwei Verwundete auf Tiroler Seite, zwei Tote und ein Schwerverwundeter auf feindlicher Seite waren die Folge dieser Erhebung.

Die Hauptlast der folgenden Kämpfe, die bis zum 22. September andauerten, hatte das Tannheimer Tal zu tragen. Die Franzosen trugen beinahe ohne Unterbrechung aus Richtung Hindelang Angriffe gegen das Oberjoch vor. Reservetruppen aus dem Außerfern wurden aufgeboten, und Andreas Hofer sandte Verstärkung, sodass zu jener Zeit über vierzig Schützenkompanien im Außerfern verteidigungsbereit standen.

Der am 16. Oktober zu Schönbrunn geschlossene Friede, der Tirol abermals preisgab, war hierorts noch nicht bekannt, als ab dem 17. Oktober die Gefechte um das Oberjoch neu entflammten. Am 22. Oktober stürmten die feindlichen Truppen mit 1200 Mann erfolglos gegen das Oberjoch. Das letzte Gefecht, von dem uns überliefert wird, dass auch Frauen und Jungfrauen in vollem weiblichem Zorn, bewaffnet mit Spießen, Dung- und Ofengabeln dem Oberjoch zueilten, um mit den Schützen zu siegen oder zu sterben, spielte sich am 26. Oktober 1809 am Oberjoch ab.

Doch der Friedensschluss und mit ihm die Abtretung Tirols waren besiegelt. Nach der unglücklichen Niederlage Andreas Hofers am 1. November am Bergisel wurde auch im Außerfern der geschlos-

Territoriale Entwicklung des Außerferns

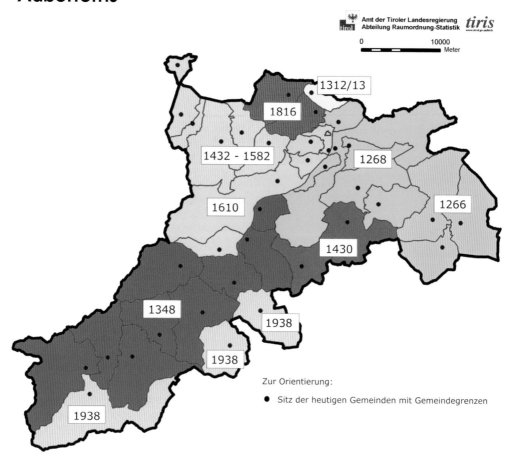

Amt der Tiroler Landesregierung
Abteilung Raumordnung-Statistik

tiris
www.tirol.gv.at/tiris

0   10000
Meter

1312/13

1816

1432 - 1582

1268

1610

1266

1430

1348

1938

1938

1938

Zur Orientierung:

● Sitz der heutigen Gemeinden mit Gemeindegrenzen

sene Frieden bekannt. Am 4. November zogen sich die Tannheimer Taler von ihren Gefechtslinien zurück. An der Front nördlich von Reutte gelang es dem damaligen Pfarrer von Breitenwang, Dekan Dr. Franz Xaver Zobel, die Kämpfenden zur Aufgabe des aussichtslosen Kampfes zu bewegen, damit sie der zugesicherten Amnestie teilhaftig würden. Dank seines Einsatzes blieb das Außerfern von sinnlosem weiterem Blutvergießen verschont.

Ab dem 10. November 1809 begann die neuerliche französische Besetzung des Außerferns, die teilweise den Charakter einer Strafexpedition hatte und bis März des darauffolgenden Jahres dauerte.

4 Vom Wiener Kongress bis zum Ersten Weltkrieg (1814 -1914)

Als Napoleon gestürzt wurde, kam Tirol mit Vertrag vom 3. Juni 1814 wieder zu Österreich; Österreich nahm am 26. Juni von Tirol wieder Besitz. Das Gericht Vils verblieb aber bei Bayern. Die alte Kreiseinteilung war wieder gültig, und das Außerfern blieb beim Kreis Oberinntal mit dem Verwaltungssitz Imst. Österreich machte die von den Bayern getroffenen Verwaltungsreformen nicht mehr rückgängig. Das von den Bayern aufgelöste Niedergericht Aschau wurde nicht wiederhergestellt.

4.1 Die Erwerbung von Stadt und Gericht Vils

Zuvor ein geschichtlicher Rückblick! Die Herren von Hohenegg hatten schon zu einer Zeit, als das schwäbische Herzogtum noch bestand, umfangreiche Besitzungen im Raume von Vils und Musau, die sie vom Stift Kempten zu Lehen erhalten hatten, darunter 18 Höfe in Vils und fünf in der Musau. Die Hohenstaufen übertrugen ihnen als schwäbische Herzöge die Gerichtsbarkeit über die Untertanen in Vils und Musau. 1270 erhielten sie vom Bischof von Augsburg den „Forst- und Wildbann" in diesem Bereich. Ihren Aufstieg verdankten sie vor allem Rudolf von Hohenegg, der Administrator des Stiftes Kempten war, schließlich Kanzler des Königs Rudolf von Habsburg und 1284 Erzbischof von Salzburg wurde. König Rudolf verlieh den Hoheneggern das Recht, den Geleitschutz für die Strecke von Rottach bei Oy bis nach Heiterwang alleine ausüben zu dürfen. Dieses ursprüngliche Recht entwickelte sich im späten Mittelalter aber zu einem Zwang. Die Reisenden waren praktisch gezwungen, bestimmte Straßen zu benützen und hier ihre Abgaben zu bezahlen.

Diese vier verschiedenen Rechte – Grundherrschaft, Gerichtsbarkeit, Wild- und Forstbann sowie Geleitrecht – verschmolzen die Hohenegger mit großem politischem Geschick zu einer Einheit: die selbstständige Herrschaft Vils.

Ihre größte Blüte erlebte die Herrschaft Vils im 14. Jahrhundert. In diese Zeit fiel auch die Erhebung zur Stadt, 1327, und die Gründung der Pfarre Vils, 1395. Zu Beginn des folgenden Jahrhunderts kamen die Hohenegger in den Einflussbereich der Habsburger, aus dem sie sich nie mehr lösen konnten.

Während 1400 das Stift Kempten seine Güter in Vils und Musau noch an die Hohenegger verliehen hatte, geschah dies 1408 nicht mehr, denn die Habsburger hatten mit dem Reichsstift Kempten eine Vereinbarung abgeschlossen, der zufolge sie ihre Allgäuer Herrschaft Ronsberg dem Stift Kempten übertrugen, im Gegenzug dazu aber vom Stift Kempten die Herrschaft Vils als Lehen erhielten.

Die Habsburger beließen aber die Hohenegger formell als Herren von Vils, indem sie ihnen ihr von Kempten erhaltenes Lehen als „Afterlehen" weitergaben, dafür aber den Herzog von Österreich als ihren Herrn anerkennen mussten. Die Habsburger rüttelten aber nicht am Rechtsstatus von Vils, das weiterhin eine eigenständige Reichsritterschaft der Reichsritterschaft Schwaben blieb.

Als die Hohenegger 1671 ausstarben, fielen alle Rechte an das Haus Österreich zurück. Die Habsburger vereinigten aber Vils trotzdem nicht mit Tirol. 1672 gaben sie die Herrschaft Vils nicht mehr als Lehen an ein Adelsgeschlecht weiter, sondern setzten einen ihnen direkt untergebenen landesfürstlichen „Pfleger" als Verwalter ein.

Als unter Kaiserin Maria Theresia die vorderösterreichischen Gebiete verwaltungsmäßig abgetrennt wurden, wurden die vorderösterreichischen Gebiete von Freiburg in Breisgau aus verwaltet. Vils blieb zwar ein Teil Vorderösterreichs, wurde jedoch weiter von Innsbruck aus regiert, ohne an Tirol angegliedert zu sein. Deshalb war Vils auch nicht im Tiroler Landtag vertreten.

Erst unter Kaiser Josef II. wurde 1782 die Leibeigenschaft in Vils aufgehoben, die im übrigen Tirol schon seit Jahrhunderten nicht mehr bestand. Als 1802 die Fürstabtei Kempten aufgelöst wurde, erlosch auch die formal noch bestehende, aber praktisch bedeutungslose Lehenshoheit von Kempten über Vils endgültig.

1806 wurde Tirol dem Königreich Bayern einverleibt, das die Herrschaft Vils sofort auflöste, das Gericht zunächst dem Landgericht Reutte angliederte, es aber im selben Jahr noch mit dem Landgericht Füssen vereinigte.

Das Versäumnis, die einstige Herrschaft Vils auch staatsrechtlich mit Tirol zu vereinigen, zeitigte am Wiener Kongress Folgen. Bayern musste zwar die „oberösterreichischen" (womit Tirol gemeint war), nicht aber die vorderösterreichischen Gebiete an Österreich zurückgeben. Somit blieben Vils und Musau 1814 zunächst beim Königreich Bayern.

Die „Vils-Frage" wurde auf dem Verhandlungsweg gelöst. Für die Bayern war

Vils ein willkommenes Faustpfand für weitere Verhandlungen, denn Österreich besaß im Fichtelgebirge im Nordosten des Königreichs Bayerns eine Enklave, nämlich die Stadt Marktredwitz mit einigen umliegenden Orten. Marktredwitz war ehemals ein Teil des Egerlandes und somit ein Teil des Königreiches Böhmen und durch die napoleonischen Gebietsveränderungen zu einer Enklave im bayerischen Gebiet geworden.

Nach langwierigen Verhandlungen wurde 1815 der Tausch von Marktredwitz gegen Vils vereinbart. Dadurch kam das rein deutschsprachige Marktredwitz aus der Krone Böhmens zum Königreich Bayern und die Stadt Vils mit Musau zu Tirol. Am 12. Juni 1816 fand die offizielle Besitzergreifung durch Österreich mit feierlicher Huldigung und Eidesleistung für den Kaiser von Österreich in Vils statt.

Das Gericht Vils wurde jedoch nicht wieder hergestellt, sondern dem Gericht Ehrenberg angeschlossen, wodurch erstmals eine einheitliche Verwaltungsgliederung im Außerfern (abgesehen von den 1938 hinzugekommenen Gemeinden) entstand.

4.2 Entstehung des politischen Bezirks Reutte

Die Geschichte des politischen Bezirkes ist verhältnismäßig jung. Sie fußte auf der maria-theresianischen Verwaltungsreform von 1754, die bis 1849 erhalten blieb.

4.2.1 Bezirkshauptmannschaften und gemischte Bezirksämter

Die Revolution von 1848 forderte die Trennung von Verwaltung und Justiz. Unter der Nachwirkung revolutionärer Ereignisse wurden 1849 erstmals eigene Bezirkshauptmannschaften eingerichtet und die Funktion eines Bezirkshauptmannes als unterste Instanz der politischen Verwaltung geschaffen.

Die Gerichtsbezirke Imst, Silz und Reutte wurden zur Bezirkshauptmannschaft Imst zusammengefasst, wobei Imst der Sitz des Bezirkshauptmannes war, Reutte jedoch eine eigene Expositur dieser Bezirkshauptmannschaft erhielt.

Diese neuen Bezirkshauptmannschaften waren bei der Bevölkerung unbeliebt,

waren die Sprengel doch für die damaligen Verkehrsverhältnisse viel zu groß. Daher entstand auch kein besonderer Unmut, als Wien nach nur fünf Jahren, 1854, diese Bezirkshauptmannschaften wieder auflöste.

1854 wurde die Trennung von Verwaltung und Justiz auf der untersten Ebene wieder beseitigt und Bezirksämter geschaffen, die Rechtspflege und Verwaltung wieder gemeinsam ausübten. An der Spitze des Bezirksamtes stand der Bezirksvorsteher, dem auch die Verantwortung für die Rechtspflege zukam.

Die neuen Bezirksämter waren nunmehr für nur einen Gerichtsbezirk zuständig. Reutte erhielt daher ein Bezirksamt für den Gerichtsbezirk Reutte. Der damalige Gerichtsbezirk Reutte entsprach in seinem Umfang dem heutigen Bezirk Reutte mit Ausnahme der Gemeinden Pfafflar, Gramais und Kaisers. Die Bezirksämter waren bei der Bevölkerung wegen ihres geringeren Umfanges allgemein beliebter als die früheren übergroßen Bezirkshauptmannschaften. Sie wurden auch, da Verwaltung und Rechtspflege in ihnen vereinigt waren, „gemischte Bezirksämter" genannt.

4.2.2 Seit 1868 Bezirkshauptmannschaft Reutte

Nach dem verlorenen Krieg von 1859 entstand wieder ein innenpolitischer Druck auf Trennung von Verwaltung und Justiz. In Tirol war allerdings kein großes Interesse zu verspüren, solche Revolutionsideen zu forcieren, jedoch der Druck aus Wien war stärker.

Der Tiroler Landtag drängte daher schon 1863 auf die Errichtung von nicht zu großen Bezirken, da die ursprünglichen großen Bezirkshauptmannschaften weder den Bedürfnissen der Bevölkerung noch den Wünschen der Regierung entsprochen hätten. 1863 verlangte der Landtag auch, dass die künftigen politischen Bezirke den bestehenden Gerichtsbezirken entsprechen sollten, was für das damalige Tirol (einschließlich Trentino) 71 Bezirke bedeutet hätte. Die Zahl wurde schließlich mit 21 festgesetzt.

Lediglich zwei Gerichtsbezirke erfuhren eine Sonderbehandlung, indem sie mit keinem anderen Gerichtsbezirk zu einem politischen Bezirk zusammengelegt wurden: Reutte und Primiero in Welschtirol. Für den Gerichtsbezirk Reutte, der 1866 19,05 Quadratmeilen und 18.009 Einwohner zählte, waren Größe und Entlegenheit dafür maßgeblich. Das Außerfern erhielt 1868 mit Wilhelm Rautenkranz seinen ersten Bezirkshauptmann.

4.3 Entstehung der Gemeinden

Die Grundlage für die Entstehung der heutigen Gemeinden ist ebenfalls in der maria-theresianischen Verwaltungsreform von 1754 zu suchen.

4.3.1 Aufhebung der Anwaltschaften

Das erste Gemeindegesetz von 1819 nahm die theresianische Zersplitterung nicht auf, sondern griff wieder auf historische Gliederungen zurück. Im Jahre 1822 war das damalige Außerfern in elf Haupt- und 25 Untergemeinden unterteilt, die politisch und wirtschaftlich als selbstständig galten.

Zu diesem Zeitpunkt waren viele historische Gebilde bereits zerfallen. Reutte blieb als zentraler Mittelpunkt bestehen. Das Tannheimer Tal war mit seinen drei Dritteln noch intakt. Im Lechtal gab es von ursprünglich sechs noch drei Drittel (Stockach, Holzgau, Steeg), während sich aus den anderen drei Dritteln die heutigen Gemeinden gebildet hatten. Das ganze ehemalige Gericht Aschau war bereits in seine heutigen Gemeinden zerfallen. Dasselbe galt auch für Zwischentoren.

1833 wurden die noch bestehenden Anwaltschaften aufgehoben, sodass sich nun auch die restlichen Außerferner Gemeinden, wie sie im Wesentlichen heute noch bestehen, bilden konnten. Hinterhornbach verselbstständigte sich wieder von Vorderhornbach. Die Gemeinde Stockach erhielt den Namen Bach.

4.3.2 Das Gemeindegesetz von 1862

Das zweite Gemeindegesetz von 1849 hatte nur eine kurze Dauer und wurde bald wieder abgeschafft. 1862 wurde ein drittes Gemeindegesetz in Wien in den Grundzügen verabschiedet und die Ausführung den Ländern überlassen. Der Tiroler Landtag sträubte sich gegen dieses Gesetz, sicherte es doch auch „Zugezogenen" gewisse Bürgerrechte zu. Der Hauptgrund des Tiroler Sträubens war in der Protestantenfrage zu suchen, glaubte man doch, mit einem freizügigeren Gesetz den Evangelischen die Ansiedlung zu ermöglichen. Erst 1866 gab der Kaiser, da der Krieg im Süden Tirols ausbrach, den Tiroler Wünschen weitgehend nach, da er den Wehrwillen Tirols benötigte. So blieben gerade in Tirol die „Zugezogenen" lange von den meisten Gemeinderechten ausgeschlossen.

Die damals geschaffenen Gemeindeeinteilungen und Gemeindegrenzen blieben lange unverändert und erfuhren im Außerfern erst nach 1945 nochmals Veränderungen: 1949 wurde Namlos mit Kelmen von der Gemeinde Berwang getrennt und zur eigenen Gemeinde erhoben. Das ursprünglich zur Gemeinde Wängle gehörende Oberletzen kam 1975 und das ursprünglich zur Gemeinde Musau gehörende Unterletzen 1981 zur Gemeinde Pflach.

4.4 Kirchengeschichte von 1814 - 1914

4.4.1 Die bischofslose Zeit

Nach Beendigung der bayerischen Herrschaft machte Österreich erneut politischen Druck zur Anpassung der Bistumsgrenzen an die Staatsgrenzen und verlangte am 5. September 1814, dass Bayern die Ordinariate von Freising und Augsburg veranlasse, die in Österreich gelegenen Kirchengebiete abzutreten. Da der bayerische König die österreichischen Bemühungen unterstützte, konnte sich Augsburg, das zu dieser Zeit ohne Bischof war, diesem Druck nicht widersetzen. Das Augsburger Generalvikariat ließ am 14. Jänner 1815 Dekan Zobel in Breitenwang wissen, dass Augsburg in Hinkunft keine Rechtsprechung mehr in seinen österreichischen Gebieten ausüben werde. Der Dekan und seine Geistlichen wurden aufgefordert, sich nach Brixen zu wenden.

Augsburg konnte aber keine rechtsgültige Abtrennung vornehmen, da es zu dieser Zeit ohne Bischof war. Der Bischof von Brixen durfte mangels päpstlicher Genehmigung die Außerferner Gebiete nicht aufnehmen. Dadurch war dem überwiegenden Teil des Außerferns eine bischofslose Zeit von über einem Jahr beschieden.

Zwar war Dekan Zobel von Augsburg mit großen Vollmachten, die denen eines Generalvikars nahe kamen, ausgestattet worden. Ihm wurden auch die Vorarlberger Gebiete des Bistums Augsburg zur Verwaltung übertragen, wodurch sich das Dekanat bis ins Kleinwalsertal ausdehnte.

Zobel wandte sich über Vermittlung des Brixner Fürstbischofs direkt an Papst Pius VII. mit der Bitte, diesen unhaltbaren Zustand zu beenden. Der Papst beendete am 27. Jänner 1816 die bischofslose Zeit, indem er die Außerferner und Vorarlberger Gebiete dem Bischof von Brixen zur provisorischen Verwaltung übertrug. Mit einer päpstlichen Bulle vom 2. Mai 1818, die umfangreiche Regelungen der Diözesangrenzen vornahm, wurden auch die Außerferner Gebiete definitiv dem Bistum Brixen einverleibt.

4.4.2 Das Dekanat Breitenwang

Das Landkapitel Reutte wurde ab 1816 „Fürstbischöflich Brixnerisches Dekanat Reutte" genannt. 1820 wurden die Vorarlberger Gebiete wieder abgetrennt. Am 22. Jänner 1822 erfolgte die definitive Errichtung des Dekanates Breitenwang als brixnerisches Dekanat. 1826 wurde das Dekanat Breitenwang um die bis dorthin zum Dekanat Imst gehörenden Seelsorgsstationen von Lermoos, Ehrwald, Biberwier, Berwang und Namlos erweitert. (1940 erfolgte in Anpassung an die neuen Verwaltungsgrenzen die Angliederung der Seelsorgsstationen von Bschlabs, Boden und Gramais.)

1853 wurde Lermoos als selbstständige Pfarre geschaffen und Biberwier 1864 zur Kuratie erhoben. Den wesentlichsten Einschnitt brachte aber das Jahr 1891. Über Anordnung von Kaiser Franz Josef berechtigte das „k. k. Ministerium für Cultus und Unterricht" am 25. Jänner 1891 alle Kuraten und Lokalkapläne im ganzen Reichsgebiet, den Titel „Pfarrer" zu führen. Dadurch wurden alleine im heutigen Gebiet der Diözese Innsbruck 132 Kuratien und Lokalkaplaneien zu

Pfarren erhoben. In der Diözese Brixen trat diese Titelverleihung am 11. Juni 1891 in Rechtskraft.

Der Erlass bewirkte, dass die Einkommen der bisherigen Lokalkapläne und Kuraten den Bezügen der bessergestellten Pfarrer angeglichen werden konnten. Durch diese Pfarrerhebungen verdreifachte sich die Zahl der Pfarren im damaligen Tirol.

Im Außerfern wurden damit die zwischen 1785 und 1794 entstandenen Lokalkaplaneien zu Pfarren, nämlich Steeg, Häselgehr, Elmen, Weißenbach, Nesselwängle, Jungholz und Pinswang. Die erst später erbaute Kirche von Hinterhornbach wurde 1891 ebenfalls Pfarrkirche. Außerdem wurden 1891 von den ehemals zum Bistum Brixen gehörenden Kuratien Berwang, Biberwier, Ehrwald und Gramais zu Pfarren erhoben. Als Neugründung entstand in diesem Zeitraum lediglich 1845 Kleinstockach als Expositur von Berwang.

4.4.3 Die evangelische Kirche

Das Umfeld zur Gründung evangelischer Gemeinden wäre im Bistum Augsburg besser gewesen. Kaiser Josef II. erließ 1781 sein „Toleranzpatent", mit dem er den evangelischen und reformierten Christen sowie den nichtunierten Griechen die private Religionsausübung gestattete. Das Außerfern gehörte damals noch zum überwiegenden Teil zum Bistum Augsburg. Radikale Tendenzen, wie sie später im Bistum Brixen zutage traten, waren fremd: Im Bistum Augsburg hatte man sich längst an das Zusammenleben der beiden Konfessionen gewöhnt.

1816 kamen die augsburgischen Kirchengebiete im Außerfern zum Bistum Brixen. Damit wurde auch das Außerfern in die radikalen Religionskämpfe der Brixner Bischöfe hineingezogen. Unbeirrt vom Toleranzpatent Kaiser Josefs II. wurden 1837 noch 427 Zillertaler wegen ihres Glaubens aus dem Lande gewiesen. Geschürt von den Bischöfen in Brixen stieg die religiöse Intoleranz.

Zu dieser Radikalisierung trug die Herz-Jesu-Verehrung, die fallweise zu einer Herz-Jesu-Hysterie ausartete, in nicht geringem Maße bei. Als das Jahr 1809 vorbei war und die kriegerischen Ereignisse sich gelegt hatten, wurde dieses Herz-Jesu zu einer Art „Kriegsgott" gegen die evangelischen Christen. Das leitete eine der tragischsten Entwicklungen in der Tiroler Kirchengeschichte ein, die auch das Außerfern erfasste.

1861 räumte die Wiener Zentralregierung allen Konfessionen die gleichen Rechte ein. Während dieses Gesetz allgemein begrüßt wurde, agierten in Tirol die Konservativen, angeführt von Fürstbischof Vinzenz Gasser, massiv dagegen. Diese unglückliche Entwicklung ging als „Tiroler Kulturkampf" in die Geschichte ein. In dieser aufgeheizten Stimmung ergriff zu allem Überfluss auch noch Papst Pius IX. das Wort, indem er von den „Feinden der Kirche" sprach und damit die Evangelischen meinte.

Protestresolutionen zugunsten der Glaubenseinheit folgten aus den meisten Landgemeinden. Fast alle Außerferner Gemeinden machten den Wortführer der Klerikalen im Landtag, Dr. Johann Haßlwanter, zu ihrem Ehrenbürger – nicht jedoch Reutte, wo eine starke liberale Strömung herrschte.

1867 erhielt Österreich eine Verfassung, die Religionsfreiheit gewährte und jeder anerkannten Religionsgemeinschaft die freie Ausübung ihres Kults gestattete. Tirol verweigerte jedoch die Anerkennung der verfassungsmäßigen Glaubensfreiheit und verbot die Bildung evangelischer Gemeinden. Deshalb erließ 1875 der Kultusminister in Wien einen einfachen Erlass und gestattete die Bildung evangelischer Gemeinden in Innsbruck und Meran (vgl. Fontane, Kulturkampf).

Die katholische Kirche startete nun eine Gegenbewegung ungeahnten Ausmaßes. Von ihren Kanzeln aus prophezeite sie eine düstere Zukunft für Tirol. In Bozen erneuerten 10.000 Menschen den Herz-Jesu-Bund. Überall in Tirol bildeten sich „Katholisch-politische Vereine", die gegen die angeblich verfassungswidrigen evangelischen Gemeinden protestierten, so auch 1877 in Reutte und Tannheim.

Die Vereine in Reutte und Tannheim forderten massiv die Auflösung der evangelischen Gemeinden in Innsbruck und Meran und bezeichneten deren Grün-

dung als verfassungswidrig, da das Land Tirol nur in der Glaubenseinheit weiterbestehen könne. Dagegen schritt die Obrigkeit ein und löste kurzerhand beide Vereine auf, die sich aber 1878 neu bildeten und dazu nicht nur den ausdrücklichen Segen des Fürstbischofs, sondern sogar ein Telegramm im Namen des Papstes erhielten.

Protestiert wurde aber nicht nur gegen die evangelischen Gemeinden, sondern vor allem dagegen, dass die Schulaufsicht der katholischen Kirche entzogen und der staatlichen Aufsicht unterstellt werden sollte.

In dieser für sie ungünstigen Zeit wurde 1884 von Innsbruck aus die erste Außenstelle der dortigen evangelischen Gemeinde in Reutte gegründet. Reutte besitzt somit nach Innsbruck die älteste evangelische Gemeinde Nordtirols.

5 Vom Ersten zum Zweiten Weltkrieg (1914 - 1945)

5.1 Erster Weltkrieg

Am 28. Juni 1914 fielen der Thronfolger, Erzherzog Franz Ferdinand, und seine Gattin, Sophie Herzogin von Hohenberg, in Sarajevo einem Attentat zum Opfer. Am 28. Juli 1914 gab Kaiser Franz Josef mit seinem Manifest „An Meine Völker" die Kriegserklärung an Serbien bekannt. Die allgemeine Hochstimmung zum Kriegsausbruch erfasste 1914 auch das Außerfern, wich aber bald einer realistischen Einschätzung, während offizielle Stellen von Politik und Kirche eine künstliche Begeisterung für diesen „gerechten Krieg" bis zum Schluss aufrecht zu erhalten versuchten. Die ab 1916 beginnende Ablieferung der Kirchenglocken drückte die Stimmung noch weiter.

5.1.1 Die Außerferner Standschützen im Ersten Weltkrieg

Nach Kriegsausbruch mussten alle aktiven Regimenter Tirol verlassen. In Tirol befürchtete man schon damals einen Kriegseintritt Italiens. Landeshauptmann Theodor von Kathrein erließ in weiser Voraussicht schon am 31. Juli 1914 einen Aufruf an alle Schießstände, für einen Kriegseinsatz bereitzustehen, galt es in

Tirol doch, im Ernstfall eine 350 Kilometer lange Verteidigungslinie gegen Italien zu schützen.

Am 4. Mai 1915 kündigte Italien den Dreibundvertrag mit Österreich-Ungarn und dem Deutschen Reich, nachdem es tags zuvor in einem Geheimvertrag Südtirol und andere Gebiete zugesprochen erhalten hatte. Obwohl der Ausbruch des Krieges nur noch eine Frage der Zeit war, mobilisierte Kaiser Franz Josef erst am 18. Mai 1915 die Tiroler Standschützen. Schon am 22. Mai rückten die ersten Standschützen in den Süden Tirols aus, der am darauffolgenden Tag mit der Kriegserklärung Italiens zur Front wurde.

Der Bezirk Reutte stellte zu Kriegsbeginn zwei Standschützenbataillone. Für beide Bataillone zusammen wurde in Reutte eine Wach- und Ersatzabteilung aus nicht fronttauglichen Standschützen gebildet.

Das k. k. (kaiserlich-königliche) Standschützenbataillon Reutte I zählte im Mai 1915 drei Kompanien mit insgesamt 583 Mann, darunter waren 20 Offiziere und 18 Pferde. Die 1. Kompanie umfasste die Standschützen aus Reutte und dem Raum zwischen Vils bis Weißenbach, die 2. jene aus dem Raum Berwang-Bichlbach und die 3. jene aus dem Raum Ehrwald-Lermoos. Am 23. Mai 1915 (Pfingstsonntag) verließ dieses Bataillon den Bezirk, wurde mit der Bahn nach Caldonazzo transportiert und kam in der Hochfläche von Lavarone zum Einsatz, wo es bis März 1916 stationiert blieb.

Vom April 1916 bis Anfang 1918 war Reutte I an der Etschtalfront im Kriegseinsatz. Am 15. Juli 1916 wurde das Bataillon I in eine Kompanie umgewandelt, die ab April 1918 bis zum Kriegsende an der Tonalefront stationiert war. Hier hatten die Standschützen Ende Mai 1918 heftige Angriffe der Italiener abzuwehren. Am 8. Juni 1918 wurde die nunmehrige Kompanie Reutte I mit der Kompanie Reutte II zu einer einzigen Außerferner Kompanie zusammengefasst.

Das k. k. Standschützenbataillon Reutte II bestand bei Kriegsausbruch aus drei Kompanien mit 351 Mann, darunter 14 Offizieren, und 16 Pferden. Am 19. Mai 1915 erfolgte die erste Mobilmachung.

Die 1. Kompanie umfasste die Standschützen von Elbigenalp bis Steeg, die 2. jene zwischen Häselgehr und Forchach, die 3. die aus dem Tannheimer Tal und Jungholz. Auch dieses Bataillon wurde am 23. Mai 1915 am Bahnhof in Reutte verladen, traf am 24. Mai in Pergine ein und wurde in verschiedene Gebirgsgegenden der Valsugana aufgeteilt. Ende August 1915 wurden die Kompanien am Sennsattel zusammengezogen.

1916 war das Bataillon ebenfalls so sehr zusammengeschmolzen, dass es am 31. Juli aufgelöst und in einer Kompanie neu gegliedert wurde. Die Kompanie blieb bis zum November 1917 in der Valsugana, war vom Dezember 1917 bis März 1918 im Abschnitt Riva stationiert und kam anschließend, nach Zusammenlegung mit der Kompanie Reutte I, bis zum Kriegsende zur Tonalefront.

Die Außerferner Standschützen blieben bis zum Kriegsende im Gebiet südlich des Tonalepasses, wo sie auch auf zwei über 3000 Metern hohen Gipfeln Dienst taten und bis zum Zusammenbruch der Monarchie ihre Stellungen hielten.

In den ersten Novembertagen des Jahres 1918 gelang es nur den Standschützen des Tannheimer Tales und einigen Lechtaler Schützen, sich in einem beschwerlichen winterlichen Fußmarsch über den Nonsberg, das Ultental, Meran und den Reschenpass in ihre Heimat durchzuschlagen. Der größte Teil der Außerferner Standschützen geriet in italienische Gefangenschaft und wurde über den Tonalepass in ein Gefangenenlager in der Nähe von Brescia transportiert (vgl. Joly, Standschützen).

5.1.2 Die Versorgungskrise

Im Jahr 1917 spitzte sich die Versorgungslage dramatisch zu. Das „Amt für Volksernährung" verfügte zur Meisterung dieser Versorgungskrise für größere Gemeinden die Bildung von „Gemeindewirtschaftsräten", während bei kleineren Gemeinden zunächst die Gemeindevorstehungen zuständig blieben.

Das Außerfern wäre bei Milchprodukten, Fett und Fleisch gut versorgt gewesen, wären die großen Ablieferungen an die Front und an die Landeshauptstadt nicht gewesen. Auf der anderen Seite stockte die Zufuhr von im Bezirk nicht vorhandenen Lebensmitteln, wie z. B. Getreide und Mehl.

Die verschärfte Ernährungslage zwang den Bezirkshauptmann, allen Gemeindevorstehungen wegen der Ernährung der Kinder und Alten sowie der Schwangeren und der stillenden Mütter Weisungen zu erteilen. Die Versorgungskrise spitzte sich vor allem in Reutte zu, weil hier die Hälfte der Bewohner keine Landwirtschaft besaß.

Neben der Front waren vor allem die großen Städte auf Fleischlieferungen aus dem Land angewiesen. Am 19. Dezember 1917 verfügte der Bezirkshauptmann in einem Erlass, dass jede Gemeinde zwei Stück „gut ernährtes, schlachtbares Rindvieh" zu stellen habe. Diese Tiere waren bereits am darauffolgenden 20. Dezember um zehn Uhr vormittags in Reutte einer Übernahmekommission vorzuführen, die die Tiere schätzte und den Vertretern der Städte übergab. Die abliefernden Bauern wurden dafür entschädigt.

Diese Verfügung war Anlass für einen Protest. Man vertrat den Standpunkt, kein Schlachtvieh, keine Butter, keine Milch und keinen Käse aus dem Bezirk zu lassen, die nicht aus einer Überproduktion stammten, solange der Bezirk ungenügend mit Mehl beteilt werde.

Im Dezember 1917 gerieten die ungarischen Mehllieferungen ins Stocken, sodass ganz Tirol auf das eigene Getreide angewiesen war, das zur Deckung nicht ausreichte. Überall wurden weitere Kürzungen der Mehlrationen vorgenommen, was das Außerfern besonders hart traf. Auch das Petroleum unterlag einer strengen Bewirtschaftung. Ein spürbarer Engpass war auch bei Zündhölzern entstanden.

Als die Mehl- und Brotnot im Außerfern immer bitterer wurde, kam es zu Unruhen in Reutte. Am 12. März 1918 rotteten sich mehrere Frauen von Reutte zusammen, um beim Bezirkshauptmann zu demonstrieren. Diese zunächst friedlich verlaufende Demonstration nahm ernste Formen an, als viele Frauen drohten, die Lebensmittelvorräte zu stürmen. Nur die Gendarmerie konnte weitere Ausschreitungen verhindern.

5.1.3 Das Kriegsende im Außerfern

Die Auflösung der Monarchie schritt unaufhaltsam voran. Überall waren Unruhen zu befürchten, wobei Reutte am meisten gefährdet war. Daher wurde am 6. November 1918 eine Gemeindewache von zwanzig Mann aufgestellt. Zwei Tage später, am 8. November, forderte der Bezirkshauptmann alle Seelsorger im Außerfern auf, sich für Ruhe und Ordnung einzusetzen.

Im Außerfern trachtete man nun, die Geschicke selbst in die Hand zu nehmen. Am 24. November 1918 fand in Reutte eine öffentliche „Volksversammlung" für den ganzen Bezirk statt. Bei dieser Volksversammlung wurde ein Bezirksausschuss, der die gesamte Verwaltung des Bezirkes in „autonomer Weise" übernehmen sollte, gewählt. Dieser Bezirksausschuss kündigte an, binnen acht Tagen die Wahl der Gemeindevertreter auf Grund des allgemeinen und gleichen Wahlrechtes durchzuführen.

Am 25. November 1918 gab dieser Bezirksausschuss sein Programm allen Seelsorgern des Außerferns bekannt. Es sei Aufgabe des Bezirksausschusses, dafür zu sorgen, dass das nach schweren Kämpfen und Entbehrungen dem Volk zuteil gewordene Selbstbestimmungsrecht und Recht der freien Selbstverwaltung auch tatsächlich, und zwar nicht nur im Staate, sondern auch im Bezirk und der Gemeinde zuteil werde.

Diese separatistischen Töne aus dem Außerfern wurden natürlich weder in Innsbruck noch in Wien gerne gehört, und es kam zu keinem eigenen Außerferner Weg. Am 5. Dezember 1918 schaltete sich der „Tiroler Nationalrat", der nunmehr die Macht in Tirol ausübte, ein und erteilte jedem Außerferner Separatismus eine klare Absage.

5.1.4 Heimkehrer, Tote und Gefangene des Ersten Weltkriegs

Der Ruf für „Gott, Kaiser und Vaterland" war verklungen und der Krieg verloren. Zurück blieben Witwen, Waisen, Invalide, Kriegsheimkehrer und Kriegsgefangene, für die sich niemand mehr so richtig zuständig fühlen wollte. Das Außerfern hatte im Ersten Weltkrieg (unter Einrechnung der damals noch nicht zum Bezirk

Reutte zählenden Gemeinden Pfafflar, Gramais und Kaisers) 758 Tote zu beklagen.

Obwohl der Krieg schon einige Monate beendet war, befanden sich noch zahlreiche Soldaten in Gefangenschaft. Anlässlich einer landesweiten Trauerkundgebung am 6. April 1919 verabschiedeten alle Außerferner Gemeinden eine „Einhellige Entschließung" zur Freilassung der Kriegsgefangenen.

Am 27. September 1919 richtete die Bezirkshauptmannschaft Reutte an alle Gemeindevorstehungen ein Schreiben wegen Hilfe für die Kriegsgefangenen in Sibirien. Die Spenden sollten durch Vermittlung des Dänischen Roten Kreuzes als Weihnachtsgabe Mitte Oktober per Schiff nach Wladiwostok abgehen.

5.2 Wirtschaftliche Verhältnisse der Zwischenkriegszeit

5.2.1 Die Inflation

Die Banknotenpresse wurde als untaugliches Mittel zur Lösung der staatlichen Geldbeschaffung in Gang gesetzt. Ihre Inanspruchnahme durch die Regierung brachte eine noch nie da gewesene Inflation. Nachdem es bereits während des Krieges laufend Preiserhöhungen gegeben hatte, begann das Jahr 1920 mit einer weiteren Teuerungswelle.

Die Auswirkungen waren auch im Außerfern massiv und vielfältig spürbar. Da zu diesem Zeitpunkt die Inflation in Deutschland nicht in diesem Maß eingesetzt hatte, kam es zu einem krassen Missverhältnis zwischen Mark und Krone, die das Schieber- und Schmuggelunwesen bedeutend begünstigte.

Die Geldentwertung schritt unheimlich vorwärts. Von Ende Dezember 1920 bis Jahresende 1921 stiegen die Preise für Lebens- und Bedarfsartikel um durchschnittlich 100 Prozent an. In gleichem Maß, wie die Geldentwertung anstieg, kam es zu großräumigem Schmuggel von Lebensmitteln und anderen Bedarfsgütern nach Bayern, da die Mark noch einen guten Kurs hatte. Ab 1922 überflügelte die Inflation im benachbarten Deutschland jene Österreichs, was sich für die Wirtschaft des Bezirks ebenfalls negativ auswirkte, da nun das zahlungskräftige Publikum fehlte.

Ende 1922 war die Parität zum US-Dollar – nimmt man diese vor Kriegsausbruch mit 1 an – auf 14.189 gestiegen. Die Verarmung des Mittelstandes durch die totale Entwertung der Staatspapiere war eine der Folgen. Am 12. Dezember 1924 wurde der Schilling als neue Währung in Österreich eingeführt. Mit 1. Jänner 1925 war der Schilling neues Zahlungsmittel: 10.000 Kronen wurden gegen einen Schilling umgetauscht! (Ein solcher Schilling entsprach in etwa 2,75 Euro.) In Deutschland hatte die Inflation noch krassere Formen angenommen: Hier wurden schließlich eine Billion Inflationsmark gegen eine neue Rentenmark getauscht. Eine für das Außerfern typische Folge der Inflation war, dass die ehemals reichen Lechtaler Händlerfamilien ihr gesamtes Vermögen verloren. Sie hatten es einseitig in Hypotheken, vor allem im Oberallgäu nach dem Brand in Oberstdorf von 1865, aber auch im Bregenzer Wald, angelegt. Diese waren vollkommen entwertet. Ein plastisches Beispiel: 1000 Gulden entsprachen im Jahr 1850 rund 12.500 Euro; diese 1000 Gulden hatten 1925 noch einen Wert von knapp 50 Cent und in Deutschland überhaupt keinen mehr!

5.2.2 Wirtschaftskrise und Arbeitslosigkeit

In der Zwischenkriegszeit wurde der Bezirk Reutte – wie das übrige Österreich auch – von zwei Wellen der Arbeitslosigkeit heimgesucht. Die erste große Welle begann unmittelbar nach Kriegsende. Es war eine strukturelle Arbeitslosigkeit infolge der Veränderung der österreichischen Wirtschaftsstruktur.

Dieser Arbeitslosigkeit versuchte man staatlicherseits durch Einrichtung von Arbeitslosenämtern gegenzusteuern. Im Zuge dieser Maßnahmen wurde am 9. Dezember 1918 in Reutte ein Arbeitslosenamt eingerichtet. Für die Arbeitslosen gab es nun eine Arbeitslosenversicherung, für deren Abwicklung dieses Arbeitslosenamt in Reutte zuständig war. Nachdem die erste Welle der Arbeitslosigkeit etwas verebbt war, kam im Zuge der durch den New Yorker Börsenkrach vom 25. Oktober 1929 – dem so genannten „Schwarzen Freitag" – ausgelösten Weltwirtschaftskrise eine weitere Arbeitslosigkeit auf Österreich zu, die auch den Bezirk Reutte erfasste.

Diese Arbeitslosigkeit verschlimmerte sich in den Folgejahren. Ein besonderes Problem stellten die so genannten „ausgesteuerten Arbeitslosen" dar, jene, die keinen Anspruch auf Arbeitslosenunterstützung mehr hatten und somit der Gemeinde zur Last fielen.

Die Arbeitslosigkeit steigerte sich im Winter 1932/33. Zu Beginn des Jahres 1933 wurden in den Orten Reutte, Biberwier und Ehrwald Arbeitslosenversammlungen abgehalten. Mit 1. Mai 1934 waren im Bezirk Reutte 394 männliche und 69 weibliche Arbeitslose zu verzeichnen. Von diesen bezogen 149 männliche und 19 weibliche Arbeitslose eine Arbeitslosenunterstützung, während 229 männliche und 42 weibliche bereits auf die Notstandsunterstützung angewiesen waren.

Zur Behebung der Arbeitslosigkeit gab es überregionale und lokale Beschäftigungsprogramme. Das erste große überregionale Arbeitsbeschaffungsprogramm lief im Jahr 1919 an, als die Lechverbauung in das Notstandsprogramm von 1919 aufgenommen wurde. Sie war 1923 auch Gegenstand der Beratungen im Landtag, da sie im vorliegenden Haushaltsplan den größten Posten innerhalb der Wasserbauten darstellte.

Eine Entspannung der Arbeitslosensituation erhoffte man sich auch durch den von Bund und Land geplanten „Freiwilligen Arbeitsdienst". Dieser zeigte aber wenig Attraktivität für die Einheimischen, da sie nicht in die im Bezirk entstehenden Arbeitsdienstlager gehen wollten. Die ersten Lager entstanden in Hinterbichl, Gemeinde Wängle, mit 50 und in Vils mit 70 Mann. Am 7. August 1933 folgte das Lager Errach bei Stanzach. Nachdem ein weiteres Lager in der Rossschläg, Gemeinde Musau, eröffnet worden war, stieg die Zahl der auf diese Weise Arbeit Findenden auf 220 an. Sie waren in der Hauptsache für die Flussregulierungen tätig. Allerdings befanden sich darunter nur wenige Arbeitssuchende aus dem Außerfern, sodass die Arbeitslosensituation im Bezirk nicht verbessert wurde.

Weitere Arbeitsdienstlager wurden 1935 in Boden, Gemeinde Pfafflar, und in Kaisers errichtet. 1936 konnten diese Arbeitsdienstlager im Bezirk immerhin 519 Männern Arbeit bieten. Neue Lager kamen hinzu. Sie befanden sich in Rieden, Gemeinde Ehenbichl, in Oberletzen, Gemeinde Wängle, und im Gemeindegebiet von Elmen und Steeg. Für die Regulierung des Vils-Flusses standen den 180 Männer im Einsatz. Im Lechtal waren rund 200 bei der Lechregulierung beschäftigt. Die modernste Baustelle war bei der Johannesbrücke in Weißenbach. Für die Beschäftigung der Arbeitslosen wurde auch die so genannte „Produktive Arbeitslosenfürsorge" – die Schaffung von Arbeitsplätzen durch öffentliche Aufträge – eingeführt. Deren Programme waren auf den ganzen Bezirk verteilt. Wesentliche Projekte waren die Straßen- und Wegebauten sowie die Wildbach- und Lechverbauung. Auf diese Weise konnten im ganzen Bezirk im Juli 1934 insgesamt 604 Personen Arbeit erhalten; das waren ziemlich genau gleich viele, wie die drei Außerferner Großbetriebe, nämlich Textilfabrik, Metallwerk und Zementwerk Schretter, zusammen beschäftigten.

5.2.3 Die 1000-Mark-Sperre

Die wirtschaftliche Situation wurde aber auch durch die so genannte „1000-Mark-Sperre" katastrophal, die die deutsche Reichsregierung am 27. Mai 1933 über Österreich verhängte. Dahinter stand das Bestreben, den noch funktionierenden Wirtschaftszweig „Fremdenverkehr" zu treffen und so die Regierung Dollfuß zu stürzen. Jeder deutsche Staatsbürger, der nach Österreich reisen wollte, hatte eine verlorene Gebühr von 1000 Reichsmark (rund 4200 Euro) zu erlegen. Diese Maßnahme brachte Reutte und den ganzen Bezirk an den Rand des Ruins, waren die Gäste doch zu über 90 Prozent Deutsche.

Diese Sperre trat mit 1. Juni 1933 in Kraft, und der große Einbruch im Fremdenverkehr erfolgte sofort. Während 1932 zu Pfingsten noch 3500 Autos die Grenze bei Weißhaus passierten, es im täglichen Schnitt 1932 immer noch 400 bis 500 waren, wurde dieser Grenzverkehr lahmgelegt. Es passierten täglich lediglich 15 Fahrzeuge im Schnitt die Grenze. Ins Tannheimer Tal fuhren früher täglich rund 400 Fahrzeuge; diese Frequenz ging auf sieben bis acht pro Tag zurück.

Als am 1. September 1936 die Grenzsperre des Deutschen Reichs aufgehoben worden war, kamen wieder die ersten Gäste aus Deutschland ins Außerfern, die jedoch wegen der in Deutschland bestehenden Devisenbeschränkungen den Fremdenverkehr kaum belebten.

5.3 Demokratisierung des politischen Lebens

5.3.1 Die Gemeinderatswahlen

Die Wahlen wurden auf allen Ebenen – Gemeinderat, Landtag, Nationalrat – demokratisiert, das heißt, dass das alte Kurienwahlrecht, das die Stimmengewichtung nach Besitz und Steuerleistung regelte, zu bestehen aufhörte und auch die Frauen das volle Wahlrecht erhielten. Als Übergangslösung musste bis zur Wahl in größeren Orten und Industrieorten der aus der Monarchie her bestehende Gemeindeausschuss um Vertreter aus der Arbeiterschaft erweitert werden, was nur für Reutte zutraf.

Die provisorische Landesversammlung versuchte eine Anpassung der Tiroler Gemeindewahlordnung, die noch auf das Gesetz vom 9. Jänner 1866 zurückging, an die neuen demokratischen Verhältnisse zustande zu bringen. Dieser Versuch scheiterte jedoch am Widerstand der Landgemeinden, die eine gewisse Sesshaftigkeitsdauer zur Begründung des Wahlrechts forderten. Der verfassungsgebende Landtag beschloss daher gegen den heftigen Widerstand der Sozialdemokraten eine Gemeindewahlordnung, die für das Wahlrecht eine zehnmonatige Sesshaftigkeit forderte.

Trotzdem konnten am 16. November 1919 allgemeine Gemeinderatswahlen in Tirol abgehalten werden. Für das passive Wahlrecht mussten die Wahlwerber am 1. Jänner 1919 das 24. Lebensjahr vollendet haben. Der Gemeinderat wurde für die kommende Wahlperiode auf drei Jahre, für die späteren Wahlperioden auf sechs Jahre gewählt. Der Gemeinderat hatte in seiner ersten Sitzung aus seiner Mitte den Bürgermeister, einen oder zwei Bürgermeister-Stellvertreter und zwei Vorstandsmitglieder zu wählen, die den Gemeindevorstand bildeten. Die aus der Monarchie stammende Bezeichnung „Gemeindeausschuss" verschwand; an ihre Stelle trat nun der Name „Gemeinderat". Hatten bisher nur Reutte und Vils „Bürgermeister", die übrigen Gemeinden aber „Gemeindevorsteher", so bekamen nun alle Gemeinden einen Bürgermeister.

Die nächsten Gemeinderatswahlen waren am 5. November 1922. Eine außerordentliche Gemeinderatswahl in Reutte vom 5. November 1927 führte zu einer Tiroler Verfassungskrise. Die Sozialdemokraten fochten diese Wahl, obwohl nach der Tiroler Gemeindewahlordnung durchgeführt, wegen der zehnmonatigen Sesshaftigkeit an. Der Verfassungsgerichtshof gab dieser Beschwerde Recht und hob die Reuttener Gemeinderatswahl deswegen auf.

Dadurch waren nicht nur in Reutte, sondern in fast allen Orten Tirols die Gemeinderatswahlen für ungültig erklärt worden. Die Gemeindeordnung und die Gemeindewahlordnung wurden daher am 18. Mai 1928 den Bestimmungen der Bundesverfassung angepasst. Um die entstandene Diskrepanz zwischen Landes- und Bundesverfassung zu bereinigen, wurde für alle Tiroler Gemeinden die Neuwahl der Gemeindevertretungen auf den 25. November 1928 angeordnet. Es sollten die letzten demokratischen Gemeinderatswahlen bis zum Jahr 1950 sein!

5.3.2 Die Landtagswahlen

Die erste Landtagswahl fand am 15. Juni 1919 statt. Im Bezirk erhielten die Tiroler Volkspartei 4505, die Sozialdemokraten 449, die Wirtschaftsvereinigung 352, die Freiheitlichen 255 und die Kriegsgeschädigten 203 Stimmen. Von allen im Bezirk für die Sozialdemokraten abgegebenen Stimmen stammten rund 36 Prozent allein aus Reutte.

Die zweite Landtagswahl am 22. Mai 1921 brachte ebenfalls wieder einen Sieg der Tiroler Volkspartei. Die dritte Landtagswahl wurde für den 26. April 1925 ausgeschrieben. Im Bezirk Reutte entfielen 6126 Stimmen auf die Volkspartei, 611 auf die Sozialdemokraten, 501 auf die Großdeutschen, 697 auf den Arbeitsbund und lediglich 67 auf die Nationalsozialisten.

Die vierten und letzten Landtagswahlen fanden am 28. April 1929 statt. Bei dieser Landtagswahl kandidierten nicht weniger als sechs Listen, darunter zwei nationalsozialistische, nämlich die „Schulz-Liste" und die „Hitlerbewegung". Insgesamt gab es im Bezirk nur vier nationalsozialistische Stimmen für die „Schulz-Liste", während die „Hitler-Liste" bezirksweit lediglich in Schattwald eine einzige Stimme erhielt.

Bei den Gemeinderatswahlen am 23. April 1933 in Innsbruck wurden die Nationalsozialisten mit 40 Prozent der Stimmen stärkste Partei. Vor diesen Hintergründen verhängte die Regierung Dollfuß – zunächst befristet – das Verbot von Wahlen in die Landtage und Gemeinden. Die Befristung wurde immer wieder verlängert. Die Landtagswahl war bereits auf den 9. April 1933 ausgeschrieben worden. Sie wurde offiziell „verschoben", fand aber nie statt.

5.3.3 Die Nationalratswahlen

Auf Grund der Wahlrechtsänderung mit Gesetz vom 27. November 1918 konnten am 16. Februar 1919 die Wahlen zur „Verfassungsgebenden Nationalversammlung" erstmals auch mit Beteiligung der Frauen stattfinden.

Die Zeit für die Wahlwerbung der einzelnen Parteien war denkbar gering. Die Wahlwerbungen der Tiroler Volkspartei stützten sich vornehmlich auf den unter dem starken Einfluss des Pfarrers und Dekans von Breitenwang stehenden Katholischen Tiroler Volksverein. Für die Sozialdemokraten wurde die erst Ende 1918 ins Leben gerufene Ortsgruppe für Reutte und Umgebung aktiv. Im Bezirk Reutte entfielen 4010 Stimmen auf den Bauernbund, 1916 auf den Tiroler Volksverein, 1180 auf die Deutschfreiheitliche Partei und 684 auf die Sozialdemokraten.

Die Nationalratswahl vom 17. Oktober 1920 war die erste Wahl nach der neuen Verfassung. Im Bezirk Reutte hatten sich 5081 Wähler für die Christlichsozialen, 732 für die Großdeutschen und 610 für die Sozialdemokraten ausgesprochen.

Auch die Nationalratswahlen vom 21. Oktober 1923 und 24. April 1927 brachten erwartungsgemäß im Außerfern wieder einen Sieg der Christlichsozialen. Die letzte Nationalratswahl – ja die letzte demokratische Wahl überhaupt – fand am 9. November 1930 statt. Im Außerfern erhielten die Christlichsozialen 6323, die Sozialdemokraten 981, der Wirtschaftsblock/Landbund 755, der Heimatblock 462 Stimmen, die neue Hitlerbewegung aber lediglich neun.

5.3.4 Anschlussabstimmung von 1921

Mit Kundmachung vom 16. März 1921 verlautbarte die Tiroler Landesregierung die Vornahme einer Volksabstimmung am 24. April 1921 zur Frage: „Wird der Anschluss an das Deutsche Reich gefordert?"

Die Anschlussbewegung hatte im Bezirk Reutte nicht nur eine breite Basis, sondern auch eine alte Tradition, denn die Gemeinde Jungholz war schon seit 1867 im Zollverband mit dem damaligen Königreich Bayern, und es gab Bestrebungen, diesen Zollverband auf das Außerfern auszudehnen.

Vor der Anschlussabstimmung kam es im Bezirk teilweise zu heftigen Agitationen gegen einen Anschluss. Man argumentierte auch damit, dass bei einem Anschluss die deutsche Konkurrenz die österreichische Industrie erdrücken könnte. Die Außerferner Sozialdemokraten verfochten vehement den Anschluss und attackierten die Anschlussgegner.

Die Anschlussabstimmung brachte in Tirol eine rund 98-prozentige Zustimmung. Trotz der Gegenpropaganda war der Volksabstimmung im ganzen Bezirk ein voller Erfolg beschieden. Im Bezirk Reutte stimmten 5366 Wahlberechtigte für und lediglich 291 gegen den Anschluss. Dabei kann allerdings auch nicht übersehen werden, dass von allen Bezirken Tirols, einschließlich Innsbruck-Stadt, der Bezirk Reutte die höchste Quote an Nein-Stimmen aufwies. Diese Stimmen machten rund 5,4 Prozent der Ja-Stimmen aus, während dieses Verhältnis im Tiroler Durchschnitt lediglich 1,2 Prozent betrug. Auffallend war das Ergebnis unmittelbar in Grenznähe liegender Dörfer: Beispielsweise gab es in Pinswang 38 Ja- und 33 Nein-Stimmen, in Schattwald 77 Ja- und 38 Nein-Stimmen, im Grenzort Ehrwald 559 Ja- und lediglich 5 Nein-Stimmen.

5.3.5 Ende der Demokratie

Am 24. April 1933 wurde die neue Verfassung auf der Grundlage des Kriegswirtschaftlichen Ermächtigungsgesetzes erlassen, am 30. April kundgemacht und am 1. Mai 1934 feierlich verkündet. Nationalrat und Bundesrat wurden zum Bundestag. Auf Gemeindeebene sollte ein Gemeindetag den bisherigen Gemeinderat ersetzen. Eine autoritäre Führung ersetzte in allen Bereichen die Demokratie. Gemeindetag, Landtag und Bundestag sollten auf „ständischer Grundlage" von den Berufsständen beschickt werden.

Somit hatte auch in den Außerferner Gemeinden das demokratische Leben zu bestehen aufgehört, und es sollte bis 1945 dauern, bis wieder demokratische Wahlen abgehalten werden konnten.

5.4 Politische Strömungen im Außerfern

5.4.1 Die Christlichsozialen

Die Christlichsozialen, auch Tiroler Volkspartei genannt, stützten sich auf ihre Vorfeldorganisation, den „Katholischen Volksverein", der unmittelbar nach Kriegsende in Innsbruck gegründet wurde. Er war Träger des christlichsozialen Ideengutes, dessen Repräsentant in Reutte der Dekan von Breitenwang, Magnus Schratz, war. Dieser war auch Vorsitzender der Ortsgruppe des Volksvereins.

Der Volksverein betrieb eine Politik im Sinne des so genannten „Politischen Katholizismus" und griff alle an, die nicht auf dieser Linie standen. Er wollte den „drei Friedensstörern zu Leibe rücken" und nannte dabei den Bolschewismus, den Faschismus und den Sozialismus.

Der Volksverein blieb auch in den Jahren bis 1933 die „Konstante" der christlichsozialen Politik im Außerfern, auf die jedoch die jeweiligen Pfarrer nicht unmaßgeblichen Einfluss ausüben konnten. Die erste Wählerversammlung der Christlichsozialen Partei fand am 5. Jänner 1919 in Reutte statt und wurde bezeichnender Weise vom Tiroler Volksverein einberufen und von Dekan Magnus Schratz aus Breitenwang eröffnet.

5.4.2 Die Sozialdemokraten

Am Ende des Ersten Weltkriegs war der Bezirk Reutte der einzige Bezirk in Tirol ohne irgendeine sozialdemokratische Organisation. Am 21. Dezember 1918 fand in Reutte eine sozialdemokratische Parteiversammlung statt. Tags darauf, am Sonntag, 22. Dezember 1918, wurde die sozialdemokratische Parteiorganisation für Reutte und Umgebung gegründet. Obmann wurde August Wagner, der aber bereits am 27. Juli 1919 in die Landespolitik nach Innsbruck wechselte. August Wagner wurde in der Landespolitik zu einem der bedeutendsten Repräsentanten seiner Partei. Unter anderem gründete er den „Republikanischen Schutzbund", dessen Leitung er 1925 übernahm. Er vertrat innerhalb der Partei einen gemäßigten Kurs. Ein weiterer bedeutender Vertreter der Partei war Franz Leismüller, dem der Hauptverdienst am Aufbau der Gewerkschaftsbewegung zukam.

Das Ende der Sozialdemokratie verlief im Bezirk Reutte wie im übrigen Österreich. Im Gefolge des am 12. Februar 1934 ausgebrochenen Bürgerkriegs erließ die Regierung Dollfuß am 16. Februar 1934 zunächst ein Betätigungsverbot für die Sozialdemokratische Partei und beschloss noch am selben Tag deren Auflösung und die Annullierung aller sozialdemokratischen Mandate. Diese Verfügung hatte auf Reutte und Lechaschau Auswirkung, als sozialdemokratische Gemeinderäte ausgeschlossen wurden.

5.4.3 Die Legitimisten

Eine neue politische Strömung waren die Anhänger der Monarchie, die so genannten „Legitimisten". In den Jahren nach dem Ersten Weltkrieg war eine Begeisterung für die Monarchie kaum festzustellen. Der Name der „Legitimisten" rührt daher, dass sie Otto Habsburg als legitimen Thronerben in Österreich ansahen. Eine Auswirkung der sich in den dreißiger Jahren ausbreitenden Bewegung des so genannten „Legitimismus" war eine Reihe von Ehrenbürgerernennungen für Dr. Otto Habsburg.

Den Anfang mit der Ehrenbürgerernennung machte die Tiroler Gemeinde Ampaß am 6. Dezember 1931. 1932 folgten die ersten Außerferner Gemeinden, nämlich Berwang, Elmen, Schattwald, Stanzach und Zöblen. Bis 1938 hatten 240 Tiroler Gemeinden Otto Habsburg das Ehrenbürgerrecht verliehen

Der Legitimismus nahm in Reutte durch den 1934 installierten neuen Dekan Alois Mauracher einen großen Aufschwung. Mauracher, der im Ersten Weltkrieg an der Südfront Beichtvater für den damaligen Thronfolger Erzherzog Karl, den nachmaligen Kaiser Karl, gewesen war, verfügte über gute Kontakte zu den Habsburgern. Er wurde auch bald Ortsführer der Ortsgruppe des „Reichsbundes der Österreicher", der Speerspitze der legitimistischen Bewegung.

5.4.4 Die Wehrverbände

Im Außerfern erfolgte auch die Gründung der „Heimatwehr" und der „Ostmärkischen Sturmscharen", jedoch keine Gründung des sozialdemokratischen „Republikanischen Schutzbundes".

Ende des Jahres 1920 versuchte man in verschiedenen Orten des Bezirks eine Heimatwehr aufzubauen, ohne dass ein unmittelbarer Erfolg beschieden gewesen wäre. Am 19. Februar 1921 wurde ein neuer Anlauf zur Gründung einer Heimatwehr unternommen. Aber erst 1927 fand der erste Heimatwehrtag in Reutte statt. Dieser beschloss, so rasch wie möglich an Gründungen im ganzen Bezirk zu schreiten. Am 7. November 1930 fand in Reutte eine „Heimatblockversammlung" statt. Ende 1934 wurde der Bezirk Reutte zum „Heimwehrgau" erhoben.

1930 entstand ein neuer bürgerlicher Wehrverband, nämlich die „Ostmärkischen Sturmscharen (OSS)". Als maßgeblicher Begründer galt der damals noch junge Tiroler Abgeordnete zum Nationalrat, Dr. Kurt Schuschnigg. Die Gründung erfolgte mit ausdrücklicher Billigung des Salzburger Fürsterzbischofs Sigismund Waitz, der zu dieser Zeit auch Apostolischer Administrator von Innsbruck-Feldkirch war.

In Reutte fand 1934 erstmals eine große Werbeversammlung für die „Ostmärkischen Sturmscharen" statt. Geworben wurde mit dem Kampf gegen Rot, dem Kampf gegen die sozialistische Irrlehre, dem Kampf gegen Braun und dem Kampf für Österreichs Unabhängigkeit. Im Bezirk Reutte waren die Sturmscharen auch vom Wohlwollen des neuen Dekans Alois Mauracher getragen. Die Sturmscharen bemühten sich auch um die Jugend. Diese Jugendgruppen standen in engem Verhältnis zur katholischen Kirche.

Am 20. Mai 1933 wurde die „Vaterländische Front (VF)" als „überparteiliche" Zusammenfassung aller „regierungstreuen" Österreicher gegründet. Sie wurde nach Auflösung aller Parteien alleiniger Träger der politischen Willensbildung und des Ständestaates. Am 10. Oktober 1936 wurden alle bisherigen Wehrverbände durch eine Verfügung der Bundesregierung aufgelöst und auf Wunsch die Mitglieder dieser Verbände geschlossen in die Frontmiliz eingegliedert.

5.5 Der Nationalsozialismus
5.5.1 Das Aufkommen des Nationalsozialismus

Das Aufkommen des Nationalsozialismus ist eng mit der wirtschaftlichen Notlage, aber ebenso eng mit dem Aufstieg Hitlers zum Reichskanzler in Deutschland verbunden. Gab es im April 1932 in Tirol und Vorarlberg lediglich 24 Ortsgruppen der NSDAP, so wurden allein von Jänner bis März 1933 in diesen beiden Bundesländern 89 neue Ortsgruppen eingerichtet.

Die erste öffentliche Versammlung der NSDAP fand am 24. Oktober 1931 in Reutte statt. Es folgten Veranstaltungen am 15. November 1931, 19. Juni 1932, 20. November 1932 und am 3. Dezember 1932.

Durch die Machtübernahme Hitlers in Deutschland fasste die bis dahin weitgehend unbekannte nationalsozialistische Bewegung auch im Außerfern vermehrt Fuß. Neugründungen von Ortsgruppen und der Ausbau bestehender Ortsgruppen erfolgten in aller Regel im Anschluss an Versammlungen, bei denen Parteiredner auftraten.

Im Außerfern wuchs die nationalsozialistische Agitation weiter an. Auf Versammlungen im Bezirk Reutte kündigte im Mai 1933 Organisationsleiter Pisecky an, alle

„großen Lumpen" hängen zu lassen und die kleinen ins KZ zu sperren, sobald die Nazis an der Macht wären. Auf einer Fahrt nach Höfen wollte er sogar schon den geeigneten Platz für die Errichtung des „KZ Nummer 1" gesehen haben.

1933 flüchteten auch bereits die ersten Nationalsozialisten nach Deutschland, wo sie im Lager Lechfeld für die Österreichische Legion ausgebildet wurden. Am 13. Juni 1933 kam es zur ersten Verhaftung von sechs Nationalsozialisten, welche in der Partei eine führende Rolle spielten. Weitere Verhaftungen folgten. Alle Verhafteten wurden bald darauf wieder auf freien Fuß gesetzt.

Der einsetzende „Kleinkrieg" erfasste auch die Berggipfel, die auf deutscher Seite alsbald mit Hakenkreuzfahnen geschmückt wurden. Besonders umstritten war hier die Zugspitze, für die es sogar Überlegungen gab, sie in „Adolf-Hitler-Spitze" umzubenennen. Im August 1933 kam es zum „Blasmusikkrieg", als die im Bezirk Reutte gastierende Deutschmeisterkapelle auf der österreichischen Zugspitz-Bergstation spielte und von der deutschen Seite her als Antwort das von einer SA-Kapelle intonierte Horst-Wessel-Lied ertönte.

Rege wurde die Nazi-Bewegung im Bezirk, als Adolf Hitler am 12. August 1933 Füssen und Neuschwanstein einen Besuch abstattete. Eine Nazi-Delegation fuhr hin und wurde auch empfangen.

Da der Fremdenverkehr zu rund 98 Prozent auf deutsche Gäste zurückzuführen war, stieg nach der „1000-Mark-Sperre" die Sympathie für den Nationalsozialismus sprunghaft an.

Zu einer Propagandaaktion für die NSDAP wurden die 1936 in Garmisch-Partenkirchen ausgetragenen IV. Olympischen Winterspiele, an der auch zwei Außerferner teilnahmen.

5.5.2 Nationalsozialistische Terrormaßnahmen

Der Auftakt zu den Terrormaßnahmen der Nationalsozialisten begann zunächst relativ harmlos mit größeren Klebeaktionen. Weitere Maßnahmen waren das Malen von Hakenkreuzen und das Ausstreuen gestanzter Hakenkreuze aus Papier. In mehreren Außerferner Orten wurden illegal Hakenkreuzfahnen gehisst. Der erste Sabotageakt in Reutte war am 1. Juli 1933 zu verzeichnen, als mit einer auf die Freileitung geworfenen Fahrradkette die Stromversorgung ausgeschaltet wurde.

Die Terrormaßnahmen wurden nun schärfer. Ende Oktober 1933 begannen sie in ganz Österreich mit einer lang anhaltenden „Papierbölleraktion". Diese Papierböller waren relativ schwache, aber immerhin nicht ungefährliche Sprengladungen in Papier- oder Kartonpackung, die unscheinbar in Aktentaschen oder dergleichen transportiert werden konnten.

Ab dem 11. November 1933 kam dieses Terrormittel auch in Reutte und Umgebung zum Einsatz. Es folgte die Verhaftung mehrerer Nationalsozialisten im Bezirk. Die Böllerwerferei griff auf den gesamten Bezirk über.

Die Papierbölleraktionen brachen nach der blutigen Niederwerfung des Republikanischen Schutzbundes im Februar 1934 auf höhere Weisung hin ab. Landesinspekteur Theo Habicht verkündete einen „Friedensschluss" mit der österreichischen Regierung, der bis zum Ausbruch einer neuerlichen, noch heftigeren Terrorwelle im Mai 1934 andauerte.

Diese zweite, noch stärkere Terrorwelle bereitete den Putsch vom 25. Juli 1934 vor und erfasste auch das Außerfern. Da die „1000-Mark-Sperre" den Fremdenverkehr zu wenig schädigte, versuchten die Nationalsozialisten mit von Berlin geliefertem Sprengstoff den Eisenbahnverkehr zu gefährden und den für Tirol lebenswichtigen Fremdenverkehr noch weiter zu schädigen. In der Nacht zum 19. Mai 1934 wurden mehrere Sprengstoffanschläge auf Eisenbahnstrecken verübt, u. a. auch auf die Bahntrasse bei Vils. Am 28. Juni verübten die Nazis ein Eisenbahnattentat in Lermoos, wo an zwei Stellen der Bahnkörper aufgerissen wurde, als die Sprengung in der Nähe einer Starkstromleitung erfolgte.

Der größte Schlag gegen öffentliche Einrichtungen war die Sprengung der Hochdruckleitung des Elektrizitätswerks am 20. Juli 1934, 0.27 Uhr. Die austretenden Wassermassen richteten infolge

Unterwaschung der Rohrfundamente und Zerstörung des Rohrbettes einen verheerenden Schaden an. Das Werk war vollkommen lahmgelegt.

Am 25. Juli 1934 wurde Bundeskanzler Engelbert Dollfuß in Wien von Nationalsozialisten ermordet, jedoch der geplante Putsch scheiterte. Als Reaktion auf den Putschversuch vom 25. Juli 1934 wurde in der Nacht zum 26. Juli der Fernpass durch eine Kompanie der Tiroler Heimatwehr gesperrt.

Sprengung der Hochdruckleitung des EWR

5.5.3 Maßnahmen gegen den Nationalsozialismus

Am 1. September 1933 veranlasste der neu ernannte Bezirkshauptmann Dr. Anton Mörl eine militärische Grenzbegehung bei Weißhaus, Schönbichl, Schattwald und durch das Lechtal bis Warth, um einem befürchteten Einfall der „Österreichischen Legion" – einer auf 600 bis 700 Mann geschätzten Gruppe ausgewanderter österreichischer Nationalsozialisten – begegnen zu können. Zusätzlich bemühte er sich, Bereitschaftstruppen nach Reutte zu bringen.

Am 10. September 1933 fand eine Bürgermeisterkonferenz, gekoppelt mit einer Heimatwehrführerversammlung, in Reutte statt. Bezirkshauptmann Mörl ging dabei auf die Notwendigkeit ein, die Nationalsozialisten zu bekämpfen, um nicht in einen neuen Weltkrieg „zu taumeln".

Am 27. Oktober 1933 wurde eine Nachtübung unter Beteiligung des Bundesheeres, nämlich eines Zuges Radfahrer, der Gendarmerie, der Hilfspolizei und der Heimatwehr abgehalten. Die Radfahrer sollten einen Überfall auf Reutte aus der Richtung Füssen versuchen. Alles wurde dem vermeintlichen Ernstfall angepasst. Gendarmerie, Hilfspolizei und Heimatwehr wurden alarmiert, mit Postautos zu der Abwehrstellung befördert und diese besetzt.

Am 23. Jänner 1934 kamen in Begleitung des nunmehr zum Sicherheitsdirektor für Tirol bestellten ehemaligen Bezirkshauptmannes von Reutte, Dr. Anton Mörl, 250 Mann des Bundesheeres zu Manöverübungen nach Reutte. Die Übungen fanden am nördlichen Talkessel von Reutte – also in Grenznähe zu Deutschland – statt.

Am 12. Juni 1934 wurde zur Sicherheit eine Abteilung des Feldjägerbataillons mit zwei Offizieren und 67 Mann nach Reutte verlegt und in der Turnhalle der Volksschule einquartiert. Am 30. September 1936 wurde diese Garnison wieder aufgelöst und rückte in die Kaserne nach Innsbruck ein.

5.6 Kirchengeschichte von 1914 – 1945

5.6.1 Katholische Kirche

Durch den Verlust Südtirols war die Verbindung zum Bischofssitz in Brixen abgeschnitten, weshalb 1921 als Provisorium eine Apostolische Administratur in Innsbruck geschaffen wurde, aus der erst 1964 die Diözese Innsbruck hervorgehen sollte.

Nach dem kirchenfreundlichen Regime des Ständestaates folgte die kirchfeindliche Ära des Nationalsozialismus. Durch die Inflation waren die durch Stiftungen angesammelten Kirchenkapitalien wertlos geworden. Überall im Bezirk erfolgte die Neuanschaffung der Kirchenglocken, die im Zweiten Weltkrieg erneut der Ablieferung anheim fielen.

Bach wurde 1943 zur Pfarre erhoben. Erst zum Ende dieser Periode setzten gravierende verwaltungsmäßige Änderungen ein, als der Markt Reutte, der bis dahin zur Pfarre Breitenwang gehörte, aus dieser herausgelöst und zur selbstständigen Pfarre der Franziskaner erhoben wurde. Kleinere Änderungen nach 1945 sollen der Vollständigkeit halber erwähnt werden: Lähn wurde 1948, Schattwald 1949 und Grän 1980 Pfarre. Die jüngste Neugründung ist jedoch Lechaschau, das 1957 Lokalkaplanei, 1967 Pfarrvikariat und 1985 Pfarre wurde.

5.6.2 Evangelische Kirche

Die evangelische Gemeinde, die nach der Gründung des Metallwerks Plansee bedeutend anwuchs, wurde von Füssen und Innsbruck aus betreut. Aus Innsbruck kam einmal monatlich ein Pastor, um Gottesdienst zu halten, und alle zwei Wochen ein Vikar, um Religionsunterricht zu erteilen. Nachdem der Gottesdienstraum in der Textilfabrik verloren ging, wurde abwechselnd in verschiedenen Privaträumen Gottesdienst gehalten. Damit wurde der Bau einer eigenen Kirche aktuell, wozu es aber erst 1956 kommen sollte.

5.6.3 Ausblick

Obwohl sich dieser Beitrag 1945 als Endpunkt setzt, ist auf gravierende, ab 1945 eintretende Änderungen hinzuweisen. Sie sind derzeit noch nicht abgeschlossen und deren Beurteilung wird einer späteren Geschichtsschreibung vorbehalten bleiben.

Vor 1945 gab es im Außerfern außer der großen katholischen Mehrheit und einer kleinen evangelischen Minderheit ab 1922 noch die Adventisten (heute „Siebenten-Tags-Adventisten"), die heftig bekämpft wurden. Außer diesen drei Gemeinschaften entstanden nach 1945 noch die Zeugen Jehovas, die Neuapostolische Kirche und die Freie Evangelikale Gemeinde, die sämtliche in Reutte mit Kirchen- oder Versammlungsräumen vertreten sind.

Die größte Umwälzung brachten jedoch die ab den 1960er Jahren zuziehenden türkischen Gastarbeiter. Der Islam bildet heute bereits die zweitgrößte Religionsgemeinschaft des Außerferns.

5.7 Das Außerfern im „Dritten Reich"
5.7.1 Der so genannte „Umbruch"

Bereits am 11. März 1938 gab es nationalsozialistische Protestkundgebungen, die von Reutte ausgingen. Im Gebäude der Bezirkshauptmannschaft wurden Maschinengewehre aufgestellt. Als am Abend des 11. März bekannt wurde, dass die Volksabstimmung abgesagt, Bundeskanzler Schuschnigg zurückgetreten sei und Arthur Seyß-Inquart die Regierung übernommen habe, versammelten sich in Reutte sofort jubelnde Menschen und schon bald zeigten sich die ersten Hakenkreuzfahnen. Die Bezirkshauptmannschaft wurde noch in der Nacht von Nationalsozialisten besetzt.

Als am 12. März der deutsche Einmarsch nach Österreich begann, dienten die Grenzübergänge im Raum Reutte nicht als Einmarschroute. So kam es, dass ein von Imst aus auf den Fernpass verlegtes Sperrkommando des österreichischen Heeres den Pass in Unwissenheit der Ereignisse bis zum 13. März besetzt hielt.

Die Bezirkshauptmannschaft wurde bereits am 12. März um ein Uhr früh besetzt, nachdem kurz zuvor die Hakenkreuzfahne auf dem Amtsgebäude und dem Magistrat aufgezogen worden war. Am Morgen des 12. März wehten bereits von vielen Häusern Hakenkreuzfahnen. Sämtliche Amtswalter wurden an diesem Morgen des Amtes enthoben, deren Akten übernommen und alle Posten, Stellen und Ämter mit Vertrauensleuten besetzt. Die Machtergreifung erfolgte ohne Zusammenstöße. Am Abend des 12. März stand fest, dass im ganzen Bezirk die „Machtergreifung" vollzogen war. Etwa 20 Bürgermeister des Bezirks waren abgesetzt. In der Nacht vom 12. auf den 13. März läuteten von 23.30 Uhr bis 0.30 Uhr alle Glocken.

Als am 13. März 1938 der Zusammenschluss Österreichs mit Deutschland als vollzogen erklärt worden war, wurde auf den 10. April eine Volksabstimmung für das gesamte, nunmehr „Großdeutsche" Reich angekündigt.

Die Gendarmerie wurde in die Deutsche Polizei eingegliedert. Am 18. März 1938 erfolgte die Einführung der Mark-Währung, wobei die Umrechnung auf 1,50 Schilling für eine Mark lautete. Alle

Beamten des nunmehrigen Kreises Reutte mussten am 25. März 1938 auf den „Führer Großdeutschlands", Adolf Hitler, vereidigt werden.

12. März 1938 in Reutte

In der auf den 10. April 1938 anberaumten Volksabstimmung votierte der Bezirk Reutte neben den Bezirken Kitzbühel und Imst mit 99,61 Prozent am geschlossensten für die „Wiedervereinigung", da fast jede zweite Gemeinde geschlossen mit „Ja" stimmte und dafür zur Belohnung eine „Hitler-Eiche" bekam.

5.7.2 Nationalsozialistische Verwaltungsreform

Nach der Volksabstimmung vom 10. April 1938 erfolgte der konzentrierte Aufbau aller Parteistrukturen – Kreise, Ortsgruppen, Zellen, Blocks –, wozu ehemalige Nationalsozialisten herangezogen wurden.

Am 15. Oktober 1938 erfolgte die Umbenennung des Gaues Tirol in „Gau Tirol-Vorarlberg", wobei Osttirol von Tirol abgetrennt und die Außerferner Gemeinde Jungholz dem Kreis Sonthofen im Gau Schwaben zugeschlagen wurde. Außerdem erfolgte die Abtrennung der Gemeinden Pfafflar und Gramais vom Bezirk Imst und der Gemeinde Kaisers vom Bezirk Landeck und deren Zuteilung zum Bezirk Reutte.

Mit 1. Jänner 1939 wurde die Bezirkshauptmannschaft zum „Landrat" und der Bezirk Reutte zum „Kreis Reutte" umbenannt. Reutte stand im Statut einer Stadt.

Eingemeindungen fanden im Außerfern keine statt. Zwar wurden 1939 Breitenwang, Lechaschau und Wängle dem Bürgermeister Lothar Kelz von Reutte unterstellt. Die Orte blieben jedoch als selbstständige Gemeinden erhalten. Der Plan der Großgemeinde Reutte, die auch Ehenbichl umfasst hätte, wurde nicht realisiert.

Unmittelbar nach Kriegsende 1945 wurde der politische Bezirk Reutte wiederhergestellt. Die von Nationalsozialisten eingegliederten Gemeinden Pfafflar, Gramais und Kaisers blieben beim Bezirk Reutte, wenn auch die gesetzliche Änderung dafür erst 1947 vorgenommen wurde. Jungholz wurde 1945 sofort zum Bezirk Reutte rückgegliedert, wobei aber das Tiroler Landesrecht hier erst 1950 wieder zur Geltung kam.

5.7.3 Widerstand und Verfolgung im Außerfern

Das totalitäre System Hitler-Deutschlands brachte zahlreiche Außerferner in Konflikt mit den Gesetzen, die in Wirklichkeit „Gesetze des Unrechts" waren. Dies förderte auch einen Widerstand, der allerdings erst zum Kriegsende vereinzelt offen ausbrechen konnte.

Zahlreiche Verurteilungen erfolgten nach dem so genannten „Heimtückegesetz" und zogen eine mehrmonatige Gefängnisstrafe nach sich. Darunter fielen auch abfällige Äußerungen gegen den Staat und seine Führung. So brachte beispielsweise die Äußerung „Der Gauleiter ist ein Lump" einem Mann aus Tannheim eine Gefängnisstrafe von sieben Monaten ein. Eine Frau aus Reutte, die beim Anblick des „Führerbildes" diesen als „Gauner" bezeichnete, wurde zu zehn Monaten Gefängnis verurteilt.

Noch strenger bestraft wurden die so

genannten „Rundfunkverbrechen", also die Abhörung von so genannten „Feindsendern". Die Strafen lagen von einem Jahr aufwärts. Ein Mann aus Elmen wurde sogar zu zwei Jahren Gefängnis verurteilt.

Geahndet wurde auch der verbotene Umgang mit Kriegsgefangenen. Ein Mann aus Vils, dessen freundschaftlicher Umgang mit Kriegsgefangenen als Beihilfe zur Flucht ausgelegt wurde, erhielt eineinhalb Jahre Gefängnis. Noch strenger wurde der intime Umgang mit Kriegsgefangenen bestraft. Hier ist der Fall einer Frau aus Reutte bekannt, die dafür mit vier Jahren Zuchthaus bestraft wurde.

Ein weiteres Delikt war die „Wehrkraftzersetzung". Ein Mann aus Reutte, der mehrmals politische Ankündigungen von der Anzeigentafel der Textilfabrik entfernte, wurde zu zwei Jahren Zuchthaus verurteilt. Besonders krass war die Verurteilung einer Frau aus Reutte wegen „Volksverrat". Sie wurde wegen eines Briefs in die Schweiz, in dem sie die tristen Vorkommnisse der Heimat schilderte, der aber abgefangen wurde, mit sechs Jahren Zuchthaus und sechs Jahren Ehrverlust bestraft.

Zu den größten Verbrechen des Naziregimes gehörte die so genannten „Tötung lebensunwerten Lebens", die Ermordung von Behinderten und geistig Kranken, die von Hitler mit geheimem Führererlass vom 1. September 1939 angeordnet wurde und mehr als 100.000 Opfer, darunter auch solche aus dem Außerfern, forderte.

Nach 1945 wurden aus den Transportlisten folgende Fälle aus dem Außerfern aktenkundig: aus Reutte drei Fälle, aus Stanzach zwei und aus Bichlbach, Höfen, Steeg und Weißenbach je ein Fall (vgl. Widerstand und Verfolgung in Tirol, 1934 – 1945).

5.7.4 Kirchenverfolgung im Außerfern

Mit der „Machtübernahme" der Nationalsozialisten begannen auch die Verfolgungen, deren vorrangiges Ziel kirchliche Einrichtungen und Personen waren. Die Verfolgungen steigerten sich von Schikanen bis zum Terror. Die ersten Auseinandersetzungen brachten bezirks-weit die Fronleichnamsprozessionen des Jahres 1938.

Die geistlichen Lehrerinnen wurden aus dem Schul- und Kindergartendienst entfernt, und der Religionsunterricht musste dem Konfessionsunterricht weichen. Weltlichen Lehrern wurden kirchliche Dienste – wie z. B. die Organistentätigkeit – verboten. Die Jugendarbeit war verboten, die Kirchenchöre und kirchliche Vereinigungen (wie z. B. Gesellenverein) wurden aufgelöst. Den Franziskanern wurde das Sammeln verboten, die staatliche Besoldung der Priester wurde eingestellt und Pfarrbibliotheken wurden aufgelöst.

Gegen solche Maßnahmen gab es auch Widerstand, wie z. B. den Schulstreik in Elmen, als die Kruzifixe im Klassenzimmer verboten wurden.

Hart gingen die Nazis gegen die Orden der Barmherzigen Brüder und der Barmherzigen Schwestern vor. Nach dem Anschluss an Hitler-Deutschland wurde das Krankenhaus Kreckelmoos vorerst unter kommissarische Leitung gestellt. Dessen Prior P. Ignatius Conradi musste das Krankenhaus im Juli 1938 fluchtartig verlassen, wurde jedoch bereits Mitte November 1938 zusammen mit einigen anderen Mitbrüdern verhaftet. 1939 enteigneten die Nazis das Krankenhaus.

Die im Bezirk wirkenden Barmherzigen Schwestern des Mutterhauses in Zams, die vielfach auch im Schuldienst wirkten, wurden entfernt, und der Ordensbesitz wurde beschlagnahmt.

Die Schikanen gingen bald in Tätlichkeiten über. So kam es zu Ausschreitungen bei einer Doppelprimiz in Ehrwald und im ganzen Bezirk zur Schändung von Kreuzen. Bald darauf setzten die ersten Verhaftungen ein.

5.7.5 Verfolgungen von Priestern und Ordensangehörigen

Mit einer Hinrichtung, einem Mord und einer lebenslänglichen KZ-Haft stellten die Außerferner Priester den größten Anteil der Verfolgten.

Das erste Todesopfer war Josef Zotz (1902 – 1941) aus Musau. Wegen der Unterstützung eines Flüchtlings wurde er inhaftiert und des Gaues verwiesen, worauf er bei einem Cousin in Pfronten Zuflucht nahm. Am 7. Juli 1941 unternahm er eine Bootsfahrt am Weißensee bei Füssen; tags darauf wurde seine Leiche mit einer Kopfwunde aus dem Wasser geborgen. Wenn auch die genauen Umstände des Todes nie geklärt werden konnten, galt ein Mord als wahrscheinlichste Ursache.

Pater Jakob Gapp, ein Priester aus dem Orden der Marianisten, war ab 1. September Kooperator in Breitenwang und Religionslehrer an der Volks- und Hauptschule in Reutte. In seinem kompromisslosen Eintreten für Verfolgte, insbesondere auch Juden, fanden die Nazis einen Vorwand, ihn aus dem Schuldienst zu entfernen, den er am 1. November 1938 beenden musste. Am 4. November musste er Breitenwang verlassen.

Er konnte sich durch eine Flucht nach Spanien zunächst der Verfolgung entziehen, wurde dort aber von Agenten der Gestapo aufgespürt, nach Frankreich entführt und dort am 9. November 1942 von der Gestapo verhaftet. In Berlin machte man ihm vor dem Volksgerichtshof den Prozess wegen Volksverrat. Gapp wurde wegen „volksverräterischer Gesinnung" zum Tode verurteilt und am 13. August 1943 um 19.08 Uhr in Berlin-Plötzensee mit dem Fallbeil enthauptet. Papst Johannes Paul II. sprach ihn am 24. November 1996 selig.

Nahezu alle im Außerfern wirkenden Priester wurden von der Verfolgung berührt. Siegfried Würl, Kaplan von Namlos, verbrachte wegen seiner regimefeindlichen Äußerungen 68 Monate in den berüchtigten Konzentrationslagern Dachau und Sachsenhausen, bis er 1945 von den Amerikanern befreit wurde.

Neben diesen Opfern gab es zahlreiche weitere Verhaftungen und Kerkerstrafen. Darunter befand sich auch Dekan Alois Mauracher, der am 29. November 1940 verhaftet wurde und bis 14. Jänner 1941 in Haft war. Er wurde schließlich des Gaues verwiesen und übte seine Seelsorgetätigkeit in Jungholz aus. Der Grund seiner Verhaftung dürften seine engen Beziehungen zum Haus Habsburg – Mauracher war Beichtvater des Thronfolgers Erzherzog Karl, des nachmaligen Kaisers – gewesen sein.

Kooperator Wilhelm Grömminger predigte 1944 in Wängle: „Mich erbarmt des Volkes, denn seine Führer sind Verführer." Er saß bis zum Kriegsende im Gefängnis; seine Akte waren bereits beim Volksgerichtshof. Das Kriegsende rettete ihm das Leben.

Die Bevölkerung war aber nicht in jedem Fall bereit, die Maßnahmen hinzunehmen. Ein Protest der Ehrwalder Bevölkerung befreite Pfarrer Andreas Raggl vorzeitig aus dem Gefängnis. Als er ein anderes Mal in Reutte zu 500 Reichsmark Strafe verurteilt wurde, steckten ihm die Leute in Ehrwald am Weg vom Bahnhof zum Pfarrhof immer Geld zu, sodass er am Schluss ein Mehrfaches davon hatte, als die Strafe ausmachte.

5.7.6 Das Außerfern und der Holocaust

Durch die Gründung des Metallwerks Plansee, 1921, kamen mehrere jüdische Mitarbeiter in dieses Werk. Außerdem gab es noch zwei jüdische Familienangehörige in Ehrwald und eine Jüdin in Stanzach. Viele Schicksale sind heute noch ungeklärt!

Der Firmengründer Dr. Paul Schwarzkopf (1886 – 1970), ein Jude aus dem alten Österreich, in Prag geboren, emigrierte Ende 1937 in die Schweiz und von dort 1938 in die Vereinigten Staaten. Seiner Gattin Mary Schwarzkopf gelang es, wenige Stunden vor dem Einmarsch mit ihrem minderjährigen Sohn Walter in die Schweiz zu flüchten. Der Privatbesitz von Dr. Paul Schwarzkopf wurde beschlagnahmt; das Metallwerk Plansee selbst wurde „arisiert", das heißt, ihm als rechtmäßigem Eigentümer entzogen. Schwarzkopf verlor nach eigenen Angaben 135 Verwandte, darunter die Schwester, einen Onkel und eine Tante in den Vernichtungslagern der Nazis.

Ein weiteres Verfolgungsopfer war der katholische Halbjude Dr. Hermann Stern (1878 – 1952), Rechtsanwalt und ehemaliger Vizebürgermeister in Reutte, der auch die Zugspitzbahn erbaute und dem auch die Ansiedlung des Metallwerks Plansee zu verdanken war. Von 1938 bis 1940 war er 15 Monate in Haft, aus der er krank zurückkehrte. Trotzdem wurde über ihn ein Gauverbot verhängt, das heißt eine Ausweisung aus Tirol und Vorarlberg, ihm Nürnberg als Aufenthaltsort zugewiesen, wohin ihm seine Familie 1942 folgen musste. Stern erblindete, war ein schwer kranker Mann und versuchte nach 1945 vergeblich seine Rehabilitierung.

Der kaufmännische Direktor des Metallwerks Plansee, Dipl.-Ing. Gustav Lenke (1880 – 1949) war ebenfalls Jude. Er genoss wegen seiner sozialen Gesinnung allgemeine Hochschätzung. Umso befremdlicher waren die Ausschreitungen gegen ihn, die in der Demolierung seiner Wohnung endeten. Ihm, seiner Frau und seinen beiden Töchtern gelang die Emigration nach England.

Ein weiterer hochrangiger jüdischer Mitarbeiter von Schwarzkopf war Dr. Ing. Richard Hamburger (1892 – 1961), der 1938 nach Holland fliehen konnte und dort in der Untergrundbewegung gegen die Nazis tätig war. Auch seine Frau und seine zwei Kinder brachte er in Sicherheit. Hingegen wissen wir, dass ein weiterer Mitarbeiter Schwarzkopfs, Kurt Weinberg (geb. 1906), in einem Konzentrationslager vermutlich 1945 sein Leben lassen musste. Ein weitere jüdischer Mitarbeiter des Metallwerks, Ernst Grünfeld, emigrierte zunächst in die Sowjetunion, dann in die Vereinigten Staaten, wo er unter ärmlichsten Bedingungen lebte, den Krieg überlebte und in Wien Selbstmord beging.

Von mehreren anderen Mitarbeitern verlieren sich die Spuren, so auch von Ing. Otto Guttmann (geb. 1886) und seine Frau Käthe, sowie von Hans Joachim Bernstein (geb. 1912).

Außerhalb von Reutte bzw. des Metallwerks Plansee lebten nur wenige Juden. Die so genannte Reichskristallnacht vom 9./10. November 1938, ein reichsweit geführter Terrorschlag gegen die Juden, erreichte auch etwas verspätet das Außerfern, wo die Pension Sonnblick in Ehrwald schwer beschädigt wurde, weil die Gattin des Besitzers Jüdin war. Die beiden Jüdinnen in Ehrwald, Kende und Steinacker, überlebten, weil sie in einer so genannten „privilegierten Mischehe" lebten, das heißt in einer Ehe mit „Ariern".

Hingegen überlebte die in Stanzach wohnende Alma Schultz-Löwendahl (geb. 1879) den Holocaust nicht. Sie starb nach verlässlichen Recherchen 1945 im KZ Theresienstadt.

5.7.7 Nationalsozialistische Lager im Außerfern

Die nationalsozialistischen Lager lassen sich in drei Gruppen einteilen: die Außenstellen des Konzentrationslagers Dachau, die Kriegsgefangenenlager und die Zwangsarbeiterlager.

Das ehemalige Hotel Forelle am Plansee war ein Internierungslager für prominente Franzosen und einige Belgier aus Politik, Militär, Diplomatie und Wirtschaft. Diese KZ-Außenstelle umfasste das ehemalige (heute abgebrochene) Hotel Forelle samt Bootshütte und war mit einem ungefähr zweieinhalb Meter hohen Stacheldrahtzaun umgeben. Sie bestand auf Grund der Häftlingsliste seit 1. September 1943. Es sind die Namen von insgesamt 78 Häftlingen bekannt, die ab 1943 bis 28. März 1945 in mehreren Etappen ankamen. (Vgl. Taferner, Ende des Zweiten Weltkriegs). Das Kommando hatte die SS mit der Dienstbezeichnung „Sonderkommando Plansee", die eine Besatzung bis zu zwölf Mann stellte. Zur Bedienung der französischen Gefangenen und der SS waren KZ-Häftlinge aus Dachau aufgeboten. Die KZ-Häftlinge lebten in gestreifter KZ-Kleidung, die französischen Gefangenen hingegen in Zivil. Kommandant am Plansee war die letzten eineinhalb Jahre der SS-Obersturmbannführer Erfurt, ein früherer Lehrer. Er behandelte die Gefangenen, Franzosen und KZ-Häftlinge, äußerst human. Zwei Fluchtversuche von Franzosen wurden bekannt. Einer der Flüchtlinge wurde am Altenberg beim Plansee aufgegriffen. Einem weiteren dürfte die Flucht in die Schweiz gelungen sein.

Die zweite KZ-Außenstelle von Dachau, das Hotel „Ammerwald" im Ammerwald, die erst gegen Kriegsende belegt wurde, stand ebenfalls unter SS-Bewachung. Die Gefangenen waren Sippenhäftlinge, Angehörige der führenden Militärs der bei Stalingrad besiegten 6. Armee und Angehörige der Attentäter des Anschlags vom 20. Juli 1944 auf Adolf Hitler. Als führende Militärs dieser Armee nach ihrer Gefangenschaft über den sowjetischen Rundfunk sprachen und die deutschen Soldaten zur Aufgabe aufforderten, wurden deren Angehörigen in Sippenhaft genommen. Das Lager war nicht umzäunt, und die Gefangenen konnten sogar unter Aufsicht der SS spazieren gehen.

Die Zahl der Sippenhäftlinge im Hotel Ammerwald wurde auf etwa 60 geschätzt; immerhin konnten 54 Namen rekonstruiert werden. Am Plansee waren u. a. mehrere Mitglieder des früheren bayerischen Königshauses interniert. Weiters waren Gattin und Tochter von Generalfeldmarschall Friedrich Paulus sowie die Angehörigen von weiteren fünf Generälen unter den Internierten. Die Insassen kamen zu verschiedenen Zeiten und aus verschiedenen Orten in dieses Lager, teilweise wurden sie aus anderen kriegsgefährdeten Lagern in letzter Minute zum Ammerwald gebracht.

Die Befreiung beider Lager erfolgte am 30. April 1945 durch die Amerikaner in Begleitung eines französischen Generals. Neben diesen beiden Außenstellen von Dachau gab es im Außerfern mehrere Kriegsgefangenenlager, die teilweise oft nur kurz bestanden. Solche fanden sich für französische Kriegsgefangene in Pflach, Lermoos, Elmen, Vils und Jungholz. Die Gefangenen wurden in Pflach u. a. zur Trockenlegung von Wiesen, zum Ernteeinsatz und zu Mitarbeit in Betrieben herangezogen. In Lermoos waren sie u. a. in der Wildbachverbauung aber auch im Ernteeinsatz tätig. In Vils, wo auch Belgier interniert waren, war ihr Einsatz hauptsächlich im dortigen Zementwerk. In Musau-Rossschläg arbeiteten russische Kriegsgefangene beim Bahnbau. Kriegsgefangenenlager für Serben gab es in Reutte, Bach und am Haldensee. Ihr Einsatz erfolgte für Gemeindearbeiten, beim Wegebau und bei der Ernte.

Von den Kriegsgefangenenlagern unterschieden sich die Lager für die Zwangsarbeiter, die aus ihren Heimatländern verschleppt wurden. Sie waren zwar interniert, lebten aber in einer relativen Freiheit. Es gab mehrere Lager für Ukrainer, nämlich am Plansee, in Bach und mehrere in Reutte. Ein rein weibliches Lager bestand in Mühl, dessen Insassinnen für die Rüstung im Metallwerk Plansee arbeiten mussten. Die Ukrainer waren hauptsächlich im Wegebau eingesetzt. Polnische Zwangsarbeiter gab

es auch in Ehrwald, deren Einsatz hauptsächlich in der Landwirtschaft und in Betrieben erfolgte. Galizier waren für Wald- und Forstarbeiten zwangsverpflichtet. In Pflach finden wir auch Ostarbeiter für die Wald- und Holzarbeit. Schließlich wurden gegen Kriegsende auch noch männliche und weibliche Italiener zu Schanzarbeiten herangezogen.

Neben diesen in Lagern lebenden Zwangsarbeitern lebten aber auch noch zahlreiche andere in Familien und Betrieben. Sie wurden ab 1941 nach dem Einfall in die Sowjetunion vor allem aus der Ukraine unter menschenunwürdigen Bedingungen verfrachtet, fanden aber teilweise in Familien gute Aufnahme. 1945 mussten diese Zwangsarbeiter alle in ihre Heimat zurückkehren. Einigen aber wurde das Außerfern durch Heirat zu einer zweiten Heimat.

(Diese Ausführungen basieren auf der Auswertung zahlreicher Chroniken und Einzelaussagen, können aber keine Vollständigkeit beanspruchen!)

5.8 Kriegsende und Neubeginn

5.8.1 Die so genannte „Alpenfestung"

Sie existierte in Wahrheit nur in den Gehirnen von Gauleiter Franz Hofer und anderen Fanatikern. Zwar hatte Gauleiter Hofer schon am 6. November 1944 von Hitler die Alpenfestung gefordert, jedoch war, als die Amerikaner und Franzosen nach Süden abschwenkten, keine einzige Baumaßnahme getätigt, ja nicht einmal in Angriff genommen.

Am 9. April 1945 wurde Gauleiter Hofer von Hitler nach Berlin beordert, wo er am 12. April mit diesem zusammentraf. Hitler ordnete den Ausbau der Alpenfestung persönlich an. Zu diesem Zeitpunkt mussten solche Verteidigungsanstrengungen eine reine Illusion bleiben. Gauleiter Franz Hofer befahl am 14. April den Ausbau der „Alpenfestung" insbesondere im Bereich des Außerferns. Zu diesen Stellungsbauten wurden alle irgendwie abkömmlichen Personen beiderlei Geschlechts von 12 bis 65 Jahren bescheidmäßig gezwungen. Ab dem 16. April arbeiteten sämtliche verfügbaren Arbeitskräfte – meist Frauen und alte Männer – am Schanzenbau.

So begannen Schanzenbauten im Bereich von Vils beim Ranzenberg, bei der Ulrichsbrücke, am Kniepass, bei Rossschläg und in der Enge bei Grän. Die im Lechtal bei Stanzach angeordneten Schanzen wurden nicht mehr begonnen. Arbeitszeit war von 9 bis 12 und von 14 bis 16 Uhr; in der Mittagspause gab es lediglich Suppe von der Feldküche; das Essen mussten sich die Zwangsverpflichteten selbst mitbringen.

Während der Schanzarbeiten umkreisten Aufklärungsflieger die Schanzen. Bei günstigem Wind hörten die Arbeitenden die Einschläge der schweren Artillerie. Auf den Landstraßen sahen sie bereits die Bilder des Zerfalls. Lediglich die Sperren am Fernpass, an denen Pioniere beteiligt waren, besaßen hohen technischen Wert.

5.8.2 Das Außerfern im Luftkrieg

Am 3. August 1944 wurde das Außerfern erstmals auch unmittelbarer Kriegsschauplatz, als ein Luftkampf über Lermoos tobte. Die 15. US-Luftflotte hatte einen Großangriff auf Friedrichshafen unternommen und wurde bereits am Hinflug vom deutschen „Jagdgeschwader 3 Udet" angegriffen. Im Verlauf dieses Luftkampfes stürzten acht amerikanische Bomber und acht deutsche Jagdflugzeuge ab. 16 amerikanische Besatzungsmitglieder wurden nur noch tot geborgen, 29 gefangen genommen. In den abgeschossenen acht deutschen Jagdflugzeugen kamen fünf Besatzungsmitglieder ums Leben (vgl. Schönherr, Luftkampf; Unger, Fliegerschicksale).

Am 22. Februar 1945 ertönte in Reutte die Sirene fast den ganzen Tag. An solches gewöhnt, suchten nur wenige Zuflucht in den Luftschutzkellern. Über den Tauern flogen vier amerikanische Flugzeuge der Marke „B17-Fortress" und nahmen Kurs auf Reutte. Dieser amerikanische Angriff war ein Teil der Operation „Clarion", die das Verkehrsnetz des „Dritten Reiches" endgültig zerstören sollte. Augenzeugen schätzten die Angriffshöhe auf 1500 bis 2000 Meter über Reutte. Die vier Flugzeuge klickten ihre Bomben ungefähr oberhalb des Schlossberges aus. Die Detonationen ertönten um 13.52 Uhr. Die Bomben waren für den Bahnhof in

Bombenangriff in Reutte

Reutte bestimmt, verfehlten jedoch ihr Ziel und schlugen abseits des Bahnhofs im Raum zwischen Bahnhofstraße und Allgäuer Straße ein. Nach späteren Feststellungen waren 36 Sprengbomben gefallen; Brandbomben wurden keine abgeworfen.

Ein Volltreffer im Haus Nr. 235 forderte sechs Tote, darunter drei Kinder! Eine Frau aus Pflach überraschten die Bomben in der Allgäuer Straße. Sie war das siebte Opfer. Wenige Tage später erlag noch ein achtes Opfer, eine Frau aus Weißenbach, die ebenfalls in Reutte vom Luftangriff überrascht worden war, den schweren Verletzungen.

Außer diesen acht Toten forderte der Angriff noch drei Schwerverletzte. Zwei Häuser wurden vollkommen zerstört, 15 weitere schwer beschädigt, darunter auch das Altersheim in Reutte. Augenzeugen schätzten auf Grund der Tiefe der Bombentrichter die abgeworfenen Bomben auf je etwa 250 Kilo.

Die Särge der sieben Todesopfer wurden auf zwei Pferdegespannen am 26. Februar vor dem Marktgemeindeamt aufgebahrt. Kreisleiter Erwin Höllwarth hielt dort noch eine fanatische Rede für den zu erringenden „Endsieg".

5.8.3 Truppenbewegungen im Außerfern
Die amerikanischen Streitkräfte hatten den Befehl, über die Grenze bei Füssen, Pfronten und Garmisch einzudringen, während die französischen Streitkräfte über den Oberjochpass ins Tannheimer Tal gelangen sollten. Jedoch waren auch am Oberjoch die Amerikaner schneller.

Die Amerikaner trieben die deutschen Kampfeinheiten, die in Auflösung begriffen waren, vor sich her. Deswegen wurde die 47. deutsche Volksgrenadierdivision zum Kampf im Außerfern bestimmt. Sie erhielt den Befehl, mit dem Rest dieser Division und allen Splittereinheiten, deren sie habhaft werden konnte, die anrückenden Amerikaner am Fernpass aufzuhalten. Es waren klägliche Reste der einstigen Armeen, die das Außerfern erreichten.

Am 17. April rückte aus Richtung Oberjoch eine Kompanie deutscher Nachrichtentruppen im Tannheimer Tal ein. Sie schanzten im Engetal und bezogen in Grän Quartier. Am 25. April kam der Oberkommandierende der auf deutscher Seite kämpfenden russischen Streitkräfte, Generalleutnant Wlassow, mit seinem Stab nach Lermoos, wo er zwei Tage blieb. Am 26. April abends besetzte das Gebirgsjäger-Ersatzbataillon 137 den Ranzenberg bei Vils. Am 28. April – dem Tag, als die Amerikaner die Außerferner Grenze überschritten – kam zusätzlich noch eine Artillerieeinheit mit kleinen Geschützen und baute Stellungen im Raume von Haldensee aus.

Überall wurde im zusammenbrechenden Reich aus Männern, die zum Kriegsdienst bereits zu alt waren, der Volkssturm gebildet. Der Außerferner Volkssturm wurde erst am 23. April mobil gemacht. Die in Reutte stationierten Standschützen brachten in Erfahrung, dass die Amerikaner bereits Kempten eingenommen hätten. Der überwiegende Teil ergriff bei sich bietender Gelegenheit die Flucht.

Zu den kampfverdrossenen Soldaten gesellte sich eine unendliche Schlange von Flüchtlingen. Diese Rückzugsbewegung artete in eine unkontrollierte Flucht aus. Nachdem an ein Weiterkommen über den Fernpass für viele nicht mehr zu denken war, versuchten Zahllose sich über das Lechtal und den Arlberg oder die Seitentäler zu retten. Später einsetzende heftige Schneefälle ließen das Lechtal zu einer Falle werden. Männer mit Turbanen aus der für Deutschland kämpfenden Legion „Freies Indien" erregten dabei besonderes Aufsehen.

5.8.4 Widerstandsgruppen im Außerfern
In Reutte bildeten sich zwei Widerstandsgruppen, die ursprünglich unabhängig agierten, weil sie nichts voneinander wussten. Zwei Wochen vor dem Einmarsch der Amerikaner wurde versucht, die Tätigkeiten zu koordinieren.

Einer der führenden Köpfe des Widerstandes war der spätere Bürgermeister von Breitenwang, Florian Kerber. Dieser hatte schon 1943 versucht, eine Widerstandsbewegung ins Leben zu rufen. Zum Kriegsende hatte das Metallwerk Plansee den Auftrag, 500 bis 1000 Zündkörper für die Verminung des Gebiets Rossschläg und Ulrichsbrücke herzustellen. Florian Kerber und seine Helfer sabotierten deren Fertigung. Der damalige Pfarrprovisor von Breitenwang, Karl Ruepp, arbeitete ebenfalls aktiv mit der Widerstandsbewegung zusammen.

In Reutte agierte eine weitere Widerstandsgruppe um den Schmiedemeister Johann Pacher. Pachers Gruppe verfügte über wertvolle Informationen, weil der damalige Landrat Dr. Praxmarer bereits mit dem Widerstand aktiv zusammenarbeitete.

Reutte verdankte seine Rettung auch einem Fremden. Pacher war es nämlich gelungen, den damaligen Standortkommandanten von Reutte, Oberleutnant Ernst-Lothar Reich, für die gemeinsame Sache zu gewinnen. Zur Verteidigung von Reutte rückten noch am 28. April aus dem Raum Immenstadt und Sonthofen drei gut ausgebildete SS-Bataillone an, rund 2000 Mann. Reich täuschte vor, dass soeben ein neuer Befehl aus Landeck eingelangt sei, der bestimmte, dass sich diese SS-Bataillone unverzüglich Richtung Innsbruck in Marsch setzen sollten. Das Täuschungsmanöver gelang. Die letzten Soldaten zogen aus Reutte ab.

Gauleiter Hofer hatte den Befehl ausgegeben, dass Reutte das beste Vorbild für die Verteidigung Tirols zu geben habe, und Kreisleiter Höllwarth war gewillt, diesen Befehl in die Tat umzusetzen. Während die vereinigten Widerstandsgruppen unter der Oberleitung von Florian Kerber das Gelände um das Haus, wo der Kreisleiter wohnte, abriegelten, drangen drei Männer gegen ein Uhr früh in die Wohnung des Kreisleiters ein und verletzten ihn mit mehreren Schüssen schwer. Dieses Attentat rettete Reutte vor der Zerstörung.

Dank Informationen gelang es Pacher und Helfern am 29. April, die Lechbrücke vor der völligen Zerstörung zu retten. Dieser Gruppe gelang es auch, kurz vor dem Einmarsch der Amerikaner die „Leibstandarte" des Kreisleiters zu entwaffnen.

Ein ebenfalls spektakuläres Ereignis des Widerstandes hatte sich am 28. April 1945 in Bach im Lechtal abgespielt: Um 15.30 Uhr wurde dort der SS-General Heinrich Jürs mit seinem Adjutanten, Major Dr. Traugott Vogel, von einem Einheimischen erschossen.

Beherzte Männer des Widerstandes setzten den Ortsgruppenleiter von Schattwald gefangen, der auch in dieser Ecke des Außerferns den „Endsieg" sichern wollte. Denselben gelang es auch, die deutschen Truppen zum kampflosen Abzug zu bewegen.

Im oberen Lechtal wollte die SS auch nach dem Tode von General Jürs Widerstand leisten und bezog in Holzgau Stellung. Alois Knitel entwendete in einer tollkühnen Aktion die MG-Rohre aus dieser Stellung, sodass eine sinnlose Verteidigung unmöglich werden musste. In Häselgehr planten die Standschützen, einen Obersten der Wehrmacht, der verteidigen wollte, zu überfallen. Dieser zog es vor, abzuziehen.

Karl Knittel, damals Volksschullehrer in Stanzach (später Volksschuldirektor in Bach) sollte als Major die Männer des Außerferner Volkssturms befehligen. Er gab jedoch seinen Männern in der Nacht vom 27. auf den 28. April nicht den Befehl zu sinnlosem Widerstand, son-dern das Weite zu suchen, um ihr Leben zu retten und die Heimat vor weiterer Zerstörung zu bewahren.

Ähnlicher Widerstand – vielfach im Verborgenen – regte sich in vielen Teilen des Außerferns, ohne dass wir heute die Namen jener kennen, die damals ihr Leben aufs Spiel setzten.

5.8.5 Der Kampf um die Ulrichsbrücke

Am 28. April erhielten die Amerikaner den Befehl, über das Außerfern und den Fernpass in das Inntal vorzustoßen. Eine Streitmacht von drei Divisionen setzte sich in Bewegung: Während die 103. Infanteriedivision auf Scharnitz marschierte und die 10. Panzerdivision über Garmisch auf Ehrwald zurollte, war es der 44. Infanteriedivision bestimmt, über Vils und Reutte zum Fernpass vorzustoßen. Die Hauptlast hatte innerhalb der 44. Infanteriedivision das 71. Infanterieregiment zu tragen, während das 114. Infanterieregiment im Lechtal und Tannheimer Tal zum Einsatz kam.

Am 28. April 1945 um 10 Uhr vormittags überschritt eine Vorausstruppe der 103. US-Infanteriedivision die Grenze zwischen Pfronten und Vils. Vils wurde in Windeseile mit Bettbezügen und Leintüchern weiß beflaggt, um den anrückenden Amerikanern die kampflose Übergabe zu signalisieren. Die Amerikaner konnten kampflos in Vils einziehen.

Um 14.45 Uhr hatten die Amerikaner Füssen, ohne Widerstand vorzufinden, befreit. Der Vorstoß kam jedoch vor der Ulrichsbrücke zum Stillstand, wo deutsches Sperrfeuer gegen 18 Uhr die Amerikaner aufhielt. Die Amerikaner nahmen noch am 28. April gegen 18 Uhr den Ranzenberg und die deutsche Artilleriestellung in Pinswang unter Beschuss.

Am Nachmittag zogen sie alle ihre Kräfte zum entscheidenden Schlag zusammen. Die Infanterie schwärmte aus, und ganze Panzerrudel kreisten den Ranzenberg ein. Die Luftwaffe wurde eingesetzt. Ziel der Amerikaner war es, den Durchbruch bei der am stärksten verteidigten Panzersperre an der Ulrichsbrücke zu erzwingen.

Die deutsche Infanterie kämpfte mit unzureichender Bewaffnung gegen die schweren amerikanischen Panzer. Nach kurzem Gefecht war der Kampf entschieden. Die deutschen Verteidiger warfen teilweise die Waffen weg und flohen Richtung Musau. Das Gefecht forderte auf deutscher Seite sieben Tote und einen Vermissten.

Die Straße war frei. Die Amerikaner besetzten zuerst das ebenfalls von deutschen Soldaten verlassene Pinswang, nachdem dort beherzte Männer den Kontakt mit den Amerikanern aufgenommen und der Pfarrer auf eigene Initiative die weiße Fahne am Turm gehisst hatte. Unter ständigem Streufeuer rückten die Amerikaner gegen Reutte vor.

5.8.6 Kampfloser Einmarsch in Reutte

Reutte wurde schon den ganzen Tag über von zwei Flugzeugen umkreist. Überall waren trotz Einschüchterung durch die SS weiße Tücher hergerichtet. Die Losung für Reutte lautete und verbreitete sich von Mund zu Mund: Vom Turm der Klosterkirche aus wird das Signal zur kampflosen Übergabe durch Hissung einer weißen Fahne gegeben werden! Gespannt blickten die Bewohner zum Turm, während Landrat Dr. Praxmarer und Bürgermeister Lothar Kelz mit weißen Fahnen den Amerikanern nach Pflach entgegengingen.

Gleichzeitig beobachtete der Guardian des Klosters vom Turm aus den Vormarsch der Amerikaner. Als er die ersten Amerikaner bei Pflach erblickte, hisste er auf eigenen Antrieb die weiße Fahne. In kürzester Zeit war ganz Reutte in ein weißes Fahnenmeer gehüllt.

Gegen 17 Uhr hörte man das Rasseln der Panzer. Praxmarer und Kelz mussten vor den Panzern als Geiseln einhergehen. In der Mitte der Straße fuhren die Panzer, während links und rechts Soldaten mit schussbereiten Gewehren einzogen.

5.8.7 Kämpfe bei Heiterwang und Bichlbach

Nach der kampflosen Einnahme von Reutte wurden die Amerikaner bei der Ehrenberger Klause erneut aufgehalten. Die zurückweichenden deutschen Truppen hatten die Bahnüberführung am Katzenberg und die untere Grundbachbrücke bei Bichlbach gesprengt. Gegen

17.30 Uhr erreichten die amerikanischen Panzer die gesprengte Eisenbahnbrücke.

Schon am Vormittag hatte der Artilleriebeschuss auf Heiterwang – von einem ununterbrochen kreisenden amerikanischen Flugzeug gelenkt – eingesetzt, der sich am Nachmittag fortsetzte. Die aus Reutte zurückflutenden deutschen Einheiten rüsteten sich in Heiterwang zur Verteidigung.

Bei der gesprengten Eisenbahnbrücke am Katzenberg nahmen deutsche Einheiten die schweren amerikanischen Panzer erstmals wirkungslos unter Beschuss. Nach kurzem Gefecht zogen sie sich nach Heiterwang zurück. Die gesprengte Eisenbahnbrücke verzögerte den amerikanischen Panzervormarsch nur unwesentlich.

Kaum wurden die amerikanischen Panzer auf der so genannten „Gürte" gesichtet, wurden sie von deutscher Flak und Panzerabwehrkanonen angegriffen. Die Amerikaner erwiderten das Feuer, und das Gefecht zog sich bis gegen 20 Uhr hin. Die deutschen Soldaten zogen sich nach Bichlbach zurück. Der Kampf hatte auf deutscher und amerikanischer Seite je einen Toten gefordert. 16 Häuser waren beschädigt und viel Vieh war getötet worden. Um 20 Uhr besetzten die Amerikaner Heiterwang.

Die fliehenden deutschen Soldaten wurden bei Bichlbach aufgefangen und bewaffnet. Schon ab 16 Uhr jenes 29. April war auch die Umgebung des Dorfes Bichlbach dem Beschuss ausgesetzt gewesen, weshalb die meisten Bewohner fluchtartig das Dorf verlassen hatten. Von Bichlbach aus beschossen deutsche Resttruppen die Amerikaner, die das Feuer heftig erwiderten. Ab 20 Uhr lag Bichlbach im Geschützfeuer; es entstand Sach-, aber kein Personenschaden. Der wechselseitige Beschuss zog sich bis drei Uhr morgens des 30. April hin. Die geringen deutschen Einheiten wurden – soweit ihnen nicht die Flucht gelang – im Raume von Lermoos zum Widerstand zusammengezogen.

Am 30. April zwischen vier und fünf Uhr morgens gingen der Bürgermeister, der Pfarrer und zwei weitere Männer aus Bichlbach mit weißen Fahnen den

Amerikanern entgegen, konnten aber keine Verbindung zu ihnen herstellen. In den Morgenstunden fuhren die ersten Panzer ins Dorf ein, und einige Dorfbewohner mussten als Geiseln mit weißer Fahne vor den Panzern einhergehen.

Um 10.15 Uhr erreichten vier amerikanische Panzerspähwagen Berwang. Auch in Berwang war schon eine Selbstbefreiung im Gange gewesen. Den einfahrenden Soldaten wurden sofort die bereits eingesammelten Waffen übergeben.

5.8.8 Lermoos, Ehrwald und Biberwier

In Lermoos befand sich ein Luftwaffenlazarett und hätte nach der Genfer Konvention weder verteidigt noch angegriffen werden dürfen. Trotzdem beschloss die deutsche Führung, Lermoos zu verteidigen, um Zeitgewinn für den „Endsieg" am Fernpass zu erhalten. In Untergarten hatte sich ein Widerstandsnest mit Maschinengewehrständen festgesetzt. Vor dem Dorf Lermoos waren drei Geschütze postiert. Insgesamt waren rund 60 Soldaten für die Verteidigung eingesetzt, die lediglich mit Gewehren, einigen Maschinengewehren und Panzerfäusten ausgerüstet waren.

Als sich die Amerikaner um 6.45 Uhr der Ortschaft Gries näherten, wurden sie unter Feuer genommen. Daraufhin zogen sie sich Richtung Lähn zurück und begannen mit massivem Beschuss, der sich bis gegen elf Uhr hinzog. Gries und Untergarten gingen in Flammen auf. Insgesamt wurden 15 Häuser ein Raub der Flammen, 74 Personen wurden obdachlos und acht Zivilpersonen, elf deutsche und vier amerikanische Soldaten blieben tot zurück. Nebenbei wurden noch 51 Rinder getötet.

Als die deutschen Truppen den Widerstand aufgaben und sich zum Fernpass zurückzogen, war es das Verdienst eines Fremden, der Lermoos vor Schlimmerem bewahrte. Ein sprachkundiger Patient aus Sachsen ging den Amerikanern mit zwei Lermooser Frauen entgegen und machte sie auf das Lazarett aufmerksam. Er musste sich auf den vordersten Panzer als Geisel setzen. Beim Hotel „Drei Mohren" fiel ein Schuss auf diesen

Panzer, wobei ein amerikanischer Infanteriesoldat den Tod fand.

Als man vom Kirchturm in Ehrwald aus die Amerikaner erblickte, wurde am dortigen Kirchturm die weiße Fahne gehisst. Bürgermeister, Gemeindesekretär und andere Personen gingen den in Schwarmlinie vorrückenden Amerikanern mit weißer Fahne entgegen. Um 12.55 Uhr erreichte der erste US-Soldat Ehrwald, das kampflos übergeben wurde.

Aus Garmisch waren inzwischen Einheiten der 10. Panzerdivision vorgestoßen, die sich mit den Einheiten der 44. Infanteriedivision vereinigten. Dadurch war Biberwier in das unmittelbare Kampfgebiet einbezogen. Die Bewohner von Biberwier flüchteten zum Teil in die Wälder oder nach Lermoos. Ein Mädchen aus Biberwier wurde von einem Geschoss getroffen und musste ohne Hilfeleistung verbluten.

5.8.9 Die Schlacht um den Fernpass

Die Vereinigung der aus Reutte vorstoßenden US-Infanteriedivision mit der aus Garmisch-Partenkirchen vorrückenden Panzerdivision im Raume Lermoos-Ehrwald setzte den Auftakt zur Schlacht um den Fernpass. Dieser wurde von rund 1200 meist schlecht ausgebildeten und mangelhaft ausgerüsteten deutschen Soldaten verteidigt, die pausenlos im Einsatz standen. Ihnen standen mehrere tausend Amerikaner gegenüber.

Am Dienstag, dem 1. Mai 1945, begannen die US-Streitkräfte in den Morgenstunden, mit voller Kraft gegen den Fernpass zu stürmen. Es gelang ihnen, unbemerkt bis auf wenige hundert Meter vor den Blindsee vorzustoßen, wo ihr Vormarsch durch deutsches Gegenfeuer zum Stillstand kam.

Eine Kampf-Spähtruppe kundschaftete die deutschen Stellungen aus und leitete den Beschuss, bis die deutschen Geschütze zum Schweigen gebracht worden waren. Die Amerikaner konnten weiter vorrücken, doch der motorisierte Vormarsch kam bald wieder zum Stillstand, weil zwei Krater diesen beendeten. Nun oblag es den amerikanischen Infanterie-Fußtruppen, den Angriff weiter vorzutragen.

Um 15.30 Uhr erreichte ein erster amerikanischer Stoßtrupp die Fernpasshöhe und drang in den deutschen Gefechtsstand ein. In einem erbitterten Nahkampf warfen die Deutschen die Amerikaner noch einmal zurück. Hierauf verlegte die deutsche Wehrmacht gegen 16 Uhr ihren Gefechtsstand von der Fernpasshöhe zum Fernstein.

Nachdem weitere amerikanische Truppen nachgerückt waren, entspann sich gegen 18 Uhr ein heftiger Nahkampf. Mittelpunkt dieses Kampfes war das Passhotel, das mehrmals den Besitzer wechselte. In einem Nachtangriff stürmten die Amerikaner dieses Hotel und besetzten es gegen Mitternacht endgültig. Doch bereits um zwei Uhr morgens, am 2. Mai 1945, unternahm die deutsche Infanterie einen Gegenangriff. Dieser mit Handgranaten und Panzerfäusten gestartete Überraschungsangriff fügte den Amerikanern schwere Verluste bei. Die Amerikaner konnten die Passhöhe aber halten. Alle Gebäude waren zerstört worden.

Vom 1. auf den 2. Mai fielen weitere 20 Zentimeter Neuschnee. Der Fernpass war in eine Schneedecke von 30 Zentimetern bis zu einem Meter gehüllt. Am Vormittag des Mittwochs, 2. Mai, verhielten sich die Amerikaner zunächst passiv und beschränkten sich darauf, die Straße zur Passhöhe passierbar zu machen. Gegen zwölf Uhr mittags rollten die ersten amerikanischen Panzer auf die Fernpasshöhe. Dieser Panzeraufmarsch wurde von der Deutschen Wehrmacht mit einer Straßensprengung auf der Südseite des Passes in der Nähe des Fernsteins beantwortet.

Die Situation änderte sich, als sich ein deutscher Offizier anbot, die Amerikaner über die Berge in den Rücken der deutschen Verteidiger zu führen. Gegen 12.30 Uhr setzte sich von Ehrwald aus eine 300 Mann starke Kampftruppe in Bewegung. Die kleine Kampftruppe stieg an der Nordseite des Wannig bis auf 1700 Meter auf. Erst gegen 16 Uhr nahmen deutsche Einheiten sie wahr.

Um 16.30 Uhr kam es zu einem letzten kurzen, aber erbitterten Gefecht am Fernstein. Nach einer Viertelstunde war der Kampf entschieden. Auf deutscher Seite waren bei diesem Kampf etwa hundert Mann getötet oder verwundet worden; die Amerikaner bezifferten die Zahl ihrer Toten und Verwundeten mit 78 (vgl. Tiroler Chronist).

5.8.10 Die Tragödie von Grän

Am 28. April 1945 besetzten die Amerikaner Wertach, um von hier aus über die Enge in das Tannheimer Tal vorzustoßen. Am 29. April nahmen die Amerikaner um 14 Uhr auch Hindelang ein. Am 28. April gab es Kampfhandlungen in Wertach und in unmittelbarer Nähe von Jungholz. Erst am 30. April wurden die Kämpfe um Jungholz beendet, und die Amerikaner rückten kampflos ein.

In Grän bahnte sich jedoch eine Katastrophe an, als der Ortsgruppenleiter Truppen zur Verteidigung der Enge anforderte. Hierauf besetzten am 28. April SS-Truppen das Haldenseegebiet. Ihnen folgte noch gegen Abend eine Artillerie-Einheit.

In Grän erkannte man die drohende Gefahr. Eine versuchte Verhaftung des Ortsgruppenleiters schlug wegen des Eintreffens der SS fehl. Die deutschen Einheiten wurden auf höchstens 450 Mann geschätzt; unter ihnen befanden sich viele Jugendliche des Reichsarbeitsdienstes.

Am Morgen des Sonntags, 29. April, eröffneten die deutschen Soldaten von der Enge aus das Feuer gegen die anrückenden Amerikaner, die mit Brandgranaten diesen Beschuss erwiderten. Zunächst konzentrierten sich die Kampfhandlungen um die Enge und Lumberg, jedoch mussten die geringen deutschen Einheiten sich bald zurückziehen, sodass nun der Krieg auf Grän übergriff.

Die Bewohner flüchteten in die Wälder, wo sie sich sicher glaubten. Gegen elf Uhr sah man die erste Rauchsäule über Grän aufsteigen. Löscharbeiten wurden durch den dauernden Beschuss unmöglich. In kurzer Zeit war die Umgebung von Grän mit Granatsplittern übersät.

Vor 14 Uhr war der Kampf beendet. Die deutschen Truppen zogen über den Gaichtpass ab und sprengten gegen 15.30 Uhr die Gämstalbrücke am Pass.

Die Amerikaner rückten um 14 Uhr in Grän ein.

Mindestens 23 Menschen hatten bei diesen Kampfhandlungen den Tod gefunden. In diese Zahl der Toten sind der Ortsgruppenleiter und der SS-Oberst nicht eingerechnet, die beide getötet aufgefunden wurden. Weiters waren in Grän 15 von 45 Wohnhäusern abgebrannt, dazu noch die Schule und teilweise die Sennerei. Alle übrigen Häuser waren mehr oder weniger beschädigt. Außerdem waren 53 Stück Vieh dem Feuer zum Opfer gefallen.

5.8.11 Das Kriegsende im Tannheimer Tal

Von Grän aus wurden die übrigen Orte unter Beschuss genommen. Gegen 17 Uhr fielen die ersten Granaten auf Nesselwängle. Das gegen 19 Uhr einsetzende Schneetreiben verhinderte einen weiteren Beschuss. Der Bürgermeister von Nesselwängle ergriff als erster die Initiative, ging allein in der Dunkelheit mit weißer Fahne den Amerikanern nach Grän entgegen und übergab das Dorf.

In Schattwald lagen verteidigungsbereite deutsche Einheiten. Gegen 23 Uhr versuchten Männer aus Tannheim die in Schattwald liegenden Truppen zum Abzug zu bewegen. Der Beschuss auf Zöblen und Schattwald hielt währenddessen bis gegen Mitternacht an. Um drei Uhr morgens, dem 30. April, hatten die Verhandlungen teilweise Erfolg. Der Kommandant der Wehrwacht-Einheiten war bereit, mit seinen Soldaten abzuziehen.

Gegen fünf Uhr morgens machten sich der Lehrer von Tannheim und die Bürgermeister von Schattwald, Tannheim und Zöblen von Tannheim aus mit weißer Fahne auf den Weg zu den Amerikanern nach Grän. Der amerikanische Kommandant sicherte zu, keinen Schuss abzufeuern, solange die Amerikaner nicht angegriffen würden.

Gegen zehn Uhr rückten die Amerikaner schließlich in Nesselwängle und Tannheim ein und besetzten anschließend ohne Kampfhandlungen das gesamte Tal. In Tannheim wurde allerdings ein Mann durch ein Missverständnis von den Amerikanern erschossen.

Mit der Besetzung des Tales war der Leidensweg des Tannheimer Tales keinesfalls zu Ende. Am 30. April war die 2. marokkanische Panzerdivision in Sonthofen eingetroffen. Auf Grund einer Vereinbarung mit den amerikanischen Verbündeten rückten diese gefürchteten Truppen am 6. Mai in die von den Amerikanern verlassenen Orte ein und besetzten zunächst das ganze Tal. Am 7. Mai wurde das Tal in Kienzen bei Tannheim besatzungsmäßig geteilt: Die Marokkaner blieben im Bereich der Orte Zöblen und Schattwald, während das übrige Tal amerikanisch besetzt blieb. Die marokkanischen Truppen waren zügellos und gewalttätig.

5.8.12 Das Kriegsende im Lechtal

Die teilweise zerstörte Lechaschauer Lechbrücke verzögerte den Weitermarsch nur unwesentlich. Amerikanische Infanterie rückte über die zerstörte Brücke vor, während sich die Panzer über Pflach und Hinterbichl den Weg nach Lechaschau bahnten. In Lechaschau beendeten die Amerikaner am 29. April ihren Vormarsch.

Am Montag, 30. April, begann der Vorstoß ins Lechtal. Um neun Uhr besetzten die Amerikaner Wängle und Höfen, und um 9.30 Uhr wurde der erste Spähwagen vor Weißenbach gesehen. Die Amerikaner rückten von zwei Seiten – von Reutte und vom Tannheimer Tal – auf Weißenbach zu. Am Kirchplatz übergaben der Bürgermeister und Männer des Widerstandes das Dorf, ohne dass ein Schuss fiel.

Einer amerikanischen Vorhut wurde in Forchach mit weißen Fahnen die kampflose Übergabe signalisiert. Die Besetzung erfolgte gegen 14.30 Uhr. Dort beendeten die Amerikaner ihren Vormarsch. Die Zahl der Soldaten, die in den 30 Häusern von Forchach untergebracht werden sollten, wurde auf 3000 geschätzt.

Die zurückweichenden deutschen Soldaten und Reichsarbeitsdienstmänner hatten unterdessen die Stanzacher Brücke über den Namlosbach gesprengt und die Martinauer Brücke in Brand gesteckt. In Bach wurden inzwischen 16-jährige Buben mit Panzerfäusten in die Schlacht geschickt.

Als die Amerikaner am 1. Mai von Forchach aus weiter ins Lechtal vorstoßen wollten, empfing sie zwischen

Forchach und Stanzach ein deutscher Feuerüberfall, bei dem der Sohn des amerikanischen Kommandanten getötet wurde. Der Ortspfarrer von Stanzach ging mit weißer Fahne den Amerikanern entgegen. Am Dorfplatz von Stanzach sank der Dorfälteste vor den Amerikanern auf die Knie und bat mit erhobenen Händen, das Dorf zu schonen. Stanzach blieb unbehelligt.

In der Zwischenzeit hatte sich Vorderhornbach selbst befreit. Der Bürgermeister sammelte alle im Dorf befindlichen Soldaten, führte sie ohne Waffen zur Lechbrücke und übergab sie dort den Amerikanern. Um 9.30 Uhr fuhr der erste amerikanische Spähwagen in Vorderhornbach ein.

Um 11.45 Uhr wurde Elmen besetzt, nachdem zuvor der Bürgermeister mit einem weiteren Mann den Amerikanern mit weißen Fahnen entgegengegangen war. Ein guter Teil der Bewohner hatte sich wegen der drohenden Kriegsgefahr auf der Stablalm versteckt. Hinter Elmen lauerten im Gutschauer Wald Hitlerjungen mit Panzerfäusten auf die Amerikaner. Ein Feuergefecht kostete einem deutschen Soldaten das Leben.

Die Amerikaner rückten nun von Stanzach über Namlos nach Kelmen und von Elmen aus ins Bschlaber Tal vor. In Bschlabs leistete die SS Widerstand. Beim Feuerwechsel wurde der Fraktionsleiter von Bschlabs-Zwieslen getroffen und musste hilflos verbluten. Schließlich stießen die Truppen am 1. Mai ohne Widerstand vorzufinden über Häselgehr nach Elbigenalp vor, wo sie ihren Vormarsch stoppten.

5.8.13 Letzter Kampf in der Welzau

In den frühen Morgenstunden des 2. Mai rückten die Amerikaner über Bach nach Holzgau vor, wo sie um acht Uhr morgens eintrafen und ein weißes Fahnenmeer vorfanden. In Hägerau, wo die Amerikaner gegen neun Uhr eintrafen, waren nicht nur weiße Fahnen gehisst; die einrückenden Truppen wurden sogar mit Glockengeläute empfangen.

In Steeg hatten in der Zwischenzeit Angehörige des Reichsarbeitsdienstes die Holzbrücken über den Lech und den Kaiserbach in Brand gesteckt. Führerlose Einheiten des Reichsarbeitsdienstes hiel-ten sich im Wald hinter Steeg versteckt. Nachdem die Amerikaner Steeg ungehindert passiert und den Weiler Welzau verlassen hatten, fielen Schüsse aus dem Wald. Sie trafen den amerikanischen Hauptmann tödlich. Dieser deutsche Angriff führte zum letzten Feuergefecht. Hinterellenbogen wurde Kriegsschauplatz. Dabei fielen acht Angehörige des Reichsarbeitsdienstes, ein weiterer geriet in eine Starkstromleitung und starb. Drei Zivilpersonen aus Hinterellenbogen wurden getötet und ein Bauernehepaar und dessen zwei Kinder, die Deckung suchten, durch Splitter verletzt.

Dass es hierauf zu keinem weiteren Widerstand mehr kam, war dem Einfluss der Bürgermeister von Steeg, Bach und Holzgau zu danken, die die deutschen Offiziere zum Aufgeben bewegen konnten.

Die Amerikaner fuhren mit drei Panzern ins hinterste Lechtal ein, vermieden aber einen Weitermarsch in die durch Schneefall schwer passierbaren Seitentäler. Sie ließen den verborgenen Soldaten eine Aufforderung sich zu stellen zukommen. Truppweise kamen deutsche Soldaten aus den Seitentälern und ergaben sich. Das Schulhaus von Hägerau wurde Gefangenensammelstelle. Zwei höhere Nazifunktionäre entzogen sich in Madau durch Selbstmord der Gefangennahme.

5.8.14 Am Rande des großen Krieges

Im Hotel Fischer am See am Heiterwanger See residierte in den letzten Kriegstagen die Regierung von Kroatien mit ihrem Staatschef Ante Pavelić, die vor den Tito-Partisanen weichen musste. Sie wurden von den einrückenden Amerikanern gefangen genommen, wobei sich jedoch Pavelić durch rechtzeitige Flucht der Gefangennahme entziehen konnte.

Ein Ereignis von weltpolitischer Bedeutung fand am 8. Mai 1945 in Reutte statt: Wernher von Braun und sein Raketenteam traten an jenem Tag zu den Amerikanern über. Mit Wernher taten dies auch sein Bruder Magnus, General Walter Dornberger, der Stabschef Oberleutnant Axter, der Brennkammern-Ingenieur Hans Lindenberg und die Ingenieure Bernhard Tessmann und Dieter Huzel. Wernher von Braun wurde in

der USA zum „Vater der Weltraumfahrt",
der 1969 die Landung am Mond ermöglichte.

5.8.15 Der Weg in die Freiheit
Die Amerikaner setzten nach Kriegsende
in allen Orten vertrauenswürdige Bürgermeister ein. Am 5. Juli 1945 übergaben
sie die Besatzung über Nordtirol und
Vorarlberg an die Franzosen, die sie bis
1955 behielten.
Am 25. November 1945 fanden die
ersten demokratischen Wahlen seit 1930
statt. Gewählt wurde zum Nationalrat
und zum Landtag, während die Gemeinderäte von den Parteien nach deren
Stärke bei den Bundes- und Landeswah-
len bestellt wurden.

Verwendete Literatur in Auswahl:
Albrich, Thomas / **Eisterer**, Klaus / **Steininger**,
Rolf: Tirol und der Anschluss. Voraussetzun-
gen, Entwicklungen, Rahmenbedingungen
1918 – 1938 (= Innsbrucker Forschungen zur
Zeitgeschichte Bd. 3), Innsbruck 1988
Appenzeller Geschichte, Band I., Appenzell
1964
Außerferner Buch, Schlern-Schriften 111,
Innsbruck 1955
Baumann, Franz Ludwig: Geschichte des
Allgäus. Bd. 2. Das spätere Mittelalter (1268 –
1517), Kempten 1890, Aalen 1973
Bayern, Prinzessin Irmingard von:
Jugenderinnerungen 1923 – 1950, St. Ottilien
2000 (enthält Erinnerungen an Internierung im
Ammerwald)
Etschmann, Wolfgang: Die Kämpfe um den
Fernpass Ende April/Anfang Mai 1945,
Militärhistorische Schriftenreihe Nr. 53,
Heeresgeschichtliches Museum, Wien 1985.
Fontane, Josef: Der Kulturkampf in Tirol (1861
– 1892), Bozen 1978
Haudek, Otto: Ehrwald in Wort und Bild,
Ehrwald 1991
Historia Welforum, Geschichte der Welfen.
Übersetzung Georg Grandauer, Essen-
Stuttgart, 1986
Hofinger, Josef: 1632. Das Schwedenjahr
Tirols, phil. Dissertation, Innsbruck 1925
Joly, Wolfgang: Standschützen. Die Tiroler
und Vorarlberger k. k. Standschützen-
Formationen im Ersten Weltkrieg
 Organisation und Einsatz (= Schlern-Schriften
303), Innsbruck 1998
Kätzler, Ferdinand: Geschichte von
Zwischentoren im Außerfern von 1520 bis
1620, phil. Dissertation, Innsbruck 1960
Kätzler, Johann: Durch zwei Welten ging mein
Weg, Schwaz 1974

Kolb, Franz: Das Tiroler Volk in seinem
Freiheitskampf 1796 – 1797, Innsbruck 1957
Krapf, Michael: Die Baumeister Gumpp, Wien,
München 1979
Ladurner, Justinian: Veste und Herrschaft
Ernberg, Innsbruck 1870
Liebhart, Wilhelm (Hg.): Schwangau. Dorf der
Königsschlösser, Sigmaringen 1996
Lipp, Richard: Das ehemalige augsburgische
Landkapitel Reutte 1787 – 1815/18. In:
Jahrbuch des Vereins für Augsburger
Bistumsgeschichte, Augsburg 1991, S. 75-108
Oeggl, Klaus: Palynologische
Untersuchungen aus dem Bereich des römi-
schen Bohlenweges bei Lermoos, Tirol. In:
Walde (Hg.) Via Claudia. Neue Forschungen,
Innsbruck 1998, S. 147-171
Pörnbacher, Hans: Herzog Welf VI. In:
Lebensbilder aus dem Bayerischen
Schwaben, München 1961. u. a. m.
Rapp, Ludwig / **Ulmer**, Andreas:
Topographisch-historische Beschreibung des
Generalvikariates Vorarlberg, Dornbirn 1924
Rauchensteiner, Manfried: Der Krieg in Öster-
reich 1945, Wien 1984
Rebitsch, Robert: Tirol, Karl V. und der
Fürstenaufstand von 1552 (= Studien zur
Geschichte der Neuzeit, Bd. 18), Hamburg
2000
Schönherr, Luis: Zum Luftkampf über dem
Außerfern am 3. August 1944. In: Tiroler
Chronist, Nr. 65, Dezember 1996, S. 11-18
Reutte – 500 Jahre Markt, Reutte 1989
Stolz, Otto: Politisch-historische
Landesbeschreibung von Tirol. Erster Teil:
Nordtirol (= Archiv für österreichische
Geschichte, Bd. 107), Wien, Leipzig 1926
Taferner, Elisabeth: Das Ende des Zweiten
Weltkriegs im Außerfern. Eine Untersuchung
mit Unterstützung der Oral-History.
Diplomarbeit, Innsbruck 1997
Tiroler Chronist: Amerikanische Quelle (von
Richard Lipp bearbeitet): „Die Befreiung Tirols
durch das 71. US-Infanterieregiment", in:
„Tiroler Chronist" Nr. 58, Innsbruck 1995,
S. 12-16
Unger, Willy: Fliegerschicksale in den
Lechtaler Alpen 1944. Ein Überlebender des
Luftkampfs berichtet. In: Tiroler Chronist, Nr.
56, September 1994, S. 8-13
Walde, Elisabeth (Hg.): Via Claudia. Neue
Forschungen. Universität Innsbruck 1998
Walz, Dorothea: Auf den Spuren der Meister.
Die Vita des heiligen Magnus von Füssen,
Sigmaringen 1989
Widerstand und Verfolgung in Tirol, 1934 –
1945, eine Dokumentation, Wien 1984
Wörle, Joseph: Das Kloster St. Mang als
Grund- und Gerichtsherr der ehemaligen
Pfarre Aschau am Lech. In: Festschrift zum
zwölfhundertjährigen Jubiläum des hl.
Magnus, Füssen 1950, Seite 130-184.

Persönlichkeiten

Richard Lipp

Das Außerfern hat einerseits viele berühmte Männer und Frauen hervorgebracht, und andererseits wirkten bedeutende Persönlichkeiten im Außerfern. Die folgenden Namen sind nur einige wenige Beispiele. Wie beim historischen Teil gilt 1945 als Stichjahr. Es wurden nur Personen aufgenommen, die den Beginn ihrer Wirksamkeit bereits 1945 oder früher entfaltet hatten, während die Würdigung zeitgenössischer Persönlichkeiten dem jeweiligen Gemeindeteil zu entnehmen ist bzw. einer späteren Geschichtsschreibung vorbehalten bleiben wird.

Ordensgründerin

Dr. Anna Dengel - Darstellung auf einem Kirchenfenster in der Votivkirche in Wien

Bischof Tharsitius Senner

Dr. Anna Dengel dürfte wegen ihres weltweiten Wirkens wohl als eine der bedeutendsten Persönlichkeiten des Außerferns bezeichnet werden. 1892 in Steeg geboren, studierte sie Medizin in Irland und wirkte als Ärztin bei den Ärmsten in Indien. Als sie erkannte, dass diese große Not nur in einer großen Gemeinschaft zu lösen ist, gründete sie mit vielen Schwierigkeiten zunächst die Kongregation und dann den Orden der „Missionsärztlichen Schwestern", der heute auf der ganzen Welt tätig ist. Sie starb 1980 in Rom und wird nicht zu Unrecht als eine der bedeutendsten katholischen Frauen des 20.

Jahrhunderts bezeichnet. Sie liegt im Deutschen Friedhof in Rom in unmittelbarer Nähe ihres Landesmannes Josef Anton Koch begraben.

Bischöfe

Das Amt eines Bischofs war bis 1848 dem Adel vorbehalten. Daher entstammen die ersten im Außerfern geborenen Bischöfe denselben Adelsfamilien. Die beiden Folgenden wurden Fürstbischöfe von Chur (heute Schweiz). Die Bischöfe von Chur waren als Fürstbischöfe Reichsfürsten.

Fürstbischof Benedikt von Rost

Fürstbischof Dionys von Rost

Josef Benedikt Freiherr von Rost (1696 – 1754) wurde als Sohn des Pflegers von Vils in Vils geboren. 1728 wurde er Bischof von Chur und im darauf folgenden Jahr in den Rang eines Reichsfürsten erhoben. Er wirkte bis zu seinem Tod im Jahr 1754. Ihm verdankt die Stadt Vils die Stiftung ihrer Schule.

Ein Verwandter aus der Reuttener Linie der Rost war **Dionys Graf von Rost** (1716 – 1793), der als Sohn des Pflegers von Ehrenberg in Reutte das Licht der Welt erblickte. Nach Studien in Rom wurde er 1777 ebenfalls Bischof von Chur und 1779 als Fürstbischof in den Reichsfürstenstand erhoben. Als einer der bedeutendsten Fürstbischöfe von Chur wirkte er bis zu seinem Tod im Jahr 1793.

Ganz anderer Abstammung war **Dr. Johannes Nepomuk Zobl** (1822 – 1907), der im Ortsteil Wies in Schattwald geboren wurde. 1845 wurde er zum Priester und 1885 zum Bischof geweiht. Er war Weihbischof von Brixen und Generalvikar von Vorarlberg und übte dieses Amt bis zu seinem Tod im Jahr 1907 aus. Er liegt in Feldkirch begraben.

Weihbischof
Dr. Johannes N. Zobl

Fürstabt
Albrecht von Hohenegg

Ebenfalls einfacher bäuerlicher Abstammung war **Tharsitius Senner** (1895 – 1985) aus Musau. Auf den Namen Johann getauft, wurde er Franziskaner und erhielt den Ordensnamen Tharsitius. 1924 fuhr er als Missionar nach Bolivien. 1942 wurde er zum Bischof geweiht und zum Apostolischen Vikar von Chiquitos berufen. 1948 wurde er Weihbischof von Sucre und von 1951 bis 1965 wirkte er als Diözesanbischof von Cochabamba in Bolivien. 1968 kehrte er in seine Heimat zurück, lebte und wirkte im Franziskanerkloster Reutte. Zunächst nach seiner Resignation mit dem Ehrentitel eines Erzbischofs von Equizetum ausgezeichnet, verzichtete er 1976 freiwillig darauf und nannte sich nur mehr Altbischof von Cochabamba. Er starb 1985 und liegt im Friedhof Breitenwang begraben.

Drei weitere Bischöfe stehen in einem engen Verhältnis zum Außerfern. **Rudolf von Hohenegg** war vermutlich Benediktiner und von 1269 bis 1274 Administrator der Fürstabtei Kempten. Von 1274 bis 1284 war er Hofkanzler des Königs Rudolf von Habsburg. 1284 wurde er zum Erzbischof von Salzburg gewählt und im darauffolgenden Jahr geweiht. Er übte dieses Amt bis zu seinem Tod, 1290, aus. Ob er jemals das Außerfern betreten hat,

ist ungewiss. Aber der Aufstieg der Hohenegger in Vils wird jedenfalls nur mit seinem Einfluss verständlich.

In den Jahren 1471 und 1473 erhalten wir Kenntnis von einem Pfarrer in Tannheim mit Namen **Jakob Gottfried**, der zugleich auch Weihbischof von Augsburg gewesen war, über den uns aber weitere verlässliche Nachrichten fehlen.

Schließlich wirkte noch in neuerer Zeit **Josef Maria Reuß** (1906 – 1985) von 1931 bis 1934 als Krankenhausseelsorger im Krankenhaus der Barmherzigen Brüder in Kreckelmoos. Er wurde 1954 zum Weihbischof des Bistums Mainz ernannt und übte dieses Amt bis zu seinem Tod 1985 aus.

Äbte und Äbtissinnen

Sie sind Vorsteher alter Klöster, die in früheren Zeiten meist mit großem Besitz ausgestattet waren und daher auch großen Einfluss hatten.

Eine besondere Stellung unter den Benediktinerklöstern nahm die Fürstabtei Kempten ein, in die nur Adelige aufgenommen wurden. Der Fürstabt von Kempten war nach dem Bischofs-Fürstabt von Fulda der ranghöchste Benediktiner der Welt.

Neben dem schon erwähnten späteren Erzbischof von Salzburg, Rudolf von Hohenegg, der Administrator dieses Stiftes war, finden wir noch den Namen eines späteren Hoheneggers, nämlich **Albrecht von Hohenegg** aus Vils. Sein genaues Geburtsdatum ist unbekannt. Von 1584 bis zu seinem Tod 1587 war er Fürstabt und somit auch Reichsfürst. Seine Regierung war aber alles eher als rühmlich, erlebte unter ihm die Fürstabtei doch einen ihrer größten Niedergänge.

Ansonsten standen die alten Klöster Menschen aus allen Schichten offen. Gerade in solchen Klöstern konnten Menschen aus dem Volke höchstes Ansehen erreichen.

Ein solches Beispiel war der 1642 geborene Sohn des Reuttener Bürgermeisters Georg **Köpfle**. Auf den Namen **Johann** getauft erhielt er den Klosternamen Romanus. 1692 wurde er zum Abt der berühmten Benediktinerabtei Irsee in der Nähe von Kaufbeuren gewählt. Ihm gelang es, die Reichsunmittelbarkeit für sein Kloster zu erreichen, das heißt direkt unter dem Kaiser stehen zu dürfen. Somit wurde er Reichsabt. Ihm verdankt das Kloster den Neubau seiner Kirche. Abt **Romanus Köpfle** starb 1704.

Auch dem 1727 in Heiterwang geborenen **Lorenz Roman Pfaundler** gelang ein solcher Aufstieg. Als Benediktiner erhielt er den Klosternamen Alphons. 1777 wurde er als Alphons III. Abt des berühmten Benediktinerklosters Isny in Württemberg. Auch er erlangte für sein Kloster die Reichsunmittelbarkeit und wurde Reichsabt. Er starb 1784 und gilt als einer der bedeutendsten Äbte dieses Stiftes.

Auch im nächstgelegenen Benediktinerstift St. Magnus in Füssen wirkten Außerferner nicht nur als Mönche, sondern auch als Äbte, wobei unter den letzten fünf Äbten vier einen Bezug zum Außerfern hatten.

Leopold Freiherr von Rost war ein Bruder des Fürstbischofs Josef Benedikt von Rost. Er erblickte 1704 im schweizerischen Rhäzüns das Licht der Welt, wuchs aber in Vils auf. 1745 wurde er Abt des Benediktinerklosters St. Magnus, wo er bis zu seinem Tod, 1750, wirkte. Ihm folgte von 1750 bis 1755 **Gallus Zeiller** als Abt, der zwar kein gebürtiger Außerferner war, wohl aber die Reuttener Zeiller zu seinen Vorfahren zählte. Er war auch ein berühmter Komponist.

Der 1723 in Bichlbach geborene **Johann Georg Franz Ott**, Sohn des Wirtes, wurde Benediktiner und erhielt den Klosternamen Gerhard. 1748 wurde er Doktor der Rechte und 1763 als Gerhard II. zum Abt gewählt. Er starb 1778 in Wien und wurde im Stefansdom begraben.

Ämilian Hafner aus Reutte war es beschieden, der letzte in einer Reihe berühmter Äbte zu sein. Er wurde 1739 in Reutte geboren und auf den Namen Stefan getauft. 1778 wurde er Abt des Benediktinerklosters St. Magnus. Als 1802/03 dieses Kloster aufgehoben wurde, kehrte er 1805 nach Reutte zurück, wo er wohltätig wirkte und 1823 starb. Sechs weitere Geschwister wurden ebenfalls Geistliche.

Sein jüngerer, 1742 geborener Bruder **Georg Raffael Hafner** wurde ebenfalls unter dem Klosternamen Alphons Benediktiner und 1787 Abt des Benediktiner-

Abt
Ämilian Hafner

Abt
Alphons Hafner

klosters Ettal. Nach der Aufhebung dieses Klosters floh er 1803 nach Reutte und schließlich nach Venedig, wo er als einfacher Mönch Aufnahme bei den Benediktinern fand. Er starb nach einer neuerlichen Klosteraufhebung 1807 im Benediktinerkloster in Padua.

Eine Schwester der beiden, die 1759 geborene **Maria Elisabeth Hafner**, mit dem Klosternamen Hildegardis, wurde Äbtissin des in der Nähe von Donaueschingen gelegenen Zisterzienserinnenklosters Mariahof. Nach der Aufhebung des Klosters, 1803, konnte sie dort bis zu ihrem Tod, 1840, verbleiben.

Im Klarissinnenkloster in Brixen wirkte die 1806 in Reutte geborene **Maria Josefa Hauser** als Äbtissin; sie starb 1876. Im selben Kloster wirkte die 1809 in Breitenwang geborene **Maria Johanna Evangelista Enzensberger** als Äbtissin, die 1888 starb.

Nachdem 1803 die letzten beiden Außerferner Äbte, Ämilian und Alphons Hafner, durch die Klosteraufhebungen ihre Abtwürde verloren, verdient es angemerkt zu werden, dass genau 200 Jahre später wieder ein Außerferner diese Würde erlangte: Der 1948 in Vils geborene **German Erd** wurde 2003 Abt des Zisterzienserstiftes Stams.

Generalvikare

Die Generalvikare sind die Vertreter eines Bischofs in seiner Verwaltung und nach Bischof und Weihbischof die höchsten geistlichen Würdenträger einer Diözese.

Der 1734 im Weiler Platten der Gemeinde Höfen als Sohn eines Müllers geborene

Anton Cölestin Nigg schloss seine Studien als Doktor der Theologie und des kanonischen Rechts ab und wurde 1757 zum Priester geweiht. 1795 wurde er Generalvikar des Bistums Augsburg, zu dem damals der größte Teil des Außerferns gehörte. Er starb 1809.

Ihm folgte der 1751 in Holzgau geborene **Josef Ignaz Heinrich Lumpert**. Er war Doktor der Theologie und der Philosophie. Als Generalvikar von Augsburg wirkte er von 1809 bis zu seinem Tod 1826. Ihm war es beschieden, die Abtrennung seiner Heimat vom Bistum Augsburg vollziehen zu müssen.

Der 1756 geborene **Josef Maria Hafner** war ein Bruder der vorhin erwähnten Hafner-Geschwister. Als Benediktiner erhielt er denselben Ordensnamen wie sein ältester Bruder, nämlich Ämilian. Zunächst Theologieprofessor wurde er zum Verwalter der Fürstabtei St. Gallen bestellt. Nach deren Auflösung wirkte er als einfacher Pfarrer bis er nach der Gründung des Bistums St. Gallen zu dessen Generalvikar berufen wurde. Er wirkte in dieser Funktion von 1825 bis 1833 und starb 1847 im 92. Lebensjahr. Drei weitere Hafner-Geschwister waren Franziskaner.

Theodor Friedle, Dr. theol. wurde 1836 in Elbigenalp geboren. Nach seiner Priesterweihe 1860 war er u. a. als Dekan und Stadtpfarrer in Brixen tätig. Er war von 1885 bis zu seinem Tode 1915 Generalvikar des Bistums Brixen. Zusätzlich war er ab 1900 auch noch Kanzler und ab 1909 Dompropst.

Priester in Wissenschaft und Forschung

Anton Maria Schyrle wurde 1597 oder 1604 in Reutte geboren. Er wurde Kapuzinerpater, war ein bedeutender Optiker und Astronom und auch Berater des Erzbischofs und Kurfürsten von Trier. Dank seiner Erfindungen und Entdeckungen tragen ein Tal und ein Krater am Mond den Namen „Rheita" (Reutte). Er starb wegen seines politischen Einflusses 1660 in Ravenna in der Verbannung.

Josef Anton Schneller wurde 1738 in Bach geboren. Er war Doktor der Theologie und Professor für das Bibelstudium sowie Vizekanzler der Universität Dillingen an der Donau. Er reformierte das Schulwesen im Hochstift Augsburg und starb 1811.

Ein weiterer gelehrter Geistlicher war der Franziskaner P. **Arduin Kleinhans**, der 1862 in Füssen als Sohn von Außerferner Eltern geboren wurde, seine Kindheit aber in Lechaschau verlebte. Als Doktor der Bibelwissenschaften lehrte er 38 Jahre in Rom. 1976 starb er mit 94 Jahren in Schwaz.

Hartmann Ammann (1856 – 1930) aus Lechaschau wirkte als Priester, Professor und Wissenschaftler im Chorherrenstift Neustift in Südtirol.

Dr. Johann Kätzler (1891 – 1976), in Lähn bei Bichlbach gebürtig, war Priester, Professor und Gymnasialdirektor in Schwaz.

Josef Amann, 1873 in Tannheim geboren, war Pfarrer und auch ein berühmter Käferforscher. Er starb 1940 in Innsbruck.

Joseph Wörle, 1898 in Wängle geboren, Dr. theol. und Dr. phil., unterrichtete an mehreren Mittelschulen. Verdienstvoll sind seine heimatkundlichen Forschungen, die sich vor allem mit seiner Heimatgemeinde Wängle und dem Außerfern befassen. Er starb 1972 in Innsbruck.

Der Priester **Josef Kärle** aus Stanzach wird unter „Universitätsprofessoren" behandelt.

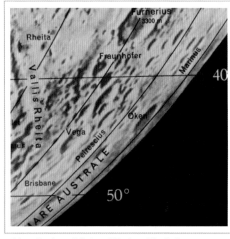

Mondkarte mit Tal und Krater „Rheita"

Priester und Ordensangehörige in der Mission

Der bedeutendste Missionar war der 1685 in Reutte geborene **Anton Friedl**, der 1717 in den Jeuitenorden eintrat und in die Jesuitenmission nach Chile ging. Er missionierte eine ganze Inselgruppe, weshalb ihm der Ehrentitel „Apostel der Chiloé-Inseln" verliehen wurde. Nach der Auflösung des Ordens wurde er deportiert und starb 84-jährig 1769 in Lima (Peru). Ein anderer Jesuit, der 1818 in Reutte geborene **Christian Dengel**, war von 1863 bis 1865 Visitator der Jesuitenmission in Australien.

Neben dem bereits erwähnten Bischof Tharsitius Senner verdienen von den Franziskanern der 1746 in Reutte geborene P. **Abraham Hafner**, der von 1779 bis 1782 im Heiligen Land wirkte, sowie der im Sudan und Ägypten wirkende Missionar **Gerhard Keller**, 1838 in Reutte geboren († 1884), Erwähnung.

Vizekanzler Dr. Josef Anton Schneller   *Missionar Simon Wechselberger*

Aus Heiterwang waren zwei Brüder in der Nordamerika-Mission, der Prämonstratenser aus Wilten **Maximilian Gärtner** (1801 – 1877) von 1846 bis 1858 und der Franziskaner P. **Akkurs Gärtner** (1805 – 1850) von 1834 bis 1837. Zwei weitere Brüder, beide Franziskaner, aus Lermoos wirkten ebenfalls in der Nordamerika-Mission: P. **Anselm Koch** (1823 – 1881) von 1851 bis zu seinem Tod und P. **Sigismund Koch** (1824 – 1865) von 1849 bis 1857.

Simon Wechselberger (1853 – 1924) aus Ehenbichl war ein Laienbruder bei den Marianhiller-Missionaren und baute im Süden Afrikas mehrere Missionsstationen auf.

Josef Anton Schnöller (1796 – 1862), in den USA „Schneller" geschrieben, aus Elbigenalp-Untergiblen, fuhr 1811 mit seinem Onkel nach Amerika, studierte dort Theologie, wurde 1828 Pfarrer in New York und 1839 von Albany. Er starb 1862 in Brooklyn.

Universitätsprofessoren

Der 1802 in Stanzach geborene **Josef Kärle** wurde 1825 zum Priester geweiht. Ab 1836 war er außerordentlicher und ab 1853 ordentlicher Universitätsprofessor an der Universität Wien. Er war einer der ausgezeichnetsten Orientalisten im deutschen Sprachraum und in der ganzen gelehrten Welt und starb 1860.

Der 1839 in Innsbruck geborene, aber von der Außerferner Familie der Pfaundler abstammende **Leopold Pfaundler** war Universitätsprofessor für Physik in Graz und Innsbruck, k. k. Hofrat und korrespondierendes Mitglied der kaiserlichen Akademie der Wissenschaften in Wien. Er wurde 1910 mit dem Prädikat „von Hadermur" geadelt und starb 1920 in Graz.

Ignaz Philipp Dengel, 1872 in Elbigenalp geboren, Doktor der Philosophie, war Universitätsprofessor in Innsbruck und Ordinarius für Geschichte. Von 1929 bis 1938 war er Leiter des österreichischen Institutes in Rom. Er starb 1947 in Innsbruck und liegt in Breitenwang begraben.

Franz Josef Lang, Dr. med, wurde 1894 in Elbigenalp geboren. 1926 wurde er Universitätsprofessor und war schließlich 36 Jahre Vorstand des Pathologischen Institutes der Universität Innsbruck und sieben Jahre Dekan der medizinischen Fakultät dieser Universität. Er starb 1975 in Innsbruck.

Ludwig Hörbst, Dr. med., 1903 in Kleinstockach, Gemeinde Berwang, geboren, wurde 1945 Universitätsprofessor. Er leistete Bahnbrechendes auf dem Gebiet der Hals-, Nasen- und Ohrenheilkunde. 1981 starb er in Innsbruck.

Der 1909 in Innsbruck geborene, aber der Reuttener Familie der Lutterotti entstammende **Otto Lutterotti**, Dr. phil., war Universitätsprofessor und Ordinarius für Kunstgeschichte in Innsbruck und einer der bedeutendsten Kunsthistoriker Tirols.

Verdienste für das Außerfern erwarb er sich durch seine Forschungen über den Maler Josef Anton Koch. Er starb 1991.

Walter Bitterlich, Dipl.-Ing. Dr., 1908 in Reutte geboren und von 1938 bis 1942 Leiter der Forstverwaltung Reutte, war Universitätsprofessor an der Universität für Bodenkultur in Wien. Seine Entdeckung der Winkelzählprobe und die Erfindung des darauf basierenden Telerelaskops revolutionierten weltweit die Forstwirtschaft. Er kehrte 2005 nach Reutte zurück und starb hier 2008, 10 Tage vor Vollendung seines 100. Lebensjahres.

*Dipl.-Ing. Dr.
Walter Bitterlich*

*Landesschulinspektor
Dr. Christian Schneller*

Wissenschaftler, Forscher, Techniker

Der 1757 in Reutte geborene **Johann Anton Pfaundler** von Sternfeld studierte in Innsbruck und wurde als Zeichner und vor allem als Kunstsammler bekannt. Als bekannter Wissenschaftler, er war auch mehrerer Sprachen kundig, starb er 1822 in Innsbruck.

Ebenfalls in Reutte wurde 1771 **Franz Anton Jäger** geboren. Er war Mathematiker, Physiker, Astronom und Geschichtsforscher und beherrschte mehrere Sprachen. Er verfertigte einen Globus und baute auch einen Luftballon, der sich über den Säuling hinweg erhob und dahinter zum Schrecken der dortigen Bewohner niederging. Er starb 1848 in Reutte.

Die Wiege von **David Ritter von Schönherr** stand 1822 am Kniepass in der Gemeinde Pinswang. Er widmete sich dem Tiroler Schützenwesen und der Geschichtsforschung, wurde als Ritter in den Adelsstand erhoben und starb 1897. Der 1831 in Holzgau geborene **Christian**

Schneller studierte Philosophie und wurde Professor in Rovereto, später Bezirks- und dann Landesschulinspektor. Er betätigte sich auch als Schriftsteller und Dichter und starb 1908 in Cornaralda bei Rovereto (Trentino). Seine Tochter Adelheid war die erste Frau, die an der Universität Innsbruck den Doktorgrad erwarb.

Franz Schardinger, DDr., (1853 – 1917) wurde in Reutte geboren. Seine Forschungen zur Bakteriologie sind heute noch von Bedeutung. Ihm gelang die Entdeckung des nach ihm benannten „Schardinger-Enzyms".

Alfons Leuprecht, 1867 in Wängle geboren, machte sich vor allem um die Geschichts- und Brauchtumsforschung sowie Denkmalpflege in Vorarlberg verdient. Er starb 1940 in Bludenz.

Nicht zuletzt sollen auch Beispiele jener, die auf handwerklichem Gebiet Hervorragendes leisteten, erwähnt werden.

Ein seltenes Multitalent war **Robert Lechleitner**, der 1840 in Stanzach geboren wurde. Bereits 1868 baute er ein Fahrrad und fuhr mit ihm nach Reutte. Er beherrschte folgende Berufe: Tischler, Drechsler, Mühlenbauer, Büchsenmacher, Schmied, Brunnenbauer, Spengler, Schlosser und Uhrmacher. Er erfand ein Pansymphonion. Er starb 1920 in seinem Heimatort Stanzach.

Johann Knittel (1846 – 1928), aus Untergiblen, ein Bruder der Anna-Stainer Knittel, beschäftigte sich ebenfalls mit allerlei Konstruktionen und erhielt für ein Fahrrad mit gut wirkenden Bremsen 1897 eine Goldene Medaille bei der Weltausstellung in Brüssel.

Ein ähnliches Multitalent war der 1853 in der Luxnach-Mühle in der Gemeinde Häselgehr geborene **Apollon Scheidle**, der das erste luftbereifte Fahrrad entwickelte. Außerdem wurde er noch als Bergführer Pionier des Fremdenverkehrs. Er starb 1938.

Bildende Künstler

Im Bereich der Bildenden Künste waren es vor allem die Maler, die Hervorragendes leisteten.

Paul Zeiller, 1658 in Reutte geboren, erhielt seine malerische Ausbildung in Italien, kehrte nach Reutte zurück und wurde einer der bekanntesten Tafelbild-maler seiner Zeit. 1738 starb er in Reutte. Sein 1708 geborener Sohn **Johann Jakob Zeiller** bildete sich in Rom, Neapel und Wien aus und wurde einer der bedeu-tendsten Barockmaler seiner Zeit. 1783 starb er in Reutte.

Johann Jakob Zeiller   *Franz Anton Zeiller*

Franz Anton Zeiller, 1716 in Reutte gebo-ren, war ein entfernter Verwandter, der als Waise in die Familie des Paul Zeiller aufgenommen wurde. Er bildete sich ebenfalls in Italien aus und wurde fürstbi-schöflicher Hofmaler von Brixen und starb 1793 in Reutte

Balthasar Riepp, 1703 in Kempten gebo-ren, wurde durch den Fürstabt von Kempten eine Ausbildung in Italien ermöglicht. Durch Bekanntschaft mit Johann Jakob Zeiller ließ er sich in Reutte nieder und ehelichte eine Tochter des Paul Zeiller. Er starb 1764 in Vils.

Ebenfalls in Reutte geboren (1721) wurde **Franz Anton Leitenstorffer**. Er bildete sich in Venedig und Rom fort und wurde Hofmaler in Mannheim. Auch er zählt zu den bedeutenden Barockmalern. 1795 starb er in Mannheim.

Ein Schüler des Franz Anton Zeiller war **Johann Christoph Haas** (1753 – 1829) aus Reutte; ein Schüler des Johann Jakob Zeiller war **Karl Selb** (1760 – 1819) in Stockach. **Josef Anton Köpfle** (1757 – 1843) aus Höfen schuf als Meister der Perspektive bedeutende Fassaden-malereien. 1843 starb er in Höfen. Sein gleichnamiger Sohn (1807 – 1879) wirkte in Höfen und Weißenbach.

Nicht nur lokale, sondern Weltberühmt-heit erlangte **Josef Anton Koch**, der 1768 in Obergiblen in der Gemeinde Elbigen-

alp geboren wurde. Aus der berühmten Karlsschule in Stuttgart floh er ebenso wie Jahre zuvor Schiller. Er kam über die Schweiz nach Rom und wurde dort der Führer der deutschen Künstlerkolonie. Er ist der einzige Künstler von Weltruf aus jener Zeit. Er starb 1839 und liegt im Deutschen Friedhof im Schatten des Petersdomes in Rom begraben.

Anna Stainer-Knittel, 1841 in Untergiblen, Gemeinde Elbigenalp, geboren, meist besser bekannt unter dem Namen „Geierwally", war eine Großnichte Kochs. Sie war eine Schülerin des Johann Anton Falger und erwarb sich als bekannte Blumen- und Porträtmalerin hohes Ansehen. Sie starb 1915 in Wattens.

Anna Stainer-Knittel   *Josef Anton Koch*

Emanuel Walch, 1862 in Kaisers geboren, war zuerst Ziegenhirte, konnte aber dann die Kunstakademie besuchen. Er war ein bedeutender Maler der Nazarenerkunst, starb aber schon jung 1897 in Toblach in Südtirol.

Ludwig Schmid, 1862 in Lechaschau geboren, nannte sich mit Künstlernamen „Schmid-Reutte". Ursprünglich Malerlehr-ling, besuchte er dann die Akademie in München und wurde schließlich Professor an der herzoglichen Kunstakademie in Karlsruhe. Er starb 1909 in Illenau in Baden.

Der 1835 in Hinterhornbach geborene **Johann Kärle** studierte in München und malte zusammen mit seinem Bruder **Stefan Marzellin Kärle** zahlreiche Fresken und Altarblätter für Kirchen. Er starb 1913 in Vorderhornbach.

Josef Spielmann, (1856 – 1926) war eben-falls ein bedeutender Kirchenmaler und wirkte zeitlebens in seinem Heimatort Ehrwald.

Einer der berühmtesten deutschen Maler, **Franz von Lenbach** (1836 – 1904) hatte seine familiären Wurzeln in Lechaschau, von wo aus sein Vater, der sich noch „Lempach" schrieb, als Bauhandwerker ausgewandert war.

Auf Vorfahren aus Lermoos blickt **Rudolf Wacker** (1893 – 1939) zurück, ein bedeutender österreichischer Maler in Vorarlberg, der heute als „Vater der Moderne" in Österreich, insbesondere des „Phantastischen Realismus", gilt.

Nicht so zahlreich wie die Maler sind die Bildhauer. **Josef Beyrer**, 1839 in Obergarten, Gemeinde Lermoos, geboren, schuf über 200 kirchliche Plastiken, Statuen und Reliefs für Kirchen in Bayern, Schwaben und Tirol. Sein jüngerer Bruder Heinrich und sein Sohn Eduard waren ebenfalls Bildhauer. Josef Beyrer starb 1924 in Innsbruck.

Balthasar Riepp   Johann Anton Falger

Franz Anton Lorenz, 1853 in Kaisers geboren, arbeitete als Bildhauer hauptsächlich in München und starb dort noch sehr jung 1891.

Franz Xaver Alois Koch (1832 – 1922) aus Bichlbach, war Bildhauer in Wien nach Ausbildung in München und Wien.

Unter den Baumeistern bzw. Architekten gab es bedeutende Erscheinungen. **Andreas Hafenegger** wurde 1666 in Haldensee, Gemeinde Grän, geboren und baute um 1725 mehrere Landkirchen, so z. B. die Zunftkirche in Bichlbach und die Kirchen in Tannheim und Ehrwald. Sein Bruder **Thomas Hafenegger** arbeitete als Baumeister in Böhmen und Prag.

Der 1685 in Reutte geborene **Johann Georg Hess** wirkte als Baumeister in Böhmen, wo er u. a. auch die durch einen Brand vernichtete Stadt Manetin in Westböhmen wieder aufbaute. Er starb 1742.

Franz Kleinhans, 1699 in Pinswang geboren, war ein bekannter Baumeister und der meistbeschäftigte Architekt seiner Zeit. Er wurde schließlich Hofbaumeister des Bischofs von Augsburg und starb 1776 in seinem Geburtsort.

Die Gebrüder Singer aus Forchach erwarben sich besonderen Ruhm als Baumeister und Architekten in der Schweiz.

Jakob Singer (1718 – 1788) wirkte mit seinem Bruder **Johann Singer** (1721 – 1795) vor allem bei Bauten in Luzern. Die Bautradition wurde vom Sohn Jakobs, **Josef Singer** (1760 – 1828), fortgesetzt.

Im Kunstgewerbe verdient **Martin Schädle** (1677 – 1748) aus Tannheim, der einer der berühmtesten Kupferstecher seiner Zeit war, Erwähnung. Er starb 1748. Ebenso soll **Franz Guem** (1755 – 1815) aus Ehrwald Erwähnung finden. Seine von ihm geschaffenen Grabkreuze gehören zu den schönsten in Tirol. Er starb 1815 in seinem Geburtsort.

Johann Anton Falger, 1791 in Elbigenalp geboren, wird als „Vater des Lechtales" gerühmt. Er studierte in München und war nach Erfindung des Steindrucks ein Meister der Lithografie, dessen Können auch Goethe rühmte. Er gründete in Elbigenalp eine Zeichenschule und starb 1876.

Prof. Rudolf Geisler-Moroder (1919 – 2001) war von 1951 bis 1983 Leiter der Schnitzschule Elbigenalp, schuf als namhafter Holzbildhauer vor allem sakrale Werke im Bezirk (Bach, Elbigenalp, Berwang, Breitenwang, Wängle, Reutte-Tränke, Lechaschau), war aber auch national und international tätig (Liechtenstein, süd-

deutscher Raum, Vorarlberg, Oberösterreich, Südtirol, Steiermark).

Musik- und Literaturschaffende

Wilhelm Lechleitner wurde 1778 in Stanzach geboren; sein Taufname war Johann Nepomuk. Er wurde Priester des Chorherrenstiftes Neustift bei Brixen und komponierte Messen und Oratorien. Er starb 1827.

Pater Peter Singer　　　*Karl Koch*

Peter Singer, ein Franziskanerpater, der 1810 in Häselgehr geboren wurde, war ein bedeutender Musiker, Komponist und Erfinder; er erfand das so genannte Pansymphonikon und komponierte 328 Werke. Er starb 1882 in Salzburg.

Josef Fidelis Sebastian Lutz, 1822 in Weißenbach geboren, war als Kapellmeister und Komponist hauptsächlich in Bozen und Innsbruck tätig. Er starb 1885 in Innsbruck.

Karl Koch, 1887 in Biberwier geboren, wurde Priester und studierte Kirchenmusik. Als Komponist stammen von ihm 85 Musikwerke. Koch starb 1971 in Innsbruck.

Fritz Engel, 1904 in Berlin geboren, kam im Zuge des Krieges nach Reutte. Mit seiner musizierenden „Engel-Familie" bereiste er alle Erdteile und trug als musikalischer Botschafter den Namens des Außerferns hinaus. Er starb am 30.11.2004.

Der berühmte Dirigent **Clemens Krauss** (1893-1954) machte Ehrwald zu seiner Wahlheimat und fand im Friedhof von Ehrwald seine letzte Ruhestätte. Neben ihm ruht seine Gattin, die berühmte Opernsängerin **Viorica Ursuleac** (1899-1985).

Erwähnenswert sind auch die berühmten Geigenbauer von Vils. Einer der bekanntesten war **Dominikus Rief**, der 1759 in Vils geboren wurde und einer der berühmtesten Geigenbauer seiner Zeit war. Er starb 1814.

Für das Literaturschaffen soll neben dem an anderer Stelle erwähnten Christian Schneller auch der Benediktinerpater **Magnus Knipfelberger** (1747 – 1825), in Reutte geboren und in Ettal wirkend, erwähnt werden, dem Oberammergau eine Neufassung des Passionsspieles verdankt.

Schriftstellerische Tätigkeit entfaltete auch P. **Meinrad Bader** (1859 – 1930), der Mönch im Zisterzienserstift Stams war.

Der Komponist **Gallus Zeiller** findet unter den Äbten von St. Magnus Erwähnung.

Politiker und Personen des öffentlichen Lebens

Im engsten Gefolge von König Maximilian I. (ab 1508 Kaiser) befand sich **Kaspar Gramaiser**, auch „Lechtaler" genannt. Er oder seine Vorfahren stammten aus Gramais; als Jägermeister stand er in höchstem Dienst bei Kaiser Maximilian I., der ihn 1507 in den Adelsstand erhob. Als er 1514 tödlich verunglückte, ließ ihm der Kaiser einen prachtvollen Grabstein in der Kirche zu Rottenmann setzen.

Aus dem Außerfern stammen auch zwei Bürgermeister der Bundeshauptstadt Wien. **Peter Sebastian Fiegenschuh** wurde in Tannheim geboren und war von 1674 bis 1677 Bürgermeister; er starb an der Pest.

Josef Anton Lumpert wurde 1757 in Köglen, Gemeinde Elbigenalp, geboren, studierte Rechtswissenschaften und wurde 1823 Bürgermeister der Reichshauptstadt Wien. Er starb 1837 in Wien.

Johann Georg Wörz, Dr. iur., wurde 1797 in Breitenwang geboren, 1821 promovierte er zum Doktor der Rechte. 1848 wurde er Abgeordneter zum ersten österreichischen Reichsrat, der 1849 mit Waffengewalt aufgelösten wurde. Wörz starb 1868 in Innsbruck.

Rudolf Beirer, Dr. phil., (1871 – 1951) in Unterletzen (damals noch Gemeinde Musau) geboren, war Mittelschulprofessor und wurde u. a. Vizebürgermeister von Wiener Neustadt, niederösterreichischer Landtagsabgeordneter, Mitglied der niederösterreichischen Landesregierung, Mitglied des Bundesrates und schließlich 1926 auch dessen Vorsitzender.

Auch nationalsozialistische Politiker gingen aus dem Außerfern hervor. **Hermann Göring** (1893 – 1946) stammte mütterlicherseits aus Ehenbichl. Seine Mutter war Franziska Tiefenbrunn (1859 in München geboren), sein Großvater der 1816 in Ehenbichl geborene Peter Paul Tiefenbrunn.

Eine weitere Nazi-Größe war **Hartmann Lauterbacher** (1909 – 1988), in Reutte geboren, der von 1940 bis 1945 Gauleiter des Gaues Südhannover-Braunschweig war.

Wirtschaftstreibende und Unternehmer

Einen frühen Beweis wirtschaftlichen Strebens finden wir in der frühen Neuzeit. **Balthasar Springer** aus Vils fuhr in den Jahren 1505 und 1506 im Auftrag der berühmten Kaufmannsfamilie Welser aus Augsburg mit drei Schiffen zum Gewürzhandel nach Indien. Er schrieb auch seine Erlebnisse nieder.

Zu Wohlstand und Reichtum brachten es zur Zeit der großen Handwerkerwanderung etliche Familien aus dem oberen Lechtal, die teils im Ausland sich ansässig machten, aber auch wieder in die Heimat zurückkehrten.

Ein in Tirol sehr bekanntes Beispiel früher Industrialisierung vollzog die aus Berwang stammenden Familie **Strele** mit der 1747 gegründeten Fabriks- und Handelskompagnie in Imst. In der Höchstblüte beschäftigte das Unternehmen rund 8000 Arbeitskräfte; 1821 ging der Betrieb in Konkurs.

Die älteste Industrie im Außerfern ist die Textilfabrik in Reutte. Eine der bekanntesten Unternehmenspersönlichkeiten war **Friedrich Carl Hermann** (1818 – 1872), ein Pastorensohn, der das Unternehmen, das bald seinen Namen trug, ausbaute. Ihm folgte der Neffe seiner Frau **Heinrich Schoener** (1854 – 1943), der das Unternehmen 1917 verkaufte. Nachdem lange Zeit der Einfluss auf das Unternehmen von auswärts erging, war es **Dr. Robert Thyll** (1897 – 1971), der wieder vor Ort sich um die Geschicke des Unternehmens kümmerte.

Eine der bedeutendsten heimischen Gründer- und Unternehmerpersönlichkeiten war der in Reutte geborene

Georg Schretter (1861 – 1924), der u. a. eine Feigenkaffeefabrik und ein Sägewerk gründete, aber vor allem ab 1902, als er Alleininhaber der Firma wurde, das Zementwerk in Vils auf- und ausbaute. Ihm folgte sein gleichnamiger Sohn (1893 – 1963).

Der in Bozen geborene und in Reutte wirkende Rechtsanwalt und Vizebürgermeister **Dr. Hermann Stern** (1878 – 1952) bemühte sich um die Industrialisierung des Außerferns, da er in Dauerarbeitsplätzen die Lösung der Arbeitslosigkeit sah. Ihm gelang 1921 die Ansiedlung des Metallwerks Plansee und 1926 die Eröffnung der Zugspitzbahn.

Dr. Hermann Stern   *Dr. Paul Schwarzkopf*

Die bekannteste Unternehmerpersönlichkeit, gleichzeitig aber auch einer der bedeutendsten Forscher und Wissenschaftler, war **Dr. Paul Schwarzkopf**. 1886 in Prag geboren, hatte er bereits eine bedeutende Firma in Berlin aufgebaut. Dr. Stern vermittelte ihm die dem Eigentümer des Plansees, Hans Singer, zustehenden Strombezugsrechte, worauf es 1921 zur Ansiedlung des Metallwerks Plansee kam. Schwarzkopf starb 1970. Ihm folgte sein Sohn **Walter M. (Max) Schwarzkopf,** Dipl.-Ing., (1931 – 1978).

Weitere Persönlichkeiten

Der 1793 in Lechaschau geborene **Josef Naus** wurde als bayerischer Leutnant 1820 zum Erstbesteiger der Zugspitze. Er ging als bayerischer Generalleutnant in Pension und starb 1871.

Dr. Liberat Wolf (1841 – 1875) aus Stockach gründete gemeinsam mit **Dr. Franz Xaver Schedle** (1840 – 1890) aus Zöblen die erste katholische Hochschulverbindung „Austria" in Innsbruck.

Die Salzstraße durch das Außerfern

Bernhard Strolz

Salz – das „weiße Gold"

Für uns ist heute Salz kein Luxusgut mehr. Dies war jedoch nicht immer so. Vor der Erfindung des Kühlschranks war es fast unmöglich, Nahrungsmittel vor dem Verderben zu bewahren, außer man salzte sie ein. Durch dieses Einsalzen (*Einpökeln*) wurde den Nahrungsmitteln das Wasser entzogen, und Bakterien hatten somit keine Möglichkeit mehr zu überleben. Um die Speisen genießbar zu machen, mussten sie erst entsalzt werden.

Eine weitere wichtige Verwendung findet Salz noch heute in der Käseerzeugung, nach dem Formen werden die Käselaibe in ein Salzbad gegeben. Das Salz ist wichtig für die Reifung, es fördert die Rindenbildung, hält schädliche Bakterien fern und gibt den einzelnen Käsesorten den jeweiligen Geschmack.

Für die Menschen in Tirol war es ein Glücksfall, dass hier Salzlager gefunden wurden, denn man konnte sich selbst mit dem notwendigen Salz versorgen. Aber noch viel wichtiger war, dass der Salzabbau im Halltal, die Salzverarbeitung in Hall in Tirol und der Salztransport nach Westen vielen Menschen Arbeit gab. Von der kärglichen Landwirtschaft in Tirol allein hätten viele nicht überleben können.

Nicht umsonst wurde Salz deswegen „*weißes Gold*" genannt, denn für die Tiroler war es genauso wertvoll wie Gold.

Die Salzroute führte durch das Außerfern

Ab dem 15. Jh. wurde das Haller Salz in großen Mengen nach Westen transportiert. Weil es aufgrund seiner Reinheit viel besser war als das Salz der Konkurrenz (*deren Salz hatte nur eine gräuliche Farbe*), wurde es ein Verkaufshit in der Ostschweiz, die große Mengen Salz für die Käseherstellung benötigte. Ungefähr 2/3 der in Hall hergestellten Menge wurde durch das Außerfern transportiert. Die Salzstraße führte über Zirl, Telfs und das Mieminger Plateau nach Nassereith.

Von dort ging es zum Schloss Fernstein, wo damals der Bezirk Reutte begann. Das Gebiet zwischen den Toren der Zollstelle Fernstein und den Toren der Zollstelle Klause bei Reutte nannte man „*Zwischentoren*". Diese Bezeichnung wird noch heute verwendet.

Über den Fernpass ging es weiter nach Lermoos. Am nächsten Tag wurde das Salz bis Reutte transportiert. Hier teilte sich die Salzstraße. Ein Strang führte über Musau und Vils, von wo es weiter über Kempten nach Lindau ging. Die wichtigere Strecke aber führte durch das Tannheimer Tal und über Immenstadt wiederum bis nach Lindau. Von Lindau aus ging das Salz in die Ostschweiz (Zürich, Luzern, Bern) oder in den habsburgischen Besitz in Baden-Württemberg.

Rod und Salztransit – Arbeit für viele

Durch den Salztransport konnten sich die Bauern entlang der Strecke etwas dazuverdienen. Dabei war aber genau festgelegt, in welcher Reihenfolge (= „*Rod*") die einzelnen Bauern den Transport durchführen durften.

Die Bauern des Zwischentoren führten die Salzfässer von Lermoos bis Reutte, jene vom Reuttener Talkessel entweder bis Vils oder bis Nesselwängle. Vilser und Pfrontener Bauern transportierten die Fracht weiter ins Allgäu, bzw. die Bauern des Tannheimer Tales bis Hindelang. Pro Tag konnte das Salz also nur 20 bis 30 Kilometer transportiert werden, mehr war bei den damaligen „*Straßen*" nicht möglich.

Um das Salz während der Nacht sicher lagern zu können, wurden Salzstädel errichtet: in Lermoos, Reutte (*zwei Städel*), Vils, Weißenbach (*nur ein Notstadel bei Schlechtwetter*) und in Nesselwängle. Diese Salzstädel wurden von Salzfaktoren geleitet. Sie mussten das gelieferte Salz von der Saline in Hall ab- und an Händler weiterverkaufen. Die Saline wälzte das Problem unverkaufter Salzbestände einfach auf die Faktoren ab.

Neben Rodbauern und Salzfaktoren konnten durch den Salzhandel auch viele Wirte, Wagner, Hufschmiede, Sattler, Rädermacher, Straßenbauer, usw. leben. Verbinden wir heute Transit nur mit Negativem, so war der Salztransit damals eine willkommene Einkommensquelle. Die vielen Fassadenmalereien an Reuttener Gebäuden im Ober- und im Untermarkt zeugen heute noch von dem einstigen Reichtum der Bürger.

Transportsaison und Verkehrsaufkommen

Zwar wurde im Winter auch Salz geführt (*auf Schlitten*), jedoch war die Sommersaison von Ostern bis November die weitaus wichtigere Transportsaison. Dabei wurde am meisten im Frühjahr und Herbst transportiert, denn zu diesen Zeiten befanden sich die Zugtiere noch nicht bzw. nicht mehr auf den Almen. Durch das große Transportaufkommen wurde eine Unmenge an Zugtieren benötigt. Um 1756 gab es im Lermooser Becken über 120 Rodfuhrleute und 304 Zugtiere. 1778 finden wir im Tannheimer Tal 271 Pferde und Ochsen.

Ein Salzfuhrwagen hatte meist drei Fässer geladen (*das Fass zu 266 kg*), das waren also rund 800 kg pro Wagen. Wenn man nun bedenkt, dass die Straßen oft nicht befahrbar waren (*Schneefall, starke Regenfälle und Unwetter*) und dass an Sonn- und Feiertagen nicht gearbeitet wurde, so konnte nur an rund 250 Tagen im Jahr geliefert werden. Somit waren im Schnitt ca. 30 Fuhrwerke oder 24 Tonnen Salz pro Arbeitstag auf den Außerferner Salzstraßen unterwegs. In den Frühjahrs- und Herbstmonaten waren es sicher viel mehr.

Das Ende der Salzstraße brachte Not und Elend

In der Mitte des 19. Jhs. wurden in der Schweiz selbst Salzlagerstätten entdeckt. Weiters konnte die Konkurrenz aus Bayern und Baden-Württemberg billige-res Salz anbieten als die Saline in Hall. Damit wurde das Haller Salz aus dem Schweizer Salzmarkt verdrängt. Kleinere Mengen konnten jetzt nur mehr in Vorarlberg abgesetzt werden. Für dieses Ziel bedeutete der Weg durch das Außerfern jedoch einen großen Umweg. Deswegen wurde die Straße über den Arlberg ausgebaut und ab 1824 wurde das Salz über diese Strecke nach Westen transportiert.

Der Wegfall des Salzhandels hatte verheerende Folgen für die Außerferner Bevölkerung. Viele Menschen konnten nun ihre Familien nicht mehr ernähren und mussten sich als sog. Schwabenkinder in Deutschland als Hirten oder im Baugewerbe eine Arbeit suchen. Viele bauten sich in der Ferne eine Existenz auf und wollten gar nicht mehr zurück. Die Armut brachte eine höhere Sterblichkeit und sinkende Geburtenraten, da viele nun nicht mehr genügend Mittel hatten, um eine große Kinderschar zu versorgen. Es sollte fast 100 Jahre dauern, bis durch die Industrialisierung und durch den beginnenden Tourismus wieder neue Arbeitsmöglichkeiten für die Außerferner entstanden.

Alte Gaichtpassstraße

Weiterführende Literatur

Bernhard Strolz, Die Salzstraße nach Westen. Ein Kulturführer von Hall in Tirol übers Außerfern durchs Allgäu zum Bodensee. Innsbruck 2004.

Kunstgeschichte

Josef Mair

Im Sinn der neuen Kunstwissenschaft nahm mit der Christianisierung des Tiroler Oberlandes im Laufe des 4. und 5. Jhs. mit den am römischen Verkehrsweg der Via Claudia Augusta (Reschen-Landeck-Fernpass-Füssen-Augsburg) gelegenen Siedlungen die regionale kunstgeschichtliche Entwicklung den Anfang. Bedingt durch die späte Besiedlungsgeschichte des Außerferns, die etwa ab 955 begann[1], verweisen nur noch die Patrozinien der Märtyrer Petrus in Breitenwang und Laurentius in Bichlbach auf alte christliche Stationen an der Römerstraße.

Erst nach der Mitte des 15. Jhs. konkretisiert sich die künstlerische Sprache des Außerferns in der Person des Baumeisters **Hans Räffl**. Sein Sohn, **Christian Räffl**, wird 1493 als Baumeister der Kirche von Agums im Vinschgau als *„aus dem Lechtal stammend"* bezeichnet. Von seinem Vater Hans haben sich der gotische Chor der Kirche in Heiterwang sowie die Sebastianskapelle in Holzgau in ihrer ganzheitlichen Bausubstanz erhalten. Besonders die mit Kreuzblumen versehenen Strebepfeiler in Heiterwang zeigen die Nähe zur Landecker Pfarrkirche. Zu den wenigen gotischen Baudenkmälern des Bezirkes zählen noch die verschont gebliebenen Chorbauten in Berwang, Lähn, Lechaschau und der Hüttenkapelle in Pflach, die aber wenig Anhaltspunkte für eine stilistische Zuweisung geben. Auch die Martinskapelle in Elbigenalp mit den Fresken von 1489 zeigt wie die St. Anna Kirche in Vils (1502) keine ausgeprägte Außengliederung.

In der Malerei und Plastik wirkten damals wohl auswärtige Künstler. So vermitteln die Sebastiansfresken (1487) in Holzgau, der Magdalenazyklus in der Martinskapelle von Elbigenalp oder das Wandbild in Ehenbichl (um 1500) die ruhige Mentalität der Schwaben. Um 1515 kam als Importware aus dem Allgäu das von **Jörg Lederer** in Kaufbeuren geschaffene Bildwerk der hl. Anna Selbdritt in die Annakirche nach Reutte. Die wenigen noch erhaltenen gotischen Skulpturen in Ehrwald (Maria mit Kind), Obergaicht (Beweinung Christi mit Maria und Johannes) und Vils (Anna Selbdritt) weisen auf den schwäbischen, von Ulm her bestimmten Stil. Von den Flügelaltären der Gotik hat letztlich nur der Gnadenstuhlaltar in der Hüttenkapelle am Steineberg in Pflach überdauert, den die Augsburger Gebrüder **Georg, Ambros** und **Hans Höchstetter** – die dort ein Messingwerk gründeten – bei einem bedeutenden süddeutschen Tafelmaler aus dem Umkreis von **Leonhard Beck** aus Augsburg für ihre eigene, 1515 erbaute Kapelle bestellten[2].

Die Rankenmalereien im Chor der Hüttenkapelle zeigen bereits Bestrebungen zur Renaissance, die mehr oder weniger an die Regierungszentren wie Innsbruck und Augsburg gebunden waren. Von dieser höfischen Kunstrichtung zeugt auch an der Ehrenberger Klause der elegante plastische Ornamentdekor in Marmor (1606) um den Wappenschild des Tiroler Landesfürsten Erzherzog **Maximilian III.**, der unter der Pflegschaft von **Burkard Laymann von Liebenau** angebracht wurde. Diesem Pfleger verdanken Pflach und Elmen ihre großen Kruzifixe aus der Hand des bedeutenden Bildhauers **Bartlme Steinle** (um 1580 – 1628/29) aus Weilheim[3]. Der in seiner Leiblichkeit durch Schönheit verklärte Christus von 1614 in Elmen verkündet bereits das anbrechende Barockzeitalter, während jener in Pflach von 1610 mit dem geschundenen leidenden Körper noch der Gotik verpflichtet ist.

Auf diese Tradition greift **Andreas Thamasch** (1639 – 1697) aus See im Paznaun noch am Ende des 17. Jhs. zurück und produziert den Typus des Wund- oder Blutheilandes, wovon ein Werk in der Zunftkirche Bichlbach zeugt. **Hans Patsch** (gest. nach 1646), der sich am Altar der Rochusapelle in Biberwier, 1618 „Bildhauer zu Landeögg (Landeck)" nennt, dürfte zu dieser Zeit auch den Kruzifixus für Bach[4] geliefert haben.

Ein bedeutsames künstlerisches Zentrum der Barockzeit lag im nahen Pfronten, wo von **Peter Babel** (1601 – 1691) und seinem Sohn, dem Bildhauer **Nikolaus Babel** (1643 – 1728), eine Vielzahl von Altaraufbauten geschaffen wurde. Die Tätigkeit Nikolaus Babels lässt sich in fast allen Kirchen und Kapellen des Tannheimer Tals nachweisen. Seine für die Stadtpfarrkirche Vils in unterbrochener Zeitabfolge geschaffenen Skulpturen legen regelrecht die künstlerische Reifung offen. Aus der stattlichen Schar der Pfrontener Künstler ragt der durch Diego Carlone in Weingarten geprägte Bildhauer **Peter Heel** (1696 – 1767) heraus. Die charakteristische Form seiner Altäre führte zum kennzeichnenden Begriff der „Pfrontner Schule".

Eine solche Altarausstattung (mit einer durch ein Altarblatt verblendbaren Figuren-Mittelnische) ist für Elbigenalp um 1776 entstanden. Das Schema der Seitenaltäre basiert auf einem erhaltenen Altarmodell von **Joseph Stapf** (1711 – 1785)[5]. Bereits 1744/46 hatte sein Bruder **Mang Anton Stapf** (1701 – 1772) die Kirche von Berwang ausgestattet, wovon nur noch die Kanzel und eine Sebastiansfigur zeugen. Der etwas weichere Stil unterscheidet ihn von seinem Bruder Joseph Stapf, der sich eine kleinteilige und knittrig gebildete Stoffsprache aneignete. Von letzterem hat sich ein kleiner Bozzetto zur Zentralfigur des hl. Nikolaus, die in der Mittelnische des im 19. Jhs. abgetragenen Barock-Hochaltares stand, erhalten – ein Hinweis, dass dieser umfangreiche Auftrag für Elbigenalp nicht von einer Künstlerhand entstand, sondern, wie auch die vermischte Stilististik der Seitenaltarskulpturen zeigt, gemeinsam von Joseph Stapf mit seinem Cousin **Maximilian Hitzelberger** (1704 – 1784) ausgeführt wurde[6]. Werke von Hitzelberger sind u. a. die lebensgroßen Hochaltarfiguren in Vils und jene kleineren in Elmen-Martinau.

Erlesene Werke vom bereits genannten **Peter Heel** finden sich am Tabernakel in Breitenwang, an einem Seitenaltar in Bichlbach mit den Heiligen Barbara und Sebastian und mit einer Madonna in Tannheim-Innergschwend[7]. Ein weiterer Allgäuer Bildhauer war der aus Hindelang stammende **Johann Richard Eberhard** (1739 – 1813). Für Bichlbach hat er 1774 die formvollendete Rokoko-Kanzel gestaltet. Ihr reicher Dekor leitet über zur Kirchenausstattung in Stockach: Alle drei Eberhard-Altäre mit Kanzel (um 1775) schließen sich im Kirchenraum zu einer barocken Einheit, wie er im gesamten Lechtal nicht mehr zu finden ist.

Etwa ab 1716 wirkte in der Grenzstadt Füssen der aus Faggen bei Landeck gebürtige **Anton Sturm** (1690 – 1757). Seine dramatisch-marionettenhaften Skulpturen, die von einem pathetisch-tragischen Schnitzstil geprägt sind, zeigen sich am Hochaltar von Wängle und in der Auferstehungskirche in Breitenwang. Wie Sturm wanderte auch **Ignaz Waibl** von Grins im Oberinntal nach Heimertingen in Schwaben aus. Von seiner Hand besitzt Breitenwang die Bildwerke der Kirchenpatrone Petrus und Paulus sowie die Gebälkengel am Hochaltar; die von dort überkommenen Statuen der Heiligen Magnus und Afra stehen heute in Reutte.

Der bisher noch unbekannte Bildschnitzer des prachtvollen Hochaltares (um 1710) in der Zunftkirche Bichlbach könnte Johann Georg Pauer aus Tannheim gewesen sein. Dieser hatte einen ausgeprägten Sinn für dekorative und doch organisch untermauerte Gewandgestaltung, wenngleich seine Körper starr und ungelenk gebildet sind. Prägende Kräfte der Außerfener Barocklandschaft, die – außer zwei bei Anton Sturm bezeugten Bildhauerlehrlingen **Christoph Rieff** und **Joseph Ammann** aus Tannheim – selbst bis über die Hälfte des 19. Jhs. hinaus keine namhaften Bildhauer hervorbrachte, war die Imster Künstlerfamilie **Witwer** mit **Joseph Georg** (1719 – 1785) und seinem Sohn **Joseph Clemens** (1760 – 1808). Die Skulpturen Joseph Georgs zeigen sich in einer anatomisch studierten Konzeption, bei der die Gewänder körpernah den Leib umschließen. Ihr seelischer Ausdruck ist tiefgründig, und die Gestiken sind elegant, wenngleich keinerlei Tendenzen zur bereits üblichen Rokokoplastik wahrzunehmen sind. Die vom Motiv her außergewöhnliche Skulpturengruppe der Heiligen Drei Könige in Elmen (um 1760) steht an erster Stelle seiner Leistungen. Auf seinen Entwürfen basieren der Hochaltar in Steeg und die Kanzel in Stanzach, deren figurale Bestände ebenso von seiner Hand sind wie Figurenpaare in Bach-Schönau und Elmen-Martinau. Im Vortrage-Kruzifixus in Stanzach und dem Wandkreuz in Namlos wird die eindringliche Gestaltungskraft am deutlichsten vermittelt. Hingegen sind die originell gestalteten Passionsgruppen in der Unterkirche von Lermoos als Werkstattarbeiten anzusehen, an denen vermutlich auch seine Söhne Joseph Anton und Joseph Clemens beteiligt waren.

Die Skulpturen des Hochaltares in Hägerau, jene der Seitenaltäre, der Kanzel und des Taufbeckens schuf um 1787 **Joseph Clemens Witwer**, der den Formenkanon des Vaters in ein mehr oder weniger starres Schema zurückdrängte und sich zögernd klassizistischen Tendenzen näherte. Auch der durch die Wiener Akademie geschulte **Joseph Anton Renn** (1715 – 1790) aus Imst vermittelte diese neue Körperauffassung, wie sie die Seitenaltarfiguren der Heiligen Maria und Johannes in Lermoos demonstrieren. Bei ihm wird am deutlichsten der klassizistische Formenkanon mit spätbarockem Grundmotiv lebendig, welcher fast allen Bildhauern noch merklich anhaftet, die in diesen Stilumbruch hineinwuchsen. So zeigt sich auch **Martin Falbesoner** (1728 – 1815) aus Nassereith mit den Hochaltarskulpturen in Lermoos, Bach und dem Tabernakel in Tannheim (1786) als typisches Beispiel jener spätbarocken Phase gegen Ende des 18. Jhs.

Das 19. Jh. war vor allem von der „*Kunstmetropole*" Imst geprägt. Importe aus dem schwäbisch-bayerischen Raum versiegten mit den Säkularisationsgütern von 1803/04; u. a. stammen aus Augsburg der großartige Orgelprospekt in Breitenwang und aus Rottenbuch der nördliche Rokoko-Seitenaltar in Grän von **Franz Xaver Schmädl** (1705 – 1777)[8], dem auch der Reliquienschrein der hl. Binosa in Tannheim zuzuschreiben ist.

Im Anschluss an die reiche barocke Tradition der Imster Bildhauer welche noch 1782 **Franz Hosp** mit seiner für Lermoos gestalteten Kanzel (Girlanden am Korb von Kunstschmied **Franz Guem** aus Ehrwald) beispielhaft aufzeigte, hat **Franz Xaver Renn** (1784 – 1875) in seiner Werkstatt eine der fruchtbarsten Produktionsstätten der 1. Hälfte des 19. Jahrhunderts etablieren können. Renn war nach seinen Studien an der Wiener Akademie bei seinem Oberländer Landsmann **Franz Zauner** aus Falpetan im Kaunertal, wo er Architektur, Ornamentik und Mathematik lernte, zu einem Vertreter der spätklassizistischen Skulptur geworden, die in der gefühlsarmen, statuarisch-festen Bildsprache auch Vorbild für seine vielen Schüler wurde. Seine Werke finden sich in Berwang-Brand, Berwang-Gröben, Biberwier, Bichlbach, Boden, Ehrwald, Elmen, Häselgehr, Holzgau, Kaisers und Lermoos. Unter seinen 35 Schülern waren **Joseph Knabl** aus Fließ 1863 für Holzgau, **Joseph Beyrer** aus Obergarten bei Lermoos – der nach seinem Atelieraufenthalt bei seinem Landsmann **Johann Petz** aus Lermoos in München sein eigenes Atelier betrieb und ins ganze süddeutsche Gebiet seine Bildwerke und Reliefs lieferte – für Bichlbach und Lermoos tätig. **Alois Fuchs** aus Berwang wirkte vor allem in München, in der Schweiz und Regensburg. Der hoffnungsvolle **Nikolaus Krabacher** (1851 – 1880) aus Häselgehr fertigte nach den Altarfiguren und Reliefs für Arzl im Pitztal (1875) Prozessionsfiguren für Häselgehr und Elmen (1878) – starb aber bereits mit 29 Jahren in Augsburg. Die beiden Künstler **Franz Anton Lorenz** und **Emanuel Walch** aus Kaisers hatten ihre Werkstätten in München bzw. Toblach im Pustertal. Im fast zum Allgemeingut gewordenen Formenkanon eines Franz Xaver Renn arbeitete **Engelbert Kolp** aus Stockach für Kaisers, Holzgau und Stockach sowie der Bildschnitzer **Lang** aus Lechaschau für Heiterwang.

Die stilbildenden Barock-Baumeister im Außerfern waren Nachfolger des bekannten Füssener Architekten **Johann Jakob Herkomer**, dem der Bau der Vilser Stadtpfarrkirche zugeschrieben wird. So ist **Johann Georg Fischer** aus Füssen für die Ulrichskirche in Pinswang (1725/27), die Auferstehungskirche in Breitenwang

(1724/28) und das Langhaus der Kirche von Berwang (1731/34) bezeugt. Von diesem geprägt war **Franz Kleinhans** aus Unterpinswang, der Fischers Einheitsraum mit kapellenartigen Rundbogennischen bereicherte, wie es seine Kirchenarchitektur in Lermoos (1753/54) aufzeigt. Der Tannheimer **Andreas Hafenegger** stand ebenfalls in der Tradition Herkomers, dessen Plan er in der Zunftkirche in Bichlbach nach Änderungen ab 1710 ausgeführt hatte. Es entstand 1728/29 der Einheitsraum in Ehrwald, zuvor aber 1722/24 seine Heimatkirche in Tannheim als mächtiger Gottestempel. Der imposante Hochaltar mit den Seitenaltären aus Stuckmarmor um 1775 von **Sylvester Wöber** aus Tannheim bilden wesentliche Akzente der Raumarchitektur. Weitere bemerkenswerte Hochaltäre in Stuckmarmor fertigte **Joseph Fischer** (1704 – 1771) aus Faulenbach/Füssen in Bichlbach (1742) und in Heiterwang (1754)[9].

Reutte war die Heimat des 1691 aus Rom als Maler zurückgekehrten **Paul Zeiller** (1658 – 1738). Er gründete dort eine Malerschule, die etwa dreißig Jahre bestand. Zeiller produzierte ausschließlich Tafelbilder in Öl, welche dem römischen Hochbarock verpflichtet sind. Deckenbilder in Fresko auszuführen beherrschten aber um 1700 nur wenige Maler im heutigen Bayerisch-Schwaben. **Knappich, Rieger** und **Herkomer** zählten zu ihnen. Der bei Knappich geschulte **Johann Heel** (1685 – 1749) aus Pfronten malte daher kurz nach 1710 die ersten Deckenfresken des Außerferns in der Bichlbacher Zunftkirche[10]. Paul Zeiller hingegen wagte nur einen einzigen Vesuch mit den Chorfresken der Auferstehungskirche von Breitenwang – dann hat er wohl dem Füssener **Joseph Obermiller** die weitere Ausführung der Deckenbilder des Langhauses überlassen. Hingegen versorgte Paul Zeiller das Allgäu reichlich mit Altargemälden. Seine Werke finden sich auch in Südtirol, jedoch vornehmlich im Bezirk Reutte. Als frühestes datiertes Werk entstand 1698 das Altarblatt für Berwang-Rinnen. Dann folgte ein Altarbild für Berwang-Mitteregg, 1702 für Berwang ein Seitenaltarblatt (heute im Grünen Haus/Reutte) und 1735 auch das

Hochaltarbild, 1705 die Seitenaltarbilder in Vils sowie das Auszugsbild des Hochaltares, um 1705 zwei Hochaltarblätter und die Auszüge der Seitenaltäre in Wängle, 1706 das Altarbild der Ottiliakapelle in Lechaschau, 1708 das Antoniusbild in St Anna/Reutte, um 1710 das Altarbild „*Hl. Martin*" sowie um 1735 das Tafelbild „*Hl. Eugenius*" in Holzgau, um 1710 eine „*Maria-Hilf*" in Berwang-Brand, 1718 das Maria-Hilf- und Antoniusbild in Namlos-Kelmen und das Altargemälde in der Planseekapelle, 1724 alle Seitenaltargemälde in Tannheim, um 1725/30 für Pflach das ehem. Hochaltarblatt mit der Anbetung der Könige, das Altarbild und der „*Hl. Wandel*" in Berwang-Bichlbächle und ferner die Auszugsbilder beider Seitenaltäre in Bichlbach. Ab 1732 entstanden die Kreuzwegzyklen für Elbigenalp und Vils. Mit drei eigenhändigen Stationen zum Kreuzweg in Bichlbach schließt sein produktives Lebenswerk.

Aus der Reuttener Zeillerwerkstatt gingen sein Sohn **Johann Jakob Zeiller** (1708 – 1783) und der entfernt verwandte Franz **Anton Zeiller** (1716 – 1794) hervor, die großen Ruhm als Freskomaler ernteten. Der bei **Sebastiano Conca** in Rom und bei **Francesco Solimena** in Neapel geschulte Johann Jakob Zeiller besuchte – neben seiner Mitarbeit beim Freskanten **Paul Troger** in den Stiften Niederösterreichs – die kaiserliche Akademie in Wien regelmäßig, um die Privilegien zu erreichen, welche den Mitgliedern beim jährlichen Wettbewerbspreis in Aussicht standen. 1737 hatte Zeiller sein Ziel erreicht und konnte mit dem begehrten akademischen Diplom fortan als kaiserlicher Hofmaler „mit soviel Gehilfen als nötig" in den k. k. Erbländern steuerbefreit arbeiten, sich niederlassen und auch im „*Reich*" tätig werden[11]. Im grenznahen Ettal entstand in den Jahren 1748 bis 1752 sein Hauptwerk, das flächenmäßig größte Kuppelfresko des gesamten deutschsprachigen Raumes, das einen Höhepunkt in der Deckenmalerei des 18. Jhs. überhaupt darstellt. Seine Hauptleistung ist in der illusionistischen Gestaltung der Deckengemälde zu suchen, seinem ureigensten Gebiet als Freskomaler, auf dem er zweifellos zu den hervorragendsten Meistern seiner Zeit gehört. Am Endpunkt seiner Entwicklung gelangte er im kreisförmig in sich zentrierten Kuppelfresko zu Lösungen, mit denen in ihrer Konsequenz kaum ein Werk seiner Zeitgenossen zu vergleichen ist[12]. Seine Alterswerke in Elbigenalp 1776 und Bichlbach (Langhaus 1778) sind ein Abglanz seiner großen Karriere als Monumentalmaler. Zwischenzeitlich (um 1755) freskierte er den Chor in Breitenwang mit umfangreicher Architekturmalerei. Hochaltarblätter fertigte er für Hinterhornbach (Wallfahrtslegende der Maria vom Guten Rat, um 1764), Stockach (Ruhe auf der Flucht, 1776), Elbigenalp (Muttergottes, um 1776, verschollen)[13], Stanzach (hl. Michael, 1777) und im selben Jahr ein Altarblatt für Holzgau (Rosenkranzverleihung, heute in Gossensass/Südtirol).

Franz Anton Zeiller[14] wurde vom 1728 in Reutte eingetretenen Werkstattmitglied Balthasar Riepp (1703 – 1764) aus Kempten geschult. Bei drei Kreuzwegstationen von 1736/37 in Bichlbach zeichnen sich bereits typische Eigenheiten ab, die für ihn – trotz der anschließenden Weiterbildung ab 1738 bei Johann Evangelist Holzer und Gottfried Bernhard Göz – stilprägend blieben. Zu seiner Augsburger Schulung mischten sich nach dem römischen und venezianischen Aufenthalt noch weitere Einflüsse, welche ihn „zum typischsten Tiroler Rokokofreskanten tiepolesken Stils"[15] machten. Die Helligkeit seiner Farben als venezianisches Relikt und der weiche Umriss der höfisch-schlanken Figuren bilden, noch vor der Komposition, seine vielbewunderte Stärke. Als fürstbischöflich Brixner Hofmaler kehrte er im Alter für ständig nach Reutte zurück, fertigte die Chorfresken in Bichlbach (1785) sowie Grän (1790, laut Chronogramm!) und das gesamte Kirchengewölbe in Wängle (1786). Seine im Außerfern erhaltenen Altarblätter befinden sich in der Florianskapelle in Reutte/Kög (hl. Florian, 1774) der Dreikönigskirche von Pflach (hl. Wandel und Pieta, um 1765) sowie im Museum im Grünen Haus/Reutte (hl. Wolfgang mit Ulrich, 1792, ehem. Schattwald). Unter seinen Schülern bzw. Gehilfen tritt neben Andrä Zeiller (1751 – 1815)

der Reuttener Johann Christoph Haas (1753 – 1829) mit dem Hochaltarblatt von Breitenwang in den Vordergrund.

Der bereits genannte Balthasar Riepp wurde durch die Heirat einer Tochter von Paul Zeiller zum Familienmitglied und nutzte nach dem Tod des Schwiegervaters die verwaiste „Zeillerwerkstatt". Riepp wurde wegen seiner außergewöhnlich hohen Begabung vom Kemptener Fürstabt Rupert von Bodman in die Obhut seines Hofmalers Franz Benedikt Hermann gegeben und dann von Jakob Karl Stauder aus Konstanz weiter geschult. Aus seinem spontan gesetzten Pinselstrich entwickelt sich eine Dynamik, durch die er weitum berühmt wurde. Neben seinen Kreuzwegzyklen von Wängle, Pflach/Hüttenkapelle, Elmen und Ehenbichl, dem Heiligen Grab in Breitenwang (1738), den Hochaltarblättern in Pinswang (um 1730) und Vils/St. Anna (1750) übertrifft das 1742 entstandene „Martyrium des hl. Laurentius" in der Pfarrkirche Bichlbach alle barocken Altarbilder des Außerferns[16].

Auch Pfrontener Maler wie Johann Heel und der Schüler Riepps, Joseph Keller (1740 – 1823), konnten im Außerfern Aufträge ausführen. Heel ist durch seine 1729 geschaffenen Pinswanger Deckenfresken mit einer dramatischen, vielfigurigen Szene präsent. In seinen Hochaltargemälden der Bichlbacher Zunftkirche lässt er ein stimmungsvolles Hell-Dunkel vorherrschen. Gegen Ende des 18. Jhs. hat dann Keller mit seinen Fresken in Grän (1791) und Tannheim (1804) eine Konzeption vorgelegt, die den Deckenbildern der Klassizisten Martin Knoller und Joseph Schöpf entsprechen.

Die Tradition der Allgäuer Freskomaler haben bereits 1750 Anton Joseph Walch (1712 – 1773) aus Kaufbeuren in den mit reichem Stuck gerahmten Feldern in Heiterwang und Franz Anton Weiß (1729 – 1784) aus Rettenberg im Hochaltargemälde in Tannheim (1776) und mit seinen Deckenbildern in Jungholz (1781) dokumentiert. Hingegen war der aus Heiterwang stammende Johann Perwanger in seiner engeren Heimat nicht tätig, hat aber Gewölbemalereien in St. Jakob am Arlberg (1774) und später in Waidring/Unterinntal ausgeführt.

Die Fassadenmalereien von Johann **Jakob Zeiller** an seinem Geburts- und Wohnhaus (Zeiller-Platz 2) und am *„Grünen Haus"* von 1779 in Reutte wirkten auf wohlhabende Hausbesitzer in Hägerau und Holzgau ein, welche **Joseph Degenhart** (1746 – 1800) aus Telfs – um die Zeit seiner Freskierungsarbeiten in der Kirche in Hägerau (1787) – mit der Fassadengestaltung beauftragten. Auf diesem Sektor besonders begabt war **Joseph Anton Köpfle** (1757 – 1843) aus Höfen, der die architektonisch bestimmte Scheinmalerei seines Lehrers Johann Jakob Zeiller bis in den Klassizismus hinein in selbstständiger Entwicklung fortgeführt hat. Sein Hauptwerk bildet aber die Gesamtfreskierung der Kirche von Elmen, wo im Langhausfresko von 1801 das barocke Schema eines Zeiller nachwirkt, wenngleich in der staffageartigen Bühnenwirklichkeit die Abkehr von einer Raumillusion deutlich wird. Zu den weiteren Schülern Johann Jakobs zählen aus dem Außerfern **Thomas Dialer** aus Reutte, **Sebastian Lechleitner** aus Untergibeln, **Karl Selb** (1760 – 1819) sowie **Joseph Anton Schuler** (1725 – 1790) aus Stockach. Für seine Heimatkirche schuf Schuler 1773 ein Fresko, das sich über das gesamte Gewölbe der Kirche ausdehnt. Noch im Sinne Zeillers komponiert, lässt er es aber durch die derben Körpermodellierungen zu einer lebendigen, volkstümlichen Szenerie werden. Karl Selbs Altargemälde in Bach, Breitenwang (1809), Häselgehr (1813) und Elmen (1814) sind wie die Fresken in Häselgehr, die er zusammen mit seinem von ihm selbst unterrichteten Bruder **Joseph Anton Selb** (1784 - 1832) fertigte, bereits von den neuen klassizistischen Ideen und Motiven beeinflusst.

Im Laufe des 19. Jhs. hat sich die Malerei zu einem dem Zeitgeist verpflichteten Stil entwickelt, der parallel zur Architektur und zur Plastik aus der Fülle von spätbarockem und klassizistischem Formengut schöpfen konnte. Das Lechtal hatte im Schüler Karl Selbs, dem Zeichenschullehrer und Lithografen **Anton Falger** (1791 – 1876) aus Elbigenalp, auch seinen besten Chronisten, der in *„moderner Prospektform"* Lithographien über die Naturschönheiten des Lechtales lieferte.

Falger wuchs in eine Zeit hinein, in der sich die Kunst auf die Wirklichkeit besann, die Umwelt des Menschen im national-patriotischen Stolz an Aktualität gewann und vor allem die Kenntnis der Heimat und der Glaube an die Heimat in den Vordergrund gesetzt wurden. Den Dialog zwischen Leben und Tod schilderte er in seinen Totentänzen von Schattwald, Elmen und seinem bedeutendsten in Elbigenalp (1840). In der Szene *„Tod und Künstler"* hat Falger den heute international bekannten Maler **Joseph Anton Koch** (1769 – 1839) aus Elbigenalp-Obergibeln dargestellt. Koch hatte bereits 1783 das Lechtal verlassen und trat 1785 in die Karlsschule in Stuttgart ein. Danach hielt er sich längere Zeit in der Schweiz auf und kam 1795 nach Rom, wo er zu einem Hauptmeister der Deutschrömer wurde. In seiner von heroischen Landschaften bestimmten romantischen Malerei und in seinem durch **Carstens** und **Thorwaldsen** geprägten Figuralstil hatte er aber keine direkten Nachfolger in seiner Tiroler Heimat.

Die Maler aus Tirol wurden an der Akademie in München – an der sich auch die Porträt- bzw. Blumenmalerin **Anna Stainer-Knittel** aus Elbigenalp-Untergibeln schulte – durch **Cornelius** und **Schraudolph** in der neuen nazarenischen Kunst unterwiesen, welche aus dem 1809 in Wien gegründeten Lukasbund, der sich in Rom niederließ, hervorging. Außerferner Künstler wie **Johann Anton Scheidle** aus Häselgehr und **Emanuel Walch** (1862 – 1897) aus Kaisers vermittelten – wie der Maler **Alois Keller** aus Pfronten mit seinen Fresken in Holzgau (1837) und Zöblen (1860) – die nazarenische Formensprache. Die Deckenfresken in Stanzach (1878/80) zeugen von der Gestaltungskraft des Malers **Johann Kärle** (1835 – 1913) aus Vorderhornbach, dessen Tätigkeit sich nur mit den ehemaligen großen Barockwerkstätten in Pfronten und Imst vergleichen lässt. Zusammen mit seinen Mitarbeitern und seinem Bruder **Marzellin Stefan**, der auch Altarbauer war, hat er fast alle Ausstattungen in den neu erbauten Kirchen des Tiroler Oberlandes ausgeführt. Der diktierte Formenkanon ließ den Nazarenern fast keine persönliche künstlerische Entfaltungsmöglichkeit bzw. Freiheit und besitzt daher nicht die Unregelmäßigkeit, welche wahre Künstler auszeichnet. Aus diesem Grund wurden um die Mitte des 20. Jhs. diese steril wirkenden Kirchenausstattungen mit ihren durch Schablonen produzierten Wanddekorationen – wie sie die Kirchen von Stanzach, Häselgehr und Holzgau noch aufzeigen – oft beseitigt.

Die Freskomalerei, welche im Außerfern seit dem Barockzeitalter eine ununterbrochene Tradition aufweisen kann, erlischt mit den grandiosen Raumillusionen in barocker Manier von **Wolfram Köberl** aus Innsbruck in Breitenwang und Bach.

Neben Werken Innsbrucker Künstler im Außerfern konnten sich in neuerer Zeit auch heimische oder hier ansässige Maler verwirklichen: **Otto Hämmerle** aus Pinswang für Ehrwald (1939), Pinswang und Berwang (1944/46), **Josef Hollenzer** aus Pinswang für Obergaicht (1959), **Roman Fasser** für Ehrwald (1963), **Wolfgang Schennach** für Ehrwald und Lermoos, **Henri Dante Alberti** für Ehrwald (1964).

Rudolf Geisler-Moroder aus Elbigenalp suchte die harmonische Verbindung von traditioneller Schnitztechnik mit einer sachlich expressiven Abstraktion in Schöpfungen für Elbigenalp, Jungholz und Reutte/Tränkesiedlung. **Josef Kieltrunk** aus Heiterwang ist mit **Josef Müller** aus Tannheim einer der profiliertesten Bildhauer im Außerfern. Gestaltete ersterer im Sinn seines Lehrers **Fritz Wotruba** Reliefs in Breitenwang, Heiterwang und Höfen, so entwarf der an der Akademie der bildenden Künste in München geschulte Müller den Nikolaus-Brunnen in Tannheim und den Via-Claudia-Augusta-Brunnen in Reutte. **Rolf Aschenbrenner** und die vielen Autodidakten bereichern die heutige Kunstszene im Bezirk mit vielschichtigen Aussagen[17] (vgl. S. 100).

---

1 **Richard Lipp:** Neues aus der alten Zeit, in: Außerferner Nachrichten 1994/Nr. 32

2 **Georg Mutschlechner / Rudolf Palme:** Das Messingwerk in Pflach bei Reutte, Innsbruck 1976, S. 109 f

3 **Josef Mair:** Laymann-Kruzifxe von Bartholomäus Steinle in Elmen und Pflach, in: Tiroler Heimatblätter 1/2002, S. 23–27

4 **Mair** (wie Anm. 3, S. 26, Anm. 17)

5 **Georg Tinkhauser / Ludwig Rapp:** Topographisch-historisch-statistische Beschreibung der Diözese Brixen Bd.V, Brixen 1891, S. 610. Tinkhauser überliefert einen ursprünglichen Hochaltar von 1676 angeblich aus Ettal. Seine weiteren Angaben zur „Mittelnische mit der Nikolaus-Skulptur", welche mit dem Altarblatt „Muttergottes" von Johann Jakob Zeiller verblendet werden konnte, weisen eindeutig auf einen Hochaltar (um 1776) im „Pfrontner Schema" der Seitenaltäre hin, der sich wohl mit der rechten Hälfte des heute stark zerstörten Hochaltarmodells (Pfronten/ Heimathaus) identifizieren lässt. Zweifellos belegt aber der von Joseph Stapf geschaffene Bozzetto in Allgäuer Privatbesitz die Hochaltarstatue in Elbigenalp.

6 **Beide Stapf-Brüder** und deren Cousin **Maximilian Hitzelberger** absolvierten die Lehre bei Bammer in Augsburg.

7 **Herbert Wittmann:** Peter Heel (1696 – 1767), Bildhauer, Stukkator und Bausachverständiger, in: Jahrbuch des Historischen Vereins Alt Füssen, Füssen 2001

8 **Wittmann** (wie Anm. 7, S. 79)

9 **Herbert Wittmann:** Die Stuckmarmorarbeiten Joseph Fischers, in: Jahrbuch des Historischen Vereins Alt Füssen, Füssen 1999

10 **Herbert Wittmann:** Johann Heel (1685 – 1749) – Der Gögginger Maler aus Pfronten, in: Jahrbuch des Historischen Vereins Alt Füssen, Füssen 2002

11 **Franz Matsche:** Der Freskomaler Johann Jakob Zeiller (1708–1783), phil. Diss., Marburg/Lahn 1970, S. 47 ff

12 **Matsche** (wie Anm. 11) S. 385 u.473

13 **Tinkhauser / Rapp** (wie Anm. 5)

14 **Irmgard Plankensteiner:** Der Brixner Hofmaler Franz Anton Zeiller, phil.Diss., Innsbruck 1978

15 **Michael Krapf:** F. A. Zeillers Bozzetto der Geburt des Johannes, in: Mitteilungen der Österr. Galerie, Wien 1972, S. 51

16 **Josef Mair:** Genie im Schatten – Der Maler Balthasar Riepp (1703 – 1764), Reutte 2003

17 Der Aufsatz beruht größtenteils auf Künstlerdaten von Gert Ammann (aus: Das Tiroler Oberland, Salzburg 1978, S. 47–85). Sie wurden in stark gekürzter Form zitiert und durch die angesammelten Forschungsergebnisse von Josef Mair ergänzt oder richtiggestellt.

Zeitgenössische Kunst

Sighard Wacker

Neben menschlichem Leid brachten die Kriegsjahre 1939 – 1945 auch große Verluste für Kunst und Architektur durch Zerstörungen und Verschwinden in den Kriegswirren. In den Jahren des Wiederaufbaus wurde in Österreich versucht, eine Anknüpfung an das internationale Kunstgeschehen mit eigenen Entwicklungen zu verbinden: abstrakte Formen, bewusst provozierende Aktionen und Irritationen und farbige Phantasien aus der Welt des Unterbewussten. „Ökologisches Bauen" ließ Pflanzen und Farben, „Kunst, Spaß und Grün", – die Postmoderne verschiedenste Materialien und Formen in die Architektur einziehen, während erste Wolkenkratzer schlank in die Höhe wuchsen.

Die Malerei nach 1945 ist geprägt von Abstraktion und Phantastischem Realismus. Der Wiener Aktionismus sorgte für Skandale. Damals verfemte Künstler sind längst etabliert, auch wenn Aktionen von Hermann Nitsch immer noch Gemüter erregen. Die gegenwärtige Kunst arbeitet mit vielfältigsten Mitteln: In der „Performance-Kunst" werden Computer, Installationen und Experimente mit dem eigenen Körper häufig miteinbezogen. Kunst solle nicht in erster Linie gefallen, sondern ist zu einem Mittel der Provokation geworden, um zu bewegen und zu verändern. Die Bildhauerei nach 1945 ist vor allem vom Werk von Fritz Wotruba und Alfred Hrdlicka geprägt.

In Tirol war durch das NS-Regime für die mitteleuropäische Kunst und Kultur eine Zeit der Stagnation und des Provinzialismus angebrochen. Maßgebende Maler wurden als „entartet" erklärt, tauchten unter oder gingen in die Emigration. Auch einige Tiroler Maler erhielten Malverbot, wie Leo Putz, Ernst Nepo oder der Vorarlberger Rudolf Wacker, dessen Großvater aus Obergarten bei Lermoos stammte.
Nach dem Krieg war die künstlerische Entwicklung eine Zeit lang gebremst, bis sie sich in den sechziger Jahren allmählich erholte. Die „Tiroler Künstlerschaft" zählt heute bereits an die 400 Mitglieder. Wichtige Architekten waren Welzenbacher und Holzmeister, in der bildenden Kunst setzten Weiler und Flora Akzente. Mittelpunkt des wissenschaftlichen und kulturellen Lebens ist seit jeher die Landeshauptstadt Innsbruck mit Universität, Landesmuseum und Landestheater. Seit den 70er Jahren haben sich landesweit zahlreiche Kulturinitiativen gebildet, die Impulse im Bereich alternativer und zeitgenössischer Kunst weiter tragen.

Bedeutende Außerferner waren schon vor dem Krieg außerhalb des Bezirkes tätig: Prof. Ignaz Dengel, Karl Koch, Anna Dengel und Bischof Tharsitius Senner. Fritz Engel, der Vater der berühmten Engel-Familie übersiedelte von Berlin über Innsbruck nach Reutte. Im Spätsommer des Jahres 1922 waren führende DADAisten um Tristan Tzara und Hans Arp mit Frauen und Freunden in Reutte. Die Abreise aus Reutte bedeutete letztlich sogar das Ende von DADA, der internationalen Kunstbewegung. Diese Ereignisse blieben allerdings in Reutte völlig unbemerkt und hatten keinerlei Einfluss auf künstlerische Entwicklungen im Außerfern.

In Ehrwald wird gerne Ludwig Ganghofer, der etliche Romane in diesem Raum verfasst hat, zitiert mit: „Herr, wen du lieb hast, lass fallen auf dieses Land!". Der berühmte österreichische Musiker und Dirigent Clemens Krauss hat mit seiner Gattin, der Opernsängerin Viorica Ursuleac, seine letzte Ruhestätte in Ehrwald gefunden. Im nahen Garmisch wohnte Richard Strauss, sein persönlicher Freund. Der Tierplastiker Fritz Behn übersiedelte nach dem Krieg von Wien nach Ehrwald, gründete eine eigene Bildhauerschule, zog aber bereits 1951 nach München weiter. In diesem künstlerisch fruchtbaren Umfeld sind Roman Baumgartner, Burgenstett, Henri Dante-Alberti,

Mario Gasser, Rudolf Gopas, Regina Hadrabra, Jakob Hüttinger, Robert Kabas, Josef Klein, Martin Leitner, Erhard Newerla, Evi Posch, Wolfgang Schennach (†) , Rudolf Schramm-Zittau, Erich Steiner, Johann Weinhart, Roman Fasser, Sebastian Weissenbacher und Claus Koch-Tomelic zu erwähnen. Das Ehrwalder Atelier Bucher ist ein Ferien- und Arbeitsdomizil für Dutzende namhafter Künstler geworden. Ebenso sind der Heiterwanger Bildhauer Sepp Kieltrunk sowie der Wahlbichlbacher Prof. Joachim C. Friedrich zu nennen.

Ismeth Ismaeli, Arabella Schwarzkopf, Robert Gfader, Tamara O´Byrne und anderen. Die Baukunst im Außerfern wird vom Schaffen des Architekturbüros Walch wesentlich geprägt, während früher hauptsächlich Innsbrucker Architekten wie Corazza, Feßler, Gutmann oder Gratl tätig wurden. Schriftsteller wie Klaus Huter, Egon Schmid und Mitzi Tuschl runden das Kulturgeschehen in Reutte ab.

Für die Bildhauerkunst ist besonders die Schnitzschule Rudolf Geisler-Moroder im Lechtaler Elbigenalp von Bedeutung, da

Leo Lechenbauer 1986

In Reutte ist vor allem der Firma Plansee AG der Zuzug versierter Künstler nach dem Krieg zu verdanken. Prof. H. C. Berann, Leo und Nikolaus Lechenbauer sowie Claus R. Reschen sind hier jedenfalls hervorzuheben. Der Maler Prof. Lutz-Waldner bewohnte im Krieg das Ritterbürgl. Plansee ermöglicht auch großzügig die hochkarätigen Planseekonzerte. Die Künstlerfamilie Aschenbrenner, Rolf, Helga, Marc und André beeinflusste die künstlerische Entwicklung in Reutte entscheidend neben Josef Wartha, Thomas Wolf, Lorenz Wachter, Edda und Katharina Ziegler, Liz Ihrenberger oder

aus ihr wesentliche Lehrer und Schüler mit Erfolgen hervortraten und treten. Vor allem durch die Geierwally-Freilichtbühne der Claudia Lang und ihrem Team, aber ebenso durch die zahlreichen Heimatbühnen wird die Schauspielkunst, meist Laientheater, gepflegt. Ebenso ist das österreichweit populäre Gesangsduo „Bluatschink" zu nennen und die Künstlerinnen Maria Theresia Winkler-Köll und Brigitte Köck. Im Tannheimer Tal sind die Bildhauer Josef Müller, Josef und Klaus Meusburger, die Maler Arrigo Wittler (†), Tamara Wirth und die Filmer und Galeristen Veronika und Hartmut Kunz hervorzuheben, - in

Jungholz René und Tobias Rappel sowie Tomislav Paunkowic.

In Vils sind die Familie Natterer, die *„Galerie Alte Schule"* und die künstlerisch hochwertigen Puppen der Sylvia Natterer, der aktive Museumsverein unter Obmann Reinhold Schrettl, weiters Krippenkünstler wie Norbert Roth und Anton Keller, der Künstler Klaus Auderer, Diakon Josef Roth und die Schriftstellerinnen Anna Keller und Susi Dirr erwähnenswert.

Kulturinitiativen wie „Huanza" in Reutte, die Kulturforen in Ehrwald, Weißenbach, Breitenwang und Höfen, in Elbigenalp, Wängle und Vils, die Dengel-Galerie in Reutte, die Vorgängerin, die Raiffeisen-Galerie in Reutte seit 1983 und die weiteren Galerien in Ehrwald, Vils, Breitenwang und Tannheim und die „Villa" in Pinswang beleben die Kunst- und Kulturszene ungemein.

Der in Breitenwang geborene Filmemacher Alexander Rieder erhielt mit dem Tiroler Hubert Sauper für ihren Film

Rolf Aschenbrenner „zurückgebeugt" 1995

Der Höfener Jazzmusiker Walter Wilhelm *„Catulla"* hat etliche Musiker ausgebildet und beeinflusst, wie die Saxofonisten Charly Augschöll, Hubert Storf oder Stefan Wetzel. Nicht unwesentlichen Einfluss auf das Musikgeschehen hat die Musikschule Reutte-Außerfern unter ihrem Leiter Prof. Franz Walcher mit seinen Lehrern und Schülern. Aus der vormals weltbekannten reisenden Engel-Familie ist Paul Engel als bedeutender Komponist hervorgegangen. Die derzeitige Musikszene im Bezirk prägen unter anderem Laszlo Demeter, Shandor Somogy, Friedl Schweiger, Michael Haas und Andreas Kopeinig.

„Darwin´s Nightmare" 2004 den European Film Award als bester Dokumentarfilm und Auszeichnungen in Venedig, Wien und Montreal.

Quellen und weiterführende Literatur

Reinhold Wolf, Sisi Taferner, Reinhold Schrettl
Raoul Schrott: DADA 21/22, Haymon Verlag Innsbruck, 1988
diverse: DADAutriche, Haymon Verlag Innsbruck, 1988
Ausstellungskatalog Tiroler
Landesausstellung 1989 in Reutte, Grünes Haus
Reutte 500 Jahre, Marktgemeinde Reutte, 1989
Eva Kreuzer-Eccel: Aufbruch, Athesia Bozen, 1982
Friedrich Rambousek: Bilder, Bauten, Gebilde, ÖBV Wien, 1974.

Blasmusikkapellen

Peter Besler

Die Blasmusik hat eine lange Geschichte, die auf die frühe Menschheit zurückführt. Man denke nur an die Hirten, die auf ihren Tierhörnern und Pfeifen bliesen. In erster Linie diente die Blasmusik ab dem Mittelalter der weltlichen Musik, einerseits dem Auftreten der Fürsten für militärische Zwecke und andererseits der Unterhaltung. Die größte Bedeutung hatten die Trompeter und Pauker der Landesfürsten. Diese genannte Gruppe der Blasmusik machte noch keine Musikkapelle oder Musikbande aus. Dieser Anstoß kam von der österreichischen Armee. Die Heere benützten damals schon primitive Schlag- und Blasinstrumente, die als Signalinstrumente zur Nachrichten- und Befehlsübermittlung dienten. Durch die Entwicklung der Instrumente gab es bald in allen Armeen so genannte Hof-, Feld- und Lagermusiken.

Einen gewaltigen Impuls bekam die Entwicklung der Blasmusik aus dem Osten durch die Janitscharenmusiken in den Türkenkriegen. Vor allem durch die übernommenen Instrumente, wie die große Trommel, Becken, kleine Trommel und Triangel bekam in Österreich die Blasmusik eine neue Verwendung. Diese Feldmusik oder so genannte Harmonie, welche man auch Bande nannte, hatte die Besetzung von zwei Waldhörnern, zwei Fagotten, zwei Klarinetten, einer Trompete, einem Triangel, einer Oktavflöte, einer sehr großen Trommel und einem Paar Becken (Cinellen).

Einen wesentlichen Umschwung in der Entwicklung der Blasmusik bedeutete die Erfindung der Ventile (1813) an den Blechblasinstrumenten. Dazu kam auch die Erfindung der Basstuba. Die Holzblasinstrumente wurden durch den Aufbau von Klappen verbessert.

In diesen Jahren um und nach 1800 wurden auch unsere Musikkapellen im Bezirk Reutte erstmals ausdrücklich erwähnt.

Vorläufer der Blaskapellen in unserem Bezirk waren die Pfarrmusikanten und die Schützenmusik. Die führende Rolle bei der Neueinrichtung der Musikkapellen übernahmen die Lehrer, die auch für die Kirchenmusik die Bläser ausbildeten. Die Zeiten des reinen Volksgesanges war vorbei, die Geistlichkeit war an der Mitwirkung der Musik bei den feierlichen Gottesdiensten interessiert und häufig entstanden so unsere Musikkapellen.

Die im Jahre 1929 ins Leben gerufene Vereinigung „Außerferner Musikbund", ein Hauptverdienst des damaligen Kapellmeisters der Bürgermusik Reutte Philipp Singer, sollte dem Zweck dienen, alte Tradition zu pflegen. In dieser Vereinigung wurde das erste Bundesmusikfest 1930 in Reutte gefeiert.

Das Jahr 1938 brachte mit dem Anschluss Österreichs an das Deutsche Reich die Auflösung etlicher Mitgliedskapellen. Der Wiederaufbau unserer Musikkapellen nach dem Krieg war infolge großer Ausfälle schwierig, doch der Wille zur Tradition war stärker. So wurde 1949 durch eine neugewählte Bundesleitung des Außerferner Musikbundes wiederum ein Musikfest in Lähn abgehalten.

Der Aufbau des Musikschulwesens seit 1964 dient zwar als allgemeine Musikausbildung, fördert aber auch die Blasmusik, weil diese der Jugend die Tätigkeit in den überall bestehenden Kapellen ermöglicht. Durch die Einrichtung der Landesmusikschule Reutte-Außerfern werden neben der Instrumentalausbildung (ca. 500 Schüler) auch Kapellmeisterkurse und Gruppenschulungen angeboten, die wesentlich zum Aufschwung der Kapellen im Bezirk beitragen.

Mit 36 Blaskapellen ist unser Musikbezirk der größte in Tirol und zählt etwa 1400 Musikanten. Unsere Musikkapellen sind ein wesentlicher kultureller Bestandteil der Gemeinden. Sie musizieren bei traditionellen, kirchlichen und weltlichen Festen unter dem Motto „Aktives Musizieren ist Ausdruck echter Lebensfreude, fördert den Kameradschaftssinn und füllt die Freizeit sinnvoll zwischen Jung und Alt aus."

Das Chorwesen

Alfons Kleiner

„Alemannia non cantat", diese verallgemeinernde Feststellung mag in früheren Jahrhunderten für das Außerfern, das nicht ganz zu Unrecht als „Notstandsbezirk" oder gar als „Hungerleiderbezirk" bezeichnet wurde, gegolten haben. Die oft genug von Hungersnöten heimgesuchte Bevölkerung, die einen harten Lebenskampf zu bestehen hatte, zeigte wenig Neigung zu Musik und Gesang. So fehlt das bodenständige Volkslied im Bezirk Reutte zur Gänze. Was an Volksliedern gesungen wird, ist ausnahmslos fremden Ursprungs. Ganz anders stellt sich die Situation heute dar. Große Verdienste um die Pflege des Gesanges haben sich zweifellos die in den Pfarren wirkenden Kirchenchöre erworben. Gesungen wurde allerdings vornehmlich in lateinischer Sprache, und gerade in den Lateinschulen wurde der Kirchengesang eifrig gepflegt. Als durch das Zweite Vatikanische Konzil (1962 – 1965) die lateinische Sprache der deutschen weichen musste, begann das große Sterben der Kirchenchöre. Gottlob hat sich das Bild in den letzten Jahren wieder geändert, sodass man von einer neuen Blüte der Kirchenchöre sprechen kann.

Die Volksschulkinder aus Häselgehr beim Bezirksjugendsingen 2010

Neben dem geistlichen Liedgut wurde allmählich auch das weltliche Lied gepflegt. Vereinzelt wurden bereits „Musikbanden" und „Gesangsgesellschaften", vor allem aber Männergesangsvereine wie der „Liederkranz Reutte", heute „Männergesangsverein Reutte", der „Liederkranz Vils" und der „MGV Alpenklang Nesselwängle" gegründet. Große Verdienste um die Gründung solcher Chorvereinigungen haben sich die Lehrerbildungsanstalten und die durch sie vermittelte musikalische Ausbildung der Lehrer zu Chorleitern und Organisten erworben. Einen wesentlichen Anteil an der Aufwärtsentwicklung des Chorwesens im Bezirk Reutte hat die Musikschule Reutte-Außerfern, die die musikalischen Begabungen der jungen Menschen in besonderer Weise zu wecken und zu entfalten versteht. Selbstverständlich stehen auch die Eltern voll hinter diesen Bemühungen und sind bereit, große persönliche Opfer auf sich zu nehmen. Dasselbe gilt für die Gemeinden und das Land Tirol, die die Bemühungen nach besten Kräften unterstützen.

So haben sich nun in allen Talschaften des Bezirkes zahlreiche Chöre und Singgemeinschaften gebildet, von denen sich 21 dem Tiroler Sängerbund angeschlossen haben. Dieser bemüht sich in besonderer Weise um die Qualitätssteigerung durch Chorleiterkurse, Wochenendkurse, Singwochen und Stimmbildungsangebote. Auch in den Schulen besteht ein verstärktes Bemühen um Lied und Gesang. Besonders erfreulich ist die wachsende Zahl an Jugend- und Schulchören, die in gewissen Abständen die Möglichkeit haben, bei den so genannten „Jugendsingen" ihr Können unter Beweis zu stellen. Gerade im Hinblick auf die Jugend ist es natürlich von besonderer Wichtigkeit, bei der Auswahl des Liedgutes darauf zu achten, dass neben dem traditionellen Volks- und Kunstlied auch die zeitgenössischen Strömungen der Musik berücksichtigt werden. Denn wichtig ist vor allem die Freude am Singen, dann braucht man sich um die Zukunft des Chorgesanges keine Sorgen zu machen.

Die Schützen

Wolfram Vindl

Die Tiroler Schützen haben ihren Ursprung im Landlibell Kaiser Maximilians und gehen zurück auf das Jahr 1511. Diese neue Wehrverfassung entband die männlichen Tiroler vom Kriegsdienst außerhalb ihrer Heimat, die sie allerdings auch nunmehr selbst verteidigen mussten. Jeder kennt den Tiroler Freiheitshelden Andreas Hofer und viele andere Kämpfer für die Freiheit des Landes. Unter dem Einsatz ihres Lebens verteidigten sie gegen eine große Übermacht die Heimat in den Jahren von 1796 bis 1809.

1950, nach dem Zweiten Weltkrieg, haben sich die Schützen zum „Bund der Tiroler Schützenkompanien" zusammengeschlossen, dem 235 Kompanien angehören. An der Spitze steht der Landeskommandant mit der Bundesleitung.

Im Land Tirol bestehen vier größere Organisationsformen der Schützen, die „Viertel": Tiroler Oberland, Tirol Mitte, Tiroler Unterland und Osttirol. Jedes Viertel besteht aus Bataillonen, diese wiederum aus Kompanien. Im Tiroler Oberland gibt es zusätzlich noch das Oberinntaler Schützenregiment, dem die drei Bezirke Imst, Landeck und Reutte angehören. Lediglich das Bataillon Ötztal ist nicht Mitglied des Regimentes.

Im Außerfern gibt es die Bataillone Ehrenberg mit neun Kompanien und Lechtal mit sechs Kompanien.

Folgende Kompanien arbeiten aktiv am Außerferner Schützenwesen mit:
Bataillon Ehrenberg : Berwang, Biberwier, Ehrwald, Lechaschau, Lermoos, Reutte, Tannheimer Tal, Vils und Weißenbach.
Bataillon Lechtal: Bach, Elbigenalp. Elmen, Häselgehr, Holzgau, Steeg und der Fahnentrupp Forchach.

Die Schützen umrahmen kirchliche Feiern wie den Herz–Jesu–Sonntag, Fronleichnam, Erntedank, Selensonntag und örtliche Kirchenfeiertage.
Die Schützen nehmen aber auch an weltlichen Festen teil und veranstalten selbst Feste wie das Bezirksschützenfest und das Regimentsfest für das gesamte Oberland. Wenn Tiroler Schützen bei feierlichen Anlässen Salven schießen, so ist das Ausdruck höchster Wertschätzung und Ehrerbietung. In den Statuten sind auch die Werte, zu denen sich die Schützen bekennen, angeführt.

Diese sind: Treue zu Gott und dem Erbe der Väter; der Schutz von Heimat und Vaterland; die geistige und kulturelle Einheit des ganzen Landes; die Freiheit und Würde des Menschen; die Pflege des Tiroler Schützenbrauches.

Diese Grundsätze zu wahren und sein Leben und Wirken als Schütze und Mensch danach auszurichten, ist demnach oberste Verpflichtung.
Die Schützen sehen sich heute vor allem

Schützen aus Bach, Herbst 2010

als Bewahrer von Grundwerten. Sie tragen aber auch viel zur Erhaltung von Wegkreuzen, Gipfelkreuzen, Kapellen, Bildstöcken usw. bei.

Tracht - Volkstanz

Klaus Tschurtschenthaler (†)

Tracht kommt von „*Tragen*" und bezeichnete ursprünglich einfach die Kleidung, die man gewöhnlich trug. Sie zeigte den Stand, dem man angehörte, und auch den Wohlstand an, wobei modische Strömungen gerne aufgenommen wurden, jedoch Kleidervorschriften in Material und Ausführung den Spielraum oft einengten. Was wir heute unter Tracht verstehen, bezeichnet die Bekleidung der bäuerlichen Bevölkerung aus einer ganz bestimmten Zeit, die eine Art Momentaufnahme in der Entwicklung der Kleidergeschichte darstellt. Sie zeigt nicht mehr einen bestimmten Stand an, schafft aber häufig ein besonderes Bewusstsein der Zugehörigkeit zu einer bestimmten Gruppe und/oder der Verbundenheit mit der Region, in der man sich wohlfühlt (Heimat).

Gertrud Pesendorfer hat nicht nur für Tirol, sondern für ganz Österreich und den süddeutschen Raum eine Trachtenerneuerung eingeleitet, die dieses Kleidungsstück dem Zeitgeschmack entsprechend einfacher gestaltete und damit auch für den modernen Menschen tragbar macht. Nach alten Vorbildern und Sammelstücken hat sie für die verschiedenen Gebiete bzw. Täler Tirols „Prototypen" mit individuellen Variationsmöglichkeiten geschaffen.

Im Außerfern eröffnet sich uns eine besonders vielfältige Trachtenlandschaft, wobei die Beziehungen zum obersten Oberinntal und zum Allgäuer Raum unverkennbar sind. Bei den Frauen finden wir die farbigen Sommermiedertrachten, meist aus sattrotem oder stahlblauem Wollbrokat, der in Anlehnung an die alten mehrfarbigen Seidenbrokate mit Sternchen oder Blümchen ausgestickt wird. In der Reuttener Umgebung unterstreicht man die Linienführung des Mieders mit gleichfarbigen Bändchen, im Tannheimer Tal fasst man es nur mit einem saftgrünen Seidenband ein, während man im Lechtal wiederum kostba-

ren Samt als Vorstoß bei den Ausschnitten und als Band am Brustlatz verwendet. Überhaupt verwendet man im Lechtal Samt sehr häufig für das gesamte Mieder und stickt es im Rücken wie vorn an der Borte entweder mit buntem Garn und Glasperlen oder mit Gold- und Silberfäden aus. Die Tannheimerin putzt ihre Tracht noch mit einem Goller, einem weißen Kragen mit Klöppelspitze und Kreuzstichverzierung und einer kleinen Radhaube, goldbestickt mit steifer Tüll- oder Chenillespitze, besonders festlich auf.

Sehr kleidsam wirken auch die verschiedenen Formen der Wintertrachten der Frauen in vornehmem Dunkelblau oder Weinrot mit den farblich abgestimmten Seidenschürzen. Dazu kann der gleiche schwarze Biedermeierzylinder aus Hasenhaarfilz mit dem charakteristisch geschwungenen Gupf und der aufgewölbten Krempe wie bei den Männern getragen werden.

Die Männertracht des Außerferns ist einheitlicher im Erscheinungsbild als die Vielfalt der Frauentrachten und geht auf Vorbilder der Wende vom 18. zum 19. Jh. zurück. Die blaugraue bis satt mittelblaue Farbe der Joppe aus feinerem Loden oder Tuch bleibt Merkmal, ebenso wie die schwarzen Samtbesätze am Kragen und an den Ärmeln, im Lechtal auch an den Taschen und sogar an den Knopflöchern. Kleine Unterschiede bestehen in der Ausführung: Stehkragen oder Umlegekragen (*Lechtal*), geknöpft oder offen (*Tannheim*).

Anders als bei den meisten übrigen Tiroler Trachten tritt hier der Hosenträger nicht in Erscheinung. Dadurch kommt die Weste stärker zur Geltung, die in Reutte und Umgebung aus schwarzem Samt mit kleinem Muster, im Lechtal aus dunkelrotem, im Tannheimer Tal aus blauem Wollbrokat gefertigt ist. Es setzt sich aber ganz allgemein immer mehr der rote

Loden durch. Eine oder zwei Reihen schöner handgearbeiteter Silberknöpfe bilden den Verschluss.

Vieles gäbe es noch über die Tracht im Außerfern zu berichten, über Besonderheiten wie die schönen Wintertrachten, vornehmen Mäntel und eindrucksvollen Pelzkappen für Frauen. Als logische Folge zu dieser knappen Abhandlung ergibt sich ohnehin der Besuch im Grünen Haus, dem Reuttener Heimatmuseum. Eine besonders reichhaltige und sehenswerte Sammlung der Lechtaler Trachten hat Herr Guido Degasperi in Elbigenalp angelegt.

Lechtaler Tracht

Volkstanz

Die Überlieferungen sind, was den Tanz im Außerfern betrifft, sehr spärlich. Es muss aber doch recht lustig hergegangen sein, denn die wenigen bekannten Tanzformen zeichnen sich durch Einfallsreichtum und Schwung im Vergleich mit den verwandten Formen im übrigen Tirol aus.

Hermann Jülg berichtet von einer markanten Persönlichkeit aus Häselgehr, dem Farbers Eugen (*Eugen Seep*), der Bauer und Dorfgeiger zugleich war. Er spielte bei Bauernhochzeiten und Dorffesten auf, und zwar fast immer allein mit seiner Geige, nur hin und wieder von einer Gitarre begleitet. Dieser hat ihm aus seinem Notenbüchl der Dreißigerjahre einige Lechtaler Walzer und

Boarische und andere Stücke vorgegeigt und – wie zum Beispiel *„Scheans Dirndl, drah di um"*, *„Wo is denn heut der Musimann / Masgeraball"* – vorgetanzt. Vom einst weitverbreiteten *„Hiatamadl"* sind Formen aus Grän (Siegfried Müller), aus der Umgebung von Reutte (Heinrich Barbist) und aus Häselgehr (Eugen Seep) bekannt. Karl Horak hat diese Sammlung noch durch eine Melodie zum *„Offenen Walzer"* (Eugen Seep) und durch den *„Neubayrischen"* von Eduard Leuprecht aus Weißenbach ergänzt. Die Melodie zu letzterem Tanz stammt übrigens aus der Zeit um 1850 aus den handschriftlichen Notenblättern von Johann Martin Kerle aus Weißenbach. Die Überlieferung dieser traditionellen Tänze ist durch die zwei Weltkriege und durch verschiedene moderne Strömungen unterbrochen. Die Tanzformen werden aber heute in der Volkstanzpflege zum Teil wieder weitergegeben.

Inzwischen haben sich sehr zahlreiche Trachtenvereinsgruppen gebildet, die in erster Linie Vorführungen für Tiroler Heimatabende bieten, aus denen aber immer wieder auch sehr verdiente Funktionäre hervorgehen, die sich um den Tiroler Trachtenverband Oberland mit Außerfern sehr verdient gemacht haben. Auch der Volkstanz zur Unterhaltung wird fleißig gepflegt. Manches Tanzfest wurde schon an verschiedenen Orten des Außerferns abgehalten. Von Zeit zu Zeit findet auf der Ruine Ehrenberg bei Reutte eine friedliche tirolisch-bayerische Begegnung im Tanz über die Grenzen hinweg statt.

Literatur

Prof. Dr. Hermann Jülg: Tiroler Volksmusik, 1. Folge, Aus alten Tanzbücheln, herausgegeben im Auftrag der Tiroler Landeslandwirtschaftskammer, Druck: Madreß-Gesellschaft, Wien 1 – Innsbruck, 1954
Prof. Karl Horak: Tiroler Volkstanzbuch Musikverlag Helbling, Innsbruck, 1974.

Heimatbühnen einst und jetzt

Werner Ginther

Den Tirolern wird nachgesagt, dass ihnen das Theaterspielen im Blut liegt. Jedoch ist im süddeutschen Sprachraum die Volksschauspielkultur ein Merkmal, das Schwaben, Bayern und Tiroler seit jeher verbindet.

Im Außerfern, inmitten der *„süddeutschen Volksschauspiellandschaft"*, spiegelt sich im Spiel nicht nur das Wesen der Menschen und der Natur, die sie prägt, sondern es hinterlässt auch jede Zeit mehr oder minder ausgeprägt ihre Spur im Spiel.

Und darin hat die Volkstheatergeschichte einer Region Anteil an überregionaler Kulturgeschichte von Bedeutung.

Warum wurde ausgerechnet in Zeiten fleißig Theater gespielt, in denen es den Leuten nicht besonders gut ging? Warum hat die Spielkultur zwischen und kurz nach den beiden Weltkriegen über Jahrzehnte hinaus das Theaterleben bestimmt? Die Zeit der großen Arbeitslosigkeit vor 1938 war die produktivste Zeit jener Schwankkultur, die bis heute als Volksbühnenklassiker die Spielpläne in den Dörfern bestimmen.

Vieles, was vor dieser Zeit Mode war, hat kaum Spuren hinterlassen. Spärliche Zeugnisse weisen auf Ritter- und Legendenspiele hin, die landauf und landab noch um die Jahrhundertwende zu sehen waren, um dann vom damals neuen Volkstheater der Autorengeneration Schönherrs und Kranewitters abgelöst zu werden.

Aus der *„Lechleitner Chronik"* erfahren wir, dass in Elmen 1874 das Stück „Kuno von Kyburg" von Christoph Schmid zweimal aufgeführt wurde. Von der Lust an heroischen und historischen Stoffen zeugen weiter Hinweise aus den Jahren 1888, 1897, 1898 und 1899. In dieses Bild passt auch die Tragödie *„Der Usurpator"*, die 1903 in Martinau gegeben wurde. Wie uns durch den *„Bauern-*

shakespeare" Josef Schmalz überliefert ist, muss man sich vorstellen, dass im Volkstheater damals keineswegs die Pflege des Dialektes hoch im Kurs war, sondern am Dorf versucht worden war, die hohe Kunst des Bildungsbürgertheaters zu imitieren. Dazu gehörte natürlich auch eine prächtige Ausstattung. Als die neuen Kulissen in Martinau 1903 einem Brand zum Opfer fielen, war das also besonders schmerzlich.

Mit der Gründung eines katholischen Gesellenvereins im Jahre 1886 begann in Reutte der regelmäßige Spielbetrieb, *„so oft sich hiezu Anlass und Gelegenheit bot"*, wie in der Chronik zu lesen ist. Die Leitung hatte der Volksdichter Josef Kuppa alias Josef Willhart. Durch den Ausbruch des Ersten Weltkrieges wurde aber die Tätigkeit des Vereins jäh unterbrochen. Aber gleich nach dem Ende des Krieges wurde wiederum unter der Leitung des Malermeisters Schletterer bis zum neuerlichen Kriegsausbruch im Jahre 1938 gespielt. Zehn Jahre später wurde der katholische Gesellenverein nach den Kriegswirren wieder aktiv. Als Nachkriegspremiere stand *„Der Heimkehrer"* von Josef Schletterer auf dem Theaterzettel.

Bis in die Zeit vor dem Ersten Weltkrieg reicht auch, wie Johann Knittel aus mündlicher Überlieferung weiß, das Theaterleben in Bach, wo auf der Lend hinter dem Gasthaus Post in der Fastenzeit gespielt wurde. Berichtet wird vom Legendenspiel *„Die Hexen vom Karnberg"* und vom *„Der Wirt von der Mahr"*. Im Andreas–Hofer–Jahr 1959 ist es wieder *„ausgegraben"* worden und zählt zum erhaltenen Altbestand des im Landesverband Tiroler Volksbühnen gesammelten Archivs.

Die Frauenrollen übernahmen Männer, und die Zuschauer saßen auf Schneebänken, die man mit Brettern belegte. Das eingenommene Geld wurde für den damaligen Neubau der Nazareneraltäre benötigt, die heute in der Kirche von Roppen sind. In der Zwischenkriegszeit konnte der damalige Pfarrer von Bach, Vinzenz Zegg, Laienspieler aus der Dorfmusikkapelle für die Stücke „Trauringerl", „'s Nullerl" und „Maria Schnee" gewinnen, die auf der Veranda des Gasthofes Post gespielt wurden.

Die große Theatergeschichte überliefert gewöhnlich nur das theatralische Wirken der Jesuiten. Die Geschichte von Dorfpfarrern mit ihren oft aufklärerischen und sozialkritischen Absichten im Dorfspiel ist dagegen kaum bekannt, ausgenommen die Kolpingbewegung, die ja seit hundert Jahren mit „katholischen Junggesellenvereinigungen" ihre Theaterspuren zieht.

Zur Zeit der großen Arbeitslosigkeit entstand aus dem Geist der Kolpingbewegung nicht nur in Weißenbach ein Kolping–Theaterverein, sondern es kam auch in Heiterwang und Schattwald zu Volkstheatergründungen. Als Spielorte dienten Gasthäuser, der „Hirschen" in Heiterwang und die „Post" in Schattwald. Der Stil dieses Theaters, das wenig Möglichkeiten für großen technischen Aufwand bot, dürfte ein wenig dem entsprechen, was heute gerade im „Stubenspiel" wieder entdeckt wird.

Was Aufführungsorte betrifft, gehört es zum Kennzeichen des Volkstheaters seit dem Marktplatzspiel in der frühen Neuzeit, dass es mit den widrigsten Umständen zurechtkommt. Als in Schattwald der Theatersaal abgerissen wurde, wich die Theatergruppe in ein Klassenzimmer der Volksschule aus und zog dann später in einen Kellerraum dieser Schule. Wie aus der Chronik hervorgeht, spielten in der Zeit von 1920 bis 1970 nicht weniger als 36 Gemeindebürger von Schattwald aktiv im Theater mit. 1976 nahm die dortige Theatergruppe wieder ihren geregelten Spielbetrieb auf. Von 1976 bis 1988 fungierte der dortige Pfarrer Otto Berktold als Spielleiter. Wie gemunkelt wird, soll dieser bei Kussszenen jeweils den Saal verlassen haben. Es soll auch öfters vorgekommen

sein, dass er während der Proben manchmal eingeschlafen sei. (Vermutlich wurde diese Zeit dazu benützt, die Kussszenen zu probieren. Oder war es umgekehrt so, dass er für das Proben dieser Szenen beide Augen zudrückte und es nur so aussah, als ob er schliefe?)

Das Theaterleben in Bichlbach, Lermoos und Biberwier ergänzt das Bild vom Volkstheater der Region, das in der Zwischenkriegszeit aufblühte und nach dem Zweiten Weltkrieg vor allem mit Schwänken Gasthäuser, Vereinsheime und Bühnen unterschiedlichster Art füllte, auch wenn der Siegeszug des Kinos dem Theaterleben Grenzen setzte.

Das geflügelte Wort: „Die ganze Welt ist ein Theater" stimmte nicht mehr. Die Kulturwelt spaltete sich. Aus Theatersälen wurden Kinos, und das Theater kam in Mehrzwecksäle. Aber dieser Prozess dauerte, und es bedurfte des Eingreifens der Kulturpolitik, um beim absehbaren Ansturm des Massentourismus das Volkstheater zu schützen und zu pflegen.

Unterstützt vom damaligen Leiter der Kulturabteilung Min.-Rat Dr. Gottfried Hohenauer griff LR Prof. Dr. Hans Gamper im Mai 1958 die Idee auf, die Tiroler Laienspieler sowie die Gruppen der Musikkapellen und Schützen zu einem volkskulturellen Landesverband zusammenzuschließen.

Peter Thaler, ein theaterbegeisterter Unterinntaler, hat die Aufbruchsstimmung jener Tage poetisch als das Sammeln einer Herde von versprengten Tiroler Spielgruppen bezeichnet. Der Gründung eines Unterinntaler Verbandes in Wörgl folgte die Gründung eines Oberländer und Außerferner Theaterverbandes 1958 in Telfs, die Dr. Hermann Kuprian und Hans Innerhofer, der Pfarrer von Elbigenalp, vorbereitet hatten. Der „Landesverband Tiroler Volksbühnen" entstand 1959 als logischer weiterer Schritt zur Vereinigung aller Bühnen im Land.

Zu dieser Zeit hatte Hans Innerhofer die Landjugend zur Bespielung des neugebauten Pfarrheimes in Elbigenalp längst begeistert. Die Theatergruppe Bach wurde am 18. Dezember 1964 gegründet, trat gleichzeitig dem Verband bei und ist somit die älteste Theatergruppe im Bezirk. Am 26. Oktober 1973 wurde unter Federführung des damaligen Fremdenverkehrsobmanns Volker Bensel die Bauernbühne Berwang ins Leben gerufen. Auch in Reutte wurde unter Mitwirken des ehemaligen Bezirksobmannes Werner Ginther die Heimatbühne gegründet. Und so kamen im Bezirk immer wieder neue Spielgruppen dazu bzw. nahmen bereits bestehende Vereine ihren Spielbetrieb wieder auf.

Josef Schweißgut aus Weißenbach folgte Hans Innerhofer als Bezirksobmann des Verbandes. Dieser übergab im Jahre 1977 an den damaligen Spielleiter der Bauernbühne Berwang und der Heimatbühne Reutte, Wolfgang Krebs, dieses Amt, das er bis 1983 ausübte. Ab diesem Zeitpunkt übernahm Werner Ginther die Bezirksvertretung und kam gleichzeitig als Vorstandsmitglied in den Landesverband. Diese Funktionen führt er über 30 Jahre aus und übergab sie an die Hauptschullehrerin Annemarie Parth aus Lähn. Für seine langjährige und erfolgreiche Tätigkeit wurde ihm vom Landesverband die Ehrenmitgliedschaft verliehen.

Im Bezirk Reutte gibt es heute folgende Bühnen:
Theatergruppe Steeg, Theatergruppe Bach, Holzgauer Theatergruppe, Geierwally Freilichtbühne, Heimatbühne Elmen, Kolping-Volksbühne Weißenbach, Höfener Dorfbühne, Reuttener Heimatbühne, Heiterwanger Theatergruppe, Bauernbühne Berwang, Ehrwalder Theatergruppen „Die Zugspitzler" und „Kulissenschieber", Theatergruppe Tannheim und die Heimatbühne Schattwald.

Seit dem Jahre 2002 stellt die Gemeinde Breitenwang Räumlichkeiten im Veranstaltungszentrum kostenlos für Theaterweiterbildung zur Verfügung, sodass Schulungen nicht nur zentral im „Grillhof", sondern auch im Bezirk stattfinden können. An diesen Schulungen nehmen auch Laienspieler aus dem benachbar-

ten Allgäu teil, die das Angebot zum Gedankenaustausch über die kulturellen Grenzen hinweg gerne annehmen.

In bislang vier Theaterwerkstätten arbeiteten in den letzten Jahren Spieler verschiedener Bühnen zusammen. So entstanden „Der B'suff" von Hans Gnant, „Die sieben Todsünden" aus dem Zyklus von Franz Kranewitter, „Die hölzerne Schüssel" von Edmund Morris und „Nur Gott allein war Zeuge" von Evelyn Schatz als Bezirks-Gemeinschaftsaufführungen.

„Der Joch" aus dem Zyklus „Die sieben Todsünden", Theatergruppe Bach, 2000

Auch hinsichtlich der Aufführungszahlen hat sich im Laufe der Zeit sehr viel getan. Wurden früher die eingelernten Stücke nur zwei bis drei Mal für die örtliche Bevölkerung aufgeführt, sind inzwischen zehn bis fünfzehn Aufführungen die Regel. Als Besucher kommen Einheimische und Gäste zu etwa gleichen Teilen. Eine Ausnahme bilden freilich die „Geierwally-Freilichtspiele", die jährlich tausende Zuschauer aus dem Schwäbischen anlocken.

Der Dialektpflege mag im Außerfern eine besondere Bedeutung zukommen. So jedenfalls stellt der gegenwärtige Obmann der Tiroler Volksbühnen, Werner Kugler, fest: „Die Dialektpflege kommt im ganzen Außerfern ganz besonders deutlich zum Ausdruck. Die Theatergruppen sind sowohl um die Pflege der Tiroler Volkstheaterkultur im weiteren Sinne, als auch um die Pflege der urtümlichen Sprachkultur und Ausdrucksweise in ihrer Region besonders bemüht ".

Geierwally Freilichtbühne

Friedel Berger

„Es hat sich so entwickelt, dass unser Publikums-Einzugsbereich zur Hälfte aus dem Allgäu stammt", erläutert Claudia Lang, künstlerischer Motor der Geierwally-Freilichtspiele seit der Gründung. Zudem stellen die Aufführungs-Wochenenden einen nicht zu unterschätzenden Auftrieb für den Lechtaler Tourismus dar.

Doch gehen wir zurück zur Geburtsstunde des Vereins Geierwally-Freilichtspiele anno 1992. Wegen der Bedeutung für die Fremdenverkehrsbetriebe fungierte von Anfang an der Hotelier und Obmann des Elbigenalper Tourismusverbandes Herbert Baldauf als Obmann.

Gekeimt ist die Idee 1990 bei einem Bezirks-Theaterseminar, das unter dem Motto Geierwally stand. Dann ging man als erstes im Lechtal auf Schauplatzsuche, bei der sich der Eingang zur romantischen Elbigenalper Bernhardstalschlucht – auch für den mit der Uraufführung beauftragten Felix Mitterer – als ideal herauskristallisierte. Ekkehard Schönwiese inszenierte das Volksstück um die bemerkenswerte Frauenfigur und Malerin Anna Stainer-Knittel aus Untergiblen bei Elbigenalp (1841 – 1915). Die Bezeichnung „Geierwally" verdankte sie ihrem Kletter-Abenteuer bei einem Adlerhorst im Alter von 17, das sie fünf Jahre später wiederholte.

1993 begann man mit 400 Plätzen, die dann auf 600 ausgebaut wurden. Das erste Jahr der Geierwally-Freilichtspiele wurde zu einem Riesenerfolg – statt der geplanten zwölf gab es 19 ausverkaufte Vorstellungen. 1994 blieb aus organisatorischen Schwierigkeiten zu wenig Zeit für die „Geierwally"-Bewerbung, die Premiere musste sogar wegen zu wenig Zuschauern abgesagt werden. Daraufhin bewarben die Spieler selbst – worauf auch diese Saison sich zum großen Erfolg entwickelte. Effekt: Nach dem Ende des verflixten zweiten Jahres zogen dann wieder alle an einem Strang.

Für 1995 schlug Felix Mitterer sein Drama „Stigma" vor. Im Außerfern wie auch in Telfs schlug dieses Stück wegen dessen angeblich blasphemischen Inhalts hohe Wellen und löste Diskussionen mit Kirche und Gemeindevertretern aus. Letzten Endes entschied man sich doch für „Stigma", leider war es ein total verregneter Sommer mit 13 durchnässten Vorstellungen.

1996 „Lechtaler Schwabenkinder". „Dieses zum Teil verdrängte Thema war reine Lustarbeit für mich. Meine Mutter war ein Schwabenkind, in unserer Familie wurde oft von dieser harten Zeit erzählt; außerdem habe ich viele Interviews im Lechtal geführt, knapp bevor die letzten noch lebenden Schwabenkinder ‚wegstarben'", meint sie über ihren ersten Versuch als dramatische Autorin. Nach dem Wetterpech des Vorsommers erarbeiteten die Lechtaler unter der Regie von Fabian Kametz eine Schön- und eine Schlechtwetter-Version (im Gemeindesaal), was letzten Endes trotz großen Publikumszuspruches unbefriedigend war.

Daher baute Darsteller Harald Prechtl 1997 eine riesige Überdachung der 600 Plätze, welche die Freilichtspiele wetterunabhängig – und damit erst interessant für organisierte Busreisen – machte und im zweiten Erfolgsjahr der „Schwabenkinder" ihre Bewährungsprobe ablegte.

Claudia Lang, künstlerische Galionsfigur der Freilichtspiele als Darstellerin und Autorin (1998 „Schattenweiber", nach einer Lechtaler Sage aus dem Dreißigjährigen Krieg, Regie: Schönwiese, 2000 und 2001 „Marie, die Alpenrosenkönigin" über die Mutter des Königs Ludwig II., inszeniert von Hubert Spieß) wagte sich 1999 außerdem an ihre erste Regiearbeit mit Felix Mitterers bei den Volksschauspielen Telfs uraufgeführtem Märchen „Drachendurst".

2002, nach neun Jahren, war die „Geierwally" wieder fällig, mit Pepi Pittl als Regisseur. 2003 „Geierwally" Wiederaufnahme und zum zehnjährigen Jubiläum „Schwabenkinder", in einer Neufassung, Buch und Regie Claudia Lang.

Interview mit Claudia Lang in der Analyse "Theaterland Tirol", Kulturberichte aus Tirol, 2003.

Und so ging's weiter:

2004 Schwabenkinder + Frau Suitner
2005 Kaspar und die Wilderer + Kindertragödie + Mein Ungeheuer
2006 Turmwächterinnen (C. Lang)
2007 Die wahre Geierwally (C. Lang)
2008 Die Frau im Morgengrauen
2009 Die Lawine (C. Lang)
2010 Eine Handvoll Heimat (C. Lang)

Schule und Bildung

Peter Friedle

Kindergarten

Nach Jahren starker Zuwächse sowohl bei den Kinderzahlen wie auch bei der Anzahl der Kindergärten ist seit 2001/02 ein starker Rückgang spürbar. Im Außerfern wurden 2009/10 in 56 Einrichtungen (33 Kindergärten, sieben Krippen, zwei Horte, eine Pflichtschule mit Nachmittagsbetreuung und 13 Tageseltern) insgesamt 973 Kinder von 110 Personen betreut. In 85,7% der Kindergärten erfolgte die Betreuung ganztägig, in den restlichen nur am Vormittag. In 21 Kindergärten wurde eine Gruppe, in neun zwei Gruppen, in zwei drei Gruppen und einem Kindergarten vier Gruppen geführt. Ab September 2010 beginnt das verpflichtende Kindergartenjahr für Fünfjährige. Im Lechtal wurden in zwei Standorten (Elbigenalp und Vorderhornbach) eine alters- und gemeindeübergreifende Kinderbetreu-ung mit Mittagstisch eingerichtet.

Volksschule – Primarstufe

Im Schuljahr 2010/11 verteilen sich die Volksschüler des Bezirks auf 38 Grundschulen in 34 der 37 Gemeinden. Noch in den Sechzigerjahren des 20. Jahrhunderts gab es über 50 Volksschulen, die auf Grund von Geburtenrückgängen in einigen Fraktionen stillgelegt wurden (Brand, Kleinstockach und Mitteregg, Gemeinde Berwang; Martinau, Gemeinde Elmen; Garten, Gemeinde Lermoos; Rauth, Gemeinde Nesselwängle). In den Achtzigerjahren konnten sogar stillgelegte Volksschulen wiedereröffnet werden (Kelmen, Lechleiten und Stockach). Bis zum Jahre 2002 hatten somit alle Gemeinden mindestens eine Volksschule mit einer Ausnahme: Schüler der Gemeinde Breitenwang besuchten immer schon die Volksschule in Reutte. Mit dem Schuljahr 2002/03 wurde die Volksschule Hinterhornbach stillgelegt, da kein schulpflichtiges Volksschulkind in der Gemeinde war. Mit Ende des Schuljahres 2003/04 folgte die Volksschule Kelmen, 2005/06 Rinnen, 2007/08 Gramais und Stockach.

Weitere Schließungen von Schulstandorten sind absehbar. Im Schuljahr 2010/11 werden 1.226 Volksschüler in 81 Klassen unterrichtet.

Das Außerfern hat österreichweit die meisten Kleinschulen, das sind Schulen, in denen Kinder mehrerer Jahrgänge gemeinsam unterrichtet werden. Im Schuljahr 2010/11 sind 20 Volksschulen einklassig, zehn zweiklassig und zwei dreiklassig. An sechs Schulstandorten werden Jahrgangsklassen geführt.

Die Volksschulen Lähn und Elbigenalp haben als Unterrichtsschwerpunkt Musik. Im Jahre 1997 wurde die Sonderschule in Reutte stillgelegt. Seit diesem Zeitpunkt werden alle Kinder mit sonderpädagogischem Förderbedarf gemeinsam mit den gleichaltrigen Schülern in der jeweiligen Gemeinde bzw. im Schulsprengel integrativ unterrichtet. Insgesamt hatten 2010/11 70 Kinder von der 1. bis zur 10. Schulstufe sonderpädagogischen Förderbedarf, das entspricht 2,5 % der Schülerpopulation.

Sekundarstufe: Hauptschule - AHS

Im Anschluss an die Volksschule besuchen die Schüler entweder eine der sechs Hauptschulen mit 60 Klassen oder das Gymnasium in Reutte. An den Volksschulen Lechleiten und Namlos wird noch eine Oberstufe geführt. In den Folgejahren wird auch der Schülerrückgang in der Sekundarstufe spürbar. Aus den vier Hauptschulsprengeln in der Peripherie besuchen kaum Schüler die Unterstufe der allgemeinbildenden höheren Schule. Der Zuzug zum Gymnasium erfolgt in erster Linie aus dem Großraum Reutte. Zwei Hauptschulen (die Hauptschule Untermarkt in Reutte und die Hauptschule Lechtal) bieten einen Informatik-Schwerpunkt. Die Hauptschule Reutte Am Königsweg führt pro Jahrgang auch eine Sportklasse, ab dem Schuljahr 2004/05 wurde das schulische Angebot durch eine Klasse mit dem Schwerpunkt Italienisch erweitert. Schulversuche zur gemeinsamen Schule der Zehn- bis Vierzehnjährigen gibt es an der Hauptschule Lechtal mit dem „Modell Tirol" und die Neue Mittelschule seit

2010/11 an den beiden Reuttener Sekundarschulen (aufsteigend).

Die Hauptschulen haben sich aus den ehemaligen Bürgerschulen entwickelt. So entstand aus der Bürgerschule Reutte 1928 die Knaben- und Mädchenhauptschule Reutte (heute Hauptschule Untermarkt). Im Jahre 1950 war die Geburtsstunde der Hauptschule Ehrwald, die 1954 bezogen wurde, 1958 folgte die Hauptschule Elbigenalp (im Jahre 2002 in Hauptschule Lechtal umbenannt). Die weiteren Gründungsjahre: Hauptschule Tannheim 1968, Hauptschule Vils 1971 und Hauptschule Reutte Am Königsweg 1973.

Polytechnische Schule (PTS)

Für das neunte Pflichtschuljahr ist seit 1966 eine selbstständige Polytechnische Schule (vormals Polytechnischer Lehrgang) in Reutte und eine angeschlossene polytechnische Klasse an der Hauptschule Lechtal vorhanden, in denen die Schüler intensiv auf das Berufsleben vorbereitet werden und eng mit heimischen Wirtschaftsbetrieben zusammenarbeiten.

Weiterführende Schulen

• Bundesgymnasium und Bundesrealgymnasium in Reutte

Das Gymnasium wurde 1952 als Privatgymnasium mit drei Klassen erstmals geführt, 1958 legten die ersten Schüler die Matura ab. 1960 wurde der Unterricht am Realschulzweig (metallurgischer Zweig) aufgenommen, in dem 1999 die letzte Reifeprüfung abgelegt wurde. Da Technik weiterhin wichtig für den Bezirk ist, folgte der technische Zweig nach, der mit dem Schuljahr 2002/03 eine neue Stundentafel erhielt.

Im Jahre 1967 konnte das jetzige Schulgebäude bezogen werden. 1955 erhielt die „Planseeschule" das Öffentlichkeitsrecht, 1968 übernahm der Bund die Schule als Bundesgymnasium in seine Verwaltung.

Viele Aktivitäten wie Neues Lernen, Schulversuch Ethik, Begabtenförderung, viele kreative und kulturelle Veranstaltungen, kurz gesagt ein überaus reichhaltiges Schulleben geben dieser Schule den entsprechenden Stellenwert im Bezirk.

• Handelsschule, Handelsakademie und Höhere Lehranstalt für wirtschaftliche Berufe in Reutte (alle unter einer Leitung)

1974 wurde die dreijährige Handelsschule erstmals vorerst als Expositur der Schule in Imst geführt, ab 1978 wurde die Schule selbstständig. Seit 1977 sind die Unterrichtsräume im Gebäude im Schulzentrum. 1988 wurde das Bildungsangebot mit einer fünfjährigen Handeslakademie erweitert.

Ab 1980 wurde die dreijährige Bundesfachschule für wirtschaftliche Berufe (früher für wirtschaftliche Frauenberufe) geführt, die mit dem Jahr 2005 auslief. An deren Stelle trat 2003 die fünfjährige Höhere Bundeslehranstalt für wirtschaftliche Berufe mit Maturaabschluss. Besonders hervorzuheben ist der enge Kontakt mit Wirtschaftsbetrieben, der eine praxisbezogene Ausbildung gewährleistet.

• Fachschule für Holzbildhauerei und graphische Gestaltung in Elbigenalp

Ab 1840 hat der Lechtaler Lithograph Anton Falger über 30 Jahre lang eine Zeichen-, Stuckateur- und Bildhauerschule geführt. Von 1926 bis 1938 wurden Schnitzkurse durch den Bildhauer Benno Bischof aus Elmen abgehalten.

Von 1951 bis 1983 wurden unter Leitung des Holzbildhauers Rudolf Geisler-Moroder in der „Schnitzschule" junge Leute als Holzschnitzer ausgebildet. Im Jahre 1977 fand die Eröffnung des derzeitigen Gebäudekomplexes mit Klassen, Werkstätten und Internat statt. 1986 erhielt die Schule das Öffentlichkeitsrecht. Derzeit werden unter Leitung von Robert Maldoner zwei Zweige geführt, in denen die vierjährige Ausbildung zum Bildhauer sowie zum Vergolder und Schilderhersteller abgeschlossen werden kann.

• Tiroler Fachberufsschule für Handel und Büro Reutte

Diese Schulform geht zurück auf das Jahr 1909, wurde als gewerbliche Fortbildungsschule gegründet und ging nahtlos 1921 in die Bürgerschule über. Erst 1924 durften auch Mädchen in diese Schule eintreten. Von 1939 bis 1947 übernahm die Gewerbeschule der Planseewerke die Ausbildung. Von 1956 bis 1998 wurde die Schule als kaufmännische Berufsschule geführt. Seit 1998 führt diese Schule den Titel „Tiroler Fachberufsschule für Handel und Büro Reutte". Einmal wöchentlich besuchen die Lehrlinge, die sich im Einzelhandel, im Großhandel, im Büro und in der Industrie in Ausbildung befinden, über drei Jahre die Fachberufsschule. Die duale Ausbildung sichert, dass in der Schule die im Betrieb erworbene Ausbildung durch fachliches Grundwissen und Allgemeinbildung ergänzt wird. Für viele interessierte Schüler ist diese Schule Ausgangsbasis für die weitere Karriere, wie z. B. Meisterprüfung, Werkmeisterschule, Studienberechtigungsprüfung usw.

• Fachberufsschule Plansee

Schon 1939 wurde die werkseigene Berufsschule ins Leben gerufen, die während des Krieges als gewerbliche Berufsschule für alle weiter bestand. Vorübergehend erhielt die Werksberufsschule 1940 das Öffentlichkeitsrecht. 1947 konnte der Unterricht wieder aufgenommen werden. Derzeit werden 140 Lehrlinge in den Berufen Betriebsschlosser, Maschinenschlosser, Maschinenbautechniker, Metalltechnik, Schlosser, Werkstoffprüfer, Werkzeugbautechniker, Werkzeugmacher, Werkzeugmaschineur und Zerspanungstechniker ausgebildet, wobei seit 1994 auch Lehrlinge anderer metallverarbeitender Betriebe des Bezirkes unterrichtet werden.

• Fachschule für ländliche Hauswirtschaft Breitenwang

1952 wurde die landwirtschaftliche Schule gegründet. Derzeit wird die Schule einjährig als 9. Pflichtschuljahr geführt, wobei neben der Allgemeinbildung vor allem umfassendes Wissen über gesunde Ernährung und umweltbewusste Haushaltsführung in Theorie und Praxis vermittelt werden. Seit 2001 werden auch Schülerinnen mit sonderpädagogischem Förderbedarf auf ihren nächsten Lebensabschnitt vorbereitet.

• Ingenieur-Kolleg Automatisierungstechnik (IKA)

Der Technikschwerpunkt - besonders im Hinblick auf die High-Tech-Betriebe in der Region – wird zum Teil in den Hauptschulen und im Gymnasium grundgelegt und sollte auch mit einem entsprechenden Abschluss technisch Begabte qualifizieren.

So wurde im Herbst 2003 im Innovationszentrum in Pflach mit der Ausbildung begonnen. Zielgruppen sind Fachschüler, Werkmeister, Maturanten, aber auch Facharbeiter, die einen Vorkurs absolvieren müssen.

• Gesundheits- und Krankenpflegeschule
(siehe Ehenbichl)

Wirtschaft und Schule

Ein wesentlicher Beitrag ist das Bemühen von Wirtschaft und Schule, für die Schulabgänger gemeinsame bildungspolitische Lösungen zu suchen, um die Schüler und Jugendlichen unseres Bezirkes behutsam in den Arbeits- und Wirtschaftsprozess einzugliedern. So wurde 2000 der Arbeitskreis Wirtschaft und Schule gegründet, dem maßgebliche Vertreter der Wirtschaftskammer, der Schulen und des Arbeitsmarktservices angehören.

Musikschule Reutte/Außerfern

1964 wurde mit der Ausbildung im Tauscherhaus mit Schülern aus Reutte begonnen. 1972/73 konnten die Schüler aus dem gesamten Bezirk aufgenommen werden. 1993 übernahm das Land Tirol die Schule als Landesmusikschule Reutte-Außerfern. Mittlerweile hat die Schule – von 1971 bis 2006 unter Leitung von Direktor Franz Walcher – jährlich fast 1.200 Schüler, die von etwa 40 Lehrern unterrichtet werden. 2004 zog die Schule im neuen Gebäude im Untermarkt ein. Nach wie vor findet der Unterricht auch in den Gemeinden statt.

Weiterbildungseinrichtungen

Im Sinne des lebensbegleitenden Lernens steigt der Stellenwert der Erwachsenenbildungseinrichtungen.

• Volkshochschule Reutte – Sie wurde 1954 gegründet, um der Bevölkerung Weiterbildung im Sinne des österreichischen Staatsgedankens zu bieten. Derzeit werden pro Jahr in rund 100 Kursen über 1.000 Teilnehmer von etwa 40 Kursleitern betreut.

- **Erwachsenenschulen** – Für den ländlichen Bereich wurde diese Institution 1973 ins Leben gerufen. Derzeit finden in Ehrwald, Elbigenalp, Höfen, Stanzach und Umgebung, Steeg, Tannheim, Vils und Weißenbach Kurse und Veranstaltungen statt.

- **Ländliches Fortbildungsinstitut in der Bezirkslandwirtschaftskammer** (LFI)

- **Berufsförderungsinstitut**

- **Katholisches Bildungswerk**

In den derzeit neun örtlichen Bildungsstellen waren in 185 Veranstaltungen 2.816 Teilnehmer.

- **Wirtschaftsförderungsinstitut der Wirtschaftskammer Reutte**

Derzeit finden pro Jahr durchschnittlich 50 bis 70 Kurse mit 500 bis 600 Teilnehmern statt.

Neben diesen wichtigen offiziellen Institutionen in der Erwachsenenbildung führen auch viele Betriebe und weitere kleinere offizielle und private Einrichtungen und Vereine im Sinne des lebensbegleitenden Lernens Kurse und andere Fortbildungsveranstaltungen für die heimische Bevölkerung durch.

Weiterführende Literatur:

50 Jahre BRG Reutte, Festschrift und Jahresbericht 2001/02

Amt der Tiroler Landesregierung, Kinderbetreuungseinrichtungen in Tirol, Kindergärten in Tirol 2009/10.

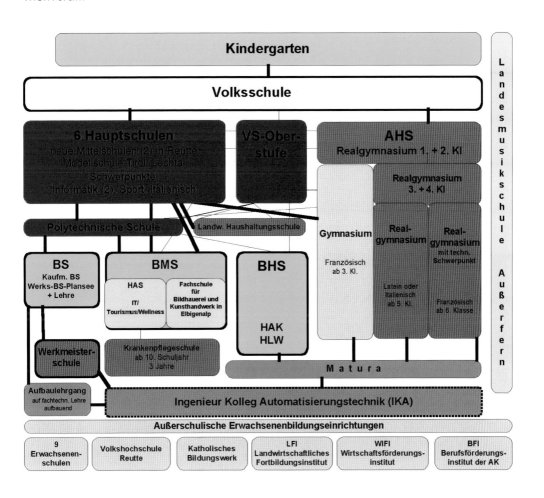

Außerferns große Sportler

Ferdinand Fuchs (†)

Von den Tausenden junger Außerferner Sportler gelang es einer kleinen Schar, höchste und hohe sportliche Leistungen zu vollbringen und damit Aufnahme zu finden in den Annalen der internationalen Sportgeschichte.

Weltcup-Gewinner

1981 Herren-Abfahrtslauf,
Harti Weirather, Wängle

Weltmeister

1950 Oslo: Rodeln-Einsitzer,
Karla Kienzl, Reutte

1958 Bad Gastein: Herren-Torlauf,
Josl Rieder, Lermoos

1982 Schladming: Herren-Abfahrtslauf,
Harti Weirather, Wängle

2007 Åre: Damen-Riesentorlauf,
Nicole Hosp, Bichlbach

Medaillenträger bei Olympischen Winterspielen

1956 Cortina d´Ampezzo:
Herren-Riesentorlauf,
Walter Schuster, Lermoos,
Bronzemedaille

1988 Calgary:
Super-G, Sigrid Wolf, Elbigenalp,
Goldmedaille

Teilnehmer bei Olympischen Spielen

1936 Garmisch Partenkirchen:
Hans Baumann,
Reutte-Breitenwang, Langlauf
Erich Gallwitz,
Reutte-Breitenwang, Langlauf

1956 Cortina d`Ampezzo:
Hilde Hofherr, 4. Platz im
Abfahrtslauf und Josl Rieder
beide Lermoos

1960 Squaw Valley:
Hilde Hofherr, Lermoos, 5. Platz im
Torlauf, beste Österreicherin

1968 Grenoble: Berni Rauter, Lermoos,
8. Platz im Torlauf, beste Österreicherin

1972 Sapporo:
Berni Rauter, Lermoos, 9. Platz im
Abfahrtslauf

1980 Lake Placid:
Harti Weirather, Wängle, 9. Platz
im Abfahrtslauf

1980 Moskau:
Hans und Wilfried Siegele,
Tannheim, Geher, die ersten
Außerferner bei Olympischen
Sommerspielen

1984 Los Angeles:
Gerhard Hartmann, Vils-Reutte,
Marathonlauf

1992 Meribel: Sabine Ginther,
Vorderhornbach, Verletzung

2000 Sidney: Patricia Wartusch

Europameister

1951 Igls: Rodeln-Einsitzer:
Karla Kienzl, Reutte.

1954 Davos: Rodeln-Einsitzer,
Ing. Fritz Kienzl, Reutte.

1963 Oslo: Kleinkaliber 50 m stehend,
Martin Rid, Ehenbichl.

1963 Romanshorn: Armbrustschießen,
stehend, Martin Rid, Ehenbichl.

1967 St. Johann/Pongau:
Armbrustschießen, stehend,
Martin Rid, Ehenbichl.

Neben diesen international erfolgreichen Sportlern stellte das Außerfern noch mehrere Weltmeisterschafts- und Europameisterschaftsteilnehmer sowie Gewinner internationaler Wettbewerbe. Aus dem Bezirk Reutte stammt eine stattliche Anzahl österreichischer Staats- und Tiroler Landesmeister.

Quellen:

Sportredaktion der „Außerferner Nachrichten", Rudolf Hornof.
Festschrift „350 Jahre Schützengilde Reutte", 1976, verschiedene Olympiabücher.
Festschrift „50 Jahre (75 Jahre) Schiklub Ehrwald".
Ferdinand Fuchs, „Heimat Außerfern", 1984.

Literatur

Peter Linser, Christine Raffl

Die folgende Sammlung von Außerferner Autoren enthält nur belletristische Werke. Sachbücher sind darin nicht enthalten, deshalb sind bekannte Sachbuchautoren aus dem Bezirk Reutte nicht erwähnt. Ebenso wenig konnte die Vielzahl von in diversen Kalendern, Zeitschriften u. ä. publizierenden Dichtern und Schriftstellern berücksichtigt werden.

Romane und Kurzgeschichten:

Bitterlich Ernst: „Auf eigener Fährte", Reutte: Ehrenberg-Verlag, 2003
Dirr Susanne: „Spann deine Schwingen", Vils: Suria-Verlag, 2001
Dirr Susanne: „Das kurze Glück der Hibiskusblüte", Vils: Suria-Verlag, 2001
Dirr Susanne: „Mondgeliebte", Vils: Suria-Verlag, 2003
Kecht Anton: „Wanka", 1960; „Der Schmied von Lermoos", Innsbruck: Wagner 1961, u.a.
Keller Anna: „Anno Domini 1900 im Tiroler Oberland", Vils: Eigenverlag, 1992
Lechleitner Walter: „Das verschworene Tal", Reutte: Ehrenberg-Verlag, 2007
Maurel Jean-Pierre: „Abrechnung", Innsbruck: Haymon-Verlag, 1994
Praxmarer Josef: „Die Pestkapelle im Gaistal", Innsbruck: Tyrolia-Verlag, 1936
Regelsberger Maria: „Ich ging mit", Reith i. A.: Edition Tirol, 2001
Ruepp Wolfgang: „Außerferner Eigenart", Reutte: Ehrenberg-Verlag, 2004
Saurer Erhard, Scheiber Wolfgang: „Im All verschollen", Innsbruck: Inn-Verlag, 1947
Saurer Erhard, Scheiber Wolfgang: „Turbinen heulen auf", Innsbruck: Inn-Verlag, 1948
Schrettl Reinhold: „Expedition Außerfern", Reutte: Ehrenberg-Verlag, 2004
Singer Siegfried: „Mein Reutte", Reutte: Ehrenberg-Verlag, 2004
Winkler Elma u. Gerhard: „Samba, Tirol und Regenwald", Höfen: Edition Artpress, 2003

Theaterstücke:

Lang Claudia: „Lechtaler Schwabenkinder", 1996
(Buch: „Lechtaler Schwabenkinder", München: Don-Bosco-Verlag, 2004)
Lang Claudia: „Schattenweiber", 1998
Lang Claudia: „Marie, die Alpenrosenkönigin", 2000
Lang Claudia: „Wenn die Sonne Schatten wirft", 2003
Lang Claudia: „Weißes Gold", 2005
Lang Claudia: „Die Turmwächterin", 2006
Lang Claudia: „Die wahre Geierwally - Anna Stainer-Knittel", 2007
Lang Claudia: „Die Lawine", 2009
Lang Claudia: „Eine Handvoll Heimat", 2010

Gedichtbände:

Bürgler Jakob, Waldner Alfred: „Botschaft der Natur", Innsbruck/Wien: Tyrolia-Verlag, 2003
Dirr Susanne: „ernstheiter", Vils: Suria-Verlag, 2001
Dirr Susanne: „Wenn die Traumuhr ein Seil ins Leben spannt", Vils: Suria-Verlag, 2005
Dirr Susanne: „Es hat sich halt eröffnet...", Vils: Suria-Verlag, 2009
Dreer Margret: „vo Allem eppas", Höfen: Edition Artpress, 2003
Eckl-Schwaiger Gertrude: „In ein fernes Blau", Ehrenberg-Verlag, 2004
Gregorschitz Werner F.: „Sehnsucht Leben", Innsbruck: Tyrolia-Verlag, 1996
Huter Klaus: „In mir rauscht ein Meer", Eigenverlag, 1987
Huter Klaus: „Hinterfenster", Eigenverlag, 1989
Huter Klaus: „Vergessene Horizonte", Eigenverlag
Huter Klaus: „andererseits", Eigenverlag, 1993
Hiessl-Hosp Anna: „Wie es früher einmal war", Eigenverlag, 1967
Lechleitner Albrecht: „Wås mei Hearz rödt", Welsermühl, Wels 1963
Scheiber Wolfgang (Hrsg.): „Am Hüttefuir", Berwang: Steiger-Verlag, 1988
Schmid Egon: „Bei uns in Reutte", Reutte: Ehrenberg-Verlag, 1997

Tuschl Annemarie: „So wie der Schnabl g´waxe isch", CD, Reutte, 1999
Tuschl Annemarie: „Heiteres und Schärferes", CD, Reutte, 2000
Tuschl Annemarie: „... typisch Mizzi", Reutte: Ehrenberg-Verlag, 2005
Tuschl Annemarie: „Bloaß it lugg lo", Reutte: Ehrenberg-Verlag, 2009
Winkler Elma: „Wia ins dr Schnabl gwachst isch", Eigenverlag, 1989
Winkler Elma: „Allerhand iber d´ Leit", Eigenverlag, 1989

Arbeitsbücherei Vils

Winkler-Köll Maria-Theresia: „Ich mecht mei Kindsei wieder", Wels, 1987
Winkler-Köll Maria-Theresia: „Handwarm", Eigenverlag, 1991
Winkler-Köll Maria-Theresia: „Mein alter Teddybär", Eigenverlag, 1996
Winkler-Köll Maria-Theresia: „... wieder blüht der rote Klee", Eigenverlag, 2000
Wollmann Franz: „Rund um den Fernpass und Fernsteinsee", Eigenverlag
Wörz Milli: „Es ist nichts mehr", Eigenverlag

Biographien:

Albrich-Warger Silvia: „Die Engel-Familie", Innsbruck: Haymon-Verlag, 1998
Bitterlich Walter: „Kriegserinnerungen", Reutte: Ehrenberg-Verlag, 2003
Grabmayr Verena v.: „Franz Anton Leitensdorffer", Innsbruck: Schlern-Schriften 254, 1970
Isser Wilhelm: „Karl Koch", Innsbruck: Tyrolia, 1969
Kätzler Johann: „Durch zwei Welten ging mein Weg", Innsbruck, Tyrolia, 1974
Keldorfer Viktor: „Der Spielmann des Herrn. Der Salzburger Franziskanermönch Pater Peter Singer", Salzburg: Verlag Kiesel, 1952

Kovaćs Elisabeth: „Überlebt", Eigenverlag, 2003
Lutterotti Otto R. v.: „Josef Anton Koch, Leben und Werk", Wien-München: Herold-Verlag, 1985
Mair Josef: „Genie im Schatten – Balthasar Riepp", Höfen: artpress, 2004
Plechl Pia Maria: „Die Nonne mit dem Stethoskop", Mödling: St. Gabriel, 1981
Reichart Helga: „Die Geierwally", München: Llichtenberg-Verlag, 1991
Reichart Helga: „Rudolf Geisler-Moroder", Innsbruck: Tyrolia-Verlag, 1997
Rhomberg Hans-Peter: „Anna Dengel, Ärztin und Ordensgründerin", Tyrolia-Verlag, Innsbruck-Wien, 1992
Ruepp Wolfgang: „Die Mohrenwirtin", Eigenverlag, 2002

Sagen:

Fuchs Ferdinand: „Heimat Außerfern", Reutte: Außerferner Druck- u. Vlgs.gmbH, 1984 (darin enthalten: Artige und unartige Spruchweisheiten und Sagen aus dem Außerfern)
Linser Peter: „Sagenhaftes Außerfern", Eigenverlag, 1993

Erwähnenswert sind stellvertretend für weitere Dichter, Volkskundler und Namensforscher Landesschulinspektor Hofrat Dr. e. h. **Christian Schneller** (geb. 1831 Holzgau, gest. 1908 Cornacalda/ Rovereto), der neben 17 anderen Veröffentlichungen „Anton Falger und das Lechtal" (1877) verfasste, der Dichter und Reiseschriftsteller Kreisrat **Magnus Bartholomäus Beyrer** (geb. 1803 Pflach - gest. 1857 Innsbruck), der in den „Alpenblumen aus Tirol" (1828 u. f.) Gedichte veröffentlichte und u. a. einen „Wegweiser in der Provinzial-Hauptstadt Innsbruck und deren Umgebung für Reisende" (1826) herausgab sowie **Gebhard Wildanger**, (geb. 1916 Steeg - gest. 2004 Steeg/Hägerau), der zu den bedeutenden Vertretern der Außerferner Mundartdichtung zählt.

Muicals:

Knittel Toni: „Kaspar und die Wilderer", 2005
Knittel Toni: „Ritter Rüdiger", 2007
Knittel Toni: „Ritter Rüdiger in der Sternengrotte", 2009

Mundarten

Regine Linser

Als die Bajuwaren das Alpen- und Donauland besiedelten, wurde in diesem Gebiet beinahe einheitlich nur eine Sprache gesprochen, nämlich Bairisch, während sich im äußersten Westen die Alemannen niederließen. So ist die schärfste Mundartgrenze Österreichs entstanden, die bis in unsere Zeit besteht und annähernd über den Arlberg an der Landesgrenze Tirol/Vorarlberg verläuft. Doch auch die Einheit im überwiegend bairisch sprechenden Teil Österreichs blieb nicht erhalten. Es gibt Belege dafür, dass bereits im Hochmittelalter ausgeprägte Einzelmundarten vorhanden waren. Sprachneuerungen entstanden vor allem in den wichtigsten Verkehrsgebieten, dem Donautal, dem Wiener Becken und im Alpenvorland. Diese konnten seit dem 14. Jh. nicht mehr über die Nördlichen Kalkalpen nach Süden vordringen und kamen auch im Norden über den Böhmerwald nicht mehr hinaus. So kam es, dass mitten durch das bairische Sprachgebiet ein Streifen „modernerˮ Sprachlandschaften verläuft, das so genannte Mittelbairische, das Wien, Niederösterreich, Oberösterreich, das Burgenland, den Großteil von Salzburg und einen kleinen Teil der Steiermark umfasst. Als konservative Mundarten blieben im Norden das Nordbairische (bis 1945 in Südböhmen) und im Süden das Südbairische erhalten. Von den genannten Mundarten werden in Österreich allerdings nur das Mittelbairische und das Südbairische gesprochen, wobei das Südbairische sich über den Hauptteil der Steiermark, über Teile von Salzburg, über ganz Kärnten und fast ganz Tirol erstreckt. Auch die südlichste Spitze des Burgenlandes ist noch dem südbairischen Sprachgebiet zuzuordnen.

Was seine Dialekte betrifft, so nimmt das Außerfern durch seine geographische Lage an einer der schärfsten Sprachgrenzen im Oberdeutschen eine Sonderstellung unter den Tiroler Mundarten ein, denn hier treffen die bairischen und die alemannischen Mundarten aufeinander.

Der gesamte nördliche Teil des Außerferns mit Tannheim, Weißenbach, Reutte, Lermoos und Ehrwald wird bereits dem Alemannischen zugerechnet, während im Lechtal ein vorwiegend südbairischer Dialekt mit einigen Anklängen ans Alemannische gesprochen wird. (Diese alemannischen Einflüsse in Lautstand und Wortschatz reichen sogar über den Bezirk hinaus, etwa bis zur Höhe von Telfs). Was ist nun typisch alemannisch, was dagegen bairisch? Charakteristisch für das Alemannische ist zum Beispiel die helle Aussprache des *a*, das im Bairischen zu *å* verdumpft wird. Ein *Wagen* heißt von Weißenbach abwärts über Reutte bis nach Füssen, im Tannheimer Tal sowie im Zwischentoren *Wâga* (Pl. *Wêiga*), während er von den Lechtalern als *Wåuga* (Pl. *Wåga*) bezeichnet wird. Ähnlich verhält es sich mit dem *Garten*, der im Lechtal *Gårta* (Pl. *Garta*) heißt, von den meisten anderen Außerfernern jedoch *Garta* (Pl. *Gerta*) genannt wird. Hier ist es interessant, sich die Diminutiva dazu näher anzuschauen. Im gesamten Außerfern wird an ein Substantiv zur Verkleinerung ein alemannisches *-le* angehängt, während die meisten übrigen Tiroler nur ein *-l* ergänzen (z. B. *Fassl*). Im alemannischen Teil des Bezirks wird ein kleines Fass als *Fässle* bezeichnet, während im Lechtal der Umlaut gänzlich fehlt. Man erhält eine Art „Mischformˮ aus alemannisch und bairisch: *Fassle*. Hier ist also nur begrenzt ein alemannischer Einfluss vorhanden.

Unterschiede gibt es auch bei Wörtern, bei denen im Alemannischen der Sekundärumlaut, also mittelhochdeutsches *-ä-*, erhalten bleibt, wie *Flasche*, *Käse*, *Schere*, *leer* (alemannisch: *Fläscha*, *Kchêis*, *Schäar*, *läär*; bairisch: *Flascha*, *Kchâs*, *Schâr*, *lâr*) und *Keller*, *Geld*, *Welt* (alemannisch: *Kchellɛr*, *Gelt*, *Welt*; bairisch: *Kchallɛr*, *Galt*, *Walt*). Interessant ist auch die Bezeichnung der ‚Nase‘ als *Nêisa* gegenüber *Nåusa* im Lechtal. Charakteristisch ist hier auch die Endung des Substantivs auf *-a*, während im

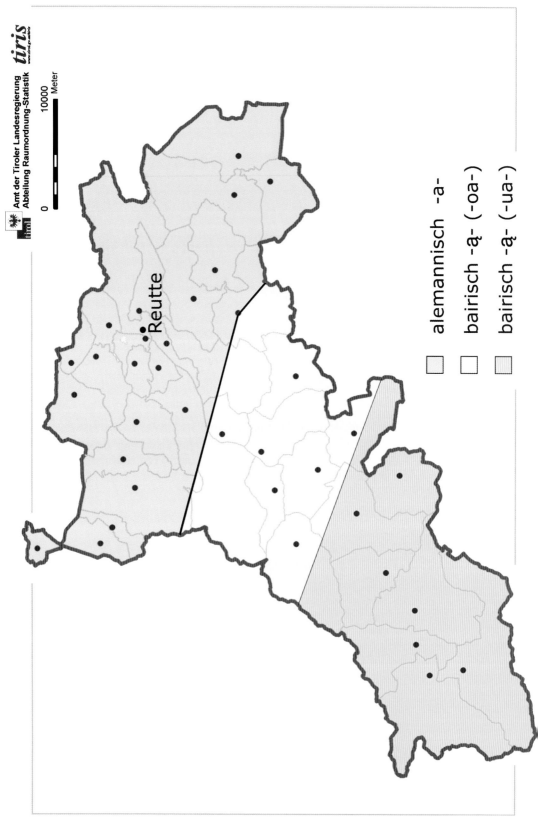

Großteil Tirols die Endung -n verwendet wird. Die meisten Tiroler sprechen also von einer *Nåusn*.

Alemannische Einflüsse im vorwiegend südbairischen Lechtaler Dialekt lassen sich auch im Auslaut der Nennform erkennen. So wird – wie auch im restlichen Außerfern – die Endung -en in alemannischer Weise zu -a vokalisiert. Man sagt *raita* „reiten", *schraiba* „schreiben" und *måcha* „machen" gegenüber -(e)n im übrigen Tirol. Ebenso sagt man im Lechtal (aber auch im Oberinntal, im Ötz-, im Stanzer- und im Paznauntal) *glåuba* „glauben", *Påum* „Baum", *Låub* „Laub" und *Råuch* „Rauch", gegenüber gemeinbairisch -â-. Auch das Wort *luaga* für *schauen* lässt den alemannischen Einfluss nicht vergessen. Besonders in der Mundart des oberen Lechtals sind alemannische Ausdrücke zu finden, so etwa Aftᴇrmântig „Dienstag" oder *schåffa* „arbeiten", allerdings ist das *a* hier verdumpft – wie bereits erwähnt ein bairisches Dialektmerkmal. Das alte Mundartwort *Guttara*, das eine kleinere Flasche mit engem Hals bezeichnet, teilen wir uns ebenfalls mit den Vorarlbergern. Eindeutig schwäbisch ist auch das Wort *schnaigga* („naschen, etwas Gutes essen"). Anklänge ans Alemannische finden sich auch in der Aussprache bestimmter Wörter. So sagt man im oberen Lechtal *ruat* statt (bairisch) *roat* („rot"), *gruas* statt (bairisch) *groas* („groß"), *Duarf* statt *Doarf* („Dorf"). Die Außerferner (aber auch noch die Ötztaler) sagen – wie die Vorarlberger – wenn sie *auch* meinen *ô*, während die meisten anderen Tiroler dazu *â* sagen würden. Ebenso für das ganze Außerfern (wie auch für das Große und das Kleine Walsertal, das Klostertal und das Montafon) gilt: Steht -rn am Wortende, so verwandelt sich das *n* in einen *a*-hältigen Schwachlaut. *Horn* wird zu *Hoara* (im oberen Lechtal zu *Huara*), *Birne* zu *Pîra*, *gern* zu *geara*. Alemannische Formen im ansonsten überwiegend südbairischen Wortschatz der Westtiroler Mundarten sind zum Beispiel auch *numma* „nicht mehr", *niana* „nirgends", *nuit/nuicht* „nichts", *Dôschtåug* „Donnerstag" gegenüber bairisch *Pfinztåug* oder *Hemmat* „Hemd" anstatt von bairisch *Pfoat*. Ein typisch bairisches Merkmal, das im vorwiegend alemannischen Teil des Außerferns seltener vorkommt, ist hier übrigens das Wort *êis* für „ihr". Für „euch" verwendet man im Oberland das Wort *enkch*, während die meisten anderen Tiroler dazu *aich* sagen würden.

Eine weitere Besonderheit des Lechtaler Dialekts ist die Endung -t der starken Verben im Mittelwort der Vergangenheit: *g`fåurt*, gegenüber *g`fâra* für „gefahren" im übrigen Außerfern oder *g`sungt* statt *g`sunga* für „gesungen". Einige Unterschiede gibt es im Bezirk auch bei anderen wichtigen Verben, so etwa bei „gehen". Die nördlichen Außerferner sagen: *i gang/gea, du gåsch/geasch, er gåt/geat, miar gend/gond/genga, diar gend/gond/êis gengat, sî gend/gond/genga*. Die Lechtaler drücken sich hier folgendermaßen aus: *i gea, du geasch, er geat, mîr gia/gea, êis geat(`s), sî gia/gea*. Bei „haben" gibt es ebenfalls Unterschiede: *i hån, du håsch, er håt* lautet im ganzen Bezirk noch gleich. Im nördlichen Außerfern sagt man *miar hend/hond/hâba, diar/êis hend/hond/hâbat, sî hend/hond/hâba*, während die Lechtaler *mîr håuba, êis håubat(`s), sî håuba* sagen. Die Vergangenheitsform „gehabt" heißt im alemannischen Teil des Außerferns – wie auch in Teilen Vorarlbergs – *kchett*. Im Lechtal sagt man dazu allerdings *kchått*. Ebenfalls sehr unterschiedlich gestalten sich im Bezirk Reutte die Formen des Verbs „kommen". Im Lechtal und Zwischentoren sagt man *i kchimm, du kchimmsch, er kchinnt/kchimmt, mîr kchêima, êis kchêimat(`s), sî kchêima*. Das Partizip Perfekt heißt *kchennt*. Ähnlich wie im Lechtal lauten die Formen des Verbs im Zwischentoren. Dort sagt man *i kchimm, du kchimmsch, er kchimmt, miar kchêima, êis kchêimat`s, sî kchêima*. Das Partizip Perfekt heißt hier aber *kchêima*. Die Bewohner des nordwestlichen Außerferns (Reuttener Talkessel, Tannheimer Tal, Weißenbach) sagen hingegen *i kchumm, du kchummsch, er kchummt, miar kchumma, diar kchummat, sî kchumma*. Hier lautet das Partizip Perfekt *kchumma*. Der alemannische Dialekt der Gegend um Reutte lässt sich in folgendem Satz gut zusammenfassen: *Wo gond`r hî, wo kchummat`r hea, was hond`r da? – A Gearschta!* („Wo geht ihr hin, wo kommt

ihr her, was habt ihr da? – Eine Gerste!')
Im äußersten Nordwesten des Außerferns, im Tannheimer Tal, wird ein Dialekt gesprochen, der gravierende Unterschiede zu den Mundarten des übrigen Außerferns aufweist (z. Bsp. *gî* = ‚gegeben', *schî* = ‚schön', *g`weacha* = ‚gewesen', *hang* = ‚haben', *Zang* = ‚Zaun'), auf die ich hier jedoch nicht näher eingehen kann. Gesagt sei jedenfalls, dass im Tannheimer Tal, das ja von Schwaben aus besiedelt worden ist, durchwegs schwäbisch gesprochen wird. Die Mundarten der einzelnen Gemeinden sind aber trotzdem sehr unterschiedlich. Nesselwängle, das am Eingang des Tales liegt, stellt allerdings eine Ausnahme dar, da es sich besiedlungsbedingt an die Aschauer Mundart annähert. Hier sagt man also, ganz wie im restlichen Außerfern auch, *Zait* (‚Zeit'), *Haus* (‚Haus') und *Lait* (‚Leute'). Im rein schwäbischen Teil des Tannheimer Tales sagt man *Zöit, Hous, Löit.* Die Diphthongierung von *î* zu *ai,* von *û* zu *au* und von *iu* (ü) zu *eu,* die im Österreichischen schon im 12. Jh. begonnen hatte, drang zum Schluss in abgeschwächter Form auch ins Schwäbische ein, während die rein alemannischen Mundarten von ihr gar nicht mehr erfasst wurden. Dort heißt es heute noch *Zît, Hûs* und *Liut/Lüt.* An dieser Stelle sei erwähnt, dass die Diphthongierung von langem *i, u* und *ü* ein wesentliches Merkmal der bairischen Dialekte – im Gegensatz zu den alemannischen – ist, das auch die Hochsprache aufweist. Im Mittelhochdeutschen galten noch die Formen *zît,* (‚Zeit'), *hûs* (‚Haus') und *liute/lüte* (‚Leute'). Langes *i, u* und *ü* wurden im Neuhochdeutschen zu *ei* (gesprochen als *ai*), *au* und *eu/äu* (gesprochen als *oi/oü*) diphthongiert. Die neuhochdeutschen Schreibungen *ei* und *eu/äu* sind gewissermaßen eine Erinnerung an einen Lautstand, den es seit dem ausgehenden Mittelalter nicht mehr gibt. Man sprach damals *Zeit, Läute.* Zu diesem Zeitpunkt, als im Dialekt der Diphthong *eu* als *äü* gesprochen wurde, wurde er – im Gegensatz zum Neuhochdeutschen (*eu/äü*) – zu *ai* entrundet: *Zait, Lait.*
Die wesentlichen Merkmale, die unsere Dialekte ausmachen, haben sich zur Zeit des Mittelhochdeutschen herausgebildet. In frühmittelhochdeutscher Zeit waren allerdings die Unterschiede zwischen den Dialekten noch nicht so groß wie in der Folgezeit, das heißt, dass sich etwa das Bairische vom Alemannischen damals noch nicht so stark unterschieden hat. Man soll die „mittelhochdeutschen" Wörter unserer Mundarten jedoch nicht als Überbleibsel einer „untergegangenen Sprache" betrachten. Unsere Sprache hat sich zwar stetig und konstant weiterentwickelt, ist aber in Wirklichkeit immer noch dieselbe (man denke nur an den urtümlichen Klang des Vorarlberger Dialekts oder auch an den alten Wortschatz der Tiroler Mundarten), vergleichbar einem Baum, der immer junge Astspitzen bildet, während Stamm und Äste hinter den darüber wachsenden Schichten von Holz und Rinde untergehen. Wenn er in den Jahren auch sein Aussehen und seine Gestalt verändern mag, so bleibt er doch immer derselbe Baum.

Literatur

Grießer, Isidor (1988): Gleiche Sprache nach 1400 Jahren. In: Tiroler Heimatblätter. Zeitschrift für Geschichte, Natur- und Volkskunde, Heft 1; S. 40-53

Hornung, Maria / Roitinger, Franz (2000): Die österreichischen Mundarten. Eine Einführung. Neu bearbeitet von Gerhard Zeillinger. Wien: ÖBV&HPT

Kleiner, Alfons (1988): Das Tannheimer Tal. 2. Auflage. Berwang: Steiger

Kollmann, Cristian (2001): Wie schreibe ich im Dialekt? In: Tiroler Chronist, Heft 82; S. 33-36

Schatz, Josef (1903): Die tirolische Mundart. Mit einer Karte. Separatabdruck aus der Ferdinandeums-Zeitschrift. Innsbruck: Druck der Wagner`schen Universitäts-Buchdruckerei. – Im Selbstverlage

Schatz, Josef (1955): Wörterbuch der Tiroler Mundarten. Für den Druck vorbereitet von Karl Finsterwalder. Band I, A-L. Innsbruck: Universitätsverlag Wagner (Schlern-Schriften; 119)

Wallnöfer, Eva u. a. (2001): Die Gemeinde Holzgau. Hrsg. von der Gemeinde Holzgau.

Musikleben

Franz Walcher

Europa ist näher zusammengerückt. Dabei ist man sich aber darin einig, dass die Kultur nicht gleichgeschaltet werden kann und darf. Sie muss in den verschiedenen Regionen weiter in ihrer Eigenständigkeit bewahrt und gepflegt werden. So eine musikalische Region Europas ist auch das Außerfern in Tirol.

Haben die Bewohner des Außerferns früher musiziert? Wenn ja, wie und auf welchen Instrumenten? Versucht man diese Fragen zu beantworten, so muss man sich natürlich mit Mentalität und Lebensgewohnheiten der Menschen im Außerfern befassen.

Man bezeichnet den Außerferner einerseits als verschlossen und unmusikalisch, andererseits aber als geschickt und intelligent, manchmal sogar als *„Streber"*. „Wo die Natur mit ihren Gaben so kärglich haushält, dass die Bevölkerung, wenn lediglich auf ihren Wohnsitz angewiesen, trotz harter Arbeit nicht einmal den notwendigsten Lebensunterhalt zu erringen vermag, werden wir kaum erwarten dürfen, eine überschäumende Daseinslust in den Äußerungen des Volkslebens ausgeprägt zu finden", so schreibt Anton Spiehler, ein Reallehrer aus Memmingen, um 1880 in seinem Buch *„Das Lechthal - geschichtliche und kulturelle Studien"*.

Sicherlich wird die exponierte geografische Lage und die wirtschaftliche Situation vergangener Tage mit dazu beigetragen haben, die Mentalität der Außerferner zu prägen. Die Männer mussten ja teilweise ihr Brot in der Fremde verdienen. Vielleicht ist das auch ein Grund, warum im Außerfern so gut wie kein „bodenständiges" Volkslied zu hören ist.

Anton Spiehler trifft in seinem Buch noch eine Feststellung: *„Eine hervorragende musikalische Begabung kann man den Lechthalern als Volkseigenthümlichkeit nicht nachrühmen, dieselbe müßte doch viel häufiger, als in der That geschieht, bei geeigneten Anlässen zum Durchbruch kommen. Ich erinnere mich aber nicht, selbst an Kirchweihfesten die Leute im Wirtshaus singen gehört zu haben, ebenso wenig begegnete ich einem wirklichen Jodler in den Bergen. Und dennoch herrscht im ganzen Thal mit Rücksicht auf die Umstände ein reges musikalisches Leben; jedes Dorf besitzt eine wohlgeübte Harmoniemusik und überall wird an Sonn- und Feiertagen der Gottesdienst durch eine von gemischtem Chor mit Solostimmen und Orchester ausgeführte hl. Messe verherrlicht."*

War und ist der Außerferner nun musikalisch oder nicht? Hat man früher ernsthaft musiziert oder nicht?

Notenfunde

Die schwierigen Lebensbedingungen wie auch der Aufenthalt in der Fremde haben zu einem starken Schwund der volkstümlichen musikalischen Tradition geführt. Wenn man selten ein bodenständiges Volkslied hört und die überlieferte Volksmusik kaum mehr erklingt, so bedeutet dies nicht, dass der Außerferner unmusikalisch ist. Schon in der ersten großen Volksliedersammlung, die von der Gesellschaft der Musikfreunde in Wien mit staatlicher Unterstützung im Jahre 1819 durchgeführt wurde, ist das Gericht Ehrenberg - die Gegend um Reutte - mit beachtlichen Ergebnissen vertreten.

Beweis für ein reges Musikleben sind auch die aufgefundenen Noten des Johann Martin Kerle und der Familien Alber aus Weißenbach am Lech. Johann Martin Kerle wurde 1811 in Weißenbach geboren. Schon in früher Jugend begann er zu musizieren, erst auf der Geige, dann auf der Klarinette, und half fleißig bei der Tanzmusik aus. Später spielte er auch eifrig bei der Harmoniemusik, der Ortskapelle, mit. Gut 70 seiner 82 Lebensjahre widmete er der Musik. Mit einer schönen Handschrift begabt und sicherlich guten musikalischen Kenntnissen, hat er die Melodien, die er bei den verschiedensten Gelegenheiten spielte, für den eigenen Gebrauch und zur Unterstützung des Gedächtnisses niedergeschrieben. Darüber hinaus erwarb er zur Vergrößerung seines Repertoires von einem Mitspieler, Joseph Anton Sebastian Alber, den man als den Kapellmeister der Harmoniemusik bezeichnen könnte - auf die Familie wird man später noch zu sprechen kommen -, weitere Noten und verleibte sie seinen Schätzen ein, die er in einer kleinen Holztruhe aufbewahrte. Als er am 28. Mai 1893 in Weißenbach starb, hinterließ er eine ansehnliche Notensammlung mit fast 400 Ländlern, 76 Menuetten, 72 Walzern, über 60 Märschen im 4/4-Takt und andere Stücke wie Galopps, Polkas und Schottische. Auch Ausschnitte aus Werken der Kunstmusik sind darunter. Die Stimmenbesetzung besteht durchwegs aus Klarinetten, Violinen, Klappentrompete, Posaune und Horn.

Viele dieser Stücke können als durchaus anspruchsvoll bezeichnet werden, zum Beispiel stehen viele Ländler stilmäßig den Deutschen Tänzen nahe.

Der Name Michel Hübner, Hautboist, Brixen, taucht des öfteren als Komponist auf.

Volksmusik, ein Broterwerb

Für viele Blaskapellen des Außerfern fällt die Gründungszeit in die erste Hälfte des 19. Jhs. So stammen zum Beispiel aus Bichlbach viele Noten für Blasmusik. Hier sei besonders eine Sammlung aus dem Jahre 1826 erwähnt: *„Märsch für Vier Trompeten et Posauno und Tympano, Biechelbach 1826"*. Es handelt sich hier um zwölf kurze, festliche, fanfarenartige Märsche, die offensichtlich noch für Naturtrompeten geschrieben wurden. Eine Verbindung mit der Zunftkirche zum hl. Josef in Bichlbach wäre hier durchaus denkbar.

Von Zitherspielern hört man eigentlich erst ab 1900, Noten waren keine aufzufinden. Von Hackbrett- oder Harfenspielern ist im Außerfern, ganz im Gegensatz zum Unterinntal, überhaupt nichts bekannt.

Wie schon erwähnt, sind uns so gut wie keine bodenständigen Volkslieder überliefert worden. Im Reuttener Heimatmuseum wird ein handschriftliches Liederbuch *„Sammlung mehrer Lieder zum geselligen Vergnügen 1830"* aufbewahrt. Es handelt sich hier aber um keine Volkslieder im eigentlichen Sinn. Für manchen Außerferner scheint die Musik auch ein Broterwerb gewesen zu sein. So steht in einer Festschrift aus Stockach vom Jahre 1930 über eine „Nationalsängergesellschaft Sprenger" um 1880: „Sie bestand aus einem Herrn und vier weiblichen Mitgliedern. Sie wohnten neben dem Haus bei der Schule. Da sie sehr musikalisch waren und in Stockach nur sehr schlecht ihr Fortkommen finden konnten, begaben sie sich als Sängergesellschaft nach Deutschland." Ähnliches hört man von einer „Tiroler Sängergesellschaft" aus Elmen, die um dieselbe Zeit „mit gutem Erfolg das Ausland bereiste".

Weltliche Musik bei kirchlichen Anlässen

Die Außerferner, insbesondere die Lechtaler, hielten anscheinend sehr viel davon, Gottesdienste und andere kirchliche Ereignisse mit Musik zu umrahmen. Einen der ältesten Hinweise darüber gibt uns ein Votivbild an der Südostwand der Lorettokapelle in Oberstdorf. Das Bild zeigt eine Prozession der Lechtaler, die mit Kreuz und Fahne gerade bei der Kapelle eintreffen. Der erste Kreuzgang der Lechtaler fand 1673 statt. Das Bild ist um 1760/70 entstanden. Interessant ist der mit diesem Bild in Zusammenhang stehende Archivvermerk in Elbigenalp: 1676 wurde den Musikanten nach Loretto 3 Gulden 39 Kreuzer laut Bruderschaftsabrechnung gegeben. 1679 erhielten die Sänger in Loretto laut Bruderschaftsabrechnung 5 Gulden 23 Kreuzer.

Aus Stockach wird uns von einem Brauch berichtet, wo bei kirchlichen Feiern weltliche Musik mit einbezogen wird: „Die Musik wirkt vor allem bei kirchlichen Feierlichkeiten mit. Dabei werden aber nicht kirchliche Weisen, sondern weltliche Märsche gespielt. Zum vor- und nachmittägigen Gottesdienste eines kirchlichen Festes zieht die Musik unter Vorantritt der Schuljugend und der Kranzjungfrauen und begleitet von den Schützen und der Feuerwehr (die

Musikkapelle rückte lange Zeit in Feuerwehruniform aus, ein Helm mit der Aufschrift *Feuerwehrkapelle* ist noch vorhanden) in feierlichem Zuge in die Kirche, wo vor dem Kommuniongitter der Marsch zu Ende gespielt wird. Tritt dann der Priester an den Altar, ertönt vom Chore herab wieder ein Marsch der Harmoniemusik. Hier wird auch die weltliche Musik in den Dienst der Kirche gestellt, ein Gebrauch, der in angemessener Weise im ganzen Tale, sonst aber wohl nirgends in Übung ist." (Auszug aus der bereits zitierten Festschrift von 1930).

In jedem Haus ein Harmonium oder Klavier

Verschiedene Notenfunde und alte Instrumente deuten darauf hin, dass sich der Außerferner sehr mit der Kunstmusik und hier speziell mit der Kirchenmusik, beschäftigt hat. Im Gemeindearchiv Reutte befinden sich viele handgeschriebene Noten weltlicher und kirchlicher Musik. Die ältesten sind mit 1766 datiert: eine „Symphonia ä Cassatione" von Joseph Haydn (komponiert 1756) oder ein Offertorium, datiert 1799, von Franz Xaver Brixi, der in Prag als Komponist und Kirchenmusiker wirkte (1732 – 1771). Teilweise ist sogar das jeweilige Aufführungsdatum vermerkt. Auch in Weißenbach und Häselgehr wurde ähnliche Literatur gefunden. Die kirchenmusikalischen Noten überwiegen.

Gewährsleute erzählen, man hätte um 1900 im kleinen Bergdorf Gramais Haydns Theresienmesse aufgeführt, und das vorwiegend mit einheimischen Leuten, eigentlich fast unglaublich. In jedem Haus hätte damals ein Harmonium oder ein Klavier gestanden. Wir wissen ja nicht, wie gut diese Aufführungen wirklich waren, aber was war der Grund, dass sich die Bewohner einer Gegend, in der nur ein karges und entbehrungsreiches Leben möglich war, so intensiv mit dieser Musikgattung befassten? War es ein natürliches Musikempfinden, die Beeinflussung derer, die in der Fremde ihr Brot verdienen mussten, wie dies möglicherweise in Häselgehr - durch Pater Peter Singer - der Fall gewesen sein könnte?

Liszt der Orgel

Pater Peter Singer, später auch als „*Spielmann des Herrn*" bezeichnet, wurde 1810 in Häselgehr geboren. Am Gymnasium in Hall studierte er mit bestem Fortgang und trat 1830 in den Franziskanerorden ein. Was ihn berühmt machte, waren seine musikalischen Fähigkeiten. Pater Mauritius Gasteiger, der 60 Jahre lang in Reutte wirkte, erteilte ihm den ersten Musikunterricht. Peter Singer befasste sich bereits in jungen Jahren mit der Anfertigung von Instrumenten und beherrschte eine Reihe davon: Violine, Flöte, Horn. Am wohlsten aber fühlte er sich auf der Orgel. Von 1840 bis zu seinem Tode 1882 lebte Pater Peter Singer im Franziskanerkloster in Salzburg. Franz Liszt, der Pater Peter Singer öfters besuchte, bezeichnete ihn als den ersten Orgelkünstler der Welt. Beglaubigt ist der Ausspruch Franz Liszts: „Nennt man mich den Paganini des Klaviers, so ist Pater Peter der Liszt der Orgel."

Konnten dem Orgelspiel von Pater Peter alle Kirchenbesucher lauschen, so gab es für andere auch die Gelegenheit, zu Pater Peter in die Zelle zu kommen. Zu den Besuchern zählten unter anderem Kaiser Franz Josef I., Kaiser Wilhelm I., Bruckner, Franz Liszt, Richard Wagner und viele andere, so dass Pater Peter einmal sagen konnte: „In meiner Zelle waren schon alle Stände der menschlichen Gesellschaft vertreten - nur noch kein regierender Papst!" Der Besuch galt hauptsächlich seinem Pansymphonikon, seiner ureigensten Schöpfung. Man weiß, dass Pater Peter schon im ersten Jahr in Salzburg, also 1840, das erste Pansymphonikon baute, es aber bald wieder vernichtete. Das heute noch erhaltene stammt aus dem Jahre 1843 und sollte auch nur ein Modell für ein drittes sein, das aber nie zustande kam. Das Pansymphonikon ist ein Tasteninstrument mit zwei Manualen und 42 Registern. In dem Kasten, der durch zwei Flügeltüren geöffnet werden kann, sind die Zungenreihen aufgestellt, die alle nur möglichen Orchesterstimmen in ihrer charakteristischen Klangfarbe nachahmen. Pater Peter Singer fertigte noch mehrere andere Instrumente. Unter ihnen befindet sich ein kleines Instrument, dem König Ludwig I. von Bayern den Beinamen *„Der liebe Narr"* gegeben hat und das die wohlgelungene Lösung des Problems darstellt, aus dem kleinstmöglichen Instrument die größtmögliche Tonwirkung und Klangstärke hervorzubringen. Natürlich hat Pater Peter auch komponiert. Sein musikalischer Nachlass umfasst 328 Nummern, darunter 102 Messen und 50 Tantum ergo, weiters Offertorien, Litaneien und Marienlieder. Es wurden nur wenige Werke gedruckt, doch viele Chöre führten sie auf. Eine „Messe solene in Es für 4 Singstimmen, 2 Violinen und Viola, 2 Klarinett et 2 Flöten, 2 Clarino und 2 Corno, Fagotto I und II, Posauno non oblig. Tympano, Bombardon et Bombardon in B, Violine et Organo" widmete er dem Chore Häselgehr. Die Singstimmen stehen alle im Originalschlüssel. Interessant ist auch die Einbeziehung der Bombardone, einem Bassinstrument der Blasmusik. In Häselgehr muss damals ein recht guter Chor und auch ein Orchester bestanden haben. Tatsächlich sind auch noch Instrumente aus dieser Zeit aufgefunden worden: zwei Fagotte, also ein heute im Außerfern seltenes Instrument, und mehrere Flöten.

Einflüsse durch die Franziskaner in Reutte und das Kloster St. Mang in Füssen

Besonders erwähnt werden muss auch die Musikpflege durch die Franziskaner in Reutte. Die Chronik des Klosters berichtet im Jahre 1703, rückblickend auf die Zeit der Gründung 1628, von der Anstellung, den Aufgaben und der Entlohnung eines weltlichen Organisten. Dieser Posten wurde in späterer Zeit von musikkundigen Patres mit großer Hingabe und beachtlichem Können erfüllt. Durch eine Reihe von Jahren übernahmen verschiedene Patres auch die Leitung der Bürgermusikkapelle von Reutte und die Organistenstelle an der Pfarrkirche Breitenwang. Besonders verdienstvoll wirkte hier Pater Bartl Viertler, geboren 1891, lange Jahre als Chorregent und Kapellmeister der Bürgermusik. Er starb 1965 als ein bedeutender Mozartinterpret in Salzburg.

Ein Vertrag aus dem Jahre 1908 zeigt Bedingungen und Aufgaben dieser Organisten:
1. Es ist der Organistendienst wie bisher üblich in der Pfarrkirche Breitenwang zu versehen neben dem Organistendienst in der Klosterkirche St. Anna in Reutte. (Reutte wurde erst 1945 eine eigene Pfarrei).
2. Die Bürgermusik einzuschulen und zu dirigieren.
3. Musikunterricht zu erteilen, und zwar für die Pfarrangehörigen unentgeltlich, und Musikanten heranzubilden für den Pfarrchor.

Die Patres leisteten also großartige Öffentlichkeitsarbeit. Überhaupt scheint die Geistlichkeit in der Reihe der schaffenden Künstler zu dominieren.

Monsignore Prof. Karl Koch, geboren 1887 in Biberwier, gestorben 1971, darf hier nicht vergessen werden. Er war Chordirektor in Bozen und von 1924 bis 1967 Chordirektor zu St. Jakob in Innsbruck. Karl Koch hinterließ uns eine stattliche Zahl von geistlichen und weltlichen Chorwerken, Marienlieder, Messen, Orgelwerke und auch musiktheoretische Werke. Er war Ehrenbürger der Gemeinden Biberwier und Zöblen.

Sicher war in vergangener Zeit der Einfluss des 1802 aufgelösten Benediktinerklosters St. Mang in Füssen auch im Außerfern zu spüren. Gerade im letzten Jahrhundert vor seinem Ende nahm dieses Kloster einen großen kulturellen Aufschwung. Einer der fruchtbarsten, vielleicht sogar der bedeutendste Komponist war wohl Pater Gallus Zeiller, Abt des Klosters von 1750 bis 1755. Die Klostergeschichte rühmt ihn als sehr kundigen Musiker und Organisten, der besonders die Kunst des Kontrapunkts beherrschte. Als Seelsorger betreute er auch Pinswang.

Bekannte Geigenbauer

Erzählungen, aufgefundene Noten und Instrumente deuten darauf hin, dass die Geige im Musikleben der Außerferner eine ganz große Rolle gespielt haben muss. Sei es in volksmusikalischer wie auch in kirchenmusikalischer Hinsicht. Es gab bekannte Geigenbauer in Vils: Wörle, Eberle, Amann, die Familien Rief und Petz und noch andere. Die Rief-Geigen waren besonders durch ihren vollen Ton berühmt. Auch im Geigenbau dürfte der Einfluss der benachbarten Füssener Geigenbauer von großer Bedeutung gewesen sein. Aber was sehr interessant erscheint, ist die Tatsache, dass viele Musikanten des Außerferns ihre zum Eigengebrauch gedachten Instrumente selber bauten.

Man denke zum Beispiel an die bereits erwähnten Wagner- und Tischlerfamilien Alber aus Weißenbach. Die Alber waren Mitglieder von Kirchenchor und Blaskapelle und machten sehr viel Hausmusik. Es sind noch einige sehr gut erhaltene Instrumente zusammen mit dem Geigenbauwerkzeug erhalten. Die Bauweise dieser Instrumente erscheint gar nicht dilettantisch.

Im Heimatmuseum in Reutte steht ein Clavichord, das von einem bekannten Lechtaler gebaut wurde, ebenso eine so genannte Vogelorgel - eine Drehorgel mit ganz kleinen Holzpfeifen. Fünf verschiedene Melodien können gespielt werden. Auch ein in seinen Knabenjahren gebautes Harmonium von Pater Peter Singer wird ebenfalls im Reuttener Heimatmuseum aufbewahrt.

Musikbegeisterung

Ein weiteres Beispiel von Geschicklichkeit und Ideenreichtum der Außerferner liefert uns ein Instrument aus Elmen.

Ein Querflötenspieler verlor in der unglückseligen Zeit des Ersten Weltkrieges seinen rechten Arm. Seine Begeisterung zur Musik war aber so groß, dass er sich für seine Flöte eine Mechanik baute, die es ihm ermöglichte, die rechte Hand durch seine beiden Füße zu ersetzen: eine auf einem Stativ montierte Querflöte mit Drähten und Federn zu einer Bodenplatte mit Tasten.

Ein Robert Lechleitner aus Stanzach, geboren um 1840, war als „Präludierer und Hofmusikinstrumentenstimmer" an der Oper in Wien. Er betätigte sich als Erfinder und konstruierte ein Stimmgerät, das sogar patentiert wurde.

Alle diese aufgefundenen Noten, Instrumente und sonstige Hinweise könnten also zu dem Schluss führen, dass der Außerferner sehr wohl musiziert hat, dass er sich neben der Volksmusik sehr ernsthaft mit Kunstmusik, und hier besonders mit Kirchenmusik, beschäftigt hat und dass der Ruf, den er genießt - der Außerferner sei geschickt, intelligent und voller Ideen -, gerechtfertigt erscheint.

Wie wird nun heute im Außerfern musiziert?

So wie im übrigen Tirol wird auch im Außerfern das Erlernen eines Instrumentes kaum mehr auf die Art des Überlieferns (die Eltern den Kindern, der Blasmusikkapellmeister durch das „Abrichten" des Nachwuchses usw.) durchgeführt, sondern man nimmt das Angebot der Musikschule an, um ein möglichst fundiertes Können zu erzielen. Die große Entfernung zur Landeshauptstadt ist für die Musikkultur im Außerfern gar nicht so sehr ein Nachteil. Man stellt sich auf eigene Beine und die Bevölkerung ist selbst äußerst aktiv. Die vielen musikalischen Vereinigungen sind dafür ein Zeugnis.

Blasmusikwesen

Das Außerfern hat 37 Gemeinden und es gibt derzeit 36 Musikkapellen. In drei Gemeinden bestehen trotz der niedrigen Einwohnerzahlen sogar zwei Musikkapellen - Bach-Stockach (690 Ew.), Bichlbach-Lähn (852 Ew.), Steeg-Hägerau (725 Ew.). Die Plansee Aktiengesellschaft führt eine eigene Werkskapelle.

Fünf Gemeinden haben keine eigene Musikkapelle - Breitenwang (1572 Ew.), Gramais (59 Ew.), Hinterhornbach (95 Ew.), Kaisers (83 Ew.) und Wängle (928 Ew.). Besonders erwähnenswert ist die Kleingemeinde Namlos, in der mit 100 Einwohnern eine eigene Musikkapelle mit ca. 30 Mitgliedern besteht. Insgesamt musizieren in Außerferner Musikkapellen mehr als 1400 Musikantinnen und Musikanten. Alle Musikkapellen sind zusammengefasst im „Außerferner Musikbund" (AMB), der wiederum dem „Blasmusikverband Tirol" angehört. Die Ausbildung des Nachwuchses wird der „Landesmusikschule Reutte-Außerfern" anvertraut. Im Schuljahr 2009/2010 waren es fast 500 Schülerinnen und Schüler aus Musikkapellen. Einmal pro Jahr vereinigen sich alle Musikkapellen des Bezirkes - jedes Mal in einem anderen Ort - zum *„Außerferner Bundesmusikfest"*. Die Blasmusikkapellen werden sehr geschätzt, sind sie doch in den jeweiligen Gemeinden Mitgestalter zahlreicher festlicher Aktivitäten. Die gespielte Literatur beschränkt sich schon lange nicht mehr nur auf Marsch- und Volksmusik. Zu gewissen Anlässen, insbesondere bei den so genannten Frühjahrskonzerten, wird meist auch gehobene Konzertmusik - Bearbeitungen sowie Originalkompositionen - vorgetragen, zunehmend auch Literatur aus dem Bereich „Sinfonische Blasmusik". Besonders erwähnenswert ist, dass mehrere Musikkapellen zusätzlich, regelmäßig oder nach Bedarf, kleine Gruppen führen. Es sind dies häufig Volksmusik-Gruppen oder auch Bläserensembles für festliche Anlässe mit „Alter Bläsermusik" oder auch neuerer Literatur. Das bedeutet eine weitere Bereicherung der Blasmusikszene (siehe Seite 103).

Streicherwesen

Das Streicherwesen in Tirol ist im Aufbau begriffen und noch besteht nicht in allen Bezirken ein Orchester. Das Außerfern kann hier auf eine sehr positive Entwicklung hinweisen. Die Anzahl der Schüler für Streichinstrumente ist sehr zufriedenstellend. 1978 wurde an der Musikschule Reutte - jetzt Landesmusikschule Reutte-Außerfern - als Möglichkeit des gemeinsamen Musizierens, insbesondere für Streicher, das „Kammerorchester Reutte" gegründet. Bereits ein Jahr später, am 23. 5. 1979 trat das Orchester erstmals mit einem Konzert an die Öffentlichkeit. Auf dem Programm standen damals u. a. Werke von A. Vivaldi, G. Ph. Telemann und J. Chr. Bach. Waren es anfangs nur wenige Mitglieder, also ein reines *„Kammerorchester"*, so können mittlerweile auch Auftritte als großes „Sinfonisches Orchester" mit ca. 60 Mitwirkenden erfolgen. Nach wie vor im Rahmen der Landesmusikschule Reutte-Außerfern geführt, hat sich das Orchester durch viele erfolgreiche Konzerte einen fixen Platz im Außerferner Kulturleben

erspielt und ist auch über die Bezirksgrenzen hinaus bekannt. Die Mitglieder sind Schüler und Lehrer der Landesmusikschule und andere begeisterte Streicher und Bläser aus Reutte und Umgebung. Die aufgeführten Programme beinhalten Musik aus allen Zeitepochen.

Volksmusik

Im Vergleich mit dem Tiroler Unterland gibt es im Außerfern nach wie vor nicht allzu viele regelmäßig musizierende und auftretende Volksmusikgruppen. Aber dennoch hört man immer mehr von „kleinen Partien" von Musikkapellen und da und dort von einer *„Tanzlmusig"* oder *„Saitenmusig"* sowie kleinen Gesangsgruppen, die fallweise bei geeigneten Anlässen aufspielen. Dabei wird meist nach Noten, die bei diversen Verlagen erhältlich sind, musiziert. Es gibt relativ wenig bodenständige Literatur. Bei Almfesten begegnet man häufig Weisenbläsern. Es gibt im Bezirk nur wenige Zitherspieler. Auch Harfe und Hackbrett sind nicht sehr zahlreich vertreten. Hingegen erfreut sich die Harmonika zunehmender Beliebtheit. Immer wieder bestehen auch Familiengruppen. Für echte Volksmusik zeigt das Publikum reges Interesse und bei diversen einschlägigen Veranstaltungen finden sich immer wieder erstaunlich viele Liebhaber dieser Musikgattung zusammen und musizieren gemeinsam. Man kann also durchaus feststellen: die Volksmusik lebt.

Die Engel-Familie

Der Inbegriff einer Familienmusik und auch untrennbar mit Reutte und dem Außerfern verbunden ist die Engelfamilie. Während der Kriegswirren im Jahre 1944 im Zuge von Evakuierungsmaßnahmen von Innsbruck nach Reutte übersiedelt, wurde sie in kurzer Zeit zum musikalischen Botschafter Tirols in der ganzen Welt. Der erste Auftritt erfolgte bereits 1946 und 36 Jahre lang wurde als Familienmusik musiziert. In der Anfangszeit wurden sie als die „Engelkinder" bekannt: Jann, Max, Helga, Dita, Fritz, Uta und später dann noch Paul, der jüngste Engel, sowie die Eltern Margarete und Fritz. Nach vorerst kleineren Auftritten im Außerfern begann eine unglaubliche Karriere. Das erste eigene Konzert wurde 1948 in Vils veranstaltet. Die Engelkinder wurden schnell bekannt. Nach unzähligen Konzerten in Tirol folgten Tourneen in die Schweiz und nach Deutschland und in weiterer Folge in ferne Länder. Außer Amerika wurden alle Kontinente musikalisch bereist und überall waren die Auftritte von Erfolg gekrönt. Jedes Mitglied der Familie beherrscht zahlreiche Instrumente. Ihr Programm zeichnete sich durch Vielseitigkeit aus. So kam neben der Volksmusik immer auch gehobene Kammermusik aus allen Stilepochen zum Vortrag. Der „Engelvater" Fritz, Gitarrist und Musiklehrer, führte seine Kinder sehr geschickt aber konsequent in die Musik ein. Die „Engelmutter" Margarete war immer der ruhende Pol in der Familie und wirkte im Hintergrund. Auch nach der Beendigung der großen Reisen und dem letzten Konzert als „Engelfamilie" 1982 ist der Bekanntheitsgrad ungebrochen. Die Familienmitglieder sind eigene musikalisch erfolgreiche Wege gegangen. So ist z. B. Paul, der jüngste „Engel", ein mittlerweile international anerkannter Komponist geworden. Die Engelmutter Margarete ist am 25. 6. 2004 zwei Tage nach ihrem 96. Geburtstag verstorben. Engelvater Fritz wurde am 4. November 2004 hundert Jahre alt, und war bis kurz vor seinem Tode am 30.11.2004 äußerst aktiv und an allem was mit Musik im Zusammenhang stand sehr interessiert. Die Geschichte der so erfolgreich musizierenden Familie wurde von Frau Silvia Albrich-Warger in einem Buch mit dem Titel „Die Engel-Familie, Musikanten aus Reutte in Tirol erobern die Welt" dokumentiert und gewürdigt.

Chor- und Kirchenmusik

Neben den schon erwähnten vielen Blasmusikkapellen ist doch auch das Chorwesen zu erwähnen. Hier muss unterschieden werden zwischen profanen Chören bzw. Singgruppen und den Kirchenchören. Die ersteren treten vorwiegend bei eigenen Veranstaltungen auf oder werden zu festlichen, meist weltlichen Anlässen eingeladen. Im Bezirk existieren einige derartige Chorvereinigungen:
Männerchöre, Gemischte Chöre aber erfreulicherweise auch - und das in letz-

ter Zeit - immer mehr Jugendchöre. Die gesungene Literatur reicht, je nach Gruppierung, vom Volkslied über einfache Kunstlieder bis zu Gospels und Spirituals. Einige der genannten Chorvereinigungen gestalten fallweise auch Messen.

Nach wie vor bestehen im Bezirk zahlreiche Kirchenchöre. Zum Unterschied gegenüber früheren Zeiten wird nicht mehr jeden Sonntag die heilige Messe gestaltet, sondern meist an bestimmten Fest- und Feiertagen. Aber es gibt immer noch Orte, wo z. B. bei jeder Beerdigung gesungen wird. Dank der guten Ausbildung gestalten immer mehr auch ortsansässige Instrumentalisten – zusammen mit den Chören oder eigenständig - die Gottesdienste. In einer Zeit, wo vielen die Kirche nicht mehr so viel bedeutet, ist für die Chöre die Frage des Nachwuchses oft nicht ganz einfach zu klären. Auch gibt es in vielen Orten keine Organisten mehr, aber immerhin befinden sich derzeit einige Orgelschüler an der Landesmusikschule Reutte-Außerfern in Ausbildung. Das Repertoire der Außerferner Kirchenchöre reicht von einfachen Kirchengesängen über Motetten bis zur durchkomponierten Messe. In Reutte und Breitenwang verfügt man zusätzlich über ein Kirchenorchester und ist daher in der Lage, Kompositionen großer Meister aus verschiedenen Zeitepochen zur Aufführung zu bringen, was für die Mitwirkenden auch einen besonderen Anreiz bedeutet.

Ähnlich dem Blasmusikverband gibt es für die Chorvereinigungen den „Tiroler Sängerbund", bei dem aus dem Außerfern derzeit 21 Chorvereinigungen - das sind nicht alle - als Mitglieder gemeldet sind. Im Sinne von Qualitätsverbesserungen werden Stimmbildungskurse des Tiroler Sängerbundes und der Landesmusikschule gerne in Anspruch genommen (siehe Seite 104).
Als Besonderheit soll erwähnt werden, dass das Außerfern eine ausgezeichnete „Orgellandschaft" aufzuweisen hat. In letzter Zeit wurden mehrere alte wertvolle Orgeln restauriert oder es wurden vollkommen neue gebaut.

Musikausbildung

Am 6. September 1963 fasste der Gemeinderat von Reutte den für die musikinteressierte heimische Jugend pionierhaften Beschluss über die Installierung einer entsprechenden Bildungseinrichtung. Die *„Musikschule der Marktgemeinde Reutte"* wurde gegründet, und der Unterricht konnte mit 64 Schülern am 1. März 1964 im altehrwürdigen *„Tauscherhaus"* aufgenommen werden.

War die Schüleraufnahme vorerst auf Reutte beschränkt, so hegten immer mehr Schüler aus den Gemeinden des Bezirkes den Wunsch nach einem geregelten Musikunterricht. Als besonders dringend erschien die Ausbildung des Nachwuchses für die Blasmusikkapellen, und so wurde schon 1972/73 unter der Leitung der Musikschule über den Blasmusikverband des Bezirkes - dem *„Außerferner Musikbund"* - eine Unterrichtsmöglichkeit angeboten. Nebenamtliche Lehrkräfte fuhren in die einzelnen Ortschaften und unterrichteten bis zu 180 Blasmusikschüler.

Verständlicherweise wollten aber auch *„Nichtblasmusiker"* ein Instrument erlernen. Bald konnten dann über die mittlerweile bezirksweite *„Musikschule Reutte-Außerfern"* wirklich auch zahlreiche andere Fächer angeboten werden. Die Bürgermeister des Bezirkes befürworteten dieses Projekt und sicherten finanzielle Mittel zu. Das Konzept - ein gut funktionierender Standort und regionale Betreuung bis hinaus in die einzelnen Orte - trug Früchte. Die Schülerzahlen stiegen ständig. War nun doch eine Chancengleichheit auch für Schüler aus entlegenen Gemeinden gegeben. So wurde dieses Modell des regionalen Unterrichtes als Grundlage für den Musikschulplan des Tiroler Musikschulgesetzes, das am 8. 7. 1992 einstimmig vom Tiroler Landtag beschlossen wurde, herangezogen.

Am 16. 10. 1993 wurde die Musikschule als erste in Tirol durch Herrn Landesrat Fritz Astl vom Land übernommen.

Dadurch wurde die weitere Existenz gesichert und die Weiterführung mit derzeit rund 1.300 Schülern, betreut von 42 Lehrkräften, erfolgt nun seither als *„Landesmusikschule Reutte - Außerfern"*. Dank des weitblickenden Entschlusses der Marktgemeinde Reutte und der Unterstützung durch das Land Tirol konnte am 6. 2. 2004 ein neues Schulgebäude mit genügend Räumlichkeiten für einen zeitgemäßen Musikunterricht eröffnet werden. Durch dieses zukunftsweisende Projekt setzte die Marktgemeinde Reutte ein ganz besonderes Zeichen im Sinne einer positiven Weiterentwicklung der

Neue Musikschule

Landesmusikschule Reutte-Außerfern. Es bedeutet aber auch Bestätigung und Anerkennung der Wichtigkeit dieser Bildungseinrichtung.

Das umfassende Ausbildungsangebot reicht vom ‚Elementaren Bereich' (Musikalische-Früherziehung, Kindersingen), über die Blasinstrumente, Schlagwerk, Tasteninstrumente, Zupfinstrumente, Streichinstrumente bis zur Vokalausbildung. Daneben werden an der Musikschule noch verschiedene kleinere Ensembles, mehrere Schülerblasorchester, ein Jugendstreichorchester, ein Klarinettenorchester, eine Brass-Band, eine Big-Band, ein Chor und das Sinfonische Orchester geführt.

Immer wieder gelingt es Außerferner Musikschülern auch außerhalb des Bezirkes durch ihre Leistungen zu beeindrucken und hervorragende Platzierungen bei Wettbewerben – insbesondere bei *„prima la musica"* – zu erzielen.

Musikerziehung leistet einen bedeutenden Beitrag zur Persönlichkeitsbildung des Einzelnen und gibt Impulse für das harmonische Zusammenleben in der Gesellschaft. Diesem *„Auftrag"* möchte die Landesmusikschule Reutte-Außerfern gerecht werden.

Auftritt im Thyll-Saal in der neuen Musikschule

konzerte in Reutte und Breitenwang. Die neuen Orgeln sind Anziehungspunkt hervorragender Künstler. In der Landesmusikschule gibt es nun neben den zahlreichen beliebten Schüler-, Lehrer-, Orchester- und Chorkonzerten seit Eröffnung des neuen Musikschulgebäudes mit dem schönen Saal die *„Thyll-Konzerte"*: eine Abo-Reihe mit drei Konzerten pro Jahr. Hier musizieren, von der *„Stiftung Dr. Robert und Lina Thyll-Dürr"* geförderte, ausgezeichnete Absolventen der Musikuniversität Wien.

Konzertangebote

Neben den vielen Veranstaltungen der genannten Außerferner musikalischen Vereinigungen gibt es noch eine Reihe von verschiedenen Konzertangeboten. So sind die Abo-Konzerte der Plansee-Aktiengesellschaft, bereits 1974 eingeführt von der Familie Schwarzkopf, zu einem Eckpfeiler gehobener Musikkultur geworden. Namhafte Künstler aus der ganzen Welt konzertieren regelmäßig, sechs Veranstaltungen pro Jahr, im Walter-Schwarzkopf-Saal des Metallwerkes Plansee. Eine weitere Bereicherung bedeuten die Veranstaltungen der *„Außerferner Kulturinitiative Huanza"*. Jährlich werden, meist in den Herbstwochen, die unterschiedlichsten Programme angeboten. Vom Straßentheater über Ausstellungen, avantgardistischen Besonderheiten, Jazz, Kabarett und klassischen Konzerten ist alles zu sehen und zu hören. Seit mehreren Jahren gibt es in Pinswang eine neue Initiative: in der *„Villa"* finden immer wieder musikalische Workshops und Konzerte mit namhaften Musikern statt. Erwähnenswert sind auch die in den Sommermonaten stattfindenden Orgel-

Schlussbemerkungen

Der Bezirk hat derzeit 31.837 Einwohner. Es ist sicher angebracht, die reichhaltigen musikkulturellen Aktivitäten und Angebote in Relation zur Einwohnerzahl zu stellen. Aus diesem Blickwinkel betrachtet kann mit Fug und Recht behauptet werden, dass das Musikleben im Bezirk blüht und Vergleichen mit anderen Regionen unseres Landes durchaus standhält. Somit könnte folgender Schlusssatz für das Außerfern Gültigkeit haben: *„Nicht nur die Anzahl der eingekauften Veranstaltungen macht die Kultur einer Region aus, sondern die vielen positiven und qualitätvollen Aktivitäten der Bevölkerung selbst."*

Quellennachweis

Aus dem Jahrbuch des Österreichischen Volksliedwerkes, Sonderdruck „Die Notentruhe eines Lechtaler Musikanten" von Karl Horak, 1965

Das Lechtal, geschichtliche und kulturelle Studien von Anton Spiehler, 1883

Stockach im Lechtale, Festschrift zur Feier des fünfzigjährigen Bestandes der Harmoniemusik 1880 bis 1930 von Prof. Dr. Josef Wolf, 1930

Franziskanerkloster St. Anna in Reutte 1628 – 1978, Festschrift zur 350-Jahr-Feier, 1978.

Die Museen

Ernst Hornstein

Die Museumslandschaft des Außerferns ist geprägt vom Willen einiger weniger, die Lebensweise und Kultur ihrer Heimat aus den vergangenen Jahrhunderten der einheimischen Bevölkerung und auch den Gästen nahe zu bringen. Meist getragen von privaten Vereinen, wurden Alltagsgegenstände aus dem bäuerlichen und handwerklichen Bereich, sakrale Gegenstände und den Talschaften entsprechende Besonderheiten gesammelt. In den 80er und 90er Jahren des vergangenen Jhs. entstanden dann großteils die heute noch existierenden Museen, ihren Sammlungen entsprechend auf der Basis eines Heimatmuseums.

In diesen Häusern wird nicht nur das Wissen um Vergangenes vermittelt, sondern durch die weitergeführte Sammeltätigkeit wichtiges Kulturgut gerettet. Auch die Bewusstseinsbildung bei der einheimischen Bevölkerung um die Werte unserer Vergangenheit ist ein großes Anliegen dieser Museen.

2006 hat sich der Museumsverbund Außerfern gebildet. Er hilft den Museen die Sammlungen abzustimmen, die Qualität der Häuser zu verbessern und auch die Besucherbetreuung zu forcieren.

Museum im Grünen Haus - Reutte

Am 26. April 1922 wurde in Reutte der „Verein für Heimatschutz und Heimatkunde für Außerfern" gegründet, der die maßgeblichen Aktivitäten zur Schaffung eines Heimatmuseums setzte. 1930 bekam der Verein einen ersten Raum für die gesammelten Gegenstände von der Gemeinde zur Verfügung gestellt. 1963 wurde in den Räumen des neu errichteten Verwaltungsgebäudes der E-Werke Reutte in mehreren Räumen das Heimatmuseum Reutte eröffnet. Mit dem Umzug ins Grüne Haus 1990 verwirklichte sich der Traum eines eigenen Museumshauses. Seit 1975 betreut der Museumsverein des Bezirkes Reutte das Museum im Grünen Haus.

Das „Grüne Haus" wurde in der 2. Hälfte des 16. Jhs. erbaut. In der 1. Hälfte des 18. Jhs. und zuletzt zu Beginn des 20. Jhs. erfolgten größere bauliche Veränderungen.

Seit 2010 sind die zwölf Ausstellungsräume neu gestaltet. Es wird die Geschichte unserer Region mit Schwerpunkt Reutte dargstellt. Berühmten Persönlichkeiten, die wechselvolle Reuttener Geschichte, die Wirtschaftsgeschichte und die Verkehrswege von der Via Claudia bis heute werden schwerpunktmäßig dargestellt. Die neu eingebaute originale Wirtsstube des Gasthofs „Glocke" ist Mittelpunkt der Geschichte unserer Gasthöfe und des Fremdenverkehrs. Glanzpunkt des Museums im Grünen Haus ist aber die vorwiegend barocke Gemäldesammlung um die Künstlerfamilie Zeiller aus Reutte.

Heimatmuseum Tannheimer Tal

1990 wurde in einem alten Bauernhaus, das im Besitz der Gemeinde ist, dieses typische Heimatmuseum eröffnet. Die Schaustücke stammen ausschließlich aus dem Tannheimer Tal und spiegeln in eindrucksvoller Weise das Leben in diesem Hochtal wider.

Das gesamte Haus steht als Ausstellungsfläche zur Verfügung, wodurch es möglich ist, ein sehr realistisches Bild vom Leben der früheren Zeit zu zeigen. Das Museum zeichnet sich besonders durch seine klare Übersicht aus. Im Parterre befinden sich die Wohn- und Schlafräume, wie sie tatsächlich waren. Im ersten Stock erfährt der Besucher alles über die Kultur und Vergangenheit des Tannheimer Tales. Im Dachgeschoss sind die verschiedenen Handwerkszweige ausgestellt, und in der Tenne befinden sich verschiedenste Fahrnisse sowie Arbeitsgeräte zur Landwirtschaft. Die Anordnung der Gerätschaften vermittelt dem Betrachter ein klares Bild von deren Verwendungszweck und Handhabung.

Das Museum der Stadt Vils

Seit dem Sommer 1993 befindet sich im „Schlössle", einem der traditionsreichsten Häuser des Stadtkerns, das Museum der Stadt Vils. Das mit einem Fresko aus dem 17. Jh. geschmückte Gebäude war einst Amtshaus des alten Rittergeschlechts von Hohenegg, der Burgherren von Vilsegg. Das Museum beherbergt einen großen, mit einer originalen Holzdecke versehenen Raum und mehrere angrenzende kleinere Räume. Schwerpunkt des Museums ist die Kunst des Geigenbaus, der an Hand von wertvollen Schaustücken präsentiert wird. Der Rundgang durch das Museum zeigt auch einen Querschnitt durch die Pfarrgeschichte der Stadt. Grabungsfunde auf der Burg Vilsegg sowie alte Stadtansichten und Landkarten sind Zeugen der ereignisreichen Vilser Stadtgeschichte. Liebhabern der Geologie bietet das Museum eine umfangreiche geologisch-paläontologische Sammlung aus Vils und der näheren Umgebung.

Heimatmuseum Holzgau

Im Haus Nr. 35 ist seit 1986 das Oberlech-taler Heimatmuseum eingerichtet. Das Gebäude ist ein Doppelhaus, wobei die andere Hälfte noch bewohnt wird. Besonders bemerkenswert ist die reiche Bemalung der Fassade.
In sieben, teils sehr engen Räumen wird die Lebensgewohnheit der Oberlechtaler Vorfahren sowie deren Arbeits- und Berufstätigkeit lebendig veranschaulicht.

Ehrwalder Heimatmuseum

Im Sommer 1984 wurde das Ehrwalder Heimatmuseum in einem von der Gemeinde im Mehrzweckgebäude zur Verfügung gestellten Raum eröffnet. Sein Entstehen verdankt das Ehrwalder Heimatmuseum Erwin Bader sen., der in jahrelanger Kleinarbeit und mit großem persönlichem Einsatz die Schaustücke gesammelt und so der Nachwelt erhalten hat.
Neben altem, bäuerlichem Gebrauchs-gut aus Haus und Hof, Werkzeugen und Hilfsmitteln zur Holzarbeit erfährt der Besucher Wissenswertes über den Flachs, seine Ernte, seine Verarbeitung zu Leinöl bzw. Leinen und die daraus gefertigte Haus- und Leibwäsche. „Peach", „Peachhäckli" und „Peachrampf" erzählen vom Sammeln des Baumharzes, dessen Endprodukte vielfältige Verwendung fanden: als Kollophonium, zum Abdichten von Schiffen und Fässern, als Terpentin, Seife und Salbe. Eine spezifische Heimarbeit, begründet im großen Holzreichtum von Ehrwald, war die Herstellung von Fassdauben, die von den Rodfuhrwerken auf dem Rückweg nach Solbad Hall gebracht und dort zu Salzfässern verarbeitet wurden.

Zunftmuseum Bichlbach

Gleich neben der markanten Bichlbacher Pfarrkirche steht das alte Widum. Das baufällige Gebäude ist liebevoll renoviert worden und dient heute als kultureller Treffpunkt. Seit 2006 beherbergt das Haus neben dem Zunftmuseum auch das Tourismusbüro und die Gemeindebücherei.
Im Museum sind wertvolle museale Objekte zur Geschichte der Zunft im Außerfern ausgestellt. 1696 gegründet und im 19. Jahrhundert niedergegangen, erlebte die Bruderschaft im Jahre 1974 ihre Wiedergeburt. Die einzelnen Handwerke wie Zimmerer, Maurer, Stuckateur, Maler und Vergolder werden in Zusammenhang mit der Bichlbacher Zunftkirche präsentiert. Dieses barocke Kleinod ist die einzige Zunftkirche Österreichs!
Die jährlich stattfindenden Sonderausstellungen zu einem bestimmten Thema bieten spannende Entdeckungsreisen für unsere Besucher.

Ehrenberg – Dem Ritter auf der Spur

Im Festungsensemble der Burgenwelten Ehrenberg kann der Besucher die Geschichte des Festungsbaus vom Mittelalter bis ins Barock erleben. Sie war einst die mächtigste Festungsanlage im Norden Tirols. Nach jahrelangen Restaurierungs- und Adaptierungsarbeiten konnte der Großteil der Anlage 2006 für Besucher geöffnet werden.
In der Ehrenberger Klause ist das Museum „Dem Ritter auf der Spur" eingerichtet. In 14 Räumen können die Besucher vom Leben, Lieben und Sterben auf einer mittelalterlichen Burg erfahren. Jeder Raum ist einem Thema gewidmet. Die schrecklichen Kreuzzüge werden erklärt, Burgen zu neuem Leben erweckt, Alchimisten zeigen Experimente mit Knalleffekt und in der Pestkammer klappern die Skelette mit ihren Knochen. Mit Helm und Rüstung ist aus dem Besucher schnell ein edler Recke gemacht. Unter dem Motto „Museum zum Anfassen" ist hier ein Erlebnis mit alle Sinnen von Jung und Alt gegeben.

Zugspitzmuseum

Auf dem Gipfel der Zugspitze in 2.962 m Höhe ist seit 2005 das Museum „Faszination Zugspitze" untergebracht. In mehreren Räumen der alten Bergstation werden dem Besucher mit den Themen „Eroberung der Zugspitze", „Ausblicke", „Sinnesvisionen" und „Abschied vom Berg" die spannende Erlebniswelt Zugspitze nahegebracht.

Quelle

Museumsführer – Bezirk Reutte; Die Museen in Tirol von Andrea Aschauer

Das Vereinswesen

Bernadette Philipp

Die älteste im Tiroler Landesarchiv vorhandene Aufzeichnung über die bei der Statthalterei für Tirol und Vorarlberg registrierten Vereine des Bezirkes Reutte stammt aus dem Jahr 1908. So gab es, auszugsweise angeführt, im Bezirkshauptort Reutte einen Schwimm- und Badeanstalts-Verein Mühl (1877), einen Verschönerungs-Verein (1891) und einen Gesangsverein (1893). In Elbigenalp war die Sektion Lechtal des Deutschen und Österreichischen Alpenvereines (1887) registriert, daneben gab es einen Lechtaler Radfahrer-Verein (1893). In Holzgau wurde die Sektion Lechtal des Österreichischen Touristen-Klubs (1885) gegründet sowie der Holzgauer Radfahrer-Klub (1899). In Lermoos formierte sich

Lechtaler Radfahrverein

ein Verein zur Verschönerung des Loisachtales (1889). Die Vereinstätigkeit wurde in den Jahren 1938/1939 durch das nationalsozialistische Regime zum Teil eingestellt und kam im Verlauf des Zweiten Weltkrieges (1939 – 1945) größtenteils zum Erliegen. Nach dem Ende des Dritten Reiches wurde begonnen, das Vereinswesen wieder neu zu organisieren. Vor allem die Sportvereine mit ihren Sektionen, die Musikkapellen, die Schützenkompanien und die Viehzuchtvereine des Bezirkes wurden durch Neugründungen

wieder ins Leben gerufen. Von 1950 bis 2000 vervierfachte sich die Anzahl der im Bezirk registrierten Vereine. Heute, im Jahr 2004, sind im Bezirk Reutte 434 Vereine unterschiedlichster Interessensgebiete registriert. Dazu zählen: 160 Sportvereine (verschiedenste Sportarten), 68 Landwirtschaftsvereine (Braunvieh, Schafe, Bienen, Pferde und Kleintiere), 61 Traditionsvereine (Musikkapellen, Schützenkompanien, Trachtenvereine, Brauchtumspflege allgemein), 23 Kulturvereine (Museumsvereine, Huanza, Theatergruppen), 13 karitative und gemeinnützige Vereine (Hilfs- und Sozialvereine), zwölf Wirtschaftsvereine (Werbe-, Kaufmannschafts- und Aktionsgruppen), zwölf ausländische Vereine (für Sport, Kultur und Religion), acht Natur- und Umweltschutzvereine (Alpenvereine, Transitgegner), 77 diverse Vereine (wie Interessensvertretungen, Hundezuchtvereine, Standesvereinigungen, Brandhilfe- und Viehverlustvereine, Faschingsvereine). Die Vielfalt der Vereinslandschaft deckt große Interessensbereiche der Bevölkerung ab. Ohne die ehrenamtliche Tätigkeit der Vereinsfunktionäre wäre eine Freizeitgestaltung für viele Bewohner des Bezirkes beginnend im Kleinkindalter bis hinauf ins hohe Alter in der vorhandenen Form nicht denkbar und nicht praktizierbar. Das Vereinsleben bietet Möglichkeiten zur sportlichen Betätigung sowie zur Traditionspflege und vermittelt das Gefühl der Zusammengehörigkeit mit Gleichgesinnten. Die Vereine mit ihren Funktionären leisten für den Bezirk Großartiges.

Weiterführende Literatur

Amtskalender der Statthalterei für Tirol und Vorarlberg, Landesarchiv Innsbruck und allgemeine Infos unter *www.bmi.gv.at/vereinswesen*.

Sozialwesen

Elfriede Huber

Sucht man das aus dem Lateinischen stammende Wort „sozial" im Lexikon, so findet man dafür Erklärungen wie „gesellig, der Gesellschaft dienend, den Beziehungen des gesellschaftlichen Verhaltens entsprechend."

Das Sozialwesen, damit die **Sozialarbeit,** hat sich aus der Fürsorge, die es schon seit dem Mittelalter gibt, entwickelt und wurde in Österreich in Form der öffentlichen Fürsorge 1938 institutionalisiert. Schon damals gab es die Gesundheitsfürsorge, aus der sich das heutige **Gesundheitsamt** entwickelt hat, die Öffentliche Erziehung, die Schutzaufsicht und die Amtsvormundschaft, woraus sich die heutige **Jugendwohlfahrt** entwickelt hat und die allgemeine Fürsorge, aus der die heutige **Sozialhilfe** an den Bezirkshauptmannschaften geworden ist.

Was einst Armenfürsorge war, ist heute Dienstleistung für Mitmenschen, die in den unterschiedlichsten Lebensbereichen Rat und Unterstützung durch Fachleute suchen. Aus den früheren Bittstellern, die auf Spenden und Almosen angewiesen waren, sind Bürger mit einem **Rechtsanspruch auf Sozialleistungen** geworden.

Mit der gesetzlichen Verankerung der Fürsorge in Bundes- und Landesgesetzen wie z. B. dem ABGB, dem Sozialhilfegesetz, dem Jugendwohlfahrtsgesetz oder dem Unterhaltsvorschussgesetz ist den Hilfesuchenden, ob österreichischen Staatsbürgern oder ausländischen Mitbürgern, die im Bundesgebiet leben, ein Rechtsanspruch auf soziale Leistungen zuerkannt worden.

Die ausgebildeten Fürsorgerinnen von früher sind heute diplomierte Sozialarbeiterinnen und Sozialarbeiter, die entweder in der öffentlichen Jugendwohlfahrt im Zuständigkeitsbereich der Bezirksverwaltungsbehörde tätig sind oder in der freien Jugendwohlfahrt bei den verschiedensten Beratungseinrichtungen wie z. B. Familienberatung, Alkohol- und Drogenberatung, Behindertenberatung oder in der Schulsozialarbeit.

Die Sozialarbeit entwickelte sich von der Einheitsfürsorge zu qualifiziertem Spezialistentum, die Einstellung der Gesellschaft zu Kindern und Familie ist im Wandel

Sozialdienst des Roten Kreuzes

begriffen, die Zahl der Scheidungen und damit der Alleinerzieher steigt, der Anteil an ausländischen Mitbürgern wächst an, Werte und Normen ändern sich – und all diese Veränderungen stellen neue Herausforderungen an die Gesellschaft, die Politik und damit auch an die Sozialarbeit.

Wir im Bezirk Reutte können stolz auf unser gut organisiertes und gut funktionierendes soziales Netz sein und getreu einem Ausspruch von Josef Recha *„Zukunft planen heißt Ziele formulieren"* den Weg, den wir für unsere Sozialarbeit eingeschlagen haben, weitergehen.

Das soziale Netz im Bezirk Reutte ist eng-maschig, aber nicht vollständig. Wir verfügen zur Zeit über ca. 35 Sozialeinrichtungen im Bereich
- Beratung, Betreuung, Unterstützung und Therapie
- Kinderbetreuung
- Behindertenbereich
- Selbsthilfegruppen

In einem **Zusammenschluss aller sozialen Organisationen**, dem Sozialen Kreis, versuchen wir seit 1991, die psychosoziale Versorgung zu verbessern und Lücken in der Versorgung zu schließen.

Ein wichtiges Leitziel des Sozialen Kreises ist folgende Definition von Elisabeth Schöffl-Pöll zum Thema Mitmenschlichkeit:
„Fallnetze knüpfen, aber nicht erst im Fallen!"

Der Bezirk Reutte versucht im Sozialwesen neue Wege zu gehen und für Probleme und Anliegen der Bevölkerung individuelle Lösungen zu finden. So gibt es, einzigartig in Tirol, ein Projekt im Bereich des **Pflegekinderwesens**, das sowohl die Kinder als auch ihre zwei Familien gleichzeitig im Mittelpunkt der Arbeit sieht, es gibt neue Denk- und Arbeitsansätze im Bereich der **Scheidung und Trennung** von Eltern und den damit verbundenen Folgen für die Kinder, es gibt erfolgversprechende Handlungsansätze im Bereich der **familienbegleitenden Betreuung** und der Prävention.

Dass all diese positiven Neuerungen möglich sind, verdanken wir nicht nur einer sehr aufgeschlossenen Landes- und Bezirksverwaltung, sondern auch den gesetzlichen Grundlagen, die den Rahmen für unsere Handlungen setzen:

Wir haben ein neues Kindschaftsrechts-Änderungsgesetz (2001), ein neues Tiroler Jugendwohlfahrtsgesetz (2001), ein neues Sozialhilfegesetz ist in Ausarbeitung, wir überprüfen unsere Arbeit laufend an Hand eines tirolweit gültigen Qualitätshandbuches.

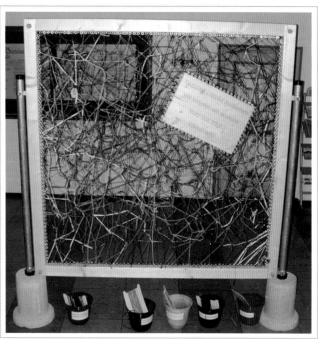

Soziales Netzwerk in der Bezirkshauptmannschaft Reutte

Durch die relative Abgeschiedenheit unseres Bezirkes, durch die rauen klimatischen Bedingungen, durch den großen Ausländeranteil, durch die Überschaubarkeit und das Einander-Brauchen stellt der Bezirk Reutte auch im Sozialbereich immer wieder große Herausforderungen an uns alle – wir wollen diese Herausforderungen als Chancen für unsere Zukunft nutzen und an unserem Sozialen Leitbild Außerfern weiter arbeiten.

Weiterführende Literatur:
Soziale Einrichtungen im Bezirk Reutte, auch unter *www.allesausserfern.at*

Bergrettung

Adolf Kerber, Ossi Keller

Aus der Chronik

1898 wurden vom Österreichischen Alpenverein alpine Rettungsgesellschaften gegründet, welche ab 1902 an jeder ÖAV-Sektion eingerichtet wurden. Im Bezirk Reutte gab es die Sektionen Ehrwald, Reutte und Lechtal. 1946 wurde der österreichische Bergrettungsdienst gegründet und vom österr. Alpenverein ausgegliedert.

1937 trat der 16-jährige Sepp Paulweber als aktives AV-Jugendmitglied dem Bergrettungsdienst in Reutte bei. 1946 wurde der autorisierte Bergführer Ortsstellenleiter von Reutte. Gleichzeitig übernahm er die Geschicke des Bergrettungswesens im Bezirk, welches er bis ins Jahr 1974 leitete.

Gerhard Eisele, Reutte
von 19. 5. 1981 bis 11. 3. 1988
Wolfgang Moosbrugger, Elbigenalp
von 11. 3. 1988 bis 11. 3. 1997
Adolf Kerber, Steeg
von 11. 3. 1997 bis heute

Werner Gehring, Tannheim
Leiter der Lawinenhundestaffel im Bezirk.

Jörg Brejcha, Reutte, und Florian Kerber, Elbigenalp, gehören dem Landesausbildungsteam der Bergrettung Tirol an.

Jährlich werden im Bezirk ca. 140 - 160 alpine Rettungseinsätze von der Bergrettung abgewickelt.

Aufgrund des aktiveren Freizeitverhaltens der Einheimischen sowie der touristischen Belebung und neuer Trendsportarten wie Fels-, Eisklettern, Schibergsteigen, Canyoning, Drachen- und Paragleiterfliegen steigen die jährichen Einsatzzahlen der Bergrettung kontinuierlich.

Lawinenübung

Ab 1948 gehörten folgende Kameraden zur Führungsriege der Bergrettung im Bezirk: Hermann Rudiger, Sepp Paulweber, Toni Cimmenton, Reutte; Fridolin Frey, Franz Zangerl, Rudolf Geisler-Moroder, Lechtal; Sepp Hörbst, Karl Ried; Tannheimer Tal.

Bezirksvertreter bzw -leiter:

Sepp Tauscher, Nesselwängle
von 1. 3. 1975 bis 22. 11. 1975
Emmerich Papp, Ehrwald
von 22.11.1975 bis 10. 2. 1979
Roland Wörle, Vils
von 10. 2. 1979 bis 19. 5. 1981

Berwang-Namlos:

32 Mitglieder
Ortsstellenleiter: Andre Sellinger
Die vermutlich früheste bekannte Tätigkeit der Bergrettung Berwang reicht ins Jahr 1896 zurück. Der älteste noch vorhandene Ausweis aus dem Jahre 1938 wurde „Liberat Falger" ausgestellt.
Im Jahre 2005 wurde die Ortsstelle Namlos (1928 von Eduard Fuchs gegründet) mit der Ortsstelle Berwang fusioniert.

Bichlbach:

42 Mitglieder (drei Flugretter)
Ortsstellenleiter: Franz Leitner
1952 gründete der Gendarm Rudolf Fichtl mit sieben Mann die Ortsstelle. 2002

wurde das 50-jährige Gründungsjubiläum gebührend gefeiert.

Ehrwald:
56 Mitglieder (zwei Flugretter, ein Lawinenhundeführer)
Ortsstellenleiter: Christian Spielmann
Schon vor dem Zweiten Weltkrieg bestand in Ehrwald eine Bergrettungsgruppe. Die Ortsstelle wurde 1946 neu organisiert. Durchschnittlich fallen jährlich zwischen 40 – 60 Einsätze an.

Elbigenalp:
42 Mitglieder (ein Flugretter, ein Lawinenhundeführer) Ortsstellenleiter: Harald Wolf
1892 wurde die Ortsstelle durch den Alpenverein, Sektion Elmen, gegründet. Das Einsatzgebiet umfasst die Gemeinden Elbigenalp, Bach, Häselgehr, Elmen, Pfafflar und Gramais.

Holzgau:
24 Mitglieder (ein Lawinenhundeführer)
Ortsstellenleiter: Auer Martin
1922 wurde einer der ersten Rettungseinsätze von Eduard Lumpert aufgezeichnet.
Schon damals gehörten drei autorisierte Bergführer der Bergrettung an.

Lermoos:
36 Mitglieder
Ortsstellenleiter: Klaus Kerber
1948 wurde die Ortsstelle von Hans Bader gegründet und von ihm geführt. Zur Feier des 55. Gründungsjahres (2003) wurde eine neue Bergrettungshütte eingeweiht.

Nesselwängle:
36 Mitglieder (zwei Lawinenhundeführer)
Ortsstellenleiter: Wilfried Ried
1907 wurde die Ortsstelle durch den Bergführer Wilhelm Ried gegründet und von diesem 40 Jahre geleitet.

Reutte:
48 Mitglieder (zwei Flugretter/zwei Hundeführer)
Ortsstellenleiter: Mag. Franz-Peter Angerer
Schon vor dem Zweiten Weltkrieg gab es eine Gruppe von Idealisten, die Menschen aus Bergnot geborgen haben.

1943 wurde die Ortsstelle von Toni Cimmenton gegründet.

Stanzach:
24 Mitglieder (zwei Lawinenhundeführer)
Ortsstellenleiter: Wolfgang Bauer
Die älteste Aufzeichnung datiert in das Jahr 1920. Als Gründer wurde Hieronimus Saurer genannt.

Steeg/Kaisers:
20 Mitglieder
Ortsstellenleiter: Johann Walch
1977 wurde die Ortsstelle mit tatkräftiger Unterstützung der Ortsstelle Elbigenalp unter der Leitung von Franz Zangerl gegründet.

Biberkopf bei Lechleiten

Tannheim:
86 Mitglieder (drei Flugretter/ein Hundeführer)
Ortsstellenleiter: Hubert Rief
Zurück bis 1925 gibt es Berichte von planmäßigen Bergrettungseinsätzen. Von Beginn an bis ins Jahr 1958 stand der Bergführer Josef Hörbst der Ortsstelle vor.

Vils:
38 Mitglieder
Ortsstellenleiter: Kurt Lachmair
Seit 1955 ist die Ortsstelle Vils selbstständig, nachdem sie von Reutte ausgegliedert worden war. 1970 wurde eine Arbeitsgemeinschaft mit der Tiroler Bergwacht gegründet.

Bergwacht

Armin Werth *(†)*, Gottfried Atzenhofer

Vor nunmehr 77 Jahren wurde auf Grund der Erkenntnisse, dass zum Schutz unserer Natur und Umwelt und zur Hilfe in Bergnot geratener Alpinisten etwas unternommen werden muss, die Tiroler Bergwacht gegründet. Bergwächter im Bezirk wurden bereits 1927 angelobt, wie Rudolf Tauscher aus Nesselwängle. Von 1927 bis 1938 wurden in verschiedenen Orten im Bezirk Förster, Waldaufseher und Jäger in die Tiroler Bergwacht aufgenommen. Sie wurden von der Bezirkshauptmannschaft angelobt, erhielten Dienstabzeichen und Dienstausweis. Damit war der Kontakt mit der Behörde erschöpft. Schulungen gab es keine. Der Aufgabenbereich war einfach der Naturschutz, jedoch ohne konkrete Angaben über die genaue Tätigkeit. Ebenfalls wurde der Schutz der Person wie im Bergwachtgesetz vorgesehen gefördert. Die Ausrüstung fehlte jedoch. Gerade in

Blumenwiese unterhalb der Jöchlspitze

der Nachkriegszeit gab es keine Schuhe, Kletterpatschen, Rucksäcke, Seile, Verbandszeug usw. Alles musste der Bergwächter selbst besorgen. Für das Dienstabzeichen musste bis 1950 eine Kaution von S 20.- hinterlegt werden, die keiner zurückerhalten hat, und das bei einem Stundenlohn von 2,50 Schilling. Der Bergwächter musste daher wirklich

Idealist sein. Er war auf sich selbst angewiesen. Die Behörde kümmerte sich wenig um ihre Bergwächter und überließ sie nach der Angelobung ihrem Schicksal. Von 1938 bis 1945 war die Bergwacht eine Art Hilfspolizei. Unterlagen über diese Zeit sind nicht vorhanden. Nach 1945 gab es einen Bezirksleiter Andreas Kechtl, der in Innsbruck war und wenig Zeit für den Aufbau der Bergwacht im Bezirk Reutte hatte. Vor allem die finanziellen Schwierigkeiten machten es nicht leicht, eine Organisation auf die Beine zu stellen. In dieser Zeit wurden auch Zöllner und Gendarmen in die Bergwacht aufgenommen. Es gab aber Idealisten, die bereit waren, in ihren Dörfern Bergwacht-Einsatzstellen zu gründen. Eine Organisation im eigentlichen Sinne gab es nicht. Die Bergwächter trafen sich in ihrer Heimatgemeinde, und einer von ihnen wurde von seinen Leuten zum Ortsleiter gewählt. Die Behörde nahm darauf keinen Einfluss. Zu erwähnen ist auch, dass der Landesleiter immer ein weisungsgebundener Beamter der Tiroler Landesregierung, Abteilung Naturschutz, war. Seit 15. 5. 1951 gab es einen Bergwachtbezirksleiter im Bezirk Reutte, Karl Preindlsberger, Gerichtsbeamter in Reutte, der eine organisierte Bergwacht aufbaute. Bis zu dieser Zeit gab es lose Ortsstellen und zwar in Vils, Haldensee, Schattwald, Lermoos, Ehrwald, Nesselwängle, Forchach, Weißenbach und Berwang. Die Ortsstellen Holzgau, Heiterwang und Reutte waren in Gründung begriffen, doch gab es nur einzelne Mitglieder in diesen Orten, aber keinen Ortsleiter. Am 9. 6. 1951 wurde die erste Ortsleiterversammlung der Bergwacht im Bezirk Reutte von Bezirksleiter Preindlsberger abgehalten. Im Juni 1951 wurde die Ortsstelle Reutte gegründet. Weiters wurden am 21. Juli 1951 die Ortsstellen Holzgau und Stanzach gegründet.

1952 übernahm Armin Werth die Bezirksleitung, da Preindlsberger nach Innsbruck versetzt wurde. Es wurden die Ortsstellen Heiterwang, Bichlbach, Elmen, Elbigenalp, Bach, Grän, Gramais und Biberwier gegründet.

Erwähnenswert ist auch, dass in Biberwier das Gründungsmitglied Franz Schönherr 40 Jahre die Geschicke dieser Ortsstelle leitete. Die Ortsstelle Berwang-Rinnen wurde wegen Mitgliedermangels aufgelöst. Nach dem tragischen Unfalltod von Ortsleiter Alfred Linser kam es in der Ortsstelle Bichlbach zu Unstimmigkeiten mit der Bergrettung und dem Fremdenverkehrsverein, sodass der neue Ortsleiter Schaub nicht genügend Unterstützung fand. Er gab auf.

Die umfangreiche Tätigkeit von Bezirksleiter Armin Werth endete 1978. Zu seinem Nachfolger wurde der Postangestellte Franz Pixner aus Vorderhornbach gewählt. In dieser Zeit wurde auch ein großes Augenmerk auf die Alpinausbildung, die Kurse wurden von Josef Sint aus Schattwald geleitet, gelegt. Weiters wurden kameradschaftliche Bewerbe wie die Alpine Lechtal-Meisterschaft und die Alpine Bezirksskimeisterschaft ins Leben gerufen.

Franz Pixner war auch bemüht, die Schulungen in verständlicher Weise abzuhalten. Er bekleidete das Amt des Bezirksleiters bis Mai 2002. Er verstarb am 19. März 2003 in seinen geliebten Bergen bei einer Skitour an einem Herzversagen.

Seit Mai 2002 leitet Gottfried Atzenhofer aus Ehrwald mit dessen Stellvertretern Ingo Vindl aus Grän und Michael Pixner aus Vorderhornbach die Geschicke der Tiroler Bergwacht im Bezirk Reutte. Mit Ende 2009 gab es im Bezirk Reutte 17 Einsatzstellen und zwar: Ehrwald-Lermoos, Biberwier, Heiterwang, Reutte-Umgebung, Vils, Weißenbach, Grän-Haldensee, Tannheim, Schattwald-Umbegung, Namlos, Vorderhornbach-Umgebung, Elmen-Pfafflar, Häselgehr, Gramais, Bach-Elbigenalp, Holzgau und Steeg-Kaisers. Vils und Tannheim bilden eine Arbeitsgemeinschaft mit der Bergrettung.

Leider wurde in den 80er Jahren eine Aufnahmesperre für Bergwacht-Anwärter erlassen, was sich in der späteren Zeit als großer Fehler herausstellte.

Mit Ende 2003 sind im Bezirk 520 Bergwächterinnen und Bergwächter gemeldet. Davon haben 164 das sechzigste Lebensjahr überschritten und sind dienstbefreit. 42 Anwärter besuchen derzeit die Schulungen.

2003 trat das neue Bergwachtgesetz in Kraft, das einige Änderungen brachte. So wurde das Zusammenlegen gewisser Einsatzstellen im Bezirk gefordert, was auf Widerstand der betroffenen Einsatzstellenleiter stieß und daher nicht zum Tragen kam.

Drei Bezirksleiter: Gottfried Atzenhofer, Armin Werth (†) und Franz Pixner (†)

Weiters wurden wichtige Aufgaben wie das Bestellen der Bergwächter von der Landesregierung in den Bereich der Bezirksverwaltungsbehörde übertragen. Auch wurden die Schulungen für Anwärter und Bergwächter neu geregelt und das Aufnahmealter auf das 16. Lebensjahr herabgesetzt. An dieser Stelle Dank allen Bergwächterinnen und Bergwächtern für den unentgeltlichen Einsatz zum Wohle unserer Natur und zur Hilfe in Bergnot geratener Mitbürger. *„Die Güter der Heimat zu schützen, dem Nächsten zu helfen in Not, das ist der Bergwacht oberstes Gebot."*

Feuerwehren

Stefan Versal

Die ersten Freiwilligen Feuerwehren entstanden in den Jahren 1880 - 1920. Das Bestreben, sich gegen das Feuer zu wehren, besteht, seit die Menschheit das Feuer kennt. Die älteste Tiroler Feuerordnung geht auf das Jahr 1339 zurück. Die alten Grundsätze dieser Löschordnungen blieben bis zur Einführung der Freiwilligen Feuerwehren gültig. Jeder Gemeindebewohner, ja sogar jeder durchreisende Fremde, musste zur Löschhilfe beitragen, wobei Kirchenglocken und Hörnern die Alarmierung zufiel. Ein spezieller Glockenschlag zeigte Feuergefahr an. Man erkannte schon damals die Wichtigkeit einer Feuerwehr in jeder Gemeinde.

Die erste Außerferner Feuerordnung entstand im Jahre 1764, in der z. B. geschrieben stand, dass in der Nacht kein Holz in das Ofenloch gelegt und kein Feuer auf offener Straße von einem Nachbarn zum anderen Nachbarn getragen werden durfte. Alle Gemeinden wurden verpflichtet, sich mit Feuerspritzen, Feuerhaken und Feuerleitern auszustatten. Jedes Haus hatte sich mit ein bis zwei Löschkübeln auszurüsten.

Einsatzübung im September 2004

Am 3. Februar 1867 schlug die Geburtsstunde des freiwilligen Feuerwehrwesens im Bezirk Reutte. Es wurde genau festgelegt, dass jeder Ortsbewohner auf Aufforderung unentgeltlich persönliche Dienste zur Bewältigung eines Brandes zu leisten hatte, wenn er dazu fähig war.

Die Freiwilligen Feuerwehren unterstanden den Gemeinden, und das oberste Kommando bei Feuersbrunst stand dem Bürgermeister zu.

Die Anforderungen und Aufgaben der Freiwilligen Feuerwehren in der heutigen Zeit

Die ureigenste Aufgabe der Feuerwehren bestand darin, Brände zu bekämpfen.

In der heutigen Zeit sind die Aufgaben einer Feuerwehr um vieles größer geworden, weil sie sich für die Sicherheit der Bevölkerung einsetzt und es sich zur Aufgabe gemacht hat, alle Bewohner vor allen möglichen Gefährdungen zu schützen.

Zur Bewältigung dieser umfangreichen Aufgaben stellen die Gemeinden den Feuerwehren auch die entsprechende Ausrüstung zur Verfügung.

Die Ausrüstungen haben sich der Zeit angepasst, sodass den Wehren moderne Tanklöschfahrzeuge, Drehleitern sowie Gefährliche-Stoffe-Fahrzeuge und vieles mehr zur Verfügung stehen.

Auch die Alarmierung durch den Glockenschlag ersetzt heute ein modernes Alarmierungssystem, das es möglich macht, von jedem Telefon über Notruf die Bezirksalarmzentrale zu verständigen. Innerhalb von Sekunden kann jede Feuerwehr und jeder Feuerwehrmann über Sirene oder auch direkt über einen Personenrufempfänger erreicht werden.

Brandeinsätze:

Die Feuerwehren bewältigen Brände in Wohnungen, Brände in landwirtschaftlichen Gebäuden, Waldbrände sowie Großeinsätze in Gewerbe- und Industriebetrieben.

Technische Einsätze:

Die weit höhere Anzahl an Ausrückungen bilden heutzutage die technischen Einsätze. Die Aufgaben reichen von Verkehrsunfällen, Bergung von Personen und Tieren, die Bekämpfung von ausgetretenen Gasen und gefährlichen Stoffen bis hin zum Umwelt- und Gewässerschutz.

Das Rote Kreuz

Wolfgang Winkler

Hand in Hand mit der steigenden medizinischen Versorgung im Bezirk Reutte stieg auch das Bedürfnis, eine eigenständige Rettungsorganisation zu gründen. Vor der Eröffnung des Krankenhauses Kreckelmoos in der Gemeinde Breitenwang teilten sich die *„Sanitätskolonne Füssen"* und die Gemeinde Reutte einen Rettungswagen. Die Kranken wurden mit dem gemeinsamen Sanitätsauto ins Krankenhaus nach Füssen transportiert.

Nachdem im Krankenhaus Kreckelmoos der Betrieb aufgenommen wurde, schlug auch die Stunde für die *„Außferner freiwillige Rettungsgesellschaft in Reutte"*. Am 6. Juni 1927 wurde dieser Verein mit dem Ziel, *bei Unglücksfällen und Notständen die erste Hilfe zu leisten und den Transport der Verletzten und Schwerkranken in geeigneter Weise zu bewirken"* gegründet.

In der Zwischenkriegszeit zeigte die Außerferner Bevölkerung trotz der schlechten wirtschaftlichen Verhältnisse große Spendenbereitschaft und trug so zum Fortbestand der Rettungsgesellschaft bei.

Der politische Anschluss an das Deutsche Reich 1938 hatte auch die Eingliederung des Rettungswesens zur Folge. Unter dem Namen *„Deutsches Rotes Kreuz, Wache Reutte"* mussten vor allem Frauen die Aufgaben der Hilfsorganisation übernehmen, da die wehrpflichtigen Männer eingerückt waren und oft nicht mehr von der Front zurückkehrten.

In den Nachkriegsjahren standen neben dem Wiederaufbau auch die humanitären Aufgaben des Roten Kreuzes im Vordergrund. Suchmeldungen, Heimkehrer- und Flüchtlingsbetreuung gehörten in dieser Zeit zum Rettungsalltag. Problematisch war vor allem die Benzin- und Ersatzteilbeschaffung. Durch die finanzielle Not konnten erst nach und nach neue technische Errungenschaften angeschafft werden. Immerhin umfasste der Fuhrpark im Jahr 1954 bereits drei Rettungswagen. Zwei hauptamtliche Fahrer waren im Einsatz.

Enorm war aber die Verbundenheit der Menschen zum Roten Kreuz. 1962 zählte der Bezirk Reutte 3000 RK-Mitglieder und war somit nach der Landeshauptstadt Innsbruck die zweitgrößte Rettungsorganisation in Tirol. Jeder Nachtdienst konnte bereits mit einem freiwilligen Helfer besetzt werden. Das steigende Verkehrsaufkommen und die oft langen Wegstrecken waren Gründe, um die erste Ortsstelle des Bezirkes in Elbigenalp zu gründen. Am 23. 10. 1965 wurde der Dienst im Lechtaler Hauptort offiziell aufgenommen.

Durch großartige Spendenaktionen wurde der Ausbau des Funknetzes ermöglicht und die erste Rettungs-

Rot-Kreuz-Helfer bei der stabilen Seitenlagerung

Bergeschere in Österreich angeschafft. Anfang der siebziger Jahre waren sämtliche Rettungswagen mit Sprechfunk ausgestattet. Zwischenzeitlich wuchs auch die Mitgliederzahl stark, sodass das Rote

Kreuz Reutte die „stärkste" Bezirksstelle landesweit wurde.

Im Frühjahr 1975 nahm die Ortsstelle Tannheim den Betrieb auf. Unmittelbarer Anlass zur Gründung einer eigenen Rettung im Zwischentoren war ein schwerer Arbeitsunfall 1976 an der Ehrwalder-Alm-Bahn. Am 21. April 1977 wurde der bislang letzte „Stützpunkt" der Menschlichkeit im Außerfern aus der Taufe gehoben.

Das Außerfern ist anders

Geographisch abgeschieden, gingen die Außerferner von jeher eigene Wege. Der Fernpass als Verkehrshürde zwang auch die Verantwortlichen des Roten Kreuzes in Reutte zur Eigeninitiative. Strukturen wie im städtischen Bereich sind für das Rettungswesen im Bezirk Reutte nicht möglich.

Der beim Bezirkskrankenhaus stationierte Rettungshubschrauber

Der Rettungsdienst ist zwar das Rückgrat des Roten Kreuzes im Bezirk, doch durch die Umsetzung gezielter Projekte bewies die RK-Bezirksführung ihre soziale Verantwortung. Neben den gewohnten Leistungen wie dem Unfall- und Krankentransport versuchte man, sich dem Zeitgeist und den besonderen örtlichen Gegebenheiten entsprechend weiterzuentwickeln. Konkret wurde bereits 1977 das erste „Essen auf Rädern" ausgefahren und die Hauskrankenpflege angeboten.

Bei allem sozialen Engagement wurde im Außerfern nicht auf die Kernaufgabe des Roten Kreuzes, das „Lebenretten", ver-

gessen. Der hohe Ausbildungsstand wurde bei Auslandseinsätzen und internationalen Wettbewerben vielfach unter Beweis gestellt. Unzählige Trophäen wurden speziell durch den Rettungsnachwuchs errungen.

Das Wissen wurde auch weitergegeben: Es wurden Schulungen für Angehörige der Bergrettung, der Feuerwehr sowie Erste-Hilfe-Kurse für die Bevölkerung und Führerscheinwerber mehrmals jährlich durchgeführt. Blutspendeaktionen und der Ambulanzdienst bei diversen Großveranstaltungen rundeten das Aufgabengebiet der RK-Mannschaften aus dem Bezirk ab.

Einen zukunftsweisenden Neubau der RK-Bezirksstelle beschlossen die Verantwortlichen im Sommer 1984. Zwei Jahre später wurde der offizielle Dienstbetrieb im Rotkreuzheim aufgenommen. Zeitgemäße Infrastruktur erhielten in den Folgejahren auch die Ortsstellen in Tannheim und Elbigenalp.

Wichtige Impulse für die Verbesserung der medizinischen Versorgung im Außerfern kamen ebenfalls vom Roten Kreuz. Bei der Installierung der beiden Notarztsysteme im Tannheimer Tal und in Reutte sowie mit der Stationierung des Notarzthubschraubers RK2 wurde die Qualität des Helfens wesentlich angehoben.

Die österreichweit ersten ausgebildeten Notfallsanitäter mit voller Notkompetenz stammen auch aus Reutte. Mit sehr gutem Erfolg absolvierten drei Mitglieder diese umfangreiche Ausbildung und sind zur Setzung zusätzlicher lebensrettender Maßnahmen wie Infusion, Injektion und Intubation befugt.

Heute ist das Rote Kreuz ein nicht wegzudenkender Bestandteil unserer Gesellschaft und sein Grundsatz, vorbeugend, pflegend oder unmittelbar lebensrettend zu helfen, besteht mehr denn je.

Quelle

Chronik Rotes Kreuz Reutte (anlässlich 75-Jahr Jubiläum von Dr. Richard Lipp zusammengefasst).

Österreichische Wasserrettung - Einsatzstelle Reutte

Simone Broll

Felsmalereien und überlieferte ägyptische Hieroglyphen belegen, dass die Kunst des Schwimmens ebenso alt ist wie die Menschheit selbst. Die alten Griechen bezeichneten einen Nichtschwimmer als dummen Menschen. Eine damals gebräuchliche Redewendung hieß: *„Er kann weder schwimmen noch lesen"*. So liegt der Schluss nahe, dass sich mit der Entwicklung des Schwimmens als *„Brauchkunst"* sehr bald die Notwendigkeit des *„Rettens"* ergab. Im alten Rom hieß es: *„Es tötet, wer nicht rettet!"* Der erste urkundliche Nachweis über die Gründung einer diesbezüglichen Rettungsgesellschaft geht auf das Jahr 1767 zurück. Die Österreichische Wasser-Rettung (ÖWR) wurde am 16. März 1957 in Linz an der Donau gegründet. Hiermit waren die Voraussetzungen für eine schlagkräftige und einsatzfreudige Rettungsorganisation innerhalb Österreichs geschaffen. 1958 tritt die ÖWR dem Internationalen Verband (FIS) bei und übernimmt als Mitglied zusätzliche Aufgaben. Im Mai 1959 gelang mit Vertretern des ÖJRK (Österreichisches Jugend-Rot-Kreuz) sowie des ASBÖ (Arbeiter-Samariter-Bund Österreich) unter Vermittlung des BMfU (Bundesministerium für Unterricht), die Vereinheitlichung des Wasser-Rettungswesens in Österreich. Doch erst im Februar 1967 gelang es, die drei Organisationen zu einer gemeinsamen Arbeit zu bringen, die seit 1970 in einer Arbeitsgemeinschaft, dem Österreichischen Wasser-Rettungswesen, zusammenarbeiten. Die Tiroler Geschichte der Österreichischen Wasser-Rettung nimmt im Jahr 1957 ihren Anfang. Damals wurde die erste Einsatzstelle vorerst in Zirl gegründet, dann nach Innsbruck verlegt. Aus dieser Innsbrucker Einsatzstelle ist letztlich der gesamte Landesverband mit nunmehr 17 Einsatzstellen entstanden. Es war die gemeinsame Leidenschaft für den Schwimm- u. Tauchsport, die 1979/80 die Einsatzstelle Reutte entstehen ließ. Aus einem privaten Tauchclub heraus trat eine Handvoll motivierter Taucher in Verhandlungen mit dem Landesverband Tirol der Österreichischen Wasser-Rettung ein. Damit hatte der Bezirk Reutte eine eigene Rettungsorganisation, deren Zielsetzung es ist, Unfälle in Gewässern zu verhindern bzw. Verunfallte zu retten. So verfügt die Einsatzstelle Reutte über speziell ausgebildete Rettungstaucher, deren Hauptaufgabe das Retten und Bergen von verunfallten Personen ist. Nicht selten ist damit auch die Bergung von Autos bzw. Wertgegenständen aus den Gewässern verbunden. Den Spezialisten stehen hiefür spezielle Hebeballone zur Verfügung. Eine Unterwasserkamera, die von Mitgliedern der Wasser-Rettung Reutte konstruiert und gebaut wurde, ermöglicht es, bei Suchaktionen in Tiefen bis 100 m vorzudringen. Diese Spezialkamera wird mit einem Monitor vom Einsatzboot aus gesteuert.

Selbstüberschätzung und Unachtsamkeit bei Modesportarten wie z. B. Canyoning und Rafting führen immer wieder zu Unfällen in schwer zugänglichen und reißenden Gewässern. Hiefür gibt es bei uns eigens ausgebildete Wildwasser-Spezialisten, die diese Aufgaben übernehmen. Weitere Schwerpunkte bilden die Überwachung von Wassersportveranstaltungen, Bergung und Sicherung bei Hochwasser sowie die Rettungsschwimmerausbildung.

Am Anfang war es eine Gruppe von Idealisten, die mit teilweise primitiven Mitteln versucht hat, die Ziele der Wasserrettung umzusetzen. Was ein paar Pioniere begonnen haben, ist heute eine durchorganisierte, professionell arbeitende Rettungsorganisation mit hochmotivierten Rettungskräften, deren Ausbildung auf höchstem Niveau liegt. Der Weg dahin war lang und beschwerlich, zumal die Wasser-Rettung nicht gerade immer jene Unterstützung erfahren hat, die sie verdient.

Wirtschaft

Wilfried Keller

Die Anfänge der gewerblichen Wirtschaft reichen weit in das Mittelalter zurück. Auch wenn Bodenschätze im Außerfern spärlich vorkommen, sind doch Jahrhunderte hindurch an einigen Stellen Erze abgebaut und verhüttet worden. Bekannt ist die ehemalige, schon im 7. Jahrhundert erfolgte Gewinnung von Eisenerz am Säuling, das in Pflach in der Hüttenmühle verarbeitet worden ist. Bedeutender war das bis 1921 betriebene Bergwerk Silberleithen, wo die am Schachtkopf südlich von Biberwier abgebauten Erze von Bleiglanz, Galmei und Zinkblende ihre weitere Bearbeitung erfuhren.

Begünstigt durch den Waldreichtum spielte die Holzwirtschaft seit jeher eine gewichtige Rolle, sei es im Bereich des Holzhandels oder der Errichtung von Sägewerken und Holz verarbeitenden Betrieben. Zu den Hauptabnehmern zählten Bayern und vor allem die Saline in Hall, wobei das Holz entweder auf dem Lech getriftet oder auf dem Landweg über den Fernpass transportiert wurde. Ebenfalls für die Haller Saline bildete die Erzeugung von Fassdauben in Ehrwald einen wichtigen Erwerbszweig. Weiters profitierten in der Vergangenheit zahlreiche Handwerks- und Beherbergungsbetriebe sowie das Rodfuhrwesen von der Abwicklung des Transitverkehrs entlang der Oberen Straße bzw. der Salzstraße. Außerferner Bauhandwerker, vornehmlich Zimmerleute, Stuckateure und Maurer, waren vor allem im Ausland gefragt, und Wanderhändler aus dem Lechtal brachten es im 18. u. 19. Jh. teilweise zu großem Reichtum und Ansehen. Die Verlagerung der Hauptverkehrslinie vom Fernpass zum Arlberg (1785) und der grundlegende wirtschaftliche Wandel im Industriezeitalter ließen den bescheidenen Wohlstand schwinden und das Außerfern im 19. Jh. zu einem Notstandsbezirk absinken.

Die Reuttener Textilwerke – Beginn der Industrialisierung

In der Zeit des wirtschaftlichen Niedergangs brachte die Errichtung einer Textilfabrik zumindest für die Bevölkerung von Reutte eine gewisse Linderung. Mit der Gründung einer *„Haar- und Flachsstampf"* in Höfen reichen erste Ansätze dieses Unternehmens zwar in das Jahr 1642 zurück, doch erst im Jahre 1825 ist auf dem heutigen Betriebsgelände eine Leinwandfaktorei zur Verarbeitung des Flachses entstanden. Der Mitbegründer der Tiroler Textilindustrie, Jakob Graßmair, errichtete 20 Jahre später eine Baumwollspinnerei, der nach dem Erwerb des Betriebes durch F. C. Hermann 1867 eine Weberei angegliedert wurde. Die *„Fabrik"* – wie sie schlichtweg genannt wurde - bot immerhin Hunderten von Menschen Arbeit und Brot. 1918 gelangte das Unternehmen in den Besitz der Kleinmünchner Baumwollspinnereien in Linz, aber erst 1949, als die neu gegründete Konzerngesellschaft Reuttener Textilwerke (RTW) als selbstständiger Teilbetrieb der Schweizer Thyll-Gruppe die Textilfabrik übernahm, konnten umfangreiche Strukturmaßnahmen wie die Angliederung einer eigenen Färberei umgesetzt werden. Neben der seit dieser Zeit sehr bedeutenden Cordsamt-Erzeugung wurden Garne aus Baumwolle und Zellwolle in verschiedenen Stärken sowie Rohgewebe für Bekleidung, Heimtextilien und Technik hergestellt, wobei rund 80 Prozent in den Export gingen. Bis zu Beginn der 1980er Jahre bot die Fabrik rund 500 Arbeitsplätze. Die harte Konkurrenz auf dem Textilsektor, vor allem durch Billigprodukte aus Asien, führte die RTW in eine Krise und letztlich zur Schließung von Spinnerei und Färberei im Jahre 1982. Die Produktion wurde in der Folge ausschließlich auf Rohgewebe konzentriert, wofür eine bauliche Erweiterung und Modernisierung der Weberei erforderlich war. Immerhin konnten in diesen Jahren mit einer auf 170 Mitarbeiter reduzierten Belegschaft noch 11 % der Webwaren Österreichs erzeugt werden. Im Jahre 1987 kam es allerdings zur Auflösung dieses traditionsreichen Unternehmens als eigenständiger Betrieb. Schließlich wurde auch dieser auf weniger als 100 Beschäftigte geschrumpfte reine Verarbeitungsbetrieb 2008 stillgelegt.

Das Elektrizitätswerk Reutte – EWR

An die zweite Stelle als Arbeitgeber im Reuttener Becken rückte somit das Elektrizitätswerk Reutte (EWR), dessen Entwicklung zu einem der größten gemeindeeigenen Stromerzeugungsunternehmen Österreichs – von den Anlagen der Landeshauptstädte abgesehen – die Voraussetzung für den Aufstieg des Außerferns zum Bezirk mit dem höchsten Anteil an Industriebeschäftigten schuf. Um 1900 kam es nämlich in Reutte zu Bestrebungen, den Abfluss des Plansees, den Archbach, für die Energiegewinnung zu nutzen. Bereits 1903 wurde durch das 1901 gegründete Elektrizitätswerk Reutte Strom erzeugt. Die Kraftwerksanlage entstand bei der ehemaligen Papierfabrik am Fuße des Tauern („Zentrale" genannt), wo das Planseewasser nach einem 1.240 m langen Druckstollen und einer bis 1987 oberirdischen Druckrohrleitung zu den ersten beiden Turbinen gelangte. Mit dem Bau eines Verbindungskanals im Jahre 1908 konnte auch der Heiterwanger See zur energiewirtschaftlichen Nutzung herangezogen werden. Die Bevölkerung stand dem elektrischen Strom zunächst allerdings ablehnend gegenüber, was zu Verhandlungen mit den bayerischen Nachbargemeinden Füssen und Pfronten und zu deren Anschluss an das Elektrizitätswerk Reutte im Jahre 1907 führte. Zur Steigerung der Leistung wurde die Kraftwerksanlage in den folgenden Jahrzehnten immer wieder ausgebaut und erneuert. Mit einer Leistung von 27.000 kW pro Stunde ist es das größte aller 13 gemeindeeigenen Kraftwerke, die zusammen 53.600 kWh erbringen. Zu den größten, alle nach 1950 entstandenen Anlagen, gehören die am Lech gelegenen Kraftwerke Kniepass (1953) und Weißhaus (1968) sowie das Kraftwerk Heiterwang (1977). Mit nahe 500 Beschäftigten (davon 300 im Außerfern) versorgt die Werkgruppe EWR rund 55.000 Menschen mit Strom - davon 25.000 im Außerfern - und zählt zu den ältesten Stromexporteuren nach Bayern. Das EWR ist aber auch im Elektroanlagenbau tätig und als Energieversorger und Dienstleister um die Erschließung weiterer ökologisch verträglicher Energieformen bemüht.

Zement- und Kalkwerk Schretter

Gerade noch ins 19. Jahrhundert fällt die Gründung der Firma Schretter & Cie in Vils im Jahr 1899 durch den Vilser Eduard Erd und Georg Schretter aus Reutte. Dieser Betrieb, dessen wuchtige Anlagen die Talmitte beherrschen, bildet den wirtschaftlichen Schwerpunkt der Stadt Vils und bietet rund 170 Menschen einen Arbeitsplatz. Anfänglich bestand die Firma aus einer Ziegelei und Falzplattenerzeugung samt Kalkbrennerei und Sägewerk. Bereits seit dem Jahr 1904 erzeugt Schretter Portlandzement, für dessen hohe Qualität die Rohmaterialvorkommen in der unmittelbaren Umgebung in ausreichendem Maße zur Verfügung stehen. Der größte und wichtigste Steinbruch befindet sich südwestlich der Stadt in den Vilser Alpen, wo Kalke und Mergel im Tagbau gebrochen, dort in einer Rohaufbereitungsanlage zerkleinert und über eine Seilbahn zum Zementwerk zur weiteren Verarbeitung transportiert werden. Neben der Produktion von Zement und Kalk im Hauptwerk Vils erfolgt der Abbau von Gipsstein in Weißenbach und seine Verarbeitung und Veredelung durch eine Tochtergesellschaft in Weißenbach am Lech. Die Firma hat sich in den letzten Jahrzehnten auch mit der Entwicklung von Hochleistungsbaustoffen etabliert und erzeugt Spezialbaustoffe und im Zweigwerk Kirchbichl Spezialbindemittel. Die Auslieferung der Endprodukte geschieht per Bahn und LKW. Neben Österreich sind Deutschland, die Schweiz und Italien die wichtigsten Abnehmerländer. Dank der Voraussetzung, dass sämtliche Rohstoffe für die Herstellung der verschiedenen

Baustoffe in hervorragender Qualität zur Verfügung stehen, bildet die Firma Schretter als einziger derartiger Betrieb in Tirol trotz seines peripheren Standortes eine wichtige wirtschaftliche Säule in der Region (Foto: Seite 201).

Das Metallwerk Plansee – ein Betrieb mit Weltgeltung

Die Gründungsgeschichte des Metallwerkes Plansee vermittelt in eindrucksvoller Weise, dass nicht rationale Überlegungen, sondern vielmehr Zufälle für eine Betriebsansiedlung ausschlaggebend sein können. Der Unternehmer Paul Schwarzkopf, der sich schon vor dem

Ersten Weltkrieg mit hochschmelzenden Metallen beschäftigt hatte, wollte seinen Betrieb wegen des hohen Energiebedarfes von Berlin nach Tirol verlegen. So sollte der 21. Juni 1921, der Tag der unplanmäßigen Ankunft von Dr. Paul Schwarzkopf in Reutte, das Leben dieses nordwestlich gelegenen Bezirkes in Tirol völlig verändern.

Die Forscherpersönlichkeit Paul Schwarzkopf (1886 – 1970) begann zunächst mit einer bescheidenen Erzeugung von Molybdän- und Wolframdrähten. Seither sind bahnbrechende Entwicklungen vom Plansee-Werk ausgegangen, wobei all diese Innovationen auf der Pulvermetallurgie gründen. In der Pulvermetallurgie werden metallische Pulver unter hohem Druck zu Formkörpern gepresst und anschließend einer als Sintern bezeichneten Wärmebehandlung unter-

zogen. Das Sintern erfolgt unterhalb des Schmelzpunktes des jeweiligen Metalles und ermöglicht so unter Umgehung des Schmelzprozesses die Herstellung kompakter, nahezu dichter Körper. Ein Teil der Metalle erhält bereits nach dem Sintern seine endgültige Form und Beschaffenheit, andere Hochleistungswerkstoffe werden Prozessen der Umformtechnik wie Schmieden, Ziehen oder Walzen unterzogen. Die dazu erforderlichen Rohstoffe Molybdän, Wolfram, Tantal, Niob oder Chrom stammen vorwiegend aus Übersee.

Heute ist das umfangreiche Angebot an Plansee-Hightechprodukten auf vier Produktionssparten verteilt. Der Unternehmensbereich Hochleistungswerkstoffe ist der weltweit führende Hersteller von Produkten aus hochschmelzenden Metallen und Verbundwerkstoffen, die als Drähte, Bleche, Stäbe und andere Formkörper in der Elektronik, Medizin, in der chemischen industrie und zahlreichen anderen Branchen der Hochtechnologie benötigt werden.

Der zweite Bereich Ceratizit Hartmetalle & Werkzeuge gehört ebenso zu den führenden pulvermetallurgischen Erzeugern von Hartstoffen und verschleißfesten Hartmetallen für den Werkzeug- und Maschinenbau, für die Autoindustrie oder für Holz- und Gesteinsbearbeitungen. Der dritte Produktionsschwerpunkt hat 1961 im nahe gelegenen Füssen seinen Ausgang genommen und erzeugt Sinterformteile für die Autoindustrie wie Synchronringe oder Stoßdämpferteile. Eine weitere im Ausbau befindliche Sparte umfasst die Herstellung von Wolfram-, Molybdän- und anderen Spezialpulvern.

Die Expansion des Betriebes sowie wirtschaftliche Beweggründe führten bereits am Beginn der 1960er Jahre zu einer Verlagerung oder Ausgliederung einzelner Produktionszweige, die entweder in Neugründungen oder in der Übernahme von Betrieben mit ähnlicher Produktionsausrichtung mündeten.

So besteht die Plansee-Gruppe mit dem „Headquarter" und den Produktionsstätten in Reutte/Breitenwang derzeit aus insgesamt 30 Produktionsstandorten, verteilt auf drei Kontinente (Europa 17, USA 8, China 2, Japan 2, Indien 1). Die weltweite Präsenz erstreckt sich weiters auf Vertriebsgesellschaften und – repräsentanzen in 49 Ländern der Erde. Der Firmengründer Paul Schwarzkopf hat seinerzeit mit 20 Mitarbeitern begonnen. Heute sind es an die 2.000 Beschäftigte allein in Reutte, weltweit etwa 6.000, die im Schnitt der letzten fünf Jahre einen Umsatz von rund 1.000 Millionen Euro erwirtschaften.

Ausschlaggebend für die Gründung von Plansee war die elektrische Energie, die das gemeindeeigene Elektrizitätswerk in dem nötigen Umfang liefern konnte. Die Standortbedingungen von einst – Energie- und Arbeitskräftepotenzial – würden heute allerdings nicht mehr rechtfertigen, einen Hightechbetrieb wie Plansee in einem Peripherraum fernab von industriellen Konzentrationen, wirtschaftlichen Ballungsräumen und wissenschaftlichen Forschungsstellen anzusiedeln. Um die infrastrukturellen Standortnachteile abzuschwächen und die Attraktivität des Raumes Reutte zu steigern, war das Unternehmen bestrebt, umfassende individuelle Anreize zu schaffen und nachhaltige Aktivitäten zu setzen. Der Erfolg gibt der Firmenphilosophie Recht, denn diese Maßnahmen haben die wirtschaftliche und auch kulturelle Entwicklung des gesamten Bezirkes maßgeblich beeinflusst.

Firmeneigene Forschung und Entwicklung nehmen dabei einen hohen Stellenwert ein. Mit sechs Prozent des gesamten Umsatzes für Forschung und Entwicklung sowie weiteren 2,5 % für Qualitätssicherung findet sich Plansee unter den forschungsintensivsten industriellen Großbetrieben Österreichs. Seit 1952 werden in Abständen von vier bis fünf Jahren internationale Plansee-Seminare abgehalten (zuletzt im Jahre 2009), zu denen bis zu 500 Wissenschaftler aus der ganzen Welt nach Reutte in das *Mekka* der *Pulvermetallurgie*" pilgern.

Größter Wert wird auf die Ausbildung des Mitarbeiternachwuchses in den eigenen Lehrlingswerkstätten gelegt, aber ebenso auf die Fort- und Weiterbildung der Beschäftigten durch anspruchsvolle Bildungsprogramme, in die seit 1971 großzügig investiert wird. Die Idee von Paul Schwarzkopf, ein Schulangebot zu schaffen, das jungen Menschen eine solide Allgemeinbildung und gleichermaßen eine handwerkliche Berufsausbildung vermittelt, konnte mit Hilfe des Plansee-Werkes im Jahre 1959/1960 realisiert werden. In der auf fünf Jahre aufgestockten Oberstufe am Realgymnasium in Reutte wurde ein pulvermetallurgischer Zweig eingerichtet, dessen Absolventen mit der Matura und mit der Facharbeiterprüfung (u. a. für Werkstoffprüfer, Chemielaborant oder Industriekaufmann) abschlossen. Leider ist dieses viel beachtete Schulmodell Ende der 1990er Jahre wegen mangelnder Akzeptanz ausgelaufen, es findet aber eine Fortführung in dem vierjährigen technischen Zweig, in dem ebenfalls ein metallurgisches Praktikum zu absolvieren ist.

Neben den Bildungs- und Ausbildungsprogrammen des Planseewerkes tragen seit 30 Jahren die Planseekonzerte, die von Künstlern internationalen Formats aufgeführt werden, zur Anhebung der kulturellen Infrastruktur des Bezirkes bei.

Industriegründungen in der zweiten Hälfte des 20. Jahrhunderts

Zu den jüngeren bedeutenden Industriegründungen im Reuttener Becken gehört die Firma Multivac Maschinenbau in Lechaschau. Mit dem Stammwerk Wolfertschwenden im nördlichen Allgäu und zahlreichen weiteren Vertriebsgesellschaften und Fertigungsstätten im In- und Ausland gilt Multivac als einer der weltweit führenden Hersteller von Verpackungsmaschinen. Das mit modernsten Fertigungseinrichtungen ausgestattete Tochterunternehmen in Lechaschau ist 1974 gegründet worden und produziert mit mittlerweile über 300 Mitarbeitern für das Hauptwerk Teile und Baugruppen von Verpackungsmaschinen. Im Reuttener Becken und dem nördlich anschließenden Raum Vils stellen Industrie, Gewerbe und Handel - mit Reutte als dem Einkaufszentrum des

Bezirkes - die bedeutendste Wirtschaftskomponente dar. Während in Zwischentoren und im Tannheimer Tal der Tourismus das Wirtschaftsleben dominiert, ist das Lechtal lange Zeit als Schwächeraum des Bezirkes hinterhergehinkt, da es neben der kargen Landwirtschaft kein weiteres wirtschaftliches Standbein aufweisen konnte. In Elbigenalp, dem Hauptort des Tales, hat sich als Besonderheit die einzige Schnitzschule Österreichs und davon ausgehend ein eigener Wirtschaftszweig entwickelt. Die Anfänge der heutigen Schule reichen in die Mitte des 19. Jahrhunderts zurück, als der Chronist und Lithograph Anton Falger eine Zeichenschule gegründet hat, die später in eine Stuckateur- und schließlich in eine Schnitzschule übergegangen ist. Den ausschlaggebenden Aufschwung zur überregionalen Schnitzschule leitete der Holzbildhauer Rudolf Geisler-Moroder ein, der die Schule 1951 übernommen und ausgebaut hatte. In fünf Wintersemestern konnte das Schnitzereihandwerk erlernt und mit einer Gesellenprüfung abgeschlossen werden. Heute ist die Schnitzschule Elbigenalp eine Privatschule mit Öffentlichkeitsrecht mit integriertem Internat und wird als vierjährige Fachschule für Bildhauer, Maler, Vergolder und Schriftdesign geführt. Ausgehend von der Schnitzschule hat sich das Schnitzereihandwerk im Lechtal zu einem bedeutenden Erwerbszweig, vor allem als Nebenerwerb zur Landwirtschaft, entfaltet. Die Auswirkungen sind vielschichtig und reichen von der Gründung der Schnitzereigenossenschaft Lechtal und Entwicklung einiger größerer Schnitzereibetriebe bis hin zum Angebot eines umfangreichen Kursprogramms für (Hobby-)Künstler in den Sommer-Kreativ-Wochen.

Der Initiative und dem Unternehmergeist des Bankangestellten Franz Koch ist es zu verdanken, dass ebenfalls von Elbigenalp ein beeindruckender wirtschaftlicher Impuls ausgegangen ist. Aus einem kleinen Tonstudio hat sich ein Hightechbetrieb von Weltgeltung entwickelt, der auf die Herstellung von optischen Speichermedien spezialisiert ist. Die heutige Firma kdg mediatech ist einer der führenden CD/DVD-Hersteller in Europa. 1985 wurde die Koch Digitaldisc als drittes und größtes CD-Presswerk Europas gegründet. Der rasante Wandel des digitalen Zeitalters erfordert gerade in dieser wachsenden Branche höchste Flexibilität und Marktanpassung. Dies geschah beispielsweise durch die Erzeugung neuer Werkzeuge für die CD-Fertigung zur Verbesserung von Produktivität und Qualität sowie die Entwicklung von CD-Prüfsystemen in den 1980er Jahren. 1996 gelang dem Betrieb der Aufstieg zum Weltmarktführer im CD-Prüfbereich. Koch-Digitaldisc war eines der ersten Presswerke Europas, das seinen Kunden ein selbst entwickeltes, bedarfsorientiertes Kopierschutzsystem anbieten konnte. 1997 wurden die Mehrheitsanteile des Unternehmens an ein niederländisches Unternehmen abgetreten und 1999 erfolgte die Umbenennung in kdg mediatech (Foto: Seite 201).

Neben dem Presswerk in Elbigenalp verfügt kdg mediatech heute über weitere Presswerke und zahlreiche Vertriebsniederlassungen in Europa

Neben dem Presswerk in Elbigenalp mit der Produktion von CDs, DVDs, Musikkassetten und andere Speichermedien verfügt kdg mediatech heute über weitere Presswerke und Vertriebsniederlassungen in Europa. Mehr als die Hälfte der rund 350 Mitarbeiter sind in Elbigenalp beschäftigt. Nicht zuletzt basiert der Erfolg von kdg mediatech als CD-Pionier auf dem hohen Stellenwert von Forschung und Entwicklung, die in Elbigenalp seit der Firmengründung zur Basis des Unternehmens gehören.

Weiters hat Franz Koch unter dem Dach der Franz Koch Privatstiftung im In- und Ausland eine Reihe von Firmen gegründet, die in der Musikbranche wurzeln. Mit der Errichtung eines 50.000 m^2 umfassenden Firmengebäudes - mit Europas erstem zentralen und selbst entwickelten automatisierten Lagerbewirtschaftungssystem „Amadeus" - wurde der Sitz dieser Firmengruppe 1992 nach Höfen verlagert. Die Koch Gruppe ist heute mit eigenen Gesellschaften in Deutschland, Schweiz, Italien, Frankreich, Spanien, Großbritannien, Niederlande, Schweden und USA vertreten. Von den rund 430

Beschäftigten entfällt etwa die Hälfte auf den Standort Höfen. Neben der Konzernzentrale befinden sich am Standort Höfen der wichtigste internationale Unternehmensbereich – Koch Media (gegründet 1994) mit dem Schwerpunkt Medien (Games, DVD-Videos und Software) sowie zwei weitere Unternehmensbereiche Druck, Design (Artpress Druckerei seit 1985) und Buch (Buchverlag Koch und Hannibal seit 2000) sowie Immobilienfirmen.

Die Koch Gruppe konnte sich als internationaler Vermarkter von interaktiven Medienprodukten über all die Jahre behaupten und seit Gründung mit einer erfolgreichen und steilen Weiterentwicklung den Sprung unter die erfolgreichsten Hersteller und Vermarkter von Spielen für PC / Konsolen, DVD, Blue Ray und Anwendersoftware schaffen. Schwerpunkte liegen in Entwicklung und Publishing sowie Vermarktung und Vertrieb digitaler Medien über alle Vertriebskanäle. Insgesamt umfasst das Sortiment cirka 3.000 Artikel.

Die Artpress Druckerei ist vor allem auf die Herstellung von Drucksachen für die Musik-, Multi-Media und Werbebranche spezialisiert. Für das Design steht eine eigene Grafikabteilung zur Verfügung.

Schlussbetrachtung

Die Wirtschaft des Außerferns beschränkt sich natürlich nicht allein auf die angeführten Großbetriebe, sondern wird von einer Vielzahl von Mittel- und Klein- bis hin zu Einmann-Betrieben geprägt. Basierend auf den Daten der letzten Arbeitsstättenzählung aus dem Jahre 2001 sind für das Außerfern immerhin 1.973 Arbeitsstätten ausgewiesen. Davon entfallen auf die Sparten Industrie und Gewerbe einschließlich Bauwesen 276 – davon zehn mit mehr als 100 Beschäftigten - sowie 1.071 Betriebe auf Handel, Verkehr und Tourismus. Der Rest verteilt sich auf den privaten und öffentlichen Dienstleistungssektor. Die starke Ausrichtung des Außerferns auf die Wirtschaftszweige Industrie und Gewerbe findet auch in dem hohen Anteil der dort beschäftigten Personen ihren Niederschlag. Von den insgesamt 13.771

Beschäftigten entfallen 5.045 oder 37% auf den als sekundären Sektor bezeichneten Wirtschaftsbereich. Mit diesem Wert liegt das Außerfern weit über dem Tiroler Durchschnitt mit 28 %.

Der Bedarf an hoch qualifizierten Beschäftigten in den forschungsintensiven Hightechunternehmen des Außerferns hat nicht nur zu einem Anstieg der Maturanten- und Akademikerquoten geführt, sondern den Bezirk auch hinsichtlich des Einkommensniveaus in das Spitzenfeld Tirols gerückt. Die insgesamt erfolgreiche wirtschaftliche Entwicklung der letzten Jahrzehnte hat Reutte aus dem Notstandsbezirk zu Beginn des 20. Jhs. allmählich wieder zu einem Wohlstandsbezirk aufsteigen lassen. Mit dem Beitritt Österreichs zur EU 1995 konnten auch die wirtschaftlichen Kontakte zu den bayerischen Nachbarregionen weiter intensiviert und damit die Nachteile durch die Peripherlage des Außerferns innerhalb Tirols abgeschwächt werden.

Literaturhinweise

Fuchs, Franz (1984): Heimat Außerfern. Eine Heimatkunde des Bezirkes Reutte. Reutte

Keller, Wilfried (1986): Wandlungen im alpinen Bevölkerungsbild unter dem Einfluss der Industrialisierung.- Das Außerfern als Beispiel. In: Beiträge zur Bevölkerungsforschung (Festschrift Ernest Troger Bd. 1), Wien

Keller, Wilfried (1989): *Vom Markt zum zentralen Ort. In: Reutte – 500 Jahre Markt 1489 – 1989. Herausgegeben von der Marktgemeinde Reutte - Reutte.*

Keller, Wilfried (1994): *Vom Bauerndorf zur Industriegemeinde. In: 900 Jahre Breitenwang 1094-1994. Herausgegeben von der Gemeinde Breitenwang - Innsbruck*

Keller, Wilfried (2002): Der obere Weg: Außerfern, Fernpass und das Obere Gericht. In: Europaregion Tirol-Südtirol-Trentino. Geographischer Exkursionsführer Bd. 1 (Innsbrucker Geographische Studien 33/1), Innsbruck

Lipp, Richard (1994): Das Außerfern. Der Bezirk Reutte, Innsbruck

Statistik Österreich (2004): Arbeitsstättenzählung 2001 - Hauptergebnisse Tirol.

Landwirtschaft

Thomas Lorenz

Grundlagen

Die reizvolle Landschaft des Bezirkes Reutte ist wesentlich durch die jahrhundertelange bäuerliche Bewirtschaftung geprägt (Kulturlandschaft). Im Vergleich zu anderen Tiroler Bezirken herrscht im Außerfern besonders raues Klima. Niederschläge gibt es reichlich. Neben der forstwirtschaftlichen Nutzung – der Wald ist großteils in Gemeinschaftsbesitz – ist bei der landwirtschaftlichen Nutzung im Bezirk praktisch ausschließlich die Grünlandwirtschaft möglich. Ackerbau ist aus klimatischen Gründen so gut wie keiner vorhanden.

Das Grünland (Wiesen, Weiden, Bergmähder und Almflächen) kann somit nur als Futter über die Viehwirtschaft verwertet werden. In den bäuerlichen Betrieben werden hauptsächlich Rinder und Schafe, aber auch Ziegen und Pferde gehalten.

Es dominiert der Nebenerwerb, d. h. meistens ist ein zusätzliches außerlandwirtschaftliches Einkommen vorhanden. Die Bäuerinnen sind aus der Landwirtschaft nicht wegzudenken.

Sowohl die geschichtliche Entwicklung der Landwirtschaft als auch die Tatsache, dass es nach wie vor im Bezirk drei bedeutende Milchverarbeitungsbetriebe gibt, rechtfertigen es, das Außerfern als *„Züchterregion mit Käsetradition"* anzusprechen.

Flächennutzung (landwirtschaftliche Bodennutzung)

4.644 ha	mehrmähdige Wiesen (einschließlich Kulturweiden)
834 ha	einmähdige Wiesen und Bergmähder
200 ha	Hutweiden
18.300 ha	Almfutterfläche

Insgesamt werden also ca. 23.978 ha Grünland genutzt.

Almwirtschaft

Auf über hundert Almbetrieben wird jährlich Vieh aufgetrieben, teilweise auch von auswärts. Vier von fünf Tierhaltern des Bezirkes treiben ihr Vieh im Sommer auf eine Alm.

Nur noch auf einzelnen Almen wird die Milch direkt zu Almkäse verarbeitet.

Landwirtschaftliche Betriebe

Im Jahr 2009 registrierte die Bezirkslandwirtschaftskammer Reutte 833 aktive Betriebe, darunter waren 157 Almen bzw. Gemeinschaftsweiden.

Unter den restlichen Betrieben finden sich zu diesem Zeitpunkt 163 biologisch wirtschaftende Betriebe. Bezogen auf die bäuerlichen Familienbetriebe (*„Heimbetriebe"* ohne Almen und Gemeinschaftsweiden) waren im Jahr 2009 also 24 % Biobetriebe.

Fast alle Betriebe nehmen am österreichischen Programm für umweltgerechte Landwirtschaft (ÖPUL) teil. Dadurch wird sichergestellt, dass die Bewirtschaftung unter umweltverträglichen Bedingungen erfolgt.

Viehzahlen laut letzter Komplettzählung 2009

Anzahl		Halter
5.528	Rinder *davon 2.547 Kühe*	375
670	Pferde	
288	Schweine	
3.490	Schafe	
466	Ziegen	
2.041	Hühner	

Viehhaltung

Im Bezirk Reutte wird von den Rinderhaltern großteils die Rasse *„Braunvieh"* gehalten. Die Braunviehzucht ist vereinsmäßig organisiert (44 Viehzuchtvereine im Bezirk Reutte im Jahr 2009) und bildet mit der Milchproduktion das Rückgrat der Außerferner Landwirtschaft.

Ein eher jüngerer Betriebszweig ist die Mutterkuhhaltung. 45 Betriebe im Bezirk zählten im Jahr 2009 zu dieser Art der Rindfleischerzeugung.

Neben Rindern werden auch Pferde, Schafe (neun Schafzuchtvereine), Ziegen und Hühner gehalten.

Milchwirtschaft

2009 lieferten im Bezirk Reutte liefern ca. 241 Milchviehbetriebe ca. 8,3 Millionen kg Milch an, das ergibt eine durchschnittliche Jahresanlieferung von ca. 34.000 kg pro Lieferant. Der Anteil der angelieferten Almmilch beträgt ca. 1 Million kg.

Folgende Milchmengen konnten 2009 von den drei milchverarbeitenden Betrieben (Käsereien) des Bezirkes übernommen werden:

Molkerei Wildberg, Reutte: 5,7 Millionen kg
Tannheimer Taler Bergkäserei Biedermann, Grän: 1,8 Millionen kg
Lechtaler Naturkäserei Fam. Sojer, Steeg: 0,8 Millionen kg

In diesen Betrieben wird ausschließlich silofreie Milch verarbeitet (Hartkäserei), Hauptprodukte sind Emmentaler und Bergkäse.

Direktvermarktung

Rund 100 landwirtschaftliche Betriebe beschäftigen sich mit der Direktvermarktung von bäuerlichen Produkten.

Urlaub am Bauernhof

In dieser professionell organisierten Werbegemeinschaft bieten 18 Betriebe ihre Dienstleistungen an (Stand 2009).

Fachliche Aus- und Weiterbildung

Interessierte Jugendliche des Bezirkes Reutte können die Ausbildungsangebote im Bereich Landwirtschaft bzw. Hauswirtschaft beispielsweise an der Landwirtschaftlichen Lehranstalt Imst bzw. an der Fachschule für ländliche Hauswirtschaft Breitenwang wahrnehmen. Rund ein Drittel der Absolventen der Landwirtschaftlichen Fachschule Imst kommt aus dem Bezirk Reutte.

Deneben bietet das Ländliche Fortbildungsinstitut (LFI) im Rahmen der Erwachsenenbildung ein vielfältiges Bildungsprogramm an.

Schlussbemerkung

Die Landwirtschaft des Bezirkes Reutte erfüllt vielfältige Funktionen.

Neben der Produktion von qualitativ hochwertigen Lebensmitteln und der Erhaltung einer intakten Kulturlandschaft gibt es zunehmend auch andere Ansprüche der Gesellschaft gegenüber den Bauern und Grundbesitzern. Der Anspruch auf Grund und Boden beispielsweise für die Besiedlung (Bauland, Gewerbegebiet, Verkehrsflächen etc.), aber auch der Anspruch seitens der Freizeitwirtschaft (vom Fahrradsportler bis zum Golfspieler). Ebenfalls muss hier auch das Spannungsfeld zwischen Naturschutz und Landwirtschaft genannt werden. Hier erhebt die Gesellschaft Anspruch auf Leistungen, die oftmals den Grundeigentümer bzw. Bewirtschafter wesentlich beeinträchtigen.

Aus diesem vielfältigen Zusammenhang wird bewusst, welche Verantwortung auch der einzelne Bürger bei der Wertschätzung der bäuerlichen Produkte und Dienstleistungen hat. Dies sollte beim bewussten Betrachten der gepflegten Landschaft aber auch beim gezielten Einkauf von Lebensmitteln nicht vergessen werden.

Literatur

Erhebungen und Daten der Bezirkslandwirtschaftskammer Reutte.

Einschlägige Internet-Adressen
www.lk-tirol.at
www.lfi.at
www.tirol.gv.at

Forstwirtschaft

Josef Walch

Gute Waldausstattung

Die Waldfläche des Bezirkes Reutte beträgt rund 46.500 ha. Bezogen auf die Gesamtfläche von 123.700 ha ergibt sich ein Waldanteil von 38 %. Mit diesem Wert liegt die Waldausstattung geringfügig über dem Tiroler Durchschnitt. Die Waldfläche im Bezirk Reutte nimmt derzeit durch Naturverjüngung auf landwirtschaftlichen Grenzertragsböden und Almen zu.

Die Standortvoraussetzungen für den Außerferner Wald sind zum überwiegenden Teil ungünstig. Rund 3/4 der Außerferner Wälder stocken auf seichtgründigen Kalk- und Dolomitstandorten mit schlechter Nährstoffversorgung und geringer Humusauflage. Auf den viel leichter verwitterbaren Lias-Fleckenmergel Gesteinen (ca. 1/4 der Fläche) haben sich fruchtbare Böden mit guter Nährstoffversorgung und Wasserspeicherkapazität entwickelt. Diese Standorte sind sowohl für das Waldwachstum als auch für die Landwirtschaft wesentlich ertragreicher, den Fleckenmergelstandorten sind auch die Lechtaler Grasberge zuzurechnen.

Die Außerferner Wälder gehören zu den Wuchsgebieten der nördlichen Randalpen und nördlichen Zwischenalpen. Als Waldgesellschaften in der montanen Stufe (bis ca. 1400 m Seehöhe) kommen der Fichten-Tannen-Buchen-Wald, Fichten-Tannen-Wald und Fichten-Kiefern-Wald vor. In der subalpinen Stufe (von 1400 m aufwärts) sind Fichtenwaldgesellschaften mit teilweiser Beimischung von Lärche, örtlich auch Zirbe, natürlich vertreten. Die teilweise ausgedehnten Latschenbestände kommen nur innerhalb der potentiellen Waldgrenze bis in eine Höhe von ca. 1850 m vor und bilden den obersten Gehölzgürtel. Auf Schutthalden und in Lawinenbahnen dringen sie bis zum Talboden vor.

Aufgrund der überwiegend schlechten Standortvoraussetzungen liegt der durchschnittliche Holzzuwachs im Bezirk nur bei ca. 4,5 Vorratsfestmetern (Vfm) pro Hektar und Jahr. Auch die durchschnittlichen Holzvorräte (ca. 270 Vorratsfestmeter pro Hektar) weisen im Vergleich zum übrigen Tirol relativ niedrige Werte auf. Hauptbaumart im Bezirk ist mit einem Anteil von fast 79 % die Fichte, in geringerem Umfang sind Kiefer, Tanne, Lärche, Buche, Ahorn, Vogelbeere oder sonstige Laubhölzer beigemischt.

Baumartenverteilung im Bezirk Reutte

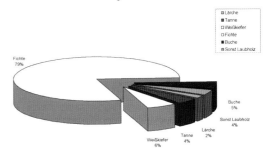

Waldeigentum – überwiegend Gemeinschaftswald

Rund 4/5 des Waldes (81 %) im Außerfern stehen im Eigentum von Agrargemeinschaften oder Gemeinden und werden gemeinschaftlich genutzt. Während Wiesen- und Ackerflächen bereits bei der Besiedlung aufgeteilt wurden, blieben der Wald und die Almen zum überwiegenden Teil im Gemeinschaftsbesitz. In früheren Zeiten waren alle Gemeindebürger nutzungsberechtigt, mit einer deutlichen Bevölkerungszunahme ab dem Mittelalter wurden diese Nutzungsrechte an die bestehenden landwirtschaftlichen Betriebe (Stammsitzliegenschaften) gebunden. Seit dem Beginn des 20. Jhs. sind aus diesen Nutzungsgemeinschaften durch Regulierung Agrargemeinschaften entstanden. Der größere Teil der Agrargemeinschaften verfügt über eigenen Grund und Boden, in verschiedenen Gemeinden ist das Grundeigentum bei den Gemeinden verblieben (Gemeindegut).

12 % des Außerferner Waldes gehören der Republik Österreich – Österreichische Bundesforste und werden von der ÖBF-AG verwaltet. Die Staatswaldflächen sind teilweise aus den landesfürstlichen Waldungen und teilweise aus Waldflächen, für die die Gemeinden aufgrund der nicht möglichen Bewirtschaftung keine Steuern bezahlt haben, hervorgegangen. Bis 1982 gab es für die Bundesforsteflächen eine eigene Forstverwaltung im Bezirk, nach sehr starken Rationalisierungs- und Personaleinsparungsmaßnahmen werden diese Flächen mittlerweile vom Forstbetrieb Oberinntal mit Sitz in Hall betreut.

Nur 7 % der Waldfläche sind Privatwald. Die Privatwaldflächen haben im Durchschnitt eine Flächenausstattung von unter 1 ha und sind zum überwiegenden Teil zugewachsene landwirtschaftliche Flächen.

Waldeigentum im Bezirk Reutte

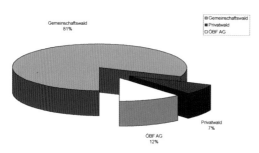

Hoher Schutzwaldanteil - Schutzfunktion am wichtigsten

Vom Außerferner Wald ist nur ein Drittel (34 %) als Wirtschaftswald einzustufen. Bei 24 % handelt es sich um Schutzwald im Ertrag, hier sind zwar regelmäßige Nutzungen möglich, die Bewirtschaftung muss aber aufgrund der schwierigen Wiederbewaldung entsprechend vorsichtig erfolgen. 42 % gehören zur Kategorie Schutzwald außer Ertrag, es handelt sich dabei zum Teil um Hochwaldflächen in extremen Lagen, wo nur Zufallsnutzungen möglich sind, und zum Teil um Latschen und Grünerlenflächen, die eine wichtige Bodenschutzfunktion ausüben. In Summe sind also zwei Drittel der Gesamtwaldfläche des Bezirkes Schutzwald!

Waldausstattung im Bezirk

Waldkategorie	ha	%
Wirtschaftswald	15.692	34
Schutzwald im Ertrag	11.026	24
Schutzwald außer Ertrag	19.748	42
Summe	46.466	100

Aufgrund der steilen Hanglagen und der hohen Niederschläge kommt der Schutzfunktion der Außerferner Wälder eine besondere Bedeutung zu. Die Sicherheit von vielen Siedlungsräumen und Verkehrswegen ist mit einer möglichst guten Erfüllung der Schutzfunktion der Wälder untrennbar verbunden. So verhindert der Wald das Anbrechen von Lawinen, dämpft den Hochwasserabfluss bei Starkniederschlägen und schützt durch intensive Bewurzelung den Boden vor Erosionen. Aber gerade im Schutzwald ist zur Aufrechterhaltung der Schutzwirkung eine Bewirtschaftung mit einer rechtzeitigen Verjüngung und Pflege notwendig.

Die Schutzwälder weisen durch zunehmende Überalterung, Vitalitätsverlust und abnehmende Bestockung einen sehr schlechten Zustand auf. Die dringend notwendige Verjüngung in diesen aufgelichteten Wäldern bleibt derzeit aufgrund verschiedener Verjüngungshindernisse – vor allem durch zu starken Wildeinfluss – aus.

Waldwirtschaft – nachhaltige Bewirtschaftung

Für die Agrargemeinschafts- und Gemeindegutswälder sowie die Österreichischen Bundesforste liegen durch die regelmäßige Forsteinrichtung Hiebsätze vor. Der nachhaltig mögliche Einschlag liegt bei ca. 85.000 fm und wird nur zu ungefähr 90 % genutzt. Zur notwendigen rechtzeitigen Waldverjüngung wäre eine Steigerung der Nutzung sinnvoll und wertvoll. Vor allem bei der Waldpflege der Jungbestände, bei den Läuterungen und Durchforstungen sind Rückstände vorhanden. Mit der Ausschöpfung des Nutzungspotentials und rechtzeitigen Durchführung von Pflegemaßnahmen wäre ein zusätzliches Einkommen für Nebenerwerbsbauern zu erzielen.

Neben den Einnahmen aus dem Holzverkauf bilden vor allem die Einnahmen aus der Jagdverpachtung für die Waldbesitzer ein wichtiges wirtschaftliches Standbein. Die rund 100 Genossenschafts- und Eigenjagden sind größtenteils an ausländische Jagdpächter verpachtet. Der Schaffung oder Erhaltung eines ausgewogenen und landeskulturell verträglichen Wildstandes kommt bei der Waldbewirtschaftung eine entscheidende Rolle zu.

und zu erheblichen Einkommensverlusten für die Waldbesitzer.

Starke Verwurzelung gibt Standfestigkeit

Schlechter Waldzustand – Kronenverlichtungen, Wildschäden, Windwurf und Borkenkäfer

Laut Waldzustandsinventur 2008 weist tirolweit rund ein Drittel aller untersuchten Bäume deutliche Kronenverlichtungen auf. Von den Kronenschäden sind vor allem die Nordalpen und die Schutzwälder betroffen. Der Bezirk Reutte, der zur Gänze den Nordalpen zuzuordnen ist und einen hohen Schutzwaldanteil hat, weist die höchsten Kronenschäden von ganz Tirol auf.

Neben dem schlechten Kronenzustand bereitet vor allem die Entmischung der Außerferner Wälder ernste Sorgen. Gerade die Tannen und Laubhölzer sind durch Wildverbiss besonders gefährdet. Die Verjüngung von Lärche und Kiefer wird durch Fege- und Schlagschäden beeinträchtigt. An den Wildschäden sind alle drei Schalenwildarten, sowohl Rotals auch Reh- und Gamswild in unterschiedlichem Ausmaß beteiligt.

Die Außerferner Wälder wurden besonders im Jahr 1990 durch orkanartige Stürme schwerst in Mitleidenschaft gezogen. Bei diesen Stürmen sind rund 300.000 fm Schadholz angefallen. Durch die nachfolgende Borkenkäfermassenvermehrung sowie weitere größere Stürme mit einem Schadholzanfall von rund 400.000 fm kam es zur teilweisen Beeinträchtigung der Waldfunktionen

Verbesserung des Waldzustandes

Zur Erleichterung der Waldbewirtschaftung und der Verbesserung des Waldzustandes wurde seit dem Katastrophenjahr 1990 die Erschließung der Schutzwälder mit Forstwegen vorangetrieben und die Seilkranbringung intensiviert. Zum Teil bestehen allerdings nach wie vor noch große Erschließungsrückstände. Aufgrund der schlechten Ertragslage aus dem Wald ist die Durchführung von Schutzwaldsanierungs-, Aufforstungs- und Waldpflegemaßnahmen in größerem Umfang nur mit der entsprechenden Förderung möglich. Voraussetzung für eine Förderung von Schutzwaldverbesserungsprojekten ist dabei allerdings, dass keine Hinderungsgründe für die Waldverjüngung vorliegen.

Holzverarbeitung – mehr Wertschöpfung im Bezirk

Im Bezirk Reutte gibt es zwar sehr moderne Holzbaubetriebe, aber kein größeres, leistungsfähiges Sägewerk. Daher wird ein Großteil des Verkaufsholzes über den Fernpass abtransportiert. Ein höherer Einschnitt und der verstärkte Einsatz von Biomasse wäre eine große Chance zur Erhöhung der Wertschöpfung im Bezirk und zur Schaffung von zusätzlichen Arbeitsplätzen im ländlichen Raum.

Wasserbau am Lech

Wolfgang Klien

Der Lech bringt bei seinem Übertritt nach Tirol an der Landesgrenze bei Prenten die Wässer von 133 km² aus Vorarlberg mit. Während der Lechursprung im bzw. unterhalb des Formarinsees auf 1800 m Seehöhe liegt, befindet sich der Lech an der Landesgrenze auf 1250 m Seehöhe und verlässt schließlich beim Entenstein auf 797 m unser Bundesgebiet.

In seinem gesamten Tiroler Lauf nimmt er rund 40 größere und kleinere Zubringerflüsse auf, davon etwa gleich viele auf der rechten, südlichen Seite, aus den Lechtaler Alpen wie auf der linken, nördlichen Seite, aus den Allgäuer Alpen. Die Gesamtfläche der Zubringer beträgt 1278 km², wovon 199,4 km² alleine durch die Vils beigesteuert werden.

Die größten Zubringer (über 30 km²) sind

Rückbau der Geschiebesperre am Hornbach

der Kaiserbach mit rund 58 km², der Alperschonbach mit 85 km², der Otterbach mit 45 km², der Streimbach mit 70 km², Hornbach und Namlosbach mit je 65 km², der Schwarzwasserbach mit 43 km², der Weißenbach mit 36 km², der Rotlech mit 87 km², der Archbach mit 145 km² und die Vils. Lediglich Hornbach, Schwarzwasserbach und Vils entstammen den Allgäuer Alpen. Der größere Teil des Einzugsgebietes flussaufwärts des Kniepasses, über Rotlech und Grund-

bach bis in das Gebiet von Zwischentoren ist somit den wetterbestimmenden Nordweststaulagen ausgesetzt. Diese sind zumeist maßgeblich am Zustandekommen von Hochwasserereignissen beteiligt, wie zuletzt in den Jahren 1999 und 2002.

Die Geschichte des Wasserbaues im großen Maßstab beginnt im Lechtal zu Anfang des 20. Jhs., nachdem das Katastrophenereignis des Jahres 1910 weite Teile des Talbodens verwüstet und Hab und Gut der Einwohner zerstört hatte. Die katastrophalen Auswirkungen dieses Hochwassers waren nicht zuletzt durch planlose Abholzungen des Schutzwaldes an den Talflanken des Lech und seiner Zubringer entstanden. Um die Abfuhr der verheerenden Schottermassen zu verbessern und Land für Weide- und Grünlandwirtschaft zu gewinnen und sicherzustellen, wurden auf Basis des generellen Projektes aus dem Jahre 1910 und den Planungen aus der Nachkriegszeit (1923) sukzessive weite Strecken des Lech verbaut.

Diese Wasserbauwerke, von mehreren Generationen von Lechtalern jeweils während der kargen Wintermonate als spärlicher Zuverdienst errichtet, prägen heute weitläufig das Bild des Flusses. In manchen Abschnitten ist die Verlandung schon weit fortgeschritten, ehemals dem Fluss zugehörige Flächen sind längst gewässerfremd bewirtschaftet und bebaut. Andere Fließstrecken dagegen konnten noch weitgehend ihren Wildflusscharakter beibehalten und vermitteln jenes Bild, das dem Lech seinen Stellenwert in der Diskussion um die Schutzwürdigkeit alpiner Fließgewässer gesichert hat. Sogar die bekannten Buhnenfelder zwischen Stanzach und

Forchach, obwohl zum Teil Ergebnis der Eingriffe des Menschen in den Wasser- und Feststoffhaushalt des Flusses, gelten heute als Markenzeichen für den Wildfluss Tiroler Lech.

Um jedoch die Einzigartigkeit des gesamten Fließgewässers samt seiner Zubringer, der hochdynamischen Schotterflächen und der flussbegleitenden Augebiete zu erhalten und gleichzeitig den Hochwasserschutz für die Menschen des Außerferns, ihr Leben und Wirtschaften zu gewährleisten, werden seit Beginn der 80er Jahre verstärkte Anstrengungen seitens der Bundeswasserbauverwaltung unternommen. Diese zielen darauf ab, die Eingriffe am Gewässer zu minimieren, ohne berechtigte Schutzansprüche der Anrainer in Frage zu stellen. Unterstützt durch den reichen Grundbesitz des Öffentlichen Wassergutes (der Republik Österreich) wird versucht, gewässernahe Flächen für den Fluss zu erhalten und zu sichern, und durch Rückbaumaßnahmen wieder in einen naturnahen Zustand zurückzuführen. An anderen Stellen konnte durch flächensparende Schutzbauten für besiedelte und gewerblich genutzte Gebiete (z. B. Lechaschau, Pflach) eine zeitgemäße Hochwassersicherheit gewährleistet werden.

Diese Bemühungen wurden schließlich durch die Erklärung von rund 33 km² gewässernaher Grundflächen zum Natura 2000-Gebiet gekrönt. Als Ergebnis konnte im Jahr 2001 ein von der EU gefördertes Life-Projekt zur Verbesserung der ökologischen Situation am Lech und seinen Zubringern gestartet werden. Kernstück der Wasserbauprojekte am Lech sind Maßnahmen zur flussmorphologischen Sohlstabilisierung (Umwandlung verlandeter, bewaldeter Flächen in dynamische Umlagerungsflächen) an der Johannesbrücke und Planungen zur ökologisch verträglichen Bewirtschaftung des Feststoff-(Schotter-)haushaltes

mittels einer Geschiebefalle beim Hornberg zur Sicherstellung des Hochwasserschutzes im Zentralraum Reutte für die Gemeinden Ehenbichl, Höfen, Lechaschau, Reutte und Pflach.

Ein Projekt ähnlicher Zielsetzung ist auch für den Abschnitt Kniepass – Ulrichsbrücke vorgesehen, der durch den Einschnitt des Kniepasswehres, die Restwassersituation und die Trassierung der Schnellstraße im linken Vorland mas-

Der Lech bei Forchach

siv beeinträchtigt wurde. Auch hier sollen die festgestellten Eintiefungen der Flusssohle von drei Meter und mehr durch „weiche" flussbauliche Maßnahmen, Eingriffe zur Lenkung des Hochwasserabflusses und den Rückbau von Quer- und Längswerken rückgängig gemacht werden.

Zusammenfassend kann man festhalten, dass durch die gemeinsamen Anstrengungen der Wasserbauverwaltung, der Bezirksverwaltungsbehörden und Gemeinden mit der Umweltschutzabteilung der Lech in seinem Bestand als Tiroler Wildfluss von europäischer Bedeutung erhalten und bewahrt werden kann. Die am Lech und seinen Zubringern geplanten großen und kleinen Schritte werden den „ökologisch guten Zustand", wie es in der EU-Wasserrahmenrichtlinie festgelegt ist, nachhaltig festigen und verbessern, wobei gleichzeitig der Schutz der Bewohner und ihrer Lebensgrundlagen gesichert ist.

Siedlungswasserbau

Markus Hosp

Abwasserentsorgung

Der Bezirk Reutte ist derzeit kanaltechnisch zu 97 % erschlossen. Die Abwässer der angeschlossenen Objekte werden biologischen Abwasserreinigungsanlagen zugeführt. Der bisherige Investitionsaufwand für die biologischen Abwasserreinigungsanlagen incl. der Regionalkanäle und der dazugehörigen Ortsnetze beträgt ca. 212 Mio. Der Aufwand der kommenden Jahre wird bei ca. 19 Mio liegen.

Kläranlagen und Abwasserverbände

Abwasserverband Ehrwald-Lermoos-Biberwier

Das regionale Klärwerk steht in Ehrwald. Die Mitgliedsgemeinden sind: Ehrwald, Lermoos und Biberwier.

Abwasserverband Tannheimer Tal

Das regionale Klärwerk steht in Schattwald. Die Mitgliedsgemeinden sind: Nesselwängle, Grän, Tannheim, Zöblen und Schattwald. In den nächsten Jahren ist geplant, den Ortsteil Rauth der Gemeinde Nesselwängle und den Ortsteil Gaicht der Gemeinde Weißenbach an den Abwasserverband anzuschließen.

Abwasserverband Lechtal

Das regionale Klärwerk steht in Stanzach. Die Mitgliedsgemeinden sind: Steeg, Holzgau, Bach, Elbigenalp, Häselgehr, Elmen, Vorderhornbach, Stanzach und Forchach.

In den Jahren 2011 und 2012 wird der Anschluss von Lechleiten und Gehren der Gemeinde Steeg an die Kläranlage Warth durchgeführt.

Es ist mittelfristig im Lechtal geplant, eine Entscheidung über die zukünftige Art der Abwasserentsorgung in den Gemeinden Kaisers, Namlos und Pfafflar einer Lösung zuzuführen.

Abwasserverband Vils-Reutte und Umgebung (Pfronten)

Das regionale Klärwerk steht in Vils. Die Mitgliedsgemeinden sind: Berwang, Bichlbach, Heiterwang, Reutte, Breitenwang, Weißenbach, Höfen, Wängle, Lechaschau, Pflach, Musau, Pinswang, Vils und Pfronten.

In nächster Zeit werden die Ortsteile Kleinstockach und Bichlbächle der Gemeinde Berwang ebenfalls an den Abwasserverband Vils, Reutte und Umgebung angeschlossen.

Die Ortsteile Rinnen und Mitteregg der Gemeinde Berwang verfügen über eigene biologische Kläranlagen.

Kläranlagen Gramais, Hinterhornbach und Jungholz

Die Abwässer der Gemeinde werden jewils einer örtlichen biologischen Kläranlage zugeführt.

Kläranlage Plansee

Die Abwässer des Ortsteiles „Am Plansee" der Gemeinde Breitenwang werden einer eigenen biologischen Kläranlage zugeführt.

Almen – Berghütten

Es verfügen bereits viele Almen und Berghütten über eigene Teilbiologische Abwasserreinigungsanlagen. Einige dieser Objekte sind durch Ableitungen ins Tal an die einzelnen Abwasserverbände angeschlossen.

In den nächsten Jahren werden die noch verbliebenen Almen und Berghütten an den Stand der Technik laut Wasserrechtsgesetz angepasst.

Wasserversorgung

Das aus einer Vielzahl frisch sprudelnder Quellen genutzte Wasser ist nicht nur eine unverzichtbare Bereicherung unserer Umwelt, sondern auch Lebensmittel.

Die Wasserversorgung erfolgt im Bezirk Reutte zu 75 % aus Quellwasser, in einigen Gemeinden erfolgt die Versorgung zum Teil bzw. vollständig aus Grundwasserbrunnen. Der durchschnittliche jährliche Wasserbedarf für Haushalte, Gewerbe und Industrie wird für den Bezirk Reutte mit ca. 2,5 Millionen m^3 angenommen.

Tourismus - Geschichte und Entwicklung

Werner Ammann

Für die Entwicklung des Tourismus benötigt man Organisationsformen, gleichzeitig stellt sich die Frage nach den Anfängen des Tiroler Fremdenverkehrs (heute Tourismus). Hierüber gibt es eine Fülle an Literatur, wobei die einen die Anfänge in den Römer-Straßen, in den Raststationen und Pferdewechselstellen, andere in den Hospizen, Herbergen und Leuthäusern im 12. und 14. Jahrhundert und wieder andere in den Postgasthöfen an den Stellwagenlinien (z. B. am Plansee) sehen. Zum besseren Verständnis der heutigen Situation genügt der Blick in jene Zeit, als der Fremdenverkehr sich zu einem wirtschaftlichen Faktor entwickelte. Dies ging nicht von heute auf morgen, es war ein Prozess, der nahezu ein halbes Jahrhundert benötigte. In der Mitte des 19. Jahrhunderts finden wir die ersten Organisationsformen im Fremdenverkehr. Der Zeitpunkt in den einzelnen Teilen unserers Bezirks hing von der Zahl der Reisenden, vom Umfang der Beherbergungskapazität, von der Verkehrserschließung und nicht zuletzt von dynamischen Persönlichkeiten in Wirtschaft und Politik ab.

1889 wurde von Amts wegen der Verschönerungsverein der Loisachtaler genehmigt, 1891 der Verschönerungsverein in Reutte, 1899 der Verschönerungsverein Elbigenalp, 1900 der Verschönerungsverein Holzgau, 1909 der von Häselgehr, 1909 der Fremdenverkehrsverein für den politischen Bezirk Reutte, 1912 der Verschönerungsverein Weißenbach, 1913 der von Grän und von Tannheim. Der Verschönerungsverein Reutte ging aus der Sektion des Österreichischen Touristenclubs hervor. Hauptgrund hierfür war: *„In Erwägung, daß ein Verein für Verschönerung mit lokalem Charakter mehr Sympathien unter der Bevölkerung besitze, weil die Geldbeträge zur Verschönerung der heimischen Gefielde verwendet werden können"*. In diesem Jahr gehörten der Vereinsleitung an: Leopold Rudig,

Heinrich Jucker, Johann Zitt, Alois Bauer, Georg Fiegenschuh – Bürgermeister, Franz Grabherr, Franz Ihrenberger, Josef Wagner, P. Federspiel und Daniel Kerber. In Reutte wurden in den Gasthäusern Post, Hirschen, Glocke, Schwarzer Adler, Krone, Mohren, Bräuhaus und Forelle Sammelkästen aufgestellt, *„wo den Freunden und dem Verschönerungsverein wohlwollenden Publikum die Gelegenheit geboten wurde, sein Schärflein beizutragen, wovon sich einige solche Sammelkästen sehr gut bewährten"*.

Aber nicht nur die Verschönerungsvereine standen an der Wiege unseres heutigen Tourismus. Am 19. November 1862 fand in Wien im Saale der Kaiserlichen Akademie der Wissenschaften die konstituierende Versammlung des Österreichischen Alpenvereines statt. § 1 der Statuten lautete: *„Zweck des Vereines ist, die Kenntnisse von den Alpen mit besonderer Berücksichtigung der Österreichischen zu verbreiten und zu erweitern, die Liebe zu ihnen zu fördern und ihre Bereisung zu erleichtern"*. Auch die Bergführer-Vereine spielten für die Entwicklung des Fremdenverkehrs eine wichtige Rolle.

Der erste Bergführerobmann des Lechtales war seit 1885 Anselm Klotz, genannt *„Kaserle"*, aus Stockach. Zu dieser Zeit weilte bereits Anton Spiehler in seinem langjährigen Standquartier in Elbigenalp. Der Lehrer aus Memmingen wurde zum *„Erschließer der Lechtaler Alpen"*. Zur Aufschließung der Ostalpen trug der *„Österreichische Touristenclub"* bei.

In den Zwanzigerjahren erfolgte eine intensive Versammlungstätigkeit, vor allem hervorgerufen durch die Neubildung der Landesverkehrszentrale. Am 5. Juni 1925 hielt im Landhaus das Tiroler Hotel- und Gastgewerbegremium seine Vollversammlung ab. Franz Kraus aus Reutte war Obmannstellvertreter und setzte sich enorm für die Belange seines Bezirkes ein. Vom 7. bis 9. Oktober

1931 wurde die Generalversammlung des Verbandes der Gastwirtegenossenschaften in Reutte abgehalten. Um den katastrophalen Folgen der Wirtschaftskrise zu begegnen, wurde unter anderem um Erleichterung bei der Entrichtung der Steuer ersucht. Die Tausend-Mark-Sperre (1. Juni 1933 bis 28. August 1936). *„ . . in dem Bestreben, die deutschen Reisenden vor unliebsamen Zwischenfällen zu bewahren und alles zu vermeiden, was zu einer Störung des Verhältnisses der Reichsregierung zur österreichischen Bundesregierung führen könnte, wird vom Reichsinnenministerium die Verordnung erlassen, wonach ab 1. Juni. 1933 die Ausreise von Reichsdeutschen nach Österreich von der Erteilung eines Ausreisesichtvermerkes abhängig gemacht wird, der gegen Zahlung einer Gebühr von tausend Reichsmark erteilt wird"*. Dass die Tausend-Mark-Sperre eine Grenzsperre bedeutete, lag schon allein in der Höhe – 1000 Reichsmark waren damals 122 Euro.

In Ehrwald versammelten sich nach dem 27. Mai, nachdem man die Schreckenskunde aus dem Radio vernommen hatte, die Wirte im Hotel Sonnenspitze. Unter der Federführung des Verkehrsvereines und des Handels- und Gewerbebundes wurde eine Depesche an die Regierung verfasst: *„.... die Sperrung der deutschen Reichsgrenze wird den wirtschaftlichen Untergang nicht nur des Außerferns, sondern ganz Tirols zur Folge haben. Die Versammelten haben beschlossen, ihre Betriebe sofort zu sperren, das bereits aufgenommene Personal zu entlassen und Geschäftsaufträge zu stornieren ... "* Diese Resolution unterschrieben haben Hosp, Bader, Robert Leitner, Josef Somweber und Anton Hosp. Die Aufhebung der Tausend-Mark-Sperre brachte trotz des Devisenmangels und der Devisenbeschränkung in Deutschland eine spürbare Zunahme der Besucher in den grenznahen Gebieten. Altbürgermeister Max Kerber, Hotelier aus Breitenwang, schrieb:

„Wir Älteren haben es miterlebt, die Stunde null im Jahr 1945 und dann die ersten Gehversuche im Fremdenverkehr des Außerferns nach dem 2. Weltkrieg. Wir erinnern uns an die Bemühungen, zumindest den „kleinen Grenzverkehr", beginnend mit den von Füssen und Pfronten kommenden Rucksacktouristen in Fluss zu bringen." Als dann in Innsbruck bei der ersten Gastwirteversammlung des Landes Tirol der Sektionsobmann Dr. Fink die Forderung stellte: *„Wir wollen auf die Lokomotive, wir wollen nicht im letzten Waggon sitzen"*, hatte die Sternstunde für den Tiroler Fremdenverkehr geschlagen.

Der Erfolg allen Bemühens an der Basis blieb nicht aus. So zählte man im Land Tirol 1946/47 596.467 Nächtigungen und 1948/49 bereits 1.373.065 Nächtigungen. 1955/56 waren es 3.887.708; 1965/66 zählte man 12.592.787; 1971/72 bereits

Tiroler Zugspitzbahn in Ehrwald

21.012.996 Nächtigungen. In den Winterhalbjahren sind tirolweit die Nächtigungen von 1949 bis 1982 um das Dreißigfache gestiegen, im Sommer um das Zwölffache.

Im ganzen Lande und nicht nur in jenen Orten, die bereits vor dem Krieg Fremdenverkehr aufzuweisen hatten, war man bemüht, den Fremdenverkehr in Gang zu bringen. Hierzu wurden unter anderem bald auch in dem kleinsten Ort Verkehrsbüros eingerichtet. Das Büro hatte zwei Funktionen zu erfüllen: Sekretariat des Verkehrsvereines bzw. der Fremdenverkehrsinteressenten und Hilfestellung aller Art für den Gast. Von einem guten Sekretär bzw. Büroleiter oder Direktor, wie er in größeren Orten genannt wurde, hing sehr viel ab.

Dr. Adolf Lässer, von 1976 bis 1982 Leiter der Tiroler Fremdenverkehrswerbung, schrieb: *„Viele von ihnen haben dem Fremdenverkehr ihres Ortes durch ihre Fähigkeiten und durch ihre jahrzehntelange Arbeit hervorragende Dienste erwiesen"*. Diese Leute erkannten auch frühzeitig die Notwendigkeit der Zusammenarbeit. Mit starken Funktionären gelang es in der Folge auch Dachorganisationen zu bilden.

Am 15. Mai 1970 trat ich das Amt des Geschäftsführers des Fremdenverkehrsverbandes Reutte und Umgebung an. Interimistischer Obmann war damals Dr. Klaus Specht. In der folgenden Neuwahl wurde Max Kerber zum Obmann gewählt.

Am 24. April 1972 gründeten wir den Arbeitskreis der Fremdenverkehrsverbände des Außerferns. Dieser war ein loser Zusammenschluss der 37 Gemeinden des Außerferns bzw. fünf Talschaften (Lechtal, Tannheimer Tal, Jungholz, Zwischentoren und Region Reutte). Als Krönung der gemeinsamen Arbeit kann die Schaffung des *„Bezirksprospektes Außerfern"* im Jahr 1979 angesehen werden. Am 1. Jänner1983 legte ich die bis dahin ehrenamtlich ausgeführte Tätigkeit der Geschäftsführung des Arbeitskreises nieder. In der Folge zerbrach der Arbeitskreis.

In die Siebzigerjahre fällt auch die Eröffnung (1. Juli 1972) der damals modernsten Hallen- und Freibadeanlage Tirols – das *„Außerferner Alpenbad"*. Hier ist Herrn Kommerzialrat Otto Schretter für seine Pionierleistung großer Dank auszusprechen. Anfang 1979 gründeten wir die Werbegemeinschaft *„Ehrenberger Land am Lech"*. Es war eine lose Werbegemeinschaft der Fremdenverkehrsverbände zwischen Vils und Weißenbach. Letztlich wurden am 1. Jänner 1999 die Tourismusverbände Reutte und Umgebung, Höfen, Lechaschau, Wängle und Weißenbach zum *„Tourismusverband Ferienregion Reutte"* fusioniert. Anfang 2004 kam noch der Tourismusverband Vils über Anregung des Landes hinzu.

Ab 1997 pflegten wir intensive Zusammenarbeit im Rahmen des Interreg II Programmes mit dem benachbarten Allgäu, anfangs unter dem Namen *„Vitapark"*, ab 1. Oktober 1998 schließlich Positionierung unter der Dachmarke *„Allgäu Tirol – Vitales Land"*. Dies ist ein Zusammenschluss von zehn Tourismusgebieten und zwanzig Bergbahn- und Liftgesellschaften im Allgäu und im Außerfern. Jährlich brachte das etwa eine Million Gäste mit sechs Millionen Nächtigungen in etwa 48.000 Gästebetten.

Im September 2000 lief das Interreg II Projekt Allgäu/Tirol – Vitales Land, welches das erfolgreichste Projekt innerhalb der Euregio Via Salina und ähnlicher Projekte war, aus und wurde im Interreg III Projekt fortgeführt.

Am 10. Februar 2002 wurde die EWIF (*„Europäische Wirtschaftliche Interessensvereinigung Allgäu/Tirol – Vitales Land"*) gegründet.

Im November 2003 trat Franz Kammerlander in die Dienste des Tourismusverbandes Ferienregion Reutte und wurde mit meinem Ausscheiden Ende April 2003 zum Geschäftsführer bestellt.

Abschließend bitte ich um Nachsicht, wenn ich in dem mir gebotenen Raum nicht tiefer in die Materie (auch der weiteren Regionen des Bezirkes) eingehen konnte. Viele Persönlichkeiten, die den Tourismus förderten, hätten es sich verdient, erwähnt zu werden. Denken wir alleine an die großen infrastrukturellen Leistungen, den Pioniergeist und die Risikofreudigkeit.

Literatur

Dr. Adolf Lässer, 100 Jahre Fremdenverkehr in Tirol, Wagner, Innsbruck.

Verkehr

Dietmar Schennach

Geschichtliches

Die Strecke Imst-Fernpass-Reutte-Kempten war schon im Mittelalter von hoher strategischer Bedeutung: Auf der Via Claudia Augusta zogen Heeres- und Handelszüge von Süden nach Norden und zurück. Durch Jahrhunderte rollten schwere Salzfuhren und andere Gütertransporte von Innsbruck kommend über den Fernpass bis in den Bodenseeraum (die Arlbergquerung war damals nicht möglich!). In der Zielvorstellung der ARGE Alp von 1978 findet die Schnellstraße Ulm-Reschen-Mailand ihre Deckung.

Zunehmender Individual- und Schwerverkehr und geringe räumliche Ressourcen für den Lebensraum führten in den letzten Jahren zu vielen Interessenskonflikten. Die Außerferner Bevölkerung verfolgte seit 1960 eine *Nichtausbaupolitik* am Fernpass: durch die natürliche Barriere sollte eine starke Zunahme des Verkehrs verhindert werden!

Geographische/Verkehrsstrategische Situation

Durch die Lechtaler und die Allgäuer Alpen besteht eine natürliche Grenze zum Zentralraum Tirols, die nur an zwei Stellen mit Verkehrswegen durchbrochen ist: Durch den 1212 m hohen Fernpass auf der Strecke zwischen Biberwier und Nassereith und durch die (im Winter nicht befahrbare) Hahntennjochstraße (1894 m) zwischen den Gemeinden Elmen und Imst.

Im Übrigen ist der Bezirk Reutte verkehrsmäßig in den südbayerischen Raum orientiert, Verkehrsverbindungen führen an den Grenzübergängen Schattwald (Tannheimer Tal, Grän/Enge), Vils, Grenztunnel Vils/Füssen, Weißhaus/ Füssen, Ammerwald-Linderhof und Ehrwald in die angrenzenden Landkreise Oberallgäu, Ostallgäu und Garmisch-Partenkirchen.

In Deutschland führt die A 7 von Ulm über Kempten bis in den Grenzbereich bei Oy,

in den nächsten Jahren soll der vierspurige Endausbau der A 7 bis zum Grenztunnel Vils/Füssen erfolgen. Vom Grenztunnel Vils/Füssen führt dann eine zweistreifig geführte Landesstraße (B 179 - Fernpassstraße) abseits von besiedeltem Gebiet bis in den Bereich Reutte-Nord. Hier beginnt der Anstieg des „*Katzenberges*" bis zur „*Gürte*" (ca. 1100 m), die B 179 umfährt südlich die Ortschaft von Heiterwang, tangiert Bichlbach (teilweise Lärmschutzverbauung) und Lermoos-Gries/Obergarten-Untergarten, geht weiter durch den Lermooser Tunnel (Gesamtlänge rund 3472 m), steigt an zur Fernpasshöhe (1212 m), um schließlich nach Nassereith ins Gurgltal zu fallen.

Eine Zulaufstrecke zur B 179 führt vom Ende der A 95 nördlich von Garmisch durch Garmisch-Partenkirchen, von dort als Landesstraße B 187 – Ehrwalder Straße nach Ehrwald und von dort nach Lermoos bzw. nach Biberwier, wo die Einbindung in die B 179 erfolgt.

Verkehrsbelastungen

Der durchschnittliche tägliche Verkehr (DTV) betrug auf der B 179 im Bereich Fernpass im Jahre 2009 insgesamt 10.775 Kfz, was eine Zunahme von rund 1,1 % gegenüber dem Vorjahr bedeutet. An Spitzentagen fahren bis zu 28.000 Kraftfahrzeuge über den Fernpass. Das bedeutet, dass sich derzeit jährlich über drei Millionen Fahrzeuge durch den Lermooser Tunnel quälen!

Der durchschnittliche tägliche Verkehr an LKWs (DTV-LKW) betrug im Jahre 2009 insgesamt 1.278, davon waren 584 Sattelzüge und LKW mit Anhänger. Gegenüber dem Vorjahr bedeutet dies eine Abnahme von 4,3 %, was auf die Wirtschaftskrise zurückzuführen ist.

Probleme bei der Bewältigung des Verkehrs ergeben sich durch regelmäßig wiederkehrende Samstags-Spitzen: Der

Samstags-DTV am Fernpass liegt um über 50 % höher als der normale DTV.

Auf der Zulaufstrecke Garmisch-Ehrwald betrug der DTV 2009 rund 4.934 KFZ, davon ca. 197 LKWs, in Lermoos jedoch durch eine starke Zunahme des innerörtlichen Verkehrs bereits über 6.000 KFZ, davon ca. 250 LKWs.

Topographische Probleme

Bei Neuschneefällen gibt es auf der B 179 vier neuralgische Punkte, die wegen ihrer Höhenlage bzw. ihrer Neigungsverhältnisse regelmäßig zu Verkehrsbehinderungen führen: der „*Katzenberg*" zwischen Reutte und Heiterwang, die „*Gürte*" von Heiterwang Richtung Reutte, das „*Rollenmühlgsteig*" zwischen Lermoos und Lähn und der Fernpass selbst.

Bei besonderen Gefahrenlagen ist die B 179 zwischen Bichlbach und dem Fernpass außerdem an sechs Stellen von Lawinen bedroht, was zur Gesamtsperre der einzigen Strecke in das Tiroler Oberland und den Zentralraum Tirols führt (letztmalig Lawinenwinter 1999, Dauer der Sperre ca. 14 Tage).

Situation für die Bevölkerung

Durch Verkehrsüberlastung an den „*Stausamstagen*" bricht der Verkehr auf der B 179 zwischen dem Grenztunnel Vils/Füssen und dem Fernpass regelmäßig zusammen. In der Nacht zum Palmsonntag 2002 musste in Folge von Verkehrsüberlastung, von einsetzenden starken Schneefällen und von mangelnder Ausrüstung vieler Kfz-Lenker die Strecke zwischen Reutte und Nassereith über mehrere Stunden zur Gänze gesperrt werden und im Bezirk Reutte Katastrophenalarm ausgelöst werden. Mehrere hundert PKW-Insassen wurden in Notquartieren untergebracht. Auch die Ortschaften im Großraum Reutte und parallel zur B 179 waren an diesem Tag durch Verkehrsstau blockiert, die

Einsatzfahrzeuge von Gendarmerie, Rotem Kreuz und Feuerwehr konnten ihre Einsatzorte nicht mehr oder nur sehr erschwert erreichen.

Die unerträgliche Verkehrssituation birgt auch große Sicherheitsrisiken: Bei Verkehrsstau sind die Einsatzfahrzeuge der Blaulichtorganisationen nicht in der Lage, zeitgerecht ihre Einsatzorte zu erreichen.

Die Verkehrsbelastung wird durch topographische und witterungsbedingte Verhältnisse (Höhenlage, Wintersicherheit, Lawinengefahr) zusätzlich verschärft.

Garnitur der Außerfernbahn bei Plach

Verkehrsstudie Stickler

Über Antrag der Bürgermeisterkonferenz Reutte vom 6. Dezember 2000 wurde im Auftrag des Landes Tirol und der Alpenstraßen AG (ASG) von Verkehrsplaner Univ.-Prof. Dr. Stickler eine ‚*Korridoruntersuchung*', beginnend vom Grenztunnel Vils/Füssen bis zur direkten Anbindung an die A12 - Inntalautobahn, durchgeführt und geprüft, wie sich die Verkehrsströme und die Fahrtzeiten bei drei verschiedenen, unterstellten Ausbau-Szenarien entwickeln:

Variante 1: (bestehende Trasse der B 179, ohne dass bauliche Maßnahmen durchgeführt werden) ist bei Steigerung des

Verkehrsaufkommens um 10 % mit 370 Staustunden, um 20 % mit 530 Staustunden, um 30 % mit 690 Staustunden und um 40 % mit 850 Staustunden zu rechnen (d. h. mit viermal so vielen Staustunden wie im Jahr 2000!).

Variante 2: (Errichtung Südumfahrung Heiterwang und Fernpassquerung mit Scheiteltunnel und Fernsteintunnel) könnte sich der Verkehr 2000 ohne Staustunden bewältigen lassen, bei einer Steigerung des Verkehrsaufkommens um 10 % wäre mit geringfügigen Staus zu rechnen, bei einer Steigerung um 20 % mit 80 Staustunden, um 30 % mit 190 Staustunden und um 40 % mit 300 Staustunden.

Variante 3: (Errichtung Nordumfahrung Heiterwang und Fernpass-Basistunnel) könnte eine Steigerung des Verkehrsaufkommens bis 20 % ohne Staustunden bewältigt werden, bei einer Steigerung um 30 % ist mit 25 Staustunden, um 40 % mit 100 Staustunden zu rechnen!

Im Jahre 2000 waren auf der B 179 jährlich bereits rund 225 Staustunden (an rund 28 Stautagen) zu verzeichnen.

Bei Variante 1 ist bei Steigerung des Verkehrsaufkommens
um 10 % mit 370 Staustunden,
um 20 % mit 530 Staustunden,
um 30 % mit 690 Staustunden und
um 40 % mit 850 Staustunden zu rechnen (d. h. mit viermal so vielen Staustunden wie im Jahr 2000!).

Bei Variante 2 könnte sich der Verkehr 2000 ohne Staustunden bewältigen lassen, bei einer Steigerung des Verkehrsaufkommens um 10 % wäre mit geringfügigen Staus zu rechnen, bei einer Steigerung um 20 % mit 80 Staustunden, um 30 % mit 190 Staustunden und um 40 % mit 300 Staustunden.

Bei Variante 3 könnte eine Steigerung des Verkehrsaufkommens bis 20 % ohne Staustunden bewältigt werden, bei einer Steigerung um 30 % ist mit 25 Staustunden, um 40 % mit 100 Staustunden zu rechnen!

Die Bürgermeisterkonferenz am 15. Mai 2002 hat sich im Beisein von Landeshauptmann Dr. Wendelin Weingartner und Landeshauptmann-Stellvertreter Ferdinand Eberle mit dem Ergebnis der *„Stickler-Studie"* auseinander gesetzt und kam zum einstimmigen Ergebnis, ein Maßnahmenbündel zum Schutze der Anrainer an der B 179 umzusetzen. Dieses Wunschpaket wurde an das Land Tirol herangetragen und umfasst im Wesentlichen folgende Eckpfeiler:

- *Kein vierspuriger Ausbau der B 179:*
  Ein autobahn- bzw. schnellstraßenmäßiger Ausbau würde noch mehr Transitverkehr auf die B 179 ziehen und damit weitere Belastungen für die Bevölkerung bringen.

- *Kein Rückbau der B 179:*
  Rückbaumaßnahmen an der B 179 würden vermehrte Staustunden und damit wesentlich höhere Abgasbelastungen für die Bevölkerung nach sich ziehen.

- Integrale Planung zwischen dem Grenztunnel Vils/Füssen und dem Anschluss an die A 12 – Inntalautobahn: Nur eine gesamthafte Betrachtung des Straßenstückes zwischen der Bundesgrenze und der ersten autobahnmäßigen Anbindung in Fahrtrichtung Süden kann eine gesamthafte Verkehrslösung sicherstellen.

- Priorität für die Umfahrung Heiterwang mit Anbindung an die Umfahrung Reutte. Die Umfahrung Heiterwang wurde am 27.10.2010 ihrer Bestimmung übergeben.

- Einrichtung einer permanenten Schadstoffmessstelle an der B 179: Die Schadstoffmessstelle wurde unmittelbar an der B 179 im Ortsgebiet von Heiterwang installiert. Seit Aufnahme der Messungen konnten keine nennenswerten Grenzwertüberschreitungen festgestellt werden.

- Einrichtung eines Nahverkehrskonzeptes für den Bezirk Reutte: Nach

Bildung eines Marketingbeirates für die Außerfernbahn konnte die von der Schließung bedrohte Regionalbahn als direkte Anschlussmöglichkeit an die Mittenwaldbahn und damit als Verbindungsstrecke in die Landeshauptstadt Innsbruck aufrecht erhalten werden. Die Strecke wurde in den vergangenen Jahren zwischen Garmisch-Partenkirchen und Ehrwald neu elektrifiziert, in den nächsten Jahren stehen eine Verbesserung des Haltestellennetzes und eine Sanierung der Kunstbauten sowie Streckenoptimierungen bevor. In regelmäßigen Taktverkehren werden das Lechtal, das Tannheimer Tal mit dem Bereich Oberallgäu, der Großraum Reutte und Umgebung mit Stichlinien zum Plansee und nach Füssen sowie das Zwischentoren mit allen Seitentälern an den Taktfahrplan der Bahn angebunden. Bei einem funktionierenden und angenommenen Nahverkehrskonzept ist mit einer Reduktion des Individualverkehrs und damit mit einer Entlastung im Straßenverkehrsbereich zu rechnen.

- Sicherstellung der Überwachung von Verkehrsbeschränkungen und verkehrslenkende Maßnahmen bei Extremsituationen: Das Fernpassfahrverbot für den transitierenden Schwerverkehr muss effizient überwacht werden, um eine unerlaubte Benützung der Fernpassroute auszuschalten. Das Land Tirol hat im Jahre 2004 die Kontrollstelle Musau in Fahrtrichtung Norden gebaut. Die massiv gestiegenen Strafgeldeinnahmen in den letzten Jahren sind ein Indiz für die Effizienz der Kontrollen. Die Besetzung der Kontrollstelle birgt auch die Möglichkeit, rechtzeitig verkehrslenkende Maßnahmen bei verkehrlichen oder witterungsbedingten Ausnahmesituationen zu treffen (Blockabfertigung; Verhängung von Schneekettenpflicht; optimierte Verkehrsinformation; etc.).

- Machbarkeitsuntersuchung Gartnerwandtunnel: Schließlich gibt es Übereinstimmung in der Bürgermeister-

konferenz vom 15. Mai 2002, dass die Errichtung einer „*Gartnerwandtunnel-Trasse*" auf ihre Machbarkeit hin zu prüfen ist. Dieser Tunnel würde im Berwanger Tal beginnen und könnte in Nassereith beim „*Rastland*" wieder das Tageslicht erreichen. Die lärmgeplagte Bevölkerung von Bichlbach, Wengle, Lähn, Lermoos und Biberwier könnte damit wirksam entlastet werden, eine Verkehrsentflechtung im Ehrwalder Talkessel wäre genauso die Folge wie eine wintersichere Verbindung des Bezirkes Reutte bis in den Tiroler Zentralraum (Ausschaltung aller sechs Lawinenstriche).

Verkehrsentwicklungen sind von verschiedenen Parametern abhängig. Die schwierige wirtschaftliche Situation der letzten Jahre hat gerade im Schwerverkehr einen leichten Rückgang der Verkehrsbelastungen gebracht. Trotzdem gilt weiterhin: Die Verkehrssituation hält die Außerferner Bevölkerung fest im Griff und in schwerem Atem!

Osterdemonstration des Vereines ATA, 2004

Die Außerfernbahn

Richard Lipp

Der Gedanke, durch das Außerfern eine Eisenbahn zu bauen, wurde 1843 erstmals in Kempten laut und 1847 nochmals aktuell, als England eine günstige Verbindung nach Ägypten suchte. 1864 vollendete der bayerische Ingenieur Carl Ruland eine Studie für das Bahnprojekt über den Fernpass – die sogenannte „Fernbahn".

Dieser erste „Eisenbahntraum" platzte, weil Venedig 1866 an Italien verloren ging, somit als österreichischer Hafen ausschied, und sich die österreichischen Eisenbahninteressen zum Hafen Triest ausrichteten. Die politischen Folgen aus der verlorenen Schlacht von Königgrätz, 1866, begünstigten außerdem das Projekt der Arlbergbahn, da man die Verbindung nach Vorarlberg nicht über den Fernpass und bayerisches Gebiet her-

Einfahrt der ersten Eisenbahn in Reutte am 16. Dezember 1905

stellen wollte. 1868 scheiterte dieses Projekt auch am Nein aus Bayern, um keine Konkurrenz zur Bahnlinie München-Rosenheim zu schaffen.

1874 wurde nun das Projekt der Fernbahn auf Tiroler Seite durch die Handels- und Gewerbekammer in Innsbruck ebenfalls erfolglos neu aufgerollt. Jenseits der Grenze wurden 1875 Kempten und weitere 15 Allgäuer Gemeinden zu Gunsten der Fernbahn aktiv. 1882 verwendete sich auch noch Augsburg für die Fernbahn. Jedoch Österreich ließ 1883 das Projekt scheitern und realisierte 1884 die Arlberg-

bahn. Neuerliche Vorstöße 1890 durch die Handels- und Gewerbekammer in Innsbruck und den Tiroler Landtag waren ebenso erfolglos. Der Trend ging nun zur Lokalbahn.

1889 wurde die Bahnlinie von Augsburg nach Füssen eröffnet. Im selben Jahr fuhr der erste Zug in Garmisch ein. 1895 nahm die Bahn von Kempten nach Pfronten ihren Betrieb auf. Schon 1894 hatte die Marktgemeinde Reutte die Initiative ergriffen, um einen Anschluss an das bayerische Schienennetz – Füssen und/oder Pfronten – zu erreichen. Nach einer einstimmigen Resolution aller Außerferner Bürgermeister schritt man nun zur Selbsthilfe. 1895 wurde sowohl auf deutscher als auch auf österreichischer Seite eine Lokalbahn von Reutte nach Pfronten bewilligt. Ursprünglich sollten Linien nach Pfronten und Füssen gebaut werden, jedoch die Stadt Füssen stieg aus diesem Projekt aus.

Für den Bau dieser Bahn wurde die „Lokalbahn Reutte-Schönbichl Aktiengesellschaft", mit einem Grundkapital von 1.670.000 Kronen gegründet. Am 8. November 1904 folgte der Spatenstich. Am 16. Dezember 1905 rollte der erste von einer Dampflokomotive gezogene Zug aus Kempten im Bahnhof Reutte ein.

Das Bestreben ging weiter dahin, einen Anschluss über oder durch den Fernpass nach Innsbruck zu erhalten. Innsbruck, das zu diesem Zeitpunkt bereits die Mittenwaldbahn befürwortete, vereitelte damit die Fernbahn. Im Staatsvertrag zwischen Österreich und Bayern vom 8. August 1910 (Reichsgesetzblatt 149/1910) wurde letztendlich der Bau der „Karwendelbahn" Garmisch-Innsbruck und auch die Fortsetzung von Garmisch ins Außerfern über Ehrwald besiegelt.

Am 1. Juli 1912 wurde der Eisenbahnverkehr von Innsbruck nach Garmisch aufgenommen; am 28. Oktober 1912 erfolgte der elektrische Betrieb. Der Anschluss Garmisch-Reutte wurde unverzüglich in Angriff genommen, und am 28. Mai 1913 fuhr der erste elektrische Zug aus Innsbruck im Bahnhof Reutte ein. Der Nachteil dieser Bahnlinie, die auch spöttisch bald „Landaus-Landein-Bahn" genannt wurde, zeigte sich rasch. Zur Zollkontrolle mussten alle Fahrgäste den Zug verlassen.

Nach dem Ersten Weltkrieg wurde weiter an der Realisierung der Fernbahn gearbeitet. Das Projekt von Dipl.-Ing. Helmuth Thurner wurde auch auf bayerischer Seite lebhaft unterstützt. Das „Thurner-Projekt" scheiterte am Geld. Es wurde in nationalsozialistischer Zeit nochmals aufgegriffen, als 1938 und 1939 die neuen Machthaber ein Fern-Ortlerbahn-Projekt favorisierten. Der Zweite Weltkrieg vereitelte dieses Projekt.

Durch die teilweise Zerstörung der Bahnlinie konnte erst im Dezember 1945 wieder ein Eisenbahnverkehr mit Innsbruck hergestellt werden. Eine Fahrt nach Innsbruck dauerte fast fünf Stunden. Eine Neuerung waren nun die Sperrwaggons, mit denen man ohne Pass- und Zollkontrolle deutsches Gebiet passieren konnte. 1950 wurden erstmals Triebwagenzüge eingesetzt, wodurch sich die Fahrzeit auf rund drei Stunden verkürzte.

Diese Korridorlinie spielte auch im österreichischen Staatsvertrag von 1955 eine Rolle, indem im Artikel 32 unter dem Stichwort „Transiterleichterung" u. a. festgelegt wurde, dass „die Alliierten und Assoziierten Mächte" sich verpflichten, die Aufnahme von Bestimmungen zwecks Erleichterung des Transits und der Verbindungen ohne Zölle und sonstige Lasten zwischen Scharnitz und Ehrwald über Garmisch-Partenkirchen hinsichtlich Deutschlands zu unterstützen. Der Staatsvertrag über den Betrieb der Außerfernbahn über deutsches Gebiet wurde bereits am 14. September 1955 in Bonn unterzeichnet (verlautbart im BGBl. 242/1957). In diese Regelung wurden nun auch die Sperrwaggons aufgenommen. Darauf basiert das so genannte

„Außerfern-Mittenwaldbahn-Übereinkommen (AMÜ)" vom 21. August 1959, das 1998 (BGLBl. III 58/1998) die letzte Ergänzug erfuhr.

1993 wurde der zwei-Stunden-Takt auf der Außerfernbahn eingerichtet, jedoch war es fortan notwendig, in Garmisch-Partenkirchen umzusteigen. Im Februar 2000 kündigte die ÖBB die Einstellung der Außerfernbahn an, im September desselben Jahres wurde mit dem Abbau der elektrischen Betriebsleitung begonnen. Im Oktober 2000 wurde über Initiative des Bezirkshauptmannes von Reutte ein „Marketingbeirat Außerfernbahn" gegründet, dem alle lokalen politischen und wirtschaftlichen Kräfte angehörten und der das Ziel hatte, die Außerfernbahn zu erhalten. In einem ersten Schritt konnte die Sicherung der Bahn bis Dezember 2002 erreicht werden.

Durch offensives Handeln des Landes Tirol wurde eine Ausschreibung der Personenbeförderung auf der Außerfernbahn durchgesetzt und die DB Regio mit dem Personentransport beauftragt. Der Personenverkehr wurde von der Deutschen Bahn offiziell am 11. Juni 2001 übernommen, nachdem zuvor einige Monate Probebetrieb war. Gleichzeitig wurde eine Reihe von Verbesserungsmaßnahmen entlang der Bahnstrecke vom Außerfern nach Innsbruck umgesetzt, wie die Einführung grenzüberschreitender Tickets, die Gratis-Fahrradbeförderung, der Schneeexpress während der Wintermonate, aber auch die Auflassung von schienengleichen Bahnübergängen und der Ausbau von Langsamfahrstellen, sodass mittlerweile die Fahrzeit zwischen Reutte und Innsbruck auf 2 Stunden 20 Minuten reduziert werden konnte. Die Infrastruktur und die Abwicklung des Güterverkehrs besorgen weiterhin die Österreichischen Bundesbahnen.

Das Projekt der Fernbahn, nämlich ein Anschluss Vils-Füssen (rund 4 km) und ein solcher Lermoos-Imst (rund 23 km) scheint in unerreichbare Ferne gerückt zu sein.

Klima

Karl Gabl

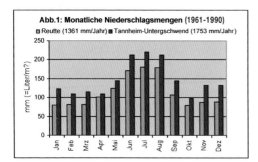

Abb.1: Monatliche Niederschlagsmengen (1961-1990)
□ Reutte (1361 mm/Jahr) ■ Tannheim-Untergschwend (1753 mm/Jahr)

Regionen direkt am Rand von Gebirgen bilden nicht nur verkehrsgeografisch, sondern auch klimatologisch ein Hindernis. Im Außerfern tritt das Bollwerk Alpen – vom klimatologischen Gesichtspunkt aus – klar in Erscheinung. Von Bayern (Nordwest über Nord bis Nordost) anströmende Luftmassen werden durch die Allgäuer Alpen und Tannheimer Berge, aber auch durch die Lechtaler Alpen zum Aufsteigen gezwungen. Aus der daraus resultierenden Abkühlung mit nachfolgender Kondensation und Wolkenbildung mit Niederschlägen, lässt sich der Niederschlagsreichtum der Randzonen der Alpen erklären.

In der Abbildung über die monatlichen Niederschlagsmengen zeigt sich der Niederschlagsreichtum der Sommermonate gegenüber den Wintermonaten und die staubedingt größeren Niederschlagssummen in Tannheim im Vergleich zu Reutte.

Nicht weniger als 1.361 mm (entsprechend 1361 Liter/m² oder 1,36 Tonnen Wasser/m²) pro Jahr fallen in Reutte und sogar 1.753 mm in Tannheim-Untergschwend. In Prutz im trockenen, abgeschirmten Oberen Gericht südlich von Landeck beträgt die Jahressumme im Vergleichszeitraum 625 mm oder 46 % der Menge von Reutte. Die Monatssummen der Niederschläge liegen zwischen November und Februar bei 80 bis 90 mm, in den Sommermonaten Juli und August bei 180 mm. Den Naturgewalten ausgeliefert ist der Mensch auch im Außerfern. Während des Pfingsthochwassers am

21. Mai 1999 fielen in Reutte 212 mm Niederschlag an einem Tag.

Der Schneereichtum ist auch bei den Neuschneehöhen eines Winters gegeben: In Reutte wird durchschnittlich in einem Winter eine Neuschneesumme von 360 cm erreicht, hingegen in gleicher Seehöhe in Prutz nur 110 cm, also knapp 30 % davon.

Die Temperaturen im Außerfern weisen entsprechend der klimatischen Region geringere Tagesschwankungen auf als Orte in vergleichbarer Lage im Alpeninnern.

Im Januar (siehe Abbildung 2) beginnt üblicherweise der Tag am Morgen bei -6 °C und erreicht nachmittags einen Maximalwert von +2,3 °C. Im Wonnemonat Mai schwanken die Temperaturen zwischen +5 °C am Morgen und angenehmen 17 °C in den Nachmittagsstunden. Die Sommermonate sind angenehm temperiert und bieten am Morgen +10 °C und Maximalwerte bis knapp 22 °C. Keine Frage, dass diese Temperaturen vom menschlichen Organismus als schonend empfunden werden.

Das Jahresmittel der Lufttemperatur beträgt in Reutte +6,1 °C (Periode 1971 - 2000) und liegt damit etwa 0,5 °C unter den Jahresmittelwerten der inneralpinen Tallagen in Höhenlage. Dieser Umstand - zusammen mit der stärkeren Windexposition - bedingt auch niedrigere obere Waldgrenzen. Im Außerfern liegt diese zwischen 1.600 und 1.700 m Seehöhe, im hinteren Ötztal um 2.000 m.

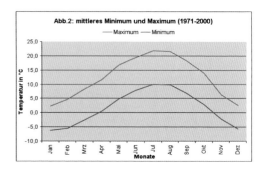

Abb.2: mittleres Minimum und Maximum (1971-2000)
— Maximum — Minimum

Alpenblumen und Pflanzen
Pracht und Herrlichkeit
Alfred Pohler

Die Alpen hatten nicht immer ihre heutige Bedeutung für die Menschen. Was weiter auch nicht verwunderlich ist, denn noch für unsere Urvorfahren war die Bergwelt ein Lebensraum voller Gefahr und Unheil. Die Bevölkerung hatte infolge verschiedenster Einflüsse auch nicht die uns heute innewohnende Verbundenheit zur Natur. Erst eine grundlegend geänderte Einstellung zu den Bergen – der eigentliche Gesinnungswandel vollzog sich vor rund 200 Jahren – brachte den Umschwung. Allmählich entdeckte man die Schönheit der Alpen, Bergsteigen und –wandern bereiteten Vergnügen, wurden zum Erlebnis.

Gleichzeitig erwachte das Interesse an den Alpenpflanzen. Ihre bezaubernde Schönheit, ihr Duft und der vielfach überschwängliche Blütenreichtum führte zu steigender Wertschätzung, ihre unübertreffliche Farbenpracht, die phantastischen Gebilde der Blüten zogen die Menschen immer mehr in ihren Bann.

Man erkannte aber auch zunehmend die Heilwirkung der Pflanzen aus höheren Lagen; demzufolge war das Sammeln von Heilkräutern nahe liegend.

Natürlich blieb das einmal geweckte Interesse der Menschen nicht nur auf den Farben–, Duft- und Formenreichtum der Alpenpflanzen beschränkt, sondern erstreckte sich in zunehmendem Maße auch auf ihre Lebensfunktionen. Die Erforschung ihrer Lebensaufgabe und ihrer eigentlichen Stellung im Haushalt der Natur boten besonderes Interesse und Anreize. Dennoch blieb, trotz aller Errungenschaften, vieles aus ihrem Leben rätselhaft und geheimnisvoll. Denken wir nur an die raffinierten Bestäubungseinrichtungen und Befruchtungsvorgänge sowie ihre ungewöhnlichen und faszinierenden Bauweisen. Die kolossale Leistung der Pflanzenzellen z. B. kann kaum demonstrativer als anhand eines Getreidehalmes aufgezeigt werden, der fünfhundert Mal höher als breit und damit im Verhältnis weit höher, aber viel

schlanker als der Eiffelturm ist. Auf den Kölner Dom bezogen würde das bedeuten, dass er am Fuße knapp einen Meter Durchmesser hätte. Damit aber noch nicht genug: An der Spitze des Halmes befindet sich nämlich zusätzlich noch ein relativ schweres Gebilde, die Ähre, mit einer Fülle von Samenkörnern. Die lebensnotwendige Nahrung beziehen diese Samenfrüchte ebenfalls durch das einzigartige Bauelement Halm mit seiner unerreichten Elastizität und Biegefähigkeit. Es ist daher kein Wunder, dass auch in unserer hochtechnisierten Welt die pflanzliche Architektur als optimal und ihre Statik als unnachahmlich perfekt gilt. An vergleichbaren menschlichen Großtaten gemessen sind solche pflanzlichen Werke uneingeschränkt große Wunder der Schöpfung.

Herkunft und Entstehung der Alpenpflanzen

In der uns gewohnten Pracht und Herrlichkeit waren die Blumen und Pflanzen der Alpen natürlich nicht immer schon vorhanden. Ihre heutige Heimat entstand erst durch das Übereinanderschieben von Gesteinsdecken, die so genannte Faltung der Gebirge, vor vielen Millionen Jahren. Zu jener Zeit wiesen die Gebiete Mitteleuropas, die nicht vom Meer bedeckt waren, ein subtropisches bis tropisches Klima auf und trugen eine dementsprechende Pflanzendecke. Lediglich in den Alpen herrschte, der Höhenlage gemäß, ein raueres Klima. Die Besiedelung der Alpen mit Pflanzen aus den milden Gebieten war dadurch naturgemäß erschwert. Hingegen begünstigt war die Einwanderung von Pflanzen aus Ländern mit rauerem Klima, die über die damals noch bestehenden Landverbindungen zwischen den Meeren erfolgte. Infolge der Wanderung und Vermischung von Pflanzen aus den rauen nordischen Gebieten oder asiatischen Steppen mit solchen aus den südlichen Gebirgen entstanden zum Teil völlig neue Arten. Erbmasse und Umweltfaktoren wie z. B. Temperatur, Boden, Klima, Einstrahlung und Feuchtigkeit, nahmen maßgeblichen Einfluss auf die Lebensvorgänge und Formen der Pflanzen und trugen letztlich entscheidend zur großen Vielfalt und Unterschiedlichkeit in der Vegetation bei. Unter dem Einfluss der Eiszeiten und der damit verbundenen Vergletscherung, bildete sich in Millionen Jahren die Pflanzendecke des Alpengebietes. Die Vegetation mit allen ihren Einzelpflanzen und Pflanzengesellschaften konnte sich ausbreiten, verändern und anpassen. Die Flora als Gesamtheit der einzelnen Pflanzenarten der Alpen war dadurch einer ständigen Änderung, Optimierung, aber auch Ausscheidung unterworfen.

Dieser kurze Exkurs in die Entstehungsgeschichte der Alpenpflanzen zeigt, dass diese von uns bewunderten Geschöpfe Produkte einer unglaublichen Entwicklung und großartigen Anpassungsfähigkeit sind. Auskunft über die manchmal kaum zu glaubende Herkunft zahlreicher Pflanzen, die wir heute ganz selbstverständlich zu den Alpenblumen zählen, geben die folgenden Ausführungen. Viele der Vorfahren der heutigen Alpenflora stammen demnach aus Landgebieten, die von zwischenzeitlichen Meeresüberflutungen verschont geblieben sind. Das vielleicht bedeutendste dieser Ursprungsgebiete war Zentral- und Ostasien. Alpenrose, Edelweiß, Enzian, Akelei, Eisenhut und

Edelweiß

Primeln sind nur einige der Einwanderer aus dem Fernen Osten. Aus dem Mittelmeergebiet stammen dagegen Krokus, Narzissen, Leimkraut, Glocken-

blumen und Kugelblumen. Selbst wenn es kaum zu glauben ist, auch aus Amerika und Afrika wanderten mehrere Gattungen ein, deren bekannteste Arnika und Bärentraube sind.

Lebensbedingungen und Umweltfaktoren

Die Einwandererpflanzen fanden im Alpengebiet neue Lebensbedingungen vor, auf die sie sich natürlich erst einstellen mussten. Gesteinsunterlage, Bodenverhältnisse, Licht, Einstrahlung, Luftfeuchtigkeit, Wind und Temperatur sind nur die wichtigsten davon. Wie unterschiedlich die einzelnen Pflanzenarten auf ihre neuen Lebensbedingungen reagieren, zeigt z. B. die Tatsache, dass selbst bei gleichen klimatischen Bedingungen die Pflanzendecken völlig verschieden geartet sein können. Ursache dafür ist der Säuregrad des Bodens, weshalb die Botanik zwischen Pflanzen basischer und saurer Böden unterscheidet. Man findet diese Pflanzen teils streng voneinander getrennt, erstaunlicherweise aber auch untereinander vermischt, auf Kalk- und Silikatunterlagen. Beispiele dafür sind einige Alpenanemonen, Steinbreche, Enziane, Primeln, Alpenrosen und Schafgarben.

Interessant sind andererseits aber auch jene Einrichtungen, die dem Verdunstungsschutz und Wasserhaushalt dienen. Ohne ein Verkleinern der Verdunstungsfläche, wie wir es z. B. in Form der filzigen Behaarung bei Edelweiß und Edelrauten kennen oder die Anlage von Nadelblättchen bei Erika und Heidekraut würden diese Pflanzen in größerer Höhe und durch den dort herrschenden Wind wesentlich mehr kostbares Wasser verbrauchen. Andere Pflanzen wiederum legen Wasserspeicher in ihren Blättern und Sprossen an (Hauswurz- und Fetthennenarten), andere wieder schützen sich durch lederartige Blattoberflächen oder Zwergwuchs (Polstergewächse), der in Form von Polstern übrigens gleich mehrere Vorteile in sich birgt. Zum einen können sich die kugelförmigen Gebilde nämlich mit Wasser voll saugen, zum anderen durch die dichte Blättchenstellung lokale Windstille hervorrufen und somit die Verdunstung merklich herabsetzen. Typische Vertreter dieser Polsterpflanzen sind Alpen- und Schweizer Mannsschild, Steinbreche, Stengelloses Leimkraut, Horn- und Fingerkraut.

Natürlich nehmen auch Licht und Einstrahlung besonderen Einfluss auf das Wachstum der Alpenpflanzen. Da es in 1600 m Höhe bereits doppelt so hell ist wie auf Meereshöhe, müssen sich die Pflanzen gegen eine allzu hohe Einstrahlung schützen. Dies geschieht durch silbrige, filzige Behaarung und vermehrte Farbstoffbildung. Diese verstärkte Pigmentierung in Form von leuchtenden Blütenfarben erfreut andererseits aber auch den Menschen und dient gleichzeitig als Lockmittel für Insekten. Darüber hinaus sorgen die Pflanzen durch ihren Duft und vermehrte Nektarproduktion für ihre Bestäubung. Sofern diese übrigens infolge zu geringen Insektenvorkommens nicht erfolgen kann oder andauernder Regen dies verhindert, besitzen verschiedene Alpenpflanzen sogar die Möglichkeit, sich selbst zu bestäuben. Diese Entwicklung ist bei der Herbstzeitlose besonders gut ausgebildet.

Ein weiterer Umweltfaktor – die Temperatur – beeinflusst ganz entscheidend Atmung, Zuckerbildung und Wachstum. Diese und mehrere andere Prozesse funktionieren bei höheren Temperaturen wesentlich besser als bei tiefen. So können z. B. Alpenpflanzen in zwei Stunden bei 30 ° C gleich viel wachsen wie andere in fünf Stunden bei 20 ° C. Natürlich wird auch die Blüte durch höhere Temperaturen beeinflusst. In schneereichen Höhenlagen bleibt für die Pflanzen oftmals nur eine Vegetationszeit von ein bis zwei Monaten. In dieser kurzen Zeit müssen sich die Pflanzen ausbilden und blühen, um ihre Fortpflanzung zu sichern. In derartigen Fällen setzen einzelne Alpenpflanzen manchmal gar keinen Stängel an, sondern blühen dicht am Boden (Zwergwuchs, Alpenlöwenzahn). Damit diese Alpenpflanzen bei höheren Temperaturen aber nicht zur unrechten Zeit – z. B. im Winter, wenn keine Insekten zur Bestäubung vorhanden sind - blühen, hat die Natur insofern vorgesorgt, als diesem Blühen oft eine bestimmte Zeit

kühler Temperaturen vorangehen muss. Auch daraus ist zu ersehen, auf welch faszinierende Art und Weise sich die Alpenpflanzen den unterschiedlichsten Umwelteinflüssen anpassen.

Klebriger Lein

Vorkommen je nach Höhenlage

Wie bereits erwähnt, bestimmen alle diese Umweltfaktoren (Boden, Klima, Licht, Einstrahlung, Temperatur und geographische Lage) die Verschiedenartigkeit in Wuchs, Farbe und Blüte mit. Sie sind aber auch Ursache für Zusammensetzung und Wechsel der Vegetation je nach Höhenlage. Auch wenn es diesbezüglich keine scharfen Abgrenzungen gibt, so können einzelne Pflanzenarten gewissen Höhenlagen doch als typisch zugeordnet werden. Geht man in der Betrachtungsweise vom Tal in die Bergregion, so weist bereits die mittlere Wald- oder Bergstufe (montane Stufe) ein reichhaltiges Angebot an Alpenblumen auf. Begünstigt durch verschiedene Faktoren wie lokales, milderes Klima, nährstoffreiche Böden, Wald mit Unterholzschutz und Beweidungseinflüsse führen sie ein humaneres Leben. Ihr Wuchs, ihre Blütenpracht und die Vielfalt fantastischer Formen vermitteln dem Interessierten ein nachhaltiges Erlebnis. Zu den Alpenblumen dieser Stufe zählen vor allem:

Schneerosen, Alpenveilchen, Kugelblumen, Alpenrebe, Karthäuser-Nelke, Schmalblättriges Weidenröschen, Fliegen-Orchis und Zwerg-Alpenrose.

Der Bereich des oberen Bergwaldes (subalpine Stufe) mit seinem teilweise mit Felsen, Schluchten und Tälchen durchzogenen Landschaftsbild ist Standort von

Fingerhut, Steinröschen, Enzianen, Alpenrosen, Feuerlilie, Teufelskrallen, Türkenbundlilie, Akeleien, Alpenwollkratzdistel, Berg-Esparsette, Berg-Hahnenfuß, Heilglöckchen, Knabenkräutern und Anemonen.

Oberhalb der subalpinen Stufe, in der Almregion hinauf bis zu den steil aufragenden Felswänden und Karen, befindet sich dann das eigentliche Reich der Alpenflora. Was sich mancherorts dem Blumenfreund in dieser alpinen Stufe an Pracht und Herrlichkeit bietet, kann uneingeschränkt zu den Wundern der Schöpfung gezählt werden. Es fällt sicherlich auch jedem anderen schwer, hier eine Rangordnung nach Schönheit und Artenreichtum zu treffen. Trotzdem wollen wir im Folgenden einige der ansprechendsten und bezeichnendsten Pflanzen dieser Höhenregion anführen: Kohlröschen, Berg- und Goldpippau, Allermannsharnisch, Habichtskräuter, Ferkelkraut, Flockenblumen, Kratzdistel, Arnika, Kreuzkraut, Alpenaster, Bärtige Glockenblume, Strauß-Glockenblume, Gelber Enzian, Alpen-Grasnelke, Soldanellen, Primeln, Blauer Speik, Alpenazalee, Rosmarin-Seidelbast, Steinröschen, Berg-Nelkenwurz, Schmuckblume, Küchenschelle, Alpen-Hahnenfuß.

Eine weitere Einteilung unterscheidet je nach Lage zwischen Täschelkrautfluren und Schneetälchenflur. Täschelkrautfluren treffen wir vorwiegend in Höhen über 2000 m mit mindestens siebenmonatiger Schneebedeckung an. Meistens auf Kalkgeröll und Schutt finden sich dort das Rundblättrige Täschelkraut, das Immergrüne Hungerblümchen, das Breitblättrige Hornkraut und vielfach die Alpenwucherblume neben zahlreichen anderen Blütenpflanzen.

Als Schneetälchenflur bezeichnet man dagegen, wie schon der Name sagt, ein tälchenartiges Gelände, in dem länger als acht Monate der Schnee liegt. Trotz der kärglichen Bodenbeschaffenheit dieser Gebiete mit nur etwas Humus auf ruhendem Schutt oder Moränen und ständiger Feuchtigkeit, blühen in diesen Gebieten so herrliche Blumen wie Alpen-Hahnenfuß, Bayerischer Enzian, Gämskresse, Steinbreche, Primeln, Gletscher-Mannsschild, Leinkraut, Stängelloses

Leimkraut, Alpen-Hauswurz und viele andere mehr. Alle diese wunderbaren Blütenpflanzen mit ihrem intensiven Farben- und Formenreichtum verstehen es glänzend, sich in der kurzen schneefreien Vegetationsphase aufzubauen und zu blühen. Ihr Wuchs ist zwergenhaft niedrig, dem Gelände angepasst und auf jede Möglichkeit der Bodenwärmeausnutzung bedacht.

Noch unwirtlicher als diese zuletzt beschriebene Region sind die Schutthalden direkt unter den Kalk- und Dolomitfelswänden. Aber selbst in diesem besonderen Lebensraum haben verschiedene seltene und schöne Alpenblumen Fuß gefasst. In dem durcheinander gemischten groben und feinen Schutt, der sich zudem oftmals in Bewegung befindet, bilden solche Pflanzen bis zwei Meter lange Wurzeln aus. Selbst äußerst harte Lebensbedingungen wie Steinschlag, Trockenperioden und extreme Temperaturschwankungen vermögen ihnen kaum etwas anzuhaben. Entsprechend der Steilheit und Lage des Geländes sind diese Pflanzen Temperaturunterschieden bis zu 50 und 60 ° C ausgesetzt. Tagestemperaturen von + 40 ° C und Nachttemperaturen bis -15 ° C sind dabei keine Seltenheit. Einige der schönsten Blütenpflanzen dieses extremen Lebensraumes sind z. B. Monte-Baldo-Anemone, Gelber Alpenmohn, Sendtners Alpenmohn, Zwerg-Baldrian, Großblütige Schafgarbe und Dolomiten-Fingerkraut, sowie Kreuzkräuter.

Wie Bergsteiger schon oftmals staunend festgestellt haben, blühen aber selbst in schroffsten Felswänden noch Blumen – ja es sind großteils sogar die begehrtesten, seltensten und prachtvollsten Alpenblumen darunter. Auf kleinen Felsvorsprüngen oder aus Spalten heraus wachsen unter extremsten Bedingungen z. B. Edelrauten, Edelweiß, Schweizer Mannschild, Stängelfingerkraut, Dolomiten-Glockenblume, Steinnelke, Felsaurikel, Behaarte Primel und Blaues Mänderle. Die meisten unter ihnen führen ein äußerst karges Leben. Kleinsten Ritzen entspringend, fast erdlos prangen sie stolz und majestätisch allen Witterungseinflüssen trotzend an den steilsten und ausgesetztesten Felswänden. Schutzbehaarung, fächerartige Netzwurzeln, Zwergwuchs oder Posterbildung sind nur einige ihrer sinnvollen Schutzvorkehrungen. Ihren exponierten Standorten fehlt vielfach die schützende Schneedecke, sodass sie wiederholt der Frostgefahr – ihrem größten Feind – ausgesetzt sind. Ihr genügsames, bescheidenes Leben ist hart, ihr Ringen mit den Naturgewalten sowie ihr Anpassungsbestreben beispielhaft. Die Natur hat wie schon mehrmals in diesem Artikel angeklungen ist, alle diese herrlichen Alpenpflanzen mit ganz typischen Einrichtungen und einer Anpassungsfähigkeit ausgestattet, die es ihnen ermöglichen, im ständigen Ringen mit den Naturgewalten zu bestehen.

Wiesenblumen, Alpenblumen und andere Pflanzen

Als Teilbereich der Nördlichen Kalkalpen, durch günstige Bodenverhältnisse und maritime Luftmassen bevorteilt, konnte in dieser Region eine außergewöhnliche Flora entstehen. Beginnend in den Talbereichen, den Feldern und angrenzenden Mähwiesen bis hinauf zur jeweils unteren Waldgrenze, prägt größtenteils ein märchenhaft bunt blühendes Pflanzenkleid das Landschaftsbild der einzelnen Gebiete des Bezirkes. Die Besonderheit liegt aber nicht nur im Massenblühen sondern vielmehr im Artenreichtum und der Farbenvielfalt, worin auch letztlich das Erfreuliche, den Erholungswert Steigernde zu sehen ist, und wofür besonders den Bauern für die stetige Pflege Dank gebührt. Was die colline Stufe des Bezirkes besonders reizvoll gestaltet, sind neben der unglaublichen Fülle viele kostbare Raritäten wie z. B. die Sonnentaugewächse, der überaus seltene Klebrige Lein, die Sumpfgladiolen, Fliegen-Ragwurz, Kreuzenzian und natürlich ein in den Alpen wohl einmaliges Frauenschuh-Biotop von beachtlicher Größe.

Aber auch die höheren Lagen, das wirkliche Reich der Alpenblumen, vermag mit der ohnehin ungewöhnlich üppigen Pracht und einigen herausragend attraktiven Geschöpfen aufzuwarten. Davon ist besonders erwähnenswert der Berg-Drachenkopf, der Schweizer- und Gletschermannsschild, Purpurenzian, Rotes Kohlröschen, Sendtners Alpenmohn, Fransen-Enzian und nicht zuletzt die ausgedehnten Bestände an Arnika.

Zunehmende Wertschätzung erlangt auch der Wildfluss Lech, welcher majestätisch wie ein Aristrokat den größten Teil des Außerferns durchschlängelt und dessen Uferbereiche wie auch die ausgedehnten Aulandschaften erstaunlich viele reizvolle Blütenpflanzen aufweisen. In verschiedenen Augebieten hingegen verblüffen die ungemein vielen Alpenblumen, welche wohl als Schwemmlinge dahingelangt sind und Fuß gefasst haben. So ist es keine Seltenheit, dass man sich in solchen Verlandungsbereichen an Edelweiß, Aurikel, Orchideen, Enzianen, Steinbrechgewächsen u. dgl. erfreuen kann. Die Krönung solcher Vorkommen in dieser Landschaft sind allerdings Wacholderbäume von ansehnlicher Höhe, die einen beachtlichen Bestand bilden und die gesellig auftretende Deutsche Tamariske.

Wacholderbaum

Wie auch den vorausgegangenen Ausführungen zu entnehmen ist, können die Blütenpflanzen nicht gleichmäßig über die ganze Region verteilt sein und ebenso nicht gleichzeitig blühen. Was aber bewirkt, dass zwar standortabhängig, aber dennoch von der Schneeschmelze bis in den späten Herbst die Berge bunten Blumenschmuck tragen. So gesehen scheint die Umwelt unserer Heimat noch in Ordnung zu sein, wie die außergewöhnliche Blumenflora offensichtlich zeigt und durch die schöpferische Vielfalt wie auch durch die große Menge ästhetisch reizvoller Geschöpfe unterstrichen wird. Daraus zählen zu den herausragenden Repräsentanten mit Seltenheitswert der Schweizer- und Gletscher Mannsschild, der Berg-Drachenkopf, die Mont-Cenis-Glockenblume, die Sumpf-Gladiole, die Sonnentaugewächse, der Klebrige Lein und der Kreuzenzian sowie der überaus seltene Lungenenzian.

Schweizer Mannsschild

Alpenblumengarten am Hahnenkamm, einzigartige Blumenoase

Mit dem Ziel, eine möglichst repräsentative Auswahl der wertvollsten und am auffälligsten blühenden Alpenblumen des Bezirkes auf engstem Raum anzusiedeln, um sie auch älteren Menschen zugänglich zu machen und sie Freude daran finden zu lassen, aber auch für Lehrzwecke und Schulen, wurde 1976 mit der Errich-

tung eines Alpenblumengartens im Gebiet der Höfener Alpe am Hahnenkamm bei Reutte begonnen. Dabei galt als oberstes Gebot und Leitziel, die natürliche Schönheit des ausgewählten Geländes zu wahren, sich äußerste Maßhaltung bei der Errichtung künstlicher Bauwerke aufzuerlegen und für eine harmonische Einfügung der Weganlagen in das Gelände Sorge zu tragen. Den Bodenverhältnissen und dem Gelände entsprechend wurde das Hauptaugenmerk einem Alpinum zugewendet, das auch vorrangig erstellt und zunehmend bepflanzt wurde. Unter Berücksichtigung der Höhenlage – der Standort befindet sich in ca. 1800 m Seehöhe – konnten im Laufe der Jahre alle in Frage kommenden Blütenpflanzen und einige andere mehr Aufnahme finden und können, selbstverständlich gemäß ihrer natürlichen Blütezeit, mühelos und durch Namensschildchen gekennzeichnet, bewundert werden. In jüngster Zeit erfuhr diese zweckdienliche Einrichtung einen bemerkenswerten Aufschwung, wurde komfortabel ausgestattet zu einer einzigartigen Blumenoase in einem von Zivilisationserscheinungen schon stark gezeichneten Gebiet. Neuerdings befindet sich dieser Alpenblumengarten in einem fabelhaften, wirklich beispielhaften Zustand und zählt zu den allerschönsten in den Alpen. Zahlreiche Idealisten der Bergwacht Reutte als Errichter und stetige Betreuer leisten damit vorbildlichen Naturschutz, indem sie den Besuchern ermöglichen, diese bezaubernden Kleinodien eingehend zu betrachten, sich an der faszinierenden Schönheit dieser Geschöpfe zu erfreuen und dabei ihre Ehrfurcht vor den Wundern der Natur zu bezeugen.

Weiterführende Literatur
Unsere Alpenflora, Elias Landolt – 1960
Verlag: Schweizer Alpen–Club.

Die Tierwelt

Johannes Kostenzer

Unmöglich, alle Tiere hier aufzuzählen, die im Außerfern kreuchen und fleuchen. Im Lechtal, dem größten und längsten Tal des Außerferns, dominiert der Fluss bis heute den Talraum. Die Dörfer und landwirtschaftlichen Kulturflächen wurden von der Bevölkerung seit Jahrhunderten in stetem Kampf gegen das Wasser dem Lech abgetrotzt. Trotzdem gehört das Lechtal zu den naturkundlich bedeutendsten Räumen Tirols. Dieser Lebensraum mit dem Fluss und seiner Dynamik, die Wälder und Almen der Seitentäler des Lechtals, der Haldensee sowie die Moorwiesen im Ehrwalder Becken sind Lebensstätte für zahlreiche seltene, zum Teil nur im Außerfern vorkommende Tiere. Exemplarisch seien im Folgenden einige vorgestellt.

Lärm in Pflach: *Der Laubfrosch*

Wer an einem lauen Maiabend bei Pflach spazieren geht, wird sich über den Lärm im Bereich der sonst so ruhigen Lechauen wundern. Neugierig nähern wir uns dem Teich hinter dem Sportplatz. Mit der Lautstärke eines Mopeds versuchen dort Laubfrosch-Männchen die Weibchen für sich zu gewinnen. Diese Paarungsrufe des ehemals weit verbreiteten Laubfrosches sind in Tirol praktisch nur mehr im Bereich unterhalb von Reutte zu hören. Neben dem grünen Laubfrosch lebt in diesem Gebiet auch die in Österreich äußerst seltene Kreuzkröte, die schnell wie eine Maus laufen kann, sowie der Kammmolch, auch ein sehr seltener Vertreter der Amphibien in Tirol. Wussten Sie übrigens, dass bei Fröschen weniger als 10 % der Jungtiere überleben? Deshalb die Strategie, durch möglichst viele Eier die Nachkommenschaft zu sichern. Ein Grasfroschweibchen z. B. legt in einem Laichballen bis zu 3000 Eier ab.

Jagd am Moor: *Bileks Azurjungfer*

Eines der seltensten Raubtiere im Außerfern ist Bileks Azurjungfer. Sie ist wie alle Libellenarten eine ausgezeichnete Jägerin, die im Flug ihre Beute jagt. Ihre Facetten-Augen lassen sie Bewegungen von einer Zweihundertstelsekunde unterscheiden. Stets in der Nähe von Gewässern wie am Riedener See oder am Rauchwand-Bachle lieben sie auch die Wärme sonniger Plätze. Aber Bileks Azurjungfer ist nicht die einzige Libellenart, die im Lechtal vorkommt. Die farbenprächtigen Insekten erreichen zum Teil beachtliche Größen. Die größte unter ihnen, die Zweigestreifte Quelljungfer, bringt es auf beachtliche acht cm Länge und zehn cm Flügelspannbreite. Die Larven von Libellen leben bis zu fünf Jahre im Wasser, bevor sie eines Morgens an einem Halm aus dem Wasser klettern und aus ihrer Larvenhaut schlüpfen.

Bileks Azurjungfer

Eiersuchen: *Der Flussregenpfeifer*

Trotz der gelben Augenringe und einem weißen Streif über dem schwarzen Stirnband ist der Flussregenpfeifer ein ungewöhnlich gut getarnter Vogel. Sein Lebensraum sind Kies-, Schotter- und Sandbänke entlang des Lech. Auf solchen vegetationsarmen Flächen sind sowohl die Altvögel selber wie auch ihr Gelege und ihre Jungen für ungeübte Augen kaum auszumachen.

Die entlang des Lech noch vorhandene Flussdynamik ist unabdingbar für die Vermehrung dieser in Tirol sehr seltenen Vögel. Hochwässer sorgen dafür, dass die Ufer umgelagert werden und Sand- und Schotterbänke immer neu entstehen. Auf diesen Kies- und Sandflächen legt der Flussregenpfeifer seine Eier zwischen den Steinen ab.

Flussregenpfeifer

Freiwillig lebenslange Diät:
Der Moorbläuling

Der Moorbläuling – ein Schmetterling – lebt im Ehrwalder Becken in den Feuchtwiesen und Moorrändern. Die Raupe dieses Tagfalters ernährt sich anfangs von den Blüten des großen Wiesenknopfes. Später fressen die Raupen des Bläulings die Larven einer besonderen Knoten-Ameise. Aber wie können diese eher plumpen Raupen in den gut geschützten und bewachten Ameisenbau eindringen, um an ihre begehrte Nahrung zu gelangen? Sie scheiden ein süßes Sekret aus, das die Ameisen gerne fressen. So erscheint den Ameisen die Anwesenheit der Bläulings-Larven als ein besonderer Leckerbissen, ja vielfach werden die Raupen von den Ameisen selbst in ihren Bau getragen. Dort angelangt, können die Bläulings-Raupen ungestört die Larven der Ameisen fressen. Nach einer Überwinte-

rung verpuppen sich die Raupen im Frühsommer. Etwa drei Wochen später verlassen die Tiere nach der Metamorphose – der Umwandlung in einen Falter – auf schnellstem Weg den Ameisenbau. Erst danach entfalten sie ihre noch zerknitterten, weichen Flügel und beginnen ihren ersten Flug. Sogar als Falter ist der Moorbläuling sehr wählerisch und völlig an das Vorkommen des großen Wiesenknopfs gebunden, da er nur den Nektar dieser Pflanze frisst.

„Augen auf" an der Kiesbank:
Die Kiesbank-Wolfsspinne

Die Kiesbank-Wolfsspinne ist ein typischer Bodenbewohner, der von den ersten Frühjahrstagen bis in den späten Herbst auf den Schotterbänken des Lech zu sehen ist. Sie lebt auf trockenem und besonntem Untergrund und bewegt sich schnell und huschend fort. Während andere Spinnen Netze bauen, verfolgt die Kiesbank-Wolfsspinne ihre Beute in der näheren Umgebung, sofern diese die richtige Größe aufweist. Dabei orientiert sie sich weitgehend mit ihrem Gesichtssinn. Bei Gefahr oder im Fall, dass ihr die Beute oder deren Schatten zu groß erscheint, flüchtet die Wolfsspinne rasch in Spalten oder Löcher. Bei Spinnen ist der Kopf nicht frei beweglich, sondern fest mit dem Brustabschnitt verwachsen. Wie schafft es also die Kiesbank-Wolfsspinne trotzdem zu sehen, was seitlich und hinter ihr passiert? Dies gelingt, weil die Spinne acht Augen in drei Reihen besitzt. Diese sind nach verschiedenen Seiten gerichtet, unterschiedlich groß und auch unterschiedlich auf nah und fern eingestellt. Auf dem Speiseplan des Flussregenpfeifers steht sie als willkommene Beute.

Knarren in der Au:
Die Schnarrschrecke

Wenn wir im Sommer über die Kiesbänke gehen, erscheint es uns öfters, als würden rote Schmetterlinge kurz auffliegen.

Wer diese dann näher betrachten will, findet nur selten eine gut getarnte Schnarrschrecke. Diese braun-graue Heuschreckenart kann ihre bunten Hinterflügel zu kurzen Flügen einsetzen.

Schnarrschrecke

Vor 100 Jahren war die Schnarrschrecke im Alpenraum noch weit verbreitet. Durch den Verlust von vegetationsarmen Kiesbänken entlang von Flüssen wurde auch die Schnarrschrecke selten. Die letzten Vorkommen in Mitteleuropa finden sich auf den nahezu unbewachsenen Kiesbänken wie am Lech bei Forchach. Auf der Suche nach Weibchen entfalten die Männchen ihre rot gefärbten Hinterflügel und lassen ein Schnarren ertönen. Die gedrungenen Tiere erzeugen dieses Geräusch mit den Hinterflügeln. Die wichtigste Form der Lauterzeugung bei Heuschrecken ist jedoch eine andere.

Noch ein witziges Detail am Rand: Die Schnarrschrecken können wohl hören, haben ihre „Ohren" aber nicht am Kopf, sondern an den Körperseiten. Sie sind entweder durch die Flügel oder die Hinterbeine verdeckt.

Nachtleben im Lech:
Die Koppe
Die Koppe ist ein Kleinfisch, der im Lech und den kleineren, klaren und rasch fließenden Seitenbächen lebt. Sie hat einen keulenförmigen, schuppenlosen Körper und einen breiten, abgeplatteten Kopf. Sie ist empfindlich gegenüber Wasserverunreinigungen und ist deshalb eine gute Indikatorart für Fließgewässer. Zahlreiches Vorkommen der Koppe weist auf einen strukturreichen und naturnahen Gewässerzustand hin. Da die Koppe keine Schwimmblase hat und Schwimmen daher für sie eine Kraftanstrengung bedeutet, lebt sie vorwiegend in Bodennähe. Während sie sich tagsüber in Verstecken aufhält, wird die Koppe nachts aktiv und sucht sich als Nahrung Kleintiere wie Bachflohkrebse. Oft wird sie aber selbst Beute von Forellen.

Exoten im Lechtal:
Der Bluatschink
Der Bluatschink gehört zu einer fast ausgestorbenen Gruppe von Reptilien. Auch wenn bisher nur sehr wenige Personen den Bluatschink selbst gesehen haben, kennt jedes Kind im Lechtal den Bluatschink. Die Beschreibungen variieren stark, sodass eine große Verwandlungsfähigkeit für das Tier angenommen werden muss. Als sicher gilt, dass der Bluatschink ein großes Gebiss und einen langen Schwanz aufweist. Das mächtige, dunkle und mit Schuppen bedeckte Tier schwimmt im Lech und ist wohl nachtaktiv. Laut Aussage von Gewährsleuten kam es in vergangenen Jahrhunderten immer wieder vor, dass der Bluatschink unvorsichtige Kinder mit Haut und Haaren verschlang.

Zeichnungen der Volksschüler aus Elmen

Jagd

Klaus Perl

Das Jagdrecht leitet sich vom Grundeigentum ab, gejagt darf nur in einem behördlich festgestellten Jagdgebiet werden. Ebenso muss derjenige, der die Jagd ausübt, im Besitz einer gültigen Tiroler Jagdgastkarte sein (Tiroler Jagdgesetz).

Im Bezirk Reutte wird die Jagd in 117 Revieren bzw. in selbständig verpachteten Revierteilen ausgeübt. Diese teilen sich in 73 Eigenjagden und 44 Genossenschaftsjagden auf.

83 Reviere sind an Ausländer verpachtet, der Rest ist an Inländer vergeben oder wird von den Grundeigentümern selbst bewirtschaftet.

In den Jagdrevieren des Bezirkes Reutte sind derzeit 46 Berufsjäger, sieben Berufsjägerlehrlinge, vier hauptberufliche Jagdaufseher und 53 nebenberufliche Jagdaufseher tätig.

Die Einnahmen der Grundeigentümer aus der Jagdverpachtung betragen jährlich etwa 1,25 Millionen Euro. Davon werden pro Jahr 20 % = € 250.000 an Landesjagdabgabe an das Land Tirol abgeliefert.

Die Jagd im Bezirk Reutte ist also ein nicht unbedeutender Wirtschaftsfaktor.

Aufteilung der Reviere nach ihrer Größe:

bis 300 ha	15
301 bis 500 ha	24
501 bis 1000 ha	36
1001 ha und mehr	40

Bei den ausgestellten Jagdkarten fällt besonders das Ansteigen der inländischen Jagdkarteninhaber in den letzten 20 Jahren auf auf:

Jagdjahr*	Gesamtzahl	Ausländer	Inländer
1989/1990	1029	530	499
1999/2000	1.218	643	575
2009/2010	1.315	627	688

* Das Jagdjahr ist nicht identisch mit dem Kalenderjahr, es beginnt am 1. April und endet am 31. März.

Jagdbare heimische Wildarten
Schalenwild (Paarhufer):
Rotwild (Hirsch = männlich, Tier = weiblich, Kalb = Jungtier bis zu einem Jahr)
Rehwild (Rehbock, Rehgeiß, Rehkitz)
Gamswild (Gamsbock, Gamsgeiß, Gamskitz), Steinwild (Steinbock, Steingeiß, Steinkitz)
Raufußhühner:
Auerhahn, Birkhahn, Haselhahn und Schneehuhn

Weiters wird die Jagd auf Murmeltier, Fuchs, Dachs, Steinmarder, Iltis, Feld- und Schneehase, Ringeltaube und Stockente ausgeübt.

Die Bejagung der Schalenwildarten sowie von Murmeltier, Auerhahn und Birkhahn erfolgt nur im Rahmen eines behördlich genehmigten Abschussplanes. Die Bejagung von Birk- und Auerhahn darf seit dem Jahr 2008 nur mehr im Rahmen einer Sonderbejagung mit strengen Kriterien erfolgen. Ein Abschuss eines Birkhahnes zum Beispiel wird nur genehmigt, wenn mindestens 16 Hähne (jagdlich Hahnen) bestätigt wurden. Dazu werden regelmäßige Bestandserhebungen durchgeführt.

Bei der Abschussplanung von Rot-, Reh- und Gamswild wird in erster Linie auf die landeskulturelle Verträglichkeit der Wildbestände (Waldzustand etc.) geachtet. Diese drei Wildarten sind im gesamten Bezirk auch flächendeckend vertreten.

Steinwild wurde im letzten Jahrhundert im Bezirk Reutte durch Jagdpächter im Lechtal und im Planseegebiet wieder angesiedelt.

Abschüsse im Jagdjahr 2009/2010:

Wildart	Abschuss	Fallwild **
Rotwild	2.619	138
Rehwild	1.431	278
Gamswild	778	206
Steinwild	4	2

** Fallwild ist bereits verendet aufgefundenes Wild (wobei 2003/04 100 Rehe und 49 Stück Rotwild dem Straßenverkehr zum Opfer fielen).

Naturschutz

Egon Bader

Nicht nur aufgrund des Tiroler Naturschutzgesetzes vom 12. März 1997 und aus der Naturschutzverordnung 1997 ergibt sich der Auftrag des Schutzes der Natur, sondern auch die Schöpfung hat die Menschen verpflichtet mit Achtung und Respekt der Vielfalt der Tier- und Pflanzenwelt gegenüberzutreten und mit der Erde pfleglich umzugehen.

Das Gesetz, nach § 1 hat zum Ziel, dass:
  a. ihre Vielfalt, Eigenart und Schönheit,
  b. ihr Erholungswert für den Menschen,
  c. der Artenreichtum der heimischen Tier und Pflanzenwelt und deren natürliche Lebensräume und
  d. ein möglichst unbeeinträchtigter und leistungsfähiger Naturhaushalt bewahrt und nachhaltig gesichert oder wiederhergestellt werden.

Folglich darf die Natur nur soweit in Anspruch genommen werden, dass ihr Wert auch für die nachfolgende Generation erhalten bleibt. Die Entscheidung, in welchem Ausmaß Eingriffe in die Natur erfolgen können, obliegt nach Begutachtung der Verwaltungsbehörde in der Abwägung der einzelnen Interessen.

Geänderte Bearbeitungsformen in der Land- und Forstwirtschaft, Begradigungen und Verrohrungen von Kleingewässern, Inanspruchnahme von Naturraum für Skipisten und Beschneiungsanlagen, Gewerbe und Siedlungsraum in den letzten Jahrzehnten erhöhten den Druck auf natürliche und naturnahe Lebensräume. Daraus ergibt sich eine so genannte Verarmung der Biodiversität – nicht nur im Bezirk Reutte – sondern im gesamten Alpenraum.

Für besonders wertvolle Landschaftsteile und Naturgebilde sieht das Gesetz eigene Schutzkategorien vor, wie z. B.:

Naturschutzgebiet Vilsalpsee
Gebiet um den Vilsalpsee mit Traualpsee, 16 km^2

Naturschutzgebiet Tiroler Lech
Nach dem Beitritt Österreichs am 1. 1. 1995 zur Europäischen Union (EU) wurden in das Netzwerk NATURA 2000 der EU- Kommission seltene Tierarten und Lebensräume gemeldet, die seit dem Jahr 2000 einen besonderen Schutz genießen.

Grundlage für dieses Schutzgebiet sind zwei EU-Richtlinien, die Vogelschutz-Richtlinie und die Habitat-Richtlinie, auch Fauna-Flora-Habitat-Richtlinie, kurz FFH-Richtlinie bezeichnet. Die Vogelschutz-Richtlinie gilt seit dem Beitritt im ges. Gebiet, die FFH-Richtlinie für das im Jahre 2000 gemeldete Flusssystem des Lech und seiner Seitenzubringer. Aus diesen Richtlinien ergibt sich für die Lebensräume und seltene Tierarten ein Verschlechterungsverbot, hat ein Ausmaß von 41,4 km^2 und verteilt sich über 24 Gemeinden des Tiroler Lechtales.

Das NATURA 2000 Gebiet Tiroler Lech wurde per Verordnung der Landesregierung vom 5. Oktober 2004 zum Naturschutzgebiet erklärt. Letzte Änderung des Tiroler Naturschutzgesetz 1997, durch das Gesetz LGBl. Nr. 50/2004.

Diese Verordnung liegt bei den Naturparkgemeinden auf. Seit diesem Zeitpunkt ist das NATURA 2000 Gebiet auch ein Naturpark. Die neue Standortgemeinde für das Naturparkhaus ist Weißenbach.

Geschützter Landschaftsteil
Ranzental Musau, Wasenmöser Heiterwang

Naturdenkmäler
Kalzitvorkommen Heiterwanger See, Lindenbaum Höfen, Wacholderbäume im Feldele, Weißenbach am Lech.

Ausblick
Nicht nur Naturschutzgesetz, EU-Richtlinie und Alpenkonvention werden die künftige Entwicklung des Lebensraumes „Außerfern" nachhaltig bestimmen, sondern vor allem das Verständnis und die Bedeutung eines intakten Lebensraumes für geistige und körperliche Gesundheit zur nachhaltigen Bewirtschaftung mit ihren verschiedenen Formen.

Naturpark Wildflusslandschaft Tiroler Lech

Dietmar Schennach

1. Naturräumliche Gegebenheiten

Der Lech entspringt im Vorarlberger Grenzgebiet und erreicht das Land Tirol und den Bezirk Reutte nahe dem Ortsteil Lechleiten in der Gemeinde Steeg auf einer Seehöhe von ca. 1.270 m und verlässt das Land im Gemeindegebiet von Vils auf einer Höhe von ca. 800 m. Die Talfurche des Lech liegt dabei zwischen den Allgäuer Alpen im Westen und den Lechtaler Alpen im Osten bzw. Süden.

Das Lechtal ist ein eindrucksvoller Naturraum von besonderem landschaftlichem Reiz, von hoher wissenschaftlicher Bedeutung und von hohem Erlebnis- und Bildungswert! Die naturkundliche Bedeutung des Lech mit seinen großen Umlagerungsstrecken und weitläufigen Auwäldern liegt in der Naturnähe und der damit verbundenen hohen Dynamik und freien Gestaltungskraft des Wassers. Ein außergewöhnlicher Artenreichtum sowie das Vorkommen seltener und speziell angepasster Tier- und Pflanzengemeinschaften unterstützen diese Bedeutung.

Das Lechtal ist aber auch von der Besonderheit geprägt, dass der Wirtschafts- und Dauersiedlungsraum der dort lebenden Bevölkerung unmittelbar an naturkundlich bedeutsame Flächen angrenzt bzw. in diese hinein ragt.

Das Tiroler Lechtal mit dem Lech und seinen Zuflüssen ist eines der letzten naturnah erhaltenen alpinen Flusstäler Europas. Verschiedenste Faktoren (Regulierungen, Rückhalt von Geschiebe an Seitenzubringern, gewerbliche Schotterentnahmen) haben in den letzten Jahrzehnten dazu geführt, dass sich die Flusssohle des Lech stark eingetieft hat. Die Auswirkungen dieser Eintiefung sind mannigfaltig, wie mangelnde Versorgung von Aunebengewässern, Veränderung der Vegetationsdecke, Gefährdungen der Weichholzauenbestände oder Änderung der Lebensräume von geschützten Tierarten.

Das Tal verfügt über floristische Besonderheiten von überregionaler Bedeutung: Tamarisken-Auen, Purpur-, Grau- und Reifweidengebüsche, Weiden-Auen, Frauenschuh-Vorkommen, Kiefern- und Spirkenbestände.

Das Lechtal weist aber auch faunistische Besonderheiten von EU-weiter Bedeutung auf, wie das Vorkommen von ‚Bileks Azurjungfer‘, einer der seltensten Libellenarten Europas, der ‚Gefleckten Schnarrschrecke‘, der ‚Kreuzkröte‘, des ‚Laubfrosches‘, des ‚Flussuferläufers‘, des ‚Flussregenpfeifers‘ und des ‚Gänsesägers‘.

2. Historische Aktivitäten der Unterschutzstellung

Die ersten Bestrebungen, den Tiroler Lech unter Schutz zu stellen, gehen auf die frühen 70er Jahre zurück. Damals wurde das Vorkommen des ‚Zwergrohrkolbens‘ in Pflach nachgewiesen.

Durch das Tiroler Naturschutzgesetz 1975 wurden Gewässerschutzbereiche und Augehölzstreifen ex lege geschützt.

Im Jahre 1980 wurde durch den „Verein für Heimatschutz und Heimatpflege in Tirol" ein Antrag zur Verordnung eines Naturschutzgebietes im Bereich der Auen bei der Schwarzwasserbachmündung eingebracht. In einem botanischen Gutachten von Dr. Georg Grabherr wurde die hervorragende Schutzwürdigkeit der Auenwälder und des baumförmigen Wacholders dokumentiert. Die Erlassung der Verordnung scheiterte jedoch an den Einwendungen von Gemeinden, Grundbesitzern, Interessensvertretern, des E-Werkes Reutte und der Bundesstraßenverwaltung.

Im Jahre 1984 wurde ein neuerlicher Vorstoß zur Erlassung von insgesamt drei Naturschutzgebieten in den Gemeinden Pinswang, Vorderhornbach und Elmen versucht; auch dieser Vorschlag fand nicht die Zustimmung der betroffenen Gemeinden.

Auf Grund der unterschiedlichsten Nutzungsansprüche im Tal und vor dem Hintergrund umweltpolitischer Differenzen im Zuge geplanter Kraftwerksbauten wurde im November 1987 die Initiative ergriffen, ein Pilotprojekt zur Erhaltung, Pflege und Entwicklung des Kulturland-schaftsraumes Lech-Außerfern zu starten. Dieses vom Bundesministerium für Land- und Forstwirtschaft, dem Amt der Tiroler Landesregierung, der Elektrizitätswerke Reutte Ges.m.b.H. und den betroffenen Gemeinden getragene Projekt wurde als interdisziplinärer Fachbericht im Juni 1996 vorgelegt.

Im Rahmen der Veranstaltung „Zukunft Lechtal" wurde im Juli 1997 unter dem damaligen Landeshauptmann-Stellver-treter Ferdinand Eberle die Vorstellung eines Nationalpark-Projektes vorgenom-men. Es folgte eine breit angelegte Informationskampagne, Informationsbro-schüren wurden verteilt, ein mobiler

fasste dabei nicht nur die naturkundlich wertvollen Kernzonen des Fluss- und Auwaldregimes, sondern den gesamten Talraum einschließlich der besiedelten Bereiche und aller Entwicklungsflächen zwischen den Talflanken.

Ein Proteststurm der heimischen Bevölke-rung, die in diese Entscheidungsfindung nicht eingebunden war, fegte den vorlie-genden Entwurf vom Regierungstisch. Die Tiroler Landesregierung beschränkte die Nennung auf 33 km² als „Natura 2000 - Gebiet" und nahm über Druck der EK im November 2000 eine Nachnominierung von ausgewiesenen, schützenswerten Teilflächen vor, sodass heute insgesamt 41,38 km² des Tiroler Lechtales Natura 2000 – Gebiet sind.

Das Bundesland Tirol hat bisher 13 Gebiete für das Netzwerk ‚Natura 2000' mit einer Gesamtfläche von rund 15 % der Landesfläche gemeldet. Für diese Gebiete gilt das so genannte „Ver-schlechterungsverbot": Vorbeugend muss alles ver-mieden werden, was im ge-meldeten Gebiet zur Ver-schlechterung der Lebens-räume von Tieren oder Pflanzen oder zur Störung des Artenschutzes führen könnte. Außerdem waren die EU-Mitgliedsstaaten ver-pflichtet, bis spätestens Ende 2004 für die genannten Gebiete eine innerstaatliche Form der Unterschutzstellung zu finden.

Winterlandschaft in Weißenbach am Lech

Informationswagen eingerichtet und mehrere Informationsveranstaltungen durchgeführt.

Am geplanten Bau des Kraftwerkes Streimbach entzündete sich abermals die politische Diskussion, die in einem Vertragsverletzungsverfahren Österreichs bei der Europäischen Kommission (EK) hin-sichtlich der fehlenden Meldung von Flächen des Tiroler Lechtales als „Natura 2000 - Gebiet" mündete.

Daraufhin bereitete die Tiroler Landes-regierung im März 2000 die Meldung von insgesamt 177 km² Fläche des Lechtales an die EK als „Natura 2000 - Gebiet" vor. Die in Aussicht genommene Fläche um-

3. Innerstaatliche Unterschutz-
stellung

Naturschutzgesetzgebung und -vollzie-hung ist in Österreich Ländersache! Eine innerstaatliche Unterschutzstellung muss daher in der Form eines Landesgesetzes oder einer Verordnung auf Grund des Tiroler Naturschutzgesetzes 2005 erfol-gen. Jedes verordnete Schutzgebiet Tirols weist spezielle naturschutzfachliche Charakteristika (z. B. landschaftliche Eigenart oder Schönheit = Landschafts-schutzgebiet; Fehlen von Lärm erregen-den Betrieben = Ruhegebiet, besondere Bedeutung für den Naturhaushalt = geschützter Landschaftsteil etc.) auf, die eine Zuteilung zu gewissen Schutzgebietstypen bedingen.

Die Tiroler Landesregierung nimmt dabei auf die Richtlinien für Management-Kategorien von Schutzgebieten der ‚World Commission on Protected Areas‘ (IUCN-Richtlinien) Rücksicht.

Danach kamen für das Natura 2000 - Gebiet Tiroler Lechtal im Wesentlichen zwei IUCN-Kategorien als Schutzgebietsform in Frage:

IUCN-Kategorie II - Nationalpark

Schutzgebiet, das hauptsächlich zum Schutz von Ökosystemen und zu Erholungszwecken verwaltet wird.

IUCN-Kategorie V - Naturschutzgebiet

Schutzgebiet, dessen Management hauptsächlich auf den Schutz einer Landschaft ausgerichtet ist und das der Erholung dient.

4. Naturpark Wildflusslandschaft Tiroler Lech

Auf Grund des besonderen landschaftlichen Reizes, des hohen Erlebnis- und Bildungswertes und der naturkundlichen Bedeutung des Lech wurde diskutiert, die gesamte Fläche des ‚Natura 2000 - Gebietes Tiroler Lechtal‘ als Nationalpark auszuweisen.

Die Tiroler Landesregierung hat erkannt, dass die Umsetzung eines derartigen Planes nur unter enger Einbindung aller direkt Betroffenen, insbesondere der Bevölkerung vor Ort, von Erfolg begleitet sein kann. Gegen den Willen der Gemeinden soll keine Schutzkategorie „übergestülpt" werden!

Bei der Umsetzung eines Nationalparks der Kategorie II nach IUCN gibt es jedoch eine Reihe von Unwägbarkeiten:

So ist mit der Unterschutzstellung nach IUCN-Kategorie II mit gewissen Eingriffen in die Privatautonomie zu rechnen. Beispielsweise müssen nach den IUCN-Vorgaben 75 % der jagdlich genutzten Flächen nutzungsfrei gestellt werden. Konflikte mit der Jägerschaft waren vorprogrammiert!

Zum Erhalt des natürlichen Lebensraumes muss die gewerbliche Geschiebeentnahme auf einige wenige Punkte im Flusslauf konzentriert werden. Die heimische Wirtschaft sah dieser Geschiebsbewirtschaftung mit Argwohn entgegen!

Durch die weit verzweigte Ausdehnung des Gebietes sind umfassende Maßnahmen der Besucherlenkung erforderlich, die von der heimischen Bevölkerung teilweise mit großer Skepsis gesehen wurde.

Nicht zuletzt waren es die durch eine unkoordinierte Vorgangsweise bei der Festlegung des Ausmaßes der Natura 2000 - Gebietsfläche verunsicherten Bürger, die für Skepsis bei der Idee zur Ausweisung eines Nationalparks sorgten! Die Bürgermeister als Vertreter der heimischen Bevölkerung waren der Ansicht, dass durch die bisherige extensive Bewirtschaftung der land- und forstwirtschaftlichen Flächen der vorliegende Schutzgebietscharakter erst entstehen konnte. Man brauche keinen Druck von außen, um die natürlichen Lebensräume des Tiroler Lechtals zu erhalten!

Existenzielle Ängste in Teilen der Bevölkerung bestanden außerdem durch vorprogrammierte Nutzungskonflikte, wie der Ausweisung von Siedlungsgebieten und Wirtschaftsräumen oder notwendigen Maßnahmen des Hochwasserschutzes auf der einen Seite, sowie Maßnahmen der Revitalisierung von natürlichen Lebensräumen und des Rückbaues auf der anderen Seite. In der heimischen Bevölkerung ist noch immer das ‚Feindbild Lech‘, als dem ‚größten Grundbesitzer des Tales‘, tief verankert! In jahrhundertelangem Kampf wurde dem Lech Quadratmeter für Quadratmeter, Hektar für Hektar, abgekämpft und damit die karge Lebensgrundlage für die dort ansässige Bevölkerung geschaffen. Sollte dieser hart erkämpfte Wohn- und Wirtschaftsraum als Lebensgrundlage wiederum in Gefahr geraten?

Begleitend zu dieser Diskussion hatten die Abteilung Umweltschutz und die Abteilung Wasserwirtschaft beim Amt der Tiroler Landesregierung das ‚**LIFE-Projekt Tiroler Lechtal**‘ initiiert.

Mit einem Programmrahmen von rund acht Millionen Euro ausgestattet, wurden Maßnahmen von Flussbau und Naturschutz, von Revitalisierung, Öffentlichkeitsarbeit und Besucherlenkung verwirklicht. Eine 50 %ige EU-Cofinanzierung dieses Maßnahmenpaketes wurde sichergestellt. Die Genehmigung der EU-Kommission für dieses LIFE-Projekt (übrigens das größte

Österreichs) wurde im Juli 2001 erteilt und rasch mit der Umsetzung begonnen. Im Juli 2010 hat die EU-Kommission das LIFE-Projekt am Tiroler Lech als eines der besten LIFE-Projekte ausgezeichnet.

Schließlich kam die Tiroler Landesregierung auch zur Überzeugung, dass dem Lechtal ein **Entwicklungsprogramm** zur nachhaltigen regionalwirtschaftlichen Entwicklung zugestanden werden soll.

Dieses „Regionalwirtschaftliche Programm" wurde am 3. Juli 2003 vom Tiroler Landtag genehmigt. Damit das Programm den Bedürfnissen der heimischen Bevölkerung bestmöglich entspricht, fand in der Region ein breit angelegter Prozess der Ideefindung und Projektentwicklung statt. Die Zielsetzung des Regionalwirtschaftlichen Programms liegt darin, einen wirksamen Beitrag zu leisten, um das Tiroler Lechtal als attraktiven Lebensraum für Bewohner und Gäste zu erhalten und die wirtschaftliche Leistungsfähigkeit in dem Maße zu stärken, dass die Region im nationalen und internationalen Wettbewerb bestehen kann. In diesem Zusammenhang versucht das Programm, der Kleinteiligkeit der Region eine bewusste Strategie der Vernetzung und Kooperation gegenüberzustellen.

Ein weiteres Ziel liegt in der Erreichung einer größeren Ausgewogenheit innerhalb der Programmregion vor allem in Hinblick auf die Wirtschaftskraft. Auf eine Laufzeit von zejn Jahren ist dieses Sonderförderungsprogramm mit Landesmitteln in der Höhe von 10,9 Millionen EUR dotiert. Eine Reihe von wichtigen Maßnahmen konnten mittlerweile schon umgesetzt werden, wie der Themenweg entlang des Lech, mehrere energiebezogene Umweltvorhaben, die Unterstützung für kleine Beherbergungsbetriebe und Privatzimmervermieter oder die Stärkung des heimischen Tourismus, beispielsweise durch die Erneuerung des Hallenbades in Steeg oder des Freizeitparks in Vorderhornbach.

In einer legendären Sitzung der Bürgermeisterkonferenz unter Leitung des damaligen Bezirkshauptmannes Dr. Dietmar Schennach und im Beisein der seinerzeitigen Gemeindereferentin Landesrätin Dr. Anna Hosp sowie der 24 Bürgermeister der betroffenen Gemeinden zwischen Steeg und Vils am 15. Juni 2004 in Höfen haben sich die Bürgermeister zur Schaffung eines **Natur-schutzgebietes** im Sinne des Tiroler Naturschutzgesetzes ausgesprochen. Damit sollte die in der Region störende und lang anhaltende Diskussion über die Frage des Schutzstatus des Tiroler Lechtales endgültig beendet werden.

Die Bürgermeister begründeten ihre Entscheidung damit, dass die Ausweisung eines Nationalparks gravierende Einflüsse auf die im Lechtal besonders wichtige Jagdwirtschaft haben könnte. Es brauche keinen „Einfluss von Außen", um die richtige Entscheidung für die künftige Entwicklung des Lechtales zu treffen. Im Sinne einer ‚gelebten Subsidiarität' sei die Entscheidung über den Schutzstatus des Lechtales ausschließlich in der Region zu treffen. Im Übrigen stünde die Entscheidung auch im Einklang mit dem bisherigen erfolgreichen Erhalt dieser einmaligen Wildflusslandschaft. Auch mit dem Naturschutzgesetz stünde die bisher geübte, sanfte Art einer extensiven Bewirtschaftung der Flächen im Einklang.

Gleichzeitig haben die Bürgermeister angeregt, einen **„Naturpark Wildflusslandschaft Tiroler Lech"** auszuweisen. Naturparks sind dabei allgemein zugängliche, für die Erholung in der freien Natur oder für die Vermittlung von Wissen über die Natur besonders geeignete und zu diesem Zweck entsprechend ausgestaltete Schutzgebiete.

Mit Landesgesetzblatt Nr. 83/2004 hat die Tiroler Landesregierung den Schutzstatus „Naturschutzgebiet Tiroler Lechtal" mit dem Prädikat „Naturpark" verordnet. Durch LGBI. Nr. 32/2007 wurde eine sprachliche Anpassung („Naturschutzgebiet Tiroler Lech") vorgenommen.

Im August 2005 wurde das Lechtal von einer Hochwasserkatastrophe heimgesucht, die nach einer neuen Identifikation zwischen Naturschutz und Anrainerschutz rief. Die gemeinsam zwischen Gemeinden, Land, Bund und diversen Naturschutzorganisationen seither getroffenen Maßnahmen haben auch der heimischen Bevölkerung bewiesen, dass ein gegenseitiges Abstimmen der jeweiligen Ansprüche eine große Chance für die Entwicklung unseres schönen Lechtales ist!

Geologie

Peter Nasemann

Von einem Aussichtsgipfel in den Lechtaler Alpen, in den Mieminger Bergen oder im Wettersteingebirge betrachtet, ähneln die in Falten und Decken übereinander geschobenen Berge mit ihren tiefen Tälern einem abgelegten groben Bauernkittel. Die Gebirgswelt des Außerferns ist faszinierend, aber für den Laien sind die geologischen Verhältnisse nur schwer zu verstehen. Dieser Teil der Nördlichen Kalkalpen gehört zu den tektonisch und geologisch kompliziertesten Gebieten der Erde. Den Geologen ist es aber in den letzten hundert Jahren gelungen, die spannende Entstehungsgeschichte zu rekonstruieren. Diese ist auf wenigen Seiten nicht umfassend darstellbar, aber ein kurzer Abriss soll einen Eindruck von der grandiosen erdgeschichtlichen Vergangenheit des Außerferns vermitteln.

Die Nördlichen Kalkalpen sind aus mehreren geologischen Einheiten zusammengesetzt, die als **Kalkalpin (Oberostalpin), Flysch, Helvetikum** und **Molasse** bezeichnet werden. Flysch, Helvetikum und Molasse liegen nördlich der Landesgrenze im Allgäu. Die Gebirge im Außerfern gehören zum Kalkalpin und stellen das ältere und tiefere Stockwerk dar. Alle Gesteine dieser Berge stammen aus Ablagerungen von Meeren und Flüssen, die im **Erdmittelalter (Trias, Jura, Kreide)** vor rund etwa 250 bis ca. 90 Millionen Jahren entstanden sind. Über diesem älteren Stockwerk liegt ein jüngeres und höheres Stockwerk, das aus Ablagerungen der letzten Eiszeiten **(Erdneuzeit)** besteht. Vor allem die Gletscher der Eiszeiten formten die Berge und Täler im Außerfern.

Das Meer und das Außerfern

Ein längst verschwundenes Meer ist in den Bergen. Sand, Schlamm und anderes Material lagern sich von der Küste bis zur Tiefsee ab. Schalen toter Tiere und Pflanzen sind in den Ablagerungen eingebettet. Berge sind Kinder des Meeresbodens und des Ufers: Schelfmeere, Gezeitenzonen, Lagunen, Riffe und Atolle, Kontinentalabhänge oder Tiefseebecken werden in den Bergen des Außerferns lebendig. Der Steinbruch der Firma Schretter & Cie in Vils ist eine wahre Fundgrube paläontologischer Raritäten: Haifischzähne bis fünf cm Länge, kugelige Zähne plumper Schmelzschupper, Brachiopoden und Muscheln, wundervoll verzierte Schneckengehäuse, Seeigelkapseln u. v. m. werden hier gefunden und zeugen davon, dass unsere Außerferner Berge einmal Meeresboden waren. Die Untersuchung der heutigen Meere ist der Schlüssel für das Verständnis der Entstehung unserer Berge. Durch den Vergleich etwa von Fossilien mit heute lebenden Tieren oder die aktuelle Beobachtung der Entstehung von Gesteinen in unseren Meeren werden die damaligen Bedingungen rekonstruiert.

Zahn eines Pflasterzahnsauriers und bezahnter Kiefer eines Saurichtys acuminatus aus den Kössener Schichten (Fundort: Lechtal; Finder: Helmut Pohler, Höfen)

Die Entstehung des Außerferns im Zeitraffer

Die Triaszeit

Die Gebirge im Außerfern bestehen aus sehr unterschiedlichen, übereinander gestapelten und verfestigten Meeresablagerungen. Diese reichen zurück bis zum Übergang zwischen Erdaltertum und Erdmittelalter, also bis in die Zeit vor mehr als 250 Millionen Jahren. Zu dieser Zeit war die Verteilung der Kontinente ganz anders als heute. Die heute weit voneinander liegenden Kontinente lagen alle dicht beieinander und bildeten den Einheitskontinent *„Pangäa"*. Zwischen Europa und Afrika lag eine Meeresbucht des *„Urpazifik"*, die sog. *„Tethys"*. Am Westende dieser riesigen Meeresbucht dehnte sich ein extrem breites, flaches Schelfmeer mit größeren und kleineren Inseln aus. Hier entstanden im flachen Wasser der Riffe und Lagunen **Wettersteinkalk** und **Hauptdolomit**. Die Zauberwelt tropischer Riffe und Korallen, wie sie Touristen auf den Malediven begeistern, erleben wir im Wettersteinkalk des Zugspitzmassivs, der grandiosen Heiterwand oder des Säulings. Die Ablagerungen einer subtropischen Gezeitenküste, wie sie heute im Persischen Golf entstehen, finden wir beispielsweise im Hauptdolomit des Thanellers, der Hornbachkette und des imposanten Hochvogels. Eingeschwemmter Schlamm wurde in tiefer einsinkenden und flachen Becken in Form von **Partnachschichten** und **Kössener Schichten** abgelagert. Manche Gipfel in den Lechtaler Alpen, wie beispielsweise die Fallersteisspitze bestehen aus Kössener Schichten, in denen Versteinerungen (*Fossilien*) äußerst zahlreich sind. Vergleichbare Verhältnisse herrschen heute in den Meeren um die Bahamas oder den Sundainseln.

An anderen Stellen existierten seichte Buchten, die vom Meer weitgehend abgeschnürt waren und in denen das Meerwasser eindampfte. Besucher Australiens, die durch das lebensfeindliche Outback zum Ayers Rock fahren, kommen vorbei an riesigen Salzpfannen. Bei ähnlichen Klimabedingungen und in ähnlichen Salzpfannen entstanden die Gipse der Raibler Schichten. Im Gegensatz zum Wettersteinkalk oder Hauptdolomit bilden die Raibler Schichten keine Gipfel, vielmehr werden die weichen, tonreichen oder gipsführenden Schichtfolgen von der Erosion leicht ausgeräumt und bilden vor allem Täler, Mulden und Scharten.

Die Jurazeit

Zu Beginn des Erdmittelalters vor rund 250 Millionen Jahren begann Pangäa auseinander zu brechen. Zwischen den Bruchstücken dieses Superkontinentes entstanden neue Ozeanbecken. In der Jurazeit vor rund 200 Millionen Jahren machte sich diese Zerbrechung erstmals auch auf dem Schelf im Osten der Tethys bemerkbar.

Im Bereich des flacheren Schelfmeeres bildete sich ein Bruchschollenrelief mit tieferen Becken und seichten Schwellen. In den tieferen Becken, ähnlich den tieferen Bereichen des heutigen Mittelmeeres, lagerten sich beispielsweise die mergelig, tonigen **Allgäuschichten** ab. In den Seitentälern des Lechtals (z. B.: Bschlaber Tal, Hornbachtal) leuchten zwischen den eher düsteren Hauptdolomitbergen die sattgrünen Bergwiesen, die vor allen aus den Allgäuschichten gebildet werden. Auf den trennenden Schwellen bildeten sich meist rot gefärbte Kalke. Hoch über dem Tannheimer Tal thront die Bad Kissinger Hütte auf einem Felsbrocken aus *„Buntem Jurakalk"*. Diese roten, grünlichen und weißen Kalksteine schmücken seit Jahrhunderten als dekorativer Farbmarmor die heimischen Kirchen. Der bunte Jurakalk – als *„Vilser Kalk"* – bezeichnet, ist auch die Basis für die Materialgewinnung im Steinbruch „Fall" des Zementwerkes Schretter & Cie in Vils. Im Gemisch mit den Neokom-Mergeln der **Tannheimer Schichten** und des **Gosaumergels** werden die hochwertigen Baustoffe des Vilser Unternehmens hergestellt. Heute entstehen ähnliche Ablagerungen auf dem untermeerischen Blake-Plateau vor der Ostküste von Florida.

Die Kreidezeit

Während der mittleren Kreidezeit vor etwa 100 Millionen Jahren machten sich erste Anzeichen einer Gebirgsbildung bemerkbar. Die afrikanische Platte begann nordwärts gegen die eurasische Platte vorzurücken.

Die zu Stein gewordenen Ablagerungen wurden in die Zange genommen und dadurch zusammengeschoben, gefaltet und gehoben. Erstmals wuchsen sie als gebirgige Inseln aus dem Meer. Am Nordrand der Nördlichen Kalkalpen trennten sich grobe Schichtpakete von ihrer bisherigen Unterlage und glitten von Süden her in die dem Gebirge vorgelagerten Meeresbecken hinein. Mehrere dieser Schollen stapelten sich als *tektonische Decken (Inntal-, Lechtal- und Allgäudecke)* übereinander. Immerhin sind die Grenzen der Decken im Außerfern oft deutlich zu erkennen. Die Bildung von Decken führte dazu, dass sich vielfach ältere (ursprünglich unten liegende) Gesteinsschichten über jüngere (ursprünglich darüber abgelagerte) Schichten schoben. Über den aufgefalteten Deckenstapel breitete sich in der Oberkreide erneut ein Meer aus. Im sog. Gosaumeer entstanden die *Gosauschichten*, die am Hahntennjoch vor allem im Bereich des Muttekopfes vorkommen.

Die Tertiärzeit

Im älteren Teil der Tertiärzeit vor rund 35 Millionen Jahren kollidierte dieser Deckenstapel mit dem Südrand des eurasischen Kontinents. Die bereits gefalteten Gesteine der Nördlichen Kalkalpen wurden nochmals stark eingeengt, erneut in Falten gelegt, stark angehoben und schließlich wiederum von ihrer bisherigen Unterlage abgetrennt. Der Deckenstapel glitt, dem Gefälle folgend, als Ganzes nach Norden und erreichte nach und nach seinen heutigen Platz. Gleichzeitig wurde das werdende Gebirge allmählich um mehrere tausend Meter angehoben. Noch heute wachsen die Berge des Außerferns um 0.5 bis 1 mm pro Jahr. Aber durch die Wirkung des fließenden Wassers, des Frostes, der Gletscher und der Schwerkraft werden sie im gleichen Maße wieder abgetragen.

Die Verwitterung gewährt großartige Einblicke

Die Erosion, vor allem die Gletscher der verschiedenen Eiszeiten, hat im Allgäuer Hauptkamm die beiden übereinanderliegenden Decken angeschnitten. Im Laufe von Jahrmillionen wurden Teile der Lechtaldecke im Bereich der Hauptdolomitmassive der Hornbachkette und des Hochvogels restlos entfernt und im Hornbachtal die darunterliegende Allgäudecke freigelegt. Wie durch den Rahmen eines Fensters **(tektonische Fenster)** wird die jüngere Allgäudecke sichtbar. Der Fensterinhalt des Hornbachfensters besteht auch aus Kalkbänken mit Korallenbänken, Muschel- und Brachiopodenschalen der Kössener Schichten und vor allem aus den Kalkmergel-Wechselfolgen der Allgäuschichten.

Die Quartärzeit

Den jüngsten und kürzesten Abschnitt der Erdgeschichte, der vor rund 2.4 Millionen Jahren begann, nennt man Eiszeitalter oder Quartär. Im Alpenraum lassen sich mindestens neun Kaltzeiten nachweisen, von denen vor allem die letzten vier als *Günz-, Mindel-, Riss- und Würmeiszeit* bekannt sind. Die Gletscher dieser Eiszeiten gaben den Gebirgsketten, den Gipfeln, den rundgeschliffenen Bergrücken und den Tälern im Außerfern das heutige Aussehen.

In den Eiszeiten waren die Alpentäler mit Eis aufgefüllt. Der *Lechgletscher* war beispielsweise mit dem *Inngletscher* innerhalb des Hochgebirges in einem geschlossenen Eisstromnetz verbunden. Der Talkessel von Reutte lag unter mindestens 800 m mächtigem Eis. Nur die höchsten Berggipfel ragten als Inseln *(Nunatakker)* aus dem Eis. Aus dem Lechtal und aus Zwischentoren schoben sich Eiszungen weit ins Allgäuer Vorland.

Das tektonisch angelegte Talsystem wurde durch das Gletschereis zu *Trogtälern* geformt. Über dem geschlossenen Eisstromnetz bildeten sich *Talgletscher* aus, deren *Kare* heute eindrucksvoll in der Hornbachgruppe zu sehen sind. Die Gletscher in den Seitentälern wurden vom Lechgletscher in ihrer

Dynamik blockiert und konnten sich nicht so tief einfräsen. Deshalb hängen sie als *Hängetäler* über dem Haupttal.

Eindrucksvolle Schluchten oder Wasserfälle am Ausgang der Seitentäler verdanken wir diesem Umstand.

Berühmt sind die Stuibenfälle oder die Schluchten in den Lechseitentälern. Einem besonderen Umstand verdankt der größte See des Bezirkes, der Plansee, seine Entstehung. Inmitten der Hauptdolomitberge schuf ein Seitenarm des Lechgletschers ein Trogtal. Dieses Trogtal wurde am Ende der Eiszeit durch eine *Moräne* abgedichtet. Die Schmelzwässer konnten nicht mehr durch das Neidernachtal zur Loisach abfließen. Es entstand der Plansee, der einem norwegischen Fjord ähnelt.

Dort, wo weiche, leicht ausräumbare Gesteinsschichten wie Allgäuschichten oder Raibler Schichten anstehen, wurden sie vom Gletscher ausgeräumt. Härtere Gesteinsschichten wie Wettersteinkalk oder Hauptdolomit bilden Engstellen. Besonders schön ist dies am rundgeschliffenen Schlossberg *(Rundhöcker)* mit der Burg Ehrenberg und am ausgeräumten Reuttener Talkessel zu erkennen. Die Grundlage für deren historisch strategische Bedeutung beruht auf dem tektonischen Bau und der Wirkung des Gletschereises. Am Ende der Eiszeit vor rund 15.000 Jahren staute der Querriegel des Falkensteinzuges an der Landesgrenze die Schmelzwässer des Lechgletschers. Es entstand der sog. *Pfrontener See*, der bis nach Reutte reichte. Noch heute kommen bei Bauarbeiten Seetone und Seekreide des ehemaligen Sees zum Vorschein. Nach dem Abschmelzen fehlte an den Berghängen das Widerlager des Eises. Zahlreiche große *Bergstürze* waren die Folge. Der berühmte Bergsturz am Fernpass oder der gut überschaubare vom Säuling sind heute noch zu erkennen. An den Hängen entwickelten sich eigenwillige Buckelwiesen. Eingebettet in die Moränen liegen immer wieder *Eiszeitfindlinge (Irrblöcke, Erratika)*. An diesen großen und kleinen Gesteinsbrocken verraten parallele Rillen und Kratzer *(Gekritztes Geschiebe)* die Gletscherbewegung.

Nach dem Rückzug der eiszeitlichen Gletscher haben neben den Menschen auch viele Pflanzen und Tiere das Lechtal und seine Seitentäler als einen ihrer Hauptwanderwege benutzt. Der vom Eis freigegebene inneralpine Raum des Außerferns wurde neu besiedelt. Heute mutet der Lech mit seinen wilden Schluchten und seinen ausgedehnten Wildflusslandschaften fast fremdartig an. Alle Alpenflüsse waren nach der Eiszeit ursprünglich einmal solche Wildflüsse. In Mitteleuropa sind Wildflusslandschaften dieses Typs heute fast nur noch im oberen Lechtal zu sehen.

Die nördlichen Kalkalpen bestehen aus ursprünglich horizontal gelagerten Sedimenten (1), die vor allem während der oberen Trias-, der Jura- und der unteren Kreidezeit (vor ca. 220 bis 110 Millionen Jahren) in einem flachen Meer abgelagert wurden. Während der höheren Kreidezeit (vor ca. 100 Millionen Jahren) wurden diese Meeresablagerungen durch horizontal wirkende tektonische Kräfte in N-S-Richtung stark eingeengt und gefaltet (2). Als die Einengung weiterging, rissen schließlich einige große Sattelstrukturen durch (3). Die Sattelschenkel schoben sich als Decken übereinander (4). Durch eine neuerliche Einengung während der älteren Tertiärzeit (vor ca. 30 Millionen Jahren) wurden die Gesteine um Tausende von Metern angehoben und gleichzeitig abgetragen, wodruch die Berge herausgearbeitet wurden (6). Hebung und Abtragung gehen bis heute weiter mit 1 mm/Jahr.

Literatur

Peter Nasemann, Geo-Pfad Pfronten-Vils, Holzerdruck und Medien, Weiler, 2004.

Die Bergwelt

Fritz Pirschner

Das Außerfern zählt fünf Gebirgsgruppen, die sowohl den Großteil der Landschaft ausmachen als auch die Abgrenzung zu den Nachbarregionen bilden:

Gegen Nordosten bilden die **Ammergauer Alpen** einen sanften Riegel zu Ettal und Garmisch, begrenzt im Westen durch den Lech, im Osten durch die Loisach. Über den „*Rossrücken*" auf der Strecke von Reutte nach Ettal und weiter durch den Ammerwald durchquert man diesen Gebirgszug.

Der Danielkamm (früher Lechtaler Alpen) zwischen Kohlberg im Westen und Daniel im Osten wird seit 1984 auch den Ammergauer Alpen zugerechnet.

Im Osten hat das Außerfern einen Anteil am **Wettersteingebirge** zwischen Loisach (Übergang nach Garmisch) und Gaistal (Verbindung nach Leutasch).

Ein Teil des **Mieminger Gebirges** mit der markanten Sonnenspitze liegt im Südosten des Außerferns.

Zwischen dem Fernpass im Osten und dem Flexenpass im Westen des Außerferns erstreckt sich die flächenmäßig größte Gebirgsgruppe der Nördlichen Kalkalpen, die **Lechtaler Alpen**.

Außer zahlreichen Übergängen für Wanderer und Bergsteiger gibt es nur das Hahntennjoch als befahrbare Verbindung über die Lechtaler Alpen zum Gurgltal nach Imst bzw. in das Inntal.

Im Nordwesten begrenzen die **Allgäuer Alpen** das Außerfern zum Allgäu zwischen Lechleiten im obersten Lechtal und dem Oberjochpass bei Schattwald. Außer dem Oberjochpass sind Übergänge nur auf „*Schusters Rappen*" möglich. Obwohl geographisch den Allgäuer Alpen zugehörig, berechtigt doch die isolierte Lage der **Tannheimer Berge**, diese als eigene Gebirgsgruppe zu betrachten: Diese erstreckt sich vom Vilstal bei Schattwald bis zum Hahnenkamm und der Gaichtspitze über dem Reuttener Talkessel.

Siedlungen in der Außerferner Bergwelt finden wir im Hornbachtal in den Allgäuer Alpen und in mehreren Seitentälern des Lechtales. Als Beispiel soll die Gemeinde Kaisers genannt werden, eine Streusiedlung auf über 1500 m Meereshöhe, und damit die höchstgelegene Gemeinde der ganzen Nördlichen Kalkalpen.

Bergandacht auf dem Muttekopf in Holzgau (2431m)

Diese Seitentäler sind schon im 12. Jahrhundert von Süden her, also aus dem Inntal und Rosannatal besiedelt worden, waren zunächst Almen und wurden später zu Dauersiedlungen.

Sehr viele Almweiden gehören auch heute noch manchen Gemeinden auf der Südseite des Hauptkammes im Inn- und Stanzertal. Von dort wurde das Vieh jahrhundertelang auf denselben Wegen über verschiedene Jöcher (z. B. Großbergjoch, Gufelgrasjoch, Schafscharte) bis nahe zu den Dorfweiden der Orte in den Seitentälern getrieben.

Diese Wege und Übergänge sind die Vorläufer der heute in Bergsteigerkreisen so bekannten Möglichkeiten, die Lechtaler Alpen zu durchqueren.

Da Gramais erst im Jahre 1690 einen eigenen Pfarrer bekam, mussten bis zu diesem Zeitpunkt die Gramaiser über das „Gramaiser Sattele" nach Boden und dann weiter übers Hahntennjoch nach Imst, um ihre Christenpflicht zu erfüllen. Bis zur Errichtung eines Friedhofes in Gramais im Jahre 1650 wurden sogar die Toten zur Bestattung auf diesem Wege nach Imst getragen.

Heutzutage sind alle Orte in den Seitentälern gut zu erreichen, während Anton Spiehler aus Memmingen, der große Erschließer der Lechtaler und Allgäuer Alpen, noch im Jahre 1883 berichtete, dass die Ortschaften aller Seitentäler nur über Saumpfade zu erreichen sind. Pferde und Ochsen gab es nicht, daher mussten alle Lasten von den Bewohnern selbst getragen werden.

Aber schon wenige Jahre später erkundeten die ersten Touristen die Bergwelt der Lechtaler Alpen.

Kein Wunder, denn wir finden die ersten Erwähnungen in touristischen Schriften schon im Jahre 1864 in dem in Wien erschienenen Buch Christian Schnellers „Der tirolische Lechgau".

Laufend folgten neue Werke über die

Oberlechtaler Berglandschaft

Lechtaler Alpen von verschiedensten Autoren.

Für die Touristen mussten nur wenige Wege neu angelegt werden, die meisten waren ja schon lange als Viehwege in Verwendung.

Zwei dieser neuen Wege finden wir in der Gegend um den Parseier, mit 3036 m der höchste Gipfel der Lechtaler: den „Augsburger Höhenweg", der von der Ansbacher zur Augsburger Hütte führt und den „Spiehler-Weg", der die Augsburger Hütte mit der Memminger Hütte verbindet und mit seiner Bezeichnung an Anton Spiehler, den Erschließer der Lechtaler Alpen, erinnert.

Beide Wege erfordern Vorsicht, bergsteigerische Erfahrung und eine gute Ausrüstung, denn durch ihre Länge und Höhenlage sind diese nicht einfach zu bewältigen.

Das Wegenetz wird sinnvoll ergänzt durch die inzwischen gut ausgebauten Hütten des Alpenvereins. Wege und Hütten ermöglichen viele Varianten der Durchquerung und Gipfelbesteigungen der Lechtaler Berge.

So kann man zum Beispiel die Durchquerung von West nach Ost, beginnend bei der Stuttgarter Hütte oberhalb von Zürs, bis zur Reuttener Hütte bei Rinnen in ungefähr 14 Tagen bewältigen.

Nur wer Sonnenaufgänge, Nebelreißen, Matten voller Frühlingsblumen, Blicke zu den vergletscherten Bergen des Alpenhauptkamms, das smaragdgrüne Wasser der kleinen Bergseen, in stoischer Ruhe äsende Gämsen, warmen Fels in den Händen, Einsamkeit, Pulverschneehänge und Schneestürme auf Bergtouren in den Lechtalern selbst erlebt hat, weiß, dass man nach diesen Eindrücken *„süchtig"* werden kann und im Alltag lange davon zehrt.

Ein besonderes Juwel in den Lechtaler Alpen bildet die Parzinngruppe. Ausgangspunkt ist Boden, Stützpunkt ist die Hanauer Hütte. Von hier aus kann man abwechslungsreiche Wanderungen und Klettertouren unternehmen: Kogelseespitze, Dremelspitze, Parzinnspitze, Spiehlerturm, usw. Die Übergänge zur Steinseehütte oder zur Muttekopfhütte sind lohnende Bergtouren.

Da der Klettersport in den letzten Jahren einen großen Aufschwung erlebt, wurden bei einigen Hütten leicht zugängliche Klettergärten eingerichtet, wo sich die Bergsteiger auch auf größere Touren vorbereiten können, so zum Beispiel in der Nähe der Hanauer Hütte oder der Hermann-von-Barth-Hütte in den Allgäuer Alpen.

Neben den vielen nicht so bekannten Gipfeln, deren Besteigung trotzdem sehr schöne Erlebnisse bietet, muss als Vertreter der markanten Berge die Lechtaler oder auch Holzgauer Wetterspitze (2898 m) genannt werden. Geologisch äußerst interessant ist der Aufbau aus zahlreichen jüngeren Schichten wie Kössener Schicht, Rätkalk, bunte Liaskalke, Hornstein- und Lias-Fleckenmergel, Aptychenkalke und Kreideschiefer. Der Gipfelturm sitzt auf Hauptdolomit und Kössener Schichten und ist ein Restsplitter des von diesen älteren Schichten abgescherten Rätkalks.

Ausgangspunkt für die Besteigung der Wetterspitze ist die Simmshütte im Sulzltal bei Stockach.

Fast von jedem Aussichtspunkt in den Lechtalern bieten sich in Richtung Nordwest wunderschöne Einblicke in die Allgäuer Alpen: Diese gehören zu den beliebtesten und dementsprechend am meisten besuchten Urlaubsregionen des Alpenraumes.

An fast jedem Wochenende pilgern viele Wanderer und Bergsteiger von Tannheim aus durch das Naturschutzgebiet um den Vilsalpsee zur Landsberger Hütte und die umliegenden Gipfel wie z. B. die Lachenspitze zu besteigen. Sehr beliebt ist auch die Begehung des um die Jahrhundertwende erbauten *„Jubiläumsweges"* von Hindelang über die Willersalpe, vorbei an Geißhorn, Rauhhorn, Kugelhorn über dem Vilsalpsee, weiter zum Kastenkopf und zum Prinz-Luitpold-Haus.

Diese Hütte ist auch der nördliche Ausgangspunkt für die Besteigung des markanten Hochvogels; ein formenschöner Gipfel (2593 m), aber mit ziemlich brüchigem Fels. Umso lohnender ist die

Aussicht vom Karwendelgebirge bis Venediger, Stubaier und Ötztaler Alpen, über den Ortler bis zu den Graubündner Alpen und dem Säntis. Den Hochvogel kann man auch von Süden von Hinterhornbach aus über die Schwabeggalpe besteigen.

Erwähnenswert ist auch der *„Heilbronner Höhenweg"* von der Rappenseehütte über die Bockkarscharte zum Waltenberger Haus. Es ist ein raffiniert angelegter Steig mit freier Sicht nach allen Seiten und ist an den schwierigen Stellen durch Stahlseile gesichert.

Hermann-von-Barth-Hütte

In herrlicher Felsumgebung liegt die Hermann-von-Barth-Hütte, ein Zentrum für Klettertouren aller Schwierigkeitsgrade mit dem Hausberg, dem Wolfebner. Alle Routen sind durch solide Bohrklebehaken abgesichert.

Von jedem Talort im Lechtal aus findet man zahlreiche Tourenmöglichkeiten in den Allgäuer Alpen bis zur Besteigung des eleganten Biberkopfes oberhalb von Lechleiten im äußersten Westen des Außerferns, zugleich auch der südlichste Punkt Bayerns.

Wenn wir uns vom Tannheimer Tal kurz nach Norden wenden, sind wir nach verhältnismäßig kurzen Anstiegen mitten in den Tannheimer Bergen. Wer kennt nicht die berühmten Namen von Gimpel, Rote Flüh oder Köllenspitze. Von der Sonne schnell aufgewärmte Südwände, bis zu 700 m hohe anspruchsvolle Nordwände fordern den Kletterer heraus, aber auch der Wanderer findet sehr viele abwechslungsreiche Ziele und Rundwanderungen. Stützpunkte sind das Gimpelhaus, klein aber fein die Tannheimer Hütte, Füssener Hütte, Otto-Mayr-Hütte und Musauer Alm, sowie die Bad Kissinger Hütte am Aggenstein.

Gipfelbesteigungen wie auf Gimpel, Köllenspitze oder Gehrenspitze erfordern schon einiges an Trittsicherheit und Erfahrung.

Wenn wir die Tannheimer Gruppe durch das Raintal in Richtung Osten verlassen und den Lech überqueren, wartet schon der Säuling, der westlichste Gipfel der Ammergauer Alpen, mit seiner hervorragenden Aussicht ins Alpenvorland und auf die Königsschlösser, auf seine Besteigung. Gemütliche Wanderungen sind überall in den Ammergauern möglich, kräftezehrend ist die Besteigung der Geierköpfe im Planseegebiet, der höchste Gipfel ist der Daniel (2340 m), von Lermoos aus über die Tuftelalm erreichbar. Gegenüber dem Daniel ragt das imposante Massiv des Wettersteingebirges über dem Ehrwalder Becken in den Himmel. Mit dem Gipfel der Zugspitze (2963 m), Schneefernerkopf, Südliche Wetterspitze und Wetterwandeck gehört der westliche Teil des Wettersteingebirges auch zur Außerferner Bergwelt. Bilder dieses Gebirgsstockes, vom gegenüberliegenden Seebensee aufgenommen, sind fast weltbekannt. Die Besteigung der Zugspitze von Ehrwald aus ist für jeden Bergsteiger eine große Herausforderung, ist doch ein mittelschwerer Klettersteig bei 1750 m Höhenunterschied zu bewältigen. Einkehr- oder Übernachtungsmöglichkeit gibt es in der Wiener Neustädter Hütte auf 2220 m. Dank sei Gott, der „Abstieg" nach Ehrwald wird mit Hilfe der Seilbahn sehr erleichtert.

Das Gaistal trennt Wettersteingebirge und Mieminger Kette. Der Außerferner Anteil an der Mieminger Kette ist eher bescheiden, das Gebiet um den Seebensee und die Ehrwalder Sonnenspitze ist jedoch ein landschaftliches Kleinod und ein tausendfaches Fotomotiv.

Wenn wir über das Marienbergjoch die Mieminger Kette verlassen, zur Fernpass-straße und zu den Fernpassseen absteigen und dann gegenüber zum Grubigstein über Lermoos aufsteigen, befinden wir uns wieder in den Lechtaler Alpen.

Und so schließt sich der Kreis unserer Rundwanderung durch die Außerferner Bergwelt.

Wir haben die Berge mit den Augen der Wanderer und Bergsteiger betrachtet, aber wo die Sonne scheint, gibt es auch Schatten. Die Bergwelt ist nicht nur schön und romantisch. Lawinen und Muren verursachen große Schäden, Bergunfälle kosten Menschenleben. Landwirtschaft und Landschaftspflege zu betreiben, Straßen im Winter offen zu halten, die Gästebetten zu belegen und vieles mehr, stellen für die einheimischen Menschen eine dauernde Herausforderung dar.

Die Bewältigung dieser Aufgaben durch die Bewohner bewirkt eine starke Verbindung und tiefe Verwurzelung mit der Gebirgslandschaft.

Viele Menschen, die gerne wandern, Ski- und Klettertouren unternehmen oder mit dem Mountainbike unterwegs sind und ihre Augen für Blumen, Tiere oder geologische Besonderheiten offen haben, finden in der Außerferner Bergwelt über viele Jahre immer wieder neue Ziele und Erlebnisse und schaffen sich so einen erholsamen Ausgleich zum Alltagsleben.

Lechquelle unterhalb des Formarinsees

Quellen

Lechtaler Alpen, AV-Führer, H. Groth,
Allgäuer Alpen, AV-Führer, E. Zettler,
Tannheimer Berge, AV-Führer, M. Lutz,
Berg`84, AV-Jahrbuch,
alle erschienen im Bergverlag R. Rother, München.

Wildbach- und Lawinenverbauung

Friedrich Dragosits

Es gibt wohl nur wenige Außerferner, denen die Wildbach- und Lawinenverbauung (= WLV) unbekannt ist. Zu sehr ist der Bezirk von Wildbächen, Lawinen und sonstigen Naturgefahren geprägt und gefährdet.

Die Wildbach- und Lawinenverbauung, Gebietsbauleitung Außerfern, umfasst den politischen Bezirk Reutte, mit 1237 km² Fläche der kleinste Bezirk des Landes Tirol. Im Außerfern leben zur Zeit ca. 33.000 ständige Bewohner. Durch den Fremdenverkehr steigt die tatsächliche Bewohnerzahl saisonsweise auf das Zigfache.

Wildbach- und Lawinenereignisse gibt es im Außerfern seit Menschengedenken. Exakte Daten lassen sich nicht ermitteln, weil die Aufzeichnungen und Chroniken erst ab dem 20. Jh. halbwegs genau geführt wurden. Nachfolgend sind ohne Anspruch auf Vollständigkeit und ohne Details die größeren Katastrophenereignisse angeführt:

Zu den Lawinen: 1456-01-30, Bichlbach, Wiestal-Lawine: zahlreiche Häuser zerstört, 22 Tote; 1664-01, Elmen, Stablalpe: 42 Männer beim Heuziehen durch Lawine getötet, 22 Witwen; 1689-02-20: Holzgau: 31 Lawinentote; 1689-02-02, Elbigenalp: 4 Häuser durch Lawine zerstört; 1689-02-02, Bichlbach/Lähn: 11 Häuser zerstört, 24 Tote; 1693-03-09: Bach, Obertal, Winkl: 3 Häuser zerstört, 7 Tote; 1722, Nesselwängle: Kirche Unserer Lieben Frau durch Lawine aus dem Gräbenbach zerstört; 1740-02-04, Elbigenalp, Bernhardstal: 11 Tote beim Heuziehen; 1793, Häselgehr: 3 Häuser durch Lawine vom Heuberg zerstört, 11 Tote; 1816-01: Berwang, Hönig-Lawine: Kirche zerstört; 1817-03-06, Bichlbach, Kitzplätzle(Mähberg)-Lawine: 1 Haus zerstört, 5 Tote; 1844-02-01, Berwang: Lawine, 8 Tote; 1844-02-01, Stockach (?): Haus zerstört, 4 Tote; 1844-03-05, Holzgau, Sulzltal: 1 Toter; 1856-02-02, Pfafflar, Hahntennen: 5 Tote; 1867-12-28, Pfafflar; 1 Wohnhaus zerstört; 1874-04-20, Ber-

wang, Kleinstockach: Hof verschüttet; 1876-01, Stanzach, Fallerschein: 40 Almhütten zerstört; 1877, Stanzach, Fallerschein: Kreuzspitz-Lawine, Bichltal-Lawine, 17 Almhütten zerstört (Vermutlich sind die Ereignisse 1876 und 1877 dieselben und es gibt Unschärfen in den verschiedenen Berichten.); 1951-01-19/20, Häselgehr, Heuberg-Lawinen: 2 Häuser, 16 Wirtschaftsgebäude, 36 ha Wald zerstört; 1970-02, Bichlbach, Wiestal-Lawine: 1 Haus beschädigt; 1973-04-29, Kaisers, Hahnlestal-Lawine: 3 Tote bei Straßenräumung; 1951, Stanzach, Fallerschein: 3 Hütten durch Kreuzspitz-Lawine, 1 Hütte durch Jöchl-Lawine zerstört; 1981-03-11, Namlos: 1 Toter bei Straßenräumung; 1984-02-09: Zwischentoren: mehrere Lawinenabgänge in Bichlbach, Stromversorgung des Bezirkes Reutte fast zusammengebrochen; 1984-02-10, Pfafflar, Boden, Ahorntal-Lawine: 1 landwirtschaftliches Wirtschaftsgebäude zerstört, Schäden an Häusern; 1984-02-12, Stanzach, Fallerschein, Bichltal-Lawine: 1 Hütte zerstört, 3 Hütten schwer beschädigt; 1986-08-10, 1987-03-02, Steeg, Hagerntal-Lawine: Wohnhaus an einer Seite eingedrückt; 1988-03-23, Elmen, Edelbach-Lawine: 1 unbewohntes Haus, 1 Kleinkraftwerk zerstört, 9 Häuser 7 Tage lang evakuiert; 1988-03, Holzgau.– In der vorangegangenen Aufzählung sind die zahlreichen zerstörten landwirtschaftlichen Städel, Heuhütten, Heupillen und die touristischen Lawinentoten nicht angeführt, weiters nicht die forstlichen Schadenslawinen, welche z. B. im Februar 1999 riesige Flächen Wald zerstörten. Ebenfalls nicht angeführt sind die Sperrungen der Straßen wegen Lawinengefahr. Rekordhalter war hier ohne Zweifel das Bschlaber Tal, in welches die Zufahrt wegen Lawinengefahr im Winter 1981/82 80 Tage lang ohne Unterbrechung gesperrt war, in einem weiteren Jahr im selben Zeitraum, genaues Datum nicht mehr feststellbar, 90 Tage. Bei den Wildbächen sind in den

Chroniken um Dimensionen mehr Ereignisse angeführt als bei den Lawinen. Es werden in der folgenden Aufzählung nur große Ereignisse angeführt: 1681-09-04, Vils, Lehbach: Hochwasser, 1 Toter; 1780, Jungholz: Mühlbach, 1 Mühle zerstört; 1846-05, Elbigenalp, Mure; Straße, Häuser zerstört; 1846-08-22/23, Nesselwängle, Gallenbach, Tiefenbach, Gröbenbach: von 74 bestehenden Gebäuden wurden 67 schwer beschädigt; 1851, Elbigenalp, Stienebach: mehrere Häuser verschüttet; 1861-07-19, Gramais, Otterbach: alle Brücken und 2 Mühlen zerstört; 1901-08-02/03: Höfen, Hirschbach: Mure, große Schäden; 1905-03-22, Musau, Hahlenbach: große Schäden; 1905-03-24, Wängle, Hänslerbach: ganz Niederwängle verschüttet; 1905-03-26, Elbigenalp, Stienebach: 1 Haus, Felder, Straße verschüttet; 1926, Gramais, Otterbach, Platzbach: 1 Mühle zerstört; 1959, Elbigenalp, Stienebach: Landesstraße zerstört; 1967-05-13, Wängle, Höfen, Hirschbach: bei Schönwet-ter Mure, 1 Haus zerstört, 3 Häuser schwer beschädigt, 10 ha vermurt, 4 ha verschlammt; 1975-05-13/15, Höfen, Herrenbach: mehrere Muren, 2 Häuser beschädigt, 2 ha Kulturgrund vermurt; 1975-07-04, Tannheim, Usseralpbach: großes Hochwasser, 3 Brücken zerstört, knapp an großer Katastrophe vorbei; 1976-10, Höfen, Fauler Schrofen: Felssturz ca. 100.000 m³; 1977-07-31, Holzgau: 1 Brücke zerstört, 1 Toter; 1986-05-02 bis 05, Höfen, Murenbach: mehrere Murschübe bei Schönwetter und starker Schneeschmelze, 1 Fabrikshalle zerstört, 1 Wohngebäude beschädigt, ca. 5 ha vermurt, 60.000 m3 Ablagerung; 1986-08-10, Elbigenalp/Bach, Ruitelbach: Mure, welche den Lech aus dem Bett drängt. Dieser überschwemmt das ca. 1 km entfernte Sägewerk;1988-05-14: Wängle, Höfen, Laimbach: mehrere Murschübe und Hochwasser, große Schäden an den Verbauungen im Oberlauf, 2 ha Siedlungs- und Wohngebiet verschlammt, ca. 10.000 m³ Murmaterial am Unterlauf abgelagert; 1990-07-29, Elbigenalp/Bach, Ruitelbach: große Mure, welche Lech fast wieder abdrängt; 1999-05-22, Wängle, Hänslerbach: 1 Stadel zerstört, mehrere Wohnhäuser leicht eingeschlammt, 2 ha vermurt; Reutte, Breitenwang, Arch- und Zwieselbach: 80.000 m³ Geschiebe im Archbach und Hüttenmühlsee abgelagert, knapp an Großkatastrophe vorbei; Planseestraße: zahlreiche Muren über Straße, Thorsäulenbach zerstört auf viele km die Planseestraße und transportiert ca. 100.000 m³ Geschiebe; 1999-05-21/22/23, Lermoos: ca. 50-jähriges Hochwasser am Lussbach und sämtlichen Seitenbächen, schwerste Zerstörungen an alten Verbauungen, Lussbach tritt im Ortsbereich über die Ufer, Schäden an Privatvermögen, Gemeindevermögen und an Verbauungen der WLV rund 1,16 Mio Euro, unmittelbare Schadensbehebung rund 290.000 Euro. Nicht angeführt sind die zahlreichen

Lawinenverbauung in Häselgehr

Ereignisse, bei welchen auf Grund durchgeführter Schutzbauten keine Schadensereignisse eingetreten sind. Dies betrifft besonders die zahlreichen Geschiebeablagerungsplätze, welche Muren aufgefangen haben und große Schäden verhinderten.

Die einheimische Bevölkerung hatte sich schon immer mit den zeitgemäßen Mitteln wie mit kleinen Ufermauern, kleinen Holzsperren, Räumungen von Bachbetten u. dgl. mehr selbst geschützt. Seit dem 20. Jh. gibt es staatliche Schutzmaßnahmen durch die Wildbach- und Lawinenverbauung. Seit den 60er bzw. 70er Jahren des 20. Jhs. hat die Bau- und Schutztechnik im Hochgebirge einen solchen Standard erreicht, dass mit einer Wirksamkeit der Maßnahmen von 100 bis 200 Jahren gerechnet werden kann. Damit wurden im Außerfern zahlreiche Wildbäche und Lawinen *„ausgeschaltet"* und haben sich die Gefahrenbereiche deutlich reduziert. Wegen der sich ständig ändernden gesellschaftlichen Rahmenbedingungen – Zunahme der Bevölkerung, Verdichtung der Besiedlung, Zunahme des Fremdenverkehrs, Zunahme des Verkehrs auf den Straßen, erhöhte Empfindlichkeit der Infrastrukturen gegen Störungen, erhöhte Sicherheitsbedürfnisse – ist es auch im Außerfern nicht vorstellbar, dass es einmal keine Bedürfnisse nach Wildbach- und Lawinenverbauungen geben wird. Zur Zeit liegen Verbauungsansuchen in der Größenordnung von ca. 150 Mio Euro vor, welche zum Teil sehr dringend sind.

Das Außerfern weist einige naturräumliche Gegebenheiten auf, welche die Wildbach-, Lawinen-, Steinschlag- und Erosionsproblematik spezifisch und wesentlich prägen.

Klima

Das Außerfern liegt am ozeanisch beeinflussten Alpennordwestrand. Die vorherrschenden und häufigen kritischen Wetterlagen kommen aus West bis Nordwest, selten aus Nordost oder Süden. Durch das Anheben der regenbringenden Luftmassen am Alpenrand entstehen hohe Niederschläge, sowohl von der Niederschlagsintensität als auch der Niederschlagsdauer her. Wegen der ozeanischen Beeinflussung kann es sogar im Winter tagelang in die Schneedecke regnen, was zu Lawinenereignissen mit extremsten Auslauflängen führen kann. Weiters ziehen mehrere Gewitterstraßen entlang mehrerer Talfurchen durch das Außerfern (Vilsalpsee – Nesselwängle – Höfener Hahnenkamm, Biberwier – Marienberg u. ä.). Die Gewitter- und Schauerzellen können bereits im Mai auftreten, unter Umständen in Langzeitregen eingebettet sein und noch dazu im Mai und Juni in die Schneeschmelze

fallen. Dadurch gibt es extreme Abflüsse, welche im Außerfern im Gegensatz zum kontinental beeinflussten Alpeninneren dazu führen, dass Wildbachverbauungen auf extremste Wasserabflüsse dimensioniert werden müssen.

Wegen des Staueffekts gibt es im Winter extreme Schneefälle und in der Folge extreme Schneehöhen. Gesamtschneehöhen um die 1,50 m sind im Lechtal relativ häufig. Es gibt extreme Schneehöhen bis 2,24 m (Hinterhornbach 1952-02-20), aber auch bis 1,86 m in Gramais (1907-03-15) im bereits deutlich schneeärmeren Übergangsbereich in das Alpeninnere.

Zusammenfassend bedeutet dies für die Wildbach- und Lawinensituation häufige und extreme Ereignisse.

Die Frage, ob sich Klimaveränderungen (Treibhauseffekt) in den letzten Jahren abzeichnen, lässt sich nach Ansicht des Verfassers zur Zeit nicht wissenschaftlich beantworten. Bei der Durchsicht der Katastrophen fallen einem bestimmte Häufigkeiten auf, welche in den 100- oder mehrhundertjährlichen Schwankungsbreiten liegen. Man wird aber mit einiger Berechtigung feststellen können, dass wir zur Zeit in einer deutlichen Wärmeperiode leben.

Geologie und Morphologie

Im Außerfern stehen ausschließlich kalkalpine Gesteine an. Sehr verallgemeinert zusammengefasst gibt es Kalke, Dolomite, stark tonhaltige Kalkgesteine (Sammelname Mergel), Moränen (Gletscher) und riesige, unerschöpfliche Mengen an Verwitterungs- und Hangschuttmaterial sowie Bachschotter. Die reinen Kalke (z. B. Wettersteinkalk im Wettersteingebirge) sind stabil, unfruchtbar, schroff, in den Gipfellagen meist vegetationslos, unterhalb der Waldgrenze mit Latschen oder wenigwüchsigen Wäldern bestockt. Sie wurden im Regelfall nicht für Alpzwecke gerodet bzw. nicht landwirtschaftlich bewirtschaftet und sind für die Wildbachaktivitäten relativ problemlos zu sehen. Ähnliches gilt für die Dolomite. Diese verwittern im Gegensatz zu den Kalken sehr stark, liefern riesige Mengen an Schutt (Hangschutt), welche unerschöpfliche

Geschiebequellen darstellen (Pfafflar, Fundaisbach, Angerletalbach), und sind für Alp- oder landwirtschaftliche Zwecke wenig oder nicht geeignet. Daher befinden sich diese Bereiche auch heute noch meist im natürlichen Vegetationszustand (alpine Rasen, Latschenfelder, geringwüchsige Wälder). Durch ihre riesigen Mengen an Verwitterungsschutt sind die Bäche bei ausreichender Wasserführung potente Wildbäche.

Die tonhaltigen Gesteine, unter dem Sammelnamen „Mergel" zusammengefasst, durchziehen das Außerfern in riesigen, flächenhaften Bereichen von Holzgau bis zum Marienberg in Richtung Inntal. Diese Gesteine verwittern stark, bilden fruchtbare Böden, bilden im Gelände eher abgerundete Formen und wurden wegen ihrer Fruchtbarkeit bevorzugt gerodet und als Bergmähder bis an die Gipfelgrate hinauf bewirtschaftet bzw. als Alpen genützt. Die Mergel sind allerdings deutlich weniger stabil als die Kalke und Dolomite, und es liegen in ihnen zahlreiche, potente Wildbäche, welche einerseits durch den Verwitterungsschutt, andererseits durch den hohen Ton- und Lehmanteil eine große Dynamik erreichen.

Die Moränen bilden zum Teil die Hangschultern in den Lechtal-Seitentälern und damit Lebensraum im Bschlaber, Gramaiser und Kaiserer Tal.

Die riesigen Hang- und Bachschuttmassen stellen schwer kalkulierbare Gefahrenpotentiale dar und führen in den Wildbächen und im Lech zu riesigen Problemen. So wurden bei den Pfingsthochwässern 1999 schätzungsweise um die 100.000 m³ Bachschotter allein im Thorsäulenbach, Plansee, verfrachtet.

Verschärft wird die Gefahrensituation am Übergang vom Alpennordrand in die deutsche Ebene durch den dort vorhandenen flyschähnlichen Gebirgsaufbau, womit eine extreme Rutschungsempfindlichkeit verknüpft ist. Sehr ungünstig sind die Verhältnisse in den so genannten Höfener Wildbächen (Höfen, Wängle, Lechaschau), wo durch einen gestörten Gebirgsdeckenaufbau (Gesteine „hart auf weich") eine extreme Störanfälligkeit gegeben ist und sich dies in besonders häufigen Wildbach-, Mur- und Rutschungsereignissen bis Großrutschungen und Felsstürzen ausdrückt. Solche Ereignisse finden in diesem Raum seit den 60er Jahren schätzungsweise alle fünf bis zehn Jahre statt. Durch die seit 1975 durchgeführten Verbauungen sind Siedlungen allerdings nur mehr in geringem Ausmaß bedroht.

Die Morphologie ist neben dem geologischen Grundaufbau sehr stark durch die Eiszeit geprägt. Alle großen Lechtal-Seitenbäche münden mit einer Schluchtstrecke und fast immer mit einer Steilstufe in das Lechtal (Rotlech, Namlosbach, Streimbach, Otterbach, Grießbach, Kaiserbach, Krabach, Bockbach, Reichenbach, Lehbach, Weißenbach, Schwarzwasserbach, Hornbach, Bernhardsbach, Höhenbach). Ursache hiefür ist, dass durch die Gletscher das Lechtal wesentlich stärker ausgeschürft wurde als die Seitentäler und sich die Seitenbäche nacheiszeitlich in einer Schluchtstrecke tief eingeschnitten hatten.

Die oft viele Kilometer langen Felsschluchtstrecken sind nicht nur aus den Aspekten des Landschafts- und des Naturschutzes sehr wertvoll, sondern bilden für Hochwässer und Muren aus den Oberläufen riesige Ausgleichsräume und garantieren somit relativ geringe Beeinträchtigungen in den Mündungsbereichen in den Lech. Trotzdem haben die großen Lechtal-Seitenbäche mit ihren Schwemmkegeln den Lech jeweils auf die andere Talseite geschoben, was dem Beobachter, wenn er aufmerksam schaut, sofort auffällt.

Zusammenfassend schaffen die Geologie und Morphologie wichtige Grundvoraussetzungen für die Wildbach- und Lawinenhäufigkeit. Insbesondere in den Mergelgebieten und Gebieten mit gestörtem Deckenaufbau sind häufige Wildbacherignisse zu befürchten. – In den Felsbereichen, die zum Teil bis an die Talsohlen reichen, gibt es immer wieder Steinschläge mit großem Gefährdungspotential. Ebenfalls häufen sich durch die zunehmende Besiedlung die Hangrutsche.

Hydrologische Abflusssysteme

Im Außerfern gibt es drei wesentliche Abflusssysteme.

1. Lech mit allen Seitenbächen. In den Lech fließen über den Heiterwanger- und Plansee auch die Wildbäche aus dem Bereich Zwischentoren bis zur Wasserscheide in Bichlbach – Lähn.

2. Vils mit allen Seitenbächen. Die Vils mündet bei Füssen in den Lech.

3. Loisach mit den Wildbach-Zuflüssen aus dem Bereich Zwischentoren ab der Wasserscheide bei Lähn, aus dem Gebiet von Ehrwald, Lermoos und Biberwier.

Der Lech, die Vils, der Archbach, die Loisach werden von der Wasserbauverwaltung betreut. Die Seitenbäche sind Wildbäche und werden von der Wildbach- und Lawinenverbauung betreut. Nach dem so genannten Wildbach- und Lawinenkataster gibt es im Außerfern 148 Wildbäche. Geringfügige Überschneidungen zur Wasserbauverwaltung sind vorhanden. Zwischen den Flüssen und Wildbächen bestehen wesentliche Unterschiede im Katastrophengeschehen, in der Katastrophenvorbeugung, in den Schutzmaßnahmen und in den Gefahrenzonen.

Forstwirtschaft

Der Bewaldungsanteil des Außerferns beträgt 43 %. Das hohe Bewaldungsprozent wirkt sich auf das grundsätzliche hydrologische Geschehen sehr positiv aus (Verminderung der Hochwasserabflüsse, Stabilisierung der Bodendecke und vieles andere mehr). Zugleich stellt der Wald in den engen und steilen Außerferner Tälern einen gravierenden Erosions- und Lawinenschutz dar. Bei Teilverlust oder Verlust des Waldes wäre das Außerfern in weiten Bereichen wegen extremer Lawinengefahr nicht mehr bewohnbar. Dies wäre deutlich tragischer als in anderen Bezirken, weil die so genannte Nettofläche im Gegensatz zu durchschnittlich zwölf Prozent für Tirol bei geschätzten sieben bis acht Prozent liegt. - Zur Zeit sind im Lawinenkataster der Gebietsbauleitung 222 Lawinen registriert, welche Siedlungen, Straßen, wichtige infrastrukturelle Einrichtungen betreffen. Die Zahl der Lawinen im Gesamtgebiet beträgt das Zigfache.

Vorstellung der Wildbach- und Lawinenverbauung, Gebietsbauleitung Außerfern

Im Außerfern gab es eine Art *„Sommergebietsbauleitung"* ab 1935. Ab 1946 ist eine ganzjährige Gebietsbauleitung eingerichtet. Zur Zeit arbeiten im Büro sechs Bedienstete und ein Lehrling, welche die Verwaltungsarbeiten, die Projektierungen, die Baustellenbetreuungen, die Kollaudierungen, die Gefahrenzonenplanung und die Gutachtertätigkeit durchführen.

Die Gebietsbauleitung hat einen Bauhof, an welchem von vier KV-Bediensteten die Werkzeuge, Geräte und Maschinen gewartet werden, der Fuhrpark betreut wird und Teilarbeiten für die Baustellen erledigt werden wie z. B. die Detailadaptierung der Stützen für die Stahlschneebrücken der Lawinenverbauungen.

Weiters beschäftigt die Gebietsbauleitung zur Zeit 40 KV-Bedienstete, welche in drei Partien die laufenden Baustellenarbeiten durchführen. Eine vierte Partie, der so genannte Betreuungsdienst, ist mit der Instandhaltung und Sanierung der Verbauungen und mit vorbeugenden Maßnahmen in den Wildbächen, wie Behebung kleinerer Hochwasserschäden, Entfernen von schadbringenden Hölzern und Bewuchs usw. beschäftigt.

Im Jahresdurchschnitt werden zwischen 25 bis 35 Baufelder geführt, wobei es im Regelfall vier bis fünf große Bachbaufelder und drei große Lawinenbaufelder gibt. Der Rest sind kleine, aber wichtige Baustellen.

In den Jahren 1993 bis 2003 wurden im Jahresdurchschnitt 4,521.000 Euro ausgegeben. Dies ist eine erhebliche Summe und bedeutet, bezogen auf die Außerferner Bevölkerung, eine Kopfquote von 137 Euro, welche überwiegend aus Bundesmitteln, zum geringeren Teil aus Landes- und diversen Interessentenbeiträgen aufgebracht wurden. Damit ist das Außerfern gut mit Geldmitteln dotiert. Vermutlich wird sich dies in den kommenden Jahren fortsetzen.

Die Baustellen laufen im Regelfall von Mitte März bis in die letzte Woche vor Weihnachten. Ein Winterbetrieb ist wegen des Klimas und der Schneelage nicht sinnvoll und nicht wirtschaftlich.

Von den 148 registrierten Einzugsgebieten sind in 107 Bächen Schutzbauten vorhanden. In etwa 1/3 dieser Bäche entsprechen die Bauten heutigem, höchstem Standard und es hat bei den extremen Pfingsthochwässern 1999 dort keine Schäden gegeben bzw. konnte nachgewiesen werden, dass die Schutzmaßnahmen riesige Schäden, Überschwemmungen, Vermurungen verhinderten. – Aktuell im Laufen sind große Verbauungen im Lähngraben in Ehrwald, im Lussbach in Lermoos, in der Laimmure in Wängle, im Stienebach in Elbigenalp. Als Folgeprojekte stehen neben zahlreichen kleineren Maßnahmen aktuell der Weißenbach in Weißenbach und der Höhenbach in Holzgau an.

Im Vergleich zu anderen Gebietsbauleitungen sind die Bachbaustellen von der Dimension der Bauwerke eher klein, aber trotzdem sehr anspruchsvoll. Besondere Schwierigkeiten machen Baustellen in empfindlichen und rutschanfälligen Bereichen (Höfener Wildbäche, Logbach in Grän u. ä.). Hier ist es nur mit großer Erfahrung möglich, gute Resultate zu erzielen.

Die Lawinenbaustellen liegen zum Teil in extrem steilem und schwierigem Gelände und stellen höchste Anforderungen an die Mitarbeiter. Besonders stolz ist man in der Gebietsbauleitung Außerfern auf die Tatsache, dass auf dem Häselgehrer Heuberg ab 1954 die erste und lange Zeit größte Lawinenverbauung Österreichs errichtet wurde und dabei die moderne Technik der Verbauung mit Stahlschneebrücken begonnen wurde. Auch fand die Adaptierung der Stahlschneebrücken auf den heutigen Standard wesentlich in der Gebietsbauleitung Außerfern statt.

Im Außerfern gibt es folgende Lawinenverbauungen, welche durch die WLV ausgeführt wurden, wobei es sich, wenn nicht anders angeführt, um Stützverbauungen mit Stahlschneebrücken handelt: *Bichlbach, Riegelbach-Lawine – Lawinenauffangbecken, Kohlbergspitz-Lawine; Berwang: Kleinstockachtaler Wiesmähder-Lawinen, Hochlähnertal-Lawine mit Stützverbauung und zusätzlichem Auffangbecken; Hinterhornbach:* *Schwandhof-Lawinen; Bschlaber Tal: Elmer Mähder-Lawinen, Lenzerwald-Lawinen, Sackerberg-Lawine, Windeggerberg-Lawine, Ahorntal-Lawine; Häselgehr: Lichtmähder-Lawine, Heuberg-Lawinen; Gramaistal: Gramaiser Heuberg-Lawinen; Elbigenalp: Scheidbach-Lawine – Lawinenprallwand und Ablenkdämme bzw. Auffangbecken, Köglen-Lawine; Bach: Sonnenkogel-Lawine (Kontertal-Lawine – die von der Steilheit und den sonstigen Schwierigkeiten extremste Verbauung der Gebietsbauleitung); Steeg: Schneeschub Larcher, Hagerntal-Lawine – Ablenkdämme, Kasten-Lawine – Auffangbecken, Leitenrinner-Lawine; Kaisers: Ruetzler- und Fuhrig-Lawinen, Leitental-Lawine.*

Nach Stand Dezember 2009 ergeben die Stahlschneebrücken, nahtlos aneinander gereiht, eine Länge von 70.555 lfm. – Ähnlich wie in modern verbauten Wildbächen gab es im Lawinenwinter 1999 keine Lawinenanbrüche in Verbauungen.

Lawinenverbauungsprojekte, die am Beginn der Verbauung stehen, sind die Fortsetzung der Verbauung der Häselgehrer Heuberg-Lawinen und die Gföllberg-Lawinen, Gemeinde Holzgau.

Gemeinsam mit der Landesstraßenverwaltung wurden folgende Lawinengalerien geplant und finanziert: Bschlaber Tal: Kleine Gröben-Lawine, Große Gröben-Lawine – Kombination einer Brücke mit zwei Anschlusstunnels – ein weltweit einzigartiges Bauwerk und ein Beweis der österreichischen Baukunst, Kontertal-Lawine – Tunnel; Gramaistal: Übelrinner-Lawine – Brücke – die Lawine fließt unterhalb der Brücke durch, Gachenblick-Lawine, Zirmbachtal-Lawine und Haselbachtal-Lawine.

Als weitere Lawinenverbauungsprojekte stehen zur Zeit an: Bichlbach: Wiestal-Lawine – Lawinenauffangdämme, Lammberg-Lawine-Lawinenablenkdamm; Berwang: Hönig-Lawine; Namlos: Namloser Arsch-Lawine. Eine große Aufgabe wird die Lawinensicherung der Lechtal-Straße sein. Vorrangiges Ziel ist, dass Steeg von Reutte aus lawinensicher erreicht werden kann.

Im Zusammenhang mit den Lawinenverbauungen und der Erhaltung der Schutzwälder ist es wichtig, dass die WLV in den Lawinenverbauungen alle geeigneten Flächen aufforstet. Hiezu wird das Saatgut möglichst an Ort und Stelle geerntet, im Außerfern herangezogen und von der WLV ausgepflanzt. Dadurch gibt es großartige Wuchserfolge. Bis heute sind 1,83 km^2 in den schwierigsten Hochlagen aufgeforstet worden und stocken zum Teil bereits fünf Meter hohe Jungwälder. Durch die Verbauungen selbst sind viele km^2 vor Lawinen geschützt und sind in Bewaldung begriffen.

Dasselbe gilt in der Schutzwaldsanierung, welche im Außerfern oberhalb von Kleinstockach zum Lawinenschutz der Häuser mit dem so genannten Querlegen von Bäumen und einer Aufforstung begonnen wurde. Ähnliche Arbeiten wurden oberhalb des Ortsbereiches von Elbigenalp, auf sehr großer Fläche oberhalb von Kienberg, Gemeinde Kaisers, zum Schutz des Weilers Kienberg und der Landesstraße ausgeführt. Insgesamt wurden bei diesen Arbeiten 4900 lfm Baumstämme als Gleitschnee- und Lawinenschutz quergelegt.

Wie bereits oben angeführt, ist ein wesentlicher Arbeitsbereich der Gebietsbauleitung die Gutachtertätigkeit und Gefahrenzonenplanung. Im Jahr 2003 wurden 270 Einzelgutachten und viele Beratungen durchgeführt (Bauverhandlungen, Straßenbauvorhaben, Skigebietserschließungen). Die Tendenz der Zahl der Gutachten ist kontinuierlich steigend. Mitarbeiter des Büros der WLV sind auch Mitglied der Katastropheneinsatzleitung des Bezirks und sind dort beratend und gutachterlich bei Bedarf tätig. Entgegen ursprünglicher Meinung gibt es im Außerfern keine Gemeinde, die nicht doch einige Gefahrenzonen im so genannten raumrelevanten Bereich aufweist, jedoch eine erhebliche Anzahl von Gemeinden mit 30, 40 und mehr Gefahrenbereichen.

Von den 37 Außerferner Gemeinden sind zwei im Sinne der Gefahrenzonenplanung unbearbeitet. In 17 Gemeinden liegen ministergenehmigte Gefahrenzonenpläne vor. Fünf davon sind bereits einer Revision unterzogen. In vier Gemeinden laufen die Genehmigungsverfahren. In den übrigen Gemeinden sind so genannte Gefahrenzonengutachten vorhanden. Die Gebietsbauleitung rechnet damit, dass spätestens in fünf Jahren der Bezirk lückenlos mit Gefahrenzonenplänen abgedeckt sein wird, welche eine unabdingbare Grundlage für die Raumordnung, die Bauverhandlungen, die Gutachtertätigkeit und ein vorzügliches Instrumentarium für die Begründung der Dringlichkeit von Projekten sind. Die Gefahrenzonenpläne werden im Außerfern von der Bevölkerung im hohen Maße akzeptiert.

Ausblick

Es ist anzunehmen, dass in etwa 30 bis 40 Jahren die wichtigen Schutzmaßnahmen ausgeführt sind, weiters, dass in ca. fünf Jahren alle Gemeinden des Bezirkes mit rechtsgültigen Gefahrenzonenplänen zur Steuerung der Raumordnung und Siedlungstätigkeit bearbeitet sind. Für die Lawinensicherung der wichtigen Straßen wird ein Zeitraum von geschätzten 50 Jahren veranschlagt.

Nicht abschätzbar ist die Zunahme der Besiedelung, die Bedeutung der Straßen (Fernpass, Lechtal), die Wichtigkeit der Sicherung des Lebensraumes. Es wird damit gerechnet, dass die WLV früher oder später eine deutliche Reduktion der Gefahrenlage bewirken wird, dass es aber immer Katastrophen und damit Schutzbedürfnisse geben wird.

Literatur und verwendete Unterlagen

Fliri, F.(1998): Naturchronik von Tirol; Universitätsverlag Wagner
Lipp, R. (1994): 700 Jahre Stanzach; Eigenverlag Gemeinde Stanzach
Aufzeichnungen, Lawinenkataster, Projekte, Gefahrenzonenpläne der Wildbach- und Lawinenverbauung, Gebietsbauleitung Außerfern
Persönliche Auskünfte, eingeholt bei diversen Gemeinden und Privatpersonen.

Fischerei

Johannes Fritz

Fischarten

In unseren heimischen Gewässern mit einer durchschnittlichen Seehöhe von über 1.000 Meter kommen natürlicherweise fast nur Salmoniden (Forellenartige) vor. In den Seitenzubringern des Lech und alpinen Fließgewässern im Bezirk finden sich fast ausschließlich Bachforellen, in den größeren Gewässern wie Lech, Archbach oder Loisach auch Regenbogenforellen und in den unteren Abschnitten des Lech auch Äschen. In den teils tiefen Gebirgsseen sind auch Seeforellen, Seesaiblinge und Renken beheimatet. Bei den kleinen Wassertieren ist bemerkenswert, dass in vielen Gewässerabschnitten noch Elritzen (Pfrillen), Koppen, Bachschmerlen und auch Stein- und Dohlenkrebse vorkommen. Durch Besatz wurden in einigen Gewässern auch Cypriniden (Karpfenartige) eingebürgert und im Haldensee können auch Hechte gefangen werden.

Gesetzliche Bestimmungen

Die insgesamt 50 Fischgewässer im Bezirk Reutte sind in 45 Fischereireviere, davon 36 Eigen- und neun Gemeinschaftsreviere, und in fünf Angelgewässer (Angelteiche) eingeteilt, wovon 38 Fließgewässer und zwölf stehende Gewässer sind. 29 dieser Reviere sind in Gemeindebesitz, 15 in Privatbesitz, fünf im Besitz von Agrargemeinschaften und eines im Besitz des Landes Tirol. In der Regel sind die Fischgewässer an Bewirtschafter verpachtet, einige werden jedoch auch selbst verwaltet und betreut.

Das Tiroler Fischereigesetz (kurz TFG) gibt die Rahmenbedingungen für die Bewirtschaftung der Reviere und die Bestimmungen zur Ausübung des Fischfangs vor, wobei für die Umsetzung dieses Landesgesetzes die Landes- und Bezirksbehörden zuständig sind. Der Tiroler Fischereiverband (kurz TFV) als Körperschaft öffentlichen Rechts mit Sitz in Innsbruck wurde im TFG als Standevertretung zur Wahrung der Interessen der Angel- und Berufsfischerei eingesetzt und wird in jedem Bezirk durch einen Fischereirevierausschuss unterstützt. Die Behörden unter Anhörung der Standesvertretung überprüfen Pachtverträge, Fischereiaufsicht, Kartenvergabe bzw. überwachen Besatzvorschreibungen, Schon- und Brittelmaße, uvm.

Die Bewirtschafter von Fischereirevieren haben dafür Sorge zu tragen, dass ein ausgewogener Fischbestand in den Gewässern vorhanden ist und die Angelfischerei weidmännisch und tierschutzgerecht ausgeübt wird. Sie sind angehalten, den Zustand der Gewässer zu überwachen und den Fischbestand durch Besatzmaßnahmen zu regulieren.

Junger Fischer am Kreckelmooser See

Ausübung des Fischfangs:

Jeder Bewirtschafter, Fischzuchtbetreiber, Berufs- und Angelfischer muss die Mitgliedschaft beim TFV durch Bezahlung eines jährlichen Mitgliedsbeitrages und einen Sachkundenachweis (Unterweisung) vorlegen, um eine Angelkarte in Tirol lösen zu können. Angelerlaubnisscheine sind nur in jenen Revieren erhältlich, in denen der Bewirtschafter Namens- (Jahres-) oder Gastkarten vergibt. In der Praxis hat sich gezeigt, dass in lediglich zwölf Revieren Gastkarten – teilweise unter zusätzlichen Sonderauflagen (z. B. Übernachtungszwang, nur Fliegenfischen, etc.) – ausgegeben werden.

Für das Angeln in den fünf Angelteichen gelten die oben angeführten Auflagen nicht, und es hat jedermann die Möglichkeit, seiner Freizeitbeschäftigung nachzugehen. Die Abrechnung der gefangenen Fische erfolgt meist nach Gewicht. Zum Lernen und Kennenlernen sind diese Teiche besonders geeignet.

Für nähere Informationen stehen die Tourismusbüros des Bezirkes Reutte und die Internetseite des Tiroler Fischereiverbandes unter *www.tirolerfischereiverband.at* zur Verfügung.

Ausländer und Einheimische

Maria Pranger

Das Wichtigste: Miteinander reden!
Jeder Mensch ist Ausländer, fast überall

„Komm, wir gehen miteinander! Komm, wir gehen zueinander! – Gel beraber gidelim! Gel bir lik olalım!"[1] Deutsch und türkisch wurde dieses Lied beim Friedensfeuer 2001 in Reutte gesungen. Von den 31.837 Einwohnern des Außerfern sind 4.589 Ausländer[2], darunter 2.096 deutsche Staatsbürger, 1.098 Mitbürger aus den jugoslawischen Nachfolgestaaten und 734 türkische Staatsbürger. Insgesamt sind das 14,4 % unserer Bevölkerung – nur in der Hauptstadt Innsbruck leben prozentuell mehr Ausländer. Die meisten leben schon mehrere Jahre bei uns, weil sie hier Arbeit gefunden haben. Ohne Mitarbeiter aus dem Ausland könnten viele Betriebe und Institutionen ihre Aufgaben nicht erfüllen.

Damit das Zusammenleben gelingt, braucht es viel Offenheit und Toleranz, vor allem aber auch Interesse am Anderen. Eine relativ große Gruppe der Zugewanderten bekennt sich zum muslimischen Glauben. Es ist sehr wertvoll und hilfreich im Umgang miteinander, wenn Christen und Andersgläubige z. B. über religiöse Feiern und Bräuche im Islam Bescheid wissen. Im Jahr 2000 wurde das „Dialogforum" ins Leben gerufen - Christen und Muslime sind über mehrere Jahre immer wieder zum Gespräch zusammengekommen und haben beispielsweise das oben erwähnte Friedensfeuer initiiert. Das „Integrationsforum" – ein Verein von engagierten Privatpersonen - hat einmal im Jahr zum „Integrationsfest" eingeladen. Die vielen Besucher und Mitwirkenden konnten erleben, wie schön es ist, wenn ausländische und einheimische Außerferner miteinander feiern.

Ein wichtiger Schlüssel zur Integration fremdsprachiger Mitbürger sind Sprachkurse, die von verschiedenen Institutionen angeboten werden. Mit unterschiedlichen Projekten zur Förderung der Integration sind im Bezirk Reutte zum Beispiel der „Verein Multikulturell", das BFI mit den „ABC-Kursen", pfarrliche Gruppen, Schulen und Gemeinden aktiv.

Türkische Tracht beim Integrationsfest

Im Flüchtlingsheim Kreckelmoos finden seit Juni 2006 Asylwerber eine Unterkunft. Es ist dies eines von fast 20 Flüchtlingsheimen in Tirol, in welchen Menschen aufgenommen werden, die aus ihrer Heimat aus politischen und anderen Gründen flüchten mussten.

Überaus positive Rückmeldungen gab es auf die „MenschenBibliothek", die im April 2010 für zwei Tage in der Dengelgalerie besucht werden konnte. 25 Personen aus den verschiedensten Ländern stellten sich über 300 interessierten „Lesern" als „Buch" zur Verfügung und erzählten eine Geschichte aus ihrem Leben. Bei diesem Projekt hat es sich ganz deutlich gezeigt: Miteinander reden und Möglichkeiten dafür anzubieten sind ein wesentlicher Beitrag zu einem guten Miteinander.

[1] *Für den Frieden. Kanon, Deutscher Text: Erika Walch-Sommer, Türkische Übersetzung: Zeynep Altintas, Melodie: Maria Dopler, alle: 6600 Reutte*
[2] *Alle Zahlen: Demographische Daten Tirol 2008, Landesstatistik Tirol. (Stichtag: 31.12.2008)*

Streiflichter durch den Bezirk

Natur

Wirtschaft

Schretter & Cie, Vils

Kommissionierungsroboter „Amadeus", KOCH

Artpress, Höfen

kdg Mediatech, Elbigenalp

Kultur

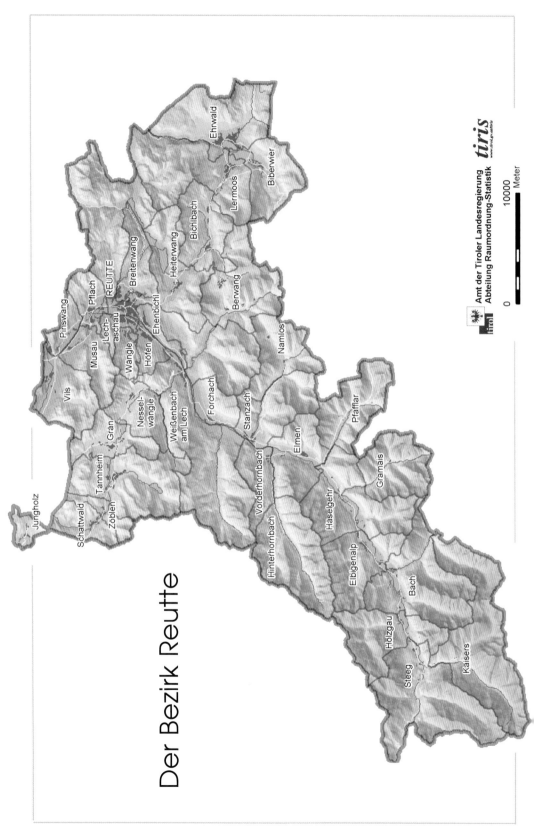

Der Bezirk Reutte

Die *Gemeinden*
im Porträt

Bach
Berwang
Biberwier
Bichlbach
Breitenwang
Ehenbichl
Ehrwald
Elbigenalp
Elmen
Forchach
Gramais
Grän
Häselgehr
Heiterwang
Hinterhornbach
Höfen
Holzgau
Jungholz
Kaisers

Lechaschau
Lermoos
Musau
Namlos
Nesselwängle
Pfafflar
Pflach
Pinswang
Reutte
Schattwald
Stanzach
Steeg
Tannheim
Vils
Vorderhornbach
Wängle
Weißenbach am Lech
Zöblen

Bach

Maria Wolf

Lage

Die Gemeinde Bach liegt 1060 m hoch an den Eingängen der südseitigen Lechtalseitentäler Madautal und Sulzltal im oberen Lechtal. Neben den Ortsteilen Bach (Ober- und Unterbach), Stockach (Ober- und Unterstockach) und Schönau befinden sich noch die Weiler Winkl, Kraichen, Benglerwald, Seesumpf, Klapf, Bichl, Schönau, Oberwinkl und Sulzlbach im Gemeindegebiet.

Wappen

Verleihung des Wappens am 30. Oktober 1973.

In Silber ein rechter blauer Wellenschrägbalken mit drei silbernen nach oben springenden und rechtsgewendeten Fischen.

Farben der Gemeindefahne:

Blau-Weiß.

Als sprechendes Wappen versinnbildlicht es den Namen der Gemeinde. Zugleich weist es auf den Fischreichtum ihrer Gewässer hin.

GEMEINDEAMT

6653 Bach,
Nr. 90
Tel.: 05634/6355, Fax: 05634/6892
e-mail: gemeinde@bach.tirol.gv.at

Gemeindestatistik

Fläche in ha:	5687.6
Kleinregion:	Oberes Lechtal
Einwohner 31.12.2009:	675
Mittlere Wohnhöhe:	1070 Meter

Bach um 1900

Flächennutzung

Wert in ha, Anteil an jeweiliger Gesamtfläche in %

Flächenanteile 2001	Gemeinde	Gem.	Bez.	Land
Dauersiedlungsraum	357.0	6.3	9.9	12.2
Alpen	2339.2	41.1	25.0	27.0
Wald	1316.9	23.2	43.0	36.6
Gewässer	40.8	0.7	1.8	0.9
Verkehrsflächen	17.7	0.3	0.7	1.0
Sonstige Flächen	1650.6	29.0	20.9	24.3

Bevölkerungsentwicklung

Jahr	1951	1961	1971	1981	1991	2001
Einwohnerzahl	593	631	660	675	684	688

Der Bevölkerungszuwachs hat sich in den letzten Jahrzehnten stark abgeschwächt. Durch geburtenschwache Jahrgänge und einen recht hohen Anteil an älteren Personen ist damit zu rechnen, dass in Zukunft die Bevölkerung stagnieren oder sogar leicht zurückgehen wird. Ein Problem sind auch die fehlenden Arbeitsplätze in der Gemeinde, wodurch viele junge Leute aus Bach wegziehen.

Häufige Familiennamen
Hammerle, Heel, Kerber, Larcher, Wolf.

Geschichte
Bach ist eine der jüngeren Siedlungen im Lechtal. Erst im Spätmittelalter wurde das Gebiet gerodet.
1427 wird „Pach" erstmals urkundlich erwähnt. Zwischen den Weilern Seesumpf und Benglerwald oberhalb von Bach soll sich bei der Ruine Burgstall die alte Gerichtsstätte des Lechtals, die noch im 15. Jh. nachgewiesen ist, befunden haben.

In der Kapelle in Seesumpf, die aus Dank für das Ende des Zweiten Weltkrieges erbaut wurde, befindet sich das jüngste Votivbild des Außerferns – ein Fresko von Ernst Degn.
Der Name Stockach bedeutet so viel wie eine „Menge von Wurzelstöcken". In Stockach befand sich bis 1854 nicht nur das Zentrum von Bach, sondern auch das der Anwaltschaft des mittleren Lechtales, des so genannten „Stocker Drittels".

Kirche - Seelsorge
Im Ortsgebiet gibt es die Pfarre Bach (seit 1943 selbstständig) und die Expositur Stockach. Zur Pfarre Bach gehört der Ortsteil Obergiblen der Gemeinde Elbigenalp. Der Ortsteil Schönau hingegen zählt pfarrmäßig zur Nachbargemeinde Holzgau. Seit einigen Jahren hat Bach keinen eigenen Priester mehr, die seelsorgliche Betreuung wird durch den Pfarreienverband Mittleres Lechtal organisiert. Die Pfarrkirche Bach zu „**Unserer Lieben Frau Mariä Reinigung**" wurde zwi-

schen 1790 und 1793 erbaut. Den Hochaltar und die Seitenaltäre mit den Statuen fertigte der Nassereither Künstler Martin Falbesoner im spätbarocken Stil an. Die Altarbilder stammen vom heimischen Maler Karl Selb. Zwischen Mai 1991 und April 1994 wurde das Gotteshaus von Grund auf renoviert und durch Übermalung in den Zustand der Erbauerzeit gebracht. Ein Kleinod ist das von Hans Patsch um 1620 geschaffene Kreuz.

Die Expositurkirche zum **hl. Josef** in Stockach wurde zwischen 1770 und 1782 anstelle der 1701 erbauten Kapelle errichtet. Die Fresken sind von Josef Anton Schuler und das Hochaltarbild von Johann Jakob Zeiller. Während des Ersten Weltkrieges wurden die Glocken von einigen Frauen in der Nacht vom Kirchturm genommen, versteckt und so vor dem Einschmelzen gerettet. Seit 2004 erstrahlt die Kirche in neuem Glanz.

Seit 1965 zählt auch Sulzlbach, das früher zur Pfarre Holzgau gehörte, zur Expositur Stockach.

Kapelle Maria Heimsuchung in Unterstockach, **Kapelle Maria vom Guten Rat** in Schönau (Pfarre Holzgau), **Kapelle Maria Hilf** in Seesumpf – hier findet jedes Jahr im Frühling die Familienwallfahrt unter Beteiligung der Bevölkerung der Nachbargemeinden statt; **Kapelle hl. Antonius** in Winkl.

Schule

Die Volksschüler von Bach, Stockach und Obergiblen (Ortsteil der Gemeinde Elbigenalp) besuchen die zweiklassige Volksschule in Bach. Die Volksschule Stockach wurde 2007 stillgelegt. Für Kinder ab drei Jahren steht ein Kindergarten, der im selben Gebäude wie die Volksschule untergebracht ist, zur Verfügung. Volksschüler und Kindergartenkinder von Schönau besuchen diese Einrichtungen in Holzgau. Die Hauptschüler werden in der Hauptschule der Nachbargemeinde Elbigenalp unterrichtet. Für den Besuch höherer Schulen müssen die Schüler nach Reutte, Imst, Innsbruck, usw. auspendeln.

Vereine

Dadurch bedingt, dass die beiden Hauptorte Bach und Stockach in einiger Entfernung voneinander liegen, haben sich seit jeher mehrere Vereine, Organisationen und Körperschaften in beiden Ortsteilen entwickelt.

So entstanden zwei Freiwillige Feuerwehren, zwei Musikkapellen, zwei Kirchenchöre, zwei Jungbauernschaften, zwei Ortsbauernverbände und zwei Viehzuchtvereine. Daneben gibt es eine Theatergruppe, eine Schützenkompanie, eine Schützengilde, den Sportverein, den Katholischen Familienverband, die Katholische Jungschar, die Jugendfeuerwehr usw. Bach (2004) und Stockach (2010) erhielten neue Feuerwehhäuser und Tanklöschfahrzeuge. In Stockach wurde 2010 ein neues Vereinsheim eingeweiht.

Simmshütte

Tourismus und Wirtschaft

Der Tourismus hat sich in den letzten Jahrzehnten zu einem wichtigen Wirtschaftszweig in der Gemeinde entwickelt. Dem Gast stehen ca. 1.100 Betten in gewerblichen und privaten Betrieben zur Verfügung. Die Nächtigungen verteilen sich zu etwa gleichen Teilen auf die Sommer- bzw. Wintersaison. Im Sommer bietet der Ort vor allem für Wanderer und Bergliebhaber ein reichhaltiges Angebot. Aber auch für Trendsportarten wie Mountainbiking, Paragleiten oder Nordic Walking gibt es hervorragende Voraussetzungen. Im Winter ist das Skigebiet an der Jöchlspitze der Treffpunkt für Skifahrer und Snowboarder, die Langläufer genießen die vielen Kilometer gut präparierter Loipen im Talboden. Außerdem besteht die Möglichkeit zum Eislaufen, Eisstockschießen, Rodeln und Schneeschuhwandern. Kulturhistorisch bemerkenswerte Fresken sind an der Fassade des Gasthofes „Grüner Baum" zu bewundern. Die größten Arbeitgeber in der Gemeinde sind die Gastronomie und das Gewerbe. Ein Großteil der im Erwerbsleben stehenden Gemeindebürger ist jedoch gezwungen auszupendeln.

Landwirtschaft

Die Zahl der Vieh haltenden Betriebe ist in den letzten Jahrzehnten stetig zurückgegangen. Es ist zu befürchten, dass weitere folgen werden, da es häufig keinen Betriebsnachfolger gibt. Im Talboden werden derzeit noch alle Flächen bewirtschaftet. Die Betriebe werden mit wenigen Ausnahmen im Nebenerwerb geführt.

Der Waldbesitz wird von Agrargemeinschaften verwaltet. Die Mitglieder erhalten aus diesem Gemeinschaftsbesitz „Holzteile" und bezahlen dafür ein „Stockgeld".

Die Holzbringung ist in den meist sehr steilen Waldungen trotz Maschineneinsatzes eine schweißtreibende und risikoreiche Tätigkeit. Große Teile des Waldes dienen als Schutzwald und erfüllen damit eine äußerst wichtige Funktion zum Schutz vor Lawinen, Muren und Hangrutschungen.

Viehbestand - *letzte Viehzählung*

Rinder	229	Pferde	14
Schafe	163	Ziegen	21
Schweine	49	Hühner	112

Klima und Vegetation

Bedingt durch die Höhe des Dauersiedlungsraumes und die Lage im Bereich des Nordstaugebietes der Alpen ist ein eher raues Klima vorherrschend. Juli und August sind die wärmsten, aber auch die feuchtesten Monate im Jahr. Der September ist mit einer Besonnungsdauer von 57 % der sonnenreichste Monat. Bedingt durch den Vorderen und Hinteren Sonnenkogel bleiben Teile der Gemeinde zwischen Ende Oktober und Mitte Februar ohne Sonne. Die Vegetation ist geprägt durch Grasflächen (zweimähdige Wiesen), im für Lechtaler Verhältnisse recht breiten Talboden und

an den südseitigen Sonnenterrassen der Ortsteile Kraichen, Benglerwald, Seesumpf, Klapf und Bichl. Die früher sehr häufig anzutreffenden Äcker, in denen vor allem Kartoffeln angebaut wurden, sind nahezu verschwunden. Ebenso werden nur noch wenige höher gelegene

Stockach

Bergwiesen bewirtschaftet, sodass sich der Wald diese Lagen mehr und mehr zurückerobert. Ein großer Teil des Gemeindegebietes ist Waldfläche. Hier dominiert ganz eindeutig der Nadelwald, der wiederum zum weitaus überwiegenden Teil aus Fichtenbeständen besteht. Laubwald ist vor allem in den Lechauen und in tieferen Bereichen der Sonnenseite anzutreffen. Auf den Hochflächen, die teilweise auch als Almweiden genutzt werden, blüht im Sommer ein Meer von Alpenblumen, während der alpine Bereich eher artenarm ist. Auf den Schuttfluren gedeihen nur noch das Rundblättrige Täschelkraut und die Grobblütige Gemswurz. In der oberen alpinen Stufe wachsen Stängellose Nelke, Roter Steinbrech, Hauswurz, Flechten und Kriechende Nelkenwurz, während Felsen den Lebensraum für Moose, Flechten und Algen bilden.

Gewässer und Gebirge

Der Lech verläuft von Holzgau kommend zunächst am Rand der steil abfallenden Lechtaler Alpen, ehe er auf der Höhe von Schönau und Sulzlbach auf die andere Talseite und damit an den Fuß der Allgäuer Alpen wechselt. Der oft als letzter Wildfluss der Alpen bezeichnete Lech wurde durch behutsam in die Natur eingefügte Ufersicherungen gezähmt und hat sich im Laufe der letzten Jahrzehnte deutlich eingetieft, sodass er im Bereich des Gemeindegebietes nur noch bei extremen Hochwasserereignissen über die Ufer tritt. Von den Lechtaler Alpen kommend münden der Sulzlbach, der Alperschonbach und der Ruitelbach, von den Allgäuer Alpen der Modertalbach in den Lech. Im Ortsteil Seesumpf hat sich ein kleiner Rest eines früher größeren Sees erhalten, der als Biotop zahlreichen Wassertieren und Wasserpflanzen Lebensraum gibt. Die Gemeinde Bach wird im Norden durch die Allgäuer Alpen und im Süden durch die Lechtaler Alpen begrenzt. Während die Lechtaler Alpen (Vorderer Sonnenkogel 2204 m, Hinterer Sonnenkogel 2324 m, Holzgauer Wetterspitze 2895 m) mit ihrer Nordseite steil und felsig abfallen, zeigen die Allgäuer Alpen (Jöchlspitze 2226 m) mit ihren Sonnenterrassen und weniger steilen Wiesenhängen einen deutlich lieblicheren Anblick.

Madau (Gemeinegebiet Zams)

Katastrophen

Vor allem Lawinen bedrohen im Gemeindegebiet immer wieder einzelne Ortsteile und Verkehrswege. Durch umfangreiche Verbauungen im Bereich des Vorderen Sonnenkogels wurde inzwischen die größte Gefahr gebannt. Im Jahr 1693 verschüttete die Kontertallawine drei Häuser, wobei sieben Personen ums Leben kamen. Im Februar 1999 wurden Teile der Hauptwasserleitung durch einen Lawinenabgang im „Lappigtal" zerstört. Auch die in den Lech mündenden Seitenbäche bergen bei hohen Niederschlagsmengen ein nicht zu unterschätzendes Gefahrenpotential. Durch die Verbauung des Alperschon- und Sulzlbaches wurde bzw. wird die Situation jedoch deutlich verbessert. Im Juni 1991 wurden die obere Sulzlbachbrücke und zu Pfingsten 1999 die Modertalbrücke durch Murenabgänge weggerissen.

Persönlichkeiten

Karl Selb (1760 – 1819) und **Joseph Anton Selb** (1784 – 1832), Kirchenmaler im Raum Außerfern, die Malerei von Karl Selb gehört schon dem Klassizismus an.

Engelbert Kolp – bekannter Bildhauer aus Stockach

Joseph Anton Schuler (1725 –1790), Maler aus Stockach

Dr. Liberat Wolf (1841 – 1879) gründete mit Franz Xaver Schedle 1864 die erste katholische Hochschulverbindung in Österreich, die angesehene Verbindung „Austria", in Innsbruck.

Toni Knittel (geb. 1963) gründete gemeinsam mit Peter Kaufmann 1990 die Musikgruppe „Bluatschink". 1993 veröffentlichte das Duo die erste CD mit seinen heiterkritischen Liedern und machte dabei auf die Gefährdung der Wildflusslandschaft aufmerksam. Heute gehört „Bluatschink" zu den erfolgreichsten deutschsprachigen Musikgruppen.

Besonderheiten

Eine Rarität sind die Tunnels auf dem Weg zu Sulzlalm und Simmshütte. Verschiedene „Fenster" bieten einen grandiosen Ausblick bis zur Stablalpe bei Elmen.

Imposant ist der Blick in die Tiefen der Madautalschlucht (Madeil) am Beginn des Höhenweges nach Madau.

Speziell im Frühsommer ist der Alpenblumengarten im Jöchlspitzgebiet eine Augenweide für Wanderer.

Das Biotop des kleinen Sees im Seesumpf übt zu jeder Jahreszeit einen besonderen Reiz aus.

Auf dem Weg zur Jöchelspitze wurde 2009 das Bergheumuseum errichtet.

Sagen

Hexen als Gämsen
Das Fallenbacher Fenster
Madauer Nächstenliebe
Das Mütterchen zu Madau
Der Dank der Kröte
Der Banner

Berwang

Sarah Falger, Christine Zotz

Wappen

Verleihung des Wappens am
13. Oktober 1955.

Ein schwarzer, aufgerichteter Bär in Silber
auf grünem Schildfuß stehend.

Farben der Gemeindefahne:

Weiß-Grün.

Als sprechendes Wappen versinnbildlicht es den Namen der Gemeinde, der
„Bärenwiese" bedeutet.

Lage

Berwang befindet sich 17 km in südöst-
licher Richtung von Reutte entfernt. Es
liegt umrahmt von Bergen auf einem
sanften Talübergang von Zwischentoren
zum Lechtal in einer Seehöhe von 1342
m. Das Gemeindegebiet umfasst eine
Fläche von 42,7 km² und schließt folgende Weiler mit ein: Brand, Bichlbächle,
Gröben, Kleinstockach, Mitteregg,
Rinnen und Tal. Früher gehörten auch
Fallerschein, Namlos und Kelmen zur
Gemeinde Berwang.

GEMEINDEAMT

6622 Berwang,
Nr. 82
Tel.: 05674/8232, Fax: 05674/8232-85
e-mail: gemeinde@berwang.tirol.gv.at

Gemeindestatistik

Fläche in ha:	4272.0
Kleinregion:	Zwischentoren
Einwohner 31.12.2009:	589
Mittlere Wohnhöhe:	1342 Meter

Berwang um 1900

Flächennutzung

Wert in ha, Anteil an jeweiliger Gesamtfläche in %

Flächenanteile 2001	Gemeinde	Gem.	Bez.	Land
Dauersiedlungsraum	468.1	11.0	9.9	12.2
Alpen	1448.7	33.9	25.0	27.0
Wald	1871.3	43.8	43.0	36.6
Gewässer	39.6	0.9	1.8	0.9
Verkehrsflächen	22.9	0.5	0.7	1.0
Sonstige Flächen	470.1	11.0	20.9	24.3

Bevölkerungsentwicklung

Jahr	1971	1981	1991	2001
Einwohnerzahl	537	536	566	638

Häufige Familiennamen
Falger, Hosp, Sprenger.

Geschichte
Es wird angenommen, dass die ersten Siedler aus dem Gurgltal (Imst, Nassereith) über die Tarrenton-Alpe in das heutige Berwanger Tal vorgedrungen sind. 1226 ging das Gebiet von Berwang aus dem Besitz der Hohenstaufen an Meinhard II. von Tirol. Es blieb aber gerichtlich und steuerlich bei Imst. Pfarre und Anwaltschaft unterstanden dem Gericht von Ehrenberg. 1810 wurde es der Steuerverwaltung Reutte unterstellt. Berwang war, wie die meisten Außerferner Gemeinden, arm. Der Tourismus brachte Aufschwung und das einstige Bergbauerndorf wandelte sich zu einem beliebten Fremdenverkehrsort.

Kirche - Seelsorge
Kirchlich gehörte Berwang ursprünglich zur Pfarre Imst, von 1423 bis 1441 zur Seelsorge Lermoos (Dekanat Imst). 1826 wurde sie dem Dekanat Breitenwang angeschlossen. 1891 wurde Berwang eine selbstständige Pfarre **St. Jakob**.
1430 wurde die schon bestehende Kapelle vergrößert und ein eigener Friedhof angelegt. Bis dahin wurden die Toten von Berwang zur Bestattung über den Fernpass nach Dormitz bei Nassereith gebracht. Im Winter wurden die Leichen bis zum Frühjahr eingefroren. 1981 wurde der Friedhof nach Süden und Osten hin erweitert und eine Leichenkapelle errichtet. Die Deckenfresken der Kirche stammen von Johann Kärle (1904), die alten Altarbilder von Paul Zeiller (1735).

Kapellen
Expositurkirche Mariä Heimsuchung in Kleinstockach
Antoniuskapelle in Bichlbächle
Kapelle zu den Sieben Schmerzen Mariens in Brand
Kapelle hl. Maria in Brand
Kapelle hl. Dreifaltigkeit in Gröben
Kapelle Maria-Himmelfahrt in Mitteregg
Kapelle hl. Sebastian in Rinnen.

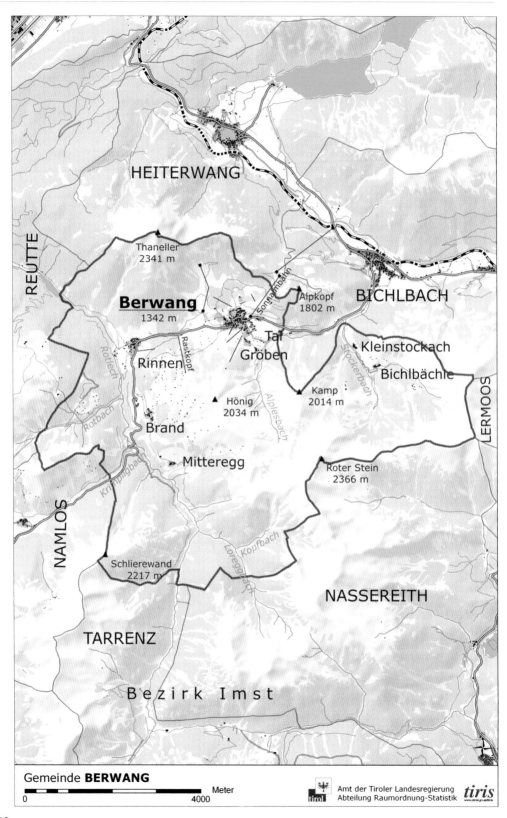

Schule

1779 wurde das erste Schulhaus in Berwang errichtet. 1882 folgte ein Neubau an der Stelle, an der heute noch das „Alte Schulhaus" steht. Anfang des 19. Jhs. setzte eine Hochblüte des Schulhausbaus ein. Es erhielten Kleinstockach (1819), Brand (1822), Namlos (1834) und Rinnen (1840) je ein Schulgebäude. 1926 folgte Mitteregg. Im Gemeindegebiet von Berwang befanden sich bis 1949 sieben Volksschulen. Heute ist nur noch eine zweiklassige Volksschule in Berwang.

1987 wurde ein neues Mehrzweckgebäude hinter dem Gemeindehaus errichtet, das die heutige Volksschule und den Kindergarten beherbergt.

Nach Absolvierung der vierten Schulstufe besuchen die Kinder weiterführende Schulen in Reutte.

Vereine

Musikkapelle, Schützenverein, Freiwillige Feuerwehr, Kirchenchor, Skiklub, Rentnergemeinschaft, Trendklub Berwang, Bauernbühne Berwang.

Wirtschaft und Tourismus

Heute bietet Berwang eine große Anzahl an Hotels, Pensionen und Gaststätten. Von Bedeutung sind sowohl die Winter- (elf Liftanlagen, 20 km Loipen, eine beleuchtete Rodelbahn, etc.) als auch die Sommersaison (Wander- u. Radwege, Bergsteigen, Kneipp-Anlage, Minigolf, Freischwimmbad, etc.).

Viehbestand - *letzte Viehzählung*

Rinder	50	Pferde	13
Schafe	36	Ziegen	2
Schweine	0	Hühner	32

Klima

Bedingt durch die Höhenlage von 1342 m herrscht ein raues Klima mit langen Wintern und kurzen Sommern.

Katastrophen

Lawinenunglück im Jahre 1968.

Persönlichkeiten

Anton Wolf
Landtagsabgeordneter und Vorsteher
Univ.-Prof. Dr. Ludwig Hörbst
Vorstand der HNO-Klinik Innsbruck
Ök.-Rat Erich Berktold
Landtagsvizepräsident und Bürgermeister.

Rinnen

Sagen

Der Marcher auf dem Lutzemahd
Der Schimmelreiter bei Berwang
Der Bildwaldhund
Die zwei nächtlichen Katzen

Weiterführende Literatur

Dorfchronik (Gemeindeamt), Kirchenführer Pfarrkirche St. Jakob, Auszug aus Broschüre „TIROL – Immer einen Urlaub wert" v. Philipp Sprenger Franz Stummvoll, Der Hochaltar in Berwang, Wien 1948.

Biberwier

Alois Pohler, Paul Reinstadler

Lage

Biberwier liegt auf 987 m Seehöhe im Ehrwalder Talkessel und ist, wenn man den Fernpass von Nassereith kommend überquert hat, der erste Ort im Bezirk Reutte. Biberwier ist ein typisches Straßendorf. Der Ortsteil „Schmitte" liegt etwas außerhalb an der Straße nach Ehrwald. Der Verkehr der Fernpassbundesstraße wird seit 1984 im Lermooser Tunnel (Länge 3168 m) an Biberwier vorbeigeführt. Auffallend am Ort sind mehrere bis zu 40 m hohe, frei stehende Hügel. Sie dürften Teil des größten Bergsturzes der Ostalpen sein, dem auch der Fernpass seine Entstehung verdankt.

Wappen

Verleihung des Wappens am 22. März 1983.

Von Gold und Blau im Schlangenschnitt geteilt, links im oberen Feld, der Teilungslinie folgend, ein blaues Rad, dessen Nabe mit dem goldenen Bergwerkszeichen Schlägel und Eisen belegt ist, rechts unten ein sitzender, nach links schauender goldener Biber.

Farben der Gemeindefahne

Gelb-Blau.

Das Rad erinnert an das für die Wirtschaft des Ortes so bedeutsame Verkehrs- und Transportwesen, das Bergwerkszeichen an den bis 1921 betriebenen Bergbau. Der Biber versinnbildlicht einen Teil des Gemeindenamens.

GEMEINDEAMT

6633 Biberwier, Fernpassstraße 26
Tel.: 05673/5305, Fax: 05673/53056
e-mail: amtsleiter@biberwier.tirol.gv.at

Gemeindestatistik

Fläche in ha:	2942.1
Kleinregion:	Zwischentoren
Einwohner 31.12.2009:	638
Mittlere Wohnhöhe:	989 Meter

Biberwier um 1910

Flächennutzung
Wert in ha, Anteil an jeweiliger Gesamtfläche in %

Flächenanteile 2001	Gemeinde	Gem.	Bez.	Land
Dauersiedlungsraum	306.9	10.4	9.9	12.2
Alpen	455.3	15.5	25.0	27.0
Wald	1471.7	50.0	43.0	36.6
Gewässer	48.5	1.6	1.8	0.9
Verkehrsflächen	31.9	1.1	0.7	1.0
Sonstige Flächen	695.7	23.6	20.9	24.3

Bevölkerungsentwicklung

Jahr	1869	1923	1961	1981	2001
Einwohnerzahl	614	372	487	567	589

Häufige Familiennamen
Fasser, Luttinger, Schönherr, Wörz.

Geschichte
Die erste urkundliche Erwähnung geht auf das Jahr 1288 (piberwure) zurück. Die Gegend um Biberwier war damals ein sehr feuchtes Waldgebiet und wurde von Schwaighofbauern besiedelt, die Schwaben (Teilstamm der Alemannen) waren.

Römerfunde: Seit 1999 werden vom Institut für Archäologie der Universität Innsbruck im Bereich einer römischen Siedlungsstelle Ausgrabungen durchgeführt. Dabei wurden Spuren von mehreren Holzgebäuden nachgewiesen. Die ausgegrabenen Kleinfunde deuten auf einen Siedlungsbeginn in der Regierungszeit des Kaisers Tiberius (14 – 37 n. Chr.) hin. Die römische Siedlung lag direkt an der Via Claudia Augusta. Dies legt die Vermutung nahe, dass es sich um eine Straßensiedlung handelte, wo Zugtiere ausgetauscht oder für den steilen Anstieg zum Fernpass vorgespannt wurden.

Bergbau: Im Gebiet des Schachtkopfes und des Wampeten Schrofens befand sich das größte Bergbaugebiet des Außerferns. In insgesamt 59 km Stollen wurden Blei-, Silber- und Zinkerze gewonnen. Bleiglanz aus Biberwier wurde dem Schwazer Fahlerz zum Ausschmelzen des Silbers beigemischt. Zur Blütezeit des Bergbaus um 1840 hatte Biberwier 712 Einwohner. Damals gehörten der Gewerkschaft „Silberleithen" zeitweise 145 Bergleute an. 1921 wurde der Betrieb wegen rückläufiger Fördermengen stillgelegt. Das Wasser des Max-Braun-Stollens wird heute zum Betrieb eines Wasserkraftwerkes der Elektrizitätswerke Reutte genutzt.

Kirche - Seelsorge
Biberwier war seelsorglich ein Teil der Großpfarre Imst und wurde 1423 Filiale der Pfarre Lermoos. 1891 wurde der Ort eine eigene Pfarre.

Die Kirche zum hl. Josef wurde in den Jahren 1827 bis 1830 erbaut. Der Hauptaltar wurde von der Silberleithner Bergbaugesellschaft gestiftet.

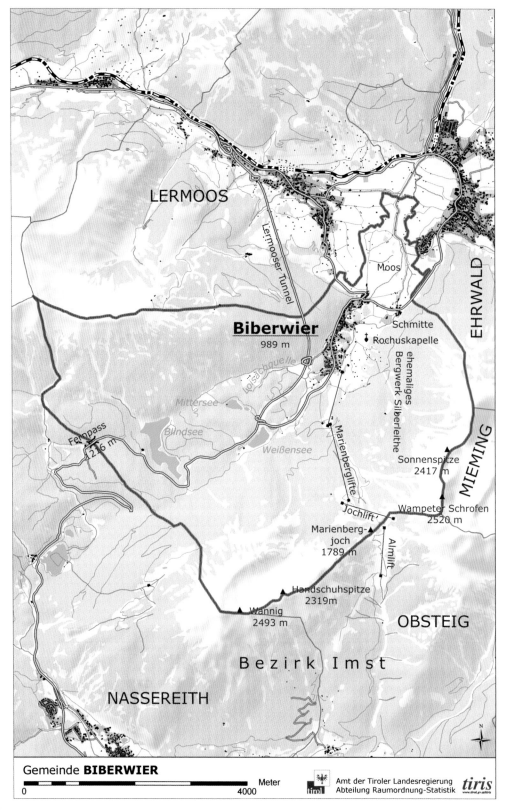

LERMOOS

Lermooser Tunnel

Moos

Biberwier
989 m

Schmitte
Rochuskapelle

ehemaliges
Bergwerk Silberleithe

EHRWALD

Lonsachquelle

Mittersee

Blindsee

Weißensee

Fernpass
1216 m

Sonnenspitze
2417 m

MIEMING

Marienberglifte

Jochlift

Wampeter Schrofen
2520 m

Marienberg-
joch
1789 m

Almlift

Handschuhspitze
2319m

Wannig
2493 m

OBSTEIG

B e z i r k   I m s t

NASSEREITH

Gemeinde BIBERWIER

Meter
0   4000

Amt der Tiroler Landesregierung
Abteilung Raumordnung-Statistik

tiris

Kapellen
Rochuskapelle (Pestkapelle)
Ölbergkapelle
Mösle-Kapelle
Maria-Hilf-Kapelle
St. Hubertus-Kapelle im Moos
Barbarakapelle auf dem Marienberg.

Hl. Katharina in der Rochuskapelle

Schule
Erste Berichte in der Schulchronik erwähnen eine zweiklassige Schule ab dem Jahr 1838. Von 1895 bis 1909 war die Schule einklassig. Seit dieser Zeit wird sie zweiklassig geführt. Das „Alte Schulhaus" wird heute noch so genannt und steht schräg gegenüber dem „Bäckerhaus". Seit dieser Zeit sind alle Lehrpersonen aufgelistet. Die längstdienenden Lehrer waren Josefa Seeber (1850 – 1895) und Erwin Pfaundler (1955 – 1995).
1908 wurde das neue Schulhaus am heutigen Standort errichtet und 1975 in der heutigen Form umgebaut. 1999 wurde auf dem bestehenden Kindergarten eine neue Klasse sowie ein Lehrerzimmer errichtet. 2001 ging die Schule mit sieben PCs online.
Die Hauptschüler besuchen die Sprengelhauptschule in Ehrwald.

Vereine
Bergwacht, Bergwerksverein Silberleithe-Tirol, Eisstockschützen, Freiwillige Feuerwehr, Fußballclub, Kirchenchor, Landjugend, Musikkapelle, Schafzuchtverein, Schützenkompanie, Skiclub, Snowboardclub, Tennisclub, Trachtenverein.

Wirtschaft und Tourismus
Landwirtschaft spielt in Biberwier heute eine untergeordnete Rolle, es gibt nur noch Nebenerwerbsbauern. Auch der Fremdenverkehr ist in den letzten Jahren zurückgegangen.

Betriebe
Berglifte: fünf Skilifte, Sommerrodelbahn, „Biberland" mit Riesentrampolin, „Hüpfburg" und Schirmbar. „Biberwier Resort" mit Fun- und Trendsportarten. Beschäftigte: ca. 30 im Winter, elf ganzjährig.

EWR–Betriebsstelle Biberwier:
Die Elekrizitätswerke Reutte haben in Biberwier eine Betriebsstelle, die 17 Menschen Arbeit bietet. Das Betriebsgebäude befindet sich im ehemaligen Verwaltungsgebäude des Bergwerkes „Silberleithen".
zwei Hotels, vier Gasthäuser, zwei Reitställe, Tischlerei, Orgelbauer, Installateur, Fuhrunternehmen, homöopathische Ärztin, zwei Campingplätze, Skischule, Sportgeschäft mit Skiverleih.

Viehbestand - *letzte Viehzählung*

Rinder	21	Pferde	31
Schafe	369	Ziegen	15
Schweine	20	Hühner	35

Gewässer
Auf Biberwierer Gemeindegebiet liegen mit den Fernpassseen Mittersee, Weißensee und Blindsee drei der malerischsten Seen Tirols. Auch die Loisachquellen am Fuße des Fernpasses sind eine vielbesuchte Naturschönheit.

Persönlichkeiten

Monsignore Karl Koch (1887 – 1971) komponierte Kirchenmusik. Von ihm stammen 85 Musikwerke.

Prof. Gustav Giemsa (1867 – 1948): Der deutsche Chemotherapeut ist der Erfinder des „Giemsa-Blau", einer Flüssigkeit, die zur Sichtbarmachung von Malariaerregern dient. Er hatte schon seit 1929 seinen Sommersitz in Biberwier und ist hier begraben.

Akad. Maler Roman Fasser (1911 – 1998): Von ihm stammt unter anderem das Gemälde an der Sakristei-Außenwand der Ehrwalder Pfarrkirche.

Prof. Johann Weinhart (geb. 1925): Bildhauer, geboren in Salzburg. In vielen Orten in Zwischentoren stehen von ihm geschaffene Brunnen. (Biberwier: Brunnen mit Biber im Mösle).

Giselher Langes (1910 – 1993), Vater von Gernot Langes-Swarovski, erbaute in den Jahren 1963, 1966 und 1972 die Biberwierer Skiliftanlagen.

Besonderheiten

Wohl unübertroffen ist aber das Naturschutzgebiet im Ehrwalder Moos (Größe 28,6 ha), das sich auf die Gemeinden Biberwier, Ehrwald und Lermoos verteilt. Es ist Lebensraum für viele vom Aussterben bedrohte Pflanzen- und Tierarten (Orchideen, Schwertlilien, seltene Insektenarten). C. Stecher (1993) weist im gesamten Naturschutzgebiet 51 Vogelarten nach. Eine Reihe von diesen sind in den Roten Listen gefährdeter Tierarten aufgeführt, z. B. Braunkehlchen, Neuntöter, Sumpfrohrsänger etc.

Sagen

Die Wilderer von Biberwier
Die Zauberrute

Öffentliche Einrichtungen

Gemeindeamt, Volksschule, Kindergarten, Öffentliche Bibliothek, Tourismusbüro mit Poststelle befinden sich im Gemeindehaus. 2007 wurde das neue Mehrzweckgebäude mit Turnsaal (Veranstaltungssaal), Probelokal der Musikkapelle sowie Räumlichkeiten der Feuerwehr eingeweiht.

Teil der Via Salina

Weiterführende Literatur

Gemeindechronik Biberwier,
Mag. Grabherr, G., Zusammenfassung über seine bisherigen Grabungsarbeiten und Funde aus der Römerzeit in Biberwier
Mutschlechner 1955, „Schlern-Schriften 111" (Außerferner Buch)

Schatz, H.: Gutachten für die Unterschutzstellung des Ehrwalder Beckens
Stecher, C.: Vogelwelt im Naturschutzgebiet „Ehrwalder Becken".

Bichlbach

Kulturrunde Bichlbach

Lage

Bichlbach mit den Orten Lähn und Wengle liegt in der Mitte von „Zwischentoren", dem Tal zwischen Fernpass und Ehrenberger Klause. Im Norden erhebt sich der Kohlberg, den man geografisch zu den Ammergauer Alpen zählt; im Süden befinden sich die steilen Grashänge der Bleispitze, des Mähberges und des Lammberges, die zu den Lechtaler Alpen gehören. Dazwischen liegt noch die Einmündung des Berwanger Tales. Die Wasserscheide zwischen Lech und Loisach liegt östlich von Lähn.

Wappen

Verleihung des Wappens am 12. Oktober 1974.

In Rot ein schwarzer, doppelköpfiger Adler, von einem silbernen Pfahl belegt, darin eine nach links blickende, schwarz gewandete Figur des heiligen Josef, ein silbernes Zimmermannsdreieck haltend.

Farben der Gemeindefahne

Schwarz-Rot.

Das Wappen erinnert an das Zunftzeichen und den Patron der Handwerkerzunft zu Bichlbach, die von Kaiser Leopold I. 1694 bestätigt wurde und die Hauptlade des ganzen Außerferns war. Die dem hl. Josef geweihte Zunftkirche ist ein prachtvolles Baudenkmal dieser einstigen bedeutenden Handwerkervereinigung.

GEMEINDEAMT

6621 Bichlbach, Kirchhof 58
Tel.: 05674/5205, Fax: 05674/5611
e-mail: gemeinde@bichlbach.tirol.gv.at

Gemeindestatistik

Fläche in ha:	3063.9
Kleinregion:	Zwischentoren
Einwohner 31.12.2009:	801
Mittlere Wohnhöhe:	1079 Meter

Bichlbach um 1900

Flächennutzung

Wert in ha, Anteil an jeweiliger Gesamtfläche in %

Flächenanteile 2001	Gemeinde	Gem.	Bez.	Land
Dauersiedlungsraum	553.7	18.1	9.9	12.2
Alpen	542.6	17.7	25.0	27.0
Wald	1820.0	59.4	43.0	36.6
Gewässer	29.4	1.0	1.8	0.9
Verkehrsflächen	47.7	1.5	0.7	1.0
Sonstige Flächen	165.2	5.4	20.9	24.3

Bevölkerungsstatistik

Jahr	1961	1971	1981	1991	2001
Einwohnerzahl	639	730	751	759	851

Häufige Familiennamen
Gärtner, Hosp, Wacker, Zotz.

Geschichte
Bichlbach – mundartlich Piechlpach – 1300 die Alpe in „Puechelpach", 1336 wird eine Stamser Schwaige in „Puechelbach" erwähnt. Der Ortsname leitet sich aus dem mittelhochdeutschen Wort „Buochinbach" ab (der von Buchen umstandene Bach).
Wengle – mundartlich z´Wengle – althochdeutsch „wang" = Feld, mittelhochdeutsch „wanc" = Grasland, „wengelin" = kleine Grasfläche.
Lähn – mundartlich auf der Lähn – früher Mittewald, 1278 de Mittenwalde, 1456 wurde aufgrund des großen Lawinenunglückes (22 Tote) der Ort südöstlich neu aufgebaut und „ist jez alhin auf der Leen genannt".
Um 1300 bestanden die Alpe „Puechelbach" und vier Schwaighöfe der Herren von Starkenberg. Güter besaß hier auch

das Stift Füssen. Die Herren von Schwangau hatten das Geleit- und Jagdrecht bis zum Fernpass. Ebenfalls um 1300 wurde hier sogar Waschgold gewonnen. Zwischen Gartnerwand und Bleispitze bestand von 1621 bis 1688 ein Bleibergbau. In politischer Verwaltung und Rechtsprechung war Bichlbach, wo 1452 ein Dingstuhl (Gerichtsstätte) belegt ist, dem Gericht Ehrenberg unterstellt.
Lähn wird 1278 unter dem Namen „Mittewald" erstmals erwähnt und war im Besitz des Benediktinerklosters Weingarten (Baden-Württemberg). Die Siedlung stand auf der sonnigen Anhöhe des „Bichls". 1282 erhielt der Markt Imst von Meinhard II. von Tirol das Privileg, in Mittewald eine Niederlage für den Frachtverkehr samt Gespannwechsel halten zu dürfen. 1456 und 1689 zerstörten Schneelawinen die Siedlung. Sie wurde am Fuße des Riegelbachschwemmkegels wieder aufgebaut und erhielt den Namen Lähn.

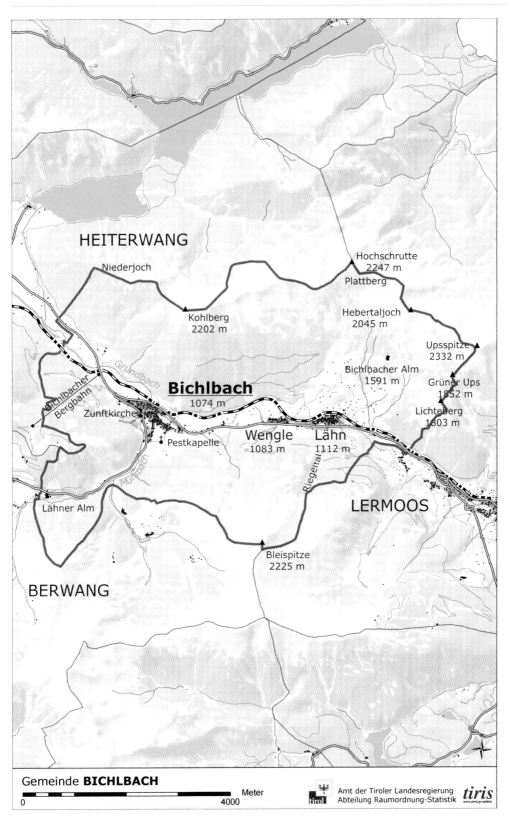

HEITERWANG

Niederjoch

Hochschrutte
2247 m

Plattberg

Kohlberg
2202 m

Hebertaljoch
2045 m

Upsspitze
2332 m

Bichlbacher Alm
1591 m

Grüner Ups
1852 m

Bichlbacher
Bergbahn

Grundbach

Bichlbach
1074 m

Zunftkirche

Lichteberg
1303 m

Wengle
1083 m

Lähn
1112 m

Pestkapelle

Mühlbach

Riegeltal

LERMOOS

Lähner Alm

BERWANG

Bleispitze
2225 m

Gemeinde **BICHLBACH**

Meter

0   4000

Amt der Tiroler Landesregierung
Abteilung Raumordnung-Statistik

tiris

Wengle entstand auf einer kleinen Wiese mit Hof und war ebenfalls im Besitz des Klosters Weingarten.

Die Pest wütete in den Jahren 1611 und 1635/36 und forderte viele Opfer in der Gemeinde.

Kirche - Seelsorge

Die Pfarren von Bichlbach und Lähn sind durch den Seelsorgeraum Zwischentoren miteinander verbunden und haben dadurch einen gemeinsamen Pfarrer.

Pfarrkirche zum hl. Laurentius: Kirchlich gehörte Bichlbach bis 1423 zur Großpfarre Breitenwang, die bis Mittewald, dem heutigen Lähn, reichte (Bistumsgrenze zwischen Augsburg und Brixen). 1423 wurde Bichlbach eigene Pfarre, dazu gehörte bis 1616 Heiterwang und bis 1948 Lähn mit Wengle. Die Pfarrkirche in Bichlbach wurde 1394 erstmals erwähnt, 1456 wurde sie erweitert, 1552 durch die Truppen des Schmalkaldischen Bundes (Moritz von Sachsen) geplündert. Die Kirche wurde 1733 – 36 in der Nachfolge der Herkomer-Fischer-Architektur neu erbaut, 1848 – 50 renoviert, 1902 – 06 und 1971/72 innenrestauriert, 1967 Außenrenovierung. Das Innere der Kirche gestalteten die bedeutendsten Künstler der Region. Fresken und Kreuzwegbilder stammen von der Barockmalerfamilie Zeiller aus Reutte und von Balthasar Riepp, die Kanzel von J. R. Eberhard aus Hindelang, die Orgel von M. Weber aus Oberperfuß.

Zunftkirche St. Josef: Zu Ende des 17. Jhs. zogen viele Bichlbacher und Außerferner Handwerker als Maurer, Stuckateure und Zimmerleute nach Norden, besonders ins Schwabenland. Bevor man auf Saisonarbeit ging, traf man sich in der „Josefskirche", die auf einem Hügel über dem Dorf steht. 1710 bis 1718 wurde dann vom damaligen Bichlbacher Pfarrer Lukas Egger statt der alten Holzkapelle eine barocke Zunftkirche nach den Plänen des Erbauers der Innsbrucker Domkirche, Johann Jakob Herkomer aus Füssen, errichtet. Der einschiffige, doppelstöckige Bau mit zwei Gruftkapellen ist die einzige Zunftkirche Österreichs. Bis 1974 wurde dieses Kulturdenkmal wunderbar renoviert und 1977 eine neue Zunftbruderschaft gegründet.

Pestkapelle „Feldkirchle": Ein kirchliches Kleinod steht am Fuße des Mähberges, die Pestkapelle, die an die Pestzeit vor über 350 Jahren erinnert. Sie wurde von etlichen Bichlbacher Idealisten vor 30 Jahren neu errichtet.

Lähner Pfarrkirche „Zu Unseren Lieben Frau Maria Schnee": Lähn war ursprünglich eine Expositur der Pfarre Bichlbach und wurde am 1. 7. 1948 eine selbstständige Pfarre. Sie ist seitdem auch für den Ortsteil Wengle mit der St. Martinskapelle zuständig. Der gotische Bau der Kirche geht auf die Lawinenkatastrophe 1456 zurück. In der Sage brachte ein unbekannter Fuhrmann (angeblich ein Engel) das Baumaterial für die neue Kirche. In den Jahren 1839 – 1841 wurde die Kirche vergrößert und 1844 neu eingeweiht. 1978 wurde sie einer Gesamtrestaurierung unterzogen.

Lähn

Die Kapelle zum hl. Martin in Wengle gehört nach Ansicht der Fachleute zu den ältesten sakralen Gedenkstätten an der Straße im Zwischentoren. 1278 hatte das Stift Weingarten Besitzungen in „de Wengelin" und „de Mittewalde" (Lähn). Es ist mit Sicherheit anzunehmen, dass sich bei diesen Höfen ein Heiligtum zum hl. Martin befunden hat. Der kunstvolle Altar ist wohl ein Werk des Barockkünstlers Josef Klemens Witwer (1770/80) aus Imst. Das Gemälde des hl. Martin ist um

1650 datiert. Das Altarbild „Heiliger Wandel" wurde von Johann Heel um 1705 gemalt. Die Schnitzgruppe des hl. Martin stammt aus dem Jahr 1730. Renovierung 1990 mit Weihe am 11. 11. 1990.

Schule

Um das Jahr 1500 dürfte in Bichlbach bereits Unterricht erteilt worden sein, allerdings gab es kein Schulgebäude und keine Schulpflicht.

Vor ungefähr 200 Jahren wurde wahrscheinlich das erste einfache Schulhaus erbaut.

Die Lehrer mussten neben dem Lehramt auch den Organisten- und Mesnerdienst versehen. 80 Schüler und mehr waren von einem Lehrer zu betreuen.

1913 konnte mit dem Bau des Gemeindehauses endlich Platz für eine zweite Klasse geschaffen werden. Bis in die 30er Jahre gab es die „Sonntagsschule" für die ausgeschulten Jahrgänge. Danach wurde die „Fortbildungsschule" eingeführt. Diese mussten alle besuchen, die in keine Lehre gingen, auch die Kinder von Lähn, Wengle, Kleinstockach und Heiterwang.

Durch den Übertritt der größeren Schüler in die Hauptschule bzw. das Gymnasium in Reutte war die Volksschule Bichlbach von 1956 bis 1983 wieder einklassig. Der Beitritt zum Hauptschulverband Reutte erfolgte im Herbst 1969.

Im Frühjahr 1991 wurde der Neubau der Volksschule beim Dorfheim aufgeführt, das erste kommunale Projekt in Tirol mit alternativer, energiesparender Erdsondenheizung.

Außerdem wurde erstmals ein Turnsaal eingeplant und auch verwirklicht.

Mit dem Schuljahr 1992/93 begann der Unterricht mit zwei Klassen im neuen Schulhaus.

Im Schuljahr 1981/82 wurde im Agrarhaus der Kindergarten für die Kleinen von Bichlbach, Wengle und Lähn eröffnet. Durch einen Anbau an das neue Volksschulgebäude übersiedelte er 2004 in größere Räumlichkeiten.

1702 wird ein Jakob Pogner als „Maurer und Schulhalter auf Lehn" genannt. Der Unterricht fand in einem alten Haus statt, das 1888 durch ein neues Gebäude mit einer Lehrerwohnung ersetzt wurde. Die Schulmeister waren „Herren vom alten Schlag mit einfacher Lebensweise und sehr bescheidenem Einkommen".

Laufende Erneuerungen und Umbauten hielten die einklassige Volksschule immer auf dem Stand der Zeit. Heute darf sich die Schule in Lähn dank ihres Schwerpunktes „Musikvolksschule" nennen.

Vereine

MK Lähn, MK Bichlbach; FF Lähn-Wengle, FF Bichlbach, Kirchenchor Lähn, Jungbauernschaft Bichlbach, Bergrettung Bichlbach, Kulturrunde Bichlbach – Wengle – Lähn, Krippenverein, Braunviehzuchtverbände in Bichlbach und Lähn – Wengle, Schafzuchtverein Bichlbach – Lähn – Wengle, Sport- und Freizeitclub Bichlbach, Skiclub in Bichlbach und Lähn, Fanclub Niki Hosp.

Gesundheit und Soziales

Bichlbach ist Sitz des Sprengelarztes.

Wirtschaft und Tourismus

Orthopädieschuhmacher, Schuhhaus, Bäckerei, Fahrzeugbau, Tankstelle, Tischlerei, Landesproduktenhandel, Drogeriemarkt, Tabaktrafik, Autowerkstätte, Sportartikelgeschäft, Taxi, Tier- und Spielpark mit Märchenwelt, Fischzucht, Seilerei, Bichlbacher Bergbahnen, Agrar-Gemeinschaften (Bichlbach, Lähn, Wengle, Lähn-Wengle), drei Gasthöfe und sieben Restaurants.

Landwirtschaft

Vor wenigen Jahrzehnten war die Landwirtschaft das starke Standbein des Lebensunterhaltes, obwohl der karge Boden und das verhältnismäßig raue Klima keinen Ackerbau, sondern nur Viehzucht und Milchwirtschaft zulassen. Ab etwa 1950 setzte eine allmähliche Umstrukturierung der wirtschaftlichen Lebensverhältnisse ein. Der Fremdenverkehr erfasste auch die kleinsten Bergdörfer. Industrie und Gewerbe blühten auf und zogen Arbeitskräfte an. Die Landwirtschaft wurde nur mehr als Nebenverdienst betrieben oder gar aufgelassen. Die Folge waren Nichtmehrbewirtschaftung der Bergwiesen, zunehmende Bewaldung, Veränderung der Landschaft und auch Veränderung der Wohnverhältnisse. Bichlbach, Lähn und

Wengle vergrößerten sich; viele landwirtschaftliche Betriebe wurden aufgelassen und die Bauernhäuser umgebaut.

Almen:

Bichlbacher Alm, Lähner Alm

1575 hat man in einer Dorfordnung bereits zwei Melkalpen und eine Galtalpe am Kohlberg sowie eine Melkalpe im Berwanger Tal beschrieben. 1582 wurden die „Gätterlealm" und die „Reathalm" auf dem Kohlberg den Bichlbachern sowie die Alm im Berwanger Tal den Lähnern und Wenglern zugeteilt.

1906 wurde eine gemeinsame Hütte für beide Almen am Kohlberg gebaut, die aber schon 1909 durch eine Lawine schwer beschädigt wurde. Im selben Jahr konnte die Alm im Berwanger Tal durch Ankauf des „Lutzemahdhofes" vergrößert werden. Die Bichlbacher Alm wurde 1954 von einer Lawine zerstört und gleich darauf eine moderne Alm mit Materialbahn gebaut. Durch den rapiden Rückgang des Viehbestandes wird sie nur noch als Galtviehalpe genutzt.

Die Lähner Alm lieferte die Milch an die Molkerei Reutte und stellte 1968 den Sennereibetrieb ein. 1993 brannte das Almgebäude ab und wurde durch einen Neubau ersetzt.

Die Bichlbacher Alm wurde 1995 ein Raub der Flammen. An derselben Stelle wurde wieder ein Neubau errichtet. Nun mit einem Forstweg erschlossen, ist sie ein beliebtes Ausflugsziel.

Viehbestand - *letzte Viehzählung*

Rinder	184	Pferde	29
Schafe	77	Ziegen	12
Schweine	13	Hühner	139

Jagd und Forst

Jagdgenossenschaft Bichlbach, verpachtet in zwei Revierteilen mit einem jährlichen Gesamtabschuss von ca. 120 Stück Schalenwild.

Klima

Entsprechend der Seehöhe, Bichlbach 1074 m, Lähn 1112 m und der Talöffnung nach Nordwesten, ist das Klima rau. Länger liegende Talnebel gibt es daher kaum, dafür aber sind die Winter schneereich. Mehrere große Lawinenabgänge haben die Geschichte Bichlbachs geprägt (siehe Namenserklärung Lähn). Auch heute sind sie noch fallweise Grund für die Sperre der Fernpassbundesstraße (B179).

Persönlichkeiten

Gerhard Ott – vorletzter Abt des Klosters in Füssen; ***Franz Xaver Koch*** – Bildhauer; ***Pfarrer Lukas Egge*r** – Zunftgründer und Erbauer der Zunftkirche; ***Lucia Kollbach-Lux*** – akad. Malerin; ***Hofrat Msgr. Dr. Johann Kätzler*** – Ehrenbürger; ***GR Pfarrer Artur Lochbihler*** – Ehrenbürger; ***Hofrat Dr. Ferdinand Kätzler*** – Historiker, langjähriger Zunftchronist, Verfasser mehrerer Familienchroniken und Kirchenführer; ***Med. Rat Dr. Walter Schennach*** – Ehrenbürger

Sportler:

Niki Hosp – Vizeweltmeisterin Alpine Kombination (St. Moritz 03), Slalom Vizeolympiasiegerin 06, Gesamtweltcupsiegerin und Riesentorlauf Weltmeisterin 07, Gesamtweltcup 2. Platz und Slalomweltcup 2. Platz 08

Walfried Hosp – mehrfacher Seniorenstaatsmeister Langstreckenlauf

Franz Leitner sen. – mehrfacher Versehrtenstaatsmeister Alpin/Nordisch

Franz Leitner jun. – Hochalpinist

Findige Leute:

Roland Hosp – Niveauausgleichssystem

Hans Leitner – Skischuhentwicklung.

Besonderheiten

Zunftkirche mit Sitz der Zunftbruderschaft St. Josef – Zunftmuseum im alten Widum (Zunfthaus); imposanter Wasserfall in der Au – die „Küahsoache".

Sagen

Der unbekannte Fuhrmann
Der Marchrücker
Die Spiegelschrofenfräule
Der Fuhrmannsschreck

Weiterführende Literatur

Linser Peter:
Bichlbach – Wengle – Lähn, Drei Dörfer – eine Gemeinde, ein Lesebuch 1992; Bichlbacher Kirchenführer 2002; Außerferner Sagenbuch 1993

Kätzler Ferdinand:
300 Jahre Zunftbruderschaft St. Josef zu Bichlbach, Lähner Kirchenführer, Haus- und Familiengeschichte von Lähn und Wengle.

Breitenwang

Reinhold Heiserer

Lage
Am Ostrand des Talbeckens von Reutte auf 849 m gelegen, mit Reutte siedlungsmäßig zusammengewachsen.

Ortsteile: Mühl, Gipsmühle, Bad Kreckelmoos, Neumühle, Lähn, Plansee.

Wappen
Verleihung des Wappens am 2. Februar 1965.

Ein silbern-grün geteilter Schild, im grünen Feld drei silberne Kleeblätter und im silbernen Feld eine nach rechts aufsteigende schwarze Lerche.

Farben der Gemeindefahne
Weiß-Grün.

Als sprechendes Wappen versinnbildlicht es den Namen der Gemeinde, der so viel wie breite Wiese bedeutet.

GEMEINDEAMT

6600 Breitenwang,
Max-Kerber-Platz 1
Tel.: 05672/62516, Fax: 05672/62516-85
e-mail:
gemeinde@breitenwang.tirol.gv.at

Gemeindestatistik

Fläche in ha:	1893.7
Kleinregion:	Reutte und Umgebung
Einwohner 31.12.2009:	1.595
Mittlere Wohnhöhe:	850 Meter

Breitenwang um 1910

Flächennutzung

Wert in ha, Anteil an jeweiliger Gesamtfläche in %

Flächenanteile 2001	Gemeinde	Gem.	Bez.	Land
Dauersiedlungsraum	243.0	12.8	9.9	12.2
Alpen	0.0	0.0	25.0	27.0
Wald	1324.0	69.9	43.0	36.6
Gewässer	147.4	7.8	1.8	0.9
Verkehrsflächen	34.6	1.8	0.7	1.0
Sonstige Flächen	231.4	12.2	20.9	24.3

Bevölkerungsstatistik

Jahr	1961	1971	1981	1991	2001
Einwohnerzahl	938	1263	1225	1547	1578

Häufige Familiennamen

Hohenrainer, Hold, Kerber, Mantl, Reisigl, Wagner.

Geschichte

Die erste gesicherte Nennung findet sich in der Schenkungsurkunde vom 12. März 1094.

Herzog Welfart IV. schenkte dem Benediktinerstift Weingarten einen Hof zu „Breitinwanc". Möglicherweise war Breitenwang ein ehemaliger Reichshof, der 843 Königshof war, später in den Besitz der Welfen kam und in dem Kaiser Lothar III. von Supplinburg am 4. Dezember 1137 auf dem Rückweg von Italien starb. Am 10. Dezember 1994 wurde am Sterbehaus in Breitenwang, Dorfstraße 3 eine neue, berichtigte Gedenktafel in feierlichem Rahmen enthüllt.

Fort Claudia (im Volksmund Hochschanz): 1639 genehmigte die Witwe des Landesfürsten Erzherzog Leopold V., Claudia von Medici, den Plan von Elias Gumpp für den Bau eines Forts mit Zisterne (wegen Wassermangels) am Falkenberg. 1999 begann die Gemeinde Breitenwang als Besitzerin der in der Gemeinde Reutte gelegenen Ruine mit den Restaurierungsarbeiten an den stark zerfallenen Gebäuderesten.

Kirche - Seelsorge

Dekanats-Pfarrkirche zu den hll. Aposteln Petrus und Paulus:

Um 1150 wurde vom Kloster Füssen eine Pfarre gegründet. Die Kirche wurde 1552 durch die Kriegshorden des Moritz von Sachsen geplündert und zerstört. Im 17. Jh. erhielt sie ihre heutige Gestalt, nachdem am 25. Juli 1640 der alte Kirchturm eingestürzt war.

Johann Jakob Zeiller schuf 1750 das Deckenfresko des Altarraums, die Altarbilder stammen von Christoph Haas und Karl Selb.

1951 spendeten Dr. Paul und Maria Schwarzkopf das schöne Geläute. Das Deckenfresko im Langhaus malte der

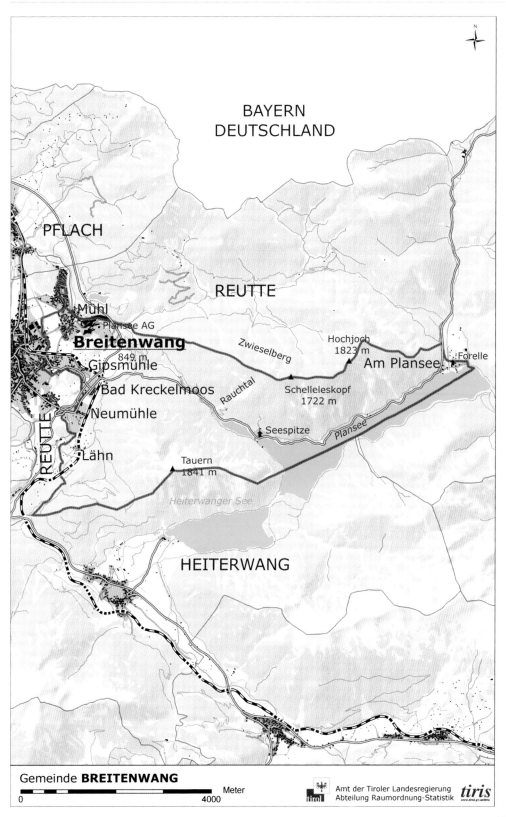

BAYERN
DEUTSCHLAND

PFLACH

REUTTE

Mühl

Plansee AG

Breitenwang
849 m

Gipsmühle

Bad Kreckelmoos

Neumühle

REUTTE

Lähn

Zwieselberg

Rauchtal

Hochjoch
1823 m

Am Plansee

Forelle

Schelleleskopf
1722 m

Seespitze

Plansee

Tauern
1841 m

Heiterwanger See

HEITERWANG

Gemeinde **BREITENWANG**

Meter

0   4000

Amt der Tiroler Landesregierung
Abteilung Raumordnung-Statistik

tiris

akad. Kunstmaler Wolfram Köberl 1975. 2000 wurde eine neue Orgel eingeweiht.

Kapellen

Auferstehungskapelle (früher Totenkapelle), Kapelle Christus im Kerker, Nischenkapelle, Lourdeskapelle, Kapelle zu den 14 Nothelfern, Frauenbrünnele, Hubertuskapelle, Kapelle St. Koloman, Antoniuskapelle.

Bildstöcke: an der E-Werkstraße beim Planseewerk, am Fischweg bei der Hubertuskapelle, Wegkreuz am Rossrücken, Wegkreuz beim Kaiserbrunnen, zusätzliche Wegkreuze auf dem Stegerberg.

Für die Ausübung dieser Sportarten stehen zur Verfügung:

Ein Sportplatz mit Vereinsheim, ein Multifunktionsplatz für alle Ballsportarten, drei terrassenförmig angelegte Tennisplätze mit Vereinshaus, die Raimund-Ertl-Sprungschanze und Loipen auf der Lähn und am Sportplatz, die Otto-Wagner-Sprungschanze, ein Stockschießplatz mit Vereinsheim, eine Stocksporthalle mit Kunsteis, ein Familienlift.

Die 1994 ausgetragenen nordischen Junioren-Weltmeisterschaften, von 36 Nationen beschickt, waren ein vorläufiger Höhepunkt dessen, was 1965 mit nordischen österreichischen Meisterschaften begann und über nordische Weltcupveranstaltungen seine Fortsetzung fand.

Hans Baumann war Teilnehmer bei den Olympischen Spielen 1936 in Garmisch.

Dekanats-Pfarrkirche

Schule

Kindergarten Mary Schwarzkopf (von Reutte und Breitenwang betrieben), Kindergarten Breitenwang, Fachschule für ländliche Hauswirtschaft.

Vereine

Sportclub Breitenwang (Sektion Skilauf, Sektion Stockschießen, Sektion Fußball, Sektion Tennis), Sektion Kegeln, Anglerkameraden Breitenwang, Brandhilfeverein, Jungbauernschaft Reutte/Breitenwang, Kirchenchor Breitenwang, Schäferhundeclub Breitenwang/Reutte, Schafzuchtverein Breitenwang, Freiwillige Feuerwehr Breitenwang/Mühl, Braunviehzuchtverein, Reit- und Fahrverein Breitenwang/Reutte.

Gesundheit und Soziales

Mietzins- und Annuitätenbeihilfe, Geschenkkorb-Aktionen, Härtefonds, Nachmittage für ältere Mitbürger, Zuschuss zu Schulaktionen, Wohnbauförderung, Baby-Gutscheine, Freibadekarten, Gutscheine bei Krankenhaus-Aufenthalten, Pfarrstadl, Veranstaltungszentrum mit Tagungs- und Konferenzräumen, Seniorenwohnungen im Feuerwehrhaus in Mühl.

Seit 1993 besteht mit der Stadt Oshu in Japan eine Städtepartnerschaft. Anlass war die Errichtung einer Finalproduktion von Plansee-Erzeugnissen. Seither verbringen jährlich zwei bis sechs Jugendliche aus Breitenwang/Reutte einen achttägigen Aufenthalt bei Gastfamilien in Oshu im Austausch mit japanischen Schülern dieser Familien.

Wirtschaft und Tourismus

Planseewerk

Am 21. Juni 1921 traf Dr. Paul Schwarzkopf, 35 Jahre alt, zum ersten Mal in Reutte ein, um kurz darauf die Metallwerk Plansee G.m.b.H. mit 20 Mitarbeitern zu gründen.

Das Lieferprogramm von Plansee beinhaltet pulvermetallurgisch hergestellte Produkte und Komponenten aus hochschmelzenden Metallen wie Molybdän, Wolfram, Tantal und Chrom, Superlegierungen, Hartmetalle und Sinterstahl. Die Märkte dieser Erzeugnisse sind die Automobilindustrie, Luft- und Raumfahrt, Medizintechnik, Elektrotechnik, Maschinen- und Anlagenbau, Energietechnik, Lichttechnik, Umwelttechnik, Hochtemperaturofenbau, Metallerzeugung und -formgebung, Glastechnik, Keramik, Beschichtungstechnik, Holz- und Papierbearbeitung.

Seit 1938 wurden etwa 1.300 Facharbeiter ausgebildet, 1947 die Werksberufsschule gegründet und 1982 nahm die Werksmeisterschule ihren Betrieb auf. Der Personalstand Ende Juli 2010 betrug in Reutte 1.800 Mitarbeiter.

1948 wurde die Dr. Paul Schwarzkopf-Siedlung im Gemeindegebiet von Reutte errichtet.

Wirtschaftsbetriebe

Bäckerei, Kiosk mit Trafik, Frächterei, Verkaufsladen, Entfeuchtungsfirma, E-Kraftwerk Mühl, Installationsfirma, E-Kraftwerk Plansee, Baufirma im Bad Kreckelmoos, E-Kraftwerk Seesperre, Sägewerk, Reisebusunternehmen, acht Gastronomiebetriebe.

Landwirtschaft

Nach kontinuierlicher Aufgabe von landwirtschaftlichen Betrieben besteht heute nur noch ein Vollerwerbsbetrieb und ein Nebenerwerbsbetrieb (39 im Jahre 1956). Seit Generationen spielt die Schafhaltung in Breitenwang, unter anderem durch die Bewirtschaftung der einmähdigen Flächen (z. B. Stegerberg), eine wesentliche Rolle.

Derzeit werden in elf Betrieben etwa 220 Schafe gehalten.

Durch Mähprämien wird ein „Verwildern" von Bergwiesen vermieden.

Wirtschaftlich hat die Landwirtschaft somit keinen Stellenwert mehr.

Im Jahr 1956 stellten die Nutzungsberechtigten einen Antrag zur Bildung einer Agrargemeinschaft, um die Rechte der 72 Stammsitzliegenschaften zu sichern. Einen bedeutenden Wirtschaftsfaktor bilden die bestens ausgestatteten Campingplätze bei der „Forelle" und der „Seespitze" neben den Einnahmequellen aus Jagdverpachtung und der Schottergrube in der „Hurt".

Viehbestand - *letzte Viehzählung*

Rinder	75	Pferde	20
Schafe	160	Ziegen	30
Schweine	4	Hühner	65

Gemeindehaus am Max-Kerber-Platz

Gewässer und Gebirge

Plansee, Kreckelmooser See, Archbach; Tauern, Stegerberg, Zwieselberg.

Stuibenfälle

Nur bei längeren Regenperioden kann man die tosenden, herabstürzenden Wassermassen über den „Großen" und „Kleinen" Stuibenfall noch bewundern, nachdem der überwiegende Anteil des Abflusswassers den Turbinen des

Elektrizitätswerkes in der „Zentrale" zufließt.

Ereignisse und Katastrophen

Großbrand im Planseewerk in der Nacht vom 25. auf 26. Februar 1996.

Persönlichkeiten

Dr. Johann Georg Wörz aus Breitenwang, gehörte seit 1848/49 dem Reichstag in Wien an, 1864 wurde ihm der Titel eines „Kaiserlichen Rathes" verliehen.

Franz Xaver Zobel aus Tannheim, empfing am 19. 9. 1789 die Priesterweihe, wurde am 13. 12. 1801 Pfarrer und 1816 Dekan von Breitenwang.

Schwester Maria Johanna Evangelista Enzensberger, in Breitenwang geboren, stand dem Klarissenkloster in Brixen sechs Jahre als Äbtissin vor.

Dr. Ing. Paul Schwarzkopf wurde 1886 als Sohn eines Zuckerfabrikbesitzers in Prag geboren.

Er promovierte 1910 in Prag zum Doktor der technischen Wissenschaften. 1913 gelang es ihm, erstmals in Europa, einen gezogenen Wolframdraht herzustellen. Anfang 1920 fasste Paul Schwarzkopf den Gedanken, ein eigenes Werk für hochschmelzende Metalle in Österreich zu gründen. Dr. Paul Schwarzkopf starb im Alter von 84 Jahren.

Zum Jubiläum seines 100. Geburtstages ließ die Gemeinde Breitenwang in Mühl ein Denkmal errichten.

Dr. Walter M. Schwarzkopf, Sohn von Paul Schwarzkopf, wurde am 30. Oktober 1931 in Füssen geboren. Er verbrachte seine Volks- und Mittelschulzeit in den USA und absolvierte nach seiner Rückkehr in die Heimat das Studium an der Eidgenössischen Technischen Hochschule in Zürich. Von 1958 an arbeitete Walter Schwarzkopf mit seinem Vater zusammen, von dem er dann die Leitung

des Unternehmens übernahm. Er war stets darauf bedacht, den Menschen als Mittelpunkt aller wirtschaftlichen Überlegungen zu sehen. Mitten in seiner Schaffenskraft verstarb er unerwartet am 11. Juli 1978.

Besonderheiten

Bad Kreckelmoos

Sein Name geht auf das berühmte Heilbad Kreckelmoos zurück. Ein Jahrhundert lang genoss das Heilbad mit seinen Schwefelquellen einen guten Ruf weit über die Grenzen, bis sie um 1700 versiegten. Später wurde daraus das Bezirkskrankenhaus, heute dient es als Asylbewerberunterkunft auf Zeit.

Ehemaliges Krankenhaus Bad Kreckelmoos

Sagen

Kreckelmooser Pudel
Die Nagelkiste vom Kreckelmoos
Die weiße Frau von Breitenwang
Die Allerseelenbuche

Weiterführende Literatur

Dorfbuch „900 Jahre Breitenwang 1094 – 1994"

„Ehrenberg" Sonderdruck aus dem Band 7 „Oberinntal u. Außerfern" der „Tiroler Burgenbücher", von Oswald Trapp, 1986

„Außerfern", Der Bezirk Reutte, Richard Lipp, 1994

Heimat Außerfern, Eine Heimatkunde des Bezirkes Reutte, von Ferdinand Fuchs, 1984.

Ehenbichl

Eduard Rauth

Wappen

Verleihung des Wappens am
8. März 1983.

Von Grün und Gold gespalten, das grüne Feld im Schildhaupt mit Gold gezinnt, im goldenen Feld eine schwarze Hirschstange.

Farben der Gemeindefahne

Grün-Gelb.

Der grüne Zinnenturm versinnbildlicht die für Ehenbichl schicksalhafte und landschaftsbeherrschende Feste Ehrenberg auf dichtbewaldeter Höhe. Die schwarze Hirschstange erinnert an den einstigen landesfürstlichen Tiergarten.

Lage

Ehenbichl ist ein langgezogenes Straßendorf und liegt auf 864 m Seehöhe im Reuttener Talkessel südwestlich von Reutte, zwischen dem Lech und dem Schlossberg mit der Ruine Ehrenberg. Etwa vier Kilometer weiter lechaufwärts befindet sich die Fraktion Rieden.

GEMEINDEAMT

6600 Ehenbichl,
Schulweg 10
Tel.: 05672/62083, Fax: 05672/65792
e-mail:
gemeinde@ehenbichl.tirol.gv.at

Gemeindestatistik

Fläche in ha:	728.1
Kleinregion:	Reutte und Umgebung
Einwohner 31.12.2009:	833
Mittlere Wohnhöhe:	862 Meter

Ehenbichl um 1930

Flächennutzung

Wert in ha, Anteil an jeweiliger Gesamtfläche in %

Flächenanteile 2001	Gemeinde	Gem.	Bez.	Land
Dauersiedlungsraum	258.9	35.6	9.9	12.2
Alpen	0.0	0.0	25.0	27.0
Wald	423.7	58.2	43.0	36.6
Gewässer	44.0	6.0	1.8	0.9
Verkehrsflächen	19.3	2.7	0.7	1.0
Sonstige Flächen	23.4	3.2	20.9	24.3

Bevölkerungsentwicklung

Jahr	1951	1961	1971	1981	1991	2001
Einwohnerzahl	402	403	579	650	663	699

Häufige Familiennamen

Brutscher, Ginther, Tiefenbrunn.

Geschichte

Bei der Erklärung des Ortsnamens (mundartliche Bezeichnung *„Eachebichl"*; 1404 Ehenbühel, 1493 Echenbichl) gehen die Meinungen weit auseinander. Es scheint glaubwürdig, dass der Ortsname, der in verschiedenen Urkunden auch *„Ehrenbüchl"* und *„Ehrnbichl"* geschrieben wird, mit dem Namen der Festung *„Ehrenberg"* zusammenhängt. Im „Tiroler Bote, 1861" vertritt Josef Wolf die Ansicht, dass *„eche"* oder *„echen"* romanisch oder sogar vorromanisch sei. Nach Schneller (Roman. Mundarten S. 105) bezeichnet das churwälsche *„accla"* und das friaulische *„eche"* ein *„umzäuntes Gut mit Stallungen"*, ähnlich dem deutschen Begriff *„Hecke"*. Nach einer anderen Auslegung wäre der Ortsname als *„Bichl des Öhen"* zu deuten, wobei *„Öhin"* oder *„Öhe"* auf einen alten

Familiennamen aus dem Schwäbischen hinweisen könnte.

Sicherlich spielte die verkehrsgeographische Lage – am Fuße des Schlossberges mit der Feste Ehrenberg und am Lechübergang – für die Entstehung des Ortes eine große Rolle. Bis zum Bau der Lechbrücke zwischen Reutte und Lechaschau im Jahre 1464 war nämlich bei Ehenbichl der weitum einzige, wichtigste und günstigste Überfuhrplatz.

Daran erinnert auch ein Fassadenfresko aus der zweiten Hälfte des 15. Jhs. am Haus Unterried 18, das die beiden Heiligen Christophorus und Sebastian an einem Wasser (Lech) und darüber den österreichischen Bindenschild darstellt.

Ursprünglich war Ehenbichl eine Siedlung der Pfarre Breitenwang und später der Anwaltschaft Reutte.

Am 4. Jänner 1572 erschütterte ein heftiges Erdbeben die Gegend, sodass die Bewohner auf die Felder fliehen mussten. In den Jahren 1611, 1619 und 1635 wüte-

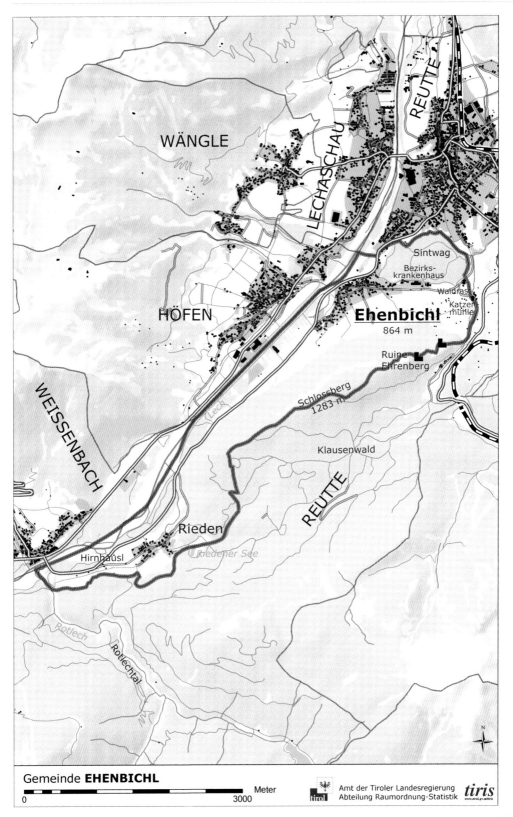

WÄNGLE

LECHASCHAU

REUTTE

Sintwag

Bezirks-
krankenhaus

Waldrast

Katzen-
mühle

Ehenbichl
864 m

HÖFEN

Ruine
Ehrenberg

Schlossberg
1283 m

Leck

Klausenwald

WEISSENBACH

REUTTE

Rieden

Hirnhäusl

Riedener See

Rotlech

Rotlechtal

N

Gemeinde EHENBICHL

Meter

0   3000

Amt der Tiroler Landesregierung
Abteilung Raumordnung-Statistik

tiris
www.tirol.gv.at/tiris

tirol

te besonders stark die Pest. Verheerend war die Seuche in den Monaten August und September 1635.

Im Jahre 1833 wurde Ehenbichl selbstständige politische Gemeinde.

Christophorus-Fresko

Etwa ein Kilometer in östlicher Richtung liegt die **Katzenmühle**, deren Gebäude heute renoviert, aber nicht mehr als Mühle erkennbar ist. Seit Generationen ist die ehemalige Walzmühle an der „alten Straße" im Besitz der Familie Huter. An der Klause Ehrenberg stand damals (1542 und 1543) auch ein Wirtshaus und unterhalb derselben, wo sich heute die Katzenmühle befindet, wurden eine Mahlmühle, eine Schmitte und Säge, sowie eine Bleimühle (zum Abrunden der Bleikugeln) errichtet.

Im Atlas Tyrolensis von Peter Anich (1723 – 1766) ist die **Fraktion Rieden** noch als „Hinterhornberg" südwestlich von „Ehrnbühel" zu finden.

Als 1786 unter Josef II. die Pfarre Weißenbach selbstständig wurde, erhielt sie von der Pfarre Breitenwang die Ortschaft Rieden zugeteilt. Auch schulisch gehört der Ort zur Nachbargemeinde Weißenbach. Lange Zeit war Rieden ein wichtiger Ländeplatz für das auf dem Lech geflößte Holz. Der Hausname „Lendhaus" erinnert heute noch daran. Mit Fuhrwerken wurden die Holzstämme von hier aus durch den Klausenwald und weiter über den Fernpass zur Saline nach Hall transportiert. Um 1900 kauften die Brüder Oldenbourg (deutsche Adelsfamilie, Jagdpächter) Bauernhäuser und errichteten an deren Stelle Herrschaftshäuser, die heute noch den Ortskern prägen. Seit den 70er-Jahren des vorigen Jahrhunderts entsteht in der Au eine neue Siedlung.

Der idyllische Riedener See mit seinen Kalkquellmoorflächen ist ein einzigartiger Lebensraum seltener Tier- und Pflanzenarten und Sommer wie Winter ein beliebtes Ausflugsziel.

Kirche - Seelsorge

Ehenbichl ist keine eigene Pfarre, sondern gehört seit jeher zur Pfarre Breitenwang; die Fraktion Rieden jedoch seit 1786 zur Pfarre Weißenbach.

Regelmäßiger Gottesdienst wird in Ehenbichl an jedem dritten Sonntag im Monat um 10:15 Uhr und an jedem ersten Freitag im Monat (Herz-Jesu-Freitag) um 8:00 Uhr gefeiert, in der Georgskapelle in Rieden am Montagabend einer ungeraden Woche um 19:30 Uhr.

Magnuskapelle in Ehenbichl: Nach der Überlieferung soll die erste Kapelle in Ehenbichl dem hl. Sebastian geweiht gewesen sein. Die kleine Kapelle, aus Holz gebaut, sei in der Nähe des Hauses Unterried 18 (Christophorus-Fresko) gestanden.

Als zur Zeit des Dreißigjährigen Krieges (1618 – 1648) in den Monaten August und September des Jahres 1635 die Pest besonders verheerend wütete, gelobten die Bewohner, zu Ehren des hl. Magnus eine neue Kapelle zu erbauen. Im Jahre 1680 endlich gelangte dieses Gelübde zur Ausführung. 1909 wurde die Kapelle nach Norden hin erweitert. Dabei musste auch der Zwiebelturm abgerissen werden. Der neue Turm erhielt ein Spitzdach, da kein Fachmann zu finden war, der einen Zwiebelturm bauen konnte.

In den Jahren 1950 bis 1952 und 1985 bis 1986 wurde die Kapelle renoviert, 1993 erhielt sie eine neue Glocke.

Hauptaltar: Gemälde des hl. Michael, Statuen des hl. Magnus sowie der Pestheiligen Rochus und Sebastian

Seitenaltarbilder: Maria mit dem Jesuskind, St. Magnus

Die Kreuzwegstationen stammen von Balthasar Riepp.

Georgskapelle in Rieden: Im Jahr 1900 ließ die Familie Oldenbourg das alte Kirchlein erweitern und vergrößern. 1938 wurde an Stelle des Altarbildes ein Glasfenster mit der Darstellung des Antlitzes Christi (Turiner Grabtuch auf Glas fotografiert) angebracht. Das ehemalige Altarbild stammt aus dem 18. Jh. und zeigt den hl. Georg, der auch im Türblatt der Eingangstür in geschnitzter Form zu sehen ist. Die Kreuzwegstationen, in Metall getrieben, stammen von Margit von Stengel (1972). Im Turm befinden sich zwei Glocken. Renovierung: 1986.

Schneider-Kirchele:
Der Bildstock, der im Dorf das *„Schneider-Kirchele"* genannt wird, steht neben der Landesstraße am nordöstlichen Ortseingang von Ehenbichl. Auf dem Bild ist die Pieta dargestellt.

Schule
Die erste Unterweisung unter einem so genannten *„Schulmeister"* erfolgte ab den Siebzigerjahren des 18. Jhs. Dieser Schulmeister, bekannt unter dem Namen Michael Ganser, war gleichzeitig Haus- und Gutsbesitzer in Ehenbichl. Er soll in seinen jüngeren Jahren jährlich nach Deutschland gewandert sein, um sich als Maurer zu verdingen. Dort wird er sich die Kenntnisse des Lesens und Schreibens angeeignet haben. Ehenbichl war eine Filialschule der Pfarrschule Reutte und

wurde 1774 unter Maria Theresia von dieser getrennt. Der geregelte Unterricht begann im Jahre 1810, als die Schule den geprüften Lehrer Johann Martin Wolf erhielt. Unterrichtet wurde damals in einem Zimmer im ersten Stock eines Bauernhauses. Im Jahre 1822 wurde ein eigenes Schulhaus gebaut. Ein geplanter Neubau des Schulhauses vor dem Zweiten Weltkrieg wurde nicht ausgeführt, aber dann in den Jahren 1949 bis 1950 verwirklicht. 1981 konnte das jetzige Schulhaus mit zwei Klassenzimmern und einem Turnsaal in Betrieb genommen werden.

Vereine und Brauchtum
Freiwillige Feuerwehr, Musikkapelle, Sportclub mit den Zweigvereinen Eisschützen, Fußball, Skilauf, Volleyball, Faschingsgilde, Jungbauernschaft/Landjugend, Wechselseitiger Brandhilfeverein, Ehenbichl für Kinder und Familien, Sportclub Rieden, Televisionsclub.

Rieden

Sportliche Spitzenleistungen:
Martin Rid: Europameister im KK 50 m stehend, Oslo 1963; Europameister Armbrust stehend, Romanshorn 1963 u. St. Johann 1967

Gerhard Brutscher: Silbermedaille im Mannschaftsbewerb der Triathlon-Militär-WM in Vermont (USA) 1989

Ulrich Eger: Vizeweltmeister bei der Junioren-WM im Langlaufsprint, Schonach (Schwarzwald) 2002

Vergangenes Brauchtum:
Am nordöstlichen Eingang des Dorfes war bis in die 50er Jahre des vergangenen Jhs. ein Zaun zu sehen, an dem die so genannten **Totenbretter** angenagelt waren. Bis Ende des 19. Jahrhunderts wurden die Leichen nach alter Sitte im Herrgottswinkel der Stube auf einem Brett (ohne Sarg) aufgebahrt. In dieses Brett wurden dann nach der Beerdigung Vor- und Familienname, das Sterbejahr und RIP eingeschnitzt. Die noch erhaltenen Totenbretter stammen aus den Jahren 1880 bis 1922.

Brauchtum in Rieden:
Scheibenschlagen am ersten Fastensonntag, Hexenverbrennen.

Intensivmedizin, Dialyse, Frauenheilkunde und Geburtshilfe, Innere Medizin, Kinder- und Jugendheilkunde, Physiotherapie, Radiologie, Unfallchirurgie sowie auf der HNO-Station behandelt und betreut.
Auf dem Gelände des Bezirkskrankenhauses sind außerdem noch das Bezirkspflegeheim „Haus Ehrenberg", die Arztpraxen für Neurologie, HNO, Schmerztherapie, Augenheilkunde, Urologie und Orthopädie, sowie die ARA-Hubschrauberrettung RK2, der Stützpunkt des Notarztsystems und die Beratungsstellen Lebenshilfe, EULE und ÖZIV angesiedelt.
Der Standort wandelt sich immer mehr von einem reinen Krankenhaus zu einem Dienstleistungszentrum des Sozial- und Gesundheitswesens mit Krankenhaus. In

Bezirkskrankenhaus mit Erweiterungen

Gesundheit und Soziales
Bezirkskrankenhaus:
Geschichte: Im Jahre 1925 kaufte der Orden der Barmherzigen Brüder die gesamte Liegenschaft des ehemaligen Bades Kreckelmoos (Gemeinde Breitenwang) und errichtete nach dem Umbau und der Vergrößerung des Gebäudes ein Krankenhaus mit 60 Betten. 1961 übernahm die Verwaltungsgemeinschaft Bezirkskrankenhaus Reutte (Mitglieder: alle Gemeinden des Bezirkes, ausgenommen Jungholz) das Spital und schließlich wurde zwischen 1964 und 1968 in Ehenbichl am Südhang des Sintwages ein neues Krankenhaus errichtet. Große Teile davon konnten 1997 in einen modernen Neubau übersiedeln.
Die Patienten werden in den Abteilungen Allgemeine Chirurgie, Anästhesiologie und

diesem Bereich sind mittlerweile (Juli 2010) mehr als 500 Personen in Voll- oder Teilzeit beschäftigt.

Betten: 144, 28 davon in der Sonderklasse. Personal (August 2003):
43 Ärzte, 94 diplomierte Pfleger, vier Hebammen, 21 medizinisch technische Assistenten (Labor, Radiologie, Physiotherapie), 16 nicht diplomierte Pflegehelfer, eine Psychotherapeutin; 26 Verwaltungsangestellte (Verwaltung, Sekretärinnen, Portiere), 55 Angestellte (Haustechnik, Reinigungspersonal).

Bezirkspflegeheim „Haus Ehrenberg":
Nach größeren Umbauarbeiten im Altbau des Bezirkskrankenhauses wurden im Oktober 2003 die Bewohner des bisherigen Pflegeheimes in Ehenbichl und des

Seniorenhauses Krümmling in Lechaschau im neuen Bezirkspflegeheim „Haus Ehrenberg" untergebracht. Seit Fertigstellung des Erweiterungsbaues im Herbst 2008 bietet das Heim 81 Wohn- und Pflegeplätze. Neben Heimleitung, Pflegedienstleitung und Buchhaltung sorgen 28 diplomierte Pflegefachkräfte und 22 Pflegehilfskräfte sowie 24 Angestellte im Bereich Service, Reinigung und Wäscherei für das Wohl der Bewohner (Stand Juli 2010). Viele der Angestellten sind als Teilzeitarbeitskräfte beschäftigt. Das Haus verfügt über einen eigenen Friseur- und Fußpflegesalon. Gemeinschaftsräume werden für Unterhaltungen, für Singen, Basteln, Huangart, Gedächtnistraining und Obstmarkt genützt und der Park mit Pavillon und Hochbeeten lädt zum Reaktivieren der Sinne ein.

Gesundheits- und Krankenpflegeschule:
Die GKPS Reutte bietet drei Ausbildungen an.
1. Pflegehilfelehrgang
Berufsbezeichnung: Pflegehelfer/in
Die kürzeste Berufsausbildung an der GKPS Reutte: Dauer zwölf Monate.
2. Gehobener Dienst
Abschluss: Diplom in allgemeiner Gesundheits- und Krankenpflege
Seit der Errichtung der Schule im Oktober 1990 bis zum Jahr 2010 absolvierten 276 SchülerInnen die dreijährige Diplomausbildung in allgemeiner Gesundheits- und Krankenpflege erfolgreich.
3. Kombistudium Pflege – Tirol
Abschluss: Diplom in allgemeiner Gesundheits- und Krankenpflege + Bachelor of Science in Nursing
Die StudentInnen absolvieren dreieinhalb Jahre an der GKPS Reutte und studieren parallel ein halbes Jahr Pflegewissenschaft an der privaten Universität für Gesundheitswissenschaften UMIT in Hall in Tirol.

Wirtschaft und Tourismus

Bezirkskrankenhaus und Bezirkspflegeheim sind die wichtigsten Arbeitgeber in der Gemeinde, der Großteil der Arbeitnehmer aber pendelt in die umliegenden Gemeinden im Raum Reutte aus.

Sonstige Betriebe (Jahr 2010): 14 landwirtschaftliche Nebenerwerbsbetriebe, Transportunternehmen (Lkw-Transporte, Lade- und Grabarbeiten), Taxi-Unternehmen, Abfallentsorgungsbetrieb für Rest-, Gewerbe- und Sperrmüll, Autobusunternehmen, Unternehmen für Wärme-, Kälte-, Schall- und Branddämmung, Skischule, Hotel, drei Gastbetriebe, zwei Pensionen. Agrargemeinschaft Ehenbichl: ca. 1.400 ha Grundbesitz (830 ha Wald), davon 1.100 ha in der Katastralgemeinde Reutte; Jagdgebiet; Almbewirtschaftung mit Schutzhütte; modernst eingerichtetes Schlacht- und Kühlhaus.

Sportstätten: Skilift, Langlaufloipen, Eislaufplatz, Platz für Stockschützen, Fußballplatz, Reitplatz, Beachvolleyballplatz.

Viehbestand - *letzte Viehzählung*

Rinder	113	Pferde	20
Schafe	74	Ziegen	13
Schweine	6	Hühner	107

Sagen

Die wilde Fahrt auf dem Sintwag
Die Garnwäscherin bei Ehenbichl
Goldsucher bei Ehenbichl
Der nächtliche Pudel
Der Kettenmann
Der Markrücker
Das Schlossfräulein
Der Kuhhirt von Ehenbichl
Die wilde Fahrt
Mann ohne Kopf
Der feurige Reiter

Weiterführende Literatur

F. Fuchs, Heimat Außerfern, Hrsg. Außerferner Druck- und Verlagsges.m.b.H., Reutte, 1984
Universitätsprofessor Dr. I. Ph. Dengel, Beiträge zur ältesten Geschichte von Reutte, im Verlage des Vereines für Heimatkunde und Heimatschutz von Außfern 1924
Tiroler Bote, 1861
Festschrift Bezirkskrankenhaus Reutte, Verwaltungsgemeinschaft des Bezirkskrankenhauses Reutte, 1968.

Ehrwald

Barbara Falkeis-Posch

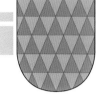

Lage

Ehrwald liegt auf 1000 m Seehöhe, rund 25 Straßenkilometer südöstlich vom Hauptort im Außerfern, der Marktgemeinde Reutte, entfernt. Ehrwald schmiegt sich an den Westfuß des Wettersteingebirges mit dem höchsten Berg Deutschlands, der Zugspitze (2962 m). Südlich erhebt sich die Mieminger Kette mit der Sonnenspitze (2472 m). Ehrwald gliedert sich in Ober- und Unterdorf und ist zu einer geschlossenen, drei Kilometer langen Gemeinde zusammengewach-sen. Westlich von Ehrwald liegt das größte Moor Tirols – „das Moos", durch das die Loisach fließt.

Wappen

Verleihung des Wappens am 24. Jänner 1978.

Ein fünfreihig silbern-grün gespickelter Schild.

Farben der Gemeindefahne

Weiß-Grün.

Die grünen Dreiecke versinnbildlichen den Wald, dem die Gemeinde ihren Namen verdankt und der ihre wirtschaftliche Entwicklung wesentlich mitbestimmt hat.

GEMEINDEAMT

6632 Ehrwald,
Kirchplatz 1
Tel.: 05673/2333, Fax: 05673/2333-5
e-mail: gemeinde@ehrwald.tirol.gv.at

Gemeindestatistik

Fläche in ha:	4944.0
Kleinregion:	Zwischentoren
Einwohner 31.12.2009:	2.658
Mittlere Wohnhöhe:	994 Meter

Ehrwald um 1900

Flächennutzung

Wert in ha, Anteil an jeweiliger Gesamtfläche in %

Flächenanteile 2001	Gemeinde	Gem.	Bez.	Land
Dauersiedlungsraum	569.8	11.5	9.9	12.2
Alpen	113.3	2.3	25.0	27.0
Wald	3470.8	70.2	43.0	36.6
Gewässer	31.8	0.6	1.8	0.9
Verkehrsflächen	47.7	1.0	0.7	1.0
Sonstige Flächen	820.5	16.6	20.9	24.3

Bevölkerungsentwicklung

Jahr	1615	1780	1837	1869	1880	1890	1900
Einwohnerzahl	535	1000	1350	1219	1170	1181	1126

Jahr	1910	1923	1939	1951	1971	1991	2002
Einwohnerzahl	1195	1192	1682	1861	2224	2303	2642

Häufige Familiennamen

Bader, Fasser, Guem, Hohenegg, Kerber, Posch, Schennach, Somweber, Spielmann, Wilhelm.

Geschichte

Ehrwald erhielt seinen Namen aus dem althochdeutschen Wort „ero wald", das „Anfang des Waldes" bedeutet.

Wahrscheinlich kamen die ersten Siedler über den Fernpass, da dieses unerschlossene Waldgebiet noch zum Herrschaftsbereich der Grafen von Starkenberg bei Tarrenz gehörte. Eine windgeschützte und sonnenseitig gelegene Mulde mit einer Quelle wird die ersten Siedler veranlasst haben, sich hier niederzulassen. Dort entstand der erste Hof auf der „Holzleiten", später „Trueferhof" genannt. In der Folge entstanden weitere Höfe im Westen, wie der „Hof im Holz" und der „Oarterhof". Der Begriff „Oart"

bedeutet „am Ende". Die Siedler errichteten im 12. und 13. Jh. Einzelsiedlungen, genannt „Schwaighöfe". Der Name „Schwaig" ist mittelhochdeutschen Ursprungs und ist abgeleitet von „swager", was „Senner" bedeutet. Die Sennhütte war die „Swaige". Diese Höfe waren das ganze Jahr über bewirtschaftet.

1299 wurde der Ort Ehrwald in einer Urkunde erstmals schriftlich erwähnt. In dieser Urkunde steht, dass die Herren von Starkenberg bei Tarrenz den Zehent zu „Erwalden", das ist die jährliche Abgabe, dem Kloster Steingaden bei Füssen überließen.

Gegen Norden wurde die Besiedlung fortgesetzt. Es entstand der „Tiefeterhof".

Als letzter Ortsteil der langen Besiedlungsperiode entstand der heutige Ortsteil „Schmiede" und hieß „Hof am Plätzle". Die Einzelhöfe dehnten sich im

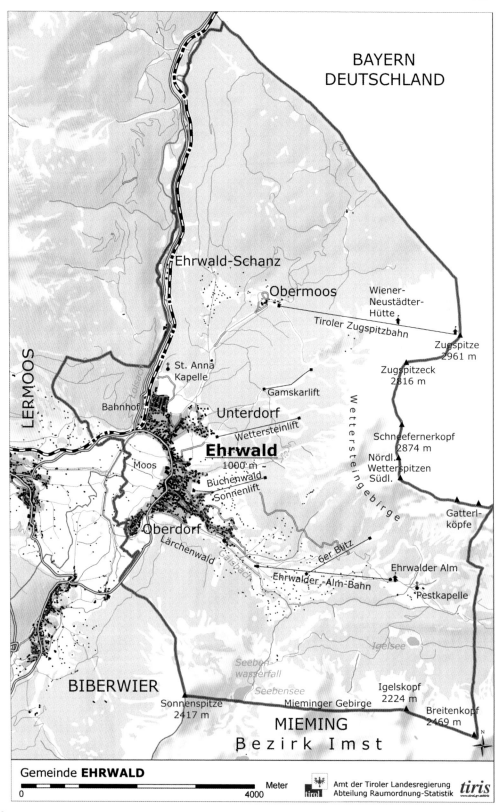

BAYERN
DEUTSCHLAND

Ehrwald-Schanz

Obermoos

Wiener-
Neustädter-
Hütte

Tiroler Zugspitzbahn

Zugspitze
2961 m

Zugspitzeck
2816 m

St. Anna
Kapelle

Gamskarlift

Bahnhof

LERMOOS

Unterdorf

Wettersteinlift

Schneefernerkopf
2874 m

Ehrwald
1000 m

Nördl.
Wetterspitzen
Südl.

Moos

Buchenwald

Sonnenlift

Wettersteingebirge

Gatterl-
köpfe

Oberdorf

Lärchenwald

Gaisbach

6er Blitz

Ehrwalder Alm

Ehrwalder-Alm-Bahn

Pestkapelle

Igelsee

Seeben-
wasserfall

BIBERWIER

Seebensee

Sonnenspitze
2417 m

Mieminger Gebirge

Igelskopf
2224 m

Breitenkopf
2469 m

MIEMING
B e z i r k   I m s t

Gemeinde **EHRWALD**

Meter

0   4000

Amt der Tiroler Landesregierung
Abteilung Raumordnung-Statistik

tiris
www.tirol.gv.at/tiris

weiteren Verlauf zu Weilern aus. So wuchs Ehrwald zu einem geschlossenen Ort zusammen.

Mitte des 17. Jhs. bis um 1800 wurden neue Höfe gebaut und die Einwohnerzahl von Ehrwald stieg stark an. Zu den bereits genannten Höfen kamen „'s Hölzli", das „Tal", der „Zwischenbächerhof" und der „Baurenhof" hinzu. Im Jahre 1615 wurden 535 Einwohner gezählt. Das Aufkommen des regen Pferdefuhrwerkverkehrs über den Fernpass regte neue Erwerbszweige wie Huf-, Nagel- und Wagenschmiede an. Ein besonderes Privileg war ab 1659 das Erzeugen der Fassdauben für die Saline in Hall. Mitte des 17. Jhs. wurden von den Ehrwaldern jährlich über 400.000 Stück erzeugt. Dies veranlasste wiederum weitere Menschen, sich in Ehrwald anzusiedeln. Im Jahre 1780 lebten 1.000 Einwohner, 1837 bereits 1.350. In den Folgejahren wurden Häuser errichtet, die teilweise auch Fremdenunterkünfte anboten. 1947 zählte man etwa 1.500 Einwohner und 424 Häuser in Ehrwald.

Zu Beginn des 20. Jhs. setzte ein neuer Wirtschaftszweig ein, der Tourismus. Es wurden in den vergangenen Jahrzehnten neue Siedlungsgebiete erschlossen. Im Südwesten „Weidach", im Nordosten „Ebene", weiters „Tiefetfeld" und „Au". Das Dorf Ehrwald dehnt sich noch heute nach allen Himmelsrichtungen aus. An die althergebrachte Bauweise erinnern nur noch einzelne bäuerliche Objekte.

Haus-, Hof- und Familiennamen

Früher lebten die Ehrwalder von Viehzucht, Ackerbau und handwerklichem Nebenerwerb. Folgende Haus-, Hof- und Familiennamen erinnern uns noch heute an frühere Berufe:

Christler:	Pfeifenmachergewerbe, eine „Christlerpfeife" ist im Tiroler Volkskunstmuseum in Innsbruck zu sehen.
Doseler:	stellten Schnupftabakdosen her
Fasser:	stellten Fassdauben für Salzfässer her
Goaßer:	Ziegenhirt
Goldner:	Goldschmied
Kämbler:	sägten aus Rinderhorn Kämme
Käsler:	verarbeiteten Milch zu Käse
Kirschner:	verarbeiteten Pelze hauptsächlich zu Mützen
Knechtler:	Knecht auf einem Hof
Knopfer:	fertigten Knöpfe aus Hirschgeweihen
Löffler:	Löffelschmied
Mächler:	machten aus Buchenholz Rechen, Gabeln, Stiele für die Landwirtschaft
Miländer:	Müller
Peacher:	Pechsammler, Pechsieder
Schanzer:	Wirt auf der Schanz
Schlosser:	Kunstschmied
Somweber:	Saum- und Samtweber
Tuecher:	erzeugten Loden aus Schafwolle
Wöbeler:	webten aus Flachs Leinen
Zuntl:	fertigten aus dem Baumschwamm „Zuntlmasse"

Kirche - Seelsorge

Nahezu dreihundert Jahre lang besuchten die Ehrwalder die Gottesdienste in Lermoos, obwohl Ehrwald schon lange die Gemeinde mit den meisten Einwohnern im Talbecken war. In der zweiten Hälfte des 16. Jhs. wurde die Martinskapelle als erstes Gotteshaus erbaut. Zu dieser Zeit gab es keine Begräbnisstätte in Ehrwald. Die Verstorbenen wurden in Dormitz bei Nassereith und später in Lermoos beerdigt. 1639 lösten die Ehrwalder ihr Gelöbnis nach überstandener Pest ein und begannen mit dem Bau der Pfarrkirche. Am 15. August 1648 wurde vom Brixner Weihbischof die Ehrwalder **Pfarrkirche „Mariä Heimsuchung"** sowie der Friedhof geweiht.

Martinskapelle – ältestes kirchliches Gebäude

Annakapelle – im Norden von Ehrwald, im 17. Jh. erbaut

Pestkapelle im Gaistal – 1634 an jener Stelle erbaut, an der die Ehrwalder auf ihrem Bittgang nach Seefeld von den

Leutaschern zur Heimkehr gezwungen wurden.

Kapelle zum hl. Josef – 1750 im Unterdorf errichtet

Hofkapelle – im Oberdorf, 1880/83 erbaut

St.Georg-Kapelle – Ponöfen, 1976 erbaut.

Schule

In Lermoos war um 1600 die erste Schule im Talbecken. Diese besuchten auch einige Ehrwalder Kinder. 1774 wurden 48 Knaben und 42 Mädchen in gemieteten Schulstuben in Ehrwald unterrichtet. Eine Klassenschülerzahl von 90 Kindern war damals gesetzmäßig. 1819 wurde im heutigen Gemeindeamt eine Schule gebaut. 80 Jahre später wurde sie jedoch zu klein. Im heutigen Mehrzweckgebäude in der Innsbrucker Straße errichtete die Gemeinde 1902 ein weiteres Schulhaus mit zwei geräumigen Klassenzimmern. 1955 erbaute man das heutige Hauptschulgebäude, in dem auch die Volksschule untergebracht war. 1967 wurde der Bau der jetzigen Volksschule begonnen und 1969 fertiggestellt. 1977 erhielt das Schulzentrum einen Turnsaal, einen Gymnastikraum und zusätzliche Klassenräume. 20 Jahre später erweiterte die Gemeinde die Volksschule durch einen Wintergarten als Pausenraum, zwei zusätzliche Klassenzimmer und einen Werkraum.

Vereine

Bergfeuer Ehrwald, Bergrettung Ehrwald, Bürgermusikkapelle Ehrwald, Braunviehzuchtverein, Bienenzuchtverein, Ehrwalder Theaterverein - Die Kulissenschieber, Eisschützen-Club, Fasnachteinscheller, Freiwillige Feuerwehr Ehrwald, Fußball-Club Tiroler Zugspitze, HG-Gruppe „Wetterstoaner", Horner- und Ziechschlittenverein, Jungbauern, Kirchenchor, Kulturkreis Ehrwald, Modellverein Zugspitze, RAIBA Ehrwald-Lermoos-Biberwier, Motorsportclub Ehrwald, Move Union Snowboarding Event & Lifestyle Club, Museumsverein Ehrwald,

Österreichische Wasserrettung, Österreichischer Alpenverein Sektion Ehrwald, Reit- und Fahrverein Zwischentoren, Rotes Kreuz, Ortsstelle Zwischentoren, Sektion Eishockey, Schafzuchtverein Wetterstein-Ehrwald, Schützengilde Ehrwald, Schützenkompanie Ehrwald, Ski-Club 1907, Sozial- und Gesundheitssprengel, Arbeitskreis Zwischentoren, Sportverein Ehrwald, Taekwondo-Club, Tennis-Club Ehrwald, Theaterverein Ehrwald „Die Zugspitzler", Trachtenverein Ehrwald.

Gesundheit und Soziales

Drei praktische Ärzte, drei Zahnärzte, Rotkreuz-Ortsstelle Zwischentoren seit 1977, Sozialfonds Zwischentoren hilft bei Härtefällen seit 1984, Sozialdienste: Essen auf Rädern, Hauskrankenpflege, Familienbetreuung.

Wirtschaft und Tourismus

Ehrwald ist seit 150 Jahren ein Tourismusort mit derzeit 4.104 Gästebetten, ca. 150 Gewerbebetrieben und 65 Fremdenverkehrsbetrieben.

Den Gästen und Einheimischen stehen Tiroler Zugspitzbahn, Skigebiet Ehrwalder Alm, Wettersteinbahn – Sonnenhanglifte, Langlaufloipen, Kunsteisbahn, Hallenbad, Tennishalle, Wanderwege, Tennisfreiplätze, Kletterhalle, Golfplatz, Mountainbikewege, Zimmergewehrschießstand, Minigolfplatz, Heimatmuseum, Freiluftschachanlage, schöne Kinderspielplätze, Galerien und Klettersteige zur Verfügung.

Zugspitze

Landwirtschaft
Anzahl der landwirtschaftlichen Betriebe (1999): 63.

Viehbestand - *letzte Viehzählung*

Rinder	91	Pferde	51
Schafe	378	Ziegen	86
Schweine	2	Hühner	163

Klima
Die Beckenlage, die Nähe zum Alpennordrand und die Seehöhe von 1000 m kennzeichnen die klimatischen Bedingungen von Ehrwald.

Persönlichkeiten
Franz Guem: Kunstschmied (1755 – 1815), fertigte berühmte Rokoko-Grabkreuze
Josef Anton Hohenegg: Maler (geb.1810)
Dr. Adolf Pichler: Geologe (1819 – 1900) Entdecker des Gesteins „Ehrwaldit"
Dr. Ludwig Ganghofer: Schriftsteller und Waidmann (1855 – 1920)
Josef Spielmann: Maler und Bildhauer (1856 – 1926)
Florian Wehner: Maler und Pionier des Fremdenverkehrs in Ehrwald (1863 – 1926)
Rudolf Schramm-Zittau: Maler (1874 – 1950)
Prof. Clemens Krauss: Dirigent (1878 – 1954)
Univ.-Prof. Heinrich Ritter von Srbik: Historiker, Unterrichtsminister (1878 – 1951)
Univ.-Prof. Fritz Behn: Bildhauer und Schöpfer berühmter Bronzeporträts (1879 – 1970)
Prof. Viorica Krauss-Ursuleac: Kammersängerin und verheiratet mit Prof. Clemens Krauss
Erhard Newerla: Schriftsteller und Maler, lebte 30 Jahre in Ehrwald (geb. 1915)
Rudolf Gopas: Maler (1913 – 1983)
Erich Steiner: Maler (1917 – 1997)
Henri Dante Alberti: (1938 in Frankreich geboren), lebt seit 1963 in Ehrwald, er ist Maler und Mitorganisator von Kunstausstellungen. In der Pfarrkirche Ehrwald ist sein expressionistischer Kreuzweg zu sehen.

Wolfgang Schennach: (1934 – 2004), Kunstmaler
Arnulf Senftlechner: (geb. 1939), Bildhauer
Mario Gasser: (geb. 1963), Bildhauer.

Rekordverdächtiges
Reinhard Spielmann: (1886 – 1934). Erster staatlich geprüfter Skilehrer Österreichs. Am Semmering unterrichtete er Erzherzog Karl von Habsburg, den letzten Kaiser von Österreich und seine Gemahlin Zita.
Peter Larcher mit **Georg Höllriegl:** Tiefschneeweltmeister (1989, 1991, 1992)
Barbara und **Susanne Spielmann:** Tiefschneeweltmeisterinnen (1991, 1994)
Bernhard Hofherr und **Walter Lenauer:** Eintragung in das Guinnessbuch der Rekorde 2003. Sie stiegen am 12. 8. 2001 fünf Mal auf die Zugspitze und bezwangen 8848 Höhenmeter (Höhe des Mt. Everest) in 11 Std. 22 Min. 56 Sek.

Seebensee

Sagen
Der Drachensee
Die Entstehung des Drachensees
Der Zugspitzgeist
Das Ehrwalder Moos

Weiterführende Literatur
Gert Ammann: „Ehrwalder Kirchenführer", 1989
Otto Haudek: „Ehrwald – Chronik des Zugspitzdorfes", Eigenverlag 1991
Otto Haudek/Paul Richter: „Ehrwald – Das Zugspitzdorf", Eigenverlag 2003
Peter Linser: „Sagenhaftes Außerfern", 2003.

Elbigenalp

Theo Bader, Andrea Walch

Lage

Die Gemeinde Elbigenalp, im Volksmund „das Duarf" genannt, ist der Hauptort des Lechtales und liegt auf 1040 m Seehöhe im mittleren Lechtal zwischen den Allgäuer und Lechtaler Alpen, 35 km südwestlich des Bezirkshauptortes Reutte. Die Gemeinde besteht aus dem Straßendorf Elbigenalp („Dorf"), den Straßensiedlungen Ober- und Untergiblen, dem Weiler Grünau (Ober- und Untergrünau) im Südwesten und dem straßendorfartigen Weiler Köglen im Osten.

Wappen

Verleihung des Wappens am 26. April 1972.

Auf schwarzem Dreiberg eine grüne Ulme im silbernen Schild.

Farben der Gemeindefahne

Grün-Weiß.

Als sprechendes Wappen versinnbildlicht es den Namen der Gemeinde. Dieser scheint erstmals 1488 als „in der albigen Alben" auf. Dies bedeutet die mit Ulmen bewachsene Alpe.

GEMEINDEAMT

6652 Elbigenalp,
Dorf 55a
Tel.: 05634/6210, Fax: 05634/6907
e-mail:
gemeinde@elbigenalp.tirol.gv.at

Gemeindestatistik

Fläche in ha:	3309.2			
Kleinregion:	Oberes Lechtal			
Einwohner 31.12.2009:	807			
Mittlere Wohnhöhe:	1039 Meter			

Elbigenalp um 1900

Flächennutzung

Wert in ha, Anteil an jeweiliger Gesamtfläche in %

Flächenanteile 2001	Gemeinde	Gem.	Bez.	Land
Dauersiedlungsraum	315.2	9.5	9.9	12.2
Alpen	1030.1	31.1	25.0	27.0
Wald	1107.1	33.5	43.0	36.6
Gewässer	39.3	1.2	1.8	0.9
Verkehrsflächen	14.4	0.4	0.7	1.0
Sonstige Flächen	835.8	25.3	20.9	24.3

Bevölkerungsentwicklung

Jahr	1951	1961	1971	1981	1991	2001
Einwohnerzahl	556	589	684	711	819	836

Häufige Familiennamen
Huber, Kapeller, Kerber, Jäger, Walch, Wasle, Wolf.

Geschichte
1312: Die Pfarre wird urkundlich erstmals erwähnt. Elbigenalp war im Mittelalter der politische und kirchliche Mittelpunkt der Großpfarre und Markgenossenschaft Lechtal, die sich vom Tannberg bis auf die Linie Forchach-Vorderhornbach erstreckte. Ihr Umfang deckte sich mit dem schon 1330 bis 1340 bezeugten Gericht im Lechtal.
1315: Die Herren von Rettenberg schenkten ihre Güter zu Elbigenalp dem Zisterzienserstift Stams.
1348: Der Landesfürst, Markgraf Ludwig von Brandenburg, unterstellte das Gericht im Lechtal, das bisher dem Gericht Imst zugeteilt war, dem Pfleger des Gerichts Ehrenberg.
1401: Mit der Schaffung der Pfarre Holzgau und der pfarrlichen Lostrennung des Oberlechtales setzte die Auflösung des bisher einheitlichen Wirtschafts-, Verwaltungs- und Seelsorgeverbandes Lechtal ein. Bald darauf wurde das untere Lechtal neuerdings geteilt, sodass nun drei „Drittel" für die Verwaltung des Tales zuständig waren. Elbigenalp gehörte zum „mittleren Drittel".
1822: Elbigenalp war ein Drittel des Gerichtes Reutte.
1833: Elbigenalp wird eine selbstständige politische Gemeinde in ihrer heutigen Ausdehnung.
Ende des 17. Jhs.: Viele Elbigenalper zogen als Maurer, Stuckateure, Händler und Kaufleute in die Fremde. Manche kehrten wohlhabend und angesehen nach Elbigenalp zurück, woran heute noch mehrere schöne Häuser mit prächtigen Fresko- und Stuckarbeiten erinnern.

Kirche - Seelsorge
Die Geschichte des Ortes hängt im Mittelalter sehr eng mit der Geschichte der Pfarre zusammen.

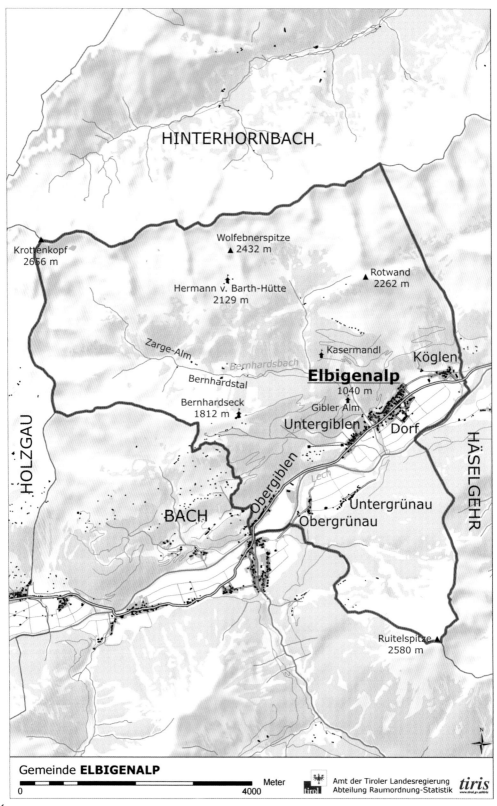

HINTERHORNBACH

Krottenkopf
2656 m

Wolfebnerspitze
▲ 2432 m

Rotwand
2262 m

Hermann v. Barth-Hütte
2129 m

Zarge-Alm

Bernhardsbach

Kasermandl

Köglen

Bernhardstal

Elbigenalp
1040 m

Bernhardseck
1812 m

Gibler Alm

HOLZGAU

Untergiblen

Dorf

HÄSELGEHR

Obergiblen

Lech

BACH

Untergrünau

Obergrünau

Ruitelspitze ▲
2580 m

N

Gemeinde **ELBIGENALP**

Meter

0   4000

Amt der Tiroler Landesregierung
Abteilung Raumordnung-Statistik

tiris
www.tirol.gv.at/tiris

1312: Die Pfarre wird erstmals urkundlich erwähnt.

1394: Die Pfarre Lechtal gehört zum Kloster Füssen.

1401: Die Teilung der Großpfarre in die „obere" Pfarre, St. Maria oder Oberlechtal (Holzgau) und die „niedere" Pfarre, St. Nikolaus oder Unterlechtal (Elbigenalp).

2001: Ein Pfarreienverband wird gegründet, dem die Pfarren Elbigenalp, Bach, Stockach, Häselgehr und Gramais angehören.

Die Pfarrkirche St. Nikolaus

Um 1300: Die erste Kirche dürfte entstanden sein.

Im 15 Jh.: erfolgte wahrscheinlich ein Umbau

1664 – 74: Vergrößerung der Kirche auf das heutige Ausmaß.

Der Innenraum der Pfarrkirche wurde mehrmals verändert.

1774: wurde die flache Holzdecke durch das heutige Gewölbe ersetzt.

1776: Deckenmalerei (Fresken) von Johann Jakob Zeiller.

Von *1966 – 1969* erfolgte die letzte Renovierung (Hochaltar, Tabernakel – von Prof. Rudolf Geisler-Moroder – und Kanzel).

1976: In den Mauernischen im südlichen Teil des Friedhofs wird der Totentanz nach J. A. Falger erneuert.

Magdalenen- oder **Martinskapelle:** Sie ist an der nordöstlichen Ecke des Friedhofs gelegen. Im Innenraum befinden sich an den Seitenwänden Holztafeln, die den 1830 gemalten Totentanz von Johann Anton Falger darstellen. Im Untergeschoß befindet sich das einzige noch erhaltene Beinhaus des Außerferns.

Kriegsgedächtnis-Kapelle

In SW des Friedhofs gelegen; Kruzifix von Prof. Rudolf Geisler-Moroder (1965).

Ölberg-Kapelle

Nördlich des Dorfes auf einem Felsvorsprung gelegen; um 1670/80 erbaut.

Sebastianskapelle in Grießau
(„Pestkapelle"), 1596 erbaut.
Kapelle hl. Anna in Obergrünau
Kapelle hl. Josef in Untergrünau

Schule

Elbigenalp ist das „Schulzentrum" des Lechtales .

Schnitzschule Elbigenalp: Die Schnitzschule Elbigenalp ist als Fachschule für Kunsthandwerk über die Grenzen Tirols hinaus bekannt. Die Schüler können zwischen zwei Fachrichtungen wählen: Ausbildung zum Bildhauer oder zum

Pfarrkirche St. Nikolaus

Vergolder und Schilderhersteller. Gegründet wurde sie ca. 1840 als Zeichenschule von Anton Falger. 1926 wurde der erste Schnitzkurs eröffnet. 1951 wurde mit der Ausbildung von Holzbildhauern begonnen.

Hauptschule Lechtal: 1958 wurde die Hauptschule eröffnet. 14 Gemeinden von Steeg bis Forchach mit den Seitentalgemeinden bilden den Schulsprengel. 1985 wird die Hauptschule Elbigenalp „Landhauptschule". 1987 erfolgt der erste Um- und Erweiterungsbau. 2000 wird die Hauptschule Elbigenalp nochmals erweitert, umgebaut und in Hauptschule Lechtal umbenannt. 2001 wird die Internethauptschule Lechtal mit der „Werkstatt Natur" und dem Verein „Up-2-Date" gegründet. 2010 wird die Hauptschule Lechtal als Schulversuch „Modell Tirol" mit 14 Klassen und einer Klasse PTS geführt.

Volksschule Elbigenalp: Die erste Schule in Elbigenalp wurde um 1782 eröffnet. Von 1958 bis 2000 war die Volksschule im Hauptschulgebäude untergebracht. Im Jahre 2000 wurde die Volksschule Elbigenalp neu erbaut. Sie wird zweiklassig geführt.

Der Kindergarten befindet sich im Mehrzweckhaus.

Die Erwachsenenschule Elbigenalp und Umgebung wurde 1973 gegründet.

Vereine

Gemeinnützige Vereine:
Freiwillige Feuerwehr, Löschgruppe Grünau, Rotes Kreuz/ Ortsstelle Elbigenalp, Arge Bergrettung/ Bergwacht Elbigenalp.

Kulturelle Vereine:
Musikkapelle Elbigenalp (1667 erstmals erwähnt, damit älteste urkundlich genannte Musikkapelle des Außerferns), Schützenkompanie Elbigenalp, Trachtenverein Elbigenalp - Umgebung, Geierwally Freilichtbühne.

Sportvereine:
Sportverein Elbigenalp mit drei Sektionen:
Skilauf, Fußball, Fun-Sport
Schützengilde Elbigenalp
Tennisclub Oberlechtal
Motorsportclub.

Sonstige Vereine:
Landjugend Elbigenalp, Viehzuchtverein, Viehversicherungsverein, die Bergfeurer, Gartenbauverein.

Brauchtum

Prozessionen, Bittgänge, Herbergsuche zu Weihnachten, Sternsingen, Palmprozession mit Palmlatten, Kräuterweihe am „Hohen Frauentag", Nikolaus und Krampus (Patrozinium), Herz-Jesu-Feuer.

Gesundheit und Soziales

Im Jahre 1840 gründete Johann Anton Falger gemeinsam mit dem damaligen Gemeindeausschuss die Stiftung „Wundarzt". Die jeweiligen Gemeindeärzte waren ab diesem Zeitpunkt im „alten Doktorhaus" untergebracht. Seit 1981 befindet sich die Praxis mit angeschlossener Hausapotheke des Sprengelarztes im Mehrzweckhaus der Gemeinde Elbigenalp. Der Arztsprengel umfasst die Orte Elbigenalp, Häselgehr, Gramais, Elmen, Bschlabs, Boden und Martinau.

1965 wurde die Ortsstelle Elbigenalp des Roten Kreuzes gegründet.
Langzeitkranke und pflegebedürftige Menschen werden von einer Krankenschwester/einem Pfleger betreut, werdende Mütter von der Sprengelhebamme.

Blick vom Bernhardseck

Wirtschaft und Tourismus

Wirtschaftlich besitzt die Gemeinde Elbigenalp eine recht gesunde Struktur. Viele Arbeitnehmer finden deshalb in der eigenen Gemeinde einen Arbeitsplatz, die restlichen pendeln vorwiegend in den Raum Reutte aus. Der größte Betrieb ist kdg mediatech AG mit ca. 210 Mitarbeitern am Standort in Elbigenalp. Dieser High-Tech-Betrieb stellt CDs und

DVDs her und wurde 1985 gegründet. Elbigenalp ist auch als „Schnitzerdorf" bekannt. Neben einem Holzbildhauer-betriebe gibt es noch einige selbstständi-ge Holzbildhauer.

Sonstige Betriebe:
Raumausstatter, zwei Kaufhäuser, ein Souvenirgeschäft, ein Bekleidungsge-schäft, Friseur, Installationsbetrieb, zwei Frächter, Kfz- und Eisenwarenhandel, Fenster- und Türenvertrieb, zwei Geld-institute.

Bereits im 19. Jh. suchte Königin Maria von Bayern, die Mutter des bayerischen Königs Ludwig II., Ruhe und Erholung in Elbigenalp.

Heute stellt der Tourismus eine wichtige Einnahmequelle dar.

Nächtigungen

1972	1982	1992	2002
90.926	112.341	140.542	108.925

Landwirtschaft

In der Landwirtschaft ist der Anteil an Vollerwerbsbauern nur mehr gering. Vorwiegend werden die noch bestehen-den landwirtschaftlichen Betriebe als Neben- und Zuerwerb genutzt. Für die Forstwirtschaft ist der im Osten des Gemeindegebietes gelegene Pflanzgar-ten von Bedeutung.

Viehbestand - *letzte Viehzählung*

Rinder	246	Pferde	15
Schafe	203	Ziegen	19
Schweine	28	Hühner	146

Klima

Das Lechtal gehört zum Staugebiet der Nordalpen, lediglich die vorgelagerten Allgäuer Alpen schwächen diese Wir-kung etwas ab. Die Temperaturmittel-werte liegen zwischen 5,5° C und 7° C. Die hohen Niederschlagswerte betragen

Totentanz von J. A. Falger

Vier Hotels, davon zwei Wellnesshotels, zwei Gasthäuser, viele Pensionen und Privatvermieter bieten insgesamt 1.135 Gästebetten an.

Außerdem gibt es noch eine Pizzeria, zwei Pubs, ein Taxiunternehmen, einen Skilift und zwei Übungslifte mit Skischule, ein Fitnessstudio, eine Rodelbahn, einen Eislaufplatz, ein Freischwimmbad, zwei Tennisplätze, einen Sportplatz, mehrere interessante Wanderwege, zwei Jausen-stationen und zwei bewirtschaftete Schutzhütten.

etwa 1300 mm. Elbigenalp verzeichnet an durchschnittlich 100 – 130 Tagen eine geschlossene Schneedecke. In Elbigen-alp bleiben lediglich Teile von Grünau im Winter von Mitte November/Dezember bis Anfang Jänner/Februar ohne Son-nenschein.

Gewässer und Gebirge

Von den Allgäuer Alpen fließen der Bernhardsbach, der Stinebach, der Mühlbach und der Scheidbach in den Lech, während von den Lechtaler Alpen der Ruitelbach in den Lech mündet. Der

Hausberg von Elbigenalp ist die Rote Wand (2262 m).

Ereignisse und Katastrophen

Lawinen- und Murenabgänge verursachten 1689 (Holdernach), 1984, 1999 (Köglen), 2002 (Untergiblen), 2003 (Sportplatz, Holdernach) Sachschäden, Personen kamen aber nicht zu Schaden, 2005: Hochwasser (Zerstörung Nikolausbrücke).

Persönlichkeiten

Josef Anton Koch, Johann Anton Falger, Anna Stainer-Knittel und Prof. Dr. Ignaz Dengel.

Josef Anton Lumpert (1757 – 1837); Bürgermeister von Wien (1823 – 1834).

Josef Schnöller (1796 – 1862): fuhr 1811 mit seinem Onkel nach Amerika, studierte dort Theologie, wurde 1828 Pfarrer in New York und 1839 von Albany. Er starb 1862 in Brooklyn.

Dr. Theodor Friedle (1836 – 1915): Generalvikar und Dompropst in Brixen.

Dr. med. Franz Josef Lang (1894 – 1975): bedeutende Forschungen und Veröffentlichungen auf dem Gebiet der Knochen- und Gelenkserkrankungen, insgesamt 120 Publikationen, auch Arbeiten über Drüsenerkrankungen.

Königin Maria von Bayern (1825 – 1889): Mutter des bayerischen Königs Ludwig II, suchte jahrzehntelang in Elbigenalp Ruhe und Erholung, war für den Ort und das Lechtal eine große Gönnerin.

Prof. Rudolf Geisler-Moroder (1919 – 2001): Holzbildhauermeister, Künstler, Leiter der Schnitzschule (1951 – 1983), schuf den Tabernakel und einen Engel am Hochaltar der Pfarrkirche und das Kruzifix in der Kriegsgedächtniskapelle.

Sigrid Wolf, geb. 1964: Olympiasiegerin im Super-G 1988 in Calgary.

Besonderheiten

Im Jahre 1993 wurde am Ausgang der Bernhardstalschlucht die Geierwally Freilichtbühne in einer einmalig schönen Naturkulisse errichtet. Fast hundert Meter hoch sind die überhängenden Felsformationen, die für sich allein schon ein Naturschauspiel sind. Laienschauspieler machen es sich zur Aufgabe, Mythen und Geschichten ihrer Region im Volksschauspiel aufzuarbeiten. Die Bühne wurde nach der in Elbigenalp (1873) geborenen, berühmten Malerin Anna Stainer-Knittel, besser bekannt als „Geierwally", benannt.

Gebäude und öffentliche Einrichtungen

Gemeindehaus (erbaut 1970, erweitert 1993): Gemeindeamt, Postamt, Standesamt, Gendarmerieposten Elbigenalp, Rotes Kreuz, Bergwacht/Bergrettung, Schützengilde, Musikkapelle.

Mehrzweckhaus (erbaut 1979 – 1981, erweitert 1993): Sprengelarzt, Tourismusbüro, Feuerwehr, Gemeindesaal, Kindergarten, Öffentliche Bücherei, Heimatmuseum, Schützenkompanie.

Geierwally Freilichtbühne

Sagen

Der Scheibenschütze
Drachen bei Elbigenalp
Die Wilde Fahrt in der Grünau
Der Diebsbann
Der Butz bei der Grünauer Brücke

Weiterführende Literatur

Otto R. v. Lutterotti: Joseph Anton Koch (1768 – 1839), Leben und Werk mit einem vollständigen Werkverzeichnis, Herold Verlag, Wien-München

Helga Reichart: Leben und Werk des Holzbildhauers Rudolf Geisler-Moroder, Verlag Tyrolia, Innsbruck-Wien, 1996

Karl Paulin: Anna Stainer-Knittel – Aus dem Leben einer Malerin, Universitätsverlag Wagner, Innsbruck

Theo Bader: Festschriften und Dorfchronik Elbigenalp

Falger-Chronik

Ferdinand Fuchs: „Heimat Außerfern", 1984.

Elmen

Wolfgang Köck, Josef Mair

Wappen

Verleihung des Wappens am
6. März 1973.

Von Silber und Grün dreimal gespaltener Schild mit zwei Ulmenblättern in verwechselten Farben.

Farben der Gemeindefahne

Weiß-Grün.

Als sprechendes Wappen versinnbildlicht es den Namen der Gemeinde, der vom Wort „Ulmen" herrührt.

Lage

In der Mitte des Lechtales, eingebettet zwischen Rotwand, Klimmspitze und Mutekopf, liegt Elmen mit den Ortsteilen Martinau und Klimm. Von Elmen führt die Hahntennjochstraße nach Imst ins Inntal (Wintersperre); Reutte liegt von Elmen ca. 24 km entfernt.

Zu Elmen gehören der Weiler Klimm und die Fraktion Martinau.

GEMEINDEAMT

6644 Elmen
Nr. 2
Tel.: 05635/297, Fax: 05635/297-6
e-mail: gemeinde@elmen.tirol.gv.at

Gemeindestatistik

Fläche in ha:	2964.1
Kleinregion:	Oberes Lechtal
Einwohner 31.12.2009:	398
Mittlere Wohnhöhe:	976 Meter

Elmen um 1910

Flächennutzung

Wert in ha, Anteil an jeweiliger Gesamtfläche in %

Flächenanteile 2001	Gemeinde	Gem.	Bez.	Land
Dauersiedlungsraum	264.6	8.9	9.9	12.2
Alpen	347.3	11.7	25.0	27.0
Wald	1660.7	56.0	43.0	36.6
Gewässer	86.8	2.9	1.8	0.9
Verkehrsflächen	23.0	0.8	0.7	1.0
Sonstige Flächen	627.5	21.2	20.9	24.3

Bevölkerungsentwicklung

Jahr	1869	1880	1890	1900	1910	1923	1934
Einwohnerzahl	360	340	322	312	319	245	286

Jahr	1939	1951	1961	1971	1981	1991	2001
Einwohnerzahl	286	345	366	379	367	393	396

Häufige Familiennamen:

Bischof, Ginther, Köck, Lechleitner, Scheiber.

Geschichte

Vermutlich führte schon in sehr früher Zeit durch das heutige Ortsgebiet von Elmen ein Pfad zum Hahntennjoch ins obere Inntal. Dies untermauert die Auffindung einer römischen Münze aus 80 cm Tiefe am „Hohen Rain", die das Bildnis der Kaiserin Faustina jun. (gest. 175 n. Chr.) zeigt. Erstmals wird Elmen im Jahr 1312 als „Elmenoe" erwähnt und scheint im Feuerstättenverzeichnis von 1427 zusammen mit Klimm und Martinau mit 23 Häusern und 122 Einwohnern auf. Seit Ende des 15. Jhs. war der Ort Sitz von Gerichtsanwälten, die als verlängerter Arm des Pflegers von Ehrenberg eingesetzt waren; ihnen unterstanden unter der Gebietsbezeichnung „Elmer-Drittel" die Ortschaften Hinterhornbach, Stanzach und Forchach. Bis zur Auflassung der Anwaltschaften des Gerichtes Ehrenberg im Jahr 1833 hatten die Anwälte meist ihren Amtssitz im heute noch bestehenden Haus Nr. 45 (Gasthof Kaiserkrone). Um diese Zeit hatte sich Elmen (mit Klimm und Martinau) laut einer amtlichen Erhebung von 1835 zu einem Ort mit 83 Häusern und 410 Personen entwickelt. Zwei Gemeindebürger betätigten sich als „Zündholz-Fabrikanten" und hatten bald nach der Erfindung des Schwefelhölzchens (1832) je ein Häuschen am Weg nach Klimm und am Edelbach erbaut (beide noch erhalten) und konnten sogar Heimarbeit vergeben. Seit der Errichtung der Handwerkszünfte 1694 in Bichlbach als „Mutter- oder Hauptlade" stand in Elmen auch eine Beilade. Durch das ganze 18.

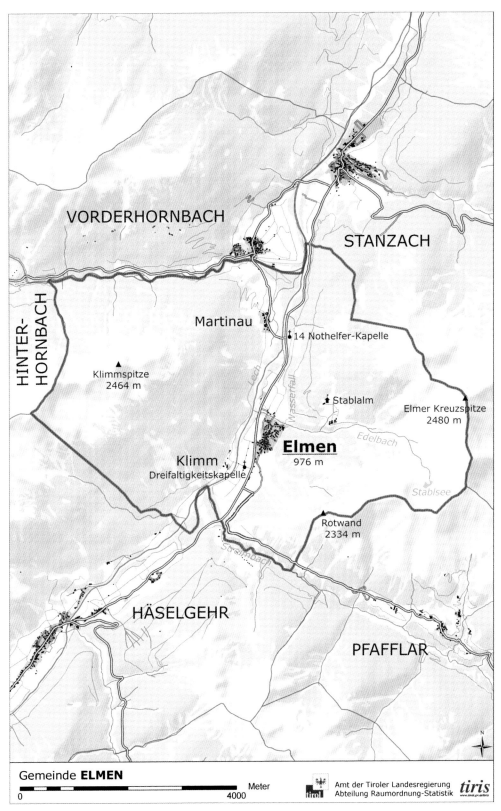

VORDERHORNBACH

STANZACH

HINTER-HORNBACH

Martinau

14 Nothelfer-Kapelle

Klimmspitze
2464 m

Stablalm

Elmer Kreuzspitze
2480 m

Lech

Wasserfall

Edelbach

Elmen
976 m

Klimm
Dreifaltigkeitskapelle

Stablsee

Rotwand
2334 m

Strbibach

HÄSELGEHR

PFAFFLAR

N

Gemeinde **ELMEN**

Meter

0   4000

Amt der Tiroler Landesregierung
Abteilung Raumordnung-Statistik

tiris

Jh. hindurch gab es in Elmen Maurer- und Zimmermeister, Hutmacher, Stuckateure, Strumpf- und Lodenwalker, Weiß- und Rotgerber, Bäcker. Michael Schwarz, von Beruf Müller und Tischler, betrieb von der 2. Hälfte des 18. Jhs. bis zum Jahr 1830 nebenher noch eine Glockengießerei.

Seit 1920 gibt es in Elmen elektrischen Strom, der damals in Stanzach erzeugt wurde. 1926 wurde die Erbauung einer Hochdruckwasserleitung vorgeschlagen, um bei Bränden das Eigentum der Bewohner zu schützen; daraufhin gründete sich auch die Freiwillige Feuerwehr. Ab 1926 gab ein heimisches Tiefbauunternehmen etlichen Männern einen Arbeitsplatz.

„alte" und „neue" Holzbrücke nach Klimm

Kirche - Seelsorge

Pfarrkirche zu den Heiligen Drei Königen:
Schon seit Anfang des 15. Jhs. dürfte in Elmen eine Kirche bestanden haben, welche urkundlich erstmals im Jahr 1438 erwähnt wird. 1444 scheint auf, dass diese bereits den „Heiligen Drei Königen" und „Unserer Lieben Frau" geweiht war. Zur Unterteilung der Großpfarre Elbigenalp wurde 1515 die Kaplanei Elmen gegründet, die Kirche erneut geweiht und mit ständigen Kaplänen besetzt, welche den Bewohnern der Ortschaften Gutschau, Stanzach, Hinterhornbach und dem zur Großpfarre Aschau (Wängle) gehörenden Vorderhornbach eine nahe liegende Betreuung ermöglichen konnte. Die Stiftung wurde am

13. 11. 1515 vom Augsburger Fürstbischof Heinrich von Lichtenau bestätigt. In der Kaplaneikirche durften die Sakramente des Altars, der Taufe und Krankensalbung gespendet werden, aber unter der Bedingung, dass der Kaplan das Taufwasser und die heiligen Öle von der Mutterkirche in Elbigenalp empfange. Untersagt war aber, in Elmen Jahrtage zu halten und Begräbnisse vorzunehmen, die ohnehin nicht stattfinden konnten, da der Friedhof nach vielen vergeblichen Mühen erst 1669 bewilligt wurde. Im Jahr 1667 wurde durch den Widumbrand die angeblich gotische Kirche stark in Mitleidenschaft gezogen und erhielt nach den sofortigen Umbau- bzw. Erweiterungsmaßnahmen die jetzige Gestalt. Eines der kunsthistorisch höchstrangigen Kunstwerke des Außerferns birgt das Innere der Kirche mit dem lebensgroßen gekreuzigten Christus, den der bedeutende Weilheimer Bildhauer Bartlme Steinle 1614 geschaffen hat. Am Kreuzstamm hält eine Wappenkartusche das Andenken an die Stifter lebendig: Burkhart Laymann Freiherr von und zu Liebenau, Ehrenheim und Stainenberg „Pfleger von Ehrenberg" in Allianz seiner Gattin Brigitta, geb. Raichart. Um 1680 entstand die Kanzel, welche ca. 60 Jahre später mit den Skulpturen der vier Evangelisten von Balthasar Jais aus Imst modernisiert wurde. Ebenso wird in der Verschiedenheit der hinzugefügten Ornamentik (Klassizismus und Neoromanik) die jeweilige Stilanpassung dokumentiert. Um 1750 lieferte Johann Balthasar Riepp aus Reutte die Gemälde des Kreuzweges. Der anschließend erstellte Barock-Hochaltar aus der Imster Witwer-Werkstatt fiel dem klassizistischen Zeitgeschmack zum Opfer. Davon überdauert hat die Dreikönigsgruppe um 1760 von Joseph Georg Witwer, für die 1966 der Hochaltar in Nachahmung des Barock bei der Gesamtrestaurierung der Kirche in Stuckmarmor erstellt wurde. Die dekorativ gestalteten Statuen der Könige bilden

eine ikonografische Ausnahme, da sie nicht mit der Anbetung des Jesuskindes in Verbindung gebracht sind, sondern sich allein als Kirchenpatrone präsentieren. 1784 fertigte der Rokoko-Bildhauer Johann Richard Eberhard aus Hindelang „Unsere Liebe Frau" für den Marienaltar. Zwei Jahre später wurde die Kirche zur Lokalie erhoben, und es traten Kuraten auf, bis 1891 Elmen zur selbstständigen Pfarre wurde. Von Kurat Nikolaus Uelses erhielt Joseph Anton Köpfle aus Höfen um 1800 den Auftrag, die Raumschale der Kirche gänzlich auszumalen. Das Chorfresko „Geburt Christi" (Ankunft) wurde bereits 1875 beseitigt. Hingegen verblieb das Langhausfresko „Jüngstes Gericht" (Wiederkunft) und bildet in der Größe des Ausmaßes sein Hauptwerk. Darin enthält ein Chronogramm das Entstehungsjahr 1801 verschlüsselt. Köpfle beendete sein umfangreiches Werk mit zwei Seitenaltarblättern im Jahr 1803. Vom klassizistischen Hochaltar, den der Imster Bildhauer Franz Xaver Renn 1813 selbst aufgestellt hatte, überdauerten die Statuen Lukas und Johannes der Täufer, die heute auf Konsolen an den Chorwänden stehen. Für diesen ehem. Hochaltar malte Karl Selb aus Unterstockach das große Altarblatt mit der „Anbetung der Könige", welches mit 1814 datiert ist und nun an der Langhauswand seitlich der Kanzel angebracht ist.

Filialkirche zum hl. Joseph:

In der Fraktion Martinau wurde bereits 1634 eine kleine Kapelle erbaut. 1706 baten die Martinauer ihren Kaplan Michael Frei in Elmen um den Beistand, ihre Kapelle größer und näher bei den Häusern zu errichten. Der um die Baulizenz bemühte Kaplan erhielt aus Augsburg eine strikte Absage, da sich herausgestellt hatte, dass schon die bestehende Kapelle ohne Wissen des bischöflichen Ordinariates gebaut worden war. Auf Grund des bereits voreilig herbeigeschafften Baumaterials stellte der Pfarrer von Elbigenalp am Tag des hl. Joseph 1708 erneut ein Ansuchen an den Generalvikar und erreichte die Bewilligung. Im März 1903 vernichtete der Ortsbrand auch die Kapelle mitsamt ihrem wertvollen Inventar. In der heutigen Ausstattung birgt das Kirchlein Kunstwerke aus verschiedenen Zeitepochen. Der integrierte Hochaltar (um 1870) enthält ein um 1904 entstandenes Altarblatt mit der Darstellung des hl. Joseph und dem Jesusknaben von Johann Kärle aus Vorderhornbach, der auch die kleinen Kreuzwegbilder malte. Die dem Altar hinzugefügten Statuen Joachims und Johannes des Täufers sind Werke des Barockbildhauers Maximilian Hitzelberger aus Pfronten. Die Gebälksengel stammen von Clemens Witwer aus Imst und seitlich des Tabernakels stehen Matthäus und Johannes – zwei von vier ehemaligen Evangelistenskulpturen einer Kanzelbrüstung –, welche sein Vater Joseph Georg Witwer zusammen mit den meisterhaften Skulpturen der hll. Franziskus und Antonius am Chorbogen um 1770 schuf. An den Langhauswänden stehen sich die Skulpturen der hll. Barbara und Katharina (Ende des 18. Jhs.) aus der Eberhard-Werkstatt in Hindelang gegenüber. 1959 hat Pfarrer Peter-Paul Plautz auf vielfachen Wunsch der Bevölkerung von Martinau die Bewilligung erhalten, das Allerheiligste

Blick von der Stablalm

für ständig zu belassen, wodurch sich die Kapelle zur Filialkirche der Pfarre erhob.

14-Nothelferkapelle bei der Martinauer Lechbrücke:

Erbaut 1896. Über der Altarmensa Ölgemälde „Maria-Hilf und den 14 Nothelfern" aus dem Anfang des 19. Jhs., welches ornamentale Wandmalereien von Pfarrer Nikolaus Lechleitner umgeben; renoviert 1996.

Dreifaltigkeitskapelle am Weg nach Klimm:

1962 im Zuge der Grundzusammenlegung erbaut. Wandbild „Hl. Dreifaltigkeit" sowie Sgraf-fito „Hl. Hubertus" an der Außenwand von Ernst Degn aus Innsbruck; renoviert 2003.

Totenkapelle am Friedhof:

Totentanz Johann Anton Falger

Kreuzweg auf den Ölberg:

Angelegt 1913 in 14 Betonstelen mit Metallgussreliefs; renoviert 1983.

Schule

In der Gemeinde Elmen gibt es eine Volksschule, welche je nach Schülerzahl ein- bzw. zweiklassig geführt wird. Schuljahr 2010/2011 – 13 Schulkinder. Ab der 4. Schulstufe wechseln die Schüler in die Hauptschule nach Elbigenalp bzw. in das Gymnasium nach Reutte.

Das neue Schulhaus wurde in den Jahren 1988 bis 1989 erbaut und am 7. Oktober 1989 eingeweiht.

Untergebracht sind zwei Schulklassen, ein Bastelraum, eine Öffentliche Bücherei und eine Turnhalle im Keller.

Vereine

Musikkapelle, Schützenkompanie, Feuerwehr, Bergwacht, Sportverein, Heimatbühne, Landjugend, Senioren, Gesundheits- und Sozialsprengel Unteres Lechtal, Kirchenchor u. Viehzuchtverein.

Gesundheit und Soziales

Für pflegebedürftige Personen steht ein Krankenbett zur Verfügung. Die Gemeinde Elmen hat ein Sparbuch für in Not geratene Gemeindebürger angelegt.

Wirtschaft und Tourismus

Int. Transporte und Erdbewegungen, Rauchfangkehrermeister und Dorfladen, zwei Gasthöfe, ein Pub, eine Jausenstation und eine Almwirtschaft.

Der Tourismus ist eher rückläufig. Die „Stablalm" mit Panoramablick ins Lechtal ist ein beliebtes Ausflugsziel und erfreut sich steigender Besucherzahlen.

Landwirtschaft

Anzahl land- u. forstwirtschaftlicher Betriebe

1960	1970	1980	1990	1999	2002
53	43	38	29	24	20

(2010: 10 Viehhaltende Betriebe).

Rinderbestand

1970	1980	1990	1999	2002	2010
241	182	139	118	118	117

Viehbestand - *letzte Viehzählung*

Rinder	117	Pferde	2
Schafe	0	Ziegen	3
Schweine	0	Hühner	29

Ereignisse, Katastrophen

1664: Das traurigste Jahr für Elmen war 1664, als beim Heuziehen am „Oberen Berg" im Weittal 40 Männer von einer riesigen Lawine verschüttet wurden. Die Chronik meldet, dass „22 Weiber Witwen wurden"; einige Familiennamen sind daraufhin in Elmen erloschen.

1762 mussten bei einer verheerenden Überschwemmung des Lech drei ehem. Häuser, die unterhalb des „Puitraines" auf dem „Sand" standen, mit Ketten verankert werden.

1880: In der Nacht vom 25. auf den 26. Dezember vernichtete ein Großbrand 13 Häuser im westlichen Teil von Elmen.

1887: Staublawine von der Klimm. Die Schneemassen stauten den Lech so weit auf, dass das Wasser bis zum „Puitrain" reichte.

1903: Am 26. März brannte die Fraktion Martinau, ein Ort mit 16 Wohnstätten, mitsamt der St. Josephskapelle bis auf ein einziges Haus (Nr. 2) nieder.

1988: Am 23. März brach am steilen Nordhang der Pfeilspitze eine gewaltige Lawine ab, die sich durch die ganze Edelbachschlucht abwärts bewegte und letztendlich beim Wasserfall einen etwa 30 Meter hohen Lawinenkegel aufschüttete. Dabei wurde das Gebäude der alten Mühle, das Sägewerk mit Kleinkraftwerk und die neue Stahlbetonbrücke über den Edelbach zerstört.

2005: Am 23. August trat der Lech neben

der Klimmbrücke über die Ufer, überschwemmte die Felder, die Bundesstraße, überflutete den Keller eines Hauses und zerstörte Städel

Persönlichkeiten:

Josef Perthaler war 1815 in Innsbruck geboren und wurde als prakt. Arzt durch die Heirat mit einer Vorderhornbacherin in Elmen sesshaft. Durch unermüdlichen Einsatz für Hilfsbedürftige aller umliegenden Ortschaften erhielt er das Goldene Verdienstkreuz.1890 starb er in Elmen.

Johann Weirather (geb. 1824 in Elmen, Haus Nr. 13), Komponist von kirchenmusikalischen Werken, wirkte mit seinem ehemaliger Lehrer Franz Anton Bader (1800 – 1867) beim örtlichen Kirchenchor. Durch den eifrigen Einsatz beider stand der „Chor Elmen" in der Größenordnung der Streicher- und Bläserbesetzung sowie der kundigen Sänger im Lechtal einzigartig da. Weirather ergriff den Beruf eines Lehrers, den er dann in Spiss (Oberinntal) ausübte. Seine Kompositionen wurden teilweise durch den Druck bei Johann Gross in Innsbruck publiziert.

*Karl Weirathe*r (geb. 1880 in Mieming, gest. 1922 in Elmen), erlangte als Porträtfotograf in Elmen regionale Bedeutung. Er stellte ab 1909 verschiedene Ortsansichten her, welche er in seinem eigenen Verlag als Postkarten bzw. Ansichtskarten vertrieb.

Nikolaus Lechleitner geb. 1893 in Häselgehr, war durch 25 Jahre bis zu seinem Tod 1956 Pfarrer und Ehrenbürger in Elmen. Sein kreatives Talent verwirklichte er insbesonders durch Landschafts-Motive in Aquarelltechnik.

Walter Busch (geb. 1898 in Leipzig, gest. 1980 in München), ließ sich als akademischer Maler in Elmen nieder und war Besitzer des ehem. „Zündholzhäuschens" am Edelbach. Er hat das alte Lechtal bzw. Außerfern durch unzählige Landschaftsbilder dokumentiert.

Geografische Besonderheiten

Die Stablalm, 1412 m, bietet den wohl schönsten Panoramablick ins Lechtal. Angrenzend zur Stablalm liegt am Fuße des „Oberen Berg" (Elmer Kreuzspitze) der Stablsee, aus dem der Edelbach ent-

springt; als „Urfall" fällt er am Ende des „Mühlgwändts" aus einer imposanten, ausgeschliffenen Felsrinne senkrecht in das Bachbett des Talbodens am östlichen Ortsrand von Elmen. Die Elmer Kreuzspitze (2480 m) ist einer der auffallendsten Grasberge der gesamten Alpen! Der aus Lias-Fleckenmergel aufgebaute Kamm bildet einen schmalen First über 800 m hohen Gras-Steilhängen nach Westem und einer noch steileren 900-m-Flanke nach Südosten, während gegen Norden Fels abbricht.

Rekordverdächtiges

Das europaweit größte Frauenschuhgebiet findet man in Martinau. Viele Botaniker und Blumenfreunde aus dem In- und Ausland kommen und staunen. Die Blütezeit ist von Mitte Mai bis Mitte Juni. Neben dem Frauenschuh wachsen hier noch zehn andere Orchideenarten.

Sagen

Die schlauen Weiber von Elmen
´s Kuchahündle
Die Schlangenplage auf der Klimm
Die Frevler auf der Hanseles Alp
Die Schätze in Elmen

Weiterführende Literatur

Albrecht Lechleitner, Chronik der Gemeinde Elmen mit den Ortsteilen Klimm und Martinau
Ernst Bischof, Neue Dorfchronik von Elmen
Hans Dvorak, Dorfbuch Elmen
Jakob Neuner, Schulchronik von Elmen
Dieter Seibert, Alpenvereinsführer
Volksschule Elmen, Kinderkirchenführer Elmen, Juni 2004.

Forchach

Maria-Theresia Winkler-Köll

Wappen

Verleihung des Wappens am
25. April 1978.

In Grün ein silberner Föhrenzweig mit
silbernen Zapfen.

Farben der Gemeindefahne

Weiß-Grün.

Das Wappen weist auf den Ortsnamen
Forchach hin, der die Mehrzahl von
Föhren bedeutet, also wurde ein Föhren-
wald namengebend für die Ansiedlung.

Lage

Forchach liegt 13 km südwestlich von
Reutte rechtsufrig an der Mündung des
Schwarzwassertales. Am nahe gelegenen Lech dehnt sich eine der wenigen
natürlichen Flusslandschaften Europas
aus.

Ortsteile: Unterdorf, Oberdorf, Siedlung.

GEMEINDEAMT

6670 Forchach
Nr. 41
Tel.: 05632/512, Fax: 05632/512-4
e-mail: gemeinde@forchach.tirol.gv.at

Gemeindestatistik

Fläche in ha:	1437.8
Kleinregion:	Oberes Lechtal
Einwohner 31.12.2009:	289
Mittlere Wohnhöhe:	910 Meter

Forchach um 1920

Flächennutzung

Wert in ha, Anteil an jeweiliger Gesamtfläche in %

Flächenanteile 2001	Gemeinde	Gem.	Bez.	Land
Dauersiedlungsraum	147.6	10.3	9.9	12.2
Alpen	367.9	25.6	25.0	27.0
Wald	813.3	56.6	43.0	36.6
Gewässer	82.6	5.7	1.8	0.9
Verkehrsflächen	12.5	0.9	0.7	1.0
Sonstige Flächen	43.7	3.0	20.9	24.3

Bevölkerungsentwicklung

Jahr	1880	1910	1939	1961	1991	2001
Einwohnerzahl	129	156	137	163	272	285

Häufige Familiennamen
Fürrutter, Kerber, Scheiber, Sprenger, Winkler.

Geschichte
Der Ortsname scheint erstmals um 1200 als „Vorhach" auf. 1294 verkaufte der Ritter Konrad Wizener dem Kloster St. Magnus in Füssen grundherrlich die „Au Breitforchach", wobei aber die Tiroler Landesfürsten die Gerichts- und Forsthoheit ausübten. 1326 wurde Heinrich von Starkenberg mit dem Gebiet von dem „praiten Vorchach unz an den Roten Lech" belehnt. Bis ins 16. Jh. „Breitforchach" genannt, wurde der Ort 1610 als selbstständige Gemeinde erwähnt, die kirchlich zur Pfarre Wängle gehörte, verwaltungsmäßig aber der Großgemeinde Unterlechtal unterstand. Aus der Untergemeinde des Landgerichtes Reutte von 1819 bildete sich die heutige politische Gemeinde Forchach (1833).

Kirche - Seelsorge
1635 – zu dieser Zeit der Not und des Elends gelobten die Einwohner Forchachs, eine Kapelle (jetzige Kirche) zu Ehren des **hl. Sebastian** zu erbauen. Der Grund wurde am St. Michaelstag 1635 gelegt und am St. Martinsabend der Dachstuhl aufgerichtet. (lt. Chronist Kößl)
1685 – Einweihung des Friedhofes
1804 – Kauf der Orgel
1957 – Einweihung der alten Kriegerkapelle, Abriss *1993* und Einweihung der neuen Kriegerkapelle *1994*
1989 – Leichenkapelle erbaut und eingeweiht
Herz Jesu-Kapelle am „Gstoag": Einweihung am 10.10.1954 – gestiftet von Karoline Sprenger, Forchach, aufgrund eines Gelöbnisses (erbaut von Josef Kerber).

Schule
Einweihung 1963 – Renovierung 2001.

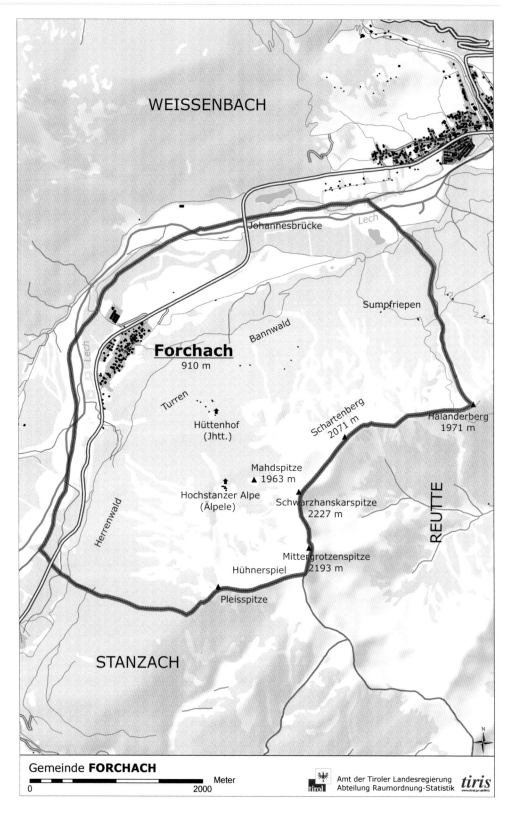

WEISSENBACH

Johannesbrücke

Lech

Sumpfriepen

Bannwald

Forchach
910 m

Turren

Hüttenhof
(Jhtt.)

Schartenberg
2071 m

Halanderberg
1971 m

Mahdspitze
▲ 1963 m

Hochstanzer Alpe
(Älpele)

Schwarzhanskarspitze
2227 m

REUTTE

Herrenwald

Mittergrotzenspitze
2193 m

Hühnerspiel

Pleisspitze

STANZACH

Gemeinde **FORCHACH**

Meter

0   2000

Amt der Tiroler Landesregierung
Abteilung Raumordnung-Statistik

tiris

Vereine und Brauchtum

Feuerwehr, Landjugend, Sportverein, Schützen, Musikkapelle.

Die Musikkapelle geht am Silvesternachmittag durchs Dorf und spielt vor den Haustüren der Dorfältesten, der Ehrenbürger, des Bürgermeisters, des Pfarrer, des Lehrers etc.
„Neujahrsschreien" der Kinder in einer Gruppe.

Wirtschaft

Fa. Urban Maschinenbau GmbH: **1981** – Firmengründung der Urban Maschinenbau Forchach mit einer Produktionshalle samt Sanitärräumen, Büros und der ersten Wärmepumpenanlage zur Beheizung der Produktionshalle im größeren Ausmaß. Größe 2100 m².
Beginn mit fünf Mitarbeitern, im Laufe des ersten Jahres auf 15 Mitarbeiter aufgestockt.
1984 – Zubau einer Schlosserei zur Fertigung von Schweißteilen für das Hauptwerk in Memmingen (D), Zubau ca. 2000 m², 20 bis 30 Mitarbeiter.
1989 – Zubau einer Produktionshalle für Werkzeugbau und Brennschneiderei – Umsiedlung, außerdem Vergrößerung des Eisenlagers und der Sägeabteilung. Zubau 1500 m², 60 Mitarbeiter.
1993 – Zubau und Vergrößerung der Schlosserei für zwei neue Schweißroboter und weitere Schweißplätze. Zubau etwa 1200 m², 70 Mitarbeiter.
1995 – Neubau eines Bürogebäudes mit drei neuen Büros für Einkauf, Montageleitung und Geschäftsleitung.
1995 – Neubau (Zubau) der Trockenhalle für die Lackiererei. Größe des Zubaues 750 m².
1997/1998 – Überdachung der Innenhöfe zur Lagerung der Maschinenteile. Dadurch gewonnene Fläche ca. 2000 m².
2000 – Zukauf von ca. 5000 m² Baufläche für künftige Erweiterungen im Bereich Montagen. Bau eines Kesselhauses und Einbau einer komplett neuen Heizanlage für alle Produktionshallen, großteils klimatisiert, 110 Mitarbeiter.

2002 – Fertigungs- und Vorführhalle, Erweiterung um 1000 m², 100 Mitarbeiter - derzeit ca. 9000 m² Produktionsfläche.
2006 – Thomas Urban übernahm die Geschäftsführung von Josef Urban
2007 – 25-jähriges Jubiläum, Josef Urban wird zum Ehrenbürger ernannt.

Hängebrücke

Landwirtschaft

1929: Gründung der Viehzuchtgenossenschaft.

Viehbestand - *letzte Viehzählung*

Rinder	63	Pferde	3
Schafe	4	Ziegen	0
Schweine	2	Hühner	55

Persönlichkeiten

Gebrüder Jakob und *Johann Anton Singer*, 1760 Bürger von Luzern, Baumeister.

Besonderheiten

Hängebrücke über den Lech.

Sagen

Der unsichtbare Fuhrmann
Die goldenen Hobelspäne
Der Schatz bei Forchach
Das nächtliche Schwein
Das unheimliche Jagderlebnis
Das Wilde Fräulein

Weiterführende Literatur

Dorfchronik.

Gramais

Werner Friedle

Wappen

Verleihung des Wappens am
27. Oktober 1981.

Von Silber und Rot geteilt, oben ein
schwarzer wachsender Stier.

Farben der Gemeindefahne

Weiß-Rot.

Das Wappen versinnbildlicht die schon in
rätoromanischer Zeit vom Imster Raum
aus über das Joch erfolgte Beweidung
und spätere Besiedlung des Gramais-
tales.

Lage

Die bevölkerungsmäßig kleinste Gemeinde Österreichs ruht mit der Kirche, der
Schule, dem Gasthof Alpenrose und 24
Häusern auf 1328 m Seehöhe mitten in
den Lechtaler Alpen vor dem grandiosen Abschluss des Otterbachtales, wo
die Berge mit ihrer höchsten Erhebung
zur Großen Leiterspitze (2750 m) aufsteigen. Das Bergdorf liegt in einem windgeschützten Kessel mit drei Ortsteilen Dörfl,
Gschwendt und Riefen.

GEMEINDEAMT

6650 Gramais
Nr. 16
Tel.: 05634/6422, Fax: 05634/6422-10
e-mail: gemeinde.gramais@lion.cc

Gemeindestatistik

Fläche in ha:	3243.7
Kleinregion:	Oberes Lechtal
Einwohner 31.12.2009:	68
Mittlere Wohnhöhe:	1321 Meter

Gramais um 1910

Flächennutzung

Wert in ha, Anteil an jeweiliger Gesamtfläche in %

Flächenanteile 2001	Gemeinde	Gem.	Bez.	Land
Dauersiedlungsraum	54.9	1.7	9.9	12.2
Alpen	553.1	17.1	25.0	27.0
Wald	791.1	24.4	43.0	36.6
Gewässer	13.4	0.4	1.8	0.9
Verkehrsflächen	5.4	0.2	0.7	1.0
Sonstige Flächen	1836.3	56.6	20.9	24.3

Bevölkerungsentwicklung

Jahr		1370	1629	1837	1869	1891	1910
Einwohnerzahl		5 Fam.	83	121	91	92	58

Jahr	1939	1951	1961	1971	1981	1991	2001
Einwohnerzahl	70	81	69	63	55	50	60

Häufige Familiennamen
Scheidle, Singer.

Geschichte

Mundartlich „Gramoas". Zugrunde liegt das lateinische Wort „grumus"(= Erdhügel), das zur romanischen Weiterbildung „val grumosa"(= das Murental) geführt hat. Diese Bedeutung weist auf die Lawinen-, Erdrutsch- und Murengefährdung hin. Hierzu passt auch die Deutung des Namens Riefen, des Gramais vorgelagerten Weilers, den man aus dem romanischen Wort „rovina" (bedeutet Erdrutsch) ableitet.

In alten Zeiten, als einigermaßen fruchtbare Böden die fast einzige Wirtschaftsquelle waren, herrschte schon bei geringer Siedlungsdichte meist starker Bevölkerungsüberschuss. Dieser zwang weichende Bauernsöhne, immer neue Siedlungsräume zu erschließen. Zu diesen Gebieten gehörten die Almen. Oft halfen auch die Grundherrschaften – Adelsgeschlechter, Stifte, Klöster – den Siedlungswillen, etwa durch Beistellung von Vieh, zu erreichen. Die Siedler wurden dadurch zinspflichtig. Diese Landerschließung erfolgte meist, indem sich Hirten oder Knechte in den schon bestehenden Almhütten etwas häuslicher einrichteten und mit dem Vieh auch den Winter dort verbrachten. So wurden Almen gewissermaßen aus eigener Kraft zu Dauersiedlungen. Noch heute gibt es eine Stelle auf dem Weg zum Sattele (Übergang nach Boden) namens „Stabl" (stabulum = Stall), wo wohl die ersten Siedler sich sommers aufhielten. Diese Besiedelung reicht ins 14. Jh., denn schon 1370 wird Gramais erstmals urkundlich genannt. Eine Familie von Eigenleuten ist angeführt. Das Feuerstättenverzeichnis von 1427 nennt unter mehreren Orten im Gerichte Imst: Item zu Gremeise und auf Peschlab 19

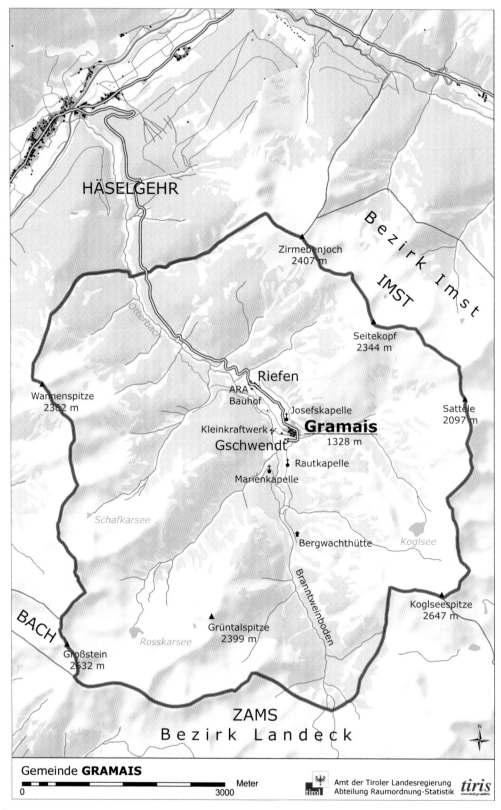

HÄSELGEHR

Zirmebenjoch
2407 m

Bezirk Imst

IMST

Otterbach

Seitekopf
2344 m

Riefen

Wannenspitze
2362 m

ARA
Bauhof

Josefskapelle

Sattele
2097 m

Kleinkraftwerk

Gramais
1328 m

Gschwendt

Rautkapelle

Marienkapelle

Schafkarsee

Koglsee

Bergwachthütte

Branntweinboden

BACH

Koglseespitze
2647 m

Grüntalspitze
2399 m

Rosskarsee

Großstein
2632 m

ZAMS
Bezirk Landeck

N

Gemeinde **GRAMAIS**

Meter

0   3000

tirol

Amt der Tiroler Landesregierung
Abteilung Raumordnung-Statistik

tiris
www.tirol.gv.at/tiris

Feuerstellen. 1629 werden 16 freieigene Bauern aufgezählt, die steuerpflichtig waren, und es beginnt: „Ist ein grobs, wilds Tal fern vom Land entlegen". Das neue Steuermaß war eine „Kuefuere" – die Fläche Feldes, dessen Ertrag zur Haltung einer Kuh auslangte.
Aus dem Jahre 1690 (der erste Priester kam nach Gramais) ist der älteste Gemeindebrief erhalten, wie man sich verhalten soll. Der Schluss heißt: „Darzue bekennt die ganze nachbarschaft und dises zu unterschreiben ein ieder mit seiner hausmarch". (Die Leute waren des Schreibens und Lesens unkundig, also „unterzeichneten" sie).

1847 schreibt Jakob Staffler: „Das Thal Gramais, ein Alpental, rau, trübselig und unfruchtbar wie Pfafflar. Die Schule untersteht gleich jener von Taschach in Pfafflar, der Distriktsschulen-Inspektion von Elbigenalp. Die Bewohner gelten als guthmütige, fleißige und genügsame Leute. Man weiß nichts von einem Wirtshause, also von Wein und Bier. Selbst das Brod ist dort ein Luxus-Artikel. Von Gramais und Pfafflar lässt sich mit Zachariä in Wahrheit sagen: Ein zufriedenes Volk, obgleich ein sparsamer Himmel über den trauernden Thälern hängt."
1811 wurde Gramais eine politische Gemeinde, die erst 1938 vom Bezirk Imst zum Bezirk Reutte kam. Im Jahre 1847 hatte Gramais mit 121 Einwohnern die höchste Einwohnerzahl. Heute hat Gramais etwa 60 Einwohner.

Kirche - Seelsorge
Pfarrkirche zum hl. Johannes, dem Täufer
Vor *1650* mussten die Toten in Imst beerdigt werden.
1650: eigener Gottesacker
1663: St. Johanneskapelle, seelsorglich zugehörig nach Elbigenalp, Diözese Augsburg
1689: Einweihung des Friedhofs
1690: 1. Priester – Kaplan Martin Blumenstiel – Dekanat Imst, Diözese Brixen
1695: Anlegung der kanonischen Taufbücher
1703: Kuratie
1735 – 1746: Kurat Christian Lindenthaler verfasst geistliche Aufzeichnungen
1824 – 1833: Bau der jetzigen Kirche, je-

des Haus hatte 365 Tagschichten zu leisten
1864: Einweihung der Kirche durch Fürstbischof Vinzenz Gasser aus Brixen
1891: Kuratie wird zur Pfarre erhoben
1905 – 1910: Pfarrer Albert Beiler – Ehrenbürger (Verdienste im Wegebau)
1917 – 1940: Pfarrer Hermann Knabl (siehe unter Persönlichkeiten)
1940: Überstellung der Pfarre vom Dekanat Imst zum Dekanat Breitenwang
1940: Gasthaus „Widum" schließt seine Pforten, das Gewerbe geht über auf Gasthaus „Alpenrose"
1958: letzter ständiger Pfarrer verlässt Gramais
1958 – 1979: Betreuung durch Häselgehrer Pfarrer Heinrich Prohaska
1979 – 2001: Betreuung durch Elbigenalper Pfarrer Hans Innerhofer
1987: Abschluss der Gesamtrenovierung, Einweihung durch Bischof Reinhold Stecher
ab *2001:* Pfarre Gramais wird mitgetragen im Pfarreienverband der Pfarren Stockach, Bach, Elbigenalp und Häselgehr.

Kapellen: zwei Marien- und eine Josefskapelle (gewidmet wegen gesunder Heimkehr aus dem Zweiten Weltkrieg) laden zum Beten ein.

Schule
Die Volksschule gibt es seit 1830, wurde wegen Schülermangels 1985 stillgelegt, und wird seit 1997 als Schulversuch wieder geführt, 2009 Stilllegung der Volsschule und des Kindergartens (seit 2002).
Das neue Gemeinde-Mehrzweckhaus (Pfarrwohnung, Volksschule, Kindergarten, Turnraum, Lehrerwohnung, Gemeindeamt, Garage für Schneeräumgerät) wurde 1973 eingeweiht. Ein Spielplatz ist nebenan eingerichtet.
Schulisch ist Gramais im Berechtigungssprengel der Hauptschule Lechtal in Elbigenalp.

Vereine
Bis 1939 hatte Gramais eine kleine Musikkapelle.
Die Freiwillige Feuerwehr, gegründet 1933, erhielt 1995 eine neue Halle und 2006 ein neues Tanklöschfahrzeug.
Die Bergwachteinsatzstelle Gramais, ge-

gründet 1961, besitzt eine eigene Bergwachthütte.

Die Jungbauernschaft/Landjugend ist seit
einigen Jahren auch organisiert und aktiv.
Der Heimatmuseumsverein Gramais
wurde 2001 ins Leben gerufen, das
Museum wird 2011 eröffnet.

Gramais ist an den Sportverein Häselgehr
angeschlossen.

Gesundheit und Soziales

Gramais bildet mit den Gemeinden
Elbigenalp, Häselgehr, Elmen und Pfafflar
einen Arztsprengel.

Wirtschaft – Tourismus

Bis 1975 gab es eine Gemischtwaren-
handlung.

Das Dorf wird vom bäuerlichen Leben
geprägt. Vollerwerbsbauern gibt es schon
lange keinen mehr. Vier Bauern im
Nebenerwerb nutzen eine große Fläche
des Grünlandes. Auch für die Jagdgenossenschaft wird Heu geerntet. Die Vermie-
ter haben sich großteils auf Ferienwohnungen umgestellt.

Der Reichtum der Gemeinde ist die Ruhe,
Abgeschiedenheit und Naturbelassenheit.
Wanderer genießen den Besuch der
Bergseen Koglsee, Guflsee, Bittrichsee,
Rosskar- und Schafkarsee, die einen
Seenkranz (alle auf ca. 2150 m Seehöhe)
rund um Gramais in den Lechtaler Alpen
mit Wasserfällen und herrlichem Pano-
rama bilden.

Im Winter laden ein Kleinstschlepplift und
eine Loipe die Wintersportler ein.

Die Gemeinde hat ein Gasthaus, aber
keine Hütte im Umkreis. Über die Jöcher
kann man die Hanauer Hütte, die
Steinseehütte, das Württemberger Haus
und die Memminger Hütte (alles AV-
Hütten) erreichen.

Aufbauprogramm ab 1972: Bauhof,
Dorfplatz mit Brunnen, Erwerb eines
Baugebietes (Bau- und Parkplätze),
Feuerwehrhalle, Forstaufschließung mit
Brückenbauten, Friedhoferweiterung, Ge-
meindegaragen, Grundzusammenlegung, Hochbehälter (100 m³), Hoch-
lagenaufforstung, Kanalisierung mit eigenem Klärwerk, Kirchenrenovierung, Landesstraße (Ausbau, Sicherheit), Lawinenverbauung am Vorderen Heuberg, Lift-
häuschen, Mehrzweckgebäude, Pisten-

gerät, Richtfunktelefon (über Häselgehrer
Heuberg), Sägewerk, SAT-Anlage,
Schneeräumgeräte, Kleinstschlepplift,
Wasserleitung in die Riefen, Weideroste
auf Straßen und Forstwegen.

Landwirtschaft

Eine Viehzählung aus dem 19. Jh. belegt
66 Kühe. Auf der „Taja" (Stauda) gab es im
19. Jh. eine Alm. Das Rosskar und Schafkar
führen den Namen nach der Beweidung
in früheren Jahrzehnten. Die Landwirtschaft ist wie andernorts im Rückgang
begriffen. 2010 gab es nur noch vier rin-
derhaltende Betriebe und einen Schaf-
bauern. Zur Erleichterung für Bergheuein-
bringung gab es zwei Bergseile und für das
Holz einen Holzaufzug in die Riefen.

Viehbestand - *letzte Viehzählung*

Rinder	29	Pferde	0
Schafe	8	Ziegen	0
Schweine	0	Hühner	52

Jagd

Etwa 3000 ha umfasst die Genossenschaftsjagd, ein gutes Gamsrevier,
betreut von zwei Berufsjägern. Im Winter
1999 kamen 68 Gämsen durch Hunger,
Ermattung und Lawinen um. Die Pächter
kommen seit vielen Jahren aus Deutschland. Die Gampen- und Zirmebenjagd-
hütte sind Eigentum der Gramaiser Jagd.

Klima

Der Spruch aus früherer Zeit: „Dreiviertel
Jahr Winter und ein Viertel Jahr kalt" ist
nicht zutreffend. Gramais liegt in einem
windgeschützten Kessel. Die Sonnenein-
strahlung ist den ganzen Winter über
gegeben. Eine geschlossene Schneedecke von November bis April ist üblich.

Ereignisse und Katastrophen

1813 – Lawinentoter im Satteltal
1822 – Großbrand in Imst, Schriften,
Akten aus Gramais verbrannten
1845 – Lawinenunglück im Satteltal, zwei
Erwachsene kommen ums Leben
1881 – große Mure reißt alle Brücken und
zwei Mühlen weg
1890 – Mord(e) in Gramais, Mutter „der-
schlagn", Gattin nie mehr gefunden
1910 – ein Toter beim Holztriften im

Otterbach durch Sprengung eines „Knopfes" (Holzverhängung)

1915 – Geißhirte stürzt über Waldschrofenwand ab

1941 – Reinhart Singer verunglückt mit seinem Fuhrwerk im Gufltal tödlich

1953 – drei Tote durch Mure im „Glabbach" vor dem Branntweinboden

1966 – Martin Baldauf aus Heiterwang stürzt mit seiner Schubraupe ab und wird tödlich verletzt

1986 – ein deutscher Paddler ertrinkt im Otterbach beim Erkunden der Schlucht

1991 – ein seit 1979 vermisster Einheimischer wird gefunden (Skelett- und Stoffteile)

1995 – ein junger deutscher Bursche sucht den Freitod am Rosskarsee

1999 – eine 60-jährige deutsche Frau stürzt am „Stiegele" (Branntweinboden) tödlich ab

2006 – neues E-Werk (450 kW)

2009 – am 11.09. Besuch des Herrn Bundespräsidenten Dr. Heinz Fischer

Persönlichkeiten

Die berühmteste Person des Bergdorfes lebte im 16. Jh. zur Zeit Kaiser Maximilians. Ein Gramaiser Jäger, *Kaspar Gramaiser*, genannt der Lechtaler, stieg zum „Obrigsten Pirg- und Gembsjägermeister" auf. Er stürzte 1514 in der Obersteiermark tödlich ab und erhielt in der Spitalskirche von Rottenmann in den Tauern sein Grabmal, aus dem ersichtlich ist, dass er geadelt worden war.

Pfarrer Hermann Knabl – ein Höttinger (Innsbruck) – in Gramais von 1917 bis 1940, war eine der markantesten Größen. Er unterhielt sein Gasthaus „Widum", war Bergbauer wie alle anderen Einwohner, ein strenger Religionslehrer und stimmte als einziger Gramaiser gegen den Anschluss Österreichs im Jahre 1938. Er ließ mit Einnahmen aus seinem Gasthaus die Kirche und das Widum neu mit Eternit hart bedachen, finanzierte eine Kirchenuhr, verschaffte den Gramaisern den Hochdruck und damit das 1. E-Werk im Jahre 1930. Seine Käfersammlung ist im Besitz des Landesmuseums Ferdinandeum.

Besonderheiten

Der letzte Bär des Außerferns wurde im Jahre 1859 von einem Gramaiser erlegt. Gramais hat als Gemeindenachbarn Imst, Zams, Bach und Häselgehr.

Gramais besitzt einen *Erbhof* (den Michlshof Nr.11) seit dem Jahre 1933.

Eine gemeindeeigene Satellitenanlage versorgt alle Häuser mit 15 Programmen. Der erste Steinadler im Innsbrucker Alpenzoo stammt aus Gramais.

Stromversorgung: E-Werk 1930 (5 kW), Kraftwerk 1961 (45 kW), Notstromaggregat 1969, Anschluss an das EW Reutte 1974 (daneben aber immer noch ein 85 kW - Aggregat), alle Kabel liegen unter der Erde.

Im Bergdorf ist seit 2001 eine eigene Kläranlage in Betrieb.

2005 werden ein Heimatmuseum und ein Gamszimmer entstehen.

Der Lechtaler Bauernhof (Burgas Haus) im Tiroler Höfemuseum in Kramsach stammt aus Gramais Nr. 15.

Vorfahren der Geierwally (Anna Stainer-Knittel) in der sechsten Generation stammen aus Gramais. 1976 wurde ein Heimatbuch verfasst.

Das Büchlein „Gramais – seine Geschichte – Berge – Seen" erschien mit der Karte „Wandern in Gramais", 1981.

Die maximale Dauer einer Wintersperre war 1980/81 insgesamt zehn Wochen, aber auch noch im Winter 1998/99 36 Tage. Die Landesstraße (8 km) ist inzwischen mit drei Galerien, einem Tunnel, der Übelrinnerbrücke und einer großen Lawinenverbauung am Vorderen Heuberg schon ziemlich sicher.

1911 – Eröffnung der Fahrstraße mit Denkmalsenthüllung (des Ehrenbürgers und Wiedergründers der Musikkapelle Gramais – Pfarrer Albert Beiler).

1930 – Das erste Auto erreicht Gramais, *1938* kommt Gramais vom Bezirk Imst zum Bezirk Reutte, Zweiter Weltkrieg: sechs Gefallene, Erster Weltkrieg: acht Gefallene, 1. Radio – 1938, 1952 – öffentliches Telefon, erster Traktor 1956, 1968 – erster Fernsehempfänger, erster LKW fährt nach Gramais.

Sagen

Der Stiegengeist
Das kopflose Geigerlein
Die missglückte Erlösung
Der Tajageist
Die Muttergottes und der alte Säufer
Der nächtliche Totengräber
Festgebannt im Rübengarten

Grän

Paula Müller, Sepp Tauscher

Wappen

Verleihung des Wappens am
15. Juli 1981.

In Schwarz eine silberne springende Gämse über einem roten Baumstrunk.

Farben der Gemeindefahne

Weiß-Rot.

Das Wappen erinnert an das einstige landesfürstliche Privileg für die Einwohner, Gämsen mit Schaft und Eisen jagen zu dürfen, welches nach 1650 bestätigt und auf Jagd mit Gewehren erweitert wurde. Der Baumstrunk versinnbildlicht den Namen der Gemeinde, der von „Geröne" in der Bedeutung „Windwurf" abgeleitet wird.

Lage

Grän liegt auf 1138 m Seehöhe, ist 20,92 km^2 groß, 21 km westlich von Reutte. Die Gemeinde, bestehend aus den Fraktionen Grän, Haldensee, Neu-Grän, Lumberg, Log und Enge, liegt an der Nordseite des Tannheimer Tales am Ausgang des Engetales.

GEMEINDEAMT

6673 Grän,
Dorfstraße 1
Tel.: 05675/6232, Fax: 05675/6232-4
e-mail: gemeinde@graen.tirol.gv.at

Gemeindestatistik

Fläche in ha:	2091.5
Kleinregion:	Tannheimer Tal
Einwohner 31.12.2009:	590
Mittlere Wohnhöhe:	1138 Meter

Grän um 1910

Flächennutzung

Wert in ha, Anteil an jeweiliger Gesamtfläche in %

Flächenanteile 2001	Gemeinde	Gem.	Bez.	Land
Dauersiedlungsraum	429.5	20.5	9.9	12.2
Alpen	327.0	15.6	25.0	27.0
Wald	1179.2	56.4	43.0	36.6
Gewässer	72.0	3.4	1.8	0.9
Verkehrsflächen	27.3	1.3	0.7	1.0
Sonstige Flächen	14.4	0.7	20.9	24.3

Bevölkerungsentwicklung

Jahr	1961	1971	1981	1991	2001
Einwohnerzahl	350	425	484	483	597

Häufige Familiennamen

Müller, Rief, Schädle.

Geschichte

Im Gemeindegebiet von Grän soll sich einer der ersten Weideplätze des Tales befunden haben. Hier stand eine Kapelle zum hl. Wendelin, dem Patron von Vieh und Hirten, urkundlich erwähnt im Jahre 1459.

Die Grenze zwischen den Einwanderern aus dem westlichen Allgäu und jenen aus dem Gericht Ehrenberg von Osten bildete der Haldensee. Heute noch äußert sich das in einer deutlichen Verschiedenheit der Mundarten.

Die politische Grenze zwischen den Grafen von Montfort/Rotenfels und den Tiroler Habsburgern, die das Haller Salz zu ihren Besitzungen bis ins Elsaß durch das Tannheimer Tal transportierten, war ebenfalls der Haldensee.

1796 wurde das Tal durch Kriegstruppen am Oberjoch bedroht.

1833 wurde Grän eine selbstständige politische Gemeinde.

Am Ende des Zweiten Weltkrieges wurde der Ort das traurige Opfer eines letzten Widerstandsversuches – 32 Tote insgesamt, 17 abgebrannte Häuser, 53 tote Rinder waren die schreckliche Folge.

Kirche - Seelsorge

Die Gemeinde gehörte seelsorglich durch Jahrhunderte zur Pfarre Tannheim: 1784 Kaplanei, 1794 Expositur und erst 1980 eigene Pfarrei, ab 2007 gehört sie dem neu geschaffenen „Seelsorgeraum Tannheimer Tal und Jungholz" an.

Schon im 15. Jh. stand in Grän eine **Kapelle,** die dem **hl. Wendelin** geweiht war. Sie wurde 1617 abgetragen und durch einen Neubau ersetzt.

1789 wurde der heutige Bau aufgeführt, errichtet von heimischen Künstlern im Stil des Frühklassizismus. Die Fresken im Langhaus stammen von Josef Keller aus Pfronten, im Chorgewölbe befindet sich das letzte Werk Franz Anton Zeillers.

An den Emporen erinnern zwei breite Votivbilder des Tannheimer Malers Felix

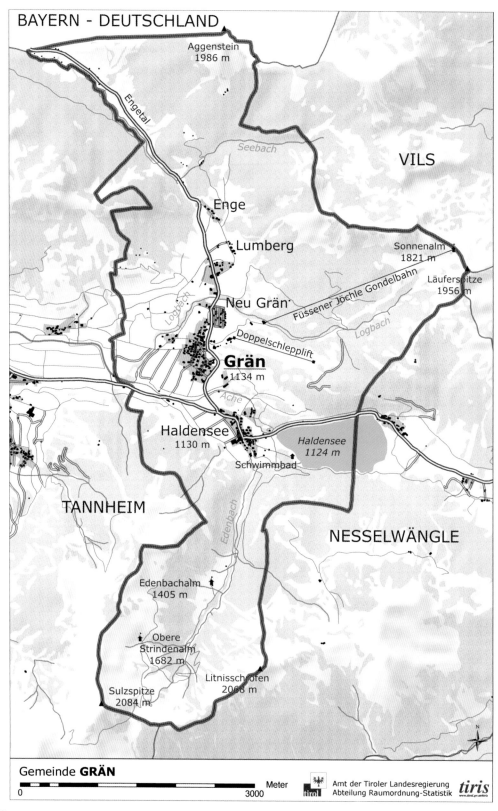

BAYERN - DEUTSCHLAND

Aggenstein
1986 m

Engetal

Seebach

VILS

Enge

Lumberg

Sonnenalm
1821 m

Läuferspitze
1956 m

Neu Grän

Füssener Jöchle Gondelbahn

Logbach

Logbach

Doppelschlepplift

Grän
1134 m

Ache

Haldensee
1130 m

Haldensee
1124 m

Schwimmbad

TANNHEIM

Edenbach

NESSELWÄNGLE

Edenbachalm
1405 m

Obere
Strindenalm
1682 m

Litnisschrofen
2068 m

Sulzspitze
2084 m

Gemeinde **GRÄN**

Meter

0   3000

Amt der Tiroler Landesregierung
Abteilung Raumordnung-Statistik

tiris

Rief an Notzeiten, als die bäuerliche Bevölkerung Bittgänge zum Viehpatron unternahm und sogar eine Kuh opferte, damit die „schröckliche Viehseiche" vom Dorf fernbleibe.

Noch heute ziehen die Tannheimer und die Nesselwängler am Wendelstag, dem 20. Oktober, zur Gräner Kirche.

Die **Kapellen, St. Michael** in der Fraktion Lumberg und **St. Jakob** im Ortsteil Haldensee, sind in der Pestzeit gebaut worden.

Zwei Votivkapellen zum hl. Johannes von Nepomuk gibt es in Grän: eine am Logbach am Weg nach Tannheim und eine am Logbach an der Engetalstraße. Mehrere **Bildstockkapellen** wurden in den letzten Jahren errichtet: z. B. auf dem Füssener Jöchl und an der Engetalstraße.

Schule

Einen ersten Schulunterricht erteilte ein Bauer in Haldensee schon um 1732.

1779 übersiedelte die Schule in ein Privathaus in Grän. 1866 wurde ein eigenes Schulhaus errichtet und 1884 um eine Lehrerwohnung erweitert. Nachdem dieses Gebäude 1945 abgebrannt war, errichtete man an anderer Stelle ein großes Schulgebäude mit vier Klassen und drei Wohnungen. Darin war dann auch eine ungarische Mittelschule bis 1956 und anschließend ein französisches Ferienlager untergebracht. Im Jahre 1976 wurde im 1. Stock der Kindergarten, der erste im Tannheimer Tal, eingerichtet.

Derzeit wird die Schule zweiklassig mit 20 Kindern ge-führt.

Ergänzt wurde dieses Gebäude 2003 durch einen Anbau, in dem sich Turnsaal mit Nebenräumen, Werkraum, Bücherei, Medienraum, Lehrerzimmer und Direktion befinden.

Vereine und Brauchtum

Musikkapelle, Bergwacht, Freiwillige Feuerwehr, Schützengilde, Veteranenverein, Skiklub, Fußballklub, Museumsverein Tannheimer Tal, Seniorenverein.

Am 17. September, einem „versprochenen Feiertag" für das ganze Tal, ist es Brauch, dass die Bevölkerung an der Dankprozession in Tannheim teilnimmt.

Gesundheit und Soziales

Seit dem Jahr 1975 gibt es die Rotkreuzstelle Tannheimer Tal, bei der auch Freiwillige aus Grän dabei sind. Ebenso ist die Gemeinde beim Gesundheits- und Sozialsprengel Außerfern, Arbeitskreis Tannheimer Tal, beteiligt.

Im Jahre 1989 hat sich ein praktischer Arzt in Grän niedergelassen.

Der Tannheimer Taler Hilfsverein, der vor allem hilfsbedürftige Einheimische finanziell unterstützt, veranstaltet am „Siebenzehnte" (17. September), ein Fest, dessen Reingewinn gemeinsam mit diversen Spenden Grundlage dafür ist.

Wirtschaft und Tourismus

Die Liste der Betriebe ist vielfältig: Bergkäserei, Sport- und Lebensmittelgeschäfte, Erdbewegungen, Sägewerk, Skischulen, Camping, Elektrogeschäft, Sanitär- und Heizungsinstallationsgeschäft, Frisör, Tischlerei, Arztpraxis, Liftgesellschaft, Transportunternehmen, Hotels, Restaurants, Gasthäuser, Kaffeehaus, Fremdenheime, Pensionen, Tankstelle, Fernwärmeheizwerk.

Die Gemeinde ist durch den Tourismus geprägt. So gibt es zur Zeit sieben Hotels,

Haldensee

vier Restaurants bzw. Gasthäuser, ein Kaffeehaus, etliche Fremdenheime bzw. Pensionen, drei bewirtschaftete Almen. Für einige landwirtschaftliche Betriebe ist die Vermietung von Zimmern und Ferienwohnungen ein wichtiger Zuerwerb.

Für die sportliche Betätigung stehen Tennisplätze, ein Freischwimmbad, Loipen, Pisten und eine Rodelbahn zur Verfügung. Der Radwanderweg Tannheimer Tal mit Anschluss nach Pfronten bietet sich für die „Pedalritter" an.

Landwirtschaft

In der Gemeinde hat sich in diesem Bereich ein Wandel vollzogen. Früher geprägt durch viele landwirtschaftliche Betriebe, gibt es nur mehr ein Voll- und 12 Nebenerwerbsbauern, die aber dennoch den Großteil der landwirtschaftlichen Flächen bearbeiten.

Ortsteil Haldensee

Viehbestand - *letzte Viehzählung*

Rinder	150	Pferde	31
Schafe	155	Ziegen	8
Schweine	2	Hühner	47

Klima und Vegetation

Bedingt durch die vielen Niederschläge ist dieses Gebiet nur für die Viehwirtschaft geeignet. Es ist bekannt für die rauen und heftigen Winde im Winter, das „Gähwinden".

Gewässer und Gebirge

Die Gemeinde liegt am Fuße der Tannheimer Gruppe. Gegen Süden erstrecken sich die Ausläufer der Allgäuer Alpen. Die Ache, der Abfluss des Haldensees, nimmt die Log auf und fließt westlich von Tannheim in die Vils.

Ereignisse und Katastrophen

Brandgranatenangriff der Amerikaner am 29. April 1945.

Persönlichkeiten

Andreas Hafenegger (1666 – 1745): Stuckateur und Baumeister, Planer der Zunftkirche in Bichlbach und der Pfarrkirchen in Ehrwald und Tannheim, Stadtbaumeister in Prag

Peter Pflauder (1733 – 1811): Stuckateur in Prag, Wien, Berlin

Martin Schädle (1677 – 1748): Kupferstecher und Maler

Johann Franz Rief (1784 – 1831): Pfarrer in Grän, Erbauer der Pfarrkirche

Konrad Fichtl (1912 – 1984): Landesschulinspektor für Pflichtschulen

Albert Schedler (1921 – 1972): langjähriger Pfarrer in Grän

Josef Scheidle (1906 – 1993): Intendant des ORF-Landesstudios Tirol

Rekordverdächtiges

1985: Weltrekord im Dauerskifahren, erstellt durch vier Skilehrer

1990: Thomas Schädle, Haldensee, wird in Kanada Tiefschneeweltmeister.

Sagen

Die Sage von der Entstehung des Haldensees
Die wilde Fahrt von der Strindenalm
Der Marker im Dritttal
Die seltsame Fuchsjagd

Weiterführende Literatur

Kirchenführer, „Das Tannheimer Tal" von Alfons Kleiner, „ Außerfern" von Richard Lipp, „Sagenhaftes Außerfern" von Peter Linser, Skriptum und „Kirchenführer St. Wendelin – Grän", von Walter Besler, Festschrift: „150 Jahre politische Gemeinde Grän", von Ferdinand Fuchs, Wängle.

Häselgehr

Werner Friedle, Josef Walch

Oberhäselgehr, Schönau, Ort und Grießau.

Wappen

Verleihung des Wappens am 11. September 1973.

Ein von Gold und Schwarz gespaltener Schild mit einem Heuteil-Losbehälter in verwechselten Farben.

Farben der Gemeindefahne

Gelb-Schwarz.

Das Wappen erinnert an den alten Brauch, alle vier Jahre einen Teil der Bergmähder durch Los auf die Bauern der Gemeinde zu verteilen. Noch 1963 fand eine solche Heuteilverlosung statt.

Lage

Die Gemeinde Häselgehr zählt mit rund 50 km² zu den größeren Gemeinden des Lechtales und weist einen Einwohnerstand von rund 720 Personen auf. Bei Häselgehr handelt es sich um ein Straßendorf, der größte Teil der Siedlung mit sieben Kilometern Länge hat sich entlang der Lechtalstraße entwickelt. Das Dorf besteht aus den Weilern Gutschau, Häternach, Rauchwand, Alach, Luxnach, Ebele, Unterhöf, Unterhäselgehr,

GEMEINDEAMT

6651 Häselgehr
Nr. 160
Tel.: 05634/6340, Fax: 05634/6340-4
e-Mail: gemeinde@haeselgehr.tirol.gv.at

Gemeindestatistik

Fläche in ha:	5062.6
Kleinregion:	Oberes Lechtal
Einwohner 31.12.2009:	717
Mittlere Wohnhöhe:	1006 Meter

Häselgehr um 1900

Flächennutzung

Wert in ha, Anteil an jeweiliger Gesamtfläche in %

Flächenanteile 2001	Gemeinde	Gem.	Bez.	Land
Dauersiedlungsraum	447.0	8.8	9.9	12.2
Alpen	632.9	12.5	25.0	27.0
Wald	1944.4	38.4	43.0	36.6
Gewässer	65.3	1.3	1.8	0.9
Verkehrsflächen	25.4	0.5	0.7	1.0
Sonstige Flächen	2001.2	39.5	20.9	24.3

Bevölkerungsentwicklung

Jahr	1961	1971	1981	1991	2001
Einwohnerzahl	617	650	671	670	716

Häufige Familiennamen
Friedle, Koch, Lang, Wolf.

Geschichte
Häselgehr ist als mittelalterliche Rodungs-siedlung entstanden. Der Name, abge-leitet aus dem mittelhochdeutschen „haselin ger", beschreibt eine haselbe-wachsene Flur. In alten Aufzeichnungen ist der Weiler Luxnach im Jahr 1315 als Dauersiedlung belegt. Weitere urkundli-che Erwähnungen stammen aus den Jahren 1338 (Heselgehr), 1358 (Hesli-geren) und 1515 (Heselgeer). Häternach, Gutschau, Grießau und Häselgehr bilde-ten „Gemeinden" der Anwaltschaft Unterlechtal („Häselgehrer Drittel"). Die Weiler entstanden aus der Teilung alter, großer Höfe. 1561 erscheint Häselgehr als Ortsgemeinde im jetzigen Umfang. Das Dorf wurde durch die von 1633 bis 1635 grassierende Pest schwer heimgesucht. Die Pestkapelle (Sebastianskapelle) in Grießau und ein Wegkreuz oberhalb des Weilers Gutschau erinnern daran.

Kirche - Seelsorge
Die **Pfarrkirche St. Martin** steht auf einer kleinen Anhöhe bei der Lechbrücke. Bei der um 1800 errichteten Kirche handelt es sich von außen um ein schlichtes Bauwerk mit einem schlanken Nordturm. Der Innenraum ist als breiter tonnengewölbter Saal ausgeführt. Die großen klassizisti-schen Deckenfresken wurden von den Lechtaler Malern Karl und Josef Selb um 1806 angefertigt. Der geschmackvoll gestaltete Hochaltar stammt vom Bildhauer Franz Xaver Renn aus Imst. Unter Kurat Wendelin Ambrosi wurde um 1875 der Innenraum, dem Geschmack der damaligen Zeit entsprechend, vom Kirchenmaler Johann Kärle aus Vorder-hornbach nazarenisch umgestaltet und mit einer dichten Schablonenmalerei ver-sehen. Eine für ganz Tirol einzigartige Ausstattung besitzt die Kirche in den Messingblechverkleidungen entlang der Langhauswände, die von Kurat Wendelin Ambrosi selbst geschaffen und bemalt wurden. Die prachtvollen Glasfenster

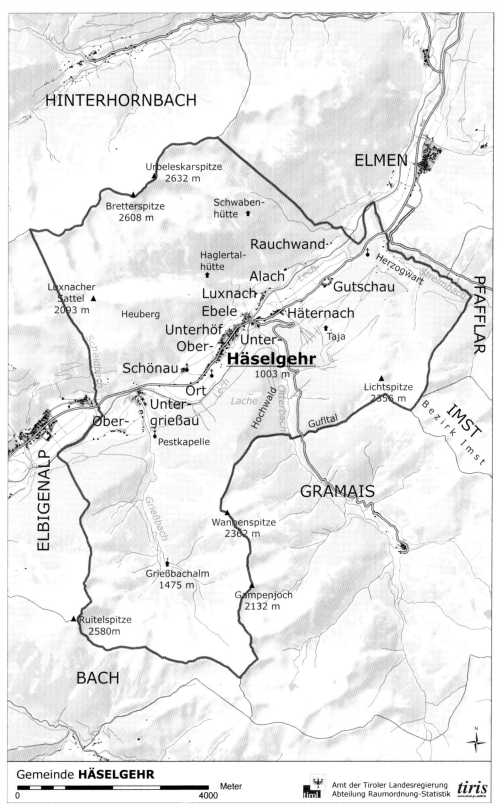

HINTERHORNBACH

ELMEN

Urbeleskarspitze
2632 m

Bretterspitze
2608 m

Schwaben-
hütte

Rauchwand

Herzogwart

PFAFFLAR

Haglertal-
hütte

Alach

Gutschau

Luxnacher
Sattel
2093 m

Luxnach

Ebele

Häternach

Heuberg

Unterhöf

Taja

Ober-

Unter-

Schönau

Häselgehr
1003 m

Lichtspitze
2356 m

IMST

Ort

Lache

Guftal

Bezirk Imst

Ober-

Unter-
grießau

Pestkapelle

ELBIGENALP

GRAMAIS

Grießbach

Wannenspitze
2302 m

Grießbachalm
1475 m

Gampenjoch
2132 m

Ruitelspitze
2580m

BACH

N

Gemeinde **HÄSELGEHR**

Meter

0   4000

Amt der Tiroler Landesregierung
Abteilung Raumordnung-Statistik

tiris

stammen von der Tiroler Glasmalerei- und Mosaikanstalt Innsbruck.

In den Jahren 1989 bis 1996 wurde die Pfarrkirche einer gründlichen und aufwändigen Renovierung unterzogen, dabei wurde das charakteristische Gesamtbild konserviert und die Orgel erneuert. Da diese Kirche seit der Nazarenerausmalung keine wesentlichen Veränderungen erfahren hat, bietet sie heute ein beeindruckendes Raumerlebnis des ornamentfreudigen Nazarenerstils.

Vor der Kirche befindet sich ein imposantes Kriegerdenkmal (1923). Die Gedenktafeln zur Erinnerung an die Gefallenen der beiden Weltkriege sind neben dem Kircheneingang an der Außenwand angebracht.

Auf dem Gemeindegebiet befinden sich vier schöne Kapellen:

Anna-Kapelle – in Schönau

Aukapelle (Stoffeleskapelle) – der Gottesmutter Maria geweiht, Oberhäselgehr

Rautkapelle – der Gottesmutter Maria geweiht, Gutschau

Pestkapelle – dem hl. Sebastian geweiht, Grießau.

Die Pfarre Häselgehr hatte bis 1991 einen eigenen Seelsorger. Derzeit gehört die Pfarre zum Seelsorgeraum „Mittleres Lechtal"

Schule

Kaplan Johann Georg Scheidle (tätig von 1737 - 1741) führte als Seelsorger in einer warmen Bauernstube den Unterricht ein. Im Jahr 1827 wurde in Unterhöf das erste Schulhaus gebaut. Um 1880 erwarb die Gemeinde in Unterhöf ein weiteres Haus, um darin die Mädchenschule unterzubringen. Bis 1957 unterrichteten die Barmherzigen Schwestern aus Zams ausgenommen in der NS-Zeit. 1953 wurde die heutige Schule gebaut, sie wurde 1998 und 2002 erweitert.

Häselgehr gehört zum Hauptschulverband Lechtal mit der Hauptschule in Elbigenalp.

Während des Zweiten Weltkrieges gab es in Häselgehr für kurze Zeit einen Kindergarten. 1976 wurde im ehemaligen Schulgebäude ein Kinderhort eingerichtet. Im Jahr 2002 wurde das baufällige Gebäude durch einen großzügig ausgestatteten modernen Holzbau ersetzt, in dem neben dem Kindergarten auch ein Gymnastik-

raum für Schule und Kindergarten sowie ein Musikprobelokal Platz fanden. Der Krippenverein erhielt einen Bastelraum.

Vereine

Häselgehr zeichnet sich durch ein sehr aktives Vereinsleben aus. Neben den traditionellen Vereinen (Musikkapelle seit 1815, Freiwillige Feuerwehr, Schützenkompanie) beleben vor allem auch Landjugend, Schützengilde und Sportverein das Gemeinschaftsleben.

Gesundheit und Soziales

Der Bezirks-Amtstierarzt ordiniert im Ort und betreibt auch eine Hausapotheke.

Wirtschaft und Tourismus

Ab dem 17. Jh. gingen zahlreiche Handwerksburschen vor allem als Maurer und Stuckateure auf die „Walz". Im Ort selbst entstanden im 18. Jh. mehrere Bierbrauereien, eine Glockengießerei (Schellen- und Glockenschmiede), eine Zündholzfabrik sowie verschiedene andere Handwerksbetriebe.

Heute sind nur mehr wenige Arbeitsplätze und kleine Gewerbebetriebe vorhanden: drei Transportunternehmen, ein Sägewerk, eine KFZ-Werkstätte, drei Holzschnitzwerkstätten, zwei Taxiunternehmen, eine Tankstelle, ein Campingplatz, eine Glaskunstwerkstatt, drei Gasthäuser, eine Imbissstube und ein Handelsbetrieb.

Viele Berufstätige pendeln zur Arbeit aus, vor allem nach Reutte und Elbigenalp.

Häselgehr kommt mit einem Angebot von 570 Betten auf 20.000 Nächtigungen. Die Gemeinde gehört zum Verband „Ferienregion Tiroler Lechtal". Neben den Gasthöfen sind mehrere Fremdenpensionen vorhanden. Die Zahl der Privatzimmervermieter ist rückläufig. Der einzige Campingplatz des Lechtales ist in Luxnach angesiedelt.

Als Erholungs- und Freizeiteinrichtungen im Sommer sind ein Freischwimmbad mit Beachvolleyballanlage und Minigolf sowie ein Sportplatz vorhanden. Seit 15 Jahren gibt es eine Rafting- und Wildwasserschule. Viele Spazier- und Wanderwege laden zum Erholen ein. Eine Reitmöglichkeit besteht in Häternach. Im Winter sindein Kleinlift und ein Eisstockplatz in Betrieb, die Lechtalloipe lädt zum Langlaufen ein. Das ganze Jahr über ist zweimal wöchentlich eine gut ausgestattete Bibliothek im Widum geöffnet.

Landwirtschaft

Häselgehr war seit jeher eine stark landwirtschaftlich geprägte Gemeinde mit guter Flächen- und Viehausstattung. Dem allgemeinen Trend folgend sind aber auch in Häselgehr in den letzten Jahrzehnten die Zahl der landwirtschaftlichen Betriebe und die Viehhaltung stark zurückgegangen.

Viehbestand - *letzte Viehzählung*

Rinder	226	Pferde	17
Schafe	41	Ziegen	18
Schweine	2	Hühner	218

Jagd und Forst

Die Gemeinde Häselgehr weist eine sehr gute Waldausstattung mit zuwachskräftigen Waldbeständen auf. Der größte Teil der Waldflächen wird von der Agrargemeinschaft Häselgehr, die aus 120 Mitgliedern sowie einem Gemeindeanteil von 20 % besteht, bewirtschaftet. Rund 2.200 Festmeter Holz können nachhaltig jährlich genutzt werden. Ein Steinbruch zur Versorgung des Bezirkes mit Flussbausteinen bringt zusätzliche Einnahmen. Die Erhaltung des ausgedehnten Wegenetzes und die Waldpflege werden von zwei Forstarbeitern durchgeführt. Die große Genossenschaftsjagd Häselgehr ist in zwei Teilen verpachtet.

Ereignisse und Katastrophen

1793 – ein Lawinenabgang fordert in Oberhäselgehr elf Tote und zerstört drei Häuser
1931 – drei Familienväter aus Grießau werden beim Bergheuen vom Blitz erschlagen
1951 – großer Lawinenabgang vom Heuberg, eine Frau stirbt an den Spätfolgen, 14.000 Festmeter Schadholz fallen an
1961 und *1966* – Großbrände in Oberhäselgehr
1984 – Zerstörung des Schießstandes durch eine Lawine
1985 – Heubergbrand, das Feuer kann gelöscht werden, bevor es den Wald erreicht
1990 – Windwurfkatastrophe mit rund 27.000 Festmeter Schadholz
1998 – vier Männer aus Garmisch sterben unter einer Lawine am Luxnacher Sattel im Haglertal
2002 – Anton und Lukas Wolf aus Häternach sterben bei einem Lawinenunglück im Haglertal.
2005 – Jahrhunderthochwasser am Lech mit Gefährdung der Siedlung Luxnach und Überflutung des Musikprobelokals.

Persönlichkeiten

Pater Peter Singer (1810 – 1882), ein Komponist, Musikschriftsteller und Instrumentenbauer, wurde durch den Bau des „Pansymphonikons" berühmt. Es handelt sich dabei um ein Pianoharmonium mit zwei Manualen und 42 Registern, die in Klang und Tonumfang die Instrumente eines Symphonieorchesters nachahmen. In Salzburg wurde eine Straße nach ihm benannt. An seinem Geburtshaus (Nr. 71) und im Friedhof erinnern Gedenktafeln an ihn.

Apollon Scheidle (1853 – 1938), geboren in der Luxnachmühle, war ein Fremdenverkehrspionier und erfand das erste luftbereifte Fahrrad.

Franz Koch (geb. 1952), der mehrere große Unternehmen in der Musikbranche gegründet hat, stammt ebenfalls aus Häselgehr.

Besonderheiten

Nach dem Lawinenunglück 1951 entstand auf dem Heuberg die erste großflächige Lawinenverbauung Österreichs mit sieben Kilometern Stahlschneebrücken. Ihre Dimensionierung und die Ankertechnik mussten erst entwickelt werden.

Eine einzigartige Besonderheit und Naturschönheit bildet der Toserbach in Luxnach, der um Georgi (23. April) mit voller Stärke aus dem Felsen quillt und um Martini (11. November) völlig versiegt.

Zwei uralte, große Bäume sind als Naturdenkmäler ausgewiesen (eine Linde im „Raut" und eine Ulme in der Fraktion „Ort"). Ein wertvolles Biotop, das Brunnwasser in Unterhöf, wurde in den letzten Jahren renaturiert.

Sagen

Das Venedigermännlein
Die Milchhexe
Nächtlicher Gottesdienst
Der Kesselstein
Tuoserbach und Klingelloch
Der Orter Pudel

Heiterwang

Werner Gratl

Lage

Fünf km südöstlich von Reutte liegt Heiterwang am Fuße des Thanellers in der Nähe des Heiterwanger Sees.

Wappen

Verleihung des Wappens am 27. Jänner 1970.

In einem von Gold und Schwarz mit Wellenschnitt gespaltenen Schild rechts zwei linksschauende Fische, links eine Brennnessel in verwechselten Farben.

Farben der Gemeindefahne

Gelb-Schwarz.

Mit der Brennnessel versinnbildlicht das Wappen den Namen der Gemeinde, der „Brennnesselwiese" bedeutet, und erinnert an den Fischreichtum des Heiterwanger Sees.

GEMEINDEAMT

6611 Heiterwang,
Oberdorf 13
Tel.: 05674/5113, Fax: 05674/5579
e-mail: gemeinde@heiterwang.tirol.gv.at

Gemeindestatistik

Fläche in ha:	3572.3
Kleinregion:	Zwischentoren
Einwohner 31.12.2009:	529
Mittlere Wohnhöhe:	994 Meter

Heiterwang um 1920

Flächennutzung

Wert in ha, Anteil an jeweiliger Gesamtfläche in %

Flächenanteile 2001	Gemeinde	Gem.	Bez.	Land
Dauersiedlungsraum	527.5	14.8	9.9	12.2
Alpen	31.4	0.9	25.0	27.0
Wald	1743.4	48.8	43.0	36.6
Gewässer	229.2	6.4	1.8	0.9
Verkehrsflächen	29.5	0.8	0.7	1.0
Sonstige Flächen	1071.9	30.0	20.9	24.3

Bevölkerungsentwicklung

Jahr	1857	1900	1951	1961	1971	1981	1991	2001
Einwohnerzahl	540	300	380	398	418	480	499	554

Häufige Familiennamen

Eberle, Klotz, Kramer, Pahle, Weirather.

Geschichte

„In Ayterwanch zwei vischlehen diu geltent: 160 bant vische, und islich bant hat 9 vische" – diese Eintragung im Urbar (Einnahmenverzeichnis) des Grafen Meinhard II. von Tirol-Görz aus dem Jahre 1288 ist der älteste schriftliche Beleg, in dem der Name Heiterwang genannt wird. In die heutige Sprache übertragen lautet die Eintragung: „In Heiterwang zwei Fischlehen; die Zinsen 160 Bund Fische, und jeder Bund hat neun Fische". Die erste Siedlung in Heiterwang dürfte jedoch bereits vor dieser Zeit vom Kloster Steingaden gegründet worden sein, denn das Kloster besaß bis ins 16. Jh. Anteile am Heiterwanger See und die Bezeichnung „Steingadner Höfe" hat sich bis ins 17. Jh. gehalten.

Das Auf und Ab in der Geschichte des Dorfes ist seit frühester Zeit sehr eng mit der Straße über den Fernpass verbunden. Vom 15. bis zum 18. Jh. waren die Heiterwanger Bauern am Frachtwesen mit sogenannten „Rodwägen" beteiligt. Die Rodleute waren zum Warentransport verpflichtet, und die Kaufleute mussten für diese Leistung bezahlen. Weiters entwickelten sich entsprechende Handwerke wie Schmiede und Wagner. Auch das Entstehen mehrerer Wirtshäuser und Ballhäuser (Lagerhäuser) hängt direkt mit dem regen Frachtverkehr zusammen.

Durch den Niedergang des Salztransportes, den Dreißigjährigen Krieg, die Pest und in weiterer Folge durch die Napoleonischen Kriege waren die Verdienstmöglichkeiten sehr eingeschränkt und es kam zu dramatischen Abwanderungen.

Die spürbare Aufwärtsentwicklung zu Beginn des 20. Jhs. wurde aber jäh durch den Ersten Weltkrieg unterbrochen. So blieb Heiterwang ein armes Dorf – ein Ruf, den es sich bis nach dem Zweiten Weltkrieg bewahrte.

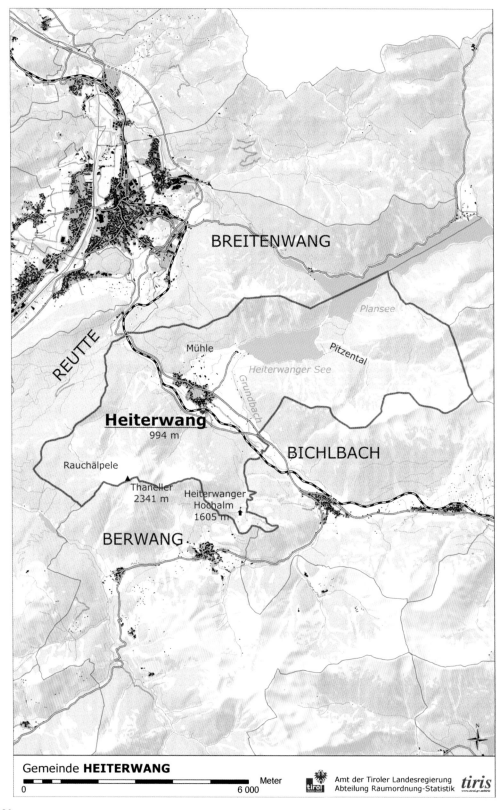

REUTTE

BREITENWANG

Plansee

Mühle

Pitzental

Heiterwanger See

Grundbach

Heiterwang
994 m

BICHLBACH

Rauchälpele

▲ Thaneller
2341 m

Heiterwanger
Hochalm
1605 m

BERWANG

Gemeinde **HEITERWANG**

Meter

0   6 000

Amt der Tiroler Landesregierung
Abteilung Raumordnung-Statistik

tiris
www.tirol.gv.at/tiris

tirol

Geschichte des Heiterwanger Sees

Das Kloster Stams besaß ab 1312 den See in „Ayterwankh" mit den Fischrechten, verlor ihn aber 1453 durch Herzog Sigmund an den Hof. Auch sein Nachfolger Maximilian I., der ja ein passionierter Jäger und Fischer war, dachte nicht daran, den See an das Kloster Stams zurückzugeben.

In seiner Geschichte diente der See als Lieferant für Forellen, Saiblinge und Renken mit ausgezeichneter Qualität.

Die Besitzverhältnisse wurden erst 1768 endgültig geregelt.

Ab 1842 ging der See für drei Generationen an die Familie Singer über, die auch 1909 die Dampfschifffahrt einführte und gemeinsam mit dem EW-Reutte den Kanal verbreitern ließ.

1909 war die Jungfernfahrt der „Sabine", später „Heiterwang".

In der Zwischenkriegszeit wollte eine ausländische Finanzgruppe den Heiterwanger See um 49 Meter aufstauen, um den Spitzenwert des Kraftwerkes um 400.000 PS zu erhöhen.

Dieser Plan wurde am 27. Dezember 1927 durch eine Resolution der Gemeindevertreter Heiterwangs verhindert, da dies das Ende des Ortes Heiterwang bedeutet hätte.

Kirche - Seelsorge

Ursprünglich gehörte Heiterwang zur Diözese Augsburg und zur Pfarre Breitenwang.

1423 wurde dann Bichlbach selbstständige Pfarre und Heiterwang Filiale von Bichlbach.

1569 kam der erste Kaplan nach Heiterwang. Am 24. 8. 1616 erteilte der Bischof von Augsburg die Bewilligung, dass sich Heiterwang von Bichlbach abtrennen durfte und zur selbstständigen Pfarre wurde. Abgesehen von kleinen Unterbrechungen hatte Heiterwang ab 1844 im 19. Jh. immer zwei Geistliche. Ab 1972 wurde Heiterwang von Bichlbach mitprovidiert. Seit 1993 wohnt der Pfarrer wieder in Heiterwang.

Die älteste Kirche war schon um 1480/1490 von Hans Räffl anstelle einer noch älteren Kapelle errichtet worden.

Mehr kann über diese Kirche nicht gesagt werden, weil die feindlichen Truppen des Moritz von Sachsen im Jahre 1552 alle vorhandenen Urkunden vernichtet haben.

1740 bis 1750 wurde das Langhaus erweitert, die alte Kirche barockisiert und mit Fresken des Kaufbeurer Künstlers A. J. Walch geschmückt. 1855 wurde die **Liebfrauenkirche** wieder renoviert. Die Muttergottesstatue auf dem Hochaltar wurde entfernt und durch ein neues Altarblatt ersetzt. Bei den Renovierungen 1890/91 und 1903 kam die Muttergottesstatue wieder auf den Hochaltar. Bei der letzten großen Renovierung 1978/1979 wurden die Seitenaltäre entfernt, ein moderner Volksaltar und ein Ambo errichtet. Die Kirche wurde viel heller und freundlicher.

Schule

Der erste Hinweis stammt aus dem Jahre 1673. Damals dürfte der Pfarrer wöchentlichen Religionsunterricht abgehalten und den Kindern zumindest auch die Grundbegriffe des Lesens und Schreibens beigebracht haben.

Ab 1755 war der Mesner und Organist Anton Miller auch Lehrer in Heiterwang. Der Unterricht fand in seiner Stube statt.

Durch großzügige Unterstützung des Braumeisters Georg Rainer und des Fabriksbesitzers Josef Gärtner konnte 1803 ein eigenes Schulhaus errichtet werden.

Am 15. Juli 1948 brach Feuer im Schulhaus aus und vernichtete den gesamten Dachstuhl. Der Wiederaufbau nach der Kriegszeit erfolgte langsam, und der Unterricht wurde vorübergehend im Gasthof „Thaneller" abgehalten.

Diesen Gasthof, das einstige Jagdhaus Ferdinands II., kaufte die Gemeinde im Jahre 1969 und errichtete an dieser Stelle ein modernes Mehrzweckgebäude. Seit 1976 beherbergt es unter anderem die zweiklassige Volksschule, den Kindergarten und einen Turnsaal.

Nach Abschluss der Volksschuljahre besuchen die meisten Schüler die Hauptschulen und das Gymnasium in Reutte.

Vereine und Brauchtum

Viele Institutionen bemühen sich um die kulturellen Tätigkeiten in der Gemeinde: Musikkapelle, Kirchenchor, Feuerwehr, Kinderchor, Jungbauern, Theatergruppe, Schützengilde, Bergwacht sowie Ski-, Tennis- und Fußballclub.

Besonders zu erwähnen und erlebenswert ist das Heiterwanger „Maschgere go".

Jeden Dienstag und Freitag ziehen Alt und Jung in allen möglichen Verkleidungen in den Abendstunden von Maschgererhaus zu Maschgererhaus. Der Hauptreiz liegt darin, nicht erkannt zu werden.

Beim „Neujahrsschreien" ziehen Kinder am Silvesternachmittag von Haus zu Haus und tragen Lieder oder Gedichte vor.

Gesundheit und Soziales

Heiterwang hat keinen eigenen Arzt und gehört zum Sprengel Berwang, Bichlbach und Heiterwang.

Der Sprengelarzt hat seine Hauptordination in Bichlbach.

Wirtschaft und Tourismus

Einige Gewerbebetriebe bieten in Heiterwang Arbeitsplätze:
eine Tischlerei, eine Frächterei, ein Küchenstudio und ein Geldinstitut.

Der Tourismus hat in Heiterwang einen wahren Aufschwung erlebt, wie aus nachstehend angeführten Nächtigungszahlen zu ersehen ist:

1958	1968	1978	2003
21.638	47.677	56.050	41.563

Sommer wie Winter ist in Heiterwang am See immer etwas geboten.

Die erholungsuchenden Gäste schätzen den vollkommen verkehrsfreien Badesee mit seinen schönen Buchten.

Gastronomie: vier Gastbetriebe

Seit kurzer Zeit gibt es in Heiterwang weder ein Lebensmittelgeschäft noch ein Postamt.

Landwirtschaft

Das Gesicht des vorwiegend landwirtschaftlich geprägten Dorfes hat sich in den letzten Jahrzehnten gewandelt. Die heutigen Landwirtschaftsbetriebe sind Nebenerwerbsbetriebe, deren Zahl stetig zurückgeht.

Viehbestand - *letzte Viehzählung*

Rinder	165	Pferde	9
Schafe	161	Ziegen	2
Schweine	10	Hühner	83

Klima und Vegetation

Das Klima ist geprägt durch die Nordstaulage.

Ein kurzer, oft rauer Sommer, die frühen Herbstfröste und der lange, strenge Winter beeinflussen die Landwirtschaft. Die Vegetationszeit ist wesentlich kürzer als im benachbarten Talkessel von Reutte.

Besonders zu erwähnen ist das Landschaftsschutzgebiet „Heiterwanger Hochmoor".

Persönlichkeiten

Lorenz Pfaundler (1727 – 1784), Reichsabt der Benediktinerabtei Isny (Baden-Württemberg)

Maxmilian Gärtner (1805 – 1877), gründete in Nordamerika eine Prämonstratenser-Niederlassung

Pater Franz Josef Kramer, (1878 – 1965) Kapuziner, Mitbegründer des Serafischen Liebeswerkes, Begründer der Bubenburg in Fügen und des Elisabethinums in Innsbruck

Ferdinand Eberle, Landeshauptmannstellvertreter, Finanzlandesrat und Alt-Bürgermeister.

Sagen

Das beste Gebet

Weiterführende Literatur

Heinz Moser: „Heiterwang", Außerferner Druck- und Verlagsgesellschaft.

Hinterhornbach

Peter Linser

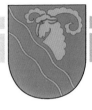

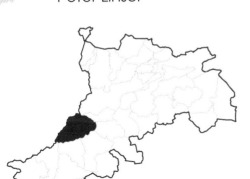

Wappen

Verleihung des Wappens am
10. April 1979.

In Blau über zwei schmalen schrägrechten silbernen Wellenbalken ein silberner Widderkopf.

Farben der Gemeindefahne

Weiß-Blau.

Das Wappen versinnbildlicht den Namen der Gemeinde, mit den zwei Wellenlinien wird an den Namensteil „-bach", mit dem heraldisch „hinten" platzierten Widder mit seinem mächtigen Gehörn der Namensteil „Hinterhorn-" erinnert. Darüber hinaus hatte die Schafzucht große Bedeutung in der Gemeinde.

Lage

Hinterhornbach liegt etwa 28 km südwestlich von Reutte im Hornbachtal am Fuße des Hochvogels. Fraktionen: Krummenstein, Schwandhof, Zipfelhof, Bodenhof und Bretterhof.

GEMEINDEAMT

6646 Hinterhornbach,
Gemeindehaus
Tel.: 05632/441, Fax: 05632/441-4
e-mail:
gemeinde@hinterhornbach.tirol.gv.at

Gemeindestatistik

Fläche in ha:	5054.9
Kleinregion:	Oberes Lechtal
Einwohner 31.12.2009:	87
Mittlere Wohnhöhe:	1101 Meter

Hinterhornbach um 1910

Flächennutzung

Wert in ha, Anteil an jeweiliger Gesamtfläche in %

Flächenanteile 2001	Gemeinde	Gem.	Bez.	Land
Dauersiedlungsraum	105.8	2.1	9.9	12.2
Alpen	2594.7	51.3	25.0	27.0
Wald	940.3	18.6	43.0	36.6
Gewässer	43.1	0.9	1.8	0.9
Verkehrsflächen	4.7	0.1	0.7	1.0
Sonstige Flächen	1375.5	27.2	20.9	24.3

Bevölkerungsentwicklung

Jahr	1961	1971	1981	1991	2001
Einwohnerzahl	68	79	86	98	92

Häufige Familiennamen

Bader, Friedl, Kärle, Lechleitner.

Geschichte

Hinterhornbach liegt im einzigen besiedelten linken Seitental des Lech am Fuße des Hochvogelmassivs. Besiedelt wurde es über das Hornbachjoch vom Oberallgäu aus. Oberhalb des Zusammenflusses von Hornbach und Jochbach liegen verstreut die Häuser des Dorfes, gruppiert um die ursprünglichen Einzelhöfe Krummenstein, Schwandhof, Zipfelhof, Bodenhof, Rauthof und Bretterhof. Dieser soll der Überlieferung nach der erste Hof gewesen sein.

Das Allgäuer Rittergeschlecht der Rettenberger hatte um 1300 die Grundherrschaft im Hornbachtal inne. 1333 verkaufte Heinrich von Rettenberg seinen Besitz im Hornbachtal dem Stift Füssen: „Nämlich eine Gülte von 7 Konstanzer Schillingen in Horenpach und alle die recht und auch aygenschaft, die wir heten datz dem Horenpach, ze dem vordren und ze dem hindren".

Hinterhornbach gehörte immer zum „Unteren Drittel" des Lechtales und damit zum Gericht Ehrenberg. 1610 erklärte das Stift St. Mang in Füssen die Hinterhornbacher samt ihrem Besitz zu freien Bauern. Damit entfiel aber auch die Verpflichtung, die Bewohner in Notzeiten zu unterstützen.

Der fehlende Lebensunterhalt zwang die Leute, bis ins 20. Jh. Buben und Mädchen als „Schwabenkinder" ins Allgäu zu schicken. Auch Erwachsene suchten ihr Glück in der Fremde. „Christian, Peter und Philipp Lechleitner handelten im Ansbachischen mit Schnittwaren (letzterer starb in Frankfurt a. M.). Josef Gundolf und sein Sohn Lukas handelten im Ansbachischen mit Kurzwaren bis 1820".

1810 wurden Vorder- und Hinterhornbach in einer Gemeinde vereinigt, wodurch die ehemaligen Gerichtsbezirke von Aschau (Vorderhornbach) und Ehrenberg (Hinterhornbach) verwischt wurden. Seit 1833 jedoch ist Hinterhornbach eine selbstständige Gemeinde.

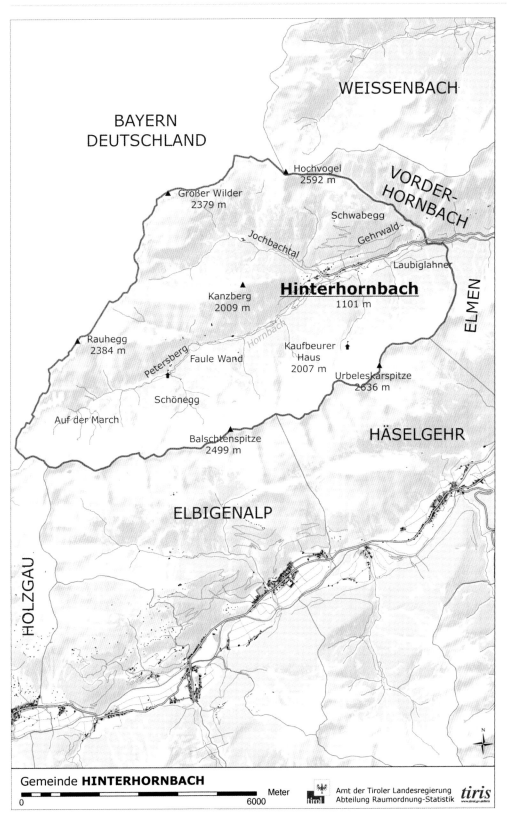

Gemeinde **HINTERHORNBACH**

0 — 6000 Meter

Amt der Tiroler Landesregierung
Abteilung Raumordnung-Statistik

tiris

Kirche - Seelsorge

Kirchlich gehörte Hinterhornbach immer zur Urpfarre Elbigenalp. Als in Elmen 1515 eine Kaplanei errichtet wurde, kam Hinterhornbach zu dieser. Nachdem 1675 die Kaplanei Vorderhornbach gestiftet worden war, besuchten die Pfarrkinder den Gottesdienst auch an diesem Ort, jedoch nicht ohne Widerspruch, da Vorderhornbach einer anderen Pfarre (Wängle) zugehörte. So mussten die Hinterhornbacher angeblich „auf freiem Felde in der Entfernung einer halben Viertelstunde dem Gottesdienste daselbst beiwohnen".

Endlich wurde Hinterhornbach 1758 durch Stiftungen des Imster Gerichtsschreibers Sterzinger und des Reuttener Handelsmannes Amann eine eigene Kuratie. Eine alte Kapelle aus dem 17. Jh. war schon vorher Anziehungspunkt für Wallfahrer. 1761 bis 1764 wurden Kirche und Widum erbaut und dann der erste Seelsorger als Kuratie-Provisor eingesetzt. 1891 wurde Hinterhornbach zur Pfarre erhoben. Die **Pfarrkirche zu „Unserer Lieben Frau vom Guten Rat"** besitzt ein Hochaltarblatt von Johann Jakob Zeiller (1761/64), zwei Apostelfiguren von Martin Falbesoner (1765) sowie den Tabernakel von Josef Georg Witwer (1765). Das Deckenfresko ist ein Werk des Künstlers Wolfram Köberl (1962). 1963/64 innen und außen restauriert, ist die Kirche auch heute noch ein beliebtes Wallfahrtsziel, der Ort wird seelsorglich von Vorderhornbach aus mitbetreut.

Kapellen, Bildstöcke: **Sackkapelle**, 1887 von Johann und Marzellin Stefan Kärle erbaut, 1947 von Josef Kärle neu errichtet.

Bildstock am Grafenweg zur Erinnerung an einen Traktorabsturz 1956 (drei Tote).

Schule

Schon im Jahre 1768 wurde das erste Schulhaus erbaut (renoviert 1814). Der Unterricht fand als sogenannte Winterschule von November bis April statt, da „die Kinder teils zum Viehhüten teils zu anderen häuslichen Arbeiten notwendig gebraucht wurden" (Chronik). 1932 war Baubeginn für ein neues, eigenes Schulgebäude.

Die Lehrpersonen hatten neben dem Unterricht noch den Mesner- und Organistendienst zu besorgen. Die ersten namentlich bekannten Lehrpersonen waren Johann Georg Lechleitner (1812 – 1844), dem sein Sohn Christian Karl Lechleitner (1845 – 1893) folgte.

Im Schuljahr 1996/97 konnten die Schüler im neuen Mehrzweckgebäude ihre Räumlichkeiten beziehen. Leider wurde durch den stetigen Schülerrückgang die Schule 2003 geschlossen. Die Kinder besuchen seither die Volksschule in Vorderhornbach.

Pfarrkirche zu „Unserer Lieben Frau vom Guten Rat"

Vereine

Freiwillige Feuerwehr, Jungbauernschaft, Braunviehzuchtverein.

Wirtschaft und Tourismus

Frächterei, Tischlerei, Ofenbau, drei Gasthöfe, eine Pension, Privatzimmervermieter.

Klima

Klimatische Bedingungen lassen nur Grünlandwirtschaft zu. Die Nebenerwerbslandwirte finden großteils als Pendler Arbeit im Lechtal und im Großraum Reutte. Daneben trägt hauptsächlich der Tourismus zum Einkommen

der Bewohner bei. Es gibt vier gewerbliche und neun private Beherbergungsbetriebe.
Die gute Zufahrtsstraße und Fördermaßnahmen lassen hoffen, dass die Bevölkerungszahl von ca. 100 gehalten werden kann.

Landwirtschaft
Neun Rinder haltende Betriebe, ein Schafbauer, Grünland mit Weidewirtschaft.

Viehbestand - *letzte*
Viehzählung

Drähütten

Rinder	68	Pferde	0
Schafe	17	Ziegen	0
Schweine	7	Hühner	55

Ereignisse, Katastrophen
Kirchenlawine 1954, große Lawine 1999 (drei Wochen vom Stromnetz abgeschnitten).

Persönlichkeiten
Geburtsort des Kirchenmalers **Johann Kärle** (1835 – 1913), der, oft gemeinsam mit seinem Bruder, dem Fassmaler und Holzbildhauer **Marzellin Stefan Kärle** (1836 – 1916) 92 Kirchen und Kapellen in Tirol und darüber hinaus im Stil der späten Nazarener ausmalte und auch häufig mit Altarblättern schmückte.

Besonderheiten
Jochbachschlucht, reichhaltige Alpenflora (Kanzberg).

Sagen
Der Teufelsstein in Petersberg
Der Totenkopf
Der Höllhund

Weiterführende Literatur
Natur- und kulturkundlicher Wanderführer Hinterhornbach (G. u. G. Dinger, DAV-Sektion Donauwörth).
Arno Tröger: Dann fand ich das Hornbachtal, Eigenverlag1993

Ortsteil Brettern mit Hochvogel

Höfen

Walter Pohler

Wappen

Verleihung des Wappens am
1. Februar 1977.

In Gold eine blaue Flachsblüte über blauem, mit einem goldenen Haus belegten Winkelschildfuß.

Farben der Gemeindefahne

Gelb-Blau.

Die Blume erinnert an die einstige große örtliche Bedeutung des Anbaues und besonders der Verarbeitung des Flachses. Das Haus versinnbildlicht den Namen der Gemeinde.

Lage

Höfen liegt auf 869 m Seehöhe rund vier km südwestlich von Reutte auf der linken Lechseite am Fuße des Hahnenkamms. Der Ort erstreckt sich entlang der alten Bundesstraße mit den Ortsteilen Graben, Platten, Unter- und Oberhornberg sowie dem Ortskern Unter- und Oberhöf.

GEMEINDEAMT

6604 Höfen,
Hauptstraße 24
Tel.: 05672/63602, Fax: 05672/65669
e–mail: amtsleiter@hoefen.tirol.gv.at

Gemeindestatistik

Fläche in ha:	834.9
Kleinregion:	Reutte und Umgebung
Einwohner 31.12.2009:	1.263
Mittlere Wohnhöhe:	868 Meter

Höfen um 1910

Flächennutzung

Wert in ha, Anteil an jeweiliger Gesamtfläche in %

Flächenanteile 2001	Gemeinde	Gem.	Bez.	Land
Dauersiedlungsraum	242.4	29.0	9.9	12.2
Alpen	146.3	17.5	25.0	27.0
Wald	278.5	33.4	43.0	36.6
Gewässer	29.0	3.5	1.8	0.9
Verkehrsflächen	21.9	2.6	0.7	1.0
Sonstige Flächen	179.3	21.5	20.9	24.3

Bevölkerungsentwicklung

Jahr	1869	1900	1961	1971	1981	1991	2001
Einwohnerzahl	403	428	752	901	1033	1153	1252

Häufige Familiennamen
Feistenauer, Singer, Trenkwalder.

Geschichte
Der Name Höfen erklärt sich durch die alemannische Verwendung des Wortes Hof, was so viel wie Weide- und Rastplatz des Viehes bedeutet. Die Gemeinde Höfen entwickelte sich aus der ehemaligen Großgemeinde Aschau, die bis 1608 ein geschlossener Pfarr-, Gerichts- und Wirtschaftsverband war. Zu dieser Gemeinde, man nannte sie meistens „Fünförtliche Pfarrgemeinde", gehörten die Orte Lech = Lechaschau, Wängle, Höfen, Weißenbach und Vorderhornbach bzw. „Dreiörtliche Pfarrgemeinde" mit den Orten Lechaschau, Wängle und Höfen. Diese einstige Zusammengehörigkeit lebt heute noch teilweise in wirtschaftlichen und kirchlichen Bereichen weiter. Sie bildeten das Niedergericht Aschau und unterstanden dem Stift St. Mang in Füssen. Die Bewohner galten als Eigenleute des Stiftes und standen seit Meinhard II. in enger Verbindung zu Tirol. Herzog Sigmund verlieh 1461 den Aschauern die gleichen Freiheitsrechte wie sie im übrigen Tirol üblich waren. Mit dem Jahre 1610 - Erzherzog Maximilian III., der Deutschmeister, erwarb käuflich die Grundherrschaft - begann die Auflösung der Großgemeinde durch die Aufteilung der Wälder und Weiden auf die einzelnen Orte. Der Name Höfen scheint deshalb urkundlich spät auf. Herzog Friedrich, genannt Friedl mit der leeren Tasche, ließ im Zuge der inneren Festigung des Landes Tirol im Jahre 1427 sogenannte Feuerstätten- und Untertanenverzeichnisse anlegen als Grundlage für die Steuereinhebung und das Wehraufgebot. Da scheint auch ein Höfer auf.

Im Gemeindegebiet von Höfen waren zwölf Höfe dem Stift Füssen abgabepflichtig. Die bedeutendsten waren der Oberhof, der Unterhof und der Schollenhof, dessen Existenz im Flurnamen Schollenwiesen (beim Skilift) weiterlebt. Sicher aber stand auf der Platten einer der ältesten Höfe, denn zwischen Platten und Ehenbichl war der alte Lechübergang, eine Furt, die man durchwaten musste. Schon die Römer sollen den Lech an dieser Stelle durchquert haben. Als

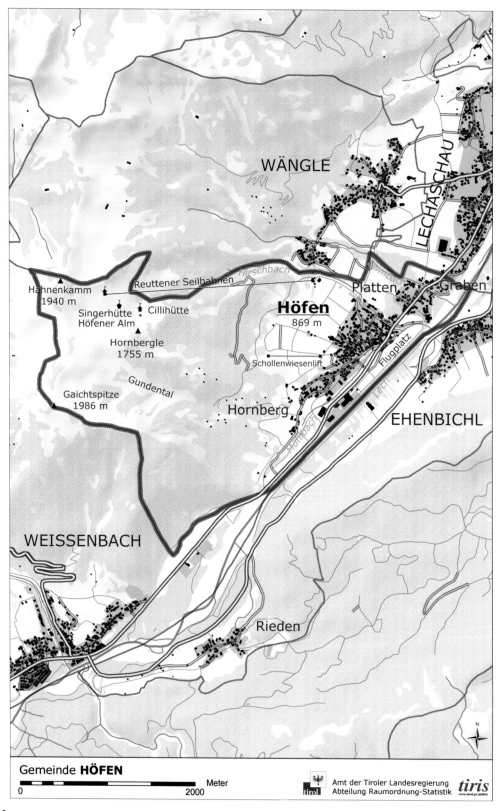

Gemeinde **HÖFEN**

Meter
0   2000

Amt der Tiroler Landesregierung
Abteilung Raumordnung-Statistik

tiris
www.tirol.gv.at/tiris

Sigmund der Münzreiche 1464 die erste Lechbrücke in Aschau errichten ließ, geriet die Furt auf der Platten bald in Vergessenheit. 1976 wurde in der Nähe dieses alten Flussüberganges ein Steg für Fußgänger über den Lech eröffnet.

Neben der Landwirtschaft trugen auch die Rod (Transport von Waren wie Salz und Kalk) und das Flößen auf dem Lech zur Lebensgrundlage der Höfer bei. Der rege Frachtverkehr auf der alten Handelsstraße erforderte die Haltung von Zugtieren. Die Einnahmen für Vorspannleistungen und die der Fuhrwerksbesitzer, man nannte sie Rodleute, waren ansehnlich. Daneben gab es Wagner, Huf- und Wagenschmiede. Eine wichtige Einnahmequelle waren der Transport und der Verkauf von Holz, aber auch Ziegel- und besonders Kalkbrennen brachten Wohlstand in die Gemeinde.

Von der bekannten Plattenmühle erzählen nur noch Sagen. Der Müller Georg Nigg bekam während des Dreißigjährigen Krieges die Mühle verliehen und wurde 1638 zum Gewalthaber (heute Bürgermeister) von Höfen bestellt. Am 13. Jänner 1642 erhielt Georg Nigg vom Pfleger zu Ehrenberg die Berechtigung zum Betrieb einer Haarstampfe auf der Platten. Aus diesem Kleinstbetrieb gingen später die Reuttener Textilwerke hervor, die 1825 von Höfen nach Reutte verlegt wurden.

Im Mittelpunkt der Berufe standen später die Maurer und Stuckateure, die jährlich im Frühjahr nach München, aber auch ins Rheinland zogen und als Bauhandwerker sehr gesucht waren. Noch vor dem Ersten Weltkrieg arbeiteten 70 bis 80 Maurer aus Höfen in Deutschland. Aber auch in Höfen blieb vielen zehn- bis vierzehnjährigen Buben und Mädchen das Los der Schwabenkinder nicht erspart.

Nach der Lechverbauung vom Gächtle bis zur Platten wurden 1927 die Lechauen auf die Bauern aufgeteilt, 40 ha Grund, der dem Lech abgerungen wurde. Im unteren unkultivierten Teil der Lechauen entstand der einzige Flugplatz des Bezirkes. Nach der Rodung zuerst nur für Segelflugzeuge bestimmt, wurde der Flugplatz am 17. Juni 1956 eingeweiht. Nach einer Erweiterung ist die Piste auch für Motorflugzeuge bis 2,8 Tonnen geeignet (1964). Ein weiterer historischer Akt war die Gründung der Reuttener Bergbahn AG im Mai 1956 zur Errichtung einer Kabinenseilbahn von Höfen auf den Hahnenkamm, die 1957 bereits den Betrieb aufnahm.

1977 wurde der Alpenblumengarten eröffnet. 1984 wurde als weitere Aufstiegshilfe ein Sessellift erbaut. Zur Sicherung der Schneelage ging 1995 die Beschneiungsanlage in Betrieb, und 2002 wurde eine Vierersesselbahn am Hahnenkamm erbaut. Im Winter 2010/2011 wird eine Achtergondelumlaufbahn auf den Hahnenkamm in Betrieb genommen.

Kirche – Seelsorge

Höfen gehörte seit jeher zur Pfarre Aschau, der späteren Pfarre Wängle. Um 1660 wurde eine kleine Holzkapelle für Seelenrosenkränze erbaut, die aber 30 Jahre später abbrannte. Nun entstand 1692 das gemauerte **Mariahilfkirchlein**, das 1705 vergrößert wurde. 1717 wurde vom Augsburger Ordinariat die Messlizenz erteilt. 1741 bis 1760 wurde der Turm angebaut. 1891 bis 1896 wurde die Kirche renoviert und um den Zubau der Empore verlängert. 1955 und 1983 folgten weitere Renovierungen. Mit der im Jahre 2003 durchgeführten Außenrenovierung erstrahlt die Kirche in neuem Glanz. Das Deckengemälde Maria Himmelfahrt schuf 1800 der Höfener Kirchenmaler Josef Anton Köpfle.

Die **Marienkapelle** auf der Platten wurde auf Kosten des Müllers Johann Koch aus Berwang und des Theologieprofessors Josef Babl (Gedenktafel neben der Kapellentür), einem gebürtigen Plattener, 1876 erbaut. Sie wurde 1960 und 2000 renoviert.

Die **Bildstöcke** am Waldrand beim Schollenwiesenlift und im Oberhornberg sind sehenswert.

Schule

Nach den Aufzeichnungen der Schulchronik besteht in Höfen seit ungefähr 1740 eine schulähnliche Unterweisung in einer Bauernstube. 1771 wurde Jakob Lutz als erster Lehrer namentlich angeführt. Das erste Schulhaus errichtete man erst 60 Jahre später. Im Jahre 1885 gab es den zweiten Schulhausbau. Der letzte Neubau entstand 1953.

Die Volksschule Höfen wurde bis 1911 einklassig geführt. Bis 1950 kam es dreimal zu einem Wechsel zwischen einer ein- und zweiklassigen Schule. Ab 1950 unterrichtete man in drei, seit 1987 in vier und von 1999 bis 2003 in fünf Klassen, wozu ein Teil des Dachbodens zu einer neuen Klasse ausgebaut wurde. Zugleich fand eine

Generalsanierung des ganzen Schulgebäudes statt.

Durch den Neubau des Gemeindehauses im Jahre 1973 wurde im leerstehenden Klassenraum der Gemeindekindergarten errichtet. Am 10. November 1984 übersiedelte der Kindergarten von der Schule in den angrenzenden Neubau.

1988 wurde an die Schule ein Turnsaal angebaut.

Vereine

Freiwillige Feuerwehr 1882, Schützengilde 1908, Wintersportverein 1931, 1. Außerferner Fischereiverein 1975, Bürgermusikkapelle 1977, Fußballclub 1981, Trachtengruppe 1981, Eissportverein 1987, Höfener Dorfbühne 1989, Faschingsgilde „Gungler" 1998.

Wirtschaft und Tourismus

Höfen hat sich in den letzten Jahrzehnten von einem Dorf mit landwirtschaftlichem Charakter zu einem kleinen Industrieort mit umweltfreundlichen Betrieben entwickelt.

Um den Gästen (ca. 50.000 Nächtigungen/Jahr) Ruhe und Erholung bieten zu können, wurde schon 1974 die Ortsumfahrung eröffnet. Die Ortskanalisation wurde in den Jahren 1987 – 1997 errichtet. Durch den Bau des Hochbehälters im Jahre 1981, die Errichtung einer neuen Wasserleitung (2002) und die neue Wasserversorgungsanlage (2005) für Höfen, Lechaschau und Wängle nahe der Ottilienkapelle ist die Wasserversorgung für die Zukunft gesichert. Neben alteingesessenen Betrieben siedelten sich in den letzten 20 Jahren weitere Gewerbebetriebe an. So gibt es in Höfen zwei holzverarbeitende und zwei metallverarbeitende Betriebe, ein Lebensmittelgeschäft, vier Gastronomiebetriebe, einen Installationsbetrieb, einen Garten- und Landschaftsbaubetrieb, eine Druckerei, ein Jugendgästehaus und ein Unternehmen der Musikbranche. Im Frühjahr 2007 übersiedelte das Autohaus Wolf von Stockach in das Gewerbegebiet von Höfen. Im Juni 2008 wurde der neue Bau- und Recyclinghof der Gemeinde seiner Bestimmung übergeben. Das moderne Veranstaltungszentrum in Holzbauweise am Sändle – die Hahnenkamm-Halle-Höfen – wurde im April 2009 eröffnet. An der Bergbahnstraße wurden 2010 acht Doppelferienhäuser mit insgesamt 80 Gästebetten und einem Gastronomiebetrieb errichtet.

Viehbestand - *letzte Viehzählung*

Rinder	211	Pferde	2
Schafe	301	Ziegen	15
Schweine	2	Hühner	114

Ereignisse und Katastrophen

1867 Mure am Gaichtschrofen
1876, 1898, 1901, 1975, 1982, 1983 Gundental- und Herrenbachmure
1967 Hirschbachtalmure
1986 Murenbachmure
1988 Leimbachmure

Persönlichkeiten

Georg Nigg lebte zur Zeit des Dreißigjährigen Krieges, war Gründer und Besitzer der Haarstampfe auf der Platten (Flachsverarbeitung).

Cölestin Nigg (1734 – 1809): Doktor der Theologie, 1795 Generalvikar des Bistums Augsburg

Josef Anton Köpfle (1757 – 1843): Kirchen- und Fassadenmaler, Fresken biblischen Inhaltes am Wohnhaus Hofweg 11

Josef Babl (1822 – 1896): Professor der Theologie in Brixen

Josef Lutz (1843 – 1895): Stadtbaumeister von München.

Sagen

Die Falschmieterin
Der Diebsbann
Der Zauberer in der Plattenmühle
Das Hexenplätzle

Besonderheiten

Eine Augenweide ganz besonderer Art, deren Wurzeln rund 280 Jahre zurückreichen, ist in Höfen zu bestaunen: der Lindenbaum. Mit seiner Höhe von 32 m, einem Durchmesser von 1,8 m und einem Stammumfang von 5,65 m hält die Linde schon fast drei Jahrhunderte der Witterung stand. Sie ist unter Denkmalschutz gestellt.

Weniger erfreulich sind die Murenabgänge, die Höfen besonders auch in den letzten Jahrzehnten heimsuchten. Verbauungen (Auffangbecken, Sperren) sollten jedoch die Gefahr bannen.

Weiterführende Literatur

Fuchs, Ferdinand: Heimat Außerfern, Reutte (1984); Lipp, Richard: Außerfern, Innsbruck (1994); Gerber, Alois: 550-Jahr-Feier Ortsname Höfen, Höfen (1977); Schmidt, Alice: Hausarbeit, Höfen (1994).

Holzgau

Eva Wallnöfer

Lage

Holzgau ist ca. 45 km von Reutte entfernt und liegt auf 1103 m auf dem Schuttkegel des Höhenbaches. Der Ort wird im Süden von der „Grießtaler Spitze", im Norden von der südlich des „Rothorns" liegenden „Jöchlspitze", im Osten durch den „Vorderen" und den „Hinteren Sonnenkogel" und im Westen durch den „Muttekopf" begrenzt. Der geschlossene Siedlungsraum von Holzgau besteht aus fünf Ortsteilen: Langen, Spielstuben, Höhenbach, Ober- und Unterholzgau.

Ferner zählen noch der etwa einen Kilometer westlich des Dorfes gelegene Weiler Dürnau und die höher gelegenen Siedlungen Gföll und Schiggen zum Gemeindegebiet von Holzgau.

Wappen

Verleihung des Wappens am 15. Juli 1980.

In Rot ein goldener schräglinker Astbalken.

Farben der Gemeindefahne

Gelb-Rot.

Das Wappen versinnbildlicht den Namen der Gemeinde. Zugleich findet es sich auch in einem kleinen Relief in der vor fünf Jahrhunderten erbauten Sebastianskapelle.

GEMEINDEAMT

6654 Holzgau,
Nr. 45
Tel.: 05633/5283 Fax: 05633/5487
e-mail: gemeinde@holzgau.tirol.gv.at
Internet-Adresse: www.holzgau.tirol.gv.at

Gemeindestatistik

Fläche in ha:	3605.3
Kleinregion:	Oberes Lechtal
Einwohner 31.12.2009:	443
Mittlere Wohnhöhe:	1114 Meter

Holzgau um 1900

Flächennutzung

Wert in ha, Anteil an jeweiliger Gesamtfläche in %

Flächenanteile 2001	Gemeinde	Gem.	Bez.	Land
Dauersiedlungsraum	242.8	6.7	9.9	12.2
Alpen	1785.5	49.5	25.0	27.0
Wald	607.7	16.9	43.0	36.6
Gewässer	30.4	0.8	1.8	0.9
Verkehrsflächen	8.0	0.2	0.7	1.0
Sonstige Flächen	947.4	26.3	20.9	24.3

Bevölkerungsentwicklung

Jahr	1951	1961	1971	1981	1991	2001
Einwohnerzahl	449	418	368	398	458	465

Häufige Familiennamen
Hammerle, Huber, Knitel, Reich.

Geschichte
Der Name „Holzgau" scheint erstmals in einer Urkunde vom 21. September 1488 auf, durch die eine Pfründe für die Pfarre St. Nikolaus in Elbigenalp, u. a. aus den Gütern des „Fridlin Wildanger zu der Holzgew" (TLA, Urkunden I,259), gestiftet wurde.

Im 11. Jh. dürfte das obere Lechtal zwar häufig begangen, jedoch nur dünn besiedelt gewesen sein. Nach neuen Weideflächen suchend, haben sich die ersten alemannischen Siedler aus dem Allgäu über das „Trettachtal", das „Mädelejoch" und das „Höhenbachtal" vorgearbeitet. Die frühesten Holzgauer Siedlungen, „Holzge" (Gemeindegebiet Bach), „Schiggen" und „Gföll", entstanden auf den sonnseitigen Hochflächen, etwa 200 m über der Talniederung. Erst später, als die bairischen Siedler, vom Inntal herkommend, in den Seitentälern nicht mehr ausreichend Platz fanden,

wanderten sie ins Haupttal ab. Daher weist auch heute noch der Lechtaler Dialekt im Vergleich mit der Inntaler Mundart viele alemannische Elemente auf.

Die ursprüngliche Lechtaler Großgemeinde wurde wegen der leichteren Verwaltbarkeit im 15. Jh. anhand der Pfarrgrenzen zwischen Elbigenalp und Holzgau getrennt, etwas später gedrittelt, wobei Holzgau der Sitz des Anwaltes des „Oberen Drittels" war. Zu Beginn des 16. Jhs. wurden diese Drittel nochmals geteilt, sodass sechs Verwaltungssprengel entstanden, die aber weiterhin als „Drittel" bezeichnet wurden. Besonders erwähnenswert ist, dass die Ortschaften Spielmannsau und Traufberg südlich von Oberstdorf damals nach Holzgau steuerpflichtig waren.

Schon im 17. Jh. erfolgte in Holzgau eine rege Bautätigkeit. Durch die aufgrund ihrer Handelstätigkeit im Ausland zum Teil immens reich gewordenen Holzgauer entstanden um 1800 durch Neubau oder Umbau die stattlichen, mit qualitativ

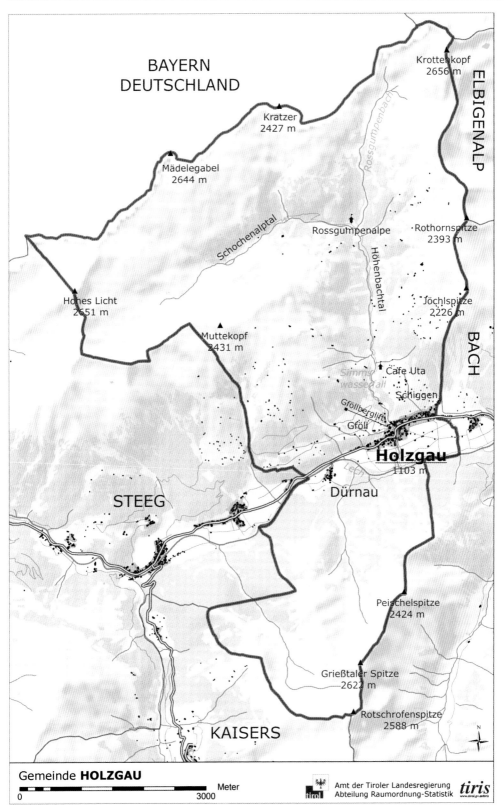

BAYERN
DEUTSCHLAND

Krottenkopf
2656 m

ELBIGENALP

Kratzer
2427 m

Rossgumpenbach

Mädelegabel
2644 m

Schochenalptal

Rossgumpenalpe

Rothornspitze
2393 m

Höhenbachtal

Hohes Licht
2651 m

Jöchlspitze
2226 m

Muttekopf
2431 m

BACH

Simms
wasserfall

Cafe Uta

Schiggen

Gföllberglift

Gföll

Holzgau
1103 m

Dürnau

STEEG

Peischelspitze
2424 m

Grießtaler Spitze
2622 m

KAISERS

Rotschrofenspitze
2588 m

Gemeinde **HOLZGAU**

Meter
0   3000

Amt der Tiroler Landesregierung
Abteilung Raumordnung-Statistik

tiris

hochwertigen Fassadenmalereien geschmückten Häuser, für die Holzgau auch heute noch bekannt ist.

Kirche – Seelsorge

Am 13. Dezember 1401 wurde vom Augsburger Bischof Burkart von Ellerbach der Errichtung der Pfarre Holzgau zugestimmt. Das gesamte Gebiet westlich des „Sulzlbaches" (bei Stockach) bis nach Gehren und Lechleiten sowie Kaisers gehörte damals zum Seelsorgegebiet.

Pfarrkirche „Unsere Liebe Frau Mariae Himmelfahrt"

Bereits 1401 besaß Holzgau ein Gotteshaus, das der Mutter Gottes geweiht war. 1422 wurde die Pfarrkirche, die nach der Pfarrerhebung vergrößert worden war, neu eingeweiht. Um 1700 wurde die Kirche im Barockstil umgebaut. Die Seitenaltäre schmückten Gemälde von Paul Zeiller – „Hl. Martin" - und Johann Jakob Zeiller – „Rosenkranzmadonna".

1819 wurde der Kirchturm erhöht und mit einem Spitzhelm versehen.

Alois Keller aus Pfronten gestaltete 1837 das Deckenfresko „Christi Himmelfahrt" im Langhaus. Vermutlich ist ihm auch das alte Hochaltarbild „Himmelfahrt Mariens" zuzuschreiben.

1860/61 wurde die Pfarrkirche im neuromanischen Stil nach den Plänen Josef Vonstadls vom Holzgauer Baumeister Josef Anton Kuen umgebaut. Das Hauptportal, das ursprünglich im Westen gewesen war, wurde auf die gegenüberliegende Seite versetzt. Der Altarraum wurde von der Ostseite nach Westen verlegt. Der großzügige Umbau und die Umgestaltung des Inneren mit neugotischen Altären und Gemälden im Nazarenerstil konnten nur durch großzügige Spenden der Erben der durch Handel reich gewordenen Holzgauer wie etwa Elisabeth Maldoner und Bernhard Schueller finanziert werden.

Das neue Hochaltarbild „Maria Himmelfahrt" wurde von Kaspar Jele gemalt. Die Holzstatuen in der Pfarrkirche, die Reliefs an der Kanzel und das Prozessionskreuz stammen aus der Hand des Stockacher Bildhauers Engelbert Kolp.

Sebastianskapelle

Die Sebastianskapelle neben der Pfarrkirche wurde 1487 erbaut und ist „einer der schönsten und vollständigst erhaltenen Sakralräume aus spätgotischer Zeit" (Gert Ammann, Das Tiroler Oberland, Salzburg 1978, S. 159.) An den nordseitigen Wandflächen im Inneren ist noch die ursprüngliche Bemalung aus der Zeit um 1490 erhalten. Sie stellt Szenen der Leidensgeschichte des heiligen Sebastian dar: Linker Hand ist sein Martyrium durch Pfeile, auf der rechten Seite das durch Keulen zu sehen. In der Mitte steht Sebastian vor den römischen Kaisern Diokletian und Maximian.

Pfarrkirche, Sebastianskapelle und Arma-Christi-Kreuz

Feldkapelle (Dreifaltigkeitskapelle)

Elisabeth Maldoner ließ 1835 an der Stelle einer alten, baufälligen Pestkapelle aus dem 17. Jh. diese Kapelle erbauen. Sie sollte das Vordringen der Cholera stoppen. Der neuromanische Altar mit der heiligen Dreifaltigkeit wurde vermutlich um 1840 in der Imster Werkstatt Renn gefertigt. Die beeindruckenden Kreuzwegstationsgemälde stammen wahrscheinlich aus der Mitte des 18. Jhs.

Zur Pfarre Holzgau gehören außerdem die **St. Josephs-Kapelle in Dürnau** und die **Kapelle „Maria vom guten Rate" in Schönau** (Gemeindegebiet Bach).

Kapellenbildstöcke

Westlich von Holzgau befinden sich der Kapellenbildstock „Reut(t)les-Kapelle" und der Kapellenbildstock zum Gedenken an die in den beiden Weltkriegen gefallenen Soldaten. Der Kapellenbildstock „Schwarzbrunnen" (auch „Maria La Salett(e)") östlich von Schönau (Gemeinde Bach) steht zwischen zwei Kastanienbäumen direkt an der Straße.

„Arma-Christi-Kreuz"

An diesem von Elisabeth Maldoner in Auftrag gegebenen etwa acht Meter hohen Holzkreuz an der Brücke über den Höhenbach beeindruckt vor allem die figürliche Darstellung der Leidenswerkzeuge.

Dorfplatz

Schule

1782 wurde das „Schul- und Frühmessbenefizium" gestiftet und bereits um 1800 der erste weltliche Lehrer angestellt. Mitte des 19. Jhs. wurde dann zusätzlich eine weitere Lehrkraft – der „Unterlehrer"- dienstverpflichtet, der schließlich 1865/66 von den Barmherzigen Schwestern abgelöst wurde.

Heute besitzt Holzgau eine aus zwei Klassen bestehende Volksschule, die auch von den Kindern aus Schönau/Gemeinde Bach besucht wird.

Vereine

In Holzgau gibt es ein sehr aktives Vereinsleben: Bergrettung, Bergwacht, Braunviehzuchtverein, Freiwillige Feuerwehr, Jungbauern/Landjugend, Musikkapelle, Schützenkompanie, Sozialkreis, Sportverein, Theaterverein, Trachtenfrauen, Trachtenverein.

Gemeinde – öffentliche Einrichtungen:

Das heutige Gemeindehaus – erbaut in den 70er Jahren bzw. erweitert in den 80er Jahren des 20. Jhs. – dient als Mehrzweckgebäude. Im Erdgeschoss sind ein Bankinstitut und das Postamt, im 1. Stock das Gemeindeamt untergebracht. Im Keller erhielten die Musikkapelle und die Schützen Probe- und Aufenthaltsräume. Durch den Erweiterungsbau wurde auch der Raumbedarf des Tourismusverbandes, der Bergwacht und der Bergrettung, des Theatervereins sowie der Landjugend gedeckt. Der Feuerwehr stehen zeitgemäße Räumlichkeiten für Löschfahrzeuge, Ausrüstung und Funkstation zur Verfügung. Der Gemeindesaal dient sowohl als Veranstaltungszentrum als auch als Turnsaal der Volksschule.

Im Besitz der Gemeinde Holzgau sind außerdem das Arzthaus mit der Ordination des Sprengelarztes und der Hausapotheke, das Volksschulgebäude und das „Alte Doktorhaus", in dem der Kindergarten und die Gemeindebücherei, die vom Sozialkreis Holzgau betreut wird, untergebracht sind.

Gesundheit und Soziales

Durch die Initiative von Pfarrer Josef Knitel kam 1823 die „Physikats"- bzw. „Doktorfonds"-Stiftung zustande. Die reich in ihren Heimatort zurückgekehrten Holzgauer bzw. ihre Erben wollten ständig einen geprüften Arzt im Dorf haben. So kam, noch während der „Chirurg/Wundarzt" Josef Anton Schreyeck seiner Tätigkeit nachging, Dr. Josef Anton Blaas aus Graun/Vinschgau 1824 nach Holzgau. Für das „Wartegeld" von 350

Gulden musste er die Dorfarmen unentgeltlich behandeln und ihnen die notwendigen Medikamente gratis zur Verfügung stellen.

Holzgau ist heute noch Sitz des Sprengelarztes, der auch eine Hausapotheke führt.

Für Geburten stand schon im 19. Jh. eine Gemeindehebamme zur Verfügung. Bis Ende 1997 gab es auch eine eigene Sprengelhebamme mit Sitz in Holzgau.

Wirtschaft und Tourismus

Wie stark Holzgau vom Tourismus geprägt ist, zeigt die Anzahl der Wirtschaftsbetriebe. Abgesehen von zahlreichen Ferienwohnungen und Gästezimmern gibt es elf Gastgewerbebetriebe, zwei Lebensmittelgeschäfte, zwei Sportartikelfachgeschäfte, eine Bäckerei/Konditorei, ein Fleisch- und Wurstwarengeschäft, eine Schnitzerstube sowie eine Skischule. Im Winter stehen ein Schlepplift, ein Übungslift, eine beleuchtete Rodelbahn, ein Eisstockschießplatz sowie Langlaufloipen und Spazierwege zur Verfügung. Im Sommer sind der Fußballplatz, der „Funpark" mit Basketballplatz, Rollerbladecourt, Tennisplätzen und attraktivem Kinderspielplatz Anziehungspunkte für Gäste und Einheimische.

Das Elektrizitätswerk Reutte und eine Sanitär- und Heizungstechnikfirma haben in Holzgau Zweigstellen errichtet.

Landwirtschaft

Die Landwirtschaft, die großteils im Nebenerwerb betrieben wird, besteht aus Grünlandnutzung mit Viehzucht und Milchwirtschaft. Mit Stichtag 1. April 2003 gab es 19 Rinder haltende Betriebe, acht Schafhalter.

Viehbestand - *letzte Viehzählung*

Rinder	269	Pferde	1
Schafe	443	Ziegen	8
Schweine	3	Hühner	91

Klima und Vegetation

Durch die Lage im Staugebiet der Nordalpen trifft die etwas überspitzte Aussage „3/4 Jahr Winter, 1/4 Jahr kalt" bedingt auch auf Holzgau zu. Der Schnee bleibt im Frühling oftmals sehr lange liegen. Holzgau verzeichnet an durchschnittlich 130 Tagen eine geschlossene Schneedecke. Durch die langen Bergschatten sind viele Gebiete und Häuser während des Winters einige Wochen (zwischen Anfang November und Anfang Februar) ohne Sonnenschein.

Das Talgebiet ist in erster Linie geprägt von bewirtschafteten Mähwiesen. Unterschiedlicher Humusgehalt, wechselnde Wasserversorgung und das regelmäßige Mähen bringen eine Artenvielfalt hervor, die sich im Laufe des Sommers infolge des zweimaligen Schnitts verändert. Die im Süden angrenzenden Auwälder des Lech, u. a. im Bereich von Dürnau und der Höhenbachmündung mit den schönen Grauerlenbeständen und Weidengebüschen, gehören zu den besonders schützenswerten Lebensräumen, da sie den zahlreichen Singvögeln und Insekten ideale Lebensbedingungen ermöglichen. Von den Lechauen bietet sich ein wunderschöner Blick zu den Wiesmähdern auf Gföll und Schiggen. Auf Schiggen ist das ausgedehnte Kopfbinsenried im Bereich Bannholz, das zu den größtflächigen Feuchtbiotopen gehört, erwähnenswert. Aus floristischer Sicht besonders interessant ist das obere „Maurig", da hier infolge der Lawinenabgänge auch zahlreiche Pflanzenarten der höheren Region vorkommen. Das Höhenbachtal im Norden von Holzgau weist nicht nur eine unglaublich reichhaltige Vegetation, sondern auch eine der größten touristischen Attraktionen, den „Simmswasserfall", benannt nach dem Londoner Jagdpächter und Förderer von Holzgau, Frederick Richard Simms, auf.

Ereignisse und Katastrophen

Brandkatastrophen: Am 6. August 1927 brannte nachts der „Gasthof zum Hirschen" ab. Drei Menschen fanden dabei den Tod. Ebenfalls ein Todesopfer forderte das Brandunglück vom 7. Dezember 1991 in Oberholzgau 102.

Lawinenunglücke: 4. Februar 1689: „Zwischen den Walen" („Maurig") wurden fünf Häuser durch eine riesige Lawine verschüttet. Hierbei sollen 25 Personen getötet worden sein.

21. Jänner 1951: Um etwa 14.30 Uhr ging von der „Jöchlspitze" eine große Schneelawine ab. Die Straße zwischen Holzgau und Schönau wurde auf einer Länge von etwa 100 Metern ca. sieben Meter hoch verschüttet.

Hochwasser: Ein Todesopfer forderte das Hochwasser des „Höhenbaches" im Juni 1910.

Die starken Niederschläge vom 31. Juli und 1. August 1977 wurden einem neunjährigen Urlauberkind zum Verhängnis. Es wurde im „Höhenbachtal" vom Hochwasser mitgerissen und getötet.

Epidemien: 1629/30 grassierte die Pest in Holzgau, an der 146 Bewohner verstarben. Erst im Mai 1630 wurde die ein Jahr dauernde Quarantäne aufgehoben.

Dr. Christian Schneller (1831 – 1908): Dichter und Sprachforscher, Landesschulinspektor

Dr. Christian Bader (1882 – 1942): Präsident des Tiroler Landtages 1934 bis 1938.

Künstlerpersönlichkeiten

Josef Anton Lumper (1821 – 1902): „Schlosserlå", Kunstschmied

Otto Knitel (1861 – 1921): Komponist der Lustenauer Sängerfamilie Hämmerle.

Sportler

Annette Prechtl (geb. 1978): Schwimmerin, mehrfache Österreichische Staatsmeisterin

Pepi Strobl (geb. 1974): ÖSV-Skirennläufer, 3. Rang des Gesamtweltcups 1997 und 2000.

Sagen

Typisch für Holzgau sind die Sagenkreise um Holzgauer Pütze („Reitles Putz", „Geißgassenputz"), Holzgauer Hexen („Die Wöchnerin als Hexe", „Das Korn fliegt in den Stadel") und vereinzelt um den Teufel („Der Gämsenschütz").

Daneben gibt es etliche Prophezeiungen, die den Untergang eines Ortsteiles oder auch des ganzen Dorfes voraussagen.

Doppelhaus Nr 34/35 mit reichhaltiger Fassadenmalerei (vermutlich Zeillerwerkstätte)

Persönlichkeiten

Joseph Ignaz Heinrich Lumpert (1751 – 1826): Generalvikar in Augsburg

Elisabeth Maldoner (1800 – 1878): „Reich-Lisabeth", große Förderin der Kirche, des Armenfonds, der Doktor- und Schulstiftung

Nikolaus Grassmayr, geb. Knitel (1875 – 1960): Chef der bekannten Glockengießerei Grassmayr

Weiterführende Literatur

Umfassende Hinweise auf Quellen und Literatur finden sich im Holzgauer Dorfbuch: Gemeinde Holzgau. Hg. von der Gemeinde Holzgau. Kufstein 2001.

Jungholz

Max Tauscher

Wappen

Verleihung des Wappens am
28. Februar 1978.

In Silber ein nach rechts gerichteter
Tiroler Adlerflügel, aus dem ein grün-
blättriger Zweig wächst.

Farben der Gemeindefahne

Grün-Rot.

Mit dem Adlerflügel wird die Zugehörigkeit dieser exponierten Gemeinde zum
Land Tirol zum Ausdruck gebracht: der
junge, wachsende grüne Zweig versinnbildlicht den Namen der Gemeinde.

Lage

Die Gemeindefläche beträgt 7,06 km²
und erstreckt sich über eine Höhe von
947 m bis 1636 m. Der Ort liegt 1058 m
hoch und hat 297 Einwohner (seit 1951
eine Zunahme um 20 %). Die Zahl der
Gebäude hat sich im selben Zeitraum
von 52 auf 133 erhöht (+ 155 %). Der
Ortskern wird in „Ober- und Unterhöf"
unterteilt, eigene Fraktionen sind
Habsbichl, Gießenschwand und Langenschwand.

GEMEINDEAMT

6691 Jungholz, Nr. 55
Tel.: +43 (0) 5676/8121
Fax: +43 (0) 5676/8121-2
e-mail: gemeinde@jungholz.tirol.gv.at

Gemeindestatistik

Fläche in ha:	705,7
Kleinregion:	Tannheimer Tal
Einwohner 31.12.2009:	297
Mittlere Wohnhöhe:	1058 Meter

Jungholz um 1910

Flächennutzung

Wert in ha, Anteil an jeweiliger Gesamtfläche in %

Flächenanteile 2001	Gemeinde	Gem.	Bez.	Land
Dauersiedlungsraum	299.9	42.5	9.9	12.2
Alpen	60.9	8.6	25.0	27.0
Wald	332.0	47.1	43.0	36.6
Gewässer	4.8	0.7	1.8	0.9
Verkehrsflächen	8.7	1.2	0.7	1.0
Sonstige Flächen	17.4	2.5	20.9	24.3

Bevölkerungsentwicklung

Jahr	1961	1971	1981	1991	2001
Einwohnerzahl	308	253	274	345	316

Häufige Familiennamen
Lochbihler, Zobl.

Geschichte
Wie Jungholz Exklave und Zollausschlussgebiet wurde
Die Besiedlung von Jungholz erfolgte im 13. und 14 Jh. von Wertach aus, das mit dem umliegenden Land zur Herrschaft Rettenberg gehörte und zum Hochstift Augsburg zählte. Gleichwohl ließen sich auch Leute aus dem Tannheimer Tal hier nieder. Im Jahre 1342 kaufte der in Jungholz ansässige und der Markgenossenschaft Tannheim zugehörige Heinz Lochpyler vom Wertacher Bürger Hermann Häselin „das Gut, geheißen das Jungholz". Somit wurde auch altes alemannisches Recht auf Jungholz übertragen. Der sogenannte „Allgäuer Brauch" – „Der Knecht trägt seinen Herrn auf dem Buckel mit sich" – beinhaltete, dass ein Untertane, wo immer er sich auch niederließ, seinem Landesherrn verpflichtet blieb. Dadurch begründete sich

die spätere Zugehörigkeit von Jungholz zu Tirol. Als nämlich das Tannheimer Tal unter die Landeshoheit Tirols gelangte, wurde auch Jungholz in diesen Gebietskauf mit einbezogen, obwohl es geografisch dem Allgäu zugewandt ist. Somit wurden die Gemeindegrenzen zu Landesgrenzen, denn Jungholz war nunmehr als Tiroler Gemeinde ringsum vom Gebiet des Hochstiftes Augsburg eingeschlossen und berührte nur noch an einem geometrischen Punkt auf dem Gipfel des Sorgschrofens die Tiroler Nachbargemeinde Schattwald. Diese exponierte Lage führte in der Folge zwischen den Augsburger Fürstbischöfen und den Tiroler Landesfürsten zu heftigen Auseinandersetzungen über die Zugehörigkeit von Jungholz und wurde erst 1844 für Tirol entschieden, als Bayern in einem Grenzvertrag die österreichische Landeshoheit über Jungholz anerkannte. 1868 wurde die Gemeinde Zollausschlussgebiet, also hinsichtlich des Warenverkehrs und der Entrichtung der Zölle wie Zollausland behandelt. Von

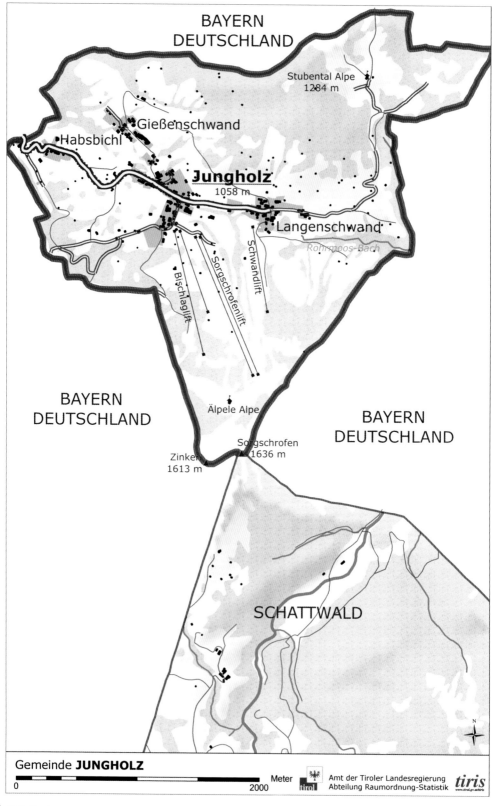

BAYERN
DEUTSCHLAND

Stubental Alpe
1284 m

Gießenschwand

Habsbichl

Jungholz
1058 m

Langenschwand

Rohrmoos-Bach

Bischlaglift

Sorgschrofenlift

Schwandlift

BAYERN
DEUTSCHLAND

Älpele Alpe

BAYERN
DEUTSCHLAND

Sorgschrofen
1636 m

Zinken
1613 m

SCHATTWALD

Gemeinde **JUNGHOLZ**

0   Meter   Amt der Tiroler Landesregierung   *tiris*
     2000   Abteilung Raumordnung-Statistik

1938 bis 1945 war Jungholz an den Kreis Sonthofen im bayerischen „Gau Schwaben" angegliedert. Nach der „Rückkehr" zu Österreich trat der Zollanschlussvertrag wieder in Kraft, was zu einigen Kuriositäten führte: zwei Postleitzahlen, zwei Telefonvorwahlnummern (österreichisch und deutsch), österreichische Briefmarken, die man bis zur Einführung des Euro mit deutschem Geld bezahlte, in Deutschland gekaufte Autos mit österreichischen Kennzeichen und österreichische Gendarmen, die zur Amtshandlung über deutsches Gebiet müssen, um nach Jungholz zu gelangen. Mit dem Beitritt Österreichs zur Europäischen Union am 1. 1. 1995 wurde das Zollausschlussgebiet Jungholz aufgelöst.

Kirche - Seelsorge

Jungholz gehörte ursprünglich auf Grund seiner Besiedlung zur Pfarre Wertach, welche dem Landkapitel Kempten im Bistum Augsburg unterstand. 1713 wurde an Stelle einer Kapelle die erste Kirche erbaut und Jungholz bekam einen eigenen Kaplan. Stiftungen von Grundstücken und Geld ermöglichten die Erhaltung von Kirche und Widum und trugen zum Unterhalt des Kaplans bei. 1785 wurde Jungholz zur Expositur erhoben, und die Einweihung des Friedhofes im Jahr 1786 war schließlich die Voraussetzung, dass es Lokalkaplanei wurde, was weitestgehend einer selbstständigen Pfarrei entsprach. 1789 fand die feierliche Konsekration der **Kirche „Mariä Namen"** durch Fürstbischof Clemens Wenzeslaus, Churfürst zu Trier und Bischof von Augsburg, statt. 1888 erhielt die Kirche ihre heutige Größe. Es ist eine einfache, im Kern barocke Landkirche mit Flachgewölbe und Fresken von Franz Anton Weiß (das Deckenfresko zeigt die Gottesmutter als Gnadenspenderin). Der Hochaltar und die Seitenaltäre sind im spätklassizistischen Stil gehalten mit Altarbildern von Clarenz Lochbihler und Josef Müller. Die Fenster mit Heiligendarstellungen stammen von der Tiroler Glasmalereianstalt. 1891 wurde Jungholz selbstständige Pfarrei. In den Jahren 1991 bis 1996 erfuhr die Kirche eine umfassende Renovierung. Die Ortsteile Gießenschwand und Langenschwand besitzen eigene Kapellen, erbaut um 1750 (St. Antonius bzw. Petrus und Paulus). Seit 1992 hat die Gemeinde keinen eigenen Priester mehr; ab 2007 gehört sie dem neu geschaffenen „Seelsorgeraum Tannheimer Tal und Jungholz" an.

Schule

Der Schulunterricht begann in Jungholz um 1783 in einem Bauernhaus und war nur auf die Winterzeit beschränkt. Ein Schulfonds aus Spenden von Gemeindebürgern bildete die finanzielle Grundlage zum Erhalt der Schule. 1810 wurde das erste Schulhaus gebaut und 1866 durch eine Lehrerwohnung erweitert. 1954 wurden die Schulräume im neuen Gemeindehaus bezogen. Die Schule wird einklassig geführt und war nur von 1984 bis 1986 zweiklassig.

Pfarrkirche Mariä Namen

Vereine und Brauchtum

Freiwillige Feuerwehr, Musikkapelle, Schützengilde, Krieger- und Soldatenverein, Trachtenverein.

Winteraustreiben am „Funkensonntag" (1. Fastensonntag) mit Verbrennen der Funkenhexe und Backen der „Funkenküchle".

Wirtschaft

In früheren Jahrhunderten waren Getreide- und Sägemühlen sowie Huf- und Nagelschmieden die ersten gewerblichen Betriebe. Leinen- und Lodenstoffe wurden in bescheidener Hausindustrie hergestellt. Der erste Skilift wurde 1948 in Jungholz in Betrieb genommen (heute sieben Anlagen; Förderleistung 9.400 Personen/Stunde; Beschneiungsanlage für 30 ha Piste; durch die Skilifte werden in Jungholz ca. sechs Mill. Euro volkswirtschaftliche Einkünfte pro Jahr ausgelöst). Die österreichische Finanzgesetzgebung ermöglichte ab 1981 die Einrichtung von Bankfilialen in Jungholz, die dem Ort Arbeitsplätze, Steuergelder und internationale Bekanntheit verschafften: Raiffeisenbank, Tiroler Sparkasse, Volksbank Tirol (zusammen ca. 60 Mitarbeiter).
Jungholz ist auf Grund seiner besonderen geographischen Lage Mitglied im Tourismusverband Allgäu/Bayerisch-Schwaben.

Betriebe (Bettenanzahl): sieben Hotels und Gasthöfe (430), 15 Privatvermieter (105), drei Bauernhöfe (25), 24 Ferienwohnungen (184), ein Campingplatz (150 Stellplätze); im Jahr 2009 betrug die Summe der Betten ca. 1.400, die der Übernachtungen 66.500 (je 50 % Sommer/Winter).

Landwirtschaft

Die Zahl der Rinderhalter hat sich seit 1900 von 32 auf drei verringert, wovon nur ein Vollerwerbsbetrieb besteht. 359 ha der Gemeindefläche werden landwirtschaftlich genutzt, 322 ha sind Wald und 25 ha sind Baufläche, Gewässer und Sonstiges. Die vorherrschende Hofform ist der Einhof, bei dem Wohn- und Wirtschaftsteil unter einem profilgleichen Dach hintereinander liegen.

Viehbestand - *letzte Viehzählung*

Rinder	129	Pferde	10
Schafe	46	Ziegen	7
Schweine	0	Hühner	19

Klima und Vegetation

Das Klima ist dem des Tannheimer Tales gleichzusetzen. Als Folge der Öffnung zum Alpenvorland können die rauen Nordwestwinde ungehindert einströmen. Dies hat erhöhte Niederschlagshäufigkeit und mäßige Temperaturen zur Folge.

Gewässer und Gebirge

Die Anhöhe im Ortsteil Langenschwand (1129 m) bildet die Wasserscheide zwischen den Flussgebieten der Wertach und der Vils.

Besonderheiten

Jungholz ist die einzige Gemeinde des Außerferns, die geologisch gesehen in der Flyschzone liegt, welche sich am Nordrand der Kalkalpen entlang erstreckt (glimmerreiche Sandsteine, weiche Mergel und Tonschiefer). Typisch dafür sind sanfte Bergformen sowie wasserundurchlässige Böden und Hochmoore (Torfstiche) mit vielfältiger Alpenflora. Der Sorgschrofen (1636 m), der Jungholz vom Tannheimer Tal trennt, besteht aus Hauptdolomit und stellt den nördlichen Rand des Kalkalpins dar.

Rekordverdächtiges

1901 – erstmals elektrisches Licht im Ort.
1948 – geht der erste Skilift des Außerferns in Jungholz in Betrieb.
1950 – erste funktionierende Biogasanlage im Hotel Alpenhof.
1951 – Der 14-jährige Jungholzer Vinzenz Wehrmeister wird Allgäuer, Bayerischer und Deutscher Jugendmeister im Abfahrtslauf und in der Kombination.
1963 – stellte der Jungholzer Fredi Plangger mit 168,244 km/h den damaligen Geschwindigkeits-Weltrekord auf Skiern auf.

Sagen

Der Schimmelreiter in der Sorgalpe
´s Dökterle
Der Scheidbachmann

Weiterführende Literatur

Richard Lipp: Außerfern
Dorfbuch Jungholz
Jahresberichte (Banken und Tourismusverband)
Festschrift: 50 Jahre Skilifte Gemeinde- und Pfarrarchiv Jungholz
Heinz Moser: TLA Ortschronik Nr. 36
Johann Bauer: Geologie im Allgäu.

Kaisers

Veronika Neurauter, Heike Pfefferkorn

Wappen

Verleihung des Wappens am
5. Februar 1985.

Im von Gold und Schwarz gespaltenen
Schild ein gehenkelter Kessel in verwechselten Farben.

Farben der Gemeindefahne

Schwarz-Gelb.

Der Sennkessel versinnbildlicht die Almwirtschaft, die durch die Jahrhunderte –
seit der Besiedlung von Kaisers im drei-
zehnten Jahrhundert – eine Lebensgrundlage der Gemeinde gewesen ist.

Lage

55 km von Reutte liegt die höchstgelege-
ne Gemeinde des Bezirkes mit den
Weilern Kienberg und Boden.
Flurnamen: Kragenegg, Schröfle, Bichl,
Faldele, Außerer Berg, Hof, Wasen,
Rauth, Obere Häuser, Geigern, Lochhaus
und Gomern.

GEMEINDEAMT

6655 Kaisers
Nr. 13
Tel.: 05633/5255, Fax: 05633/5664
e-mail: gemeinde@kaisers.tirol.gv.at

Gemeindestatistik

Fläche in ha:	7450.4
Kleinregion:	Oberes Lechtal
Einwohner 31.12.2009:	81
Mittlere Wohnhöhe:	1518 Meter

Kaisers um 1920

Flächennutzung

Wert in ha, Anteil an jeweiliger Gesamtfläche in %

Flächenanteile 2001	Gemeinde	Gem.	Bez.	Land
Dauersiedlungsraum	124.8	1.7	9.9	12.2
Alpen	3398.3	45.6	25.0	27.0
Wald	1552.4	20.8	43.0	36.6
Gewässer	55.2	0.7	1.8	0.9
Verkehrsflächen	6.6	0.1	0.7	1.0
Sonstige Flächen	2326.3	31.2	20.9	24.3

Bevölkerungsentwicklung

Jahr	1701	1801	1870	1951	1971	1991
Einwohnerzahl	207	125	178	122	118	85

Häufige Familiennamen

Köll, Lorenz, Maldoner, Moll, Moosbrugger, Neurauter, Walch.

Geschichte

Der Name stammt vom rätoromanischen Wort „Kaser" und erinnert an die Almwirtschaft.

Bereits 1275 wurde Kaisers als Dauersiedlung der Stanzertaler Bauern genutzt. Dies beweist eine Steuerliste des Gerichtes Landeck, in der indirekt eine Ansiedlung in Kaisers erwähnt wird. Es standen also schon damals die Urhöfe von Kaisers.

Diese Steuerliste beweist auch, dass die Kaiserer steuermäßig zur damaligen Steuergemeinde Stanzertal gehörten und dass die Besiedlung über das Kaiserjoch erfolgt war. 1385 wurde dann die Gemeinde erstmals urkundlich erwähnt. In dieser Urkunde wurde den Stanzertalern zugesichert, ein von alters her bestehendes Recht beibehalten zu dürfen: Ihr Vieh bei Schlechtwetter bis nach Kienberg treiben zu dürfen. Es ging also um ein Almrecht.

1427 taucht Kaisers erneut aus dem Dunkel der Geschichte. Es geschieht dies in der großen Steuerveranlagung für ganz Tirol. Man nennt diese „Feuerstättenverzeichnis". In „Chaiser", wie es jetzt heißt, waren also innerhalb von 150 Jahren, aus zwei oder drei Höfen zehn geworden, womit eine damalige Einwohnerzahl von 60 anzunehmen ist.

Die folgenden Jahrhunderte können nur in Stichworten skizziert werden:

1661 –156 Einwohner

1701 – 207 Einwohner (Höchststand in der Geschichte der Gemeinde)

1737 – Kaisers erhält eine eigene Dorfordnung

1805 – Kaisers wird zur eigenen Gemeinde (Grundlage dafür bildete die eigene Dorfordnung).

1934 – Bau der ersten Straße.

Von jeher war Kaisers nach dem Stanzertal ausgerichtet und unterstand damit, mit Ausnahme der „Bayernjahre" (1809), als man Ehrenberg zugeteilt war, dem Gericht Landeck. Erst *1938* kam die höchstgelegene Gemeinde des Bezirkes zum Außerfern.

1975 und *1990* – Bau der Lawinengalerie „Hahnlestal"

1975 - *1979* – Bau des Mehrzweckgebäudes

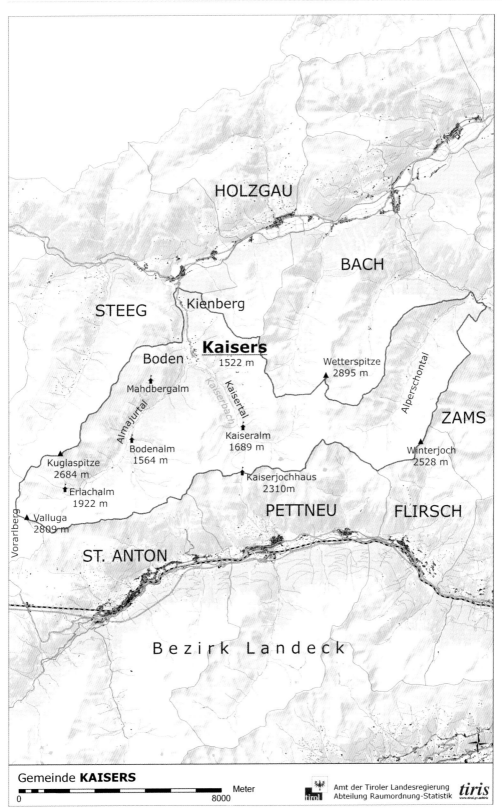

HOLZGAU

BACH

STEEG

Kienberg

<u>Kaisers</u>
1522 m

Boden

Wetterspitze
2895 m

Mahdbergalm

Kaisertal

Alperschontal

Almajurtal

Kaiseralm
1689 m

ZAMS

Bodenalm
1564 m

Kuglaspitze
2684 m

Winterjoch
2528 m

Erlachalm
1922 m

Kaiserjochhaus
2310m

Vorarlberg

Valluga
2809 m

PETTNEU

FLIRSCH

ST. ANTON

B e z i r k   L a n d e c k

Gemeinde **KAISERS**

0   Meter   8000

Amt der Tiroler Landesregierung
Abteilung Raumordnung-Statistik

tiris

1990 - 1991 – Bau der Feuerwehrhalle/ Bauhof
1992 – Ausbau der Straße von Steeg nach Kienberg.
1995 - 1997: Neubau der Trinkwasserversorgung
2005: Lawinenverbauung: Gleitschutzböcke aus Holz (neben der Pfarrkirche)
2006: Installation Breitbandinternet WLAN; Bau des Kleinkraftwerkes Kaiserbach
2007: Sanierung Feuerwehrhalle/Bauhof
2009: Bau des Forstweges „Troschberg"

Pfarrkirche zur hl. Mutter Anna

Kirche - Seelsorge
1629 wurde die Kirche zur **hl. Mutter Anna** erbaut. Bis 1687 war die Kirche der Pfarre Holzgau, dann der Pfarre Steeg zugehörig. 1739 wurde sie Kaplanei. 1833 und 1851 fiel die Kirche jeweils einem Feuer zum Opfer. Das heutige Gotteshaus wurde in den Jahren 1851 bis 1853 im neuromanischen Stil erbaut. Heute wird die Pfarrei von Steeg aus betreut.
Kapelle in Kienberg: **Kapelle zu Maria-Hilf** wurde um 1703 erbaut.

Schule
In Ermangelung älterer Schulchroniken lässt sich die Schulgeschichte von Kaisers kaum darstellen. Gekennzeichnet durch häufigen Lehrerwechsel hatte die kleine Bergschule „am Ende der Welt" kein leichtes Dasein.
Bis 1938 gab es ein eigenes Schulhäuschen mit einer bescheidenen Lehrerwohnung im Erdgeschoss, das durch einen Blitzschlag eingeäschert wurde. Von da ab unterrichtete man bis 1958/59 in Privathäusern. Nach dem Abgang des letzten Pfarrers fand der Unterricht bis November 1979 im Widum, gleichzeitig

„Gasthof zum guten Tropfen", statt. Danach zog die Schule in ein Mehrzweckgebäude mit Gemeindeamt, Gemeinde- und Pfarrwohnung um.
Manchmal kurz vor der Schließung stehend, konnte die kleine Bergschule trotzdem bis zum heutigen Tage erhalten werden.

Vereine
Freiwillige Feuerwehr, Ortsbauernschaft und Jungbauernschaft eigenständig; Musikkapelle, Sportverein, Trachtengruppe, Bergrettung und Bergwacht gemeinsam mit Steeg.

Gesundheit und Soziales
Versorgung durch Sprengelarzt in Holzgau, Mitglied im Sozial- und Gesundheitssprengel Lechtal.

Wirtschaft und Tourismus
Mitglied im Tourismusverband Lechtaltourismus (2005), Sommer- und Wandertourismus, drei Gasthöfe; 110 Gästebetten (2003).

Landwirtschaft
Neun Nebenerwerbsbauern

Viehbestand - *letzte Viehzählung*

Rinder	55	Pferde	2
Schafe	9	Ziegen	13
Schweine	3	Hühner	18

Persönlichkeiten
Emanuel Walch (1862 – 1897): ein bekannter Kirchenmaler im so genannten „Nazarenerstil".
Franz Anton Lorenz (1853 – 1891) arbeitete als Maler und Bildhauer in München.
Friedrich Lorenz (19. Jh.): einer der ersten Bergführer des Lechtales, der „Gamskönig", genannt.

Sagen
Das versunkene Dorf
Bergwerke im Almajur
Der verhängnisvolle Fluch
Der Luitascher und der Schrannenbock

Lechaschau

Werner Höck, Hannes Klotz, German Wex

zweiten Geländestufe zwischen Lechaschau und Wängle.

Wappen
Verleihung des Wappens am
28. Juli 1958.

Ein silbernes Einhorn steigend im schwarzen Feld mit rotem Schremssteg überlegt.

Farben der Gemeindefahne
Rot-Weiß.

Bis zum Beginn des 19. Jahrhunderts gehörte Lechaschau als zentraler Ort zum Gericht Aschau. Daher wurde das für das 15. Jahrhundert nachweisbare Siegelbild dieses Gerichts in das Wappen der Gemeinde übernommen.

GEMEINDEAMT

6600 Lechaschau,
Dorfstraße 10
Tel.: 05672/65103, Fax: 05672/65103-17
e-mail: gemeinde@lechaschau.tirol.gv.at

Lage
Die Gemeinde Lechaschau breitet sich in der Talweite von Reutte gegenüber dem Bezirkshauptort auf der linken Talseite aus. Das Siedlungsgebiet der Gemeinde liegt zum größten Teil auf der linken Talsohle des ehemaligen Lechbettes. Ein geringer Teil des Ortes erstreckt sich auf den ersten Geländestufen zwischen Lechaschau und Wängle. Es sind dies einige Häuser der Ortsteile Buchenort, Moosbichl und Ruene. Ein neuer Ortsteil mit der amtlichen Bezeichnung „Jauchart" entstand um 1975 auf der

Gemeindestatistik

Fläche in ha:	611.6
Kleinregion:	Reutte und Umgebung
Einwohner 31.12.2009:	1.985
Mittlere Wohnhöhe:	846 Meter

Lechaschau um 1930

Flächennutzung

Wert in ha, Anteil an jeweiliger Gesamtfläche in %

Flächenanteile 2001	Gemeinde	Gem.	Bez.	Land
Dauersiedlungsraum	223.1	36.5	9.9	12.2
Alpen	0.0	0.0	25.0	27.0
Wald	58.4	9.5	43.0	36.6
Gewässer	27.6	4.5	1.8	0.9
Verkehrsflächen	11.4	1.9	0.7	1.0
Sonstige Flächen	18.7	3.1	20.9	24.3

Bevölkerungsentwicklung

Jahr	1961	1971	1981	1991	2001
Einwohnerzahl	1198	1456	1562	1706	1937

Häufige Familiennamen

Leuprecht, Wex, Wörle.

Geschichte

Das Dorf trug bis 1888 den Namen Lech. Das heutige Lechaschau war eine der fünf Hauptgemeinden oder, wie die alte gebräuchliche Benennung hieß, der fünf „Orte" des Gerichtes Aschau, und wurde deshalb „Lecherort" genannt. Der älteste Teil der Ortsgemeinde Lechaschau ist wohl die auf einer Geländestufe über dem Lechfluss gelegene Siedlung auf dem Buchenort, die bereits im Jahre 1200 mit zwei Höfen bezeugt ist. In den Urbaren des Klosters St. Mang in Füssen aus der Zeit von etwa 1420 bis 1524 werden die 13 Höfe des Lecherortes mit ihren Abgaben an das Kloster genannt. Durch fortwährende Teilung der Güter im Erbschaftsgang erhöhte sich im Laufe der Zeit ständig auch die Zahl der Häuser. So standen 1676 auf dem Boden des alten „Hofes am Bühel" sechs Häuser und im Bereich des „Köpfenhofes" 19 Häuser. Durch den Bau der Lechbrücke

1458 bis 1464 und des daran anschließenden Straßenstückes kam das Dorf Lech unmittelbar in den Strom des Verkehrs zwischen Nord und Süd und erfuhr einen starken wirtschaftlichen Aufschwung.

In der Ortsmitte, vor dem heutigen Gemeindeamt, weitet sich ein schöner ebener Platz, umgeben von behäbigen Häusern, darunter das ehemalige Nauß'sche Haus und das mit Fresken geschmückte und unter Denkmalschutz stehende ehemalige Frick'sche Bräuhaus und Weinwirtshaus, mit dem auch eine Färberei verbunden war. Ende des 18. Jhs. sank der wirtschaftliche Hochstand des Dorfes merklich ab, denn mit der Überbrückung des Lech bei Unterletzen im Jahre 1786 ging der Verkehr nach Schwaben nunmehr unmittelbar von Reutte nordwärts.

Die heutige Gemeinde Lechaschau bildete zusammen mit Wängle, Höfen, Weißenbach und Vorderhornbach im Mittelalter und noch im 16. Jh. einen geschlossenen Verwaltungs-, Wirtschafts-

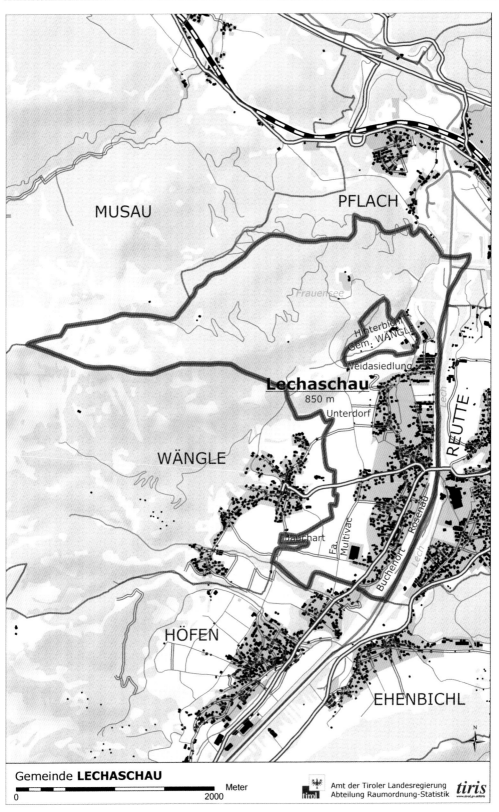

MUSAU

PFLACH

Frauensee

Hinterbichl
Gem. WÄNGLE

Weidasiedlung

Lechaschau
850 m

Unterdorf

WÄNGLE

REUTTE

Fa. Multivac

Buchenort

Rosenau

Lech

HÖFEN

EHENBICHL

Gemeinde **LECHASCHAU**

Meter

0   2000

Amt der Tiroler Landesregierung
Abteilung Raumordnung-Statistik

tiris
www.tirol.gv.at/tiris

und Seelsorgsverband. Das „Niedergericht Aschau" war im Eigentum des Stiftes St. Mang in Füssen seit dessen Gründung. Gerichtsort war Lech (Lechaschau), Pfarrort Wängle. Das Kloster Füssen hatte als Grundherr nur die „niedere Gerichtsbarkeit" inne. Die „hohe" oder Blutgerichtsbarkeit blieb den Vögten vorbehalten. In frühester Zeit waren die Welfenherzöge die Vögte. 1191 kam die Vogtei Aschau im Erbweg an die Hohenstaufen, die Herzöge von Schwaben und den deutschen Kaiser. Kraft dieser Stellung bestätigte Kaiser Friedrich II. 1218 dem Stift St. Mang die grundherrschaftlichen Rechte im Gericht Aschau. Vom letzten Hohenstaufen Konradin ging 1266 die Vogtei und Grafengewalt auf seinen Stiefvater Graf Meinhard II. von Tirol über und war eng mit Tirol verbunden. 1461 erließ Abt Johann Heß von Füssen ein Bauding, eine Ordnung der Rechte und Pflichten der zinspflichtigen Bauern gegenüber ihrem Grundherrn. Im folgenden Jahr verfügte Herzog Sigmund, dass die Leute in der Aschau mit Heiraten, Käufen und Erbschaften rechtlich den übrigen, offensichtlich freieren Bewohnern Tirols gleichgestellt sein sollten. Für 13.000 Gulden verkaufte das Stift St. Mang das Gericht Aschau 1609 dem o.ö. Kammerrat Wolfgang Schmied zu Wellenstein und dessen Schwager Burkhart Laymann von Liebenau, Viertelhauptmann und Pfleger der Herrschaft und Feste Ernberg. Diese veräußerten es im folgenden Jahr an Erzherzog Maximilian III., den Deutschmeister, womit die Aschau endgültig mit Tirol vereinigt wurde. Die aus dem Jahr 1561 überlieferten Rechtsverhältnisse der Alp- und Weidenutzung zeigen die fünf Orte noch in einem geschlossenen Wirtschaftsverband, für den auch die Bezeichnung „Fünförtliche Pfarrgemeinde" gebraucht und in die Gegenwart überliefert wurde. 1608 wurde der Wald auf die fünf Orte zum Teil aufgeteilt. Damit bahnte sich der Zerfall der Großgemeinde an. Zuerst schieden aus dem Verband als selbstständige Gemeinden Vorderhornbach und Weißenbach aus. Nach deren Ausscheiden hieß der verbleibende Gemeinde- und Seelsorgeverband die „Dreiörtliche Pfarrgemeinde" (Lech,

Wängle, Höfen), die heute noch (kirchlich seit 1967 nicht mehr vollständig) für einige Bereiche wie Wald und Weide mit Sitz in Wängle besteht. 1811 wird diese dreiörtliche Pfarrgemeinde als eigener Steuerdistrikt bezeichnet. Die bayerische Regierung löste 1806 das Gericht Aschau auf und vereinigte es mit dem Gericht Reutte. Das Gemeindewappen ist das alte Amtssiegel des ehemaligen Gerichtes Aschau aus dem 15. Jh. und erinnert an den Gerichtssitz.

Kirche - Seelsorge

Die **Hl.-Geist-Kirche** von Lechaschau war ursprünglich eine Spitalskirche. Ihr Bau dürfte bald nach der Gründung des Spitals am sogenannten „Krankenhausgsteig" erfolgt sein. Ein Spital war im Mittelalter ein Heim für Kranke, Pflegebedürftige und Heimatlose. Der spätgotische Chor sowie das gotische Stichkappengewölbe und die Spitzbögen weisen auf die Zeit etwas vor oder um 1500 hin. Das Kirchlein hatte wie so viele andere Spitalskirchen den Heiligen Geist zum Patron.

Zur Anstellung eines Spitalpriesters dürfte es aber nicht gekommen sein, wenigstens wird später niemals ein solcher erwähnt. Jedoch blieb eine bescheidene Stiftungsgrundlage erhalten, sodass wenigstens einmal in der Woche in der Heilig-Geist-Kirche eine hl. Messe gefeiert werden konnte. Der Chorraum des Heilig-Geist-Kirchleins erfuhr im 16. Jh. durch einen kunstliebenden Gönner eine farbenfrohe Bemalung mit einem Marienbild (Himmelskönigin) und mehreren Renaissance-Verzierungen (Blumen und Früchte). Auch ließ er innerhalb der Malerei sein Wappen anbringen, darüber in deutscher Schrift die Anfangsbuchstaben seines Namens (HK) und unter dem Wappen eine Breze, was darauf hinweist, dass er ein angesehener und wohlhabender Bäckermeister gewesen sein dürfte. Leider war nach Abbruch des Langhauses 1964 der alleinstehende Chor gegen das Eindringen von Nässe bei schlechtem Wetter zu wenig geschützt, sodass die wertvolle Bemalung zugrunde ging.

In der Zeit von 1702 bis 1764, als man in Wängle die alte Pfarrkirche abbrach und die neue erbaute, wurde der Gottesdienst an Sonn- und Feiertagen in der Heilig-Geist-Kirche zu Lech gehalten. Um 1727 war die Filialkirche merklich baufällig geworden. Pfarrer Reichart verwendete eine mit diesem Gotteshaus verbundene Wohlfahrtsstiftung, um es wieder in Stand zu setzen. Wichtige Schriften, die sich auf das Vermögen des Gotteshauses bezogen, Schuldscheine von Leuten, die davon Geld geliehen hatten, wurden in der „heiligen Truchen", die wahrscheinlich in der Sakristei stand, aufbewahrt. Im Jahre 1800 erhielt der Altarraum der Kirche vom Maler Joseph Anton Köpfle (1757 - 1843) von Höfen ein Deckengemälde. Pfarrer Nikolaus Schiffer ließ die Kirche nach dem damaligen Kunstempfinden in neuromanischem Stil restaurieren und auch neuromanische Altäre aufstellen.

Die Kirche, die auch eine Empore hatte und mit einer kleinen Orgel ausgestattet war, erwies sich jedoch für die Gottesdienste der Pfarre Wängle, die hier am Bittmittwoch und am Pfingstmontag (Kirchenpatrozinium) gehalten wurden, als viel zu klein. Darum ließ Pfarrer Schiffer im Jahre 1894 den Kirchenraum verlängern und den Eingang von der Nordseite auf die Westseite (Giebelseite) versetzen. 1909 wurde eine neue Orgel angeschafft. Durch die versuchte Sprengung der Lechbrücke in den letzten Tagen des Zweiten Weltkrieges (April 1945) wurden durch die Lufterschütterung die Fenster der Heilig-Geist-Kirche zerstört. Bei der Restaurierung der Kirche 1946 wurden von der Glasmalereianstalt Innsbruck neue Fenster mit Glasgemälden eingesetzt. Die zwei Langfenster auf der Südseite zeigten die Bilder des hl. Magnus (Glaubensbote des Allgäu) und des hl. Ulrich (Bischof und Diözesanpatron von Augsburg), die Fenster auf der Nordseite die Bilder der hl. Elisabeth (Patronin der Caritas) und der hl. Margareta (Wetterheilige), in den zwei Fenstern des Chores waren symbolische Darstellungen des Heiligen Geistes. Bemerkenswert sind zwei Glocken aus dem 15. Jh., eine davon wurde 1484 von Stephan Wiggain in Augsburg gegossen. Zum ersten Lokalkaplan wurde Cons. Werner Moll ernannt. 1964/65 wurde die alte Heilig-Geist-Kirche mit Ausnahme des Presbyteriums und des Turmes abgebrochen und nach dem Plan von Architekt DI Ingo Feßler aus Innsbruck von Maurermeister Kamillus Hummel von Höfen eine neue größere Kirche erbaut, welche im Juli 1967 von Diözesanbischof Dr. Paul Rusch eingeweiht wurde.

Lechaschau wurde 1957 Lokalkaplanei und 1967 Pfarrvikariat. Seit dem 1. Jänner 1986 darf sich die Gemeinde Lechaschau Pfarrei nennen.

Andere Sakralbauten im Seelsorgssprengel sind:
Die **St. Ottilienkapelle**, eine 1620 erwähnte Feldkapelle mit einem Ottilienbild von Paul Zeiller (1760),
das **Bach-Kirchele zum hl. Martin**,
die **Marienkapelle** in Oberletzen,
die **Kolomankapelle** in Hinterbichl,
die **Kapelle am Moosbichl**,
das **Kosteriskirchele** („Costarieskapelle")

Franzelin-Haus

Schule

1533 und in den folgenden Jahren wird Paul Leuchinger auf dem Buchenort als Schulmeister der Pfarre Aschau erwähnt. Den Unterricht dürfte er in seiner Wohnstube erteilt haben. Für die Kinder, die er unterrichtete, mussten die Eltern Schulgeld bezahlen.

Im 18. Jh. wird öfters die Schule in Lech erwähnt, deren Lehrer zugleich Organist in der Pfarrkirche zu Wängle war.

Bis zum Jahre 1781 mussten von Seiten der Eltern für ihre Kinder, die die Schule besuchten, Schulgeld entrichtet werden. Es betrug für ein Kind 2,5 bis 3,5 Kronen. Außerdem hatte das Elternhaus die Verpflichtung, für die Heizung der Schulstube eine bestimmte Menge Brennholz zur Schule zu stellen. Um zum besseren Schulbesuch anzueifern, wurde beschlossen, unentgeltlichen Unterricht einzurichten. Die Schulkosten mussten die einzelnen Ortsgemeinden selbst tragen, wobei die Hälfte auf Grund des Steuerfußes, die andere Hälfte „vermög des Wustungsbezuges" hereingebracht werden sollte. Das Holz für die Heizung musste weiterhin von den Eltern aller schulbesuchenden Kinder beigestellt werden.

Die Einrichtung des unentgeltlichen Unterrichts hatte jedoch zunächst nicht den großen Erfolg, den man sich erhofft hatte. Der Unterricht wurde noch 1782 teilweise nachlässig besucht. Ein Sommerkurs wurde bis 1781 nicht gehalten. Erst im folgenden Jahr, als in Lech ein eigens geschulter Normalschullehrer als sogenannter „Hauptlehrer" mit 150 Gulden besoldet wurde, konnte hier die Schule auch zur Sommerzeit fortgeführt und von sämtlichen Pfarrkindern unentgeltlich besucht werden. Die Schule hieß nun „Hauptschule", während sie vorher mit dem Winterkurs allein zu den sogenannten „ordinari Geyschulen" gezählt wurde. In den anderen Dörfern des Gerichtes Aschau, wo die Lehrer nur eine kärgliche Entlohnung erhielten, zogen sie nach Beendigung des Winterkurses so wie andere Männer als Maurer oder Zimmerleute außer Landes, um ihr Brot zu verdienen und erst im späten Herbst zurückzukehren.

1825/26 entstand eine Volksschule mit einem ebenerdigen Geschoß und ohne Lehrerwohnung. 1872 bis 1874 wurde das alte Schulhaus vergrößert. Bis 1872 war die Schule einklassig, von da an gab es eine Knaben- und eine Mädchenklasse. 1901 wurde sie dreiklassig – eine erste Klasse für Knaben und Mädchen. (1. bis 3. Schulstufe) und zwei zweite Klassen, eine für Knaben und eine für Mädchen (4. bis 8. Schulstufe).

1954 wurde mit dem Bau eines neuen Schulhauses mit vier Klassen und ohne Lehrerwohnung begonnen. Am 30. 9. 1956 erfolgte die Einweihung und am nächsten Tag wurde erstmals darin unterrichtet (neues Schulhaus).

Von 1873 bis 1939 wirkten neben dem Schulleiter Barmherzige Schwestern aus dem Mutterhaus in Zams als Lehrerinnen. 1939 wurde von der nationalsozialistischen Schulbehörde allen geistlichen Schwestern das Unterrichten in den Schulen verboten.

Nach dem Zweiten Weltkrieg kamen wieder die Barmherzigen Schwestern von Zams nach Lechaschau, um den Kindergarten zu übernehmen.

Seit 1960 ist die Gemeinde Lechaschau in den Hauptschulsprengel Reutte integriert. Nach Abschluss der vierten Klasse Volksschule besuchen die Lechaschauer Volksschulkinder die beiden Hauptschulen in Reutte. Am 11. September 1974 fand die Bauverhandlung für den Turnsaal der Volksschule Lechaschau statt. Nachdem die Volksschule zu klein geworden war, beschloss der Gemeinderat eine Aufstockung. Die Bauverhandlung fand am 24. Juni 1993 statt.

Vereine

Feuerwehr, Billardclub, Eisschützenverein, Tischtennisverein, Tennisverein, Fußballverein, Schützenkompanie, Trachtenverein, Agrargemeinschaft, Harmoniemusik, Landjugend, Skiclub, Schafzuchtverein, Viehzuchtverein, Kirchenchor, Kath. Familienverband, Chor „Spiritus Sanctus".

Viehbestand - letzte Viehzählung

Rinder	50	Pferde	12
Schafe	139	Ziegen	27
Schweine	0	Hühner	373

Persönlichkeiten

Ludwig Schmid (1862 – 1909): Kunstmaler und Professor an den Kunstakademien München und Karlsruhe

Josef Anton Naus (1793 – 1871): Erstbesteiger der Zugspitze, Chef der kgl. bayerischen Landesvermessung, Generalquartiermeister

Prof. Dr. Pater Arduin Kleinhans (1882 – 1976): Franziskaner, Bibelwissenschafter, Professor der Hl. Schrift in Rom, Verfasser theologischer Werke

Ehrenbürger:

Anton Hois: Volksschuldirektor (1899 – 1932 und 1940 – 1945)

Martin Burger: Bürgermeister (1905 – 1935)

Franz Fuchs, sen.: Bürgermeister (1945 – 1952)

Josef Köpfle: Kapellmeister (1921 – 1961)

Cons. Pfarrer Werner Moll: Pfarrer (1957 – 1999)

Frauensee

Besonderheiten

Die zwei ältesten Glocken des Dekanates: bienenkorbförmige Christusglocke (vor 1400), „Wiggau-Glocke", 1484 in Augsburg gegossen.

Die Lechaschauer Lechbrücke: Das Jahr 1458 brachte eine entscheidende Wendung. Bis dahin hatte es am Lech zwischen Reutte und der Aschau manche Unglücksfälle gegeben. Fuhrleute, die an der gewohnten Furt den Fluss bei erhöhtem Wasserstand überquerten, erlitten oftmals schweren Schaden durch Vieh- oder Sachgutverlust oder ertranken selbst.

Auf Veranlassung des Tiroler Landesfürsten, Herzog Sigmund, und des Vogtes zu Ehrenberg, Graf Eberhard zu Kirchberg, erhielten am 26. Juli 1458 drei einheimische Männer namens Martin Schilling, Siegfried Tiefenbronn und Heinz Scheiber von Lienhard Dietel, Forstmeister der Grafschaft Tirol, den Auftrag, zwischen Reutte und der Aschau über den Lech eine Brücke zu bauen und anschließend

daran auf dem linken Ufer lechabwärts unter dem und um den Bühel einen Weg anzulegen, der dann nördlich von Hinterbichl wieder in die alte Straße nach Schwaben einmünden würde. Auch sollten die genannten Männer künftig verpflichtet sein, Brücke und Weg in gutem Zustand zu erhalten, damit man stets darüber fahren, reiten und gehen könne. Als Entschädigung wird ihnen und ihren Nachkommen der einzuhebende Brückenzoll als rechtes Erblehen zugestanden. Der Brückenzoll solle den Brückenbauern so lange ganz gehören, bis sie für ihre Arbeitsleistung entlohnt waren. Dann solle eine Vereinigung von je sechs Ehrenmännern von Reutte und der Aschau bestimmen, was sie in Zukunft für diesen Brückenzoll nach Ehrenberg zu zinsen hätten. Um die fernere Instandhaltung von Brücke und Weg sicherzustellen und zu gewährleisten, setzten die drei Brückenerbauer aus ihrem Grundbesitz je ein halbes Jauch Ackerfeld als Pfand ein. Das für Brücke und Weg notwendige Holz dürften sie ungehindert schlagen, wo sie wollten. Auf der Reuttener Seite müsste zur neuen Brücke ein kurzes Stück Zufahrtsstraße angelegt werden. Hierüber wurde bestimmt, dass die Fuhrleute von Reutte herüber auf dem von alters her benützten Weg, sei es ober oder unter dem Wolfsberg zur Brücke fahren dürfen, müssten aber in den neu angelegten Weg einlenken. Sollte dieser, etwa durch Überschwemmung des Lech, zerstört sein, so sollten die Angrenzer der umliegenden Felder Verständnis haben und die Fuhrleute ungefähr 14 Tage auf dem alten Weg (Feldweg) fahren lassen. Sei jedoch ein solcher Notfall nicht gegeben, müssten die Frachtwagen den neuen Weg benützen. Aus dieser Anweisung ist zu ersehen, dass damals die unmittelbare Zufahrt zur Brücke in der Ebene des Ufers war, und dass die ursprüngliche Lechbrücke nicht so hoch über dem Flusse stand wie die von 1801 oder die heutige Brücke. Das Fällen des Holzes, es waren vielleicht mehr als 200 Stämme nötig, konnte nicht im strengen Winter geschehen. Das Herbeiliefern der Baumstämme erforderte viele Fuhren, das Behauen der Stämme durch Zimmerleute und die

Aufstellung der langen Brücke erforderte ebenfalls viel Zeit.

Sechs Jahre nach jenem Bauauftrag an die drei Männer stellte Herzog Sigmund am Freitag nach dem St. Franziskus-Tag 1464 in Füssen eine Urkunde aus, worin Weglohn und Brückenzoll an der fertigen Aschauer Brücke festgelegt wurden. Vom Weglohn und Brückenzoll waren die herrschaftlichen Diener und die Zugehörigen zum Hofgesinde sowie die auf einem Kriegszug sich befindenden Soldaten ausgenommen.

Die Lechbrücke und die neue Straße, die sich „an den Steinwanden" entlang nach Norden wandte und bei Hinterbichl in die alte Straße nach Schwaben einmündete, vermittelte nun über 300 Jahre lang den Verkehr zwischen Italien und Schwaben (Kempten – Memmingen – Ulm) und von etwa 1550 an auch die Salzlieferungen von Hall nach den Vorlanden. Dadurch erfuhr das wirtschaftliche Leben im Dorfe Lech einen bedeutenden Aufschwung. Bierbrauer, Wirte, Bäcker, Metzger, Huf- und Wagenschmiede usw. gelangten zu ansehnlichem Wohlstand. Als unter Kaiser Joseph II. im Zuge des Ausbaues des Reichstraßennetzes 1785 trotz des Einspruchs des Gerichtes Aschau der Lechfluss zwischen Pflach und Unterletzen überbrückt und so der Verkehr über Reutte geleitet wurde, sank auch bald der wirtschaftliche Hochstand des Dorfes.

Die Lechbrücke, die durch Jahrhunderte den regen Fracht- und Reiseverkehr zwischen Schwaben und Italien sowie den Salztransport von Hall in die Vorlande auszuhalten hatte, musste von Zeit zu Zeit durch Auswechseln großer Bestandteile, Einsetzen neuer Lärchenbalken und Pfeiler gesichert werden. Ein vollständiger Neubau der Brücke erfolgte im Jahr 1801. Sie wurde vom k.k. landesfürstlichen Brückenbaumeister Johann Martin Kink erbaut. Das dafür notwendige Holz kam von mehreren Orten. Die Brücke war 111,60 m lang und 5,58 m breit und damals die längste Flussbrücke Tirols. Die Holzbrücke von 1801 wurde nach 125 Jahren durch eine Stahlbetonbrücke ersetzt. Diese wurde von Herbst 1925 bis Herbst 1926 erbaut und am 12. Juni 1927 dem öffentlichen Verkehr übergeben.

Die Lechbrücke hatte eine lichte Weite von 112,70 m, eine Fahrbahnbreite von 5,00 m und seitliche Gehwege mit je 1,20 m Breite. Die Lechaschauer Lechbrücke galt damals (1927) als die längste Straßenbrücke Tirols. Jedoch schon zehn Jahre später war sie von anderen Brücken des Landes weit überholt.

In den letzten Tagen des Zweiten Weltkrieges sollte die Lechbrücke gesprengt werden, um den amerikanischen Vormarsch aufzuhalten. Nachdem die erste angelegte Sprengladung heimlich entfernt worden war, hatte eine zweite einen teilweisen Erfolg. Die Brücke wurde in der Mitte aufgerissen. Es wurden die äußeren Stahlbetonrippen der Mittelöffnung jeweils beim Gelenk gesprengt, die Mittelrippen blieben erhalten, sodass der Verkehr aufrecht erhalten werden konnte, die Kluft wurde aber bald von den Amerikanern mit Holz geschlossen. 1946 wurde die Brücke wieder vollkommen instandgesetzt.

Nachdem die Lechbrücke das Verkehrsaufkommen nicht mehr bewältigen konnte, wurde diese Brücke abgetragen und in den Jahren 1991 bis 1993 neu errichtet. Auf der neuen Lechaschauer Lechbrücke wurde auf beiden Seiten ein Geh- und Radweg integriert. Unter dem Brückenkörper befindet sich die mit Reutte gemeinsame Wasserleitung. Unter dem Gehsteigbereich sind die Gas- sowie die Stromleitung aufgehängt. Im November 1993 wurde die Lechaschauer Lechbrücke feierlich dem Verkehr übergeben.

Sie gilt nach wie vor als eine der schönsten Brücken in Österreich und erfüllt nach den primären verkehrstechnischen Anforderungen auch die Eingliederung in die Landschaft. Die heutige Brücke ist durch die Ausgestaltung von Aussichtskanzeln, Abgrenzpfosten und Brückenbeleuchtung auch Kommunikationsort und fester Bestandteil des Ortsgefüges in Lechaschau und Reutte.

Sagen

Der Schatz im Schloss Windegg
Die angewachsene Maske
Die Bergweiblein

Lermoos

Erhard Maroschek

Wappen

Verleihung des Wappens am
11. September 1973.

In Gold ein siebenspeichiges schwarzes
Rad, in der unteren Hälfte der Schildform
folgend.

Farben der Gemeindefahne

Schwarz-Gelb.

Das Wappen versinnbildlicht die geschichtsbestimmende Bedeutung des
Verkehrs für Lermoos. An der alten
Römerstraße liegend, hatte es seit dem
Mittelalter eine Warenniederlage mit
Rodstätte.

Lage

Lermoos liegt auf 1004 m Seehöhe am
Westrand des Zugspitzbeckens, 20 km
südöstlich des Bezirkshauptortes Reutte.
Es besteht aus dem eigentlichen Kern im
Ober- und Unterdorf und aus den weiter
westlich gelegenen Ortsteilen Gries,
Ober- und Untergarten. Während das
Kerngebiet von der Pfarrkirche St. Katharina dominiert wird, befindet sich auf
einer Anhöhe zwischen Ober- und Untergarten die so genannte Maria-Opferungs-Kapelle, deren Ursprung möglicherweise bis ins 13. Jh. zurückreicht.

GEMEINDEAMT

6631 Lermoos,
Unterdorf 15
Tel.: 05673/2315, Fax: 05673/2315-4
e-mail: gemeinde@lermoos.tirol.gv.at

Gemeindestatistik

Fläche in ha:	5644.3
Kleinregion:	Zwischentoren
Einwohner 31.12.2009:	1.101
Mittlere Wohnhöhe:	994 Meter

Lermoos um 1900

Flächennutzung

Wert in ha, Anteil an jeweiliger Gesamtfläche in %

Flächenanteile 2001	Gemeinde	Gem.	Bez.	Land
Dauersiedlungsraum	540.1	9.6	9.9	12.2
Alpen	359.4	6.4	25.0	27.0
Wald	3389.6	60.1	43.0	36.6
Gewässer	30.2	0.5	1.8	0.9
Verkehrsflächen	40.6	0.7	0.7	1.0
Sonstige Flächen	1367.3	24.2	20.9	24.3

Bevölkerungsentwicklung

Jahr	1951	1961	1971	1981	1991	2001
Einwohnerzahl	710	768	894	946	937	1061

Häufige Familiennamen

Bader, Fasser, Haas, Hofherr, Hosp, Hundertpfund, Koch, Sonnweber.

Geschichte

Die Auffindung des so genannten „Prügelweges" ergab ab 1992 eine rege Forschungstätigkeit, und fast 1,5 km der Via Claudia Augusta im Bereich des Mooses sind bisher nachzuweisen. Diese wichtige römische Militärstraße stammt aus der Zeit ab 45/46 n. Chr., führte von Oberitalien bis zur Donau und wurde bis in das 5. Jh. genützt. Aber auch im Mittelalter und bis in die Neuzeit lag Lermoos an der wichtigen Handelsverbindung über den Fernpass, der so genannten Salzstraße. Die erste schriftliche Erwähnung findet Lermoos um das Jahr 1060, in einer Freisinger Grenzbeschreibung, in der Form „larinmos". Die Salzrod (Transport, Lagerung und Handel mit Salz) und alte Hinweise auf eine Gerichtsbarkeit gaben dem Ort Gewicht und Bedeutung, auch das Postwesen war schon früh entwickelt.

Der Bahnhof Lermoos liegt an der „Mittenwaldbahn", die 1913 eröffnet wurde und seit 2001 von der Deutschen Bahn auf der Linie Garmisch-Partenkirchen nach Pfronten-Steinach mitbetreut wird.
Im Jahre 1984 wurde der Tunnel zur Umfahrung des Ortskernes eröffnet.

Kirche – Seelsorge

Die **Pfarrkirche St. Katharina** wurde 1353 erstmals urkundlich erwähnt. Von 1751 bis 1753 wurde sie nach Plänen des Baumeisters Franz Kleinhans aus Pinswang in der bestehenden Form errichtet. Die Deckenfresken des Veroneser Malers Giuseppe Gru sind von besonderer Tiefe und Räumlichkeit. St. Katharina gehört zu den schönsten Sakralbauten des 18. Jhs. in Tirol. Die Seelsorge in Lermoos, die seit 1423 urkundlich belegt ist, ging ursprünglich von Imst aus und unterstand somit der Diözese Brixen.

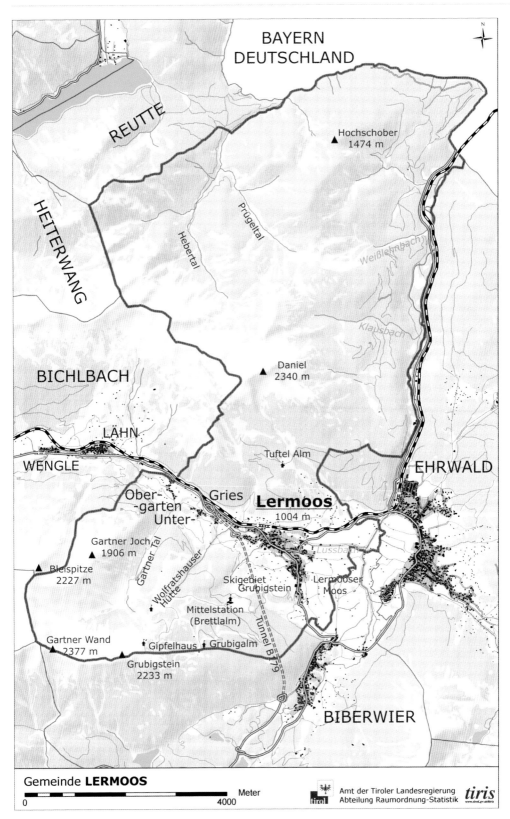

BAYERN
DEUTSCHLAND

REUTTE

HEITERWANG

Hochschober
1474 m

Prügeltal

Hebertal

Weißlehnbach

Klausbach

BICHLBACH

Daniel
2340 m

LÄHN

WENGLE

Tuftel Alm

EHRWALD

Ober-
-garten
Unter-

Gries

Lermoos
1004 m

Gartner Joch
1906 m

Gartner Tal

Lussbach

Bleispitze
2227 m

Wolfratshauser
Hütte

Skigebiet
Grubigstein

Lermooser
Moos

Mittelstation
(Brettlalm)

Gartner Wand
2377 m

Gipfelhaus

Grubigalm

Grubigstein
2233 m

Tunnel B 179

BIBERWIER

Gemeinde **LERMOOS**

0   4000

Meter

Amt der Tiroler Landesregierung
Abteilung Raumordnung-Statistik

tiris

Schule

Anlässlich einer bischöflichen Visitation wird im Jahre 1610 ein Lehrer in Lermoos erwähnt. 1770 gibt es zwei „private" Schulen in Untergarten und Lermoos, von den Schülern wird ein wöchentliches Schulgeld von drei Kreuzern verlangt. 1785 besuchen 34 Knaben und 46 Mädchen die Lermooser Schule. 1899 erfolgt ein Neubau, der 1985 durch ein neues Volksschul- und Kulturzentrum ersetzt wird.

Vereine

Schützenkompanie, Musikkapelle, Freiwillige Feuerwehr, Bergrettung, Ski-Club, Fußballclub, Tennisclub, Krippenverband Loisachtal, Landjugend, Ortsbäuerinnen, Katharina-Chor.

Wirtschaft und Tourismus

Lermoos ist, was die Nächtigungszahlen im Bezirk Reutte betrifft, ein Tourismusort ersten Ranges. Die Nächtigungsstatistik zeigt eine konstante Aufwärtsentwicklung:

1950	1960	1970	1980	1990	2000
33.608	113.129	296.447	386.024	437.064	475.681

Daher ist auch das wirtschaftliche Leben in erster Linie von touristischen Einrichtungen beherrscht. 35 Gasthöfe und Hotels, 16 gewerbliche und 62 private Betriebe sowie 36 Betriebe mit Privatzimmern erreichen eine Kapazität von 3.422 Gästebetten. Die Berglifte Langes schaffen daneben mit ihren 15 Liftanlagen auf den Bergen in Biberwier und Lermoos eine solide Grundlage für den Tourismus im Sommer und im Winter. Besondere Attraktionen sind das beheizte Freibad, mehrere Badeseen in der näheren Umgebung, der Panoramaweg und die Wanderwege rund um das Lermooser Moos.

Landwirtschaft

Eine Besonderheit bildet die „Wassergenossenschaft Ehrwald-Lermoos-Biberwier", die im Bereich des Lermooser Mooses alle Grundbesitzer vereint. Auf einer Gesamtfläche von 394 ha werden ehemalige Nutzflächen, die dem Anbau von Streu und Futter dienten, freigehalten. Sie bilden ein einzigartiges Feucht-wiesenbiotop, das den Landschaftscharakter wesentlich prägt.

Viehbestand - *letzte Viehzählung*

Rinder	161	Pferde	46
Schafe	193	Ziegen	7
Schweine	27	Hühner	75

Klima und Vegetation

Die Lage am ozeanisch beeinflussten Alpennordrand hat zur Folge, dass Lermoos schneereiche und milde Winter aufweist. Auf die Sommermonate Juni, Juli und August entfallen ca. 40 % des Jahresniederschlages von rund 1.493 mm. Das Lermooser Moos weist eine interessante Flora und Fauna auf. So kommen in diesem Gebiet 40 verschiedene Orchideenarten vor.

Persönlichkeiten

Rudolf Wacker (1893 – 1939): bedeutender Maler, seine Vorfahren lebten im Zwischentoren

Josef Beyrer (1839 – 1924): Bildhauer und Holzschnitzer

Lermoos hat im Wintersport einige Olympiateilnehmer, Weltmeister und Europameister in verschiedenen alpinen Disziplinen aufzuweisen:

Hilde Hofherr: Olympiateilnehmerin (vierter Platz in der Abfahrt 1956 und fünfter Platz im Torlauf 1960)

Bernadette Rauter: Olympiateilnehmerin (achter Platz im Torlauf 1968 und neunter Platz im Abfahrtslauf 1972)

Walter Schuster: Bronzemedailliengewinner (Riesentorlauf) in Cortina, 1956

Josl Rieder: Weltmeister im Torlauf, 1958 in Bad Gastein

Josef Pechtl: WM-Teilnehmer.

Ereignisse und Katastrophen

Einige historische Hochwässer, zuletzt 1999.

Weiterführende Literatur

Mader, Ignaz: Ortskunde von Lermoos, in: Außerferner Buch, Beiträge zur Heimatkunde vom Außerfern, Wagner, Innsbruck: 1955, Schlern-Schriften 111 Moser, Heinz: Lermoos. 3., erweiterte Auflage 2004. Paul Gerin, 2004.

Musau

Gertrud Horndacher, Claudia Ostheimer

Lage

Musau liegt auf 821 m Seehöhe sechs Kilometer nordwestlich von Reutte auf dem linken Lechufer gegenüber von Pinswang. Musau stellt sich als Streusiedlung mit acht Weilern dar. Von Reutte kommend heißen die Weiler Rossschläg, Brandstatt, Höllmühle, Saba, Leite, Hofstatt, Riedle und Platte.

Wappen

Verleihung des Wappens am 9. November 1982.

Im von Silber und Rot gespaltenen Schild ein nach links gerichteter schwarzer Drache mit goldenem Stab im Rachen.

Farben der Gemeindefahne

Weiß-Rot.

Die Schildfarben bezeichnen die Lehenshoheit der Tiroler Landesfürsten über Musau. Der vom Magnusstab durchbohrte Drachen erinnert daran, dass das Stift St. Magnus in Füssen, das den Heiligen mit dem bezwungenen Fabeltier im Wappen führt, in dieser Gemeinde bis 1803 grund- und gerichtsherrliche Rechte besessen hat.

GEMEINDEAMT

6600 Musau, Hofstatt 85
Tel.: 0 5677/8392, Fax: 05677/8392-4,
e-mail: gemeinde@musau.tirol.gv.at

Gemeindestatistik

Fläche in ha:	2065.7
Kleinregion:	Reutte und Umgebung
Einwohner 31.12.2009:	396
Mittlere Wohnhöhe:	821 Meter

Musau um 1920

Flächennutzung

Wert in ha, Anteil an jeweiliger Gesamtfläche in %

Flächenanteile 2001	Gemeinde	Gem.	Bez.	Land
Dauersiedlungsraum	207.7	10.1	9.9	12.2
Alpen	249.0	12.1	25.0	27.0
Wald	1251.6	60.6	43.0	36.6
Gewässer	44.3	2.1	1.8	0.9
Verkehrsflächen	23.4	1.1	0.7	1.0
Sonstige Flächen	337.5	16.3	20.9	24.3

Bevölkerungsentwicklung

Jahr	1951	1961	1971	1981	1991	2001
Einwohnerzahl	208	226	271	328	329	374

Häufige Familiennamen
Dreer, Ostheimer, Haid, Wachter.

Geschichte
Die Geschichte der Gemeinde Musau geht bis in das 9. Jh. nach Christus zurück. Damals war Musau mit dem Kloster St. Mang in Füssen verbunden. Die erste historische Nennung von „Muosow" (später Musau) war nach einer Urkunde im Jahre 1218. Die weitere Entwicklung gestaltete sich sehr abwechslungsreich. Neben dem Kloster Füssen war in Musau noch das Stift Stams begütert. Zwischen den Grundherren gab es vielfach Spannungen. Nach einem Bericht des Kreisamtes Imst von 1781 übte das Pflegegericht Vils die Landeshoheit und Kriminalgerichtsbarkeit über die ganze Musau aus. An der alten Straße von Musau nach Vils unterhielten die Herren von Hohenegg ein Straßenzollamt, gegen das die Augsburger und Nürnberger Kaufleute 1449 vergeblich Beschwerde erhoben. Die heutige Straße wurde 1770/80 angelegt. Eine Brücke über den Lech bei Stegen ist bereits im 16. Jh. erwähnt, die heutige Ulrichsbrücke aus Beton wurde 1914 erbaut. Im Zuge der Umfahrung wurde eine neue Brücke errichtet. Die damalige Ulrichsbrücke dient heute nur mehr als Radweg. Der Haupterwerb der Bevölkerung bis nach dem Zweiten Weltkrieg war die Landwirtschaft. Daneben brachte in früheren Tagen die Holzbotticherzeugung und bis 1914 der Eisenvitriolabbau einen kleinen Nebenverdienst. Nach der Gründung der Füssener Hanfwerke 1861 fanden Musauer Frauen dort Arbeit. Nach dem Münchner Vertrag von 1816 kam Musau zu Tirol.

Kirche - Seelsorge
In der Gemeinde Pinswang steht die gemeinsame Seelsorgekirche zum **hl. Ulrich v. Augsburg**. Es gibt zur Entstehung der Kirche eine sehr schöne Legende vom Bruder Ulrich (ist nicht der Kirchenpatron). In Musau lebte der from-

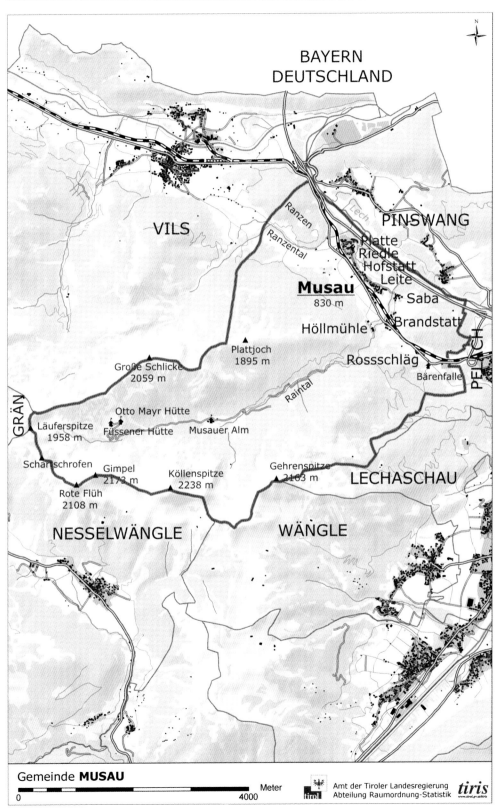

BAYERN
DEUTSCHLAND

VILS

Ranzen

Ranzental

Lech

PINSWANG

Platte
Riedle
Hofstatt
Leite

Musau
830 m

Saba

Höllmühle

Brandstatt

Plattjoch
1895 m

Rossschläg

Große Schlicke
2059 m

Bärenfalle

PFLACH

Raintal

GRÄN

Otto Mayr Hütte

Läuferspitze
1958 m

Füssener Hütte

Musauer Alm

Schartschrofen

Gimpel
2173 m

Köllenspitze
2238 m

Gehrenspitze
2163 m

LECHASCHAU

Rote Flüh
2108 m

NESSELWÄNGLE

WÄNGLE

Gemeinde **MUSAU**

0

Meter

4000

tirol

Amt der Tiroler Landesregierung
Abteilung Raumordnung-Statistik

tiris
www.tirol.gv.at/tiris

me Bruder Ulrich. Er war sehr krank und seine Krankheit verschlimmerte sich von Tag zu Tag. Er merkte, dass der Tod nicht mehr weit war. Auf seinen Wunsch wurde er auf einen Wagen gelegt. Es wurden zwei junge ungezähmte Stiere davor gespannt. Das Gefährt blieb auf einem Hügel in Pinswang stehen. Es war sein Wunsch, an dem Platz begraben zu werden, an dem die Stiere stehen blieben. Die Leute schaufelten auf dem Hügel ein Grab und stießen dabei auf eine Steinplatte. Unter der Steinplatte befand sich ein leeres Grab. Der fromme Ulrich wurde dort begraben. Es wurde anscheinend im 14. Jh. eine hölzerne Kapelle über der Begräbnisstätte von Bruder Ulrich errichtet. 1414 fand dort ein Neubau statt.

Musau besitzt drei Kapellen:
Kapelle Mariahilf in Untermusau
Antoniuskapelle im Ortsteil Brandstatt
Kapelle Maria-Heimsuchung im Ortsteil Rossschläg

Schulwesen

Im Gemeindehaus Musau sind der Kindergarten und die einklassig geteilte Volksschule untergebracht. Heute besuchen die Schüler die weiterführenden Schulen in der Stadt Vils oder in der Marktgemeinde Reutte.

Vereine und Brauchtum

Es gibt in Musau einen Sportclub, eine Musikkapelle, die Freiwillige Feuerwehr und das Nikolauskomitee.
Manche alten Bräuche haben sich bis heute in Musau erhalten: „Das Scheibenschlagen" und „Hexverbrennen" am ersten Fastensonntag (Funkensonntag) sowie der „Bareigang" am Spätnachmittag des Fasnachtsmontags. Es ist dies einer der zahlreichen Winter- Frühlingsbräuche, mit denen die Vorfahren glaubten, die finsteren Mächte wie Perchten, Bareinen u. a. austreiben zu können. Den Bareigang, der aus dem Allgäu kommt, kennt man nur in Musau.

Gesundheit und Soziales

Musau gehört zum Sanitätssprengel Vils. Weiters ist der Ort Mitglied beim Gemeindeverband Bezirkskrankenhaus Reutte und dem Gemeindeverband Bezirkspflegeheim Reutte.

Wirtschaft und Tourismus

In der Gemeinde befinden sich ein Sägewerk und ein Zimmereibetrieb.
Das Dorf Musau ist kein ausgesprochener Touristenort. Für Gäste stehen einige Privatzimmer und Ferienwohnungen zur Verfügung. Die Anzahl der Gastronomiebetriebe ist gering: ein Gasthaus und drei bewirtschaftete Hütten (Musauer Alm, Otto-Mayr-Hütte, Füssener Hütte).

Landwirtschaft

In Musau gibt es noch einige Nebenerwerbsbauern.

Viehbestand - *letzte Viehzählung*

Rinder	134	Pferde	15
Schafe	0	Ziegen	0
Schweine	0	Hühner	31

Klima

So wie im ganzen Außerfern herrscht auch in Musau ein sehr raues Klima. An den Gebirgsmauern stauen sich die Schlechtwetterfronten und laden hier zum Großteil ihre Wasser- und Schneelasten ab. Die kalten Nordwinde verstär-

Bareigang

ken das raue Klima im Sommer wie im Winter. Dadurch ist ein wirtschaftlicher Getreide- und Obstbau nicht möglich. Die Wachstumszeit ist sehr kurz und wird durch Fröste im Frühling und Herbst gefährdet. Die Bedingungen für die Viehzucht sind aber sehr günstig

Geografische Besonderheiten
Der Ort ist eine Streusiedlung, der durch die Straßen und die Eisenbahn zerschnitten wird. Besonders gefährlich sind die vielen unbeschrankten Bahnübergänge.

Hexenverbrennen am Funkensonntag

Gewässer und Gebirge
Der Hundsarschbach entspringt auf ca. 1700 m Höhe auf der Hundsarschscharte. Der Sabach rinnt in der Nähe der Musauer Alm vorbei und durch das Reintal herunter. Beide fließen in den Lech.

Die Berge, Hahlekopf 1761 m, Große Schlicke 2060 m, Plattjoch 1895 m, Musauer Berg 1508 m, die Musau einbetten, gehören zur Tannheimer Gruppe. Es handelt sich dabei um Kalkgestein, das sehr brüchig und zerfurcht ist. Mitten in einem Feld steht der Hausberg Siebeler mit ca. 1000 m.

Ereignisse und Katastrophen
Musau blieb von großen Katastrophen verschont. Im Frühjahr 1999 (Muren) und im Winter 1999 (Lawinen) wurden Schäden in der Nähe der Musauer Alm angerichtet. Im Sägewerk wurde der komplette Kellerraum bis zur Decke mit Schotter angefüllt. Die Katastrophen forderten jedoch keine Menschenleben.

Persönlichkeiten
Am 3. 8. 1895 wurde in Musau *Johannes Tharsitius Senner* geboren. Er trat später in die Tiroler Franziskanerprovinz ein, wurde 1919 zum Priester geweiht und 1951 zum Diözesanbischof von Cochabamba in Bolivien ernannt. Bischof Senner verstarb 1985 in Reutte. Er war Ehrenbürger der Gemeinde Musau.
P. Angelus Karl Paller: Kapuziner der Provinz Brixen, war von 1970 bis 1999 Pfarrer in Pinswang und Musau. Er war Ehrenbürger beider Gemeinden.
Josef Zotz wurde am 19. Jänner 1902 in Musau geboren. Als Priester wirkte er in den Pfarren Ehrwald, Längenfeld und Landeck. Er war Opfer des Nationalsozialismus.

Sagen
Der Geist in der Rossschläg
Das Knappenlochweible
Bruder Ulrich von Musau

Verwendete Literatur:
Heimat Außerfern, eine Heimatkunde des Außerferns, Ferdinand Fuchs, Auflage 1984.

Namlos

Gerhard Schaub

Lage

Namlos liegt auf 1263 m Seehöhe im Namloser Tal, einem rechten Seitental des Lechtales. Die Häusergruppe Kelmen, die zur Gemeinde Namlos gehört, befindet sich auf 1365 m an der Wasserscheide zwischen Namloser Tal und Rotlechtal.

Die Berge, welche sich in der unmittelbaren Umgebung von Namlos erklimmen lassen, sind die Knittelkarspitze (2378 m) im Norden, die Wetterspitze (2551 m) sowie der Namloser Arsch (1947 m) im Süden und die Engelspitze (2292 m) im Osten. Die Entfernung von Reutte aus beträgt in südlicher Richtung 29 km.

Wappen

Verleihung des Wappens am 15. Juli 1986.

In von Gold und Schwarz schräglinks geteiltem Schild eine Kuhschelle in verwechselten Farben.

Farben der Gemeindefahne

Schwarz-Gelb.

Das Wappen erinnert an die Ursprünge der Gemeinde, die aus einer Schwaighofsiedlung auf einstigem Almgebiet entstanden ist, und deren Lebensgrundlage bis in die Jetztzeit die Landwirtschaft darstellt.

GEMEINDEAMT

6623 Namlos
Tel.: 05674/8418, Fax: 05674/8385
e-mail: gemeinde@namlos.tirol.gv.at

Gemeindestatistik

Fläche in ha:	2875.9
Kleinregion:	Oberes Lechtal
Einwohner 31.12.2009:	95
Mittlere Wohnhöhe:	1225 Meter

Namlos um 1910

Flächennutzung

Wert in ha, Anteil an jeweiliger Gesamtfläche in %

Flächenanteile 2001	Gemeinde	Gem.	Bez.	Land
Dauersiedlungsraum	255.7	8.9	9.9	12.2
Alpen	816.3	28.4	25.0	27.0
Wald	1000.2	34.8	43.0	36.6
Gewässer	16.7	0.6	1.8	0.9
Verkehrsflächen	13.4	0.5	0.7	1.0
Sonstige Flächen	800.5	27.8	20.9	24.3

Bevölkerungsentwicklung

Jahr	1861	1991	2001
Einwohnerzahl	169	120	102

Häufige Familiennamen

Fuchs, Schrötter, Zobl.

Geschichte

Wer behauptet, dass Namlos so heißt, weil es lange keinen Namen hatte, also namenlos war, der irrt! Es gibt im Wesentlichen zwei Theorien, wie der heutige Ortsname entstanden ist.

Die erste Möglichkeit stützt sich auf Begriffe, die der rätoromanischen Sprache angehören. So ist beispielsweise das Wort „Ambla" die rätoromanische Bezeichnung für „Weißtanne". Denkbar wäre auch, dass sich Namlos vom Wort „Ampoles" ableitet, was bei den Rätoromanen so viel wie „Himbeerplatz" bedeutet. Auch das schwäbische Wort „Aomlos" (= Talschlucht, in welcher Spätheu gewonnen wird) könnte als Namensgeber in Frage kommen.

Die zweite Theorie stützt sich jedoch auf Erkenntnisse, die mit der Besiedelungsgeschichte zu tun haben. In Namlos und Kelmen begann alles mit einem Schwaighof von Siedlern aus dem Raum Imst. 1286 wird erstmals die Bezeichnung Schwaighof „ze Namels" urkundlich erwähnt. Der Bewohner des Hofes soll „Amel" geheißen haben. Dieser Name stammt vom gotischen Wort „amals" ab und bedeutet „tapfer, tüchtig".

Kelmen, dessen mundartliche Bezeichnung „Kchaalme" lautet, taucht als Name wesentlich später als Namlos auf, was allerdings nicht besagen will, dass es später entstanden ist. Es ist 1532 als Kelben, 1629 als Kolbenhof und 1631 als Kalbmen nachgewiesen. Hergeleitet wird der Name vom Mittelhochdeutschen „din kälwe", „die kahle Stelle", die durch intensive Rodungsarbeit der ersten Siedler entstanden ist.

Namlos und Kelmen waren einst Almgebiete der Großgemeinde Imst und mussten auch dorthin den Zins abliefern. Namlos kam spätestens 1427 unter die Anwaltschaft und Pfarre Berwang und mit dieser schließlich zum Gericht Ehrenberg.

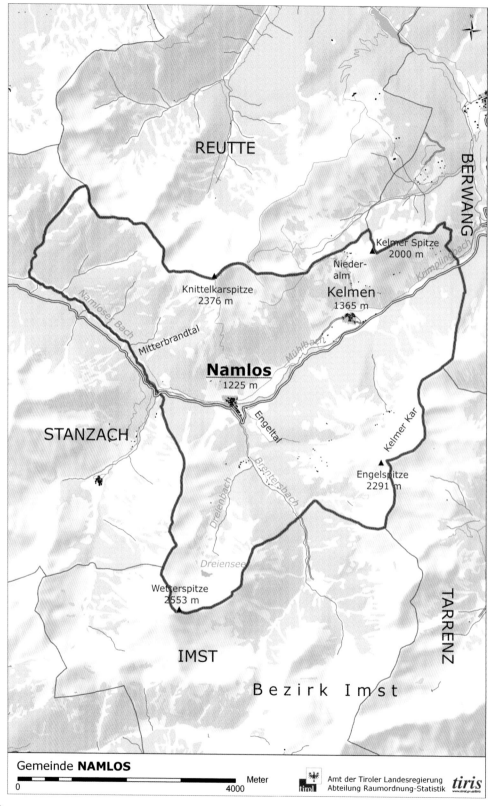

REUTTE

BERWANG

Kelmer Spitze
2000 m

Nieder-
alm

Knittelkarspitze
2376 m

Kelmen
1365 m

Namloser Bach

Mitterbrandtal

Mühlbach

Krumplingbach

Namlos
1225 m

Engeltal

Kelmer Kar

STANZACH

Dreienbach

Brentersbach

Engelspitze
2291 m

Dreiensee

Wetterspitze
2553 m

TARRENZ

IMST

B e z i r k   I m s t

Gemeinde **NAMLOS**

Meter

0   4000

Amt der Tiroler Landesregierung
Abteilung Raumordnung-Statistik

tiris
www.tirol.gv.at/tiris

Nach dem „Gemeindegesetz" wurde Namlos im Jahre 1817 der Gemeinde Berwang eingegliedert. Doch der Wille zur Selbstständigkeit war größer: 1949 wurde Namlos mit der Fraktion Kelmen zur jüngsten politischen Gemeinde des Außerferns erhoben.

Kirche – Seelsorge

Kirchlich war Namlos einst der Pfarre Berwang eingegliedert und gehörte zum Dekanat Imst. Erst 1826 kam Namlos zum Dekanat Breitenwang.

Man weiß, dass es im Jahre 1663 bereits eine kleine **St. Martinskapelle** gab, der später ein kleines Kirchlein folgte, welches im Jahre 1666 zu Ehren des hl. Martin eingeweiht und in den folgenden Jahren mehrmals erweitert und restauriert wurde.

Fresken des Tiroler Künstlers Anton Kirchmayr schmücken die Kirche. Alt sind neben mehreren Bildern und Bildhauerarbeiten vor allem die Glocken: Drei Glocken stammen aus dem 16. Jh., davon wurden zwei in der berühmten Geschützgießerei Löffler in Innsbruck gegossen.

Die Errichtung eines neuen Glockenstuhles mit elektrischem Geläute leitete eine große Renovierung ein. In den Jahren 1998/99 bekam die Namloser Dorfkirche ein neues Dach, neue Fenster und neues Gestühl. Auch die Innen- und Außenfassade wurden erneuert. Mit der vorgesehenen Restauration des Kriegerdenkmales sowie der Trockenlegung des Friedhofes wurden die Renovierungsarbeiten bald abgeschlossen.

Aus der Kirchenchronik geht hervor, dass ein Friedhof erst im Jahre 1715 angelegt wurde. Wie die Überlieferung erzählt, mussten die Verstorbenen vorher in Dormitz bei Nassereith begraben werden.

Am unteren Rande der Häusergruppe von Kelmen steht die **Mariahilfkapelle** aus dem Jahre 1714. Darin finden wir zwei Gemälde von Paul Zeiller aus Reutte.

Schule

Das Namloser Schulwesen kann als etwas ganz Besonderes angesehen werden:

Namlos verfügt über eine Volksschule mit Oberstufe. Dieser Schultyp ist österreichweit schon fast ausgestorben.

Die Schüler aus Namlos und Kelmen ersparen sich so den Besuch der fast 30 Kilometer entfernten Hauptschule in Elbigenalp, der im Winter wegen Lawinengefahr oft gar nicht möglich wäre. Die Schüler von Kelmen müssen seit 2004 nach Namlos pendeln, da die Volksschule Kelmen stillgelegt wurde.

Vereine

Bergrettung, Bergwacht, Feuerwehr, Landjugend, Musikkapelle.

Im Gemeindehaus befinden sich der Proberaum für die Musikkapelle, ein Geräteraum für die Bergrettung sowie eine Feuerwehrgerätehalle.

Wirtschaft – Tourismus

Seit Beginn der Besiedelungsgeschichte spielen Landwirtschaft und Viehzucht eine große Rolle in Namlos. Allerdings ist der Anteil an Vollerwerbslandwirten deutlich geringer geworden. Vorwiegend werden die noch bestehenden landwirtschaftlichen Betriebe als Nebenerwerb genutzt. Die meisten Bewohner haben heutzutage in den umliegenden Ortschaften und im Talkessel von Reutte ihre Arbeit gefunden. Da nach Namlos auch kein öffentliches Verkehrsmittel fährt, sind die Arbeiter gezwungen, jeden Tag mit dem Auto hin- und herzupendeln.

Der Fremdenverkehr wurde durch den Straßenbau nachhaltig befruchtet. Kelmen verfügt über eine, Namlos über zwei Gaststätten.

Wegen seiner ruhigen und idyllischen Lage stellt Namlos ein begehrtes Urlaubsziel dar. Für Berg- und Tourenfreunde sind Namlos und Kelmen ideale und beliebte Ausgangspunkte. Eine Wanderung zum Dreiensee am Fuße der Namloser Wetterspitze bleibt unvergesslich. Man wird mit dem romantischen

Ausblick auf einen bezaubernden Karsee mit kristallklarem Bergwasser belohnt.

Viehbestand - *letzte Viehzählung*

Rinder	104	Pferde	16
Schafe	84	Ziegen	2
Schweine	9	Hühner	152

Klima

Das Klima ist in Namlos rauer, als es der Höhenlage entspricht. Vor allem die kalten Winde, die von Norden, Osten und Nordwesten Zutritt haben, bringen schneidende Kälte und im Winter auch ungeheure Schneemassen mit sich. Warme Luftströme aus dem Süden erreichen Namlos kaum, da die steil abfallende Heiterwand (2638 m) eine mächtige Felsenmauer bildet.

In Kelmen ist das Klima aufgrund der höheren Lage noch etwas ungünstiger als in Namlos. Besonders im Winter tobt der Wind mit fürchterlicher Gewalt über die Wasserscheide des Mühlbaches und des Rotlech.

Lawinen, Muren und Wildwässer stellen trotz Verbauungen und Schutzeinrichtungen immer wieder eine Gefahr dar. Der Kogelwald, der in nördlicher Richtung oberhalb des Dorfes von Namlos liegt, dient als wichtiger Bannwald.

Ereignisse und Katastrophen

Bekanntheit verschuf Namlos ein wenig erfreuliches Ereignis: das „Namloser Beben". Mehrmals war Namlos das Epizentrum von Erdbeben.

Besonders jenes vom 8. Oktober 1930 mit der Stärke acht der zwölfteiligen Mercaliskala ist einigen betagten Namlosern noch gut in Erinnerung geblieben. Mehrere gewaltige Erdstöße ließen insgesamt 31 der 47 Kamine einstürzen und richteten an den Häusern

und an der Kirche große Schäden an. Die Bewohner lagerten wegen der vielen Nachbeben tagelang im Freien. Zwei Erdrisse, einige Zentimeter breit, klafften noch im darauffolgenden November 400 Meter weit gegen Kelmen auseinander. Erst die winterliche Kälte zwang die verängstigten Bewohner wieder in ihre Häuser zurück.

Kelmen

Besonderheiten

Namlos zählt zu jenen 20 ländlichen Gemeinden Österreichs mit dem höchsten prozentualen Bevölkerungsrückgang in den letzten zehn Jahren, das einen Bevölkerungsrückgang von 15 % seit 2003 entspricht.

Sagen

Der böse Waldjohler
Geisterspuk in Namlos/Kelmen
Der Augsburger Schatz
Die Bärbeleshöhle

Verwendete und weiterführende Literatur

Fuchs, Ferdinand: Heimat Außerfern. Eine Heimatkunde des Bezirkes Reutte. Außerferner Druck- und Verlags-Ges.m.b.H., Reutte 1984.
Dr. Gräßle, German: Geschichte der Orte Namlos/Kelmen 1286-1985, o. n. A.
Lipp, Richard: Außerfern: Der Bezirk Reutte. Tyrolia-Verlag, Innsbruck-Wien 1994.

Nesselwängle

Monika Bilgeri, Thomas Maringele

Wappen

Verleihung des Wappens am
15. Juli 1981.

Von Silber und Grün schräglinks geteilt, auf der Teilungslinie drei grüne Nessel-blüten.

Farben der Gemeindefahne

Grün-Weiß.

Als sprechendes Wappen versinnbildlicht es den Namen der Gemeinde mit den Nesselblüten und dem grünen Feld für „Wängle" (kleine Wiese).

Lage

Nesselwängle liegt auf 1136 m Seehöhe am Beginn des Tannheimer Tales, am Fuße der Roten Flüh. Der Ort hat sich aus einem Straßendorf entwickelt. Der Weiler Rauth liegt etwas oberhalb des Gaichtpasses an der Südseite der Krinnenspitze, der Weiler Haller direkt am nordöstlichen Ufer des Haldensees, der Weiler Schmitte zwischen Nesselwängle und Haller.

GEMEINDEAMT

6672 Nesselwängle,
Nr. 74
Tel.: 05675/8249, Fax: 05675/8307
e-mail:
gemeinde@nesselwaengle.tirol.gv.at

Gemeindestatistik

Fläche in ha:	2301.7
Kleinregion:	Tannheimer Tal
Einwohner 31.12.2009:	423
Mittlere Wohnhöhe:	1136 Meter

Nesselwängle um 1900

Flächennutzung

Wert in ha, Anteil an jeweiliger Gesamtfläche in %

Flächenanteile 2001	Gemeinde	Gem.	Bez.	Land
Dauersiedlungsraum	316.0	13.7	9.9	12.2
Alpen	623.9	27.1	25.0	27.0
Wald	1236.7	53.7	43.0	36.6
Gewässer	33.7	1.5	1.8	0.9
Verkehrsflächen	8.1	0.4	0.7	1.0
Sonstige Flächen	100.3	4.4	20.9	24.3

Bevölkerungsentwicklung

Jahr	1840	1900	1951	1971	1981	1991	2001
Einwohnerzahl	445	337	353	375	428	443	471

Häufige Familiennamen

Guem, Maringele, Rief, Schatz, Zotz.

Geschichte

Ende des 14. Jhs. kamen Tiroler Siedler aus den Gerichten Ehrenberg und Aschau über das Tiefjoch in die Talalpe Nesselwängle, welche 1434 erstmals urkundlich erwähnt wird. Politisch gehörte Nesselwängle zur Großgemeinde oder Anwaltschaft Tannheim, wurde aber innerhalb dieser 1652 als Gemeinde mit einem Dorfmeister und Eigenbesitz ausgewiesen.

Besondere Bedeutung erlangte Nesselwängle durch den Salzverkehr. Es entstand ein dreistöckiger Salzstadel mit eigener Einfahrt in jedes Stockwerk. Der Ort stellte an die 80 Pferde für Vorspanndienste. 1779/80 gingen von Nesselwängle 12.853 Salzfässer und 6348 Rodfahrten nach Hindelang ab. Aus Nesselwängle zogen viele Stuckateure und Maurer als Saisonarbeiter in das Ausland.

Kirche – Seelsorge

Pfarrkirche **Maria Himmelfahrt**: 1728 bis 1732 erbaut; bei einem Brand 1882 schwer beschädigt, wurde sie nach dem Wiederaufbau 1885 eingeweiht. Die letzte Renovierung wurde 1992 abgeschlossen. Die Freskendecke im Inneren stammt von Johann Kärle; Hochaltar und Seitenaltäre aus Kunstmarmor wurden 1954 von den Nesselwängler Stuckateuren der Familien Zotz und Bilgeri hergestellt.

Seit 1891 ist Nesselwängle eine selbstständige Pfarre, ab 2007 gehört sie dem neu geschaffenen „Seelsorgeraum Tannheimer Tal und Jungholz" an.

Kapellen:

Antoniuskapelle, Maria-Hilf-Kapelle, Stegmühlkapelle, Dreifaltigkeitskapelle in Rauth, Kapelle zum hl. Baptist in Haller, Kapelle Maria-Heimsuchung in Gaicht, Dreikreuzkapelle (moderne, in Holzbauweise errichtete Kapelle, die 2007 oberhalb des ursprünglichen Standplatzes im Ortsteil Schmitte neu gestaltet wurde).

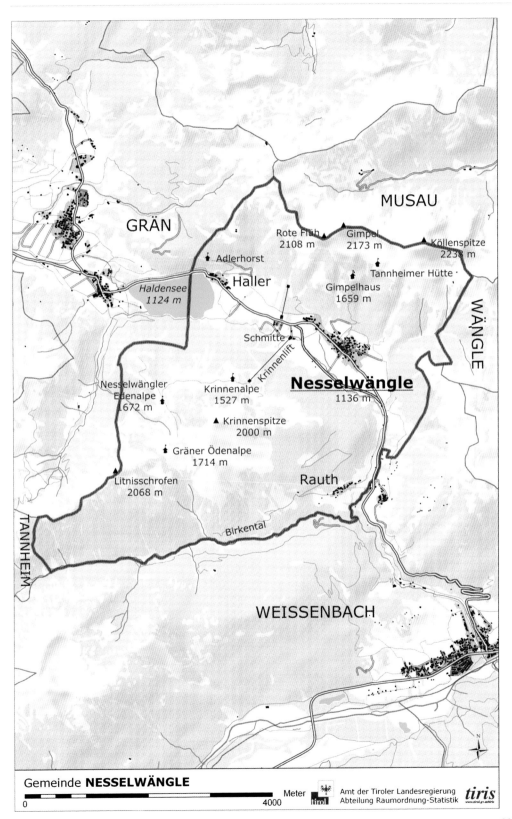

GRÄN

MUSAU

Rote Fläh
2108 m

Gimpel
2173 m

Köllenspitze
2238 m

Adlerhorst

Tannheimer Hütte

Haller

Gimpelhaus
1659 m

Haldensee
1124 m

WÄNGLE

Schmitte

Krinnenlift

Nesselwängle

1136 m

Nesselwängler
Edenalpe
1672 m

Krinnenalpe
1527 m

Krinnenspitze
2000 m

Gräner Ödenalpe
1714 m

Litnisschrofen
2068 m

Rauth

TANNHEIM

Birkental

WEISSENBACH

Gemeinde **NESSELWÄNGLE**

0

4000

Meter

Amt der Tiroler Landesregierung
Abteilung Raumordnung-Statistik

tiris

Schule

Die einklassige Volksschule und der Kindergarten sind seit 2008 im modernen Neubau untergebracht.

Vereine

Musikkapelle, Sportverein, Schützengilde, Landjugend, Bergrettung, Freiwillige Feuerwehr, Männergesangsverein, Gartenbauverein.

Haller

Wirtschaft und Tourismus

Die im Jahre 2005 fertig gestellte Umfahrungsstraße brachte für das Dorf eine wesentliche Beruhigung. Nesselwängle ist ein Ferienort, Ausgangspunkt für die bekannten Tannheimer Kletterberge mit den markanten Bergen Rote Flüh und Gimpel. Aktivurlaub im Sommer mit Wandern, Radfahren, Mountainbike und Baden bieten sich an. Im Winter ist Skifahren und Langlaufen vom Anfänger bis zum Könner möglich. Kleine Handwerksbetriebe, gute Nahversorgung und gesundes, ruhiges Landleben bieten hohe Lebensqualität.

Viehbestand - *letzte Viehzählung*

Rinder	103	Pferde	18
Schafe	38	Ziegen	4
Schweine	0	Hühner	80

Gewässer und Gebirge

Nesselwängle ist ein Straßendorf am Fuß der Roten Flüh, ständig von den Muren des Gallen-, Stadel-, Föllen- und Gröbenbaches bedroht. Westlich des Dorfes nahe dem Weiler Schmitte verläuft die Wasserscheide des Tannheimer Tales.

Persönlichkeiten

Das Stuckateur-Gewerbe brachte Handwerker aus verschiedenen Nesselwängler Familien im 18./19. Jh. in ganz Europa zum Einsatz.

Der Nesselwängler Lehrer-Musikerfamilie Hengg entstammte der einst bekannte Geigenkünstler **Willibald Hengg** (1837 – 1919), Geiger an der Wiener Hofoper und Mitglied der Wiener Philharmoniker. Sein Bruder **Johann** (1840 – 1911) war Bürgerschullehrer in Steyr und ebenfalls ein bekannter Geigenspieler. Die Brüder Hengg stifteten das Buntglasfenster des hl. Willibald in der Pfarrkirche.

Lorenz Peintner (1775 – 1828), k.k. Salzfaktor, Gastwirt und 1796 – 1809 Hauptmann, dann Major der Tannheimer und Lechtaler Landsturmkompanien. Er stiftete die Sonnenuhr an der Südwand der Pfarrkirche.

Sagen

Das Stauche-Weibli
Das schützende Messer
Der Schimmelreiter bei Nesselwängle
Die Schatzgräber, Die Edenalpsage
Wie die Wilden Pflegedienste heischen und entlohnen

Ereignisse und Katastrophen

Zwei verheerende Großfeuer zerstörten 1863 (42 Häuser abgebrannt) und 1882 (18 Häuser und die Kirche ein Raub der Flammen) einen Großteil des Dorfes. Der Wiederaufbau änderte die Siedlungsform, aus dem früheren Haufendorf wurde ein 1,5 km langes Straßendorf.

Weiterführende Literatur

Ammann, Gert: Das Tiroler Oberland. Die Bezirke Imst, Landeck und Reutte. Verlag St. Peter, Salzburg, 1978
Bilgeri, Monika: Chronik der Gemeinde Nesselwängle. Nesselwängle, 1983
Bilgeri, Monika: Kleine Chronik der Pfarre Nesselwängle. Nesselwängle, 1992
Fuchs, Ferdinand: Heimat Außerfern. Eine Heimatkunde des Bezirkes Reutte. Außerferner Druck- und Verlagsges.m.b.H., Reutte, 1984
Kleiner, Alfons: Das Tannheimer Tal. Steiger Verlag, Berwang, 1988.

Pfafflar

Josef Friedl

Lage

Die Gemeinde Pfafflar besteht aus den Ortschaften Bschlabs und Boden. Bschlabs, 30 km von Reutte entfernt, umfasst die Weiler Aschlen, Sack, Windegg, Mitterhof, Taschach, Egg und Zwieslen. Zu Boden gehören die Weiler Brandegg, Unterhaus, Pfafflar und Ebele. Seehöhen: Bschlabs Kirche 1314 m, Egg 1420 m, Boden Kirche 1357 m, Pfafflar 1600 m. Die Siedlungsräume liegen auf der rechten Talseite des Bschlaber Tales auf den südlich bis westlich ausgerichteten Berghängen.

Wappen

Verleihung des Wappens am 19. Mai 1981.

In Grün drei goldene Heuhütten, die mittlere höher stehend.

Farben der Gemeindefahne

Gelb-Grün.

Das Wappen versinnbildlicht den Namen der Gemeinde, der in seiner ältesten bekannten Form „Pavelaers" lautet und „bei den Futterstädeln" bedeutet. Es erinnert somit auch an die Anfänge der Besiedlung und mit der Dreizahl an die Ortschaften Boden, Bschlabs und Pfafflar.

GEMEINDEAMT

6647 Pfafflar,
Nr. 30
Tel.: 05635/20450, Fax: 05635/20450-10
e-mail: gemeinde@pfafflar.tirol.gv.at
internet: www.pfafflar.eu

Gemeindestatistik

Fläche in ha:	3362.6
Kleinregion:	Oberes Lechtal
Einwohner 31.12.2009:	125
Mittlere Wohnhöhe:	1314 Meter

Boden um 1900

Flächennutzung

Wert in ha, Anteil an jeweiliger Gesamtfläche in %

Flächenanteile 2001	Gemeinde	Gem.	Bez.	Land
Dauersiedlungsraum	166.5	5.0	9.9	12.2
Alpen	909.1	27.0	25.0	27.0
Wald	1022.0	30.4	43.0	36.6
Gewässer	30.7	0.9	1.8	0.9
Verkehrsflächen	23.1	0.7	0.7	1.0
Sonstige Flächen	1258.3	37.4	20.9	24.3

Bevölkerungsentwicklung

Jahr		1840	1869	1880	1890	1900	1910	1923
Einwohnerzahl		320	268	237	234	201	189	183
Jahr	1934	1939	1951	1961	1971	1981	1991	2001
Einwohnerzahl	200	202	198	185	177	170	138	140

Häufige Familiennamen

Friedl, Krabacher, Perl.

Geschichte

Die ersten Siedler in unserem Tal kamen mit ihrem Vieh über das Hahntennjoch und haben sich um ca. 1280 in Pfafflar und Bschlabs ganzjährig niedergelassen. Die starke Bevölkerungszunahme im 13. Jh. führte auch hier dazu, dass ursprünglich nur im Sommer besiedelte Almen winterfest gemacht wurden. Erstmals urkundlich erwähnt werden 1284 vier Schwaighöfe hinter der Maldon. Die Namen Bschlabs und Pfafflar sind rätoromanischen Ursprungs. Bschlabs: Bislafes (1284) und Pislaves (1300) wird von „pos l´ aves" abgeleitet, was „hinter den Wassern" bedeutet (Zusammenfluss von Streimbach und Plötzigbach).
Pfafflar: Pavelaers (1284), wird von „pabulariu" abgeleitet, was Futterstadel bedeutet. Die Bewohner haben Wiesen, Weiden und Ackerland kultiviert, um mit Viehzucht (Rinder, Schafe und Ziegen) und Ackerbau (Kartoffeln, Getreide, Bohnen und Flachs) möglichst autark von der Außenwelt zu sein. In einem harten Überlebenskampf haben die Bewohner auch klimatisch äußerst ungünstige Jahrhunderte überlebt. Auf Bergwiesen, die bis auf einer Höhe von 2300 bis 2450 m liegen, wurde Heu geerntet, um das Vieh durch den langen Winter zu bringen. Keine Aufzeichnungen und wenige mündliche Überlieferungen gibt es über den Bergbau, der oberhalb von Boden am Fuße des Rotkopfes betrieben wurde. Abgebaut wurden Galmei (Zinkerz) und Blei. Um 1840 wurde der Einwohnerhöchststand mit mehr als 320 Einwohnern erreicht, die sich größtenteils aus dem Ertrag der kargen

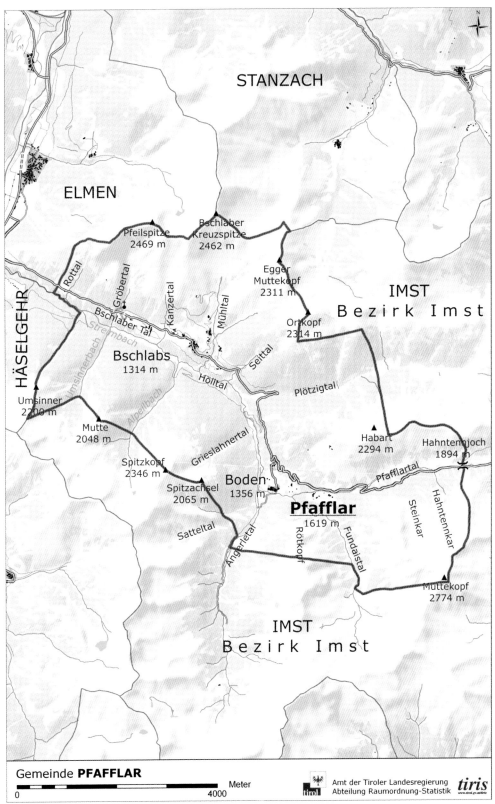

STANZACH

ELMEN

HÄSELGEHR

Pfeilspitze
2469 m

Bschlaber
Kreuzspitze
2462 m

Egger
Muttekopf
2311 m

IMST
Bezirk Imst

Rottal

Gröbertal

Bschlaber Tal

Streimbach

Kanzertal

Mühltal

Ortkopf
2314 m

Bschlabs
1314 m

Hölltal

Seittal

Plötzigtal

Umsinner
2200 m

Umsinnerbach

Alpeilbach

Mutte
2048 m

Spitzkopf
2346 m

Grieslahnertal

Habart
2294 m

Hahntennjoch
1894 m

Spitzachsel
2065 m

Boden
1356 m

Pfafflar
1619 m

Pfafflartal

Steinkar

Hahntennkar

Satteltal

Angerletal

Rötkopf

Fundaistal

Muttekopf
2774 m

IMST
Bezirk Imst

Gemeinde **PFAFFLAR**

0   4000   Meter

Amt der Tiroler Landesregierung
Abteilung Raumordnung-Statistik

tiris
www.tirol.gv.at/tiris

Landwirtschaft ernähren mussten. 1894 wurde Pfafflar als Dauersiedlung aufgelassen. Die Bauern übersiedelten im Winter in das um 250 m tiefer gelegene Boden. Pfafflar wurde dann als Sommersiedlung genutzt, wo die Bauern vom Frühjahr bis zum Spätherbst blieben, um das vor Ort gewonnene Heu aufzufüttern und den Dünger an Ort und Stelle zu haben. Im Jahre 2002 ist zum letzten Mal eine Bauernfamilie aus Boden im Herbst für ein paar Wochen nach Pfafflar gezogen, um dort nach dem Ende des Almsommers das Vieh nach alter Tradition zu versorgen. 1930 war Baubeginn für den Güterweg von Elmen nach Bschlabs und 1935 von Boden Richtung Bschlabs. Bis Bschlabs konnte das erste Auto 1937 und bis Boden 1947 fahren. 1938 wurde die Gemeinde Pfafflar dem Bezirk Reutte zugeordnet, zuvor gehörte sie dem Bezirk Imst an. Mit Strom aus dem Lechtal wurde die Gemeinde in den Jahren 1954 (Bschlabs), 1955 (Boden) und 1956 (Pfafflar) erschlossen. 1960 wurde begonnen, mit aufwändigen Lawinenschutzverbauungen (Stahlschneebrücken, Aufforstungen, Lawinengalerien und Untertunnelungen) Siedlungsraum und Zufahrtsstraße vor den zahlreichen Lawinen zu schützen. Die Gemeinde Pfafflar hatte vor den Lawinenverbauungsmaßnahmen die lawinengefährdetste Zufahrtsstraße von allen Gemeinden in Österreich (z. B. 80 Sperrtage im Winter 1981/82) und vermutlich auch dadurch von 1981 bis 1991 den höchsten Bevölkerungsrückgang von allen Gemeinden in Österreich.

Mit der Eröffnung der Hahntennjochstraße im Jahre 1969 wurde der seit Jahrhunderten bedeutende Übergang vom Lechtal ins Inntal während der Sommermonate dem Verkehr erschlossen. Diese Straße entwickelte sich sehr rasch zu einer bekannten Ausflugsstraße, die vor allem bei Motorradfahrern sehr beliebt ist. Die zahlreichen und teilweise stark lärmenden Motorradfahrer bringen an schönen Sommertagen Belästigung und Gefahr für Einheimische und Gäste.

Kirche – Seelsorge

Kaplaneikirche „Unsere Liebe Frau Maria–Schnee" – Die Kirche in Bschlabs wurde 1639 erbaut und 1648 geweiht. Bis zur Einweihung der Kirche mit Friedhof in Bschlabs wurden die in der Gemeinde Verstorbenen zur Beerdigung über das Hahntennjoch nach Dormitz bei Nassereith, später dann nach Imst getragen. Im Winter verstorbene wurden laut Überlieferung im Dachboden eingefrohren und erst bei günstigen Wetterverhältnissen zur letzten Ruhestätte gebracht. Anfang des 18. Jhs. wurde die Kirche vergrößert, 1735 wurden das Widum sowie die Kircheneinrichtung gestiftet. 1770 bis 1780 wurde der Nordturm mit achteckigem Obergeschoss und Zwiebelhaube neu erbaut. Die Sakristei wurde 1857 angebaut. Auf dem Hochaltar 1859 befinden sich die Figuren der Gnadenmadonna mit Kind (1859) und neben der Doppelsäulenstellung die hll. Paulus und Petrus aus der Werkstatt von Josef Georg Witwer von 1770.

Seitenaltäre: Aufbau 1884, linker Seitenaltar Schutzengelgemälde (1885) und rechter Seitenaltar Gemälde des hl. Josef mit Jesus (1885) aus der Witwer-Werkstätte.

Das Widum in Bschlabs wurde bis 1966 vom jeweiligen Pfarrer als Gasthaus bewirtschaftet.

Kaplaneikirche in Boden, **Heiliger Josef - Nährvater**; Patrozinium 19. März.

Die erste Kapelle in Boden wird 1742 erstmals urkundliche erwähnt. 1808 Kaplanei, 1838 erfolgt der Kirchenneubau nach dem Plan von Anton Falger, Weihe 1864. Der Turm mit Zeltdach von Josef Eiter war 1843 eingestürzt und wurde 1845 wieder aufgebaut. Hochaltar, neuromanischer Aufbau mit den Figuren hl. Josef mit Jesus, Petrus und Paulus (1840), linker Seitenaltar, neuromanischer Aufbau mit neugotischer Herz-Jesu-Statue, rechter Seitenaltar, neuromanischer Aufbau mit Herz-Maria-Statue. Kanzel (um 1840), die Orgel von Martin Baur aus der Mitte des 18. Jhs. wurde 1843 aus Häselgehr angekauft. Glasmalereien von Bernhard Strobl (1908), Lamm Gottes und Pelikan; im Langhaus hll. Martin und Hedwig von J. Widmoser 1963.

Sankt Martinus-Kapelle am Gröbenegg bei Bschlabs-Aschlen am alten Fußweg von Elmen nach Bschlabs gelegen, wurde 1988 renoviert.

Bis zum Jahre 1925 hatten Bschlabs und Boden jeweils einen eigenen Seelsorger. Von 1925 bis 1966 gab es nur noch in Bschlabs einen Pfarrer. Seit 1966 werden Bschlabs und Boden von der Pfarre Elmen mitbetreut.

Schule

1.375 fl (Gulden) gingen seit 1815 als wohltätige Stiftungen zu Gunsten der Schule in Bschlabs „zur Anschaffung von Brod, Schulbüchern und Kleidungsstücken für arme Schulkinder" ein. Aufzeichnungen über Schulgründung u. dgl. fehlen. Die höchste Schülerzahl im 20. Jh. war 42. Sie wurden im alten Schulhaus neben der Kirche, einem „Kälberstadl" (Chronik) unterrichtet. Um 1950 erfolgte der Bau des jetzigen Schulgebäudes, in dem drei Kinder unterrichtet werden.

In Boden unterrichteten die jeweiligen Kapläne von 1809 bis 1827 im Widum. In jenem Jahr entstand ein neues Schulhaus, und der erste Lehrer wurde angestellt.

Von 1920 bis 1927 und von 1988 bis 1996 war die Schule geschlossen. Wegen Kindermangels ist die Volksschule Boden seit Juli 2005 stillgelegt.

In Bschlabs wurde von 1999 bis 2006 ein Kleingruppenkindergarten geführt.

Vereine und Brauchtum

Freiwillige Feuerwehr Bschlabs, Freiwillige Feuerwehr Boden, Musikkapelle Bschlabs (seit 2004 ruhend gemeldet), Sportverein Pfafflar (Skifahren und Rodeln), Bergwacht Elmen-Pfafflar, Schützengilde Bschlabs, Jagdclub Pfafflar, Kirchenchor Bschlabs (derzeit stillgelegt), Jungbauernschaft - Landjugend Pfafflar;

Prozessionen zu Fronleichnam und am Kirchtag „Maria Schnee" finden nur noch gelegentlich statt. Aufgrund des Bevölkerungsrückganges ist eine aktive Vereinstätigkeit nur noch schwer aufrecht zu halten.

Wirtschaft und Tourismus

Wirtschaftliche Faktoren stellen lediglich die kleinstrukturierte Land- und Forstwirtschaft, die Jagd und der Tourismus dar. Probleme gibt es vor allem im Handel- und Dienstleistungssektor. Einen Großteil dieser Funktionen nehmen Gemeinden im Lechtal (Nahversorgung, Sprengelarzt etc.) und der Bezirkshauptort Reutte wahr. Arbeitsplätze innerhalb der Gemeinde gibt es in bescheidener Anzahl im Gastgewerbe, in der Volksschule, bei der Gemeinde (Waldaufseher, Gemeindearbeiter), bei der Straßenerhaltung, bei der Jagd und auch bei der Wildbach- und Lawinenverbauung.

Pfafflar

Die restlichen Erwerbstätigen pendeln täglich zu ihren Arbeitsplätzen ins Lechtal oder nach Reutte.

Aufgrund der zentralen Lage in den Lechtaler Alpen bieten Bschlabs und Boden ideale Ausgangspunkte für viele Wanderungen, Bergtouren und für die Hüttenanstiege zur Hanauer Hütte (1922 m) und zur Anhalter Hütte (2038 m). Der „Weg der Sinne" durchs Hölltal (sieben zum Nachdenken anregende Kunstwerke entlang des Weges) mit dem „Ort der Stille" (akustische Nullzone) und der Brücke über die Hölltalschlucht, der Bschlaber Höhenweg (Felspyramide), der Rundwanderweg in Bschlabs (St. Martinuskapelle und Röhrenbrücke im Großen Gröben), der alte Fußweg von Boden nach Pfafflar (älteste Höhensiedlung Tirols) und weiter zum Hahntennjoch, die Wege ins Angerle-, Fundais- und Plötzigtal, sowie der Weg auf der orografisch linken Talseite ins Lechtal bieten leichte und eindrucksvolle Wandermöglichkeiten. Die Wege zur Namloser Wetterspitze, zur Bschlaber Kreuzspitze und zum Habart (Lawinenverbauungen), zum Muttekopf, zu den Parzinnseen, zur Kogelseespitze, aufs Sattele oder übers Galtseitejoch verlaufen in höhere Bergregionen, sind anspruchsvoller und bieten sehr lohnende Aussichten.

Im Winter besteht die Möglichkeit zum Skifahren, Rodeln und Langlaufen (Kleinschlepplifte, Skischule). Gasthaus „Gemütlichkeit" in Bschlabs, Gasthof „Bergheimat" in Boden und im Sommer Gasthaus „Pfafflar" in Pfafflar, Urlaub auf dem Bauernhof, Frühstückspensionen, Ferienwohnungen, Privatzimmervermietung, alte, nicht mehr bewohnte Häuser werden vorwiegend als Freizeitwohnsitze genutzt.

Beherbergungsbetriebe:	15
Gästebetten:	144
Nächtigungen:	13.300
Freizeitwohnsitze:	9

Landwirtschaft

Die Gemeinde Pfafflar war über Jahrhunderte hindurch eine überwiegend von der Landwirtschaft geprägte Gemeinde. Die Landwirtschaft hat in den letzten Jahrzehnten auch in Pfafflar stark an Bedeutung verloren.

Geringe Erträge, höchste Arbeitsintensität, andere Erwerbsmöglichkeiten und die dadurch kaum vorhandene Bereitschaft der Jugend, einen elterlichen Hof weiterzuführen, haben zu vielen Betriebsschließungen geführt. Dadurch sind bereits viele von den Vorfahren aufwändig und mühsam kultivierten Felder, Bergwiesen und Almen wieder zugewachsen, was sich immer mehr auf das Landschaftsbild auswirken wird. Die positive Wechselwirkung von gepflegter Kulturlandschaft (Felder, Äcker, Wiesen, Lichtungen, Almflächen - vielfach mit Zäunen abgegrenzt) und unberührter Naturlandschaft geht immer mehr zu Gunsten der Wildnis verloren. Diese mag zwar auch ihren Reiz haben, birgt aber nicht mehr das „Charisma" einer lebendigen Bergbauernlandschaft in sich.

Viehbestand - *letzte Viehzählung*

Rinder	45	Pferde	8
Schafe	38	Ziegen	0
Schweine	3	Hühner	32

Klima

Vor allem Bschlabs ist auf Grund der durch den Gebirgskamm im Norden und Osten geschützen Lage für Lechtaler Verhältnisse klimatisch begünstigt und gehört zu den sonnigsten Orten im Lechtal. Die durchschnittliche Jahresniederschlagsmenge bei der Messstelle Boden beträgt ca. 1200 mm und ist damit fast doppelt so hoch wie in der nur 15 km entfernten Gemeinde Tarrenz, welche auf der Südostseite der Lechtaler Alpen liegt.

Gewässer und Gebirge

Der Hauptfluss im Bschlaber Tal ist der Streimbach, welcher nach dem Zusammenfluss von Fundais- und Angerlebach bei Boden diesen Namen trägt. Weitere Zuflüsse: Hahntennenbach, Plötzigbach, Mühlbach (Eggerbach und Knottenbach), Alpeilbach, Gröbenbach und Umsinnerbach.

Markante, das Gemeindegebiet umrahmende Gipfel sind Rotwand 2334 m, Pfeilspitze 2469 m, Bschlaber Kreuzspitze 2462 m, Egger Muttekopf 2311 m, Ortkopf 2413 m, Habart 2294 m, Hochpleis 2349 m, Muttekopf 2774 m (höchste Erhebung), Klammenspitzen 2668 m, Rotkopf 2367 m, Spitzkopf 2346 m, Mutte 2048 m und Umsinner 2200 m.

Ereignisse - Katastrophen

Wie aus der Dorfchronik zu entnehmen ist, sind vor allem auf dem Weg übers Hahntennjoch nach Imst Menschen durch Lawinen oder Muren umgekommen.

Große Lawinenabgänge auf den Ort Boden gab es in den Jahren 1935 und 1984. Durch die Staublawine am 10. Februar 1984 wurden zwölf Stück Kühe und Kälber getötet und großer Sachschaden verursacht. Mehrere Murenabgänge im August 2005 verursachten größere Schäden.

Sagen

Die Besiedelung von Pfafflar
Die Alpsudel
Die Frau am Salvesenbrünnele
Der Butz vom Salvesental

Weiterführende Literatur

Dorfchronik
Peter Linser: Sagenhaftes Außerfern
Archiv Bezirkslandwirtschaftskammer
Festschrift 30 Jahre Gasthof Bergheimat.

Pflach

Astrid Kröll

Lage

Pflach liegt etwa drei Kilometer nördlich von Reutte auf 840 m Seehöhe am Fuß des Säulings (2047 m), umfasst eine Fläche von 13,83 km² und wuchs mit der Integration der Weiler Oberletzen 1974, Unterletzen 1981 und Wiesbichl. Damit dehnt sich das langgezogene Straßendorf auf beiden Lechseiten aus.

Wappen

Verleihung des Wappens am 13. April 1976.

Von Schwarz und Gold gevierteter Schild, im ersten und vierten Feld das Ulrichskreuz, im zweiten und dritten die Bergwerkszeichen Schlägel und Eisen in verwechselten Farben.

Farben der Gemeindefahne

Schwarz-Gelb.

Das Wappen erinnert an den einstigen Bergbau am Säuling und die Verhüttung von Eisen und später Messing in Pflach. Das Ulrichskreuz weist auf die alte Hüttenkapelle hin, deren Patrone der hl. Ulrich und die hl. Afra sind.

GEMEINDEAMT

6600 Pflach,
Kohlplatz 7
Tel.: 05672/62022, Fax: 05672/62022-14
e-mail: gemeinde@pflach.tirol.gv.at

Gemeindestatistik

Fläche in ha:	1379.3
Kleinregion:	Reutte und Umgebung
Einwohner 31.12.2009:	1.244
Mittlere Wohnhöhe:	840 Meter

Pflach um 1930

Flächennutzung

Wert in ha, Anteil an jeweiliger Gesamtfläche in %

Flächenanteile 2001	Gemeinde	Gem.	Bez.	Land
Dauersiedlungsraum	247.9	18.0	9.9	12.2
Alpen	40.2	2.9	25.0	27.0
Wald	978.3	70.9	43.0	36.6
Gewässer	58.7	4.3	1.8	0.9
Verkehrsflächen	45.6	3.3	0.7	1.0
Sonstige Flächen	109.8	8.0	20.9	24.3

Bevölkerungsentwicklung

Jahr	1900	2000	2003
Einwohnerzahl	200	1080	1151

Die ab 1950 rasch wachsende Einwohnerzahl ergibt sich aus der Integration der genannten Ortsteile und einem stetigen Zuzug, begünstigt durch noch vorhandenes Bauland und die wirtschaftliche Entwicklung des Ortes.

Häufige Familiennamen
Beirer, Scheucher, Singer, Zobl.

Geschichte
Der erste urkundliche Nachweis des Ortsnamens Pflach als „Plech" stammt aus dem Jahre 1275 und dürfte sich aus „vlach" für „ebene Fläche" entwickelt haben. Die Mühle, Vorgänger des späteren Messingwerkes, wird 1313 erstmals genannt. Der Ort gehörte immer zur Großgemeinde und Pfarre Breitenwang, nahm jedoch politisch eine gewisse Sonderstellung ein, indem er nicht dem Wirtschaftsverband der Pfarrgemeinde mit gemeinsamer Wald- und Weidenutzung angeschlossen war.

Pflach, Durchzugsregion und Bollwerk für Reutte, erfuhr Anfang des 16. Jhs. durch die Gründung des Messingwerkes durch die Augsburger Patrizierfamilie der Hoechstetter großen wirtschaftlichen Aufschwung. Die Namen der Ortsteile Ober- und Unterletzen deuten noch heute auf die alten Wehranlagen hin.

Der Bergbau soll nach einer Legende auf den hl. Magnus (gest. 750) zurückgehen. Tatsächlich ist die Bergbautradition älter. Das Messingwerk selbst war zu seiner Zeit das bedeutendste in Westösterreich und konnte sich bis zum Dreißigjährigen Krieg behaupten. Das Werk wechselte in der Folgezeit noch öfter seinen Besitzer. Die letzten Gebäude wichen in den 1980er Jahren einer Wohnanlage. In die Anfangszeit der Schmelzhütte und des Bergwerksbetriebes fällt der aus Dank für den reichen Bergsegen errichtete Bau der Kirche zu den Heiligen Ulrich und Afra (1515), „Hüttenkapelle" genannt.

Die Sonderstellung des Ortes kennzeichnet auch das ehemalige Gericht in Pflach, das mit dem Namen des berühmten Minnesängers Oswald von Wolkenstein verknüpft ist. Er heiratete 1417

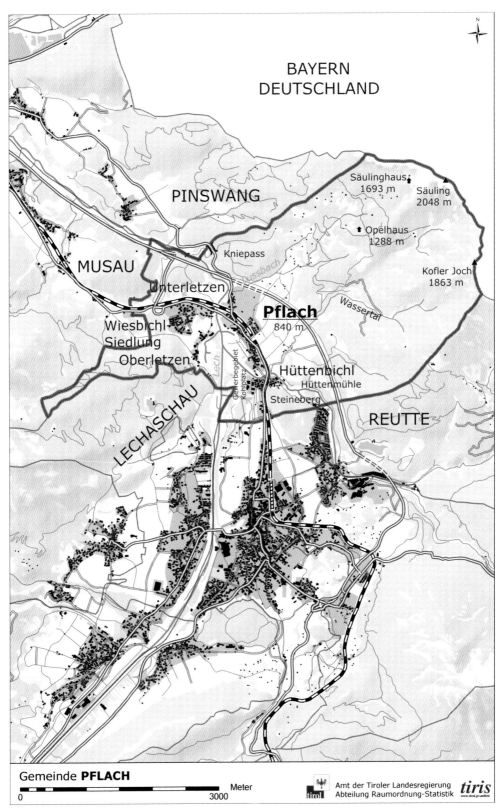

Gemeinde **PFLACH**

Meter
0   3000

Amt der Tiroler Landesregierung
Abteilung Raumordnung-Statistik

tiris
www.tirol.gv.at/tiris

Margarethe von Schwangau, zu deren Mitgift dieses bereits bestehende Gericht in Pflach gehörte. Ab 1481 holte Erzherzog Sigmund von Tirol den Außerferner Grundbesitz von den Edlen von Schwangau in seinen Besitz und vereinigte ihn mit dem Gericht Ehrenberg, wodurch das Gericht in Pflach verschwand.

Im Gemeindegebiet wurde früher viel Flachs angebaut, wovon noch manche Bleichgrube im Lussfeld zeugt.

1692 wird Pflach als „Gemeinde" bezeichnet, bleibt aber im Verband der Anwaltschaft Reutte. Die Grenze zwischen Österreich und Bayern verlief zwischen 1814 und 1816 auf der Lechbrücke zwischen Pflach und Unterletzen, das damals noch zu Musau gehörte. Als Vils 1816 zu Österreich kam, ging die Funktion als kurzzeitiger Grenzort verloren. Ab 1833 ist Pflach endgültig eine selbstständige politische Gemeinde.

Durch eine Gemeindereform kamen 1974 Oberletzen von der Gemeinde Wängle und 1981 Unterletzen von der Gemeinde Musau zu Pflach. Es ist damit die einzige Gemeinde des Bezirkes, die sich in den letzten Jahren flächenmäßig vergrößerte.

Der alte Weg nach Füssen über den Kniepass, wo sich 1974 römische Geleisespuren fanden, hat mit dem Bau der Letzener Brücke in der zweiten Hälfte des 18. Jhs. an Bedeutung verloren. Verkehrsmäßige Entlastung brachte die 1980 fertiggestellte Umfahrungsstraße, sodass die Lechauen zu beiden Seiten des Flusses als hochwertiges Erholungsgebiet gelten dürfen.

Kirche - Seelsorge

Hüttenkapelle: Ihr Bau, der den Heiligen Ulrich und Afra geweiht ist, geht auf die Initiative der Besitzer des ehem. Messingwerkes, den Höchstettern aus Augsburg, zurück und ist mit 1515 datiert. An den spätgot. Chor wurde um 1820 westlich ein einfacher Betraum angebaut. Eines der bedeutendsten Kunstdenkmäler des Außerferns ist der Flügelaltar aus dem Umkreis von Leonhard Beck aus der Bauzeit. Die Kreuzwegstationen um 1735 gehen auf Balthasar Riepp zurück. Die Kirche ist großzügig im gotischen, spätere Zubauten im Renaissance-Stil ausgestattet. Anfang der 1970er Jahre konnte bei der Restaurierung die reiche und überaus bunte Bemalung des spätgotischen Presbyteriums freigelegt werden, die ebenfalls auf die Bauzeit zurückgeht.

Kirche zu den Heiligen Drei Königen: Der heutige Bau wurde um 1720 errichtet, nachdem die Vorgängerkapelle auf der gegenüberliegenden Straßenseite baufällig und zu klein geworden war. Im Inneren finden sich neben einem wertvollen, Kruzifix von Bartolomäus Steinle aus dem Jahr 1610 hochwertige Gemälde der Malerfamilie Zeiller. Es ist ein rechteckiger Betraum mit umlaufendem Gesims, Flachgewölbe über Hohlkehle, eingezogenem einjochigem Chorraum mit 3/8-Abschluss mit Netzrippengewölbe. Langhausnische links geziert von einer Madonna mit Kind, um 1480. Die Kirche wird derzeit im Inneren unter großem persönlichen Einsatz einzelner Gemeindemitglieder saniert.

Pestkapelle: Sie liegt etwas abseits der Hüttenkapelle am Ufer des Hüttenmühlsees und wurde 1827 von privater Hand ausgebaut. Der Vorraum ist älteren Ursprungs, die Kapelle dem Erzengel Michael geweiht. Ursprünglich ist dieser Ort als Friedhof für die Pestopfer der Jahre 1611 und 1634 genutzt worden. Die Umfriedung des Gottesackers ließ länger auf sich warten, niemand aus den umliegenden Ortschaften wollte an diesem abgelegenen Mahnmal tätig werden. Heute bergen die 60 Gräber Soldaten und Zwangsarbeiter des Zweiten Weltkriegs. Durch den Bau des Stauwehres an der Hüttenmühle, wodurch der herrliche See entstand, musste die Kapelle oftmals Überschwemmungen in Kauf nehmen. Sie ist heute bis auf wenige Bilder und den einfachen Altar leer und ungenutzt.

Kapelle Oberletzen: Über den Ursprung der Kapelle ist wenig bekannt. 1859 wird sie als „halbzerfallen" bezeichnet und ist inzwischen durch persönlichen Einsatz der Anrainer restauriert und in Gebrauch. Dem Erzählen nach liegt unter dem erneuerten Kapellenboden ein Mauerrest aus der Römerzeit. Die Kapelle ist den Heiligen Vitus, Kreszenzia und Modestus geweiht.

Kapelle Unterletzen: In Unterletzen stand schon in älterer Zeit eine Kapelle. Als aber die erste Brücke in den 80er Jahren des 18. Jhs. über den Lech geschlagen wurde, musste sie abgetragen werden. 1786 ließ die Regierung auf ihre Kosten an anderer Stelle eine neue Kapelle zur Verehrung des gegeißelten Heilands bauen. Als die alte, baufällig gewordene Holzbrücke ab Oktober 1930 abgetragen werden sollte, um einer neuen Eisenbetonbrücke zu weichen, wanderte die Kapelle abermals, weil eine Verlegung der Straße notwendig geworden war. So fand sie ihren heutigen Platz unter dem Protest der Bevölkerung, die den neuen Turm zu niedrig fand.

Bildstock am Hüttenmühlsee: von Vinzenz Artho aus Oberletzen.

Innovationszentrum mit Kolleg

Schule

Nach den alten Pflacher Protokollen muss man annehmen, dass spätestens seit 1787 für eine dorfeigene Schule Gelder aufgebracht wurden, indem die jeweiligen „Gewalthaber" für „Schulstiell", „Schulofen" und ein „Schlösle an das Schultyrle" bezahlten. Ein „Kästle für das Schuellhaus" wird 1791 erwähnt. In welchem Haus sich diese Schulstube befand, ist noch nicht bekannt.

1805 verlässt Pflach den Schulverband und erhält eine Genehmigung zum Bau eines eigenen Schulhauses, zahlt aber bis 1840 immer noch für den Lehrer in Reutte mit. Der erste bekannte Lehrer in Pflach,

1817 bekannt, war Ignatz Schweigl(e). Das genehmigte Schulgebäude konnte jedoch wegen der unruhigen Zeiten und der fehlenden Gelder erst viel später verwirklicht werden.

Ein Grund, warum sich die allgemeine Schulpflicht nur schleppend durchsetzte, war die unbezahlbare Arbeitskraft der Kinder. 1816 ergeht der Beschluss aus der Gemeindestube, dass die Kinder, sobald „man in das Feld schlagt", nicht mehr als vier Tage (in der Woche) am Schulbesuch „gehindert" werden dürfen. 1822 wurde das neue Schulgebäude in Pflach gerichtlich eingefordert und unter großem Einsatz der Menschen hier auch realisiert. Die Ortschaften Ober- und Unterletzen, die zur Pflacher Schule zählten, wehrten sich gegen die auferlegten Leistungen, konnten sich aber zu einem Kompromiss durchringen. Die Gemeindebürger trugen zusätzlich zu den Kosten mit Arbeitsschichten und Material dazu bei, dass das 622 Gulden teure Schulhaus in der heutigen Schulstraße 10 unter Baumeister Matthias Wachter entstehen konnte.

1894 schien die Schule in Pflach vor der Auflösung zu stehen und machte das Ansuchen der Gemeinde notwendig, die bestehende Schule mit einer Lehrerinnenstelle zu belassen, was genehmigt wurde.

1908 – die Gemeinde zählte jetzt 220 Personen – baute man das Schulgebäude wieder um. Der bisherige Holzschuppen kam zum Schulzimmer, das Spritzenhaus wurde aufgelassen und zum Holzschuppen gemacht. Der Keller wurde zugeschüttet, weil an den ehemaligen Keller die Jauchengrube kam. Das Schulzimmer erhielt einen eigenen Eingang und einen Ofen.

1912 erteilte die Gemeinde die Bewilligung zum Einbau der Wasserleitung in das Schulhaus. Die alte Feuerspritze, die noch im Holzschuppen stand, wurde auf Ansuchen dem Lehrer Stecher hinterlassen, der sie verkaufte und vom Erlös Lehrmittel für die Schule einkaufte. 1913 führte man den allgemeinen

Schulgottesdienst für die Schuljugend ein. An allen Sonn- und Feiertagen hatten demnach die Schulkinder unter Aufsicht des Lehrers in Reutte am Gottesdienst teilzunehmen. Ab 1919 wurde die Schule in Pflach zweiklassig geführt, was sich jedoch in späteren Zeiten wieder änderte. Die erste Klasse brachte man im Hause des Theodor Klotz unter.

Der Krieg brachte viele Einschränkungen. 1920 war die Gemeinde bereit, dem Lehrer Kirschner eine Zulage zuzugestehen, wenn bis zu den Sommerferien keine Währungsaufbesserung eintreten sollte. Die Lehrerin erhielt unter den selben Bedingungen nur die Hälfte der Zahlung, noch weit entfernt von einer Gleichberechtigung.

1937 diente das Schulzimmer einigen Burschen als Versammlungsort, als es darum ging, eine Pflacher Bauernbühne ins Leben zu rufen, was für kurze Zeit mit Unterstützung der Pflacher Schrammelmusik gelang.

Anfang 1941 kamen ungefähr 40 Frauen zu Bürgermeister Dürrhammer und verlangten, dass in der Pflacher Schule der Konfessionsunterricht erteilt werden soll. Die entsprechende Schrift, von den Frauen unterzeichnet, ging an den Landrat. In Breitenwang war jedoch kein geeigneter Lehrer anwesend, sodass sich diese Angelegenheit verlief.

Ab 1960 wurde die Schule wieder zweiklassig geführt. 1968 stand fest, dass Pflach die erste Pavillonschule im Bezirk erhalten wird. Zwei Jahre Bauzeit waren vorgesehen. Die Gemeinde hatte zu dieser Zeit 570 Einwohner, davon 54 Volksschüler. Eine der Klassen war im Gemeindesaal untergebracht. 40 Hauptschüler fuhren nach Reutte. Seit 1984/85, nach der Erweiterung, steht den Kindern das Schul- und Kindergartengebäude in der aktuellen Baulichkeit zur Verfügung.

Innovationszentrum: Im Jahr 2000 öffnete das Innovationszentrum am Kohlplatz seine Türen. Mit der Idee, ein Gründer-, Impuls- und Technologiezentrum zu sein, verfügt die Anlage über 2000 m² technisch hochwertige Büro-, Labor- und Werkstättenflächen, modernste Infrastruktureinrichtungen und ein Anwenderzentrum für Virtual Reality. Das Projekt ist als Startförderung für Jungunternehmen und als Förderer innovativer Ideen im Bereich Technik, Wissensvermittlung, Kommunikation zu verstehen. 2003 übersiedelte auch die Gemeindeverwaltung des Ortes in einen Teil des Gebäudes. Seit 2003 hat das Ingenieur-Kolleg Automatisierungstechnik seinen Sitz im Innovationszentrum am Kohlplatz.

Vereine

Die Sport- und- Bergfreunde Pflach (SBF) wurden 1959 als einer der letzten Sportvereine der Umgebung gegründet. Allerdings gab es auch schon vor dem Krieg Tiroler Meisterschaften in der Abfahrt vom Säuling, und es wurde Fußball gespielt. Die von Anfang an gute Organisation der Bergfreunde begünstigte in hohem Maße die Entwicklung der heute fünf Zweigvereine, die sich die Einbindung der Jugend zur Aufgabe gemacht haben: Skilauf (1959), Fußball (1970), Tennis (1971), Tischtennis (1974), Eisschießen (1978). Die Sportanlagen konzentrieren sich um Schule und Kindergarten in der Mitte des alten Pflacher Ortskerns in Form eines Sportzentrums, das bezirksweit keinen Vergleich zu scheuen braucht. Die Sportanlagen unterstützen die Bemühungen der Vereine: Fußballplatz seit 1970, Tennisplatz seit 1972, Platz der Eisschützen (Asphalt) seit 1981, der im Winter zum Teil auch als Eislaufplatz bei der Pflacher Jugend beliebt ist. 1968 konnte die Skihütte am Säuling eingeweiht werden. Zu den zahlreichen traditionellen Veranstaltungen zählt der jährlich stattfindende Karl-Königsrainer-Gedächtnislauf, der an den 1959 beim Tourenskilauf tödlich verunglückten Mitbegründer und Initiator des Sportvereins erinnert. In den Lechauen am rechtsseitigen Ufer befindet sich der Bogenschießplatz des Reuttener Vereins.

Die Gründung der Musikkapelle (1920) kam durch den Einsatz von Mitgliedern der Freiwilligen Feuerwehr zustande. Sie stellt ihr Können bei zahlreichen Veranstaltungen unter Beweis. 1956 fand das 8. Außerferner Bundesmusikfest in Pflach statt. Die Kapelle ist bei allen offiziellen Veranstaltungen der Gemeinde

dabei, hält regelmäßig Proben ab und kann seit kurzem mit einer kleinen Ortssensation aufwarten: die erste Frau als Kapellmeisterin, Marion Schönherr.
Die Agrargemeinschaft organisierte sich Ende der 1950er Jahre.

Die Feuerwehr erhielt rechtzeitig zum 100-jährigen Bestandsjahr ein eigenes Gerätehaus mit moderner Ausstattung.
Durch den Umbau und die Erweiterung des alten Gemeindehauses zum modernen Kulturhaus in den letzten Jahren entstand ein gelungener Anreiz zur kulturellen Belebung des Ortes.

Wirtschaft und Tourismus

Der Ort ist geprägt von alten Bauernhäusern, deren Bewirtschaftung mehr und mehr zurückgeht. Der Großteil des Gemeindegebietes weist Wohncharakter auf, leider fehlt die Nahversorgung. Der Tourismus ist nicht zuletzt aus diesem Grund wenig ausschlaggebend, aber Ziel des Ausbaues. Wanderwege durch die Lechauen, Hüttenmühlsee und Naturlehrpfad, Vogelbeobachtungsturm, Reitwege, die Sportanlagen und die Seenlandschaft bzw. die Skigebiete der Umgebung bieten dafür großen Anreiz. Das wachsende Standbein der Gemeinde ist das Gewerbegebiet, wo sich neben dem Innovationszentrum zahlreiche Klein- und Mittelbetriebe angesiedelt haben und weitere angezogen werden.

Betriebe:
ein Gasthof mit alter Tradition
Zimmervermietung
Restaurant in Wiesbichl
Restaurant im Innovationszentrum
Backstube und Milchbar

Viehbestand - *letzte Viehzählung*

Rinder	40	Pferde	6
Schafe	82	Ziegen	6
Schweine	0	Hühner	0

Ereignisse und Katastrophen

Mit großem finanziellem Aufwand für Pflach konnte nach den Hochwasserkatastrophen der vergangen Jahre das seit jeher gefährdete Gewerbe- und Siedlungsgebiet an Lech und Archbach durch Dammbauten gesichert werden.

Persönlichkeiten

Karl Lechner (1855 – 1926): Professor und Verfasser vieler Aufsätze zur Tiroler Heimatkunde (Außerfern) und Kulturgeschichte.
Thomas Wolf (1922 – 1979): Schulleiter und Heimatforscher, setzte sich besonders für die Wiederinstandsetzung der Zunftkirche in Bichlbach und des Soldatenfriedhofes in Pflach ein.
Paul Schuler: langjähriger Präsident der Sport- und Bergfreunde Pflach, Funktionär unzähliger anderer Vereine, Altgemeinderat und erster Ehrenzeichenträger der Gemeinde.
Ing. Rudolf Schretter: Altbürgermeister und Ehrenpräsident der Sport- und Bergfreunde Pflach.
Ing. Kilian Hammerle (1929 – 1983): Bezirkskammersekretär und Bürgermeister von 1971 – 1983, Träger des „Silbernen Ehrenzeichens" des Tiroler Bauernbundes.
Karl Schusterschütz: Altbürgermeister.
Siegbert Dürrhammer (1932 – 1997): Gemeinderat von 1962 bis 1965 und Gemeindevorstand von 1965 bis 1980, maßgeblich beteiligt an der Quellfassung und am Schulhausbau, dem Bau der Skihütte, Gründungsmitglied der Bergfreunde, Gründungsmitglied der Agrargemeinschaft.

Sagen

Der Schimmelreiter bei Pflach
Das Pestfriedhofweibele
Geisterspuk zu Pflach
Der Erzbau am Säuling und die Magnussage
Der Hexenplatz auf dem Säuling

Weiterführende Literatur

Lipp Richard: Außerfern. 1994 Innsbruck
Fuchs Ferdinand: Heimat Außerfern. 1984 Reutte
Mutschlechner, Georg und Palme, Rudolf: Das Messingwerk in Pflach bei Reutte, 1976 Innsbruck
Kröll Astrid: Dorfbuch Pflach, 2007.

Pinswang

Gebhard Haller

Lage

Pinswang liegt auf 824 m Seehöhe, sieben Kilometer nordwestlich des Bezirkshauptortes Reutte an der Grenze zur Stadt Füssen und zu den bayerischen Königsschlössern Neuschwanstein und Hohenschwangau. Es besteht aus dem Straßendorf Unterpinswang, dem Haufendorf Oberpinswang und dem kleinen Grenzweiler Weißhaus. Die kleine Landgemeinde liegt in der Außerferner Region 47 und grenzt an die Gemeinden Vils, Musau und Pflach, sowie Füssen und Schwangau in Deutschland.

Wappen

Verleihung des Wappens am
1. April 1986.

In silbernem Schild mit schwarzem Zinnenbord drei grüne Binsen mit goldenen Blütenständen.

Farben der Gemeindefahne
Grün-Weiß.

Der rundum gezinnte Schild versinnbildlicht einerseits die durch die Wehranlagen in diesem Gemeindegebiet gegebene historische Schutzfunktion für das Land Tirol gegen Norden, andererseits die einstige Höhlenburg Loch. Die Binsen symbolisieren den Gemeindenamen, der als „Binsenwiese" zu erklären ist.

GEMEINDEAMT

6600 Reutte,
Unterpinswang 16 b,
Tel.: 05677/8613, Fax: 05677/8613-22
e-mail: amtsleiter@pinswang.tirol.gv.at

Gemeindestatistik

Fläche in ha:	947.3
Kleinregion:	Reutte und Umgebung
Einwohner 31.12.2009:	422
Mittlere Wohnhöhe:	824 Meter

Pinswang um 1920

Flächennutzung
Wert in ha, Anteil an jeweiliger Gesamtfläche in %

Flächenanteile 2001	Gemeinde	Gem.	Bez.	Land
Dauersiedlungsraum	250.8	26.5	9.9	12.2
Alpen	3.4	0.4	25.0	27.0
Wald	589.7	62.3	43.0	36.6
Gewässer	100.2	10.6	1.8	0.9
Verkehrsflächen	13.9	1.5	0.7	1.0
Sonstige Flächen	40.1	4.2	20.9	24.3

Bevölkerungsentwicklung

Jahr	1951	1961	1971	1981	1991	2001
Einwohnerzahl	280	417	306	364	407	444

Häufige Familiennamen
Ginther, Kaiser, Schlichther, Wachter, Wörle, Zotz.

Geschichte
Pinswang wurde erstmals 1095 urkundlich erwähnt und zählt zu den ältesten Siedungen des Außerferns. Die bewegte Geschichte des Dorfes an der Grenze lässt Spuren der Keltenzeit erahnen – die ersten Grabungsarbeiten wurden 1993 durchgeführt. Die Römerstraße „Via Claudia Augusta" führte über den Kniepass durch das heutige Gemeindegebiet nach Füssen. Diese Straße entwickelte sich im Mittelalter zu einer der wichtigsten Handelsstraßen zwischen Augsburg und Rom. Erst unter Kaiser Josef II. wurde 1782 bis 1784 eine neue Straße auf der anderen Talseite erbaut, die über die Ulrichsbrücke und Weißhaus nach Füssen führt.
Die **steinerne Tafel**, eine in Marmor gehauene Gedenktafel, erinnert an die für Pinswang so wichtig gewordene Straße – seither gilt das Erholungsdorf Pinswang als ruhig und verkehrsfrei.
Schloss im Loch – eine mittelalterliche Befestigungsanlage in einer natürlichen Felsenhöhle wurde Mitte des 13. Jhs. erbaut. Diese Burg konnte den mittelalterlichen Feindeinwirkungen nicht standhalten und wurde bald zur Ruine.
Im Jahre 1992 wurden die letzten Mauerreste der Burg konserviert und für die Nachwelt erhalten.
Sternschanze – die Befestigungsanlage am Kniepass wurde um die Zeit des Dreißigjährigen Krieges als Vorwerk von Ehrenberg erbaut. Kaiser Josef II. hat diese Wehranlage aufgelassen und dem Verfall preisgegeben.
Der bekannte Geschichtsschreiber David Ritter von Schönherr (1822 – 1897) wurde im Zollhaus am Kniepass geboren.
Hausnamen lassen sich meist von alten Familiennamen, Vornamen oder Berufsständen ableiten, z. B.:
„Båbl" – Oberpinswang Nr. 3
Besitzer um 1850 – Martin Babel
„Jörgler" – Oberpinswang Nr. 19
Besitzer Nr. 6 um 1920 – Georg Schlichther
„Gines" - Unterpinswang Nr. 2
Besitzer um 1920 – Longinus Kaiser
„Göt" – Unterpinswang Nr. 8
Besitzer um 1950 – Leo Gött.

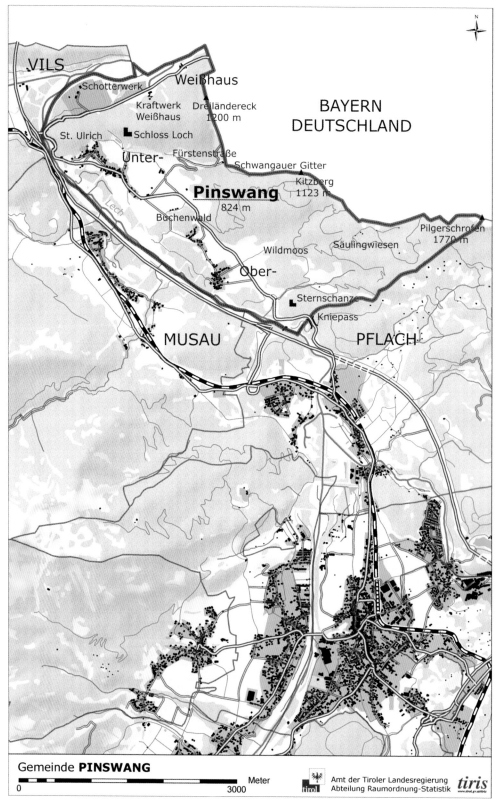

VILS

Schotterwerk

Weißhaus

BAYERN
DEUTSCHLAND

Kraftwerk
Weißhaus

Dreiländereck
1200 m

St. Ulrich

Schloss Loch

Unter-

Fürstenstraße

Schwangauer Gitter

Pinswang
824 m

Kitzberg
1123 m

Buchenwald

Pilgerschrofen
1770 m

Wildmoos

Säulingwiesen

Ober-

Sternschanze

Kniepass

MUSAU

PFLACH

Lech

Gemeinde **PINSWANG**

Meter

0

3000

tirol

Amt der Tiroler Landesregierung
Abteilung Raumordnung-Statistik

tiris

Kirche - Seelsorge

Die Pinswanger Kirchengeschichte beginnt im Jahre 1380 mit dem Tod des seligen „Bruder Ulrich", der in Musau lebte und am Pinswanger „Kirchbichl" begraben wurde. Über dem Grab des seligen Bruder Ulrich wurde zuerst eine Holzkapelle errichtet, die 1414 durch eine größere gemauerte Kapelle ersetzt wurde. Pinswang entwickelte sich noch im Mittelalter zu einem beliebten Wallfahrtsort.

An der Stelle der Kapelle wurde 1725 bis 1729 nach Plänen des Baumeisters Johann Georg Fischer die heutige Pfarrkirche erbaut und 1732 dem **hl. Ulrich von Augsburg** geweiht. Zur Pfarre Pinswang gehören die beiden politischen Gemeinden Pinswang und Musau. In Oberpinswang wurde an Stelle der alten **Katharinenkapelle** eine neue erbaut und 1969 eingeweiht. Mittelalterliche und neuzeitliche Bildstöcke erinnern an die bewegte Geschichte von Pinswang. Zahlreiche Feldkreuze sind stumme Zeugen der gläubigen Landbevölkerung.

Der Pilgerschrofen beherbergt das höchstgelegene Kreuz der Gemeinde Pinswang auf 1750 m Seehöhe. Im Jahre 1999 wurde dieses Gipfelkreuz von den Jungbauern aufgestellt.

Schule

Laut Schulchronik war Anton Liskodin um 1760 der erste Lehrer in Pinswang. Zu Beginn des 19. Jhs. gab es nach Aufzeichnungen des damaligen Kaplans Knitel zwei Schulen in Pinswang. In Oberpinswang wurde der Unterricht in Privathäusern und in Unterpinswang im alten Mesnerhaus abgehalten. Ab 1818 war der Unterricht der Schüler beider Fraktionen im alten Mesnerhaus. Im Jahre 1878 wurde das Mesnerhaus aufgestockt und zwei neue Schulklassen eingerichtet.

In den Jahren 1961 und 1962 wurde die neue Schule zwischen den beiden Ortsteilen Oberpinswang und Unterpinswang erbaut. 1977 entstand durch Zubau der Kindergarten. Im Laufe der Jahre wurden in der neuen Schule die örtlichen Vereine und das Gemeindeamt untergebracht. Mit dem Ausbau des Gemeindesaales und dem Neubau des Pavillons bekam Pinswang in den 80er und 90er Jahren des 20. Jhs. ein Veranstaltungszentrum für Gäste und Einheimische.

Im Jahre 2003 konnte das neue Mehrzweckgebäude seiner Bestimmung übergeben werden. Dieses zeitgemäße Gebäude beherbergt neben den Räumen für die Feuerwehr unter anderem ein Probelokal für Musikkapelle und Chor, den Recyclinghof und den Gemeindebauhof.

Vereine und Brauchtum

Der älteste Verein ist die Musikkapelle, die um 1870 gegründet wurde. Die Freiwillige Feuerwehr wurde im Jahre 1898 aus der Taufe gehoben. Der Brandhilfeverein besteht seit 1984. Neben dem Kirchenchor gab es in Pinswang von 1949 bis 1959 noch einen Männerchor. Der neu gegründete gemischte Chor St. Ulrich tritt seit 1988 auf.

Die ersten Aufzeichnungen eines Sportvereines scheinen im Jahr 1920 auf.

Seit dem Jahr 1982 besteht auch der Verein „Eissportfreunde Pinswang".

Den Pensionistenverein gibt es seit 1977.

Bis zum Jahr 1956 wurde der Wald von der Gemeinde Pinswang verwaltet. Im Jahre 1956 wurden für diesen Zweck die beiden Agrargemeinschaften Ober- und Unterpinswang gegründet.

- Obst- und Gartenbauverein seit 1934
- Jagdgenossenschaft seit 1932
- Landjugend und Landbauern seit 1960
- Landfrauen seit den 50er Jahren des 20. Jhs.
- Viehzuchtvereine und Schätzung seit 1938.

In Pinswang gibt es seit Menschengedenken uralte Bräuche, die stets unverändert und bodenständig durchgeführt werden.

Hollaschreien – ein christlicher Brauch am „Unschuldigen-Kinder-Tag" (28. Dezember). Die Schulbuben, angeführt vom Ältesten (dem „Hauptmann"), ziehen in aller Herrgottsfrüh von Haus zu Haus und schreien:

„Holla, holla, Birazelte hea, sei er siaß oder reaß!"

Nach dem Erhalt des Hollageldes durch die Hausbewohner ziehen die „Hollabuben" mit ihren Ruten und Bockhörnern weiter zum nächsten Haus.

Hexe verbrennen – ein heidnischer Brauch, wird jedes Jahr am Hexensonntag (1. Fastensonntag) abgehalten. Nach dem Betläuten um 18 Uhr ziehen die Schulkinder, angeführt vom ältesten Schulbuben (dem „Hauptmann") mit einer Strohhexe auf einer Holzstange durchs Dorf und schreien:
„Vivat hoch, d'Hex håt Durst, will a lange, lange Wurscht".
Der Zug bewegt sich mit der Hexe und den „Scheibenbuben" voran zum nahe gelegenen „Scheibenbichl". Dort wird die Strohhexe auf einen Scheiterhaufen gesteckt und verbrannt. Im nächtlichen Treiben werden angeglühte Holzscheiben mittels langer Haselnussstöcke durch die Luft geschleudert.

Wirtschaft und Tourismus

Im Gewerbegebiet Weißhaus sind neben dem Hartsteinwerk noch eine Asphaltmischanlage, ein Betonwerk sowie ein Bauhof ansässig.
In Oberpinswang gibt es seit jüngster Zeit einen KFZ-Mechanikerbetrieb und eine Werbeagentur. Mit dem Kraftwerk Kniepass und Weißhaus sind in Pinswang zwei Werke des Elektrizitätswerkes Reutte stationiert, die mit einem Stollen durch den Kitzberg und Schwarzenberg verbunden sind.
Die älteste Warenhandlung wurde 1775 am Lechsteg erwähnt. Das letzte Lebensmittelgeschäft schloss im Jahre 1995 die Tore.
Das älteste Wirtshaus von Pinswang, an der mittelalterlichen Salzstraße und am Fuße von Schloss Loch gelegen, wurde bereits 1559 erwähnt. Die Wirtsrechte dieses Hauses wurden Mitte des 19. Jhs. an das Gasthaus „Schluxen" übertragen. Das Gasthaus „Kofler" bestand von 1816 bis 1967. Sogar der Bayernkönig Ludwig II. besuchte die alten Pinswanger Wirtshäuser regelmäßig. Das Gasthaus Säuling in Oberpinswang besteht seit dem Jahre 1925. Zu Ende des 20. Jhs. wurde noch der Restaurationsbetrieb „Weißhausstub'n" eröffnet.

Heute ist im Bauerndorf Pinswang ein solider Fremdenverkehr mit einer Handvoll Privatzimmervermietern und drei gut geführten Wirtshäusern.

Viehbestand - *letzte Viehzählung*

Rinder	228	Pferde	18
Schafe	12	Ziegen	2
Schweine	1	Hühner	1938

Klima

Das Dorf Pinswang liegt auf der Sonnenseite des Tales und wird wegen seiner sonnigen Lage auch das „Meran des Außerferns" genannt.

Gewässer und Gebirge

Pinswang ist der tiefstgelegene Ort des Außerferns und liegt auf einer wunderschönen Ebene, die nach der Eiszeit durch den langsam fließenden Lechsee geformt wurde. Die Flussenge bei der Ulrichsbrücke ist Zeugnis für die Naturgewalten des reißenden Lechflusses. Auf der Nordseite des Dorfes ziehen sich die sanften Ausläufer des Ammergebirges bis zum schroffen Pilgerschrofen.

Ereignisse und Katastrophen

Die Feuerwehrchronik schreibt 1907, 1917, 1928, 1955 und 1992 über Brände von einzelnen Höfen. Von größeren Katastrophen blieb Pinswang verschont. Sogar die Jahrhunderthochwässer von 1910 und 1999 konnten in unserem Dorf keine größeren Schäden anrichten.

Persönlichkeiten

Franz Kleinhans (1699 – 1776): war beim Bau der Pfarrkirche Pinswang tätig. Er wurde selbstständiger Baumeister und schuf zahlreiche Kirchenbauten im schwäbischen Raum.
David Ritter v. Schönherr (1822 – 1897): Kunst- und Kulturhistoriker, Oberschützenmeister und Archivar, als Sohn eines Zollbeamten am Kniepass geboren.

Weiterführende Literatur

Dorfbuch 900-Jahrfeier 1995
Kirchenführer 2004

Reutte

Richard Lipp

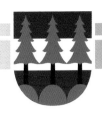

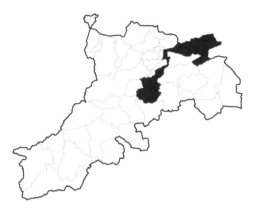

Lage

Der Bezirkshauptort, die Marktgemein-de Reutte, liegt rund 90 km von Innsbruck entfernt in einem weiten Talkessel an der rechten Seite des Lechflusses, umrahmt von den Bergen der Lechtaler Alpen, den Tannheimer Bergen und dem Ammergebirge.

Wappen

Auf rot-silbern-rot geteiltem Schild drei grüne Tannen jede auf einem grünen Hügel stehend.

Farben der Gemeindefahne

Grün-Weiß.

Das 1489 ausdrücklich zum Markt erho-bene Reutte suchte 1558 vergeblich beim Tiroler Landesfürsten um Bewilli-gung eines im Entwurf vorgelegten Wappens und Siegels an. Trotzdem, offenbar auf eigene Faust, verwendeten die Bürger von Reutte seit Ende des 16. Jahrhunderts Siegel und Wappen. 1664 gelang es der Marktgemeinde, dass ihr vom Landesfürsten das Führen von Siegel und Wappen bestätigt wurde.

GEMEINDEAMT

6600 Reutte,
Obermarkt 1
Tel.: 05672/72300, Fax: 05672/72300-44
e-mail: reutte@reutte.at

Gemeindestatistik

Fläche in ha:	10.090.1
Kleinregion:	Reutte und Umgebung
Einwohner 31.12.2009:	5.857
Mittlere Wohnhöhe:	853 Meter

Reutte um 1910

Flächennutzung

Wert in ha, Anteil an jeweiliger Gesamtfläche in %

Flächenanteile 2001	Gemeinde	Gem.	Bez.	Land
Dauersiedlungsraum	492.3	4.9	9.9	12.2
Alpen	910.6	9.0	25.0	27.0
Wald	6948.6	68.9	43.0	36.6
Gewässer	206.4	2.0	1.8	0.9
Verkehrsflächen	68.4	0.7	0.7	1.0
Sonstige Flächen	1616.7	16.0	20.9	24.3

Bevölkerungsentwicklung

Jahr	1961	1971	1981	1991	2001
Einwohnerzahl	4285	5113	5132	5306	5719

Häufige Familiennamen

Ursprünglich für Reutte typische Familiennamen sind nahezu alle erloschen. An solche erinnern noch alte Wappen und Grabsteine, wie z. B. Zeiller, Amann, von Strele, Pfaundler u. a. m. In den Bürgermeisterlisten von Reutte werden ehemals typische Familiennamen überliefert: Kleinhans, Hess, Rauscher, Keller, Raminger, Öxl, Hafenlueg, Köpfle, Kecht, Zwerger, Herr, Kinker, Falger, Jäger u. a. m. Durch die Bevölkerungsfluktuation kann im 21. Jh. kaum noch von typischen Familiennamen gesprochen werden.

Geschichte

Die Entwicklung Reuttes zum zentralen Ort begann aus unscheinbaren Anfängen, denn Reutte gehört als Rodungssiedlung zu den jüngeren Außerferner Orten. Eine 1278 erste gesicherte Nennung als „Ruthi prope Breitenwanch" (Reutte bei Breitenwang) weist Reutte eindeutig als Tochtersiedlung von Breitenwang aus. Reutte wird allgemein vom Wort „roden" hergeleitet.

Diesen Aufschwung führten einerseits die Begradigung und somit Verkürzung der Straße, die ursprünglich dem Verlauf der Via Claudia Augusta über Breitenwang folgte, und andererseits der Bau einer Brücke über den Lech, 1464, herbei. Dadurch gewann Reutte an zentraler Bedeutung und überflügelte Breitenwang in kürzester Zeit.

Dank der Verbesserung der Straße wurde Reutte noch vor 1471 Niederlags- und Rodfuhrort, als der bisherige Salzstadel von Heiterwang in die nun aufstrebende Siedlung Reutte verlegt wurde. 1488 erhielt Reutte das Recht eines Wochenmarktes und zweier Jahrmärkte.

Am 5. Juni 1489 erhob der Tiroler Landesfürst Erzherzog Sigmund „der Münzreiche" auf Betreiben des Pflegers von Ehrenberg, Jörg Gossenbrot, Reutte zum Markt. Bereits 1491 erhielt Reutte durch König Maximilian I. das Recht der freien Bürgeraufnahme. 1506 ließen sich die übrigen Orte der Großpfarre Breitenwang, nämlich Breitenwang, Ehenbichl und Pflach, nach außen durch den Markt Reutte vertreten.

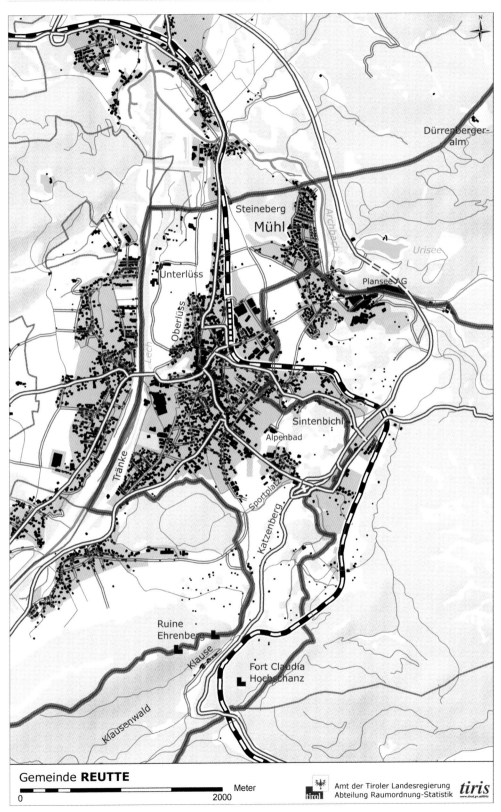

Gemeinde **REUTTE**

0 — 2000 Meter

Amt der Tiroler Landesregierung
Abteilung Raumordnung-Statistik

tiris
www.tirol.gv.at/tiris

1553 versuchte Reutte – allerdings erfolglos – den Pfarrsitz von Breitenwang nach Reutte zu bringen. 1604 verlegte der Pfleger von Ehrenberg, Burkhard Laymann, seinen Sitz von Ehrenberg nach Reutte, wodurch Reutte Sitz des Gerichtes und de facto Hauptort des Gerichtes Ehrenberg wurde. 1743 lehnte Reutte jedoch aus finanziellen Gründen das Angebot zur Stadterhebung ab.

Die Verwaltungsreform der Kaiserin Maria Theresia, 1754, machte Reutte zum Hauptort des neuen Kreises Oberinntal, der sich in etwa über die heutigen Bezirke Reutte, Imst und Landeck, aber auch noch auf Südtiroler Gebiete erstreckte. 1778 verlor Heiterwang seine Poststation, die nach Reutte zentralisiert wurde. Durch die Auflassung der Feste Ehrenberg, 1782, kamen die letzten dort verbliebenen Instanzen nach Reutte.

Die bayerische Verwaltungsreform von 1806 löste das Gericht Aschau auf und gliederte es dem nunmehrigen Landgericht Reutte an. Reutte war nun Zentrum eines weitgehend den heutigen Bezirk umfassenden Gebietes. Als 1814 Tirol zu Österreich zurückkehrte, blieben die bayerischen Verwaltungsreformen aufrecht.

1816 wurde das ehemalige Gericht Vils Tirol einverleibt und dem Gericht Ehrenberg zugeteilt, wodurch Reutte nun Zentralort des gesamten heutigen Außerferns (ohne die erst 1938 angegliederten Gemeinden Pfafflar, Gramais und Kaisers) war.

Bei der ersten Einführung von Bezirkshauptmannschaften, 1849, erhielt Reutte eine Expositur. Hierauf wurde es 1854 Sitz eines „Gemischten Bezirksamtes" (Gericht und Verwaltung) und schließlich 1868 endgültig Sitz des Bezirkshauptmannes.

Von 1938 bis 1945 war Reutte Hauptort des gleichnamigen Kreises, stand im Statut einer Stadt, ohne formell zu einer solchen erhoben worden zu sein.

Der nach 1945 erfolgte konsequente Ausbau zum Wirtschafts-, Schul- und Bildungszentrum festigte die Zentralfunktion von Reutte, wozu auch die Abgeschlossenheit des Außerferns vom übrigen Tirol beitrug. Eine Stadterhebung wurde zwar mehrmals diskutiert, aber nicht durchgesetzt, wodurch Reutte neben Tamsweg der einzige Bezirkshauptort Österreichs im Statut eines Marktes ist.

Nach neuen wissenschaftlichen Untersuchungen[1] liegt Reutte unter 110 ausgewiesenen „zentralen Orten" auf Platz 50 (noch vor Wörgl, Imst oder Hall). Nach einer anderen Untersuchung, die das Umland, die so genannten „Stadtregion", einbezieht,[2] scheint Reutte als einziger Markt unter 39 ausgewiesenen „bedeutenden Städten" auf.

Flurnamen:

Heute erinnern meist nur noch Namen von Straßen und Gassen an bestehende und ehemalige Flurnamen. Die „Lüss" – das Wort stammt von „Los" – ist einer der wenig verbliebenen. Hingegen erinnern nur noch Straßenbezeichnungen an das ehemalige Kleinfeld (Kleinfeldele), das Großfeld, die Gätteräcker und den Schoberstadel. Die Tränke präsentiert sich heute als Siedlung, die Au ebenfalls als sich ausdehnendes Wohn- und Gewerbegebiet. Noch landwirtschaftliches Gebiet sind die „Teile", nämlich die Alt- und Neuteile am nördlichen Ortsrand von Reutte. Einer baulichen Erschließung gehen auch die Kapellenäcker, das Weidenfeld und die Hofäcker entgegen. Zahlreiche in alten Urbaren und Steuerbüchern aufscheinende Flurnamen sind gänzlich verschwunden, andere wiederum veränderten ihren Sinn mit der Schreibweise, wie beispielsweise der Wandel von „Sinn" beispielsweise zu Sündenbichl/Sintenbichl oder Sündwag/Sintwag. Schwer zu deuten ist auch der Name Kög. Der markanteste Flurname ist jedoch der Wolfsberg, der auf die einstige Anwesenheit von Wölfen hinweisen dürfte.[3]

Kirche - Seelsorge

Im Gegensatz zur wirtschaftlichen und politischen Entwicklung blieb Reutte bis 1945 Teil der Pfarre Breitenwang. 1945 übertrug Bischof Paulus Rusch die Pfarrseelsorge für Reutte den Franziskanern. Aber nach 1945 entstandene Siedlungen, nämlich Schwarzkopf- und Archbachsiedlung, gehören zur Pfarre Breitenwang.

REUTTE

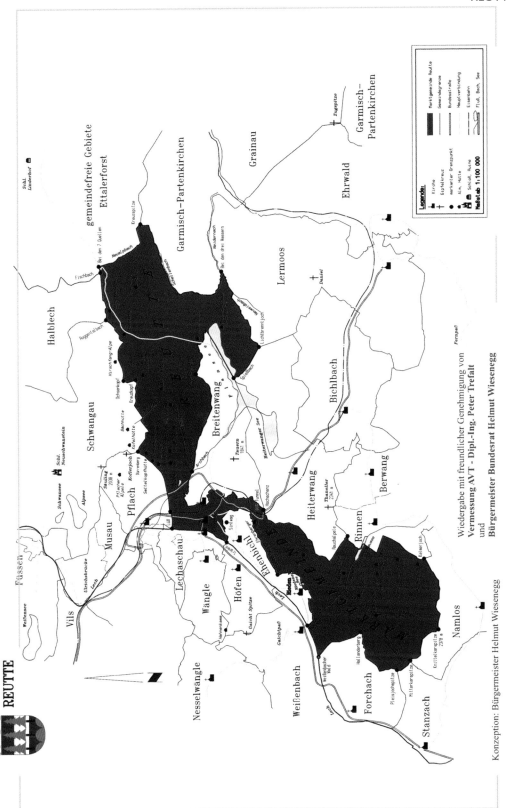

Wiedergabe mit freundlicher Genehmigung von
Vermessung AVT - Dipl.-Ing. Peter Trefalt
und
Bürgermeister Bundesrat Helmut Wiesenegg

Konzeption: Bürgermeister Helmut Wiesenegg

Dank der Pflegers von Ehrenberg, Jörg Gossenbrot, hatte Reutte schon ab 1500 eine eigene Kirche an der Stelle einer schon früher bestandenen Kapelle errichtet. Folgt man der Legende, so dürfte die erste Kapelle mehr als hundert Jahre früher auf Anregung eines christlichen Waldbruders namens Klaus entstanden sein. Fälschlich wurde dieser Klaus lange Zeit mit dem Schweizer Heiligen Nikolaus von der Flüe gleichgesetzt.

1518, kurz vor seinem Tod, stiftete Kaiser Maximilian I. eine Kaplanei in Reutte. Damit erhielt Reutte einen eigenen Kaplan, der jedoch dem Pfarrer von Breitenwang unterstand.

1628 gründete der Tiroler Landesfürst, Erzherzog Leopold V., das Franziskanerkloster. Wenn als Grund auch ein Gelübde angegeben wird, so ist eine späte Auswirkung der Gegenreformation unübersehbar: Reutte sollte als Einfallsort des Protestantismus ein starkes katholisches Zentrum erhalten. Die Franziskaner mussten als Bettelmönche ihren Lebensunterhalt selbst erbetteln, wozu ihnen nicht nur das Außerfern, sondern auch Gebiete darüber hinaus zugewiesen wurden.

Das Franziskanerkloster entging zweimal einer zu befürchtenden Auflösung. Kaiser Josef II. beließ das Franziskanerkloster, weil es seelsorgliche Aushilfe leistete und außerdem zwei Patres als Kooperatoren für den Markt Reutte, die dem Pfarrer von Breitenwang unterstellt waren, stellen musste. Auch die Nationalsozialisten unternahmen – im Gegensatz zu anderen Klöstern des Ordens – keine Anstalten, das Reuttener Kloster aufzulösen. Neben dem Umstand, dass das Reuttener Kloster für keine Partei- oder Staatseinrichtung benötigt wurde, kam den Franziskanern auch ihr unpolitisches Verhalten zugute.

Die Barmherzigen Schwestern sind seit 1857 in Reutte ansässig. Früher betreuten sie neben dem bürgerlichen Spital bzw. Altersheim auch noch Waisenhaus und Kindergarten und hatten bis 1938 auch einen Teil des Schuldienstes inne. Eine weitere in Reutte ansässige Ordensniederlassung waren die Englischen Fräulein, die von 1949 bis 1983 die Hauswirtschaftsschule leiteten.

Neben der **Pfarr- und Klosterkirche St. Anna** betreuen die Franziskaner seit 1957 die **Herz-Marien-Kirche** in der Tränkesiedlung. Außerdem versehen sie die Seelsorge im Bezirkskrankenhaus. Kapellen im Gemeindegebiet sind die **Floriankapelle** auf der Kög, die **Rochuskapelle** in der Planseestraße sowie die **Kapelle „Christus am Stein"** bei der Ehrenberger Klause. Hauskapellen gibt es im Seniorenzentrum und im ehemaligen Waisenhaus, nun Josefsheim, der Barmherzigen Schwestern.

Floriankapelle

Reutte hat die nach Innsbruck älteste evangelische Gemeinde Tirols, die auf eine 1884 errichtete Predigtstation zurückgeht. Sie erhielt 1955 ihren ersten ständigen Pfarrer und 1958 eine eigene Kirche, die **Dreieinigkeitskirche**. 1961 wurde Reutte definitiver Sitz einer evangelischen Pfarre Tirol-West. Nach der Errichtung einer Pfarrstelle in Landeck, 1981, erstreckt sich das Kirchengebiet ausschließlich auf den Bezirk Reutte.

Die zweitgrößte Glaubensgemeinschaft ist jedoch der Islam mit einem eigenen Gebetsraum. Mit eigenen Gebets- oder Kirchenräumen sind zudem noch die Siebenten-Tags-Adventisten, die Zeugen Jehovas, die Neuapostolische Kirche und die Freie Evangelikale Gemeinde vertreten.[4]

Schule

Die Anfänge des Schulwesens in Reutte finden wir bereits im 16. Jh.; der erste namentlich genannte Schulmeister wird 1562 erwähnt. Das erste Schulhaus, ein holzgezimmerter Bau, stand nahe der Kirche. Unterrichtsgegenstände waren Religion, Lesen, Schreiben, Rechnen und Chorsingen (lateinisch und deutsch).

1693 übersiedelte die Schule in das Erdgeschoß des Rathauses. 1717 wurde ein eigenes Schulhaus am Vorplatz der heutigen Volksschule errichtet: ein bescheidener Bau mit einem einzigen Unterrichtsraum für 60 bis 80 Kinder vom 7. bis zum 12. Lebensjahr sowie einer Lehrerwohnung. 1748 zog die Schule in ein neues Schulhaus an der Klostermauer, das später Isserhaus genannt und 1958 abgebrochen wurde.

Die Schulreform der Kaiserin Maria Theresia brachte neue Maßstäbe und machte eine Erweiterung des Schulgebäudes durch Schaffung mehrerer Klassen notwendig. War die Schule zunächst für die gesamte Pfarre, also für Reutte, Breitenwang, Ehenbichl und Pflach, zuständig, so bauten Pflach und Ehenbichl nun eigene Schulen. 1798 wurde die Schule in Reutte zur „Musterschule" mit dem Recht auf Lehrerausbildung erhoben.

Eine Einrichtung, die sich bis zum Ersten Weltkrieg bewährte, war die so genannte „Feiertagsschule". Zu ihrem Besuch waren die schulentwachsenen Kinder zwei Winter hindurch an den Sonntagnachmittagen verpflichtet.

Zur Zeit der bayerischen Besetzung, 1806 bis 1814, versuchte man in Reutte eine „Lateinschule" zu eröffnen, eine Art verkürztes Untergymnasium mit drei Klassen. Diese Schule kam nicht zustande. 1829 konnte Reutte durch Ersteigerung eines Hauses eine eigene Mädchenschule eröffnen. In diesem Haus (ehemals Schulstraße 5, 2009 abgerissen) war zuletzt die Haushaltungsschule untergebracht. 1829 wurde in Reutte eine Baumschule für klimagerechte Obstsorten gegründet.

Das Reichvolksschulgesetz von 1869 brachte bedeutende Änderungen, insbesondere die Trennung von Kirche und Schule. 1871/72 kam die schon rund 50 Jahre vorher angeregte Zeichenschule als Filiale der Realschule in Imst zustande. Aus ihr entwickelte sich die dreijährige „Gewerbliche Fortbildungsschule" (vgl. Bauer: Reutte, 500 Jahre Markt, S. 163-169, sowie Gemeindespiegel, S. 431-434). 1897 wurde das neue Schulgebäude (heute Volksschule, Schulstraße 3) eingeweiht. Während des Ersten Weltkriegs musste der Schulbetrieb bedeutende Einschränkungen hinnehmen.

1921 konnte die dreijährige Knaben-Bürgerschule eröffnet werden, die 1924 zu einer Knaben- und Mädchen-Bürgerschule erweitert wurde, aus der schließlich 1928 die vierjährige Hauptschule hervorging.

Zeiller-Haus

Der Zweite Weltkrieg brachte abermals einen Stillstand. In Folge des Bombenkrieges wurde 1944/45 die Mittelschule „Oberschule für Jungen II" vom Adolf-Pichler-Platz in Innsbruck mit 231 Schülern nach Reutte in die Gasthöfe „Post" und „Glocke" verlegt.

Nach dem Krieg konnte die Schulraumnot durch den Bau einer eigenen Hauptschule (1950 – 1952) zunächst behoben werden. Sie wurde bald wieder akut und machte 1968 einen Wechselunterricht sowie eine Trennung in eine Knaben- und Mädchenhauptschule erforderlich. Daher wurde 1971 mit dem Bau einer neuen Hauptschule begonnen, die 1973 bezogen werden konnte. In diesem Jahr wurde auch die Trennung in Knaben- und Mädchenhauptschule aufgehoben und die Hauptschulen erhielten die Namen „Hauptschule Untermarkt" und „Hauptschule Am Königsweg".

Seit 1998 führt die Hauptschule Am Königsweg jeweils eine Klasse mit sportlichem Schwerpunkt und die Schule wurde zur „Land- und Sporthauptschule Am Königsweg". Im Jahr darauf, 1999, begann die Hauptschule Untermarkt mit dem Schwerpunkt Informatik.

Auch die Räumlichkeiten für die Volksschule wurden zu klein, sodass eine neue Volksschule in der Archbachsiedlung gebaut werden musste, die 1978 als „Volksschule Archbach" eröffnet wurde.

Im Jahre 1954 wurde erstmals eine „Hilfsschulklasse" eingeführt, die der Volksschule angeschlossen war. Seit dem Schuljahr 1969/70 wurde eine eigenständige Sonderschule geführt, die mit Ablauf des Schuljahres 1996/97 stillgelegt und vom Integrationsmodell ersetzt wurde.

Nach dem Zweiten Weltkrieg entstanden neue Schultypen. In provisorischen Schulräumen wurde 1952 ein Privatrealgymnasium eröffnet, das 1955 das Öffentlichkeitsrecht erhielt. Von 1965 bis 1967 erfolgte der Bau des heutigen Gymnasiumsgebäudes. 1968 übernahm der Bund die Schule als Bundesrealgymnasium in seine Verwaltung. 1960 war dem Gymnasium eine fünfjährige Oberstufenform „Realschule mit Ausbildung in Metallurgie" angegliedert worden. 1994 wurde die letzte Klasse in diesem Zweig eröffnet, und 1999 war dieser Schultyp beendet, fand aber im nunmehrigen vierjährigen Oberstufenzweig „Realgymnasium mit technischem Schwerpunkt" eine lückenlose Fortsetzung.

1974 wurde die dreijährige Bundeshandelsschule zunächst als Expositur der Imster Schule eröffnet. Sie war zunächst in der Hauptschule Am Königsweg untergebracht und übersiedelte 1977 in den Neubau im Schulzentrum. 1978 hörte die Schule auf, eine Expositur von Imst zu sein und wurde selbstständig. Unter derselben Leitung kam 1980 eine dreijährige Bundesfachschule für wirtschaftliche Frauenberufe, die 1987 in Bundesfachschule für wirtschaftliche Berufe umbenannt wurde, zustande. Dieser Schultyp lief 2005 aus. An dessen Stelle gibt es seit 2003 die fünfjährige Höhere Bundeslehranstalt für wirtschaftliche Berufe mit Maturaabschluss. Diese Schule befindet sich im ehemaligen Kolpingheim. Das Bildungsangebot der Handelsschule fand 1988 mit der fünfjährigen Bundeshandelsakademie mit Maturaabschluss eine Erweiterung.

1966 wurde der Polytechnische Lehrgang als 9. Pflichtschuljahr eröffnet, der zunächst im Gebäude der Volksschule in der Schulstraße untergebracht war. 1996 erfolgte die Umbenennung in Polytechnische Schule und die Übersiedlung in die neuen Schulräumlichkeiten im ehemaligen Kolpingheim.[5]

An sonstigen Schulen sind die von 1949 bis 1983 von den Englischen Fräulein geführte Haushaltungsschule und die ab 1956 bestehende Kaufmännische Berufschule - nun Tiroler Fachberufsschule für Handel und Büro zu erwähnen. Letztere hat ihre Schulräume in der Volksschule Archbach.

Der Schulbetrieb in der Musikschule wurde 1964 im so genannten Tauscherhaus aufgenommen. 2003 konnte die Musikschule als „Landesmusikschule Reutte-Außerfern" ihr neues Schulgebäude im ehemaligen Verwaltungsgebäude des Elektrizitätswerkes beziehen (siehe auch Kapitel Schule und Bildung).

Kindergärten:

Kindergärten Tauschergasse und Dengelstraße, „Mary-Schwarzkopf-Kindergarten" in der Schwarzkopfsiedlung.

Vereine und Brauchtum

Lange bevor das kaiserliche Patent von 1852 und das Vereinsgesetz von 1867 die Bildung von Vereinen – im heutigen Sinn – gestattete, gab es in Reutte vereinsähnliche Gemeinschaften, von denen sich zwei bis auf den heutigen Tag – wenn auch in geänderter Form – erhalten haben. Als älteste Gemeinschaft hat die Schützengilde ihren Ursprung im Landlibell Kaiser Maximilians von 1511. Aus den 1710 erstmals erwähnten Pfarrmusikanten entwickelte sich die Bürgermusikkapelle.

Von 1867 bis zum Ersten Weltkrieg erfolgte die Gründung von 28 Vereinen, von denen sich sieben der Aufgabenstellung nach bis zum heutigen Tag – allerdings mit Unterbrechung durch den Nationalsozialismus – erhielten.[6]

Als äußerst fruchtbare Zeit für das Vereinsleben erwies sich die wirtschaftlich schlechte Zeit von 1918 bis 1938. Diese Entwicklung wurde 1938 abrupt gestoppt, indem zahlreiche Vereine entweder aufgelöst, umgebildet oder in nationalsozialistische Formationen überführt wurden. Dem rechtlichen Bestande nach erloschen dadurch fast alle Vereine. Neugründungen waren mit Zustimmung der Besatzungsmacht ab 1948 wieder möglich. In der Folgezeit entstanden alte Vereine neu; außerdem erfolgten zahlreiche Neugründungen. Derzeit haben über 100 (2004: 107 Vereine) nach dem Vereinsgesetz konstituierte Vereine ihren Sitz in Reutte, die sich in mehrere Gruppen untergliedern lassen.

Eine Hauptgruppe sind die Hilfsorganisationen und karitativen Vereinigungen. Deren älteste, die Freiwillige Feuerwehr, ist seit 1947 kein Verein, sondern Körperschaft des öffentlichen Rechts. Die ehemals Freiwillige Rettungsgesellschaft (gegründet 1927) besteht heute als Rotes Kreuz, ist bezirksweit tätig und von der Mitgliederzahl der größte Verein überhaupt. Weitere Vereine widmen sich der Berg- oder Wasserrettung oder setzen sich soziale Aufgaben (Lions, Rotary usw.).

Kameradschaft und der Verein Europäisches Burgenmuseum einzureihen.

Die nächste große Gruppe umfasst jene Vereine, die sich der Kultur und Bildung annehmen. Im musikalischen Bereich sind hier vor allem die Bürgermusikkapelle Reutte und der Männergesangsverein mit langer Tradition sowie der Museumsverein des Bezirkes Reutte, die Reuttener Heimatbühne und der Galerieverein Reutte mit kürzerer Tradition zu erwähnen. Bildungsinstitutionen sind weiters die Volkshochschule und das Katholische Bildungswerk.

Die Sportvereinigungen werden vom Sportverein Reutte, dem 17 Zweigvereine angeschlossen sind, dominiert. Damit ist der Sportverein Reutte der größte Verein dieser Art außerhalb der Landeshauptstadt.

Eine weitere Gruppe von Vereinen dient der Pflege von verschiedenen Hobbys. Eine andere Gruppe widmet sich entweder der Jugend oder dem Alter. Von den alpinen Vereinigungen ist der „Österreichische Alpenverein – Sektion Reutte" der größte. Verschiedene Vereine widmen sich der Tierhaltung, der Tierzucht und dem Tiersport. Schließlich gibt es noch eine Gruppe von Vereinen zur Wahrung von Interessen, wobei hier Vereine von Gastarbeitern ebenso wie die „Werbe- und Aktionsgemeinschaft Reuttener Kaufleute" vertreten sind.

Das Brauchtum folgt den überregionalen Gegebenheiten und dem kirchlichen Jahreskalender. Es bildeten sich für Reutte kaum typische Besonderheiten heraus bzw. gingen solche früher geübten Bräuche gänzlich verloren.[7] Gab es früher zwei Prozessionen zu Fronleichnam, nämlich die Prozession der Pfarre und die Corpus-Christi-Prozession des Klosters am darauffolgenden Sonntag,

Ruine Ehrenberg

Eine weitere Gruppe stellen Vereine, die sich der Traditions- und Brauchtumspflege widmen, dar. In diese Kategorie sind die Schützengilde und die Schützenkompanie, aber auch die Kaiserjäger-

so verschwand dieser Brauch zugunsten einer gemeinsamen Prozession der Pfarren Breitenwang und Reutte. Die verschiedenen Bittgänge waren mit der Notwendigkeit der Zeiteinteilung in einer Industriegesellschaft nicht mehr zu vereinen.

Dafür sind in jüngerer Zeit zwei neue Bräuche entstanden, nämlich die Faschingsfeier zum „Unsinnigen", dem letzten Donnerstag im Fasching, und das alljährlich am ersten Wochenende im August abgehaltene Marktfest. Im kirchlichen Bereich wurde der einmalige Brauch des legendären vierten Königs in der Weihnachtskrippe im Jahr 2003 neu belebt.

Gesundheit und Soziales

1701 ist ein erster Chirurg für Reutte nachweisbar. 1735 kaufte der Markt ein Haus auf der Kög (heute Kög 22) und baute es zum „Bürgerlichen Krankenhaus" um, das zunächst als Militärspital Verwendung fand. 1758 wurde der ärztliche Gesundheitsdienst zu einer dauernden Einrichtung des Marktes. 1795 konnte dank einer Stiftung das „Pfärrliche Spital und Armenhaus" (heute Seniorenzentrum, Allgäuer Straße 19) eröffnet werden. Bereits 1914 gab es Bestrebungen, dieses Spital zu einem Krankenhaus zu erweitern, wozu es nicht kam. 1926 wurde auf Betreiben der Marktgemeinde das Krankenhaus der Barmherzigen Brüder im Kreckelmoos im Gemeindegebiet von Breitenwang gegründet und 1968 wurde das neue Bezirkskrankenhaus im Gemeindegebiet von Ehenbichl bezogen.

Der erste Apotheker war bereits 1738 ansässig. 1853 ist der erste Tierarzt in Reutte nachweisbar.

Musste man bis vor nicht allzu langer Zeit meist in die Landeshauptstadt fahren, um einen Facharzt zu kontaktieren, so sind nun entweder in Reutte oder im Bezirkskrankenhaus Ärzte vieler Fachrichtungen zu finden.

Das erwähnte Spital wurde 1931 zum Altersheim umgestaltet und in der Folge stetig ausgebaut. Eine große Erweiterung fand 1984 durch einen Neubau statt. In der Folge wurde der alte Trakt saniert und um einen Stock erhöht. 2010 wird eine neuerliche Erweiterung fertiggestellt Das Heim führt heute den Namen „Seniorenzentrum Haus zum guten Hirten."

Wirtschaft und Tourismus

Die Wirtschaft des Marktes war eng mit seiner Zentralörtlichkeit und dem Transit – hier vor allem dem Salz aus Hall – verflochten. Nach dem Bau der Lechbrücke, 1464, stieg Reutte zum Handelsort

Gasthof Schwarzer Adler

auf. Kurz vor 1471 wurde eine Rodstation eingerichtet und 1489 verlieh Erzherzog Sigmund Reutte das Marktrecht. In den Jahren nach dem Dreißigjährigen Krieg erreichte Reutte seine wichtigste Stellung im Salzhandel, als es 1649 zum Hauptniederlagsort bestimmt wurde und dadurch eine zentrale Stellung im Salzhandel einnahm.[8] Je einen Salzstadel gab es im Ober- und im Untermarkt (heute Obermarkt 85, und Untermarkt 31). Mit dem Bau der Straße über den Arlberg kam der Salztransit 1823 völlig zum Erliegen.

Die ersten Ansätze der Industrialisierung finden sich im Jahre 1766 mit der von den Gebrüdern Falger gegründeten Papierfabrik, die 1897 endgültig aufgelassen wurde. Die erwähnten Gebrüder Falger bemühten sich ab 1769 erfolgreich auch um die Errichtung einer Leinwand-Manufaktur, die den im Außerfern angebauten Flachs verarbeitete. 1845 wurde dieser Betrieb um eine Baumwollspinnerei erweitert. 1858 ging dieser Betrieb durch Kauf an Friedrich Carl Hermann als Offene Handelsgesellschaft „K. k. priv. Spinnerei und Weberei F. C. Hermann" über. Dessen Erben veräußerten die Fabrik 1917 an die „Actien-Gesellschaft der Kleinmünchner Baumwollspinnereien und mechanischen Weberei" in Linz. Der Betrieb ging 1948 an die neu gegründete Reuttener Textilwerke AG über, die 1987 in der „Weberei Telfs GmbH" aufging und dann wieder als „Textilwerke Reutte" firmierte, jedoch 2008 endgültig seine Pforten schloss.

Den entscheidenden Anstoß zur weiteren Industrialisierung brachte der Bau des Elektrizitätswerks durch die Marktgemeinde Reutte im Jahr 1901. Der Reuttener Rechtsanwalt und Vizebürgermeister Dr. Hermann Stern bemühte sich um die Ansiedlung von Industrien. 1921 gelang es ihm, Dr. Paul Schwarzkopf für die Gründung des Metallwerks Plansee zu gewinnen, das allerdings dann im Gemeindegebiet von Breitenwang errichtet wurde.

Einen weiteren Aufschwung brachte 1905 die Eröffnung der Bahnlinie nach Pfronten und deren Anschluss 1913 über Garmisch nach Innsbruck.

Bedeutung erlangte vor allem in der Zwischenkriegszeit die Holzindustrie. Ein von der Marktgemeinde 1917/18 erbautes Sägewerk ging 1919 an die Firma Forchheimer und 1928 an Josef Fritz über. Ebenfalls 1918 errichteten die Gebrüder Fuchs aus Stanzach ihr Sägewerk in Reutte.

Nach dem Zweiten Weltkrieg entwickelte sich das Elektrizitätswerk Reutte zum zweitgrößten Arbeitgeber des Bezirks. Das Metallwerk Plansee erweiterte seine Industrieanlagen auch auf das Gemeindegebiet von Reutte. Insgesamt waren die Jahre ab 1955 von einem großen wirtschaftlichen Aufschwung gekennzeichnet. Die sich ab den 1980er Jahren abzeichnende Rezession erzwang die Schließung einiger renommierter heimischer Betriebe. Statt heimischer Betriebe finden sich nun vermehrt Filialen überregional agierender Betriebe und Konzerne. Der nach dem Elektrizitätswerk größte heimische Arbeitgeber, der drittgrößte des Bezirkes, ist die „Storf Hoch- und Tiefbau GmbH" mit rund 250 Mitarbeitern.

Die Gastronomie hing ursächlich eng mit dem Transit und dem Salzhandel zusammen. So ist es kein Zufall, dass sich die Traditionsgasthöfe im Zentrum oder im Bereich der beiden Salzstädel befanden.

Im Bereich des Salzstadels im Obermarkt waren das die „Krone" und der „Schwarze Adler". Die ehemalige „Traube" (Obermarkt 41) verschwand in der Zwischenkriegszeit, während der „Rote Ochse" (Obermarkt 27) im Obermarkt heute als Weinstube fungiert.

Im Untermarkt besteht mit dem „Mohren" lediglich noch ein einziges Traditionsgasthaus. Der „Rote Ochse" (Untermarkt 33), das „Goldene Kreuz" (Untermarkt 20/22) und die „Güldene Rose" (Untermarkt 29) verschwanden noch vor Anbruch des 20. Jhs. Die „Post" (Untermarkt 13), in der schon Goethe abstieg, die „Goldene Glocke" (Untermarkt 9) und die „Goldene Rose" (Untermarkt 16) schlossen im 20. Jh ihre Pforten. Als Traditionsgasthaus blieb im Zentrum lediglich noch der „Goldene Hirschen" bestehen.

Mehrere dieser Traditionsgasthäuser waren mit einer Brauerei verbunden oder besaßen ein radiziertes Gewerbe, landläufig als „Maria-Theresien-Konzession" bezeichnet.

Dem Zug der Zeit folgend entstanden vollkommen andere Gasthaustypen wie italienische, türkische und chinesische Lokale. Vor allem die Lindenstraße entwickelte sich zu einem Zentrum für Nachtlokale.

Der Tourismus setzte – als so genannte „Sommerfrische" – zaghaft in der zweiten Hälfte des 19. Jhs. ein. Vor allem der Plansee wurde zu einem beliebten Ferienziel. Die Gäste kamen in erster Linie aus dem benachbarten Bayern. Der nach dem Ersten Weltkrieg sich langsam entwickelnde Fremdenverkehr erhielt durch die von Hitler-Deutschland verhängte „1000-Mark-Sperre" nicht nur einen empfindlichen Rückschlag, sondern brachte diesen teilweise gänzlich zum Erliegen.

Nach dem Zweiten Weltkrieg setzte zu Beginn der fünfziger Jahre ein langsamer Aufschwung des Fremdenverkehrs ein, bis schließlich eine kaum noch zu bewältigende Schar von Gästen den noch billigen Urlaubsraum überschwemmte, um hernach wieder abzuebben, um einem Qualitätstourismus Platz zu machen.

Landwirtschaft

Nach der endgültigen Aufteilung des Besitzes der Großpfarre Breitenwang im Jahr 1883 verblieben der Marktgemeinde Reutte drei große Almen, nämlich Ammerwald, Dürrenberg und Raaz. Durch die Industrialisierung erlebte die Landwirtschaft von Reutte den größten Rückgang aller Tiroler Gemeinden. Schon zu Beginn des 20. Jhs. wurde diese meist nur noch im Nebenerwerb betrieben. Die Benötigung neuen Siedlungsgrundes bedingte einen weiteren Rückgang, sodass heute Land- und Forstwirtschaft nur noch eine untergeordnete Rolle spielen.

Viehbestand - *letzte Viehzählung*

Rinder	197	Pferde	77
Schafe	223	Ziegen	2
Schweine	5	Hühner	424

Sehenswürdigkeiten

Die einstige Geschlossenheit des Untermarktes wird leider durch Neubauten und Baulücken gestört. Dennoch birgt der Untermarkt zahlreiche Sehenswürdigkeiten. Das Zeillerhaus (Zeillerplatz 2 und 3) hat den schönsten barocken Fassadenschmuck in Reutte; an der hofseitigen Längsseite wurden ältere Fresken freigelegt. Das Grabherr-Haus (Untermarkt 29, Zeillerplatz 1), ehemals die „Güldene Rose", wurde mustergültig renoviert und ist nicht nur wegen seines Fassadenschmuckes sehenswert. Der diesem Haus angebaute Wohnturm ist ziemlich sicher das älteste Bauwerk in Reutte. Das benachbarte „Grüne Haus" (Untermarkt 25) birgt das sehenswerte Museum; der barocke Fassadenschmuck stammt von Johann Jakob Zeiller. Die nunmehrige „Alte Post" (Untermarkt 15) ziert ein neueres Giebelfresko aus dem Jahr 1928, die Ausfahrt der Postkutsche darstellend. Moderne Fassadenkunst ziert die ehemalige „Glocke" (Untermarkt 9).
Auf der anderen Straßenseite steht das so genannte „Tauscherhaus" (Untermarkt 24) mit reicher Fassadenmalerei. Die ehemalige „Goldene Rose" (Untermarkt 16) ist wegen ihrer barocken

Fassade und des barocken Türmchens sehenswert.
Im Zentrum ist das niedrige Marktgemeindeamt (Obermarkt 1), ehemals Kornhaus, schon längst zu einem Wahrzeichen geworden. An seiner südlichen Ecke steht das einzige Denkmal aus der Zeit des Ersten Weltkriegs, die Wehrmann-Wappensäule, auch Nagelsäule genannt, die von drei schildhaltenden Kriegern, die die Wappen der Verbündeten (Österreich-Ungarn, Deutschland, Bulgarien, Türkei) zeigen, gekrönt wird.
Das dahinter liegende Haus, der ehemalige Ansitz Strahlenburg, meist „Dengelhaus" genannt, zeigt neben dem klassizistischen Fassadenschmuck bedeutende Werke der Schmiedekunst in Form der Fensterkörbe und der Wasserspeier.
Das Haus der Bezirkshauptmannschaft (Obermarkt 7) sticht wegen des geschwungenen Scheingiebels hervor. Im zweiten Stockwerk sieht man das Denkmal für Papst Pius VI., der vom Balkon dieses Hauses aus 1782 dem Volk den Segen spendete. Das gegenüberliegende Bezirksgericht (Obermarkt 2) war der ehemalige Ansitz Ehrenheim des Pflegers von Ehrenberg.
Die schmucklose Pfarr- und Klosterkirche bietet doch einige Kostbarkeiten, insbesondere die spätgotische Madonna Anna Selbdritt von Jörg Lederer aus dem Jahr 1510.
Mit der Einmündung der Schulstraße enden die behäbigen Bürgerhäuser mit ihren Krüppelwalmdächern, ehemals Ansitz der Patrizier und der gehobenen Bürgerschicht. Den weiteren Verlauf des Obermarktes gegen Süden kennzeichnen die einfacheren und niedereren Häuser des einstigen Handwerkerviertels. Erst am Ende des Straßenzuges, im Bereich des oberen Salzstadels, treten wieder mit dem „Schwarzen Adler", und dem „Waisenhaus" große Bürgerhäuser hervor. Das Giebelfresko am „Schwarzen Adler" zeigt die Auferstehung Christi. In der benachbarten „Krone" stellt ein Fresko über dem Eingang die Ausfahrt Kaiser Josefs II. im Jahr 1777 dar.
Die Floriankapelle im Ortsteil Kög ist das bedeutendste Rokokobauwerk. Die Rochuskapelle in der Planseestraße ist eines der ältesten Bauwerke (1526) und

beherbergt das sehenswerte Krieger-denkmal.

Bei einem kunstgeschichtlichen Rund-gang sollte man keinesfalls auf die Besich-tigung der Südtiroler Siedlung verzichten. Die dortigen Fresken führen in eine ganz andere Zeit und sind mit der damaligen „Blut- und Boden-Romantik" ein bemer-kenswertes Zeitzeugnis dieser Epoche. Den Höhepunkt jeder kultur- und kunst-geschichtlichen Betrachtung bietet ein Besuch des Festungsensembles von Ehrenberg, bestehend aus Burg Ehren-berg, Ehrenberger Klause, Fort Claudia und Festung am Schlosskopf.

Gewässer und Gebirge

Reutte hat einen Anteil am Plansee. Gänzlich innerhalb der Gemeindegren-zen liegt der Urisee. Als größtem Fluss hat Reutte einen Anteil am Lech. Der größte Fluss innerhalb des Gemeindegebietes ist der Rotlech. Die höchste Erhebung ist die an der Grenze zur Gemeinde Namlos lie-gende Knittelkarspitze (2378 m). Die höchste Erhebung innerhalb der Gemeindegrenze sind die Geierköpfe (2163 m).

Ereignisse und Katastrophen

Der Bauernaufstand von 1525 konnte dank des Eingreifens des Landesfürsten von Reutte ferngehalten werden. Anders war es beim Einfall der Schmalkalden im Jahr 1546, wobei Reutte jedoch ziemli-che Schonung erfuhr. Dies änderte sich, als im Rahmen der Fürstenverschwörung, 1552, Kurfürst Moritz von Sachsen einfiel, dessen Truppen beim Rückzug auch Reutte stark in Mitleidenschaft zogen. Am 29. und 30. Juli 1632 brandschatzten, plünderten und verwüsteten die schwe-dischen Truppen Reutte.

In der Folge blieb Reutte von unmittelba-ren Kriegseinwirkungen bis 1945 ver-schont. Lediglich die Hungerkrawalle von 1847 und 1848 trübten das friedliche Bild. Der Erste Weltkrieg hatte keine unmittel-baren kriegerischen Auswirkungen auf Reutte. Am 22. Februar 1945 wurde Reutte von vier amerikanischen Flugzeu-gen angegriffen. Die Bomben verfehlten ihr Ziel, den Bahnhof von Reutte, und kosteten neben großen Zerstörungen und Sachschäden auch acht Menschen das Leben.

Neben diesen Kriegsereignissen war Reutte mehrmals Opfer von Feuersbrüns-ten. Außer der schon erwähnten Brandschatzung im Jahr 1632 kam es am 22. Mai 1703 zu einer Feuerkatastrophe ungeahnten Ausmaßes. Der Brand wurde allem Anschein von den Bayern im Zuge des Spanischen Erbfolgekrieges gelegt. 52 Häuser sowie Kirche und Kloster, die Städel nicht eingerechnet, wurden ein Raub der Flammen. 64 Familien wurden obdachlos und zwei Menschenleben gingen verloren.

Ein Großbrand am 12. März 1704 – wieder durch Brandstiftung ausgelöst – vernich-tete acht Häuser mit ihren Städeln, wobei auch viel Vieh verbrannte. Ein am 22. März 1724 entstandener Brand ver-schlang vier Häuser und zwei Städel. Eine weitere große Feuerkatastrophe ereigne-te sich abermals durch Brandstiftung am 16. August 1846. Ihr fielen abermals Kir-che und Kloster sowie sieben Häuser und zwei Stallungen und Städel zum Opfer. Der letzte Großbrand, dessen Ursachen nicht zu eruieren waren, ereignete sich am 30. Juli 1853. Das Feuer vernichtete im Obermarkt sieben Häuser samt den dazugehörigen Stallungen und Städeln.

Plansee

Persönlichkeiten

a) Künstler

Paul Zeiller (1658 – 1738):
Tafelbildmaler

Johann Jakob Zeiller (1708 – 1783):
Kaiserlicher Hofmaler

Franz Anton Zeiller (1716 – 1794):
Bischöflicher Hofmaler

Balthasar Riepp (1703 –1764): Barockmaler

Franz Anton Leitenstorffer (1721 – 1795):
Hofmaler des Kurfürsten in Mannheim

Johann Christoph Haas (1753 – 1829):
Schüler des Franz Anton Zeiller

Thomas Dialer (1766 – 1814):
Kunstmaler

P. Magnus Knipfelberger OSB (1747 – 1825):
Oberammergauer Passionsspieltext
Johann Georg Hess (1685 – 1742):
Baumeister
Fritz Engel (1904 – 2004):
Gründer der Engel-Familie

b) Wissenschaftler und Erfinder
Anton Maria Schyrle (1604 – 1660):
Kapuzinerpater, Erfinder und Astronom
Johann Anton Pfaundler (1757 – 1822):
Wissenschaftler, Kunstsammler
Franz Anton Jäger (1771 – 1818):
Arzt und Gelehrter
DDr. Franz Schardinger (1853 – 1917):
Bakteriologe
Dr. Ignaz Philipp Dengel (1872 – 1947):
Universitätsprofessor und Historiker
Dr. Otto Lutterotti (1906 – 1991):
Universitätsprofessor
Dr. Walter Bitterlich (1909 – 2009):
Erfinder der Winkelzählprobe
Dr. Rudolf Palme (1942 – 2002):
Universitätsprofessor

c) Geistliche
Dionys Graf von Rost (1716 – 1793):
Fürstbischof von Chur
Tharsitius Senner (1895 – 1985):
Bischof von Cochabamba in Bolivien
Anton Friedl (1685 – 1769):
Missionar in Chile
Christian Dengel (1818 – 1892):
Missionar in Australien
Abraham Hafner (1746 – 1789):
Missionar im Heiligen Land
Gerhard Keller (1838 – 1984):
Missionar im Sudan und in Oberägypten
Roman Köpfle (1642 – 1704):
Reichsabt der Benediktinerabtei Irsee
Ämilian Hafner (1739 – 1823):
Abt des Benediktinerklosters St. Magnus in Füssen
Alfons Hafner (1742 – 1806):
Abt des Benediktinerklosters Ettal
Hildegardis Hafner (1759 – 1840):
Äbtissin des Zisterzienserinnenklosters Maria Hof in Württemberg
Ämilian Hafner (1756 – 1847):
Generalvikar des Bistums St. Gallen
Maria Josefa Hauser (1806 - 1878): Äbtissin in Brixen
P. Jakob Gapp (1897 – 1943):
Religionslehrer, von den Nazis hingerichtet

d) Unternehmer
Friedrich Carl Hermann (1818 - 1872)
Heinrich Schoener (1854 - 1943)
Georg Schretter (1861 - 1924)
Dr. Hermann Stern (1878 - 1952)
Dr. Robert Thyll (1897 - 1971)

Sagen
Das Wappen von Reutte
Die Sintwagstämpe bei Reutte
Die drei saligen Fräulein am Hoarigen Stein bei Reutte
Die drei Schlossfräulein auf Ehrenberg
Der Teufel als Maskenführer in Reutte
Der Drache im Urisee bei Reutte

Weiterführende Literatur
Dengel Ignaz Philipp: Beiträge zur ältesten Geschichte von Reutte. Reutte: Verein für Heimatkunde und Heimatschutz 1924.
Reutte. 500 Jahre Markt 1489-1989. Marktgemeinde Reutte 1989. Autoren: Franz Bauer, Wilfried Keller, Walter Leitner, Richard Lipp, Rudolf Palme, Waltraud Palme-Comploy.
Lipp Richard: Reutte von 1918 bis 1938. Wirtschaft, Gesellschaft und Politik. Phil. Diss. 2004 Universität Innsbruck.
Singer Siegfried: Mein Reutte, Reutte: Ehrenberg-Verlag 2004.
Zahlreiche Vereinsfestschriften.

[1] *Maria Fesl, Hans Bobek, Zentrale Orte Österreichs II. Ergänzungen zur Unteren Stufe; Neuerhebung aller zentralen Orte Österreichs 1980/81 und deren Dynamik in den letzten zwei Dezennien (= Österreichische Akademie der Wissenschaften, Kommission für Raumforschung, Beiträge zur Regionalforschung, Band 4). Wien: Verlag der Österreichischen Akademie der Wissenschaften, 1983.*

[2] *Statistisches Jahrbuch Österreichischer Städte 1996. Bearbeitet vom Österreichischen Statistischen Zentralamt. Herausgegeben vom Österreichischen Städtebund, Wien 1997.*

[3] *Eine Auflistung von Flurnamen mit Karte befindet sich im Buch „Reutte – 500 Jahre Markt 1489-1989" S. 195.*

[4] *Vgl. zu diesem Beitrag: Lipp, Richard: Kirchengeschichte. In: Reutte. 500 Jahre Markt 1489-1989, Reutte 1989, S. 197-294.*

[5] *Dieser Beitrag folgte im Wesentlichen den Ausführungen bei: Bauer, Franz: Schule und Bildung. In: Reutte. 500 Jahre Markt 1489-1989, Reutte, 1989. S. 163-169 und Gemeindespiegel S. 431-434.. Die Aktualisierung erfolgte auf Grund der Angaben der jeweiligen Schulleitungen.*

[6] *1867 Brandwehrverein (Feuerwehr), 1893 Männergesangsverein, 1896 Turnverein, 1901 Bienenzüchterverein, 1898 Veteranenverein (Schützenkompanie), 1906 Alpenverein, 1909 Wintersportverein.*

[7] *Verschwundene Bräuche sind u. a. dokumentiert in: Singer Siegfried: Mein Reutte. Reutte: Ehrenberg-Verlag 2004.*

[8] *Strolz Bernhard: Die Salzstraße nach Westen. Innsbruck: Tyrolia 2004. S. 93.*

Schattwald

Albert Huter

Lage

Schattwald ist ein Haufendorf mit straßendorfartigen Weilern (Kappl, Wies, Fricken, Steig, Vilsrain, Rehbach). Es liegt ca. 30 km nordwestlich von Reutte.

Wappen

Verleihung des Wappens am 16. Oktober 1990.

In silbernem Schild drei in schräglinker Balkenform angeordnete Reihen von Nadelbäumen, die grün-schwarz gespalten sind.

Farben der Gemeindefahne
Weiß-Grün.

Als sprechendes Wappen versinnbildlicht es den Namen der Gemeinde.

GEMEINDEAMT

6677 Schattwald
Nr. 41
Tel.: 05675/6695, Fax: 05675/6695-4
e-mail:
gemeinde@schattwald.tirol.gv.at

Gemeindestatistik

Fläche in ha:	1615.8
Kleinregion:	Tannheimer Tal
Einwohner 31.12.2009:	417
Mittlere Wohnhöhe:	1080 Meter

Schattwald um 1900

Flächennutzung

Wert in ha, Anteil an jeweiliger Gesamtfläche in %

Flächenanteile 2001	Gemeinde	Gem.	Bez.	Land
Dauersiedlungsraum	456.4	28.2	9.9	12.2
Alpen	191.2	11.8	25.0	27.0
Wald	923.0	57.1	43.0	36.6
Gewässer	20.8	1.3	1.8	0.9
Verkehrsflächen	16.8	1.0	0.7	1.0
Sonstige Flächen	41.6	2.6	20.9	24.3

Bevölkerungsentwicklung

Jahr	1869	1900	1934	1951	1971	1991	2001
Einwohnerzahl	339	266	249	314	345	403	413

Häufige Familiennamen

Fiegenschuh, Hörbst, Müller, Rief,
Tannheimer, Zobl.

Geschichte

Bis zum Jahre 1835 gehörte Schattwald zur
Großgemeinde Tannheim, gerichtlich seit
dem Jahre 1432 zum Gericht Ehrenberg. Bis
ins 18. Jh. waren die Alpnutzungsrechte
und der Grenzverlauf gegen Hindelang
und Unterjoch sehr umstritten. Die Bildung
der heutigen politischen Gemeinde Schattwald erfolgte 1834.
Bekannt wurde Schattwald durch sein
Mineral- und Schwefelheilbad, das bereits
im 17. Jh. bestand und bis 1736 im Privatbesitz der Familie Zobl war. Von 1736 bis
1815 war es in Gemeindebesitz. Im Jahre
1815 ersetzte Franz Xaver Ammann das ver-
altete Bad durch einen Neubau. Wie aus
Überlieferungen bekannt ist, half das salz-
haltige Eisenschwefelwasser bei Gicht,
Rheuma, Geschwüren, Lähmungen, nach
Schlaganfällen und bei Hautausschlägen.
War das Bad noch bei Ausbruch des Ersten
Weltkriegs voll in Betrieb, musste es Ende
der zwanziger Jahre wegen mangelnden
Zuspruchs stillgelegt werden. Von den ehemaligen Badeanlagen ist heute nichts
mehr zu sehen.

Kirche - Seelsorge

Schattwald wurde seit 1506 durch den
Priester von Nesselwängle betreut. Im Jahre
1699 wurde Schattwald zur Kaplanei mit
eigenem Pfarrer erhoben, seit 1787 ist die
Gemeinde Expositur und seit 1949 selbstständige Pfarre, ab 2007 gehört sie dem
neu geschaffenen „Seelsorgeraum Tannheimer Tal und Jungholz" an.
Um 1500 wird erstmals eine Kapelle „auf der
Wies" genannt, welche im 17. Jh. vergrößert
wurde. 1863 wurde diese renoviert und 1864
geweiht.
Die heutige Kirche wurde 1893 erbaut. Als
sie 1932 renoviert wurde, übermalte Ludwig
Sturm die Deckenbilder. Im Zuge der
Innenrenovierung 1983 wurden die ursprünglichen Deckengemälde aus der Zeit
vor 1932 wieder freigelegt. Im Jahre 1985
wurde der neue Volksaltar eingeweiht.
1921 wurde eine Kriegergedächtniskapelle
auf dem Friedhof erbaut, welche eine Pietà
von Josef Bachlechner zeigt. Im Inneren der
Pfarrkirche zum hl. Wolfgang erblickt man

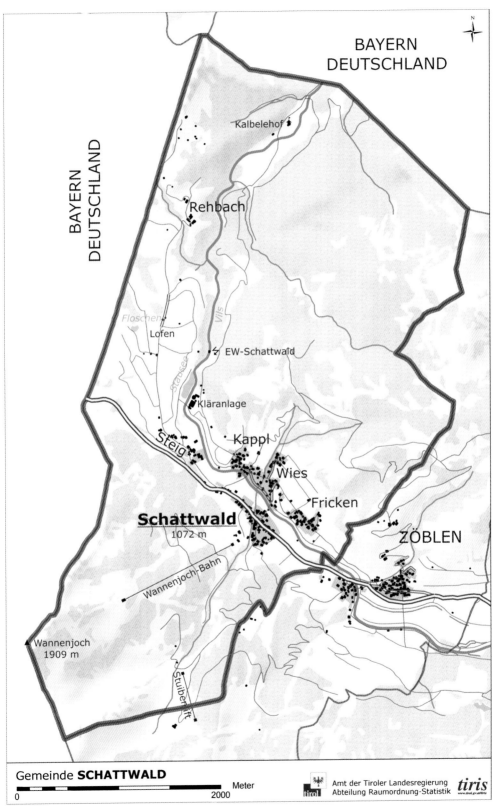

BAYERN
DEUTSCHLAND

BAYERN
DEUTSCHLAND

Kalbelehof

Rehbach

Floschen
Lofen

Vils

EW-Schattwald

Kläranlage

Staussee

Kappl

Steig

Wies

Fricken

Schattwald
1072 m

ZÖBLEN

Wannenjoch-Bahn

Wannenjoch
1909 m

Stuibenlift

Gemeinde **SCHATTWALD**

Meter

0   2000

Amt der Tiroler Landesregierung
Abteilung Raumordnung-Statistik

tirol

tiris
www.tirol.gv.at/tiris

eine besondere Sehenswürdigkeit: einen Totentanz von Anton Falger, Elbigenalp.

In Vilsrain steht eine **Kreuzigungskapelle**, die Figuren Wendelin und Isidor stammen aus der Mitte des 18. Jhs.

Die **Kreuzkapelle** in Rehbach wurde 1883 errichtet. Sie soll den Wallfahrern mit Migräneleiden Linderung bringen.

Aus Schattwald stammen vier Priester, zwei Ordensbrüder und zwölf Ordensfrauen.

Schule

Im Jahre 1780 wurde das alte Schulhaus erbaut. 1872 wurde eine Mädchenschule im Klösterle errichtet. Eine alte Frau hat das Haus durch ihr Vermögen bauen lassen und es den Barmherzigen Schwestern in Zams geschenkt unter der Bedingung, dass die Schwestern den Unterricht für die Mädchen übernehmen. Bis zum Jahre 1924 wurden daher Knaben und Mädchen getrennt unterrichtet. In diesem Jahr wurde die private Mädchenschule aufgelöst und wieder die einklassige Volksschule für Knaben und Mädchen errichtet, da wenige Kinder im Ort waren. Im Jahre 1958 wurde das neue Schulhaus errichtet, welches im Jahre 2002 renoviert wurde.

Vereine

Musikkapelle, Feuerwehr, Landjugend, Theatergruppe, Schützengilde, Kirchenchor, Schnupfclub, Rotes Kreuz Tannheimer Tal, Veteranenverein (1904), Braunviehzuchtverein, Bergwacht.

Wirtschaft und Tourismus

Etliche Bewohner Schattwalds lebten früher vom Salztransport (Hall – Bodensee) wie z. B. Vorspann, Fuhrmänner, Wagner, Schmiede, Dosenerzeuger (aus Papier-maché für Tabak), Drechsler, Maurer, Zimmerer u. a. m. 1824, nachdem der Salztransport und -handel aufgehört hatten, wurde der Flachsanbau auch in Schattwald intensiv betrieben.

Seit dem 17. Jh. ist Schattwald durch sein Mineral- und Schwefelbad bekannt geworden. Seit dem 1. Weltkrieg ist es wegen mangelnden Zuspruchs stillgelegt.

Seit 1920 betreibt Schattwald sein eigenes Elektrizitätswerk, welches das ganze Tal mit Strom versorgt. In den Jahren 1963 bis 1965 wurde das Jahresspeicherwerk Traualpsee erbaut.

Der Wannenjochlift und der Stuibenlift erschließen ein ideales Skigebiet.

Sieben Gastbetriebe im Sommer und zwei zusätzliche im Winter versorgen die Gäste in Schattwald. Es sind insgesamt 620 Gästebetten vorhanden.

Landwirtschaft

Von 1958 bis 2004 wurden in Schattwald 38 Stalltüren wahrscheinlich für immer geschlossen. Derzeit gibt es in der Gemeinde 22 Bauern.

Viehbestand - *letzte Viehzählung*

Rinder	367	Pferde	9
Schafe	48	Ziegen	4
Schweine	11	Hühner	47

Persönlichkeiten

Bischof Dr. Nepomuk Zobl (1822 – 1907): Prof. in Brixen, Weihbischof und Generalvikar für Vorarlberg

Ambros Zobel (1816 – 1893): Volksprediger im deutschen Sprachraum, Redemptorist

Konrad Fink (1874 – 1951): Gastwirt und Sprecher auf der Käsebörse in Kempten.

Norbert Rief (geb.1968): *persönliche Einladung durch Obama zur Präsidentenangelobung (USA) 18. 11. 2008*

Ehrenbürger:

Ing. Johann Koller (1914 – 1970)
Albert Huter sen. (1902 – 1970)
Johann Durst (1920 – 1980)
Fridolin Tannheimer (1898 – 1985)

Sagen der Gemeinde

Der Alpgeist von Schattwald
Der Wildschütz Gretler
Der Kapellengeist in Wies

Weiterführende Literatur

Kirchenchronik Schattwald
Schulchronik Schattwald
Alfons Kleiner: Das Tannheimer Tal
Kath. Pfarren des Tannheimer Tales: Die Kirchen und Kapellen des Tannheimer Tales
Monika Bilgeri: Die Sagen des Tannheimer Tales
Thomas Hofer, Nobert Rief: Obama, der schwarze Visionär - Zeitenwende für die Weltpolitik, Molden Verlag, 2008

Stanzach

Christoph Bader, Albert Köck, Kurt Wurm

Lage

Das Dorf Stanzach liegt auf 940 m Seehöhe im Eingangsbereich des Namloser Tales. Es ist umgeben und geschützt von den beiden Hausbergen, der Pleisspitze im Osten und der Mittagsspitze im Süden.

Wappen

Verleihung des Wappens am 11. Februar 1975.

In Rot ein rechtsgewendeter goldener halber Löwe, mit der unteren Pranke einen schwarzen Grenzstein mit goldener Spitze haltend.

Farben der Gemeindefahne

Gelb-Rot.

Der staufische Löwe erinnert an den einstigen Hausbesitz der Hohenstaufen im Raum Stanzach, der Grenzstein versinnbildlicht die im ausgehenden 13. Jahrhundert als „Stanzahe" bezeichnete Grenze.

GEMEINDEAMT

6642 Stanzach,
Nr. 6
Tel.: 05632/282-30, Fax: 05632/282-31
e-mail:
gemeinde@stanzach.tirol.gv.at

Gemeindestatistik

Fläche in ha:	3185.2
Kleinregion:	Oberes Lechtal
Einwohner 31.12.2009:	411
Mittlere Wohnhöhe:	939 Meter

Stanzach um 1890

Flächennutzung

Wert in ha, Anteil an jeweiliger Gesamtfläche in %

Flächenanteile 2001	Gemeinde	Gem.	Bez.	Land
Dauersiedlungsraum	182.3	5.7	9.9	12.2
Alpen	1495.5	46.9	25.0	27.0
Wald	1170.1	36.7	43.0	36.6
Gewässer	51.4	1.6	1.8	0.9
Verkehrsflächen	17.7	0.6	0.7	1.0
Sonstige Flächen	305.8	9.6	20.9	24.3

Bevölkerungsentwicklung

Jahr	1869	1880	1890	1900	1910	1923	1934
Einwohnerzahl	211	198	212	203	240	236	259
Jahr	1939	1951	1961	1971	1981	1991	2001
Einwohnerzahl	243	291	316	346	379	408	423

Häufige Familiennamen

Falger, Friedle, Gapp, Kärle, Lechleitner, Winkler.

Geschichte

„In nomine Domini, Amen" – im Namen des Herrn, Amen – beginnt die Urkunde vom 30. Dezember 1294, in der Stanzach erstmals erwähnt wird.

Der erste Grundherr von Stanzach, der Ritter Konrad Wizener besaß die Au Breitforchach am rechten Lechufer von der Mündung des Rotlech bis nach Stanzach als Lehen vom deutschen Reich. 1294 verkaufte er seinen Besitz im Lechtal dem Kloster St. Magnus in Füssen. In der Au Breitforchach bestand nur die Siedlung Forchach, welche bis zum Grenzpunkt „Stanzahe" reichte.

Die eigentliche Gemeindebildung vollzog sich erst im 19. Jh. nach Beendigung der bayerischen Herrschaft. 1819 wurde das erste Gemeindegesetz erlassen. Stanzach und die Nachbardörfer wurden selbstständige Gemeinden.

Das Stanzacher Almdorf Fallerschein in 1283 m Seehöhe war ursprünglich Namloser Besitz und wurde von Imst aus besiedelt. Um 1600 blieb nur mehr ein einziger Besitzer auch den Winter über in Fallerschein. Die Abwanderung erfolgte offenbar hinab nach Stanzach. Fallerschein wurde zur Sommersiedlung der Stanzacher.

Kirche - Seelsorge

Stanzach gehörte zur Großpfarre Elbigenalp und wurde von dieser 1515 der Kaplanei Elmen zugeteilt, bis auch 1685 die Gemeinde einen eigenen Kaplan erhielt.

Seit der Mitte des 17. Jhs. bestand hier eine Michaelskapelle, welche 1667 die Messlizenz erhielt. 1774 brannte die damalige Kaplaneikirche mitsamt sieben

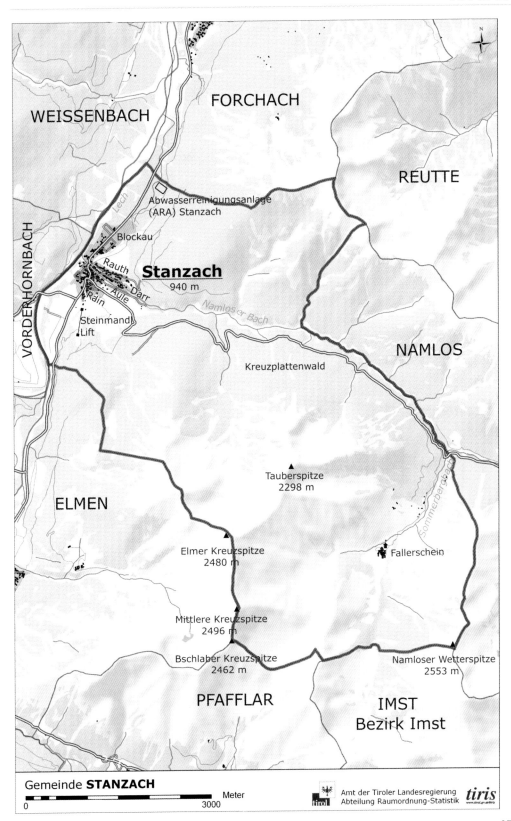

Bauernhäusern ab. In den Jahren 1775 bis 1780 wurde das Gotteshaus neu aufgebaut. Sehenswert ist das zur Osterzeit aufgestellte Heilige Grab aus der Zeit des Jugendstils, das von der üblichen Kulissenmalerei abweicht. Die Darstellungen bestehen aus Tausenden von bunten Glassteinchen, die auf schwarzem Karton mosaikartig aufgenäht sind. Eindrucksvoll wird im Hochaltarblatt der **hl. Michael als Kirchenpatron** dargestellt, welchen der berühmte Johann Jakob Zeiller aus Reutte 1777 malte. Eine Gedenktafel am Kircheneingang erinnert an den Priester Josef Kärle, der 1836 Universitätsprofessor in Wien wurde und die syrische, arabische und chaldäische Sprache lehrte. Aus dem Jahr 1844 stammt die Kapelle „**Maria zum Guten Rat**" in der Feriensiedlung Fallerschein.

Heiliges Grab

Schule

Die Anfänge eines Schulunterrichts gehen in das 18. Jh. zurück. Das älteste Schulhaus, ein einfacher Holzbau, wurde im Jahre 1808 errichtet. 100 Jahre später wurde die alte Schule abgebrochen und an ihrer Stelle eine neue mit der Bezeichnung „Kaiser Franz Josef-Schule" erbaut. In ihr wurde in den nächsten 70 Jahren die Stanzacher Schuljugend unterrichtet.

In zweijähriger Bauzeit entstand ein Mehrzweckhaus für Volksschule, Kindergarten, Gemeindeamt, Bank, Postamt und Vereinsräumlichkeiten, das 1979 eingeweiht wurde.

Die beengten Raumverhältnisse erforderten schon einige Jahre später einen Neubau. Von 1991 bis 1993 wurde ein Mehrzweckgebäude ins Dorfzentrum gesetzt, das allen Erfordernissen moderner Architektur entspricht, ruhig und stilgerecht wirkt.

Es beherbergt neben der Schule und dem Kindergarten auch ein Probelokal für die Musikkapelle sowie einen Turnsaal, der auch als Veranstaltungssaal mit Bühne verwendet werden kann.

Die Volksschule Stanzach wird je nach Schülerzahlen ein- oder zweiklassig geführt.

Vereine

Neben den Hilfsorganisationen wie Bergrettung und Feuerwehr gibt es eine Erwachsenenschule, den Braunviehzuchtverband, einen Fußballclub, die Landjugend, weiters den Katholischen Familienverband, den Kirchenchor, die Musikkapelle, die Schützengilde, den Sportverein und den Tennisclub, Tischfußballclub Tirol.

Wirtschaft und Tourismus

Schon aus dem Maria-Theresianischen Kataster von 1770 sind Gewerbe- und Handwerksbetriebe in Stanzach nachweisbar. Besonders erwähnenswert ist, dass es in Stanzach eine Orgelbauerfamilie gab. 1927 wurde in Stanzach die erste „Landkorb- und Möbelflechtschule" gegründet. Auch die berühmten „Lechtaler Teppiche" wurden in einer eigenen Weberei bis 1998 hergestellt.

Folgende Gewerbebetriebe sind aber heute noch in Stanzach angesiedelt:

Eine Kläranlage für das ganze Lechtal, drei Gastbetriebe, eine Metzgerei, eine Bäckerei, ein Lebensmittel- und ein Sportgeschäft, zwei Tischlereien, eine Kunstschmiede, eine Tankstelle, eine Filiale der kdg-Gruppe, das Hauptbüro einer belgischen Jugendreiseorganisation, eine Heiztechnik- und eine Installationsfirma, eine Transportfirma, eine Skischule und ein Sägewerk, Lechtaler Schuhhaus, Pflasterfirma, Schlosserei, Firma Cooltech, Geschenkartikelgeschäft, Postpartner.

Für sportliche Betätigungen stehen Tennisplätze, Beach-Volleyballplatz, eine Freizeitsportanlage, ein Eislaufplatz, zwei Skilifte und eine Schießanlage zur Verfügung.

Eine weitere Sehenswürdigkeit bietet das im Juli 2002 eröffnete Rotfuchs-Erlebniszimmer im Dachgeschoß der Volksschule.

Viehbestand - *letzte Viehzählung*

Rinder	62	Pferde	13
Schafe	16	Ziegen	3
Schweine	0	Hühner	45

Persönlichkeiten

Wilhelm Johann Nepomuk Lechleitner (1778 – 1827): Kirchenmusiker und Komponist im Stift Neustift bei Brixen.

Dr. Josef Kärle (1802 - 1860): 1832 Lehrer für altes Bibelstudium und orientalische Sprachen in Brixen und ab 1836 Professor an der Universität Wien; hinterließ ausgezeichnete Lehrbücher und zahlreiche wissenschaftliche Werke.

Robert Lechleitner (1840 - 1920): 1868 baute er nach Vorlagen ein Fahrrad, mit dem er unter großer Bewunderung nach Reutte fuhr. Erfinder und Bastler; baute verschiedene Musikinstrumente, darunter ein Pansymphonium sowie mehrere gewerbliche Maschinen. Übte 16 verschiedene technische Berufe aus.

Josef Schreieck (1867 - 1930): Orgelbauer, erlernte erst im Alter von 24 Jahren das Orgelbauhandwerk in Stuttgart, Bonn, Westfalen, Graz und St. Florian bei Linz, baute etwa 20 neue Kirchenorgeln in Österreich und Südtirol. Zur bekannten Stanzacher Orgelbauerfamilie gehörten auch **Franz** und **Alfred Schreieck,** welche über die Grenzen hinaus bekannt wurden.

Dipl. Ing. Hermann Saurer (1906 – 1993): Forscher, bei Großunternehmen in Berlin, Frankfurt, Genf, Rom u. a. Städten mit Forschung und Entwicklung betraut, ab 1954 wieder bei der Firma Schwarzkopf in Berlin, wo er Generaldirektor wurde (rd. 5.000 Mitarbeiter).

Erhard Saurer: Schrieb gemeinsam mit **Wolfgang Scheiber** 1947 den ersten utopischen Nachkriegsroman in Österreich mit dem Titel „ Im All verschollen".

Hofrat Dr. Paul Lechleitner (1920 – 1991): Gründete den Verein KIT (Tiroler Initiative zur Heilung der Drogensucht).

Frieda Besler (1915 – 1993): Operationsschwester in Brasilien, Arzthelferin, Leiterin des Betriebes Conzessionaria General–Motors, Eröffnung einer Privatschule für portugiesische Kurzschrift, Berufung als Kurzschriftlehrerin.

Alois Maldoner (1899 – 1982): Heimatchronist in Stanzach

Albert Winkler (1881 – 1951): Vom Bettelstudenten zum Bezirksschulinspektor für den Bezirk Kitzbühel (ab 1920)

Heinrich Lechleitner (1876 – 1960): 1922 zum Bezirksschulinspektor für den Bezirk Reutte bestellt.

Fallerschein

Sagen

Das Hexenknable
Der Wildbanner
Der Geist am Nehren
Der Pater ohne Kopf
Das wilde Männle

Literatur

Richard Lipp, 700 Jahre Stanzach, 1294 – 1994, Eigenverlag der Gemeinde, 1994.

Steg

Robert Heiß, Burkhard Moosbrugger

Lage

Steeg mit seinen Ortschaften Steeg, Dickenau, Ebene, Grube, Hinterellenbogen, Welzau, Prenten, Hägerau und Walchen ist ein typisches Straßendorf auf ca. 1120 m. Die Weiler Lechleiten und Gehren liegen auf ca. 1500 m nahe der Vorarlberger Grenze.

Das letzte Tiroler Dorf im Lechtal vor dem Arlberg ist, wie sein Name andeutet, aus einem Brückendorf entstanden.

Bezaubernd liegen die Weiler Lechleiten (1540 m) und Gehren (1500 m) an den Hängen der Allgäuer Alpen an der Grenze zum Lechtal und zum Bregenzer Wald. Über den Häusern von Lechleiten thront majestätisch der Biberkopf (2599 m). Lechleiten und Gehren werden zusammen von 70 Einwohnern bewohnt.

Wappen

Verleihung des Wappens am 3. April 1973.

In Grün ein silberner Wellenpfahl mit einer schwarzen Bogenbrücke überlegt.

Farben der Gemeindefahne

Weiß-Grün.

Das Wappen weist auf den schon 1434 urkundlich genannten „Kaiserstög" hin. Ihm verdankt die Gemeinde ihren Namen.

GEMEINDEAMT

6655 Steeg
Tel.: 05633/5612, Fax: 05633/5612-4
e-mail: gemeinde@steeg.tirol.gv.at

Gemeindestatistik

Fläche in ha:	6798.7
Kleinregion:	Oberes Lechtal
Einwohner 31.12.2009:	724
Mittlere Wohnhöhe:	1122 Meter

Steeg um 1930

Flächennutzung

Wert in ha, Anteil an jeweiliger Gesamtfläche in %

Flächenanteile 2001	Gemeinde	Gem.	Bez.	Land
Dauersiedlungsraum	473.1	7.0	9.9	12.2
Alpen	3115.2	45.8	25.0	27.0
Wald	1553.4	22.8	43.0	36.6
Gewässer	44.2	0.7	1.8	0.9
Verkehrsflächen	37.8	0.6	0.7	1.0
Sonstige Flächen	1654.0	24.3	20.9	24.3

Bevölkerungsentwicklung

Jahr	1961	1971	1981	1991	2001
Einwohnerzahl	595	639	660	669	709

Häufige Familiennamen

Drexel, Hauser, Moosbrugger, Walch.

Hägerau

Geschichte

In Urkunden von 1427,1434, 1473 heißt es „vom Steeg". 1613 wird in einer Lehensurkunde der „Kaiserstög" über den Lech genannt. Besiedelt wurde Steeg vermutlich vom Lechtal herauf und über das Joch vom Stanzertal her. Um 1315 werden im Urbar des Stiftes Stams Güter in „Heugernauwe" (Hägerau) genannt. Im frühen Mittelalter waren Teile des heutigen Gemeindegebietes als Alpe des Stiftes Weingarten in Verwendung. Steuerlich war Steeg seit 1266 dem Gericht Imst, später dem Gericht Ehrenberg zugeteilt und war ursprünglich ein Teil der Anwaltschaft im Oberlechtal. Später hieß dieser Teil zusammen mit Holzgau „das obere Drittel", 1822 bildete Steeg ein eigenes „Drittel", dem die politische Gemeinde zugrunde gelegt wurde.

Um 1300 begann die Besiedlung des Bregenzer Waldes, des Kleinen Walsertales und der Gegend um den „Tannberg" (Lech, Warth, Lechleiten, Gehren). Zuvor waren diese Gegenden nur als Jagd- und Alpgebiet benutzt worden. Alemannen, die sich vom Norden

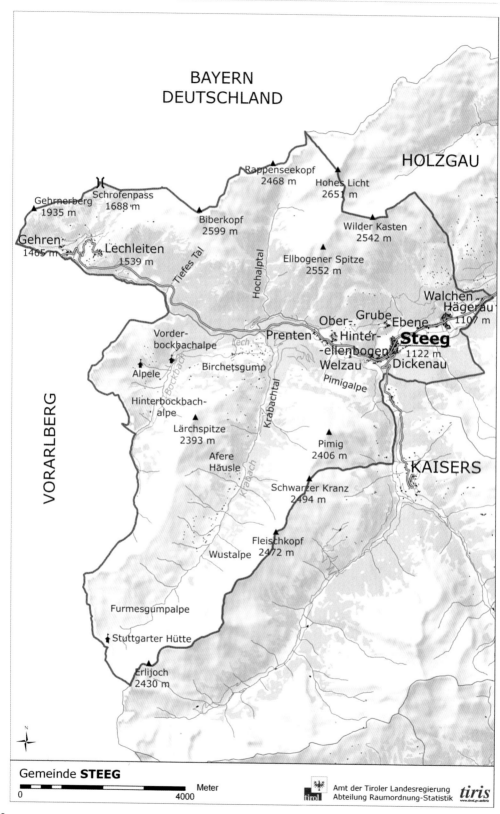

BAYERN
DEUTSCHLAND

HOLZGAU

Rappenseekopf
2468 m

Hohes Licht
2651 m

Schrofenpass
1688 m

Gehrnerberg
1935 m

Biberkopf
2599 m

Wilder Kasten
2542 m

Gehren
1465 m

Lechleiten
1539 m

Ellbogener Spitze
2552 m

Tiefes Tal

Hochalptal

Walchen
Hägerau
1107 m

Grube

Ober-

Ebene

VORARLBERG

Vorder-
bockbachalpe

Lech

Prenten

Hinter-
-ellenbogen

Steeg
1122 m

Alpele

Birchetsgump

Welzau

Dickenau

Bockbach

Pimigalpe

Hinterbockbach-
alpe

Krabachtal

Lärchspitze
2393 m

Afere
Häusle

Pimig
2406 m

KAISERS

Krabach

Schwarzer Kranz
2494 m

Fleischkopf
2472 m

Wustalpe

Furmesgumpalpe

Stuttgarter Hütte

Erlijoch
2430 m

N

Gemeinde **STEEG**

Meter

0   4000

Amt der Tiroler Landesregierung
Abteilung Raumordnung-Statistik

tiris
www.tirol.gv.at/tiris

kommend um das Jahr 1000 im heute deutsprachigen Teil des Wallis angesiedelt hatten, verließen im Laufe des 13. und 14. Jhs. erneut ihre Heimat und kamen über Furka- und Oberalppass in das obere Rheintal, von wo sie Hochtäler in Tirol und Vorarlberg besiedelten. Sie ließen sich dort nieder, wo die Romanen eine Siedlung vermieden hatten, in steilen V-Tälern und in unwirtlichen Tobeln. Auf diese Weise wurden Bauern und Hirten von „Wallisern" zu „Walsern". Sechs Häuser in Gehren und Lechleiten im Baustil der Walser sind im Zuge dieser Besiedlung entstanden. Die Siedler erhielten als Gegenleistung für die Nutzbarmachung des Landes von ihren Lehnsherren, den Herren von Rettenberg, Grundstücke als Erblehen, waren somit keine Leibeigenen, sondern freie Bauern. Ihnen wurden von den Grundherrn die Selbstverwaltung und die niedere Gerichtsbarkeit gewährt.

1342 kam Lechleiten zu Tirol.

Die Weiler Lechleiten und Gehren wurden vom Tannberg her besiedelt. Die Spuren des Vorarlberger Dialekts sind jedoch durch Zuzug aus dem Lechtal verschwunden.

Kirche – Seelsorge

Kirchlich gehörte Steeg bis 1401 zur einzigen Pfarre der Markgenossenschaft Lechtal, zu Elbigenalp, danach zur Pfarre Holzgau.

Die **Kirche zum hl. Oswald** wurde an die Stelle einer Kapelle von 1570 in den Jahren 1712 bis 1714 gebaut, 1786/1787 und 1969 restauriert.

Die **Kirche von Hägerau**, den **Heiligen Rochus** und **Sebastian** geweiht, wurde 1729 errichtet und vor kurzem mustergültig renoviert.

Kirchlich war Lechleiten bis 1401 Elbigenalp, dann Holzgau und ab 1624 Warth zugehörig. Die Kapelle in Lechleiten entstand in der ersten Hälfte des 16. Jhs. Allerdings hatten die Lechleitner und Gehrner so trotzdem einen weiten Weg zur Pfarrkirche Holzgau. Die Parzellen Lechleiten und Gehren wollten deshalb zur Pfarre Warth und halfen auch aus diesem Grund beim Bau der ersten Kirche von Warth um das Jahr 1550. 1626 mussten die Lechleitner und Gehrner an die Pfarre

Holzgau eine Ablöse von 80 fl (Gulden) bezahlen. Somit gehören Lechleiten und Gehren kirchlich zum Bistum Feldkirch, politisch jedoch zu Tirol.

Kapelle zum hl. Nikolaus in Gehren

Die **Kapelle in Lechleiten** wurde in der ersten Hälfte des 16. Jhs. erbaut. Sie beherbergt einen Rokokoaltar mit einem Bild der Geißelung Christi, dem so genannten „Wies-Heiland" (um 1770). 1766 wurde die Kapelle renoviert. Über der Jahreszahl befindet sich ein Gemälde, das den Erzengel Michael zeigt, der den Teufel bekämpft. Drei Statuen schmücken den Altartisch, und zwar der hl. Wendelin, die Jungfrau Maria und der hl. Martin, der mit einer Gans dargestellt ist. Den Kreuzweg mit 14 Stationen erhielt die Kapelle im Jahre 1738. Nach Auffassung der Einheimischen ist die Kapelle dem hl. Wendelin geweiht, dem Tierpatron. Die Kapelle verfügte über ein beträchtliches Vermögen, mit welchem die Schule in Lechleiten 1831 errichtet wurde, in welcher übrigens noch heute unterrichtet wird.

Am 15. Dezember 1925 soll laut Chronik ein Sturm das Türmchen mit aufgesetzter

Kuppel von der Kapelle geworfen haben. Die Holzschindeln sollen bis in den Nachbarort Warth geflogen sein. Heute hat die Kapelle einen Spitzturm.

Die **Kapelle zum hl. Nikolaus in Gehren** wurde vermutlich zur selben Zeit wie die erste Kapelle in Warth gebaut. 1741 erhielt die Kapelle einen Kreuzweg mit 16 Kreuzweg-Stationen, 1871 ein Glöcklein. Sie enthält einen einfachen Altar im Renaissancestil, der mit einem Marienbild geschmückt ist. Oberhalb des Altars befindet sich ein holzgeschnitztes Reliefbild des auferstandenen Christus mit der Siegesfahne. Ein kleines Bild zeigt das Lamm Gottes mit der Siegesfahne. Auch mehrere Statuen beleben das Altärchen: die Heiligen Magnus, Benedikt, Nikolaus, Katharina, Barbara und Magdalena. Die Eingangstüre ist mit einem Relief des hl. Nikolaus verziert. Das Türmchen hat einen achteckigen Grundriss mit aufgesetzter Kuppel.

Lechleiten

Schule

Schon vor 1580 soll lt. Pfarrchronik eine „freiwillige Schule" in wechselnden Bauernstuben bestanden haben. 1770 stiftete der Müllermeister Jakob Hueber 1000 fl zum Unterhalt eines Lehrers und 400 fl zur Austeilung von Brot an arme Schulkinder, die von Dezember bis März unterrichtet wurden. Das alte Schulhaus stand an der Dickenauer Brücke, an seiner Erhaltung beteiligte sich auch Hägerau.

Da das Gebäude nicht mehr entsprach, wurde 1949/50 neben dem Pfarrwidum ein weiteres Schulhaus errichtet. 1969/70

entstand das neue Mehrzweckgebäude mit ausreichenden Schulräumlichkeiten, 1978 erfolgte der Zubau mit Hallenbad und Turnraum.

Um 1787 wurde in Hägerau das erste Schulhaus gebaut, dem 1913 an derselben Stelle ein Neubau folgte. Das derzeitige Schulgebäude wurde 1967 eingeweiht.

Der Schulbetrieb in Lechleiten begann im Jahre 1831. 1840/42 wurde das Schulhaus gebaut und 1888 durch eine Lehrerwohnung erweitert. Über 30 Lehrpersonen versahen bisher ihren Dienst auf dem „sibirischen Tannberg" (Schulchronik). Nach der Stilllegung 1969 begann erst wieder 1985 der Unterrichtsbetrieb.

Vereine

Musikkapelle Steeg, Musikkapelle Hägerau, Bergrettung, Bergwacht, Freiwillige Feuerwehr Steeg, Freiwillige Feuerwehr Hägerau, Bockbacher Tanzgruppe, Theatergruppe, versch. Viehzuchtvereine, Sportverein, Schützenkompanie, Schützengilde, Landjugend.

Wirtschaft und Tourismus

Neben einer Schuhoberteilerzeugungsfirma, zwei Tischlereien, zwei Lebensmittelgeschäften, Käserei, Bäckerei, Taxi- und Busunternehmen und einer Transportfirma verfügt Steeg über zwölf Gasthäuser, ca. 40 Privatzimmervermieter und ca. 15 Ferienwohnungsvermieter. Steeg verzeichnet im Jahr ca. 95.000 Nächtigungen, wobei durch das nahe gelegene Skigebiet Warth der Wintertourismus immer mehr an Bedeutung gewinnt.

Landwirtschaft

Viele Almen im Gemeindegebiet, finanzielle Unterstützung der öffentlichen Hand und viel Idealismus sind wahrscheinlich die Gründe, dass in Steeg die Landwirtschaft keinen so starken Rückgang erleidet wie in anderen Gemeinden des Lechtals.

Viehbestand - *letzte Viehzählung*

Rinder	377	Pferde	12
Schafe	48	Ziegen	7
Schweine	7	Hühner	

Ereignisse und Katastrophen

Zwischen 1800 und 1810 verarmten die Gemeinden am Tannberg infolge Brandschatzung und Plünderung französischer Truppen, sodass 1817 gar eine Hungersnot ausbrach. So sollen an einem Herbsttag des Jahres 1809 französische Truppen über den Gemstalpass nach Warth, Lechleiten und Gehren gekommen sein. Innerhalb von 24 Stunden mussten 400 fl bezahlt werden, da ansonsten die Häuser angezündet worden wären. Eine Frau, die in der Nähe der Kirche von Warth wohnte, soll die geforderte Summe bezahlt haben. In den meisten Häusern von Lechleiten und Gehren waren mehr als 20 Soldaten untergebracht. Täglich musste Vieh geschlachtet und frische Milch bereitgestellt werden. Erst am Heiligen Abend des Jahres 1809 verließen diese unguten Gesellen wieder die Gegend (Schulchronik).

Eine riesige Lawine versperrte gegen Ende des Zweiten Weltkriegs den Wehrmachtstruppen den Rückzug. So mussten Unmengen von Kriegsmaterial zurückgelassen werden. Einheimische holten sich Lebensmittel von den zurückgelassenen Lastautos. Angehörige des Arbeitsdienstes eröffneten das Feuer auf die nachrückenden Amerikaner. Bei dem darauffolgenden Schusswechsel wurden neben Angehörigen des Arbeitsdienstes und amerikanischen Soldaten auch zwei einheimische Männer und ein Kind erschossen.

Im August 2005 richtete ein Jahrhunderthochwasser enorme Schäden in Steeg und im ganzen Lechtal an. Der Lech überflutete das Hallenbad in Steeg, füllte in der Welzau bzw. in Walchen etliche Häuser mit Schlamm und riss die Fußbrücken Bocksteg und in Walchen mit. Der Kaiserbach unterspülte nahe liegende Häuser. Erdrutsche lösten sich in Hinterellenbogen, Birchetsgump, Bockbach und auf dem Hager.

Persönlichkeiten

Steeg ist der Geburtsort der in aller Welt bekannten und geehrten **Dr. Anna Dengel**. Am 16. März 1892 geboren, studierte sie in Irland Medizin (Promotion 1919) und widmete sich danach in Pakistan den kranken Frauen und der Geburtshilfe.

1925 gründete sie die Kongregation der Missionsärztlichen Schwestern. 1939 erfolgte die Ordensgründung. Heute arbeiten in über 30 Ländern der Welt ca. 700 Mitglieder als Ärztinnen und Krankenschwestern. Dr. Anna Dengel starb am 17. April 1980 in Rom und liegt im Vatikan im deutschen Friedhof begraben.

Besonderheiten

Die Walser verwendeten in Lechleiten und Gehren zum Bau ihrer Häuser vorwiegend die alte Technik des Blockbaus. Für die Fundamente wurden Steine verwendet, in einigen Häusern wurde auch die Küche gemauert. Typisch für die Walser Bauernhäuser in Lechleiten und Gehren ist die Trennung von Wohngebäude und Stall. Die Stube befindet sich immer im talwärts gerichteten Teil des Wohngebäudes. Neben der Stube befindet sich das Elternschlafzimmer. Die Küche befindet sich im bergwärts gerichteten Teil des Hauses. Im Obergeschoss befinden sich weitere Schlafräume. Beheizt wurde von der Küche aus mit einem Kachelofen, der inmitten der drei Räume (Küche, Stube, Elternschlafzimmer) aufgestellt war und so das Untergeschoss gleichmäßig wärmte. Die Fenster der Walserhäuser sind gleichmäßig angeordnet und meist sehr klein.

Sagen aus Steeg

Reitles Butz
Schwarzer Tod
Lichtmannle
Gehaspelter Dieb
Reiche Brunnen
Hausgeist in der Welzau
Gritsch
Weiße Schlange im Krabachtal
Fuarigbutz
Mann ohne Kopf
Krabacher Weible
Alpbutz
Bödenhund

Weiterführende Literatur

Scherl A., Pfarrchronik von Steeg
Holzgau-Buch
Ammann Gert, Das Tiroler Oberland.

Tannheim

Christian Rief

Lage

Tannheim liegt 24 km südwestlich von Reutte. Die Gemeinde besteht aus den Weilern Oberhöfen, Unterhöfen, Schmieden, Bogen, Geist, Bichl, Wiesle, Kienzen, Achrain, Untergschwend, Kienzerle, Berg und Innergschwend.

Wappen

Verleihung des Wappens am 8. Mai 1984.

In Silber eine grüne Tanne, am linken Schildrand zwei rote Stäbe.

Farben der Gemeindefahne

Grün-Weiß.

Das Wappen versinnbildlicht einen Teil des Gemeindenamens.
Die einem gestürzten Bindenschild ähnlichen Stäbe erinnern daran, dass die Herzöge von Österreich als Tiroler Landesfürsten um die Wende zur Neuzeit das ganze Tannheimer Tal erworben und als Anwaltschaft mit Tannheim als Hauptort zu einem Bestandteil des Tiroler Gerichtes Ehrenberg gemacht haben.

GEMEINDEAMT

6675 Tannheim,
Unterhöfen Nr. 18
Tel.: 05675/6203, Fax: 05675/6203-4
e-mail: gemeinde@tannheim.tirol.gv.at

Gemeindestatistik

Fläche in ha:	5130.3
Kleinregion:	Tannheimer Tal
Einwohner 31.12.2009:	1090
Mittlere Wohnhöhe:	1097 Meter

Tannheim um 1900

Flächennutzung

Wert in ha, Anteil an jeweiliger Gesamtfläche in %

Flächenanteile 2001	Gemeinde	Gem.	Bez.	Land
Dauersiedlungsraum	879.4	17.1	9.9	12.2
Alpen	2180.8	42.5	25.0	27.0
Wald	1662.9	32.4	43.0	36.6
Gewässer	91.2	1.8	1.8	0.9
Verkehrsflächen	38.2	0.7	0.7	1.0
Sonstige Flächen	355.8	6.9	20.9	24.3

Bevölkerungsentwicklung

Jahr	1869	1880	1890	1900	1910	1923	1934
Einwohnerzahl	771	768	746	672	670	646	621

Jahr	1939	1951	1961	1971	1981	1991	2001
Einwohnerzahl	661	720	730	780	799	914	1061

Häufige Familiennamen

Rief, Müller, Zobl, Kleiner.

Geschichte

Tannheim, das „Heim im Tann", ist der Hauptort des Tannheimer Tales. Tannheim und mit ihm das ganze Tal wird im „Tiroler Landreim" von 1558 wegen seines Waldreichtums gerühmt. Die Besiedlung erfolgte vermutlich ab dem 13. Jh. Die Bewohner kamen aus dem Ostrachtal und unterstanden – dem allgäuischen Rechtsbrauch entsprechend – weiterhin den Gerichts- und Grundherren ihres Herkunftsortes, nämlich zunächst den Grafen von Montfort und den Herren von Heimenhofen und erst später den Grafen von Tirol. Dies erklärt auch, weshalb noch in tirolischen Amtsschriften des 15. Jhs. Tannheim unbestritten als ein Bestandteil des Allgäus verzeichnet wird.

Bereits 1342 bestand ein Dorf „Tanhaim", das urkundlich erwähnt wird. 1416 verbriefte Herzog Friedrich IV. von Österreich den Tannheimern ihre althergebrachten Rechte, die er 1432 nach dem Erwerb der Güter der Herren von Burgberg durch einen Freiheitsbrief vermehrte. 1464 bestimmten Herzog Sigmund von Tirol und Graf Hug von Montfort Tannheim zum Sitz des Niedergerichtes. Die Zugehörigkeit der das ganze Tal umfassenden Gemeinde und Pfarre Tannheim zum Land Tirol verfocht die Innsbrucker Regierung in einer Jahrzehnte (1485 - 1535) währenden Auseinandersetzung mit Augsburg um die Forsthoheitsrechte. Den Dingstuhl zu Tannheim, 1515 ein Unteramt des Gerichtes Ehrenberg, leitete ein gewählter Ammann. Dieser Dingstuhl wurde 1705 aufgehoben, und die Anwaltschaft wurde den übrigen Regionen gleichgestellt. 1822 wurde das Tannheimer Tal noch in das äußere, mitt-

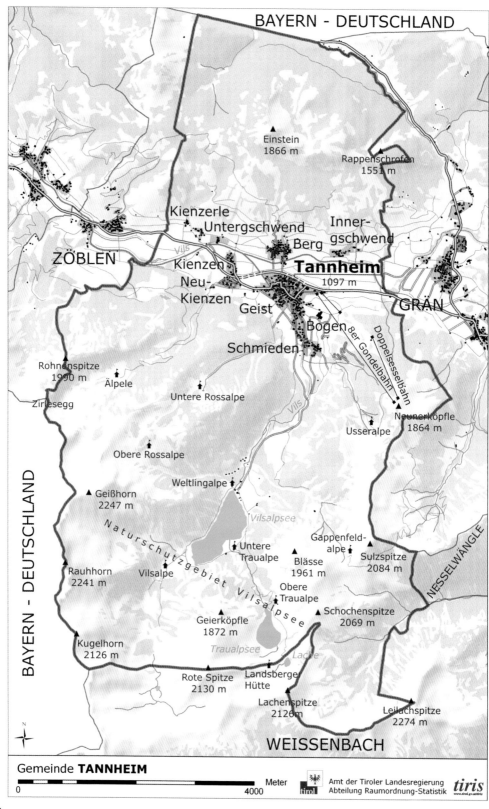

BAYERN - DEUTSCHLAND

Einstein
1866 m

Rappenschrofen
1551 m

Kienzerle

Untergschwend

Berg

Inner-
gschwend

ZÖBLEN

Vils

Kienzen

Tannheim
1097 m

Neu-
Kienzen

Geist

GRÄN

Bogen

8er Gondelbahn

Schmieden

Doppelsesselbahn

Rohnenspitze
1990 m

Älpele

Zirlesegg

Untere Rossalpe

Vils

Neunerköpfle
1864 m

Usseralpe

Obere Rossalpe

Weltlingalpe

▲ Geißhorn
2247 m

Vilsalpsee

Gappenfeld-
alpe

NESSELWÄNGLE

N a t u r s c h u t z g e b i e t   V i l s a l p s e e

Untere
Traualpe

Blässe
1961 m

Sulzspitze
2084 m

Rauhhorn
2241 m

Vilsalpe

Obere
Traualpe

Geierköpfle
1872 m

Kugelhorn
2126 m

Traualpsee

▲ Schochenspitze
2069 m

Lache

Rote Spitze
2130 m

Landsberger
Hütte

Lachenspitze
2126m

Leilachspitze
2274 m

BAYERN - DEUTSCHLAND

WEISSENBACH

Gemeinde **TANNHEIM**

Meter

0   4000

Amt der Tiroler Landesregierung
Abteilung Raumordnung-Statistik

tiris

lere und innere Drittel geteilt, 1835 wurden die einzelnen Gemeinden des Tales selbstständig.

Außer einigen Gewerbebetrieben und der Landwirtschaft ist es vor allem der Tourismus, der den Tannheimern Arbeit und Brot gibt.

Kirche - Seelsorge

Kirchlich gehörte Tannheim bis zum Jahre 1377 zur Pfarre Sonthofen. Die dafür vorgesehene Kirchlein war Liebenstein. Die gegenwärtige Tannheimer Kirche geht auf eine um 1470 erbaute gotische Niko-lauskirche zurück. Sie war bis um 1500 das einzige Gotteshaus im Tal und damit Mittelpunkt des religiösen Lebens für die gesamte Bevölkerung von Rehbach bis Rauth. Für den Neubau der **Pfarrkirche zum hl. Nikolaus** wurde 1720 die alte Kirche abgerissen und 1722 bis 1724 die neue Kirche um 28.000 Gulden errichtet. Das Gotteshaus sollte nach den Vorstellungen des Pfarrers Andreas-Josef Brugger aus Innsbruck nach Größe und Gestaltung dem Dom zu St. Jakob in Innsbruck entsprechen. Baumeister war der aus Haldensee stammende Andreas Hafenegger (1677 – 1745). 1725 bis 1728 wurde mit einem Gesamtkostenaufwand von 1400 Gulden der mächtige, achteckig auslaufende Turm erbaut. Er trägt eine Zwiebelhaube mit Laterne und ist 47 m hoch. Im Unterbau des Turmes, dem „Vorzeichen", befindet sich das Kriegerdenkmal. Das Innere des Gotteshauses besteht aus dem mächtigen Langhaus mit einem Flachtonnengewölbe, dem Chorraum mit Rundabschluss und zwei halbkreisförmigen Apsiden. Die Tannheimer Pfarrkirche ist die einzige Kirche in Tirol, die ein vollständiges Geläute von Gregor Löffler und seinen Söhnen Helias und Hanns-Christoph besitzt (1561 bzw. 1580). In der Kirche befindet sich außerdem eine wertvolle Weihnachtskrippe mit mehr als 200 bekleideten Figuren. Sie wurde im Jahre 1692 um acht Gulden durch die Rosenkranzbruderschaft von Isidor Pueler in Immenstadt erworben.

Kapellen: Die **Maria-Hilf-Kapelle** wurde im Jahre 1680 zum Dank für die Errettung aus den Nöten der Pest von 1635 erbaut.

Der Innenraum besteht aus Langhaus und Chor.

Die **Kapelle zum hl. Sebastian** in Berg wurde 1653 erbaut und 1757 erweitert. Die Stuckateurarbeiten stellen die besten und schönsten im ganzen Außerfern dar. Die Fresken im Langhaus zeigen die Glorie des hl. Sebastian mit den Marterwerkzeugen Keule und Pfeil, darunter Kranke, Aussätzige und Gefangene mit dem hl. Rochus.

Die bereits 1494 in einem Ablassbrief erwähnte **Kapelle zum hl. Martin** in Innergschwend wurde 1683 abgebrochen und 1685/86 durch einen Neubau ersetzt.

Auf freiem Feld bei Kienzen steht die **Kapelle zum hl. Leonhard.** Als im Jahre 1635 die „Schwar-zen Petetschen" (Pest) im Tal wüteten, wurden die Leichen hier beerdigt. Der um 1680 entstandene Hauptaltar zeigt im Altargemälde Sebastian, Leonhard, Rochus und darüber Maria.

Die St. Michaels-Kapelle in Kienzen ist ein gewölbter Raum. Der Altar ist ein einfacher Säulenaufbau mit Putten und stammt aus der Zeit um 1680.

In Kienzerle steht die **Dreifaltigkeitskapelle**, ein flachgedeckter Raum mit Rundapsis. Das Altargemälde zeigt die Krönung Mariens.

Auf einem bewaldeten Hügel südlich von Tannheim liegt die **Lourdeskapelle** mit einer vorgebauten Grotte. Sie wurde 1902 anlässlich des Pfarrjubiläums des Pfarrers Franz Zoller auf Initiative des Lehrers Anton Peterlunger errichtet. Die Kapelle im neugotischen Stil wurde von Peterlunger ausgemalt.

Genau zur 200-Jahr-Feier des Herz-Jesu-Gelöbnisses wurde in den Berger Wiesen die **Herz-Jesu Kapelle** mit einer Statue errichtet. Die Kapelle mit der Aufschrift: „Herz Jesu, erbarme dich unser, 1796 - 1996" wurde am Vorabend des Herz-Jesu Sonntags 1996 eingeweiht.

Schule

In einem Visitationsbericht von 1650 wird erwähnt, dass „deutsche Schulen in dieser Pfarrei an verschiedenen Orten von Bauern gehalten werden". Im Jahre 1718 war die Schule im oberen Stock des Mesnerhauses untergebracht. Im Ortsteil

Unterhöfen bestand eine dreiklassige Volksschule. Im Jahre 1802 besuchten in Tannheim 94 Kinder die Schule.

Bis zum Jahr 1950 wurde der Unterricht im 1794 erbauten Frühmesserhaus erteilt. Der Volksschulneubau erfolgte 1949/50. Die Einweihung fand am 10. Dezember 1950 statt. Das Gebäude wurde im Jahr 2000 renoviert.

Die Hauptschule wurde in den Jahren 1969/70 erbaut. Die Einweihung erfolgte am 8. November 1970.

Der Kindergarten war von 1977 bis 1994 in der Volksschule untergebracht. Der Neubau erfolgte in den Jahren 1993 und 1994 an der Stelle des alten Doktorhauses.

Vereine und Brauchtum

Braunviehzuchtverein, Schafzuchtverein, Feuerwehr, Musikkapelle, Bergrettung, Bergwacht, Drachenfliegerclub, Fußballclub, Krippenverein, Museumsverein, Skiclub, Schützengilde, Schützenkompanie, Pensionistenverein, Kirchenchor, Bäuerinnenchor, Fischereiverein, Faschingsverein, Tourismusverein, Radclub, Veteranen, Wanderfreunde, Volksbühne, Rotes Kreuz.

Am 17. September, einem „versprochenen" Feiertag für das ganze Tal, ist es Brauch, dass die Bevölkerung an der Dankprozession, die in Tannheim stattfindet, teilnimmt.

An diesem Tag im Jahre 1796 versuchten die Franzosen, von Bregenz kommend, über das Oberjoch in das Tannheimer Tal einzufallen. Diesen Angriff wehrten die Tannheimer Schützen ab. Sie gelobten, diesen Tag in Zukunft als Feiertag zu begehen.

Gesundheit und Soziales

Seit dem Jahre 1975 besteht die Rotkreuzstelle Tannheimer Tal. Die Gemeinde ist Mitglied beim Gesundheits- und Sozialsprengel Außerfern, Arbeitskreis Tannheimer Tal. Ebenso ist ein Arzt im Ort ansässig.

Der Tannheimer-Taler-Hilfsverein, der hilfsbedürftige Einheimische finanziell unterstützt, veranstaltet das Fest am „Siebenzehnte", dessen Reingewinn gemeinsam mit diversen Spenden Grundlage dafür ist.

Wirtschaft und Tourismus

Die Liste der Betriebe ist vielfältig: Lebensmittel- und Sportgeschäfte, Tischlereien, Post, Camping, Skischulen, Arztpraxis, Galerie, Liftgesellschaft, Zimmerei, Hotels, Gasthäuser, Restaurants, Fremdenheime, Tankstelle, Banken, Blumenhaus, Friseur, Metzgerei, Autowerkstatt, Fotohaus, Bäckerei.

Tannheim ist ein blühender Tourismusort, der den Urlaub auf dem Bauernhof ebenso ermöglicht wie jenen im Klassehotel. Dabei gibt es Tennishallen und Tennisplätze, Kegelanlagen, Minigolf, einen Kleinkaliber-Schießstand, das Heimatmuseum, ein ausgedehntes Netz an Wanderwegen, drei Schlepplifte, eine Sesselbahn und eine Gondelbahn, sowie gepflegte Langlaufloipen für den Wintersport. Tannheim ist auch als Drachenflugzentrum und als Austragungsort der Polarhundeschlittenrennen bekannt geworden. Es ist Ausgangspunkt für unzählige Wanderungen und Hochtouren.

Es gibt zur Zeit 28 Gastbetriebe (Hotels und Restaurants) sowie etliche Fremdenheime und Privatzimmervermieter, ebenso acht bewirtschaftete Hütten. Die Anzahl der Gästebetten beträgt insgesamt 2718, davon 804 in Hotels, 733 in Gasthöfen/Pensionen, 865 in Ferienwohnungen sowie 316 in Privathäusern. Ebenso sind im Jänner viele Heißluftballone aus Deutschland, der Schweiz und Österreich bei der Montgolfiade am Start. Zur gleichen Zeit findet der „Ski-Trail" statt.

Landwirtschaft

Früher wurde das Ortsbild durch die vielen landwirtschaftlichen Betriebe geprägt.

Heute gibt es noch zwölf Voll- und 41 Nebenerwerbsbetriebe, die aber dennoch einen großen Teil der Fläche bewirtschaften.

Durch den steilen Anstieg des Fremdenverkehrs wurden die landwirtschaftlichen Betriebe stark reduziert. Die Arbeitskräfte wanderten in andere Berufe ab.

Viehbestand - *letzte Viehzählung*

Rinder	502	Pferde	41
Schafe	247	Ziegen	16
Schweine	13	Hühner	78

Klima und Vegetation

Bedingt durch die vielen Niederschläge ist das gesamte Tal nur für die Viehwirtschaft geeignet. Das Tannheimer Tal ist bekannt für seine heftigen und rauen Winde im Winter.

Gewässer und Gebirge

Der Ort wird im Norden vom Einstein (1867 m), im Süden von Geishorn (2249 m) und Rauhhorn (2240 m) sowie im Osten vom Neunerköpfle (1864 m) umrahmt.

Inmitten eines Kranzes von Bergen liegt der klare Vilsalpsee, der sein Wasser auch noch vom darüberliegenden Traualpsee und der Lache am Fuß der Lachenspitze empfängt. Auf ihrem Lauf nach Norden nimmt die Vils noch den Gappenfelder, den Usseralper und den umgeleiteten Rossalper Bach auf, bevor sie sich vor dem Weiler Kienzen mit der Log oder Berger Ache vereint und am Südrand des Zöbler Feldes westwärts fließt.

Ereignisse und Katastrophen

Bei einem Lawinenunglück am Vilsalpsee starben am 9. Mai 1975 fünf Menschen unter den Schneemassen.

Persönlichkeiten

Dr. Peter Fiegenschuh (ca. 1630 – ca. 1679): Bürgermeister in Wien 1674 – 1677
DDr. Johann-Baptist Fiegenschuh (1634 – 1681): Bruder des Peter Fiegenschuh, Domherr von St. Stefan in Wien, apostolischer Pronotar und Konsistorialrat
Josef Ammann (1873 – 1940): Pfarrer und Käferforscher (wissenschaftliche Veröffentlichungen), ein Käfer ist nach ihm benannt.
Anton Peterlunger (1864 – 1949): Lehrer und Organist

Ökonomierat Anton Grad (1901 – 1976): Bauer und Viehzüchter
Heinrich Kotz (1887 – 1976): Lehrer und Stadtschulinspektor in Innsbruck, Bezirksschulinspektor von Reutte (1920 – 1922)
Univ. Prof. Dr. Luis Gutheinz (geb. 1933): wirkt seit 1966 als Missionar in Taiwan.
Erich Gutheinz (1942 – 2004): Pfarrer in Innsbruck Allerheiligen.

Besonderheiten

Das Gebiet des Vilsalpsees wurde am 4. April 1957 auf Grund der weitgehenden Ursprünglichkeit der Landschaft zum Naturschutzgebiet erklärt. Es liegt im Gemeindegebiet von Tannheim und Weißenbach. Es umfasst eine Fläche von 16 km². Seit dem Jahr 2000 gehört das Gebiet auch zu den „Natura-2000-Gebieten". Für das Vilsalpgebiet bedeutet dies, dass die Einzigartigkeit und Schönheit dieser Alpenregion für alle Zeiten bewahrt bleiben und sich die Besucher auch in Zukunft ohne weitere Beeinträchtigungen an den Bergpanoramen, den tiefblauen Gebirgsseen und der herrlichen Alpenflora und Fauna erfreuen können.

Sagen

Der Däserpudel in der Vilsalper Hütte
Die schlafende Armee in Tannheim
Die drei verwunschenen Jungfrauen in der Weißen Wand
Der Spuk bei der St.-Leonhards-Kapelle
Das Bogner Ungeheuer
Die gerechte Strafe
Nächtlicher Gottesdienst in der Pfarrkirche Tannheim
Der Küchelfresser aus Tannheim

Weiterführende Literatur

Kirchenführer Tannheim von Alfons Kleiner
„Das Tannheimer Tal" von Alfons Kleiner, „Heimat Außerfern" von Ferdinand Fuchs.

Vils

Dorothea Schretter, Reinfried Brutscher, Reinhold Schrettl

Lage

Vils liegt auf 826 m Seehöhe auf einem Schwemmkegel des Lehbachs. Im Norden bildet die Voralpenkette vom Falkenstein bis zum Lechdurchbruch die Grenze zu Deutschland, im Süden sind es die Vilser und Tannheimer Berge.

Im Westen bildet der Ortsteil Schönbichl die Grenze zu Pfronten. Im Osten sind es die Ulrichsbrücke und der Weiler Stegen, die an der Grenze zu Pinswang und Musau liegen.

Wappen

In Gold ein schwarzer Ochsenkopf mit roter Zunge.

Farben der Gemeindefahne

Schwarz-Gelb.

Ein Siegel der Stadt Vils ist erstmals für das Jahr 1487 urkundlich nachweisbar. Der älteste erhaltene Siegelabdruck von 1509 und auch spätere Siegelabdrücke zeigen in einem ungeteilten Schild einen Ochsenkopf mit Zunge über einem den Schildfuß bildenden Fluss. Im Vilser Wappen, das die Stadt im 15. Jahrhundert für sich annahm, spiegelt sich die frühere Abhängigkeit von den Herren von Hohenegg: Diese führten einen schwarzen Ochsenkopf mit roter Zunge in goldenem Schild. Im 19. Jahrhundert ging der Unterschied zwischen beiden Wappen verloren. Als Stadtwappen wurde allein das Hohenegger Wappen, dem der Fluss fehlt, verwendet.

GEMEINDEAMT

6682 Vils, Stadtplatz 1
Tel.: 05677/8204-0, Fax: 05677/8204 -75
e-mail : gemeinde@vils.tirol.gv.at

Gemeindestatistik

Fläche in ha:	3074.6
Kleinregion:	Reutte und Umgebung
Einwohner 31.12.2009:	1.541
Mittlere Wohnhöhe:	826 Meter

Vils um 1920

Flächennutzung
Wert in ha, Anteil an jeweiliger Gesamtfläche in %

Flächenanteile 2001	Gemeinde	Gem.	Bez.	Land
Dauersiedlungsraum	666.2	21.7	9.9	12.2
Alpen	278.4	9.1	25.0	27.0
Wald	1480.7	48.2	43.0	36.6
Gewässer	50.0	1.6	1.8	0.9
Verkehrsflächen	33.9	1.1	0.7	1.0
Sonstige Flächen	678.9	22.1	20.9	24.3

Bevölkerungsentwicklung

Jahr	1788	1840	1900	1934	1961	1981	1994	2004
Einwohnerzahl	499	588	563	877	1085	1392	1493	1686

Häufige Familiennamen
Keller, Lochbihler, Vogler, Schretter, Tröber.

390 verschiedene Familiennamen.

Geschichte
Kleine Stadt mit großer Geschichte.
„Die Geschichte der Stadt Vils ist für den Historiker ungemein reizvoll, da sie sehr viele Sonderentwicklungen aufzuweisen hat." (Dr. Rudolf Palme in den AN, 16. 08. 1969).

Das Gebiet von Vils wurde im 5. Jh. n. Chr. von den Alemannen oder Schwaben besiedelt. Heute noch hat die Vilser Mundart schwäbisches Gepräge. Im 13. Jh. erhielten die Herren von Hohenegg, welche einem bedeutenden schwäbischen Adelsgeschlecht angehörten, die Herrschaft Vils als Lehen vom Reichsstift Kempten. Die Burg Vilsegg war Mittelpunkt der Herrschaft Vils.

1263 und 1265 werden Herren von Vilsegg als hoheneggische Ministerialen erwähnt.

Peter von Hohenegg erreichte 1327 von König Ludwig dem Bayern die Stadterhebung von Vils. Den Stadtherren standen besondere, teils einträgliche Rechte zu: Zoll und Geleite, Blutbann oder die hohe Gerichtsbarkeit und das Freiungs- oder Asylrecht, das in Vils nicht wie sonst üblich auf ein Gebäude beschränkt war, sondern im ganzen Stadtgebiet galt.

Vils war eine so genannte Patrimonialstadt, d. h. eine Eigenstadt der Herren von Hohenegg. Diesen gehörte nicht nur Grund und Boden, auch die Einwohner von Vils waren deren Leibeigene. In Vils wurde demnach die Stadtherrschaft nicht wie sonst üblich von weltlichen oder geistlichen Landesherren ausgeübt, sondern von dem Adelsgeschlecht der Hohenegger.

Im Jahre 1408 übernahm Herzog Friedrich IV. von Österreich-Tirol (Friedl mit der leeren Tasche) das Lehen Vilsegg vom Stift Kempten, belehnte aber weiterhin die Herren von Hohenegg mit der Herrschaft Vils. Nach dem Tod des letzten Hoheneggers im Jahr 1671 kam

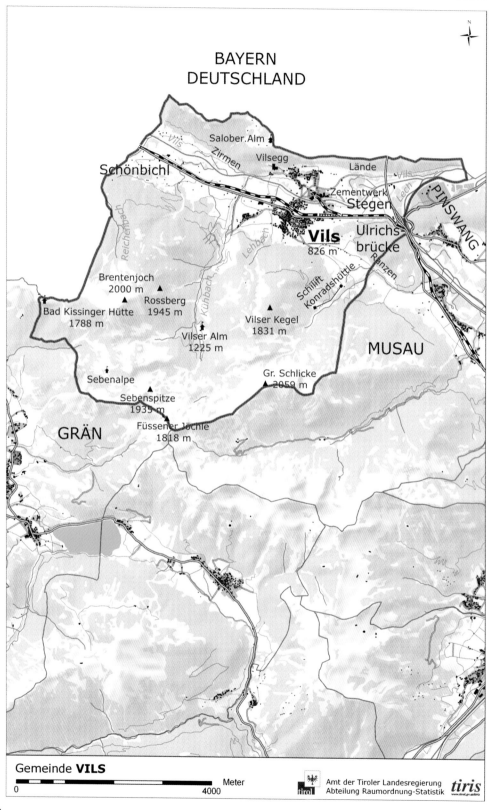

BAYERN
DEUTSCHLAND

Salober.Alm

Vils

Zirmen

Vilsegg

Schönbichl

Länder

Vils

Lände

Zementwerk

Stegen

Lech

PINSWANG

Vils
826 m

Ulrichs-
brücke

Reichenbach

Lehbach

Ranzen

Brentenjoch
2000 m

Rossberg
1945 m

Schilift
Konradshüttle

Bad Kissinger Hütte
1788 m

Kühbach

Vilser Kegel
1831 m

Vilser Alm
1225 m

MUSAU

Sebenalpe

Gr. Schlicke
2059 m

Sebenspitze
1935 m

GRÄN

Füssener Jöchle
1818 m

Gemeinde **VILS**

Meter

0   4000

Amt der Tiroler Landesregierung
Abteilung Raumordnung-Statistik

tiris

Vils zu Österreich, nicht aber zu Tirol.

Nach dem verlorenen Krieg gegen Napoleon musste Österreich 1805 Tirol, seine schwäbischen Besitzungen und auch Vils an Bayern abtreten. Erst im Jahr 1816 kam die Stadt Vils durch Beschluss beim Wiener Kongress im Tausch mit der Stadt Marktredwitz wieder zu Österreich. Im selben Jahr erfolgte die Vereinigung mit Tirol.

Heute verbindet Vils mit der Stadt Marktredwitz eine Städtepartnerschaft.

Als Zeichen der Freundschaft zwischen den beiden Städten gibt es in Vils einen „Marktredwitzer Platz" mit einem von Norbert Roth entworfenen Brunnen.

Wirtschaftliche Entwicklung:

Vils lag an einem bedeutenden Verkehrsweg, Vor allem Salz wurde von Hall über den Fernpass, Reutte, Vils, Kempten nach Schwaben transportiert. Handel und Gewerbe, vor allem das Gastgewerbe, erlebten eine Blütezeit.

Mitte des 16. Jhs. verlagerte sich ein Großteil des Warenverkehrs auf die neu erbaute Straße durch das Tannheimer Tal, was sich für Vils wirtschaftlich nachteilig auswirkte und letztlich mit ein Grund war, dass sich Vils nicht so wie ursprünglich erwartet, entwickelte.

Von etwa 1600 bis in das 19. Jh. wurde in Vils gewerblicher Geigenbau betrieben, vorrangig von den Familien Petz und Rief, aber auch Namen wie Wörle und Eberle werden erwähnt.

Bauweise der Stadt:

Die ohne Zwischenraum aneinander gebauten Häuser in der Stadtgasse und in der Hintergasse sind typisch für die Bauweise der mittelalterlichen Städte. Die Stadt Vils war zu ihrem Schutz mit Mauer und Graben umgeben. An zwei Stellen befanden sich Tore, beim Eintritt in die Stadt, vom Fernpass kommend, das „obere Tor" und beim Verlassen der Stadt in Richtung Kempten das „untere Tor". Die Straße führte damals ab Musau westlich vom Ranzen nach Vils und von oben in die Stadtgasse. Die Häuser oberhalb des einen und unterhalb des anderen

Tores bildeten die Vorstädte „Obertor" und „Untertor". Bei jedem der beiden Tore stand ein der Herrschaft gehörendes Amtshaus.

St. Anna-Kirche mit Hammerschmiede

Historische Bauten:

Ruine Vilsegg, um 1220/30 erbaut, bis ca. 1540 Wohnsitz der Herren von Hohenegg. Der besonders schön gemauerte Bergfried wurde von 1983 bis 1993 saniert.

Hammerschmiede in St. Anna, diente den Herren von Hohenegg als Waffenschmiede.

Schlössle, ehemaliges Amtshaus der Herren von Hohenegg beim oberen Stadttor. Heute befindet sich im Schlössle das Museum der Stadt Vils.

Kirche - Seelsorge

Im Jahre 1395 stiftete Andreas von Hohenegg mit seiner Gemahlin die Pfarre Vils. Bis zum Jahr 1816 gehörte die Pfarre Vils zum Bistum Augsburg, ab 1818 zur Diözese Brixen. Seit 1964 gehört Vils dem neu gegründeten Bistum Innsbruck an.

Die barocke **Pfarrkirche Maria Himmelfahrt** wurde in den Jahren 1709 bis 1714 nach Plänen des Füssener Baumeisters Johann Jakob Herkomer gebaut und am 21. April 1714 eingeweiht. Die Stuckaturen schuf Matthias Lotter, die Kreuzwegstationen und die Altarblätter der Seitenaltäre sind von Paul Zeiller, das Gemälde des Hauptaltares von Alexander Kranzner und die Skulpturen von Maximilian Hitzelberger, Nikolaus Babel und Georg Bayrhoff.

Zum 600-jährigen Jubiläum der Pfarre Vils im Jahr 1995 wurde eine neue mechanische Orgel von der Firma Gebr. Mayer, Feldkirch, eingebaut.

Umfangreiche Renovierung des Innenraumes der Pfarrkirche im Jahr 2002: Der Boden und die Kirchenbänke wurden erneuert, die ganze Kirche erhielt einen neuen Anstrich. Ein neuer Volksaltar und Ambo aus Vilser Marmor wurden angefertigt. Im Zuge der Bodenarbeiten wurden archäologische Grabungen durchgeführt, um Erkenntnisse über die Vorgängerkirchen zu erhalten. 2009 großzügige Außenrenovierung: neuer Fassadenanstrich, Kirchturm, Zwiebel und Teile des Daches wurden mit Kupfer gedeckt.

Die **St. Anna-Kirche** ist romanischen Ursprungs, sie diente den Herren von Hohenegg als Burgkirche. Das Altarblatt ist von Balthasar Riepp, im Auszug befindet sich eine gotische Schnitzfigur, „Anna Selbdritt" darstellend. Schnitzgruppen an der Langhauswand von Johann Hosp.

Kapelle zur Himmelskönigin Maria: Am Fallweg, wurde 1987 abgebrochen und 200 m südlich wieder aufgebaut.

Kapelle Maria Rast in Schönbichl: 1975 erbaut, künstlerische Ausstattung von Norbert Roth, Vils.

Barbara-Kapelle: Im Gelände der Firma Schretter & Cie, wurde zum 100-jährigen Firmenjubiläum im Jahr 1999 errichtet.

Schule

Im Jahr 1739 gründete Josef Benedikt Freiherr von Rost mit einer Stiftungssumme von 2.000 fl (Gulden) eine Schule in Vils.

Von 1913 bis 1982 war die Volksschule im Schulgebäude in der Bahnhofstraße untergebracht. Die „Alte Schule" befindet sich heute in Privatbesitz.

1968 wurde mit dem Bau einer Hauptschule in Vils begonnen und schrittweise bis 1976 vollendet. 1982 übersiedelte die Volksschule in das erweiterte Hauptschulgebäude.

1994 wurde ein neuer Kindergarten eingeweiht.

Vereine und Brauchtum

Brauchtum: Am Karfreitag und am Karsamstag ertönen statt der Glocken die „Rätschen". Vom Obertor bis zum Untertor ziehen die Schulkinder in Zweierreihen, von einem „Vorrätscher" angeführt.

Kirchliche und weltliche Feste werden durch die Mitwirkung der Traditionsvereine in ihren Uniformen besonders eindrucksvoll gestaltet.

Fast jedes Haus in Vils hat eine schöne Krippe, zum Großteil von den einheimischen Künstlern Norbert Roth und Anton Keller gestaltet. Das „Krippeleschauen" ist ein beliebter alter Brauch.

Vereine:

Bergrettung, Bergwacht, Bürgerkapelle, Freiwillige Feuerwehr, Skiclub, Fußballclub, Reitverein St. Martin, Stockschützenverein, Tennisverein, Jungbauern-Landjugend Vils, Veteranen- und Schützenkompanie, Liederkranz, Kath. Frauenbund, Krippenverein, Museumsverein, Obst- und Gartenbauverein.

Sportstätten:

Skilift, Langlaufloipen, Rodelbahn, Eislauf- und Eisstockplatz, drei Tennisplätze, zwei Fußballplätze, zwei Schießstände.

Öffentliche Gebäude:

Gemeindehaus mit Stadtsaal und Tourismusbüro, Volks- und Hauptschule, Kindergarten, Feuerwehrhalle, Museum der Stadt Vils mit Geologieraum, Geigenbau, Kulturhaus, Arzthaus.

Gesundheit und Soziales

Sprengelarzt mit Hausapotheke, Hauskrankenpflege.

Wirtschaft und Tourismus

drei Zimmereien, zwei Autowerkstätten, zwei Banken, Lebensmittelgeschäft, Bäckerei, Transportunternehmen, Tankstelle, Kläranlage, Sägewerk, Brennstoffhandel, Frächterei, Erdbewegungen, Bauunternehmen, Raumausstattung, Fahrradgeschäft, Friseur, Puppenwerkstatt, Antiquitätengeschäft.

Industrie:

Im neu errichteten Gewerbegebiet Vils-Stegen sind bisher sieben Betriebe angesiedelt.

Firma Schretter & Cie: Das Werk produziert in Vils Zement, Kalk und Sonderbaustoffe und beschäftigt tirolweit ca. 190 Mitarbeiter.

Firma Metalltechnik-Vils: CNC Dreh- und Fräsarbeiten, Maschinenbauteile, Vorrichtungs- und Werkzeugbau, Baugruppenmontage. Derzeit sind 80 Mitarbeiter beschäftigt.

Tourismus: ein Hotel, vier Gasthäuser, ein Cafe, drei Berggasthäuser, Ferienwohnungs- und Privatzimmervermieter, jährlich ca. 10.000 Nächtigungen.

Landwirtschaft

Erbhof: Der Bauernhof „Stesl" von Huter Paul im Obertor ist der einzige beurkundete Erbhof in Vils. Es gibt vier Vollerwerbsbauern.

Waldbesitz: 1864 wurden zwei Drittel des Staatsforstes den Vilser Bürgern in ihr gemeinsames Eigentum übertragen (ca. 1500 Hektar). Es wurde die Waldinteressentschaft Vils mit 116 Mitgliedern gegründet. Jetzt sind es 111 Anteile.

Jagd: War es früher unter den Hoheneggern nur eine Jagd, so sind durch die verschiedenen Änderungen im Grundbesitz mehrere Jagdgebiete entstanden. Es gibt fünf Jagden und vier Jagdpächter.

Fischerei: Das Fischereirecht in Vils ist in Privatbesitz.

Viehbestand - *letzte Viehzählung*

Rinder	326	Pferde	36
Schafe	45	Ziegen	5
Schweine	8	Hühner	200

Klima und Vegetation

Die Lage im Nordstaubereich der Alpen äußert sich in einem verhältnismäßig feuchten (ca. 1600 mm Jahresniederschlag) und kühlen Klima (15,0 Grad Juli-Mittel), welches die Grundlage für eine intensive Grünlandnutzung darstellt. Die Nutzung des klimatisch begünstigten Waldwuchses ist jedoch durch weite Bannwaldgebiete behindert.

Gewässer und Gebirge

Die Vils entspringt im Gebiet des Vilsalpsees und fließt dann Richtung Tannheim ab. Bei Schattwald wird diese dann aufgestaut und beim Elektrizitäts-werk Schattwald zur Stromgewinnung herangezogen. Bei der Kälbelehofalpe verlässt der Fluss nun das Außerfern und auch Österreich und passiert auf deutschem Boden die Gemeinde Pfronten, um unmittelbar danach wieder auf österreichisches Gebiet (Vils) zurückzukehren. Hier schlängelt sich der Lauf in einer Länge von 6,1 km durch das Gemeindegebiet von Vils und vereint sich kurz vor Füssen mit dem Lech. In einem großen Regulierungsprojekt wurde im Westen von Vils der Fluss wieder zum Teil in seinen ursprünglichen Lauf zurückgebaut.

Zuflüsse: Reichenbach, Kühbach, Lehbach.

Vilser Berge: Gr. Schlicke (2059 m), Brentenjoch (2000 m), Rossberg (1945 m), Sefenspitze (1948 m), Sebenspitze (1935 m), Vilser Kegel (1831 m).

Geologie: Die Vilser Berge gehören zu den geologisch kompliziertesten Regionen der Nördlichen Kalkalpen. Schon seit über 150 Jahren werden sie von Geologen intensiv erforscht. Die Geschichte der Vilser Berge reicht bis ins frühe Erdmittelalter zurück. Seit rund 225 Millionen Jahren entstehen ständig neue Lebensräume. Der GEO–Pfad „ Pfronten – Vils" und der GEO-Raum im Museum in Vils erzählen diese Geschichte.

Ereignisse, Katastrophen

Durch die Lage der Stadt an einer alten Straße, wo schon die Römer gegen die Germanen zogen, wurde Vils immer wieder bei vielen Truppendurchzügen und Einquartierungen durch Freund und Feind schwer heimgesucht.

1405: Vils wird von Füssen wegen eines Viehstreites überfallen und zum Teil verwüstet.

Der Dreißigjährige Krieg brachte auch in Vils viel Elend.

1632: Die Schweden und die kaiserlichen Truppen ziehen durch Vils.

1633: Spanische Truppen folgen.

1635: Vier Häuser brennen ab, und die Pest wütet in diesem Jahr am stärksten: 118 Einwohner sterben.

1673: Ein Bub zündet aus Rache wegen einer Ermahnung durch den Schullehrer den Zehentstadel am Stadtplatz an.

Mehrere Häuser brennen ab, auch das Haus des Stadtammanns. Dabei verbrennen viele alte Schriften und Urkunden, darunter die Stadterhebungsurkunde und die Stadtchronik.

1755: 9. Dezember Erdbeben, schwere Bauschäden

1798: 30 Personen sterben an Pocken.

1800: Französische Truppen besetzen Vils und plündern es. Vils leidet hart unter der acht Monate dauernden Einquartierung.

1809: Obwohl Vils zu dieser Zeit noch nicht zu Tirol gehörte, stellte die Stadt eine eigene Schützenkompanie auf, die im Allgäu zum Einsatz kam. Bader Anton aus Vils erlitt in Pfronten-Steinach eine tödliche Schusswunde und starb am 12. September im Spital in Reutte.

1812: Zwangsrekrutierungen zum bayerischen Heer für den russischen Feldzug Napoleons.

1812: Durchmarsch französisch-italienischer Truppen nach Russland.

1900: Elf Säuglinge sterben.

1914 - 1918: Im Ersten Weltkrieg sterben von 154 eingerückten Vilsern 34.

1939 – 1945: Im Zweiten Weltkrieg rücken 220 Männer ein. 37 davon sind gefallen. Am *28.* und *29. April 1945* fallen sechs deutsche Soldaten bei der Ulrichsbrücke. Größere Überschwemmungen der Vils waren in den Jahren *1965, 1970, 1999* und *2002.*

1990: Im Februar reißt ein Sturm in Vils ca. 8000 fm Holz um.

Persönlichkeiten

Balthasar Springer nahm 1505/06 im Auftrag des Augsburger Handelshauses Welser von Portugal aus an einer Schifffahrt rund um Afrika nach Indien teil, um dort Gewürze einzukaufen. Sein über diese Reise verfasstes Buch gilt als erster und ältester Reisebericht (siehe Literatur).

Josef Benedikt Freiherr von Rost, 1696 geboren in Vils, 1729 bis zu seinem Tod im Jahr 1754 Fürstbischof von Chur, stiftete die Schule in Vils.

Balthasar Riepp (1703 - 1764): Kunstmaler, in Kempten geboren, in Vils gestorben. Ihm wurde im Jahr 2003 in Kempten, Reutte und Vils eine bedeutende Ausstellung unter dem Titel "Genie im Schatten" gewidmet.

Georg Schretter (1861 - 1924): Gründer der Firma Schretter & Cie in Vils.

Die Stadtgemeinde Vils zeichnete elf Persönlichkeiten mit der **Ehrenbürgerschaft** aus, neun BürgerInnen erhielten den **Ehrenring** der Stadt Vils.

Besonderheiten

Vils ist die einzige Stadt im Außerfern und die zweitkleinste Tirols. Nur Rattenberg ist kleiner. In Österreich gibt es vier kleinere Städte als Vils.
Saloberhochmoor
Alpstrudelwasserfall.

Sagen:

Das Maringga-Rad
Die goldenen Rossbollen
Die Nebelkäppler
Der Reichenbachmann

Weiterführende Literatur

Durch Jahrhunderte getragen:
600 Jahre Pfarrgemeinde Vils,
Herausgeber Rupert Bader, Vils 1994
Geschichte der Stadt Vils in Tirol,
herausgegeben zur Feier ihres 600-jährigen Bestandes 1927 von Dr. Otto Stolz
Geschichtlich topographische
Nachrichten über das k.k. Gränzehemals Freiungsstädtchen Vils in Tirol,
Joseph Sebastian Kögl, Füssen 1834
Musikhandschriften der Pfarrkirche und der Musikkapelle Vils
Hildegard Herrmann-Schneider,
Innsbruck 1993
Die Meerfahrt, Balthasar Springers Reise zur Pfefferküste
Andreas Erhard, Eva Ramminger,
Innsbruck 1998
Begegnungen vor der Krippe
Karl-Heinz Barthelmeus, Günter Linke,
Norbert Roth, 1999
Balthasar Riepp, Genie im Schatten
Josef Mair, Reutte 2003.
Franzosen- und Bayernkriege im
Außerfern und Allgäu, Eine Chronik von 1789 bis 1816 von Reinhold Schrettl, Vils 2009

Vorderhornbach

Peter Friedle

Lage

Das Haufendorf liegt südwestlich von Stanzach am Eingang des Hornbachtales, 22 km von Reutte entfernt am Fuße der Grubachspitze (Allgäuer Alpen) auf einer Seehöhe von 974 m.
Es hat klimatisch die günstigste Lage des ganzen Lechtales.

Ortsteile: Oberdorf, Unterdorf, Bichl, Leite, Roggenland, Siedlung (Schröfle) und (Spieße)-Mühl.

Wappen

Verleihung des Wappens am
6. November 1973.

Ein von Silber und Blau schräglinks geteilter Schild, im silbernen Feld ein schwarzes rechtsgewendetes Horn.

Farben der Gemeindefahne

Weiß-Blau.

Als ein sprechendes Wappen versinnbildlicht es mit dem Horn und mit dem blauen Feld den Namen der Gemeinde, der schon im 13. Jahrhundert schriftlich überliefert ist.

GEMEINDEAMT

6645 Vorderhornbach,
Nr. 60
Tel.: 05632/301, Fax: 05632/301-4
e-mail:
gemeinde@vorderhornbach.tirol.gv.at

Gemeindestatistik

Fläche in ha:	1726.1
Kleinregion:	Oberes Lechtal
Einwohner 31.12.2009:	258
Mittlere Wohnhöhe:	974 Meter

Vorderhornbach um 1910

Flächennutzung

Wert in ha, Anteil an jeweiliger Gesamtfläche in %

Flächenanteile 2001	Gemeinde	Gem.	Bez.	Land
Dauersiedlungsraum	130.8	7.6	9.9	12.2
Alpen	888.8	51.5	25.0	27.0
Wald	561.2	32.5	43.0	36.6
Gewässer	55.4	3.2	1.8	0.9
Verkehrsflächen	10.5	0.6	0.7	1.0
Sonstige Flächen	102.5	5.9	20.9	24.3

Bevölkerungsentwicklung

Jahr	1951	1961	1971	1981	1991	2001
Einwohnerzahl	222	247	246	276	274	282
Häuser		58	71	96	101	105

Häufige Familiennamen

Ginther, Hosp, Kärle, Köck, Köpfle, Lechleitner, Schlichtherle.

Geschichte

Vorderhornbach wird erstmals 1218 als Ort an der Südgrenze der Hofmark Aschau urkundlich erwähnt. 1333 verkauft Heinrich von Rettenberg Hornbach an das Stift St. Magnus in Füssen. Damit war Vorderhornbach Teil der Großgemeinde und Pfarre sowie des Gerichtes Aschau (fünförtliche Gemeinde). In der Gerichtsordnung von 1461 wird die Sonderstellung von Vorderhornbach als spätmittelalterliche Rodungssiedlung hervorgehoben, da die Bewohner keine grundherrlichen Abgaben an das Kloster entrichten mussten. 1610 wird das Gericht Aschau an den Landesfürsten Erzherzog Maximilian III. verkauft. Damit kommt Vorderhornbach endgültig zu Tirol. Unter der bayerischen Herrschaft wurden 1810 Vorder- und Hinterhorn-bach vereinigt und dem Gericht Ehrenberg unterstellt, womit sich die Grenzen der Gerichtsbereiche Aschau und Ehrenberg verwischten. Doch schon 1833 wird Vorderhornbach eine selbstständige politische Gemeinde.

Mit der Grundzusammenlegung 1958 erlebte die Gemeinde einen wirtschaftlichen Aufschwung. 1964 wurde das Freischwimmbad eröffnet, der Hochkopflift errichtet und die erste Kanalisation des Tales gebaut.

Anfang der 70er Jahre wurde ein neues Siedlungsgebiet oberhalb des Ortes ausgewiesen. 27 Häuser wurden dort errichtet. Im Rahmen der Dorferneuerung wurden Straßen und Plätze neu gestaltet. 2003 wurde ein weiteres Siedlungsgebiet mit zehn Bauplätzen im Roggenland von der Gemeinde geschaffen.

Kirche - Seelsorge

Die Bewohner von Vorderhornbach mussten an Sonn- und Feiertagen mehrstündige Fußmärsche zur Mutterpfarre in Wängle

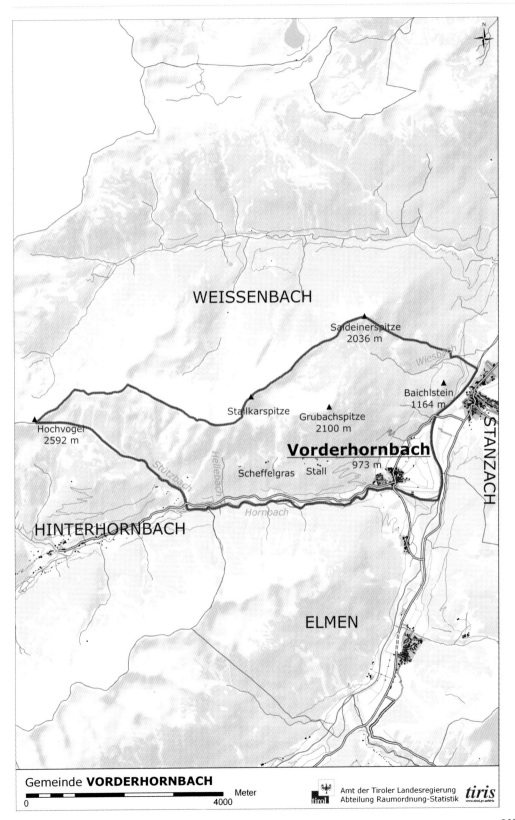

WEISSENBACH

Saldeinerspitze
2036 m

Baichlstein
1164 m

Stallkarspitze

Grubachspitze
2100 m

Hochvogel
2592 m

Vorderhornbach
973 m

STANZACH

Scheffelgras   Stall

Stützbach

Hellebach

Hornbach

HINTERHORNBACH

ELMEN

Gemeinde **VORDERHORNBACH**

Meter

0   4000

Amt der Tiroler Landesregierung
Abteilung Raumordnung-Statistik

tiris
www.tirol.gv.at/tiris

auf sich nehmen, um die Gottesdienste zu besuchen. So soll schon 1460 die erste Kapelle gestanden sein, durch einen Ablassbrief wird um 1500 eine Johanneskapelle nachgewiesen. 1675 wurde die Loslösung von der Mutterpfarre vollzogen und eine eigene Kaplanei errichtet. Ab 1682 durften die Toten in Vorderhornbach beerdigt werden. Die Expositurkirche zum hl. Johannes dem Täufer wurde 1752 erbaut und 1782 geweiht. 1786 wurde Vorderhornbach zur Expositur erhoben. Um 1830 war in der Kirche noch ein spätgotischer Flügelaltar aus dem Jahre 1517 erhalten. Die Kirche brannte 1945 vollständig ab und wurde 1947 wieder errichtet. Das Hochaltargemälde (1952) und die Fresken (1965) stammen von Wolfram Köberl aus Innsbruck, nach dessen Entwürfen auch die Seitenaltarfiguren von der Schnitzschule in Elbigenalp angefertigt wurden. Die Firma Pircher aus Steinach am Brenner ist mit der Installierung einer Orgel für das Jahr 2005 beauftragt.

Schule

Das erste Schulhaus wurde 1790 errichtet. Zuvor wurden die Kinder in den Wohnstuben der Bauern unterrichtet, wobei der erste ausgebildete Lehrer ab 1780 im Einsatz war. Von 1819 bis 1945 unterrichteten nur drei Lehrer: Josef Anton Schlichterle (1819 – 1864), Johann Schlichterle (1864 – 1906) und Roman Köpfle (1906 – 1945) an der einklassigen Schule. 1892 wurde ein Neubau notwendig. Von Mai 1945 bis November 1946 diente dieses Gebäude als Notkirche (Kirchenbrand), die Schüler wurden in einem Raum im Gasthof Rose unterrichtet. 1951 wurde am Platz des ersten Schulhauses in der Leite das jetzige dritte Schulhaus errichtet, das 1970 erweitert wurde. Seit 1973 ist dort ebenfalls der Kindergarten untergebracht. Von 1964 bis 1986 gingen auch die Kinder aus Martinau in Vorderhornbach zur Schule.
Im Jahre 1973 wurde der Kindergarten eröffnet. 2004 wird erstmals am Nachmit-

tag ein gemeinsamer Hort für Kindergarten- und Schulkinder geführt, ab 2010 eine alterserweiterte Gruppe für Kinder von

Musikkapelle bei Erntedankprozession

zwei bis zwölf Jahren mit Mittagstisch auch für Kinder aus den Umlandgemeinden.
Seit 2003 besuchen die Kinder aus Hinterhornbach sowohl Kindergarten als auch die Volksschule.

> Dies Haus ist mein, und ist nicht mein,
> Es wird auch nicht des zweyten seyn.
> Und soll es auch der dritte sehen,
> So wird es ihm wie mir ergehen,
> Der vierte muß auch ziehen aus,
> Nun sagt mir wessen ist dies Haus?

Hausspruch

Vereine

Bergwacht, Freiwillige Feuerwehr, Landjugend, Musikkapelle, Sportverein, Verein für eigenständige Regionalentwicklung, Viehzuchtverein, Ortsbauern.
Sportstätten: Freischwimmbad, Skilift, Sportplatz, Langlaufloipen, Eisstockbahn.

Sportliche Spitzenleistungen

Sabine Ginther errang sechsmal Gold und zweimal Silber bei den Junioren-Weltmeisterschaften von 1987 bis 1989, wurde 1990 Europacup-Gesamtsiegerin und errang 1991 Platz zwei im Gesamtweltcup.

Gesundheit und Soziales

Im Jahre 2003 setzte die örtliche Arbeitsgruppe des Gesundheits- und Sozialsprengels Außerfern/Arbeitskreis Lechtal erste Aktivitäten.

Wirtschaft und Tourismus

In der Zwischenkriegszeit und bis in die 70er Jahre des vorigen Jhs. hat sich Vorderhornbach einen Namen als Luftkurort im Sommer gemacht. Seit den 80er Jahren sind die Anzahl der Beherbergungsbetriebe sowie die Bettenanzahl und damit die Nächtigungszahlen stark rückläufig.

2009 wurde der Naturbadeteich an der Stelle des ehemaligen Freischwimmbades mit angeschlossenem Restaurant in Betrieb genommen. Über 8.000 Stunden arbeitete die Bevölkerung unentgeltlich an diesem Projekt.

Hüttenensemble in den Stallmähdern

Landwirtschaft

Von den nur noch sieben landwirtschaftlichen Betrieben werden zwei von Haupterwerbslandwirten geführt. Es handelt sich durchwegs um Bergbauernbetriebe der Zone zwei mit einer durchschnittlichen Größe von sieben Rindern und 3,5 ha Intensivfläche pro Betrieb.

Jeden Sommer sind 23 Kühe auf der Petersbergalm in Hinterhornbach, bekannt durch den Käse aus der eigenen Sennerei.

Viehbestand - *letzte Viehzählung*

Rinder	85	Pferde	5
Schafe	18	Ziegen	0
Schweine	0	Hühner	15

Klima und Vegetation

Bis in die 60er Jahre des 20. Jhs. wurde in Vorderhornbach auf Grund des milden Klimas Roggen angebaut. Im „Meran des Lechtales" sind geschlossene Rotbuchenbestände am Südwesthang der Grubachspitze bis auf 1300 m Seehöhe zu finden.

Gewässer und Gebirge

Die Grenzen zu den Nachbargemeinden bilden vor allem der Lech, der Hornbach, der Wiesbach und der Stützbach. 2003 wurde mit der Öffnung der Geschiebesperre am Hornbach begonnen, um dem Lech in dosierter Form Schotter zur Verlangsamung der Sohleintiefung abzugeben.

An Berggipfeln hat Vorderhornbach die Grubachspitze, die Saldeinerspitze, die Rosskarspitzen und die Stallkarspitze vorzuweisen.

Sagen

Der Fleischhacker vom Schwarzwasser
Der versetzte Markstein
Der Mann mit der Rose
Köpfles Sulz
Die Kirche zum hl. Johannes dem Täufer

Persönlichkeiten

Emmerich Köck (1901 – 1966): Bezirksschulinspektor in Reutte, Landesschulinspektor für Berufsschulen für Tirol

Weiterführende Literatur

Ammann Gert, Das Tiroler Oberland, Verlag St. Peter, Salzburg, 1978
Finsterwalder Karl, Tiroler Ortsnamenkunde, Bd. 3, Universitätsverlag Wagner, Innsbruck, 1995
Fuchs Ferdinand, Heimat Außerfern, Außerferner Druck- und Verlagsges.m.b.H, Reutte, 1984
Lipp Richard, Außerfern – Der Bezirk Reutte, Tyrolia Verlag, Innsbruck-Wien 1994.

Wängle

Marianne Kotz

Lage

Wängle liegt am Westrand des Talbeckens von Reutte auf einer Terrasse, drei Kilometer vom Bezirkshauptort entfernt. Zur politischen Gemeinde Wängle gehören die Fraktionen Winkl, Holz und Hinterbichl.

Wappen

Verleihung des Wappens am 27. Juli 1976.

In Blau ein auf silbernem Pferd über grünem Schildfuß reitender schwarzgewandeter heiliger Martin, einen roten Mantel mit dem Schwert teilend.

Farben der Gemeindefahne

Weiß-Blau.

Wängle ist ein alter Pfarrort, es war kirchlicher Mittelpunkt des ehemaligen Gerichts Aschau. Seine Pfarrkirche ist dem hl. Martin von Tours geweiht, der daher im Wappen dargestellt ist.

GEMEINDEAMT

6600 Wängle,
Oberdorf 4,
Tel.: 05672/62381, Fax: 05672/62381-5
e-mail: gemwaengle@aon.at

Gemeindestatistik

Fläche in ha:	934.4
Kleinregion:	Reutte und Umgebung
Einwohner 31.12.2009:	860
Mittlere Wohnhöhe:	882 Meter

Wängle um 1920

Flächennutzung
Wert in ha, Anteil an jeweiliger Gesamtfläche in %

Flächenanteile 2001	Gemeinde	Gem.	Bez.	Land
Dauersiedlungsraum	162.5	17.4	9.9	12.2
Alpen	242.5	26.0	25.0	27.0
Wald	472.2	50.5	43.0	36.6
Gewässer	8.3	0.9	1.8	0.9
Verkehrsflächen	5.6	0.6	0.7	1.0
Sonstige Flächen	33.3	3.6	20.9	24.3

Bevölkerungsentwicklung

Jahr	1951	1961	1971	1981	1991	2001
Einwohnerzahl	484	514	592	698	768	916

Häufige Familiennamen
Storf, Weirather, Barbist.

Geschichte
Wängle wird 1278 erstmals urkundlich als „Wengelin" erwähnt und bedeutet „Siedlung auf der kleinen Wiese". Wängle war Jahrhunderte hindurch der kirchliche Mittelpunkt (Pfarrkirche, Sitz des Pfarrers, Friedhof) der „provincia aschowe", bis 1609 im Besitz des Stiftes Füssen und kam dann 1610 durch Kauf an Tirol. Nach der Auflösung des Gerichtes Aschau (den „fünf Örtern") im Jahre 1806 entstanden die heutigen politischen Gemeinden Wängle, Höfen, Lechaschau, Weißenbach und Vorderhornbach. In einigen wirtschaftlichen und kulturell-religiösen Bereichen, insbesondere in gemeinsamen Waldnutzungen, lebt das alte Gericht Aschau als „Fünförtliche" und „Dreiörtliche Pfarrgemeinde" bis auf den heutigen Tag weiter. Viehzucht und Saisonarbeit von Männern und Kindern (Schwabenkinder) bildeten bis nach dem Ersten Weltkrieg die Haupterwerbsquelle. Als Maurer, Stuckateure, Marmoristen, Zimmerleute und Händler zogen sie in die Fremde.

Kirche - Seelsorge
Die einstige Großpfarre zum **hl. Martin** umfasst heute nur mehr die Gemeinden Wängle und Höfen. Die Gründung der Pfarre ist nicht datiert, dürfte aber bis ins 10. Jh. zurückreichen. Pfarrer Johann Baptist Reichart ließ von 1702 bis 1704 die gotische Kirche in Wängle durch einen barocken Neubau ersetzen. Das Gotteshaus wurde von einheimischen Handwerkern erbaut, der Turm 1770 achteckig erhöht und mit zwei Zwiebelhauben abgeschlossen. Franz Anton Zeiller schuf für diese Kirche sein größtes Deckenfresko im Außerfern: Das „Wasser- und Manna-Wunder" im Langhaus sowie das Chorfresko „Das letzte Abendmahl" (1786). Für den Hochaltar malte Paul Zeiller zwei austauschbare Gemälde: den hl. Martin und die hl. Familie. Die Kreuzwegstationen stammen vom Zeiller-

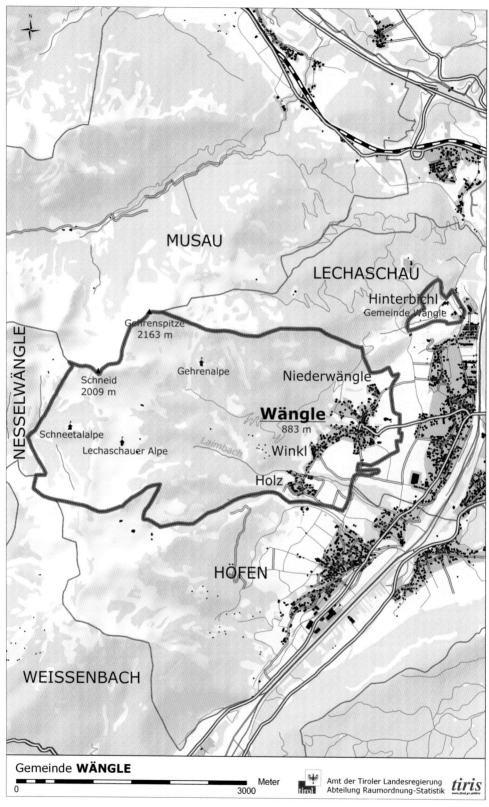

MUSAU

LECHASCHAU

Hinterbichl
Gemeinde Wängle

Gehrenspitze
2163 m

NESSELWÄNGLE

Gehrenalpe

Niederwängle

Schneid
2009 m

Wängle
883 m

Schneetalalpe

Lechaschauer Alpe

Laimbach

Winkl

Holz

HÖFEN

WEISSENBACH

Gemeinde **WÄNGLE**

Meter

0   3000

Amt der Tiroler Landesregierung
Abteilung Raumordnung-Statistik

tiris
www.tirol.gv.at/tiris

Schwiegersohn Balthasar Riepp (1735).
Der Friedhof südlich der Pfarrkirche, der Jahrhunderte hindurch als Begräbnisstätte gedient hatte, war zu klein geworden, und so wurde eine neue Friedhofsanlage am Laimbach erbaut und 1969 eingeweiht. Die endgültige Auflösung des alten Friedhofes erfolgte 1999, die Fläche wurde begrünt und das Kriegerdenkmal in die Mitte versetzt. Unter Pfarrer Jakob Bürgler wurde 2003 an die Westseite der Kirche eine Sakristei angebaut und mit der Innenrestaurierung des Gotteshauses begonnen.

Die **Kapelle in Hinterbichl** wurde 1845/46 erbaut. Das Altarbild stellt den hl. Koloman dar. Aus der gleichen Zeit stammt die **Kapelle in Winkl** mit dem Gemälde „Muttergottes vom Siege". An der Außenmauer die Erinnerungstafel: H. H. Consiliarius Oskar Pohler, Regens im Paulinum (1933 - 1983). In Holz steht die Kapelle **„Heilige Dreifaltigkeit"**, auch sie wurde im 19. Jh. erbaut.

Der Seelsorger der Pfarre St. Martin betreut Wängle und Höfen und ist seit einigen Jahren auch für die Pfarre Lechaschau zuständig.

Kirche zum hl. Martin

Schule

In Wängle lassen sich Spuren eines bescheidenen Unterrichts- und Schulwesens bis zum Jahre 1726 zurückverfolgen (Pfarrakten). Das erste Schulhaus mit nur einem Klassenzimmer entstand 1829. Der Bau des zweiten Wängler Schulhauses 1877/1878 ist untrennbar mit der Persönlichkeit und Tatkraft des Lehrers und Gemeindevorstandes Johann Georg Retter verbunden.

Das heutige Schulhaus wurde in den Jahren 1973 bis 1975 erbaut. Hier sind die zweiklassige Volksschule und der seit 1974 bestehende Kindergarten untergebracht. Die Bücherei der Gemeinde Wängle und der Pfarre befindet sich ebenfalls im Schulhaus. Zur weiteren schulischen Ausbildung fahren die Wängler Kinder nach Reutte.

Vereine und Brauchtum

Freiwillige Feuerwehr (Gj. 1904), Schützengilde (Gj. 1909), Kirchenchor (Gj. 1836), Landjugend, Braunviehzuchtverein, Selbsthilfeverein, Sportverein, Tennisclub, Trachtenverein mit Kindertrachtengruppe. Wängle hat keine eigene Musikkapelle, ist aber in der Harmoniemusik Lechaschau stark vertreten.

• Es ist jahrhundertealte Tradition, das Fest des Kirchenpatrons St. Martin (11. November) feierlich zu begehen. Zum Patroziniumsgottesdienst kommt auch das „Weißenbacher Kreuz". Es ist dies ein alter Kreuzgang, der die Weißenbacher mit ihrem Seelsorger nach Wängle zur ehemaligen Mutterkirche ziehen lässt. Das „Wängler Kreuz" pilgert dann am Sebastianstag (20. Jänner) nach Weißenbach. Dieser religiöse Brauch hat sich allen Zeitströmungen zum Trotz bis heute erhalten.

• In den letzten Jahren hat sich neues Brauchtum entwickelt: das Martinsfest der Kinder. Mit selbstgebastelten Laternen ziehen die Kinder aus Kindergarten und Volksschule in einer Lichterprozession zur Martinifeier in die Kirche. Anschließend gibt es den Martinibasar mit Kastanien, Tee, Glühwein und Keksen.

• An der „Dreiörtlichen Florianifeier" nehmen die Feuerwehren von Wängle, Höfen und Lechaschau teil.

• Die Gefallenenehrung am Seelensonntag versammelt die „Dreiörtliche

Gemeinde" um das Kriegerdenkmal auf dem ehemaligen Friedhof St. Martin.
- Der Feld- und Bachsegen, ein Bittgang an Christi Himmelfahrt, ist ein alter religiöser Brauch.
- Das Wetterläuten mit der großen „Martinusglocke" hat in Wängle Tradition. „Martinus heiß ich, das Wetter vertreib ich, die Kranken besuch ich, die Toten begrab ich."

Wirtschaft und Tourismus

Seit 2007 gibt es in Wängle den Dorfladen (ehemalige Metzgerei Gebhard). Wängle gehört dem Tourismusverband „Naturparkregion Reutte" an und ist verkehrstechnisch mit Reutte und den anderen Tourismusorten durch den Regionsbus verbunden..
Wängle ist eine Wohn- und Tourismusgemeinde mit bäuerlichem Charakter. Dem Gast stehen drei Hotels und drei Gasthäuser zur Verfügung, Privatzimmer und Ferienwohnungen werden in 22 Häusern angeboten.

Landwirtschaft

Die Zahl der Vollerwerbsbauern ist bis auf drei zurückgegangen. 14 landwirtschaftliche Betriebe werden im Nebenerwerb genutzt (Grünlandbewirtschaftung). Ein Erbhof (Staner) in Niederwängle geht auf das Jahr 1694 zurück.

Viehbestand - *letzte Viehzählung*

Rinder	151	Pferde	19
Schafe	199	Ziegen	8
Schweine	5	Hühner	

Gewässer und Gebirge

Zur Gemeinde Wängle gehören Gehrenspitze (2164 m), Blachenspitze (1995 m) und Schneid (2009 m) der Tannheimer Gruppe. Das gesamte Gebiet (vom Hornberg bis zum Frauensee) ist geologisch instabil und so kommt es immer wieder zu Hangrutschungen, Steinschlag und Muren. Durch die hohen Niederschlagsmengen und die Steilheit des Geländes bilden Hirsch- und Laimbach, Gröber, Lein und Hänslerbach eine große Gefahr. Um den Siedlungsraum zu schützen, wurden diese Bäche teilweise verbaut und Auffangbecken geschaffen.

Ereignisse und Katastrophen

Im Februar 1829 riss eine Lawine im Laimbachtal fünf Männer in die Tiefe und „verlähnte" sie. Vier von ihnen konnten nur mehr tot geborgen werden. Der einzig Überlebende stiftete für seine glückliche Rettung das Kreuz am Weg von Wängle nach Niederwängle. Im Jahre 1967 richtete eine Mure aus dem Hirschbachgraben in der Fraktion Holz großen Schaden an. Sie zerstörte ein Haus, beschädigte mehrere Gebäude, verschüttete und überschwemmte ausgedehnte Weide- und Wiesenflächen. Eine Stütze der Reuttener Bergbahn musste versetzt werden. Am Pfingstsamstag 1999 wurde das Außerfern von einem Jahrhunderthochwasser heimgesucht. In Wängle trat die Lein über die Ufer und verwüstete das Dorfzentrum. Drei Häuser wurden in Mitleidenschaft gezogen, Gärten und Felder überflutet und Viehweiden vermurt.

Persönlichkeiten

Josef Anton Weirather (1810 – 1894): arbeitete als Baumeister in München und wurde zum größten Wohltäter seines Heimatortes und der Pfarrkirche.
Dr. Josef Wörle (1898 – 1972): Religionsprofessor in Innsbruck, wurde durch seine Heimatforschung bekannt.

Rekordverdächtiges

Am 6. Februar 1982 errang *Harti Weirather* den Weltmeistertitel im Abfahrtslauf bei den Skiweltmeisterschaften in Schladming.
Barbara Winkler wurde am 26. Oktober 2002 in Althengstett/Deutschland Weltmeisterin in Taekwondo.

Sagen

Die Goldgrube an der Gehrenspitze
Die Wängler Pfarrkirche St. Martin

Weiterführende Literatur

Ferdinand Fuchs:
Ortschronik, Wängle
Ferdinand Fuchs (1984):
Heimat Außerfern – Eine Heimatkunde des Bezirkes Reutte, Reutte
Lipp Richard (1994): Außerfern, Innsbruck

Weißenbach am Lech

Hansjörg Wörz

Lage

Weißenbach liegt auf einer Seehöhe von 887 m acht km südwestlich vom Bezirkshauptort Reutte am Beginn des Lechtales und der Abzweigung in das Tannheimer Tal. Der Ort erstreckt sich auf einer Länge von zwei Kilometern und umfasst eine Gesamtfläche von 81,85 km². Den dazugehörigen Weiler Gaicht erreicht man gegen Ende des Gaichtpasses am Beginn des Tannheimer Tales. Gaicht gehört schulisch und kirchlich zur Gemeinde Nesselwängle.

Wappen

Verleihung des Wappens am 11. September 1979.

In Grün eine silberne rechte Wellenflanke und ein silbernes Einhorn steigend.

Farben der Gemeindefahne

Weiß-Grün.

Das Wappen erinnert mit dem silbernen Bach an den Namen der Gemeinde. Das Einhorn war das Wappentier des einstigen Gerichts Aschau, zu dem die Gemeinden Weißenbach, Lechaschau, Wängle, Höfen und Vorderhornbach gehörten.

GEMEINDEAMT

6671 Weißenbach,
Kirchplatz 3
Tel.: 05678/5210, Fax: 05678/5210-17,
e- mail:
amtsleiter@weissenbach.tirol.gv.at
Internet: www.weissenbach.tirol.gv.at

Gemeindestatistik

Fläche in ha:	8184.7
Kleinregion:	Reutte und Umgebung
Einwohner 31.12.2009:	1.284
Mittlere Wohnhöhe:	885 Meter

Weißenbach um 1910

Flächennutzung

Wert in ha, Anteil an jeweiliger Gesamtfläche in %

Flächenanteile 2001	Gemeinde	Gem.	Bez.	Land
Dauersiedlungsraum	401.8	4.9	9.9	12.2
Alpen	2106.4	25.7	25.0	27.0
Wald	3998.0	48.8	43.0	36.6
Gewässer	251.8	3.1	1.8	0.9
Verkehrsflächen	30.6	0.4	0.7	1.0
Sonstige Flächen	1473.2	18.0	20.9	24.3

Bevölkerungsentwicklung

Jahr	1951	1961	1971	1981	1991	2001
Einwohnerzahl	688	762	997	1072	1297	1344

Häufigste Familiennamen

Alber, Arzl, Kerle, Lutz, Posch.

Geschichte

Erstmals wird Weißenbach in einem Einkünfteverzeichnis des Klosters St. Mang in Füssen aus dem Jahr 1200 als „zim Wizibach zi Rutin" urkundlich erwähnt. 1948 entdeckte man bei Grabungsarbeiten im Oberhof – dem wahrscheinlich ältesten Ortsteil von Weißenbach - ein spätrömisches Grab aus dem 3.– 4. Jh. mit einem gut erhaltenen Skelett und einigen Grabbeigaben. Das führte zu der Vermutung, dass hier eine spätrömische Siedlung stand. Es wurden jedoch keine weiteren Funde gemacht. Im Jahr 1461 zählte man in einem Abgabenverzeichnis zwölf Höfe. Deren Namen sind heute in den Straßenbezeichnungen zu finden. Im 16.

Jh. blühte vor allem der Salztransport über den Gaichtpass von Tirol ins benachbarte Allgäu bis nach Bregenz und in die Schweiz. Im Salzstadel von

Gämstalbrücke

Weißenbach (1612) wurde das Salz abgeladen und von einheimischen Fuhrleuten über den steilen Pass befördert. Daneben verdienten auch

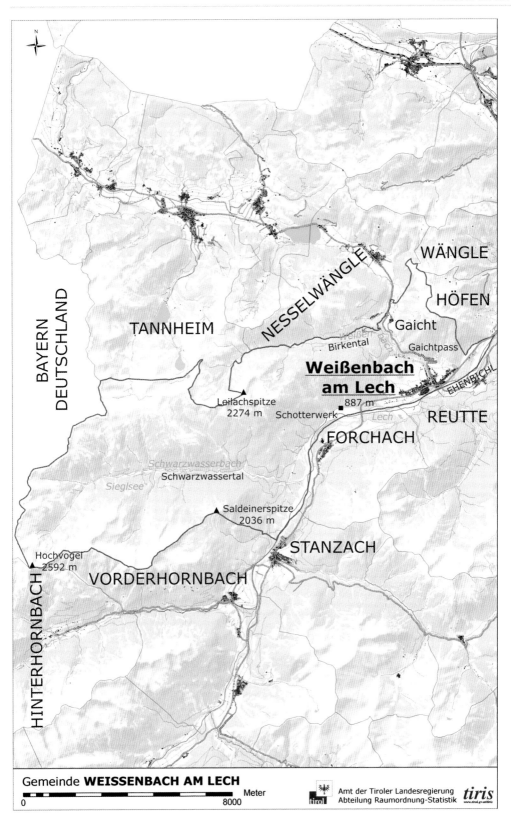

Gemeinde **WEISSENBACH AM LECH**

0   Meter   8000

Amt der Tiroler Landesregierung
Abteilung Raumordnung-Statistik

tiris
www.tirol.gv.at/tiris

Handwerker wie Schmiede und Wagner sowie die Gastwirte am Salztransport mit. 1632 wurde am Gaichtpass eine Befestigungsanlage als Vorwerk der Festung Ehrenberg und gleichzeitig als Zollklause errichtet. Als im Jahr 1824 die Arlbergstraße ausgebaut war, kam es zu einem wirtschaftlichen Rückschlag, da dadurch ein kürzerer und auch billigerer Weg in den Bodenseeraum zur Verfügung stand.

Weißenbach gehörte bis ins frühe 19. Jh. zur so genannten „fünförtlichen Gemeinde". Damit meinte man das Gericht und die Pfarre Aschau (heute Lechaschau), zu der das Gebiet links des Lech von Oberletzen bis einschließlich Vorderhornbach gehörte. Noch heute sind damit verschiedene Holzrechte verbunden.

Kirche - Seelsorge

Kirchlich war Weißenbach früher der Pfarre Wängle angeschlossen, welche wiederum zum Bistum Augsburg gehörte. Im Jahre 1635 wütete auch hier die Pest und forderte viele Todesopfer. Die Überlebenden gelobten zu Ehren des **hl. Sebastian** eine Kapelle zu bauen. Der Rohbau stand 1642. Nach längerem Streit mit dem Pfarrer von Wängle wurde Weißenbach 1684 eine Kaplanei. Erst hundert Jahre später, 1734 bis 1738 wurde die heutige Pfarrkirche von Baumeister Jakob Lutz gebaut. Die neuromanischen Altäre schuf der Kunsttischler Josef Buck aus Weißenbach, die Altarbilder stammen vom Kunstmaler Josef Hellweger. Die Deckengemälde malte Johann Kärle aus Vorderhornbach. In den beiden Seitenaltären befinden sich Reliquien der hl. Klara und des hl. Wenzeslaus aus den römischen Katakomben. Unter Kaiser Josef II. wurde Weißenbach 1786 Lokalkuratie und erst 1891 Pfarrei. Von 2004 bis 2008 wurde die gesamte Kirche grundlegend renoviert. Das Kirchendach und die Turmzwiebel wurden erneuert, die Fenster und die Außenfassade saniert. Im Rahmen der

Innenrestaurierung wurden die 1948 übermalten Malereien im Nazarenerstil wieder freigelegt bzw. ergänzt, der Boden, die Kirchenbänke und der Altar erneuert.

Die **Maria-Hilf-Kapelle** unter der Gaicht wurde 1714 erbaut und um 1860 auf Kosten des Gastwirtes Martin Lutz vergrößert. 1826 erbaute man zu Ehren des **hl. Johannes von Nepomuk** die Kapelle im Oberbach, die **Lourdes-Kapelle** im Unterbach entstand 1885. Die **Ölberg-Kapelle** nördlich des Dorfes wurde um 1900 errichtet.

Schule

Im Jahre 1658 hatte Weißenbach einen Schulmeister, der in Gasper Ertls Behausung „schuel" gehalten hat. Die ältesten Unterlagen reichen bis in das Schuljahr 1812/13 zurück. 1891 jedenfalls bestand eine dreiklassige Volksschule mit zwei Schulhäusern. Neben dem Schulleiter wirk-

Gaichtkapelle

ten vor allem geistliche Lehrschwestern. 1952 wurde das bestehende Schulhaus mit vier Klassen, verschiedenen Nebenräumen und einer Lehrerwohnung eingeweiht. 1984 erfolgte ein Zubau, in dem die Öffentliche Bücherei und ein weiterer Klassenraum zur Verfügung stehen.

In den Jahren 2009 und 2010 wurde auf dem ehemaligen Pausenplatz ein modernes Mehrzweckgebäude errichtet, in dem sich ein Turnsaal, der auch für Veranstaltungen genutzt werden kann, ein geräumiges Probelokal für die Bürgermusikkapelle und eine Hackschnitzelheizung befinden. Damit werden in Zukunft alle öffentlichen Gemeindebauten beheizt.

Vereine und Brauchtum

Weißenbach ist ein Ort mit einem regen Vereinsleben. Insgesamt 20 Vereine sind gemeldet. Der Brauch des Scheibenschlagens ist seit alters her bekannt. Am Abend des ersten Fastensonntages, dem darauf folgenden Dienstag und Donnerstag werden glühende Holzscheiben mit einer Weidenrute über ein schräg aufgelegtes Brett – den Scheibenbock - talwärts abgeschlagen. Diese sollen den Winter vertreiben.

Gesundheit und Soziales

Weißenbach ist Sitz des Sprengelarztes.

Wirtschaft und Tourismus

Im Verzeichnis der Wirtschaftskammer Österreichs sind in Weißenbach derzeit 59 Firmen angeführt. Darunter sind mehrere Handwerksbetriebe, Geschäfte und Gasthäuser zu finden. Eine Besonderheit bildet das heute einzige abbauwürdige Gipsvorkommen Tirols am Fuße des Gaichtpasses. Hier wird in einem Gipskocher das abgebaute Material direkt zu Stuck- und Baugips verarbeitet.
Den Gästen stehen insgesamt 475 Betten zur Verfügung. Die Nächtigungszahlen belaufen sich auf ca. 40.000 Übernachtungen pro Jahr.

Landwirtschaft

Nur zwei Haupterwerbsbauern und 37 Nebenerwerbsbauern bewirtschaften 285 ha landwirtschaftliche Fläche. Die Gemeinde Weißenbach und die Agrargemeinschaft Gaicht teilen sich insgesamt 1446 ha Wald.

Viehbestand - *letzte Viehzählung*

Rinder	134	Pferde	110
Schafe	39	Ziegen	15
Schweine	7	Hühner	107

Gewässer

Hier münden der Weißenbach und der Rotlech in den Lech.

Persönlichkeiten

Josef Fidelis Sebastian Lutz (1822 – 1885): Komponist und Kapellmeister in Bozen und Innsbruck.
Malerfamilie Kärle (19. Jh.)
Johann Martin Kerle (1811 – 1893): ein weitum bekannter Musiker.

Besonderheiten

Im Guinnessbuch der Rekorde ist eine nur 41,5 mm hohe Violine, die theoretisch spielbar ist, angeführt. Sie wurde vom Weißenbacher Martin Wilhelm hergestellt.

Sieglsee

Sagen

Der Geist auf dem Fuhrwerk
Die Weißenbacher Wetterglocke
Die schwarze Katze am Bösen Weg
Das Hexenplätzle
„Es stimmt it".

Weiterführende Literatur

Richard Lipp, Außerfern
F. Fuchs, Gästezeitung „Ehrenberger Land am Lech"
Rudolf Osler, Ortschronist
Tinkhauser/Rapp: Beschreibung der Diözese Brixen.
„Weißenbach am Lech im Spiegel der Zeit", Außerferner Druckhaus, Reutte, 2008

Zöblen

Toni Gutheinz

Wappen

Verleihung des Wappens am
20. Oktober 1987.

In silbernem Schild im Dreipass
laufende schwarze Zobel.

Farben der Gemeindefahne
Schwarz-Weiss.

Als sprechendes Wappen versinnbildlicht
es den Namen der Gemeinde.

Lage

Zöblen liegt auf 1087 m Seehöhe, das
Dorf grenzt im Westen an die Gemeinde
Schattwald, im Osten an die Gemeinde
Tannheim. Der kleine Ort stellt sich als
kompaktes Haufendorf mit den Weilern
Katzensteig, Obere und Untere Halde
dar.

GEMEINDEAMT

6677 Zöblen
Nr. 39
Tel. & Fax: 05675/6406
e-mail: gemeinde@zoeblen.tirol.gv.at

Gemeindestatistik

Fläche in ha:	877.1
Kleinregion:	Tannheimer Tal
Einwohner 31.12.2009:	246
Mittlere Wohnhöhe:	1087 Meter

Zöblen um 1920

Flächennutzung

Wert in ha, Anteil an jeweiliger Gesamtfläche in %

Flächenanteile 2001	Gemeinde	Gem.	Bez.	Land
Dauersiedlungsraum	255.1	29.1	9.9	12.2
Alpen	326.3	37.2		
Wald	229.2	26.1	43.0	36.6
Gewässer	6.2	0.7	1.8	0.9
Verkehrsflächen	9.9	1.1	0.7	1.0
Sonstige Flächen	72.0	8.2	20.9	24.3

Bevölkerungsentwicklung

Jahr	1900	1934	1951	1961	1971	1981	1991	2001
Einwohnerzahl	168	177	194	179	192	213	222	243

Häufige Familiennamen
Gutheinz, Müller, Rädler.

Geschichte
Zöblen erhebt sich sonnseitig auf dem Schuttkegel des Steina-Baches. Schon sehr früh dürften sich Saumwege vom Weiler Berg über Zöblen nach Fricken gezogen haben. 1379 wird erstmals der „Zobl Gut" urkundlich erwähnt. Dieses dürfte allerdings wesentlich älter sein, denn nach dem tirolischen Untertanenverzeichnis von 1427 bewohnten bereits sechs Familien dieses Namens mit 42 Personen die Gegend.
Die Grafen von Montfort nahmen 1469 15 Pfennige Vogtsteuer ein. Bauerngüter in Katzensteig sind 1497 beurkundet. Innerhalb der Großgemeinde Tannheim entwickelte sich Zöblen gegen Ende des 16. Jhs. zu einem eigenständigen Gemeinwesen. Um 1600 besaß es eigene Dorfmeister zur Unterstützung des Tannheimer Ammanns. Ab 1620 führte es eigene Wirtschaftsbücher, wurde 1810 eigener Steuerdistrikt, in der Folge Katastralgemeinde und schließlich 1835 selbstständige politische Gemeinde.[1]

Kirche – Seelsorge
Zöblen ist mit seinen Weilern seit 1794 eine Expositur, ab 2007 gehört sie dem neu geschaffenen „Seelsorgeraum Tannheimer Tal und Jungholz" an. Die **Kirche zum hl. Joseph** wurde anstelle einer 1682 errichteten Kapelle 1785 erbaut und 1793 geweiht. Nach einem Brand im Jahre 1832 wurde das Gotteshaus wiederhergestellt und Ende des 19. Jhs. neu ausgestattet. Zuletzt wurde es 1989 renoviert.
Die Deckenfresken stammen von Johann Kärle (1887): im Chor Anbetung der Eucharistie, im Langhaus Anbetung der Könige sowie Szenen aus dem Leben des Kirchenpatrons. Das Gemälde am Hochaltar zeigt den „Tod des hl. Joseph". Am linken Seitenaltar sieht der Betrachter das Bild „Zuflucht Mariens" aus dem Jahr 1860, gemalt von A. Keller, am rechten Seitenaltar ist der „hl. Antonius von Padua mit dem Jesusknaben" zu sehen.[2]
Die Glasfenster im Chor stammen aus

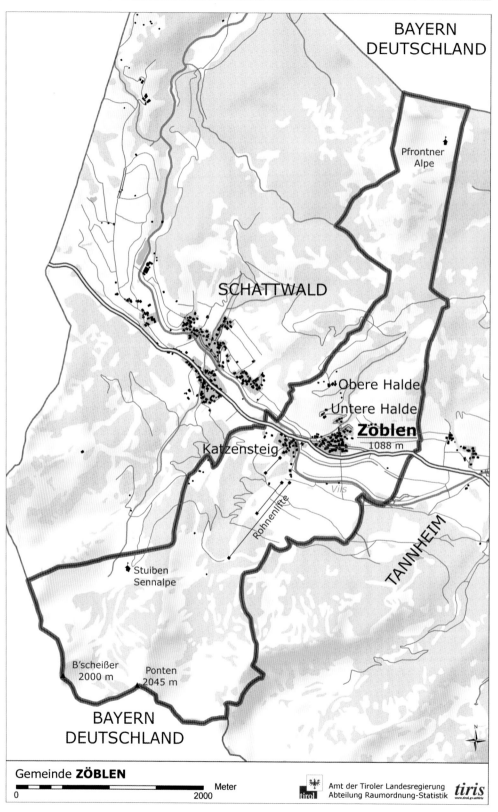

Gemeinde **ZÖBLEN**

0   2000   Meter

Amt der Tiroler Landesregierung
Abteilung Raumordnung-Statistik

tiris
www.tirol.gv.at/tiris

dem Jahr 1889, die Glasfenster im Langhaus wurden 1929 von der Tiroler Glasmalereianstalt Innsbruck hergestellt.[3] Erwähnenswert sind die zwei Kapellen: Zum einen die **Kreuzkapelle** „Eisr Hear im Ölend" auf der Oberhalde und zum anderen die **Lourdeskapelle** in Katzensteig. Diese wird seit einigen Jahren auch als Leichenkapelle verwendet.

Schule

Am 7. Dezember 1787 berichtete die Gemeinde Zöblen an das k. k. Gubernium in Innsbruck, dass es im Ort bereits einen gestifteten Schullehrer gäbe.
Bis zum Bau des ersten Schulhauses 1825 erfolgte der Unterricht in einem Bauernhaus. 1890 gab es eine einklassige Volksschule mit eigenem Schulhaus ohne Lehrerwohnung. Der Lehrer war zugleich Mesner und Organist. Später wurde das Schulhaus erweitert und erhielt eine Lehrerwohnung.
Im Herbst 1978 übersiedelte die einklassige Volksschule in das neu errichtete Mehrzweckgebäude. Das alte Schulhaus wurde verkauft, abgebrochen und durch ein Privathaus ersetzt.

Vereine

Musikkapelle, Josefichor, Freiwillige Feuerwehr, Skiclub, Heimkehrerverein, Landjugend.
Das 1979 eingeweihte Gemeindehaus beherbergt das Gemeindeamt, das Tourismusbüro, die Öffentliche Bücherei, die Feuerwehr und die einklassige Volksschule. Das Probelokal der Musikkapelle wurde 1999 seiner Bestimmung übergeben.

Wirtschaft – Tourismus

Bis ins 20. Jh. wurde das Dorf Zöblen vom bäuerlichen Leben geprägt. Wie alle Bewohner des Tannheimer Tales lebten auch die Zöbler in früheren Zeiten von der Viehzucht, teilweise vom Getreide- und Flachsanbau, vom Salzdurchzugsverkehr und von der Arbeit im Ausland.
Gegenwärtig trägt der Fremdenverkehr wesentlich zur wirtschaftlichen Entwicklung des Ortes bei. Mehrere Beherbergungsbetriebe betreuen Gäste aus dem nahen und fernen Ausland. Reiche Wandermöglichkeiten bieten sich an, für den Tierfreund wird ein Wildgehege angeboten, die Petrijünger können sich am Greiter Weiher und in der Vils dem Sportfischen widmen. Alpinskifahrer und Langläufer können sich vielfältig betätigen. Ein Sorgenkind der Gemeinde waren die Skilifte. In der Wintersaison 2009/10 konnte eine moderne Viererumlaufsesselbahn durch die Tannheimer Bergbahnen in Betrieb genommen werden.

Nächtigungsentwicklung[4]

1981	1990	1995	2000	2003
45.199	45.411	36.763	36.368	39.310

Dienstleistungsbetriebe wie ein Sportgeschäft, eine Autowerkstätte, eine Bäckerei und einige Gasthäuser sind im Ort vorhanden. Natürlich müssen viele Bewohnerinnen und Bewohner auspendeln, Reutte und das nahe gelegene Allgäu sind die Hauptziele der Pendler. Noch hat Zöblen einen kleinen Lebensmittelladen, der die Nahversorgung sichert. In den letzten Jahren konnte sich der Schmied Günther Nenning einen Namen als Hufschmied machen. So kann er beispielsweise einige Europameistertitel sein Eigen nennen, erworben bei diversen Bewerben im In- und Ausland.

Landwirtschaft

Etwas schwieriger stellt sich die Situation im landwirtschaftlichen Bereich dar. Die Vieh haltenden Betriebe werden ständig weniger. Im ganzen Dorf gibt es keinen einzigen Vollerwerbsbauern. Das wirft für die Zukunft einige Fragen auf, was die Bearbeitung der zum Teil steilen Felder und Wiesen betrifft. Ein einziger Bauer ist alternativ unterwegs. Einerseits werden die auf dem Hof hergestellten Produkte im eigenen Hofladen vermarktet, andererseits werden in der hofeigenen Biogasanlage Speisereste der Hotellerie zu hochwertigem Dünger verarbeitet. Das dabei entstehende Biogas wird im Blockheizkraftwerk verbrannt, der produzierte Biostrom ins Netz eingespeist. Mittels der entstehenden Abwärme wird im Sommer das Heu getrocknet und das ganze Jahr über das Wohnhaus geheizt.

Vieh haltende Betriebe[5]

1961	1971	1981	1991	2003
37	22	17	15	13

Viehbestand - *letzte Viehzählung*

Rinder	130	Pferde	1
Schafe	17	Ziegen	15
Schweine	83	Hühner	143

Persönlichkeiten

Karl Koch (1887 – 1971): Kirchenmusiker, Komponist, Domkapellmeister.
Die wohl bekannteste Persönlichkeit des Dorfes ist der 1887 in Biberwier geborene und in Zöblen aufgewachsene frühere Domkapellmeister Monsignore Karl Koch. Nach Beendigung seines Priesterstudiums in Brixen studierte Prof. Karl Koch zwei Jahre, 1912 und 1913, in Regensburg, dort schloss er auch sein Musikstudium ab. Nach Ende des Ersten Weltkrieges setzte er in den Jahren 1921 und 1922 seine Studien an der Musikakademie in Wien fort. 1924 berief Propst Weingartner Karl Koch an die Spitze des Innsbrucker Pfarrchors St. Jakob. Im Schuljahr 1925/26 wurde er als ständiger Lehrer für Orgel und Musiktheorie an die städtische Musikschule Innsbruck berufen. 1933 lehnte er eine Berufung nach Wien als Professor an der Musikakademie und Leiter der Wiener Sängerknaben sowie der Wiener Hofburgkapelle ab, weil er in seinem Heimatland bleiben wollte.
Nach Ende des Zweiten Weltkriegs setzte er den Unterricht am Konservatorium der Stadt Innsbruck fort, bis zum Jahre 1962 unterrichtete Prof. Karl Koch die Fächer Orgel und Musiktheorie.
Sein künstlerisches Werk wurde im hohen Alter gewürdigt: 1956 erhielt er das Ehrenzeichen des Landes Tirol, 1957 wurde er im Rahmen eines akademischen Festaktes in das Ehrenbuch der Universität eingetragen. Sein wohl reifstes künstlerisches Werk, ein Requiem, widmete er den „Helden Tirols von 1809". Für dieses Requiem wurde ihm der Österrei-

chische Staatspreis verliehen. Schließlich erhielt er 1968 auch noch den Ehrenring der Stadt Innsbruck.[6] Seine letzten Lebensjahre verbrachte er in Innsbruck, wo er am 20. Jänner 1971 starb.[7] An Karl Koch erinnert ein Gedenkstein neben dem Kriegerdenkmal im Friedhof.

Professor Dr. Franz Xaver Schedle (1840 – 1890): Der in Zöblen geborene Schedle gründete 1864 mit Dr. Liberat Wolf aus Stockach die erste katholische Hochschulverbindung Österreichs in Innsbruck, die Austria.[8]

Franz Novacek (1909 – 1998):
Von 1938 bis 1973, abgesehen von kriegsbedingter Unterbrechung, unterrichtete Franz Novacek die Buben und Mädchen aus Zöblen. Jahrzehntelang stand er der Musikkapelle Zöblen als Kapellmeister vor, bis er es körperlich nicht mehr schaffte, war zudem Organist und Leiter des Kirchenchores. Er war Gemeindesekretär, Leiter der Öffentlichen Bücherei und Standesbeamter.
Franz Novacek starb am 28. August 1998 und wurde unter großer Teilnahme der Bevölkerung in Zöblen zur letzten Ruhe gebettet.

Anton Wötzer (1898 – 1974):
Kaplan der landwirtschaftlichen Lehranstalt Imst

Sagen
Die Friedhofskatze
Der Obelegeist

Weiterführende Literatur
Tinkhauser/Rapp, Beschreibung d. Diözese Brixen, 1890.

[1] *Alfons Kleiner, Das Tannheimer Tal, Seite 110 ff*
[2] *Die Kirchen und Kapellen des Tannheimer Tales, Seite 28 ff*
[3] *Alfons Kleiner, Das Tannheimer Tal, Seite 116*
[4] *Laut Angaben des Tourismusverbandes Zöblen, Februar 04*
[5] *Laut Angabe der Gemeinde Zöblen – März 04*
[6] *Wilhelm Isser, Karl Koch, Tyrolia 1969*
[7] *Gertrud Pfaundler, Tirol Lexikon, Rauchdruck 1983*
[8] *Ferdinand Fuchs, Heimat Außerfern, Außerferner Druck – und Verlagsges.m.b.H., Reutte 1984 .*

Gemeinden im Überblick

Gemeinde	Wohnbe- völkerung	Ausländer- anteil in %	Nächtigungen	Fläche in ha	Seehöhe*
	31.12.2009	31.12.2008	Winter/Sommer 2008	01.01.2002	in m
Bach	675	6,1	114.037	5.686,1	1.062
Berwang	589	11,2	246.904	4.272,3	1.342
Biberwier	638	15,8	97.335	2.942,0	989
Bichlbach	801	14,7	60.341	3.063,9	1.074
Breitenwang	1.595	13,1	55.895	1.894,4	849
Ehenbichl	833	11,2	18.961	728,6	864
Ehrwald	2.658	19,5	400.593	4.944,3	1.000
Elbigenalp	807	8,8	108.791	3.309,1	1.040
Elmen	398	6,8	17.449	2.963,3	976
Forchach	289	10,4	1.869	1.441,6	910
Grän	590	22,2	377.153	2.091,6	1.134
Gramais	68	13,2	10.634	3.243,5	1.328
Häselgehr	717	8,4	21.383	5.062,5	1.003
Heiterwang	529	4,9	34.717	3.572,7	994
Hinterhornbach	87	4,6	9.123	5.054,8	1.101
Höfen	1.263	8,2	50.149	836,4	869
Holzgau	443	10,6	116.153	3.605,7	1.103
Jungholz	297	52,5	72.169	705,7	1.058
Kaisers	81	8,6	5.656	7.450,4	1.522
Lechaschau	1.985	13,9	29.004	611,7	850
Lermoos	1.101	18,5	511.855	5.644,6	1.004
Musau	396	9,1	9.931	2.066,2	830
Namlos	95	7,4	6.596	2.875,9	1.225
Nesselwängle	423	9,0	100.184	2.301,6	1.136
Pfafflar	125	15,2	12.635	3.363,3	1.619
Pflach	1.244	17,4	7.424	1.383,5	840
Pinswang	422	14,2	14.963	947,2	824
Reutte	5.857	19,5	66.387	10.091,5	853
Schattwald	417	13,9	53.332	1.613,9	1.072
Stanzach	411	5,6	37.579	3.185,2	940
Steeg	724	3,5	82.399	6.799,8	1.122
Tannheim	1.090	18,8	369.266	5.130,7	1.097
Vils	1.541	14,1	9.313	3.074,5	826
Vorderhornbach	258	1,6	12.693	1.727,9	973
Wängle	860	11,6	86.705	934,3	883
Weißenbach am Lech	1.284	8,7	39.351	8.184,7	887
Zöblen	246	13	35.840	877,0	1.088
Bezirk Reutte	**31.837**	**14,4**	**3.304.748**	**123.682,4**	

* Die mittlere Wohnhöhe stimmt nicht immer mit der auf der Karte angegebenen Seehöhe überein.

Ammann Werner	ehem. Geschäftsführer des Tourismusverbandes Reutte
Atzenhofer Gottfried	Bezirksleiter der Tiroler Bergwacht
Bader Egon	Naturschutzbeauftragter
Berger Friedel, Dr.	ehem. Vorstand des Landespressedienstes
Besler Peter	Bezirkskapellmeister
Broll Simone	Mitglied der Wasserrettung Reutte
Dragosits Friedrich, DI, Dr.	ehem. Bezirksleiter der Wildbach- und Lawinenverbauung
Friedle Peter, Mag.	ehem. Bezirksschulinspektor
Fritz Johannes, Mag. Dr.	Amtstierarzt
Fuchs Ferdinand (†)	ehem. Volksschuldirektor in Wängle
Gabl Karl, Dr.	Leiter der Wetterdienststelle Tirol
Ginther Werner	ehem. Bezirksobmann und Vorstandsmitglied der Tiroler Volksbühnen
Hornstein Ernst	Vorsitzender des Museumsvereines des Bezirkes Reutte
Hosp Markus, Ing.	Mitarbeiter Siedlungswasserbau im Baubezirksamt Reutte
Huber Elfriede	Leiterin der Jugendwohlfahrt bei der Bezirkshauptmannschaft Reutte
Keller Ossi, Mag.	Bezirksleiter-Stellvertreter der Bergrettung
Keller Wilfried, Mag. Dr.	ehem. Leiter der Abteilung Landeskunde am Institut für Geographie der Universität Innsbruck
Kerber Adolf	Bezirksleiter der Bergrettung
Kleiner Alfons, Mag. Dr.	ehem. Bezirksschulinspektor
Klien Wolfgang, DI	Amtsleiter-Stellvertreter, Baubezirksamt Reutte, Fachbereichsleiter Schutzwasserbau
Kostenzer Johannes, Mag.	Landesumweltanwalt
Linser Peter, Mag.	ehem. Volksschuldirektor
Linser Regine, Mag.	AHS-Lehrerin
Lipp Richard, Mag. Dr.	Historiker
Lorenz Thomas, DI	Leiter der Bezirkslandwirtschaftskammer
Mair Josef	Kunstexperte
Nasemann Peter, OStR.	AHS-Lehrer, Geograph
Palfrader Beate, Mag. Dr.	Landesrätin für Bildung und Kultur
Perl Klaus	ehem. Bezirksjägermeister, Jagdreferent in der Bezirkshauptmannschaft
Philipp Bernadette	Sachbearbeiterin für Vereinswesen bei der Bezirkshauptmannschaft Reutte
Pirschner Fritz	HS-Lehrer
Platter Günther	Landeshauptmann
Pohler Alfred, Ing.	Sachbuchautor
Pranger Maria, Mag.	Dekanatsassistentin
Raffl Christine, Mag.	AHS-Lehrerin
Schall Kaharina, Mag.	Bezirkshauptfrau
Scheiber Wolfgang	Mundartdichter, Buchautor
Schennach Dietmar, Dr.	ehem. Bezirkshauptmann, Landesamtsdirektorstellvertreter
Strolz Bernhard, Mag.	AHS-Lehrer
Tschurtschenthaler Klaus, Dr. (†)	ehem. Brauchtumsreferent des Trachtenverbandes Oberland mit Außerfern
Versal Stefan	Schriftführer des Bezirksfeuerwehrverbandes
Vindl Wolfram	Bataillonskommandant des Bataillons Ehrenberg
Wacker Sighard, DI	ehem. Obmann der Kulturinitiative „Huanza"
Walch Josef, DI	Leiter Bezirksforstinspektion
Walcher Franz, Prof.	ehem. Leiter der Musikschule Reutte - Außerfern
Werth Armin (†)	ehem. Bezirksleiter der Bergwacht
Winkler Wolfgang	Referent für Öffentlichkeitsarbeit beim Roten Kreuz
Wurm Kurt, Mag.	Chronist

Bader Christoph	ehem. Chronist von Stanzach
Bader Theo	ehem. Chronist von Elbigenalp
Berktold Silvia	VS-Lehrerin in Musau
Brutscher Reinfried	Gemeindesekretär von Vils
Falger Sarah	ehem. VS-Lehrerin in Berwang
Falkeis-Posch Barbara	VS-Lehrerin in Ehrwald
Friedl Josef, Ing.	ehem. Bürgermeister von Pfafflar
Friedle Peter, Mag.	Chronist von Vorderhornbach
Friedle Werner	Chronist von Gramais und Häselgehr
Gratl Werner	VS-Direktor in Heiterwang
Gutheinz Toni, Mag.	ehem. Bürgermeister von Zöblen
Haid Franz	ehem. Bürgermeister von Musau
Haller Gebhard	Chronist von Pinswang
Heiserer Reinhold	Chronist von Breitenwang
Heiß Robert	VS-Direktor in Lechleiten
Höck Werner	ehem. Chronist von Lechaschau
Horndacher Gertrud	Chronistin von Musau
Huter Albert	Chronist von Schattwald
Klotz Hannes	Ortsobmann des Tourismusverbandes Reutte, Lechaschau
Köck Albert	VS-Direktor in Stanzach
Köck Wolfgang	Gemeindesekretär in Elmen
Kotz Marianne	Chronistin von Wängle
Kröll Astrid, Mag. Dr.	Chronistin von Pflach
Kulturrunde Bichlbach	Bichlbach
Leuprecht Reinhard	Amtsleiter der Gemeinde Musau
Linser Peter, Mag.	ehem. VS-Direktor in Vils
Lipp Richard, Mag. Dr.	Historiker
Mair Josef	Kunstexperte, Elmen
Maringele Thomas	Gemeindesekretär in Nesselwängle
Maroschek Erhard, Mag.	Chronist von Lermoos
Moosbrugger Burkhard	VS-Direktor in Steeg
Müller Paula	VS-Direktorin in Grän
Neurauter Veronika	Chronistin von Kaisers
Ostheimer Claudia	VS-Direktorin in Musau
Pfefferkorn Heike	VS-Lehrerin in Kaisers
Pohler Alois	VS-Direktor in Biberwier
Pohler Walter	Chronist von Höfen
Rauth Eduard	Chronist von Ehenbichl
Rief Christian	Chronist von Tannheim
Schaub Gerhard	VS-Lehrer in Namlos
Schretter Dorothea	Chronistin von Vils
Schrettl Reinhold	Obmann des Museumsvereins der Stadt Vils
Tauscher Max	Chronist von Jungholz
Tauscher Sepp	Chronist von Grän
Walch Andrea	ehem. Chronistin von Elbigenalp
Walch Josef, DI	Gemeinderat in Häselgehr
Wallnöfer Eva, Mag. Dr.	Chronistin von Holzgau
Wex German (†)	ehem. Gemeindesekretär von Lechaschau
Winkler-Köll Maria-Theresia	ehem. Chronistin von Forchach
Wolf Maria	Chronistin von Bach
Wörz Hansjörg	VS-Direktor in Weißenbach am Lech
Wurm Kurt, Mag.	Chronist
Zotz Christine	ehem. VS-Lehrerin in Berwang

Bildnachweis

Literaturverzeichnis

Ammann Gert	Ehrwalder Kirchenführer, 1989
Ammann Gert	Das Tiroler Oberland, Verlag St. Peter, Salzburg, 1978
Anreiter Peter, Chapman Christian, Rampl Gerhard (Hrsg.)	Die Gemeindenamen Tirols, Herkunft und Bedeutung, Wagner, Innsbruck 2009
Bader Rupert	Durch Jahrhunderte getragen, 600 Jahre Pfarrgemeinde Vils, 1994
Bader Theo	Festschriften und Dorfchronik Elbigenalp
Barthelmeus Karl-Heinz, Linke Günter, Roth Norbert	Begegnung vor der Krippe
Bauer Franz, Keller Wilfried, Leitner Walter, Lipp Richard, Palme Rudolf, Palme-Comploy Waltraud	Reutte 500 Jahre Markt 1489 - 1989
Bauer Johann	Geologie im Allgäu
Beimrohr W., Köfler W.	Wappen der Tiroler Gemeinden, Verlag Rauchdruck, Innsbruck 1995
Berwang	Dorfchronik
Besler Walter	Skriptum und Kirchenführer St. Wendelin, Grän
Bezirkskrankenhaus Reutte	Festschrift, Verwaltungsgemeinschaft des Bezirkskrankenhauses Reutte, 1968
Bezirkslandwirtschaftskammer	Archiv
Berg 84	AV-Jahrbuch, Bergverlag R. Rother, München
Biberwier	Gemeindechronik
Bichlbach	Bichlbacher Kirchenführer
Bilgeri Monika	Chronik der Gemeinde Nesselwängle, Nesselwängle 1983
Bilgeri Monika	Die Sagen des Tannheimer Tales
Bilgeri Monika	Kleine Chronik der Pfarre Nesselwängle, Nesselwängle 1992
Bischof Ernst	Neue Dorfchronik von Elmen
Breitenwang	Dorfbuch „900 Jahre Breitenwang 1094 – 1994"
Dengel Ignaz Philipp	Beiträge zur ältesten Geschichte von Reutte, im Verlage des Vereines für Heimatkunde und Heimatschutz vom Außerfern, 1924, Tiroler Bote, 1861
Dinger G. u. G.	Natur- und kulturkundlicher Wanderführer Hinterhornbach DAV-Sektion Donauwörth
Dvorak Hans	Dorfbuch Elmen
Elmen	Schulchronik
Erhard Andreas, Ramminger Eva	Die Meerfahrt, Balthasar Springers Reise zur Pfefferküste, Innsbruck 1998
Finsterwalder Karl	Tiroler Ortsnamenkunde, Bd. 3, Universitätsverlag Wagner, Innsbruck, 1995
Fliri Franz	Naturchronik von Tirol, Universitätsverlag Wagner, 1988
Forchach	Dorfchronik
Franziskanerkloster St. Anna	Festschrift zur 350-Jahr-Feier, 1978
Fuchs Ferdinand	Festschrift 150 Jahre politische Gemeinde Grän
Fuchs Ferdinand	Gästezeitung Ehrenberger Land am Lech
Fuchs Ferdinand	Heimat Außerfern, Außerferner Druck- und Verlagsges.m.b.H., Reutte 1984
Fuchs Ferdinand	Ortschronik Wängle
Gerber Alois	550-Jahr-Feier Ortsname Höfen, Höfen 1977
Grabherr Gerald	Zusammenfassung über die bisherigen Grabungsarbeiten an der Römerstraße in Biberwier
Gräßle German	Geschichte der Orte Namlos/Kelmen 1286 – 1985

Grießer Isidor	Gleiche Sprache nach 1400 Jahren. In: Tiroler Heimatblätter. Zeitschrift für Geschichte, Natur- und Volkskunde, Heft 1
Groth H.	Lechtaler Alpen, AV-Führer, Bergverlag R. Rother, München
Haudek Otto	Ehrwald – Chronik des Zugspitzdorfes, Eigenverlag 1991
Haudek Otto, Richter Paul	Ehrwald – Das Zugspitzdorf, Eigenverlag 2003
Herrmann-Schneider Hildegard	Musikhandschriften der Pfarrkirche und der Musikkapelle Vils, Innsbruck 1993
Horak Karl	Die Notentruhe eines Lechtaler Musikanten, 1965
Hornung Maria, Roitinger Franz	Die österreichischen Mundarten, Eine Einführung, Neu bearbeitet von Gerhard Zeilinger, Wien: ÖBV & HPT
Kätzler Ferdinand	300 Jahre Zunftbruderschaft St. Josef zu Bichlbach
Kätzler Ferdinand	Lähner Kirchenführer
Keller Wilfried	Der obere Weg: Außerfern, Fernpass und das Obere Gericht. In: Europaregion Tirol-Südtirol-Trentino. Geographischer Exkursionsführer Bd. 1, Innsbruck
Keller Wilfried	Wandlungen im alpinen Bevölkerungsbild unter dem Einfluss der Industrialisierung. Das Außerfern als Beispiel. In: Beiträge zur Bevölkerungsfor-schung (Festschrift Ernest Troger Bd. 1), Wien
Kleiner Alfons	Das Tannheimer Tal, Steiger Verlag, Berwang 1988
Kleiner Alfons	Die Kirchen und Kapellen des Tannheimer Tales
Kögl Joseph Sebastian	Geschichtlich Topographische Nachrichten über das K. K. Gränz- ehemals Freiungsstädtchen Vils in Tirol, Füssen 1834
Kollmann Cristian	Wie schreibe ich im Dialekt? In: Tiroler Chronist, Heft 82, 2001
Krapf Michael	F. A. Zeillers Bozzetto der Geburt des Johannes, in: Mitteilungen der Österreichischen Galerie, Wien 1972, S 51
Kreuzer-Eccel Eva	Aufbruch, Athesia Bozen, 1982
Kröll Astrid	Dorfbuch Pflach (erscheint 2005)
Landolt Elias	Unsere Alpenflora, Schweizer Alpen-Club, 1960
Lechleitner Albrecht	Chronik der Gemeinde Elmen mit den Ortsteilen Klimm und Martinau
Linser Peter	Bichlbach-Wengle-Lähn, Drei Dörfer - eine Gemeinde, ein Lesebuch, 1992
Linser Peter	Kirchenführer Bichlbach, 2002
Linser Peter	Sagenhaftes Außerfern, 2003
Lipp Richard	Außerfern: Der Bezirk Reutte, Tyrolia-Verlag, Innsbruck-Wien 1994
Lipp Richard	In: Chronik Rotes Kreuz anlässlich 75-Jahr Jubiläum
Lipp Richard	Neues aus der alten Zeit in: Außerferner Nachrichten 1994/Nr. 32
Lipp Richard	Reutte von 1918 bis 1938. Wirtschaft, Gesellschaft und Politik, phil. Diss. 2004 Universität Innsbruck
Lipp Richard	700 Jahre Stanzach, 1294 – 1994, Eigenverlag Gemeinde Stanzach 1994

Lutterotti Otto R. v.	Joseph Anton Koch (1768 – 1839), Leben und Werk mit einem vollständigen Werkverzeichnis, Herold Verlag, Wien-München
Mair Josef	Balthasar Riepp, Genie im Schatten
Mair Josef	Laymann-Kruzifixe von Bartholomäus Steinle in Elmen und Pflach, in: Tiroler Heimatblätter
Matsche Franz	Der Freskomaler Johann Jakob Zeiller (1708 – 1783), phil. Diss. Marburg/Lahn 1970
Moser Heinz	Heiterwang, Außerferner Druck- und Verlagsgesellschaft
Moser Heinz	Lermoos 3, erweiterte Auflage 2004. Paul Gerin 2004
Moser Heinz	TLA Ortschronik Nr. 36 Museumsführer Bezirk Reutte
Mutschlechner Georg, Palme Rudolf	Das Messingwerk in Pflach bei Reutte, Innsbruck 1976, S 109 f.
Mutschlechner Georg	Schlern-Schriften 111, Außerferner Buch, 1955
Nasemann Peter	GEO-Pfad, Pfronten – Vils, Holzer Druck und Medien, Weiler, 2004
Osler Rudolf	Ortschronik Weißenbach
Paulin Karl	Anna Stainer Knittel – Aus dem Leben einer Malerin, Universitätsverlag Wagner, Innsbruck
Pesendorfer Gertrud	Lebendige Tracht in Tirol, Universitätsverlag Wagner, Innsbruck
Pfafflar	Dorfchronik
Pinswang	Dorfbuch 900 Jahre Pinswang. Das Dorf an der Grenze, Pinswang 1995
Pinswang	Kirchenführer
Plankensteiner Irmgard	Der Brixner Hofmaler Franz Anton Zeiller, phil. Diss., Innsbruck 1978
Pohler Alfred	Alpenblumen, prachtvolle Wunder der Natur Edition Artpress, Höfen 2004
Pohler Alfred	Alte Tiroler Bauernhöfe, Steiger Verlag, Innsbruck 1984, 2. Auflage 1985
Pohler Alfred	Blumen in den Alpen, Alpina Druck Innsbruck 1976, 12. Auflage 2002
Rambousek Friedrich	Bilder, Bauten, Gebilde, ÖBV Wien, 1974
Reichart Helga	Die Geierwally. Leben und Werk der Malerin Anna Stainer-Knittel, Haymon Verlag Innsbruck, 1991
Reichart Helga	Leben und Werk des Holzbildhauers Rudolf Geisler-Moroder, Verlag Tyrolia, Innsbruck-Wien, 1996
Schattwald	Kirchenchronik
Schattwald	Schulchronik
Schatz Josef	Wörterbuch der Tiroler Mundarten. Für den Druck vorbereitet von Karl Finsterwalder. Band I, A – L. Innsbruck; Universitätsverlag Wagner (Schlern-Schriften; 119), 1955
Schatz Josef	Die tirolische Mundart. Mit einer Karte. Separatabdruck aus der Ferdinandeums-Zeitschrift. Innsbruck: Druck der Wagner`schen Universitäts-Buchdruckerei, Im Selbstverlage, 1903
Schatz H.	Gutachten für die Unterschutzstellung des Ehrwalder Beckens
Scherl Alfons	Pfarrchronik von Steeg

Schmidt Alice	Hausarbeit, Höfen, 1994
Schönherr Luis	Zum Luftkampf über dem Außerfern am 3. August 1944. In: Tiroler Chronist, Nr. 65, Dezember 1996, S. 11 – 18
Schrettl Reinhold	Expedition Außerfern, Ehrenberg-Verlag 2004
Schrettl Reinhold	Franzosen- und Bayernkriege im Außerfern und Allgäu, eine Chronik von 1789 - 1816, Vils 2009
Schrott Raoul	DADA 21/22, Haymon Verlag Innsbruck, 1988
Schützengilde Reutte	Festschrift 350 Jahre, 1976
Seibert Dieter	Alpenvereinsführer, Selbstverlag, 1950
Singer Siegfried	Mein Reutte, Reutte, Ehrenberg-Verlag 2004
Skiklub Ehrwald	Festschrift 50 Jahre (75 Jahre)
Spiehler Anton	Das Lechtal, geschichtliche und kulturelle Studien, 1883
Sprenger Philipp	Auszug aus Broschüre „Tirol – Immer einen Urlaub wert"
Stadt Füssen	Festschrift zum zwölfhundertjährigen Jubiläum des hl. Magnus,
Statistik Österreich	Statistische Unterlagen
Stecher C.	Vogelwelt im Naturschutzgebiet Ehrwalder Becken
Stolz Otto	Geschichte der Stadt Vils in Tirol
Strolz Bernhard	Die Salzstraße nach Westen. Ein Kulturführer von Hall in Tirol übers Außerfern durchs Allgäu zum Bodensee, Tyrolia 2004
Stummvoll Franz	Der Hochaltar in Berwang, Österreichische Staatsdruckerei, Wien, 1984
Tauscher Max	Dorfbuch Jungholz, Jahresberichte
Tinkhauser Georg, Rapp Ludwig	Topographisch-historische-statistische Beschreibung der Diözese Brixen, Band V
Trapp Oswald	Ehrenberg, Sonderdruck aus dem Band 7 Oberinntal und Außerfern der Tiroler Burgenbücher
Unger Willy	Fliegerschicksale in den Lechtaler Alpen 1944. Ein Überlebender des Luftkampfs berichtet. In: Tiroler Chronist, Nr. 56, September 1994, S. 8 – 13
Von Holst Christian	Joseph Anton Koch, Ansichten der Natur, Stuttgart 1989
Volksschule Elmen	Kinderkirchenführer Elmen, 2004
Wallnöfer Eva	Die Gemeinde Holzgau. Hrsg. von der Gemeinde Holzgau, 2001
Wildbach- und Lawinenverbauung	Aufzeichnungen, Lawinenkataster, Projekte, Gefahrenzonenpläne der Wildbach- und Lawinenverbauung
Wittmann Herbert	Die Stuckmarmorarbeiten Joseph Fischers, in: Jahrbuch des Historischen Vereins Alt Füssen, Füssen 1999
Wittmann Herbert	Johann Heel (1685 – 1749) – Der Gögginger Maler aus Pfronten, in: Jahrbuch des Historischen Vereins Alt Füssen, Füssen 2002
Wittmann Herbert	Peter Heel (1696 – 1767), Bildhauer, Stuckator und Bausachverständiger, in: Jahrbuch des Historischen Vereins Alt Füssen, Füssen 2001
Wolf Josef	Stockach im Lechtale, Festschrift zur Feier des fünfzigjährigen Bestandes der Harmoniemusik 1880 bis 1930, 1930
Zettler E.	Allgäuer Alpen, AV-Führer, Bergverlag R. Rother, München

Personenverzeichnis

Das Herausgeberteam

Das Kernteam mit der Frau Bezirkshauptfrau:
Ing. Günter Pass, Mag. Dr. Richard Lipp, Werner Friedle,
Gerda Bubendorfer, Mag. Peter Friedle, Mag. Katharina Schall,
Eduard Rauth, Mag. Peter Linser

Finanzen:
Katholischer Tiroler Lehrerverein,
Gerda Bubendorfer

Koordination, Schriftleitung:
Bezirksschulrat Reutte, Peter Friedle,

Kartenwerke:
TIRIS, Johann Niedertscheider,
Eduard Rauth

Lithobearbeitung:
Eduard Rauth

Fotos, Bildauswahl:
Günter Pass und Team

Korrekturen:
Peter Friedle, Werner Friedle, Peter Linser,
Richard Lipp

Redaktionsteam:
Gerda Bubendorfer, Peter Friedle,
Werner Friedle, Peter Linser,
Richard Lipp, Günter Pass,
Eduard Rauth,

Schriftleitung:
Peter Friedle, Bezirksschulinspektor i. P.

Herausgeber:
Gerda Bubendorfer,
Katholischer Tiroler Lehrerverein

Vertrieb:
Verein für Eigenständige
Regionalentwicklung im Lechtal
Peter Friedle, Peter Linser
verl49@gmx.at